Baedeker

Allianz  Reiseführer

Deutschland
Osten

www.baedeker.com

Verlag Karl Baedeker

TOP-REISEZIELE ★ ★

Kunst und Kultur in Hülle und Fülle: Berlin, Eisenach und Wartburg, Dessau und Wörlitzer Gartenreich, Dresden, Weimar, Stralsund und Wismar. Daneben herrliche Landschaften wie Thüringer Wald, Sächsische Schweiz, Mecklenburgische Seenplatte sowie die Ostseeküste mit den Inseln Rügen, Hiddensee und Usedom. Hier die Top-Reiseziele, die Sie auf keinen Fall versäumen sollten.

Ostsee

1 Rügen • Hiddensee

2 Stralsund

3 Usedom

4 Wismar

5 Schwerin   6 Mecklenburgische
                Seenplatte

7 Ludwigslust

8 Berlin

9 Potsdam

11 Harz   10 Dessau-Roßlau

12 Quedlinburg

©Baedeker

13 Leipzig   20 Görlitz
15 Erfurt   14 Naumburg   18 Meißen
17 Eisenach-   16 Weimar   19 Dresden
Wartburg
                             21 Sächsische
                                Schweiz
22 Thüringer   23 Erzgebirge
   Wald

18 ★★ Meißen
Domstadt mit weltweit bekannter
Porzellanmanufaktur. ► Seite 350

19 ★★ Dresden
Herrliche Bauten und Kunstschätze – das
ist »Elbflorenz« ► Seite 206

20 ★★ Görlitz
Meisterhafte Architektur von der Gotik bis
zum Jugendstil und ein interessantes
Umland ► Seite 261

21 ★★ Sächsische Schweiz
Sehnsuchtslandschaft der Romantiker und
Paradies für Aktivurlauber ► Seite 416

22 ★★ Thüringer Wald
Das »Grüne Herz Deutschlands«: ein
Ganzjahres-Urlaubsgebiet ► Seite 438

23 ★★ Erzgebirge
Einladendes Mittelgebirge mit kunsthis-
torischen Kleinodien an der deutsch-
tschechischen Grenze ► Seite 239

DIE BESTEN BAEDEKER-TIPPS

Von allen Baedeker-Tipps in diesem Buch haben wir hier die interessantesten für Sie zusammengestellt. Erleben und genießen Sie den Osten Deutschlands von seiner schönsten Seite!

❗ Von Bach zu Goethe
So heißt ein neuer Qualitätswanderweg im nordöstlichen Thüringer Wald, der den Spuren des Komponisten und des »Olympiers« folgt. ► **Seite 102**

❗ Unbedingt probieren ...
... sollte man den Baumkuchen, der in Salzwedel in der Altmark mit viel Liebe gebacken wird. ► **Seite 144**

❗ Kneipenbummel
Zum ausgiebigen »Kneipen« lädt seit einiger Zeit wieder das Berliner Scheunenviertel ein. ► **Seite 163**

❗ Eine Molle an der Spree ...
... genießt man am besten im Treptower Park und zwar im legendären »Zenner«-Biergarten. ► **Seite 180**

❗ Das aufregendste Löwengehege
... der Welt gibt es in Eberswalde, denn hier dürfen sich die Raubkatzen relativ frei bewegen. ► **Seite 181**

❗ Bauhaus-Führung
Wer sich für das Dessauer Bauhaus interessiert, dem sei eine fachkundige Führung wärmstens empfohlen. ► **Seite 201**

❗ Dinosaurier des Bergbaus ...
... bekommt man in einer aufgelassenen Braunkohlengrube in der Nähe von Dessau-Roßlau zu sehen, wo mehrere gigantische Bagger aufgebaut sind. ► **Seite 205**

❗ Urwaldrumpel ...
... heißt die Bahn, die von Gotha aus in den Thüringer Wald nach Friedrichsroda und Tabarz fährt. ► **Seite 269**

❗ Um die Wurst ...
... geht es, wie man weiß, in Halberstadt, wo 1896 Brühwürstchen in Dosen als Weltneuheit vorgestellt wurden. ► **Seite 296**

❗ Spurensuche
In Jena kann man unter fachkundiger Führung hiesige Stationen von Goethe, Schiller und Co. erkunden. ► **Seite 299**

❗ Blühende Landschaft
Im Mai/Juni zeigt sich der Rhododendrenpark in Kromlau bei Bad Muskau in schönster Blütenpracht. ► **Seite 327**

Besten Baumkuchen gibt es in Salzwedel.

🔲 Den Aufschwung im Osten …

… sieht man im Rahmen einer einer Führung durch das hypermoderne BMW-Werk in Leipzig. ▶ **Seite 325**

🔲 Eine Hochzeit wie im Märchen …

… kann man im Schlosshotel Burg Schlitz in der Mecklenburgischen Schweiz erleben. ▶ **Seite 342**

🔲 Per Hausboot durch den Norden

Die Mecklenburgische Seenplatte und angrenzende Gebiete kann man stilgerecht per Hausboot erkunden. ▶ **Seite 345**

🔲 Wo es dampft und zischt

Im südthüringischen Meiningen darf man zuschauen, wie alte Dampf-loks gewartet werden. ▶ **Seite 347**

🔲 Makkaroni und Spaghetti satt

In Riesa bei Meißen gibt es eine gläserne Nudelproduktion samt Nudelshop und Nudelrestaurant. ▶ **Seite 357**

🔲 Prickelnder Genuss

In Freyburg an der Unstrut lädt die berühmte Rotkäppchen-Sektkellerei zur Besichtigung und Verkostung ein. ▶ **Seite 368**

🔲 Eine tolle Aussicht …

… über den malerisch gelegenen Tollensesee hat man von der Behmshöhe bei Neubrandenburg. ▶ **Seite 372**

🔲 Alles Bio

Thüringens toll ausgestattetes erstes Bio-Hotel liegt in herrlicher Landschaft bei Zeulenroda in der Nähe des Oberen Saaletals. ▶ **Seite 376**

🔲 Junge Talente …

… sind im Sommer bei verschiedenen Musik-Events im Schlosspark von Rheinsberg zu hören. ▶ **Seite 394**

In der »Rotkäppchen«-Sektkellerei

🔲 Sein Leben entschlacken …

… kann man im Design-Hotel »Meersinn« im altbekannten Ostseebad Binz auf Rügen. ▶ **Seite 411**

🔲 Bratheringe, Matjesfilets …

… und viele andere Köstlichkeiten aus dem Meer erwirbt man in Deutschlands modernster Fischkonservenfabrik in Sassnitz auf Rügen. ▶ **Seite 412**

🔲 Malerweg

Einer der schönsten Wanderwege Ostdeutschlands erschließt die schönsten Punkte der Sächsischen Schweiz. ▶ **Seite 416**

🔲 Delikates aus dem Osten

Nur im Spreewald gibt es jene köstlichen, mit Kräutern und Gewürzen zubereiteten Gurken. ▶ **Seite 433**

🔲 Schiff ahoi

Gemächlich schippert die »MS Uckermark« durch den Nationalpark Unteres Odertal. ▶ **Seite 452**

🔲 Zwiebelgulasch und Bierfleisch …

… genießt man im beliebten »Köstritzer Schwarzbierhaus« in Weimar. ▶ **Seite 483**

🔲 Rennpappe international

Alljährlich im Juni ist Zwickau das Epizentrum aller Trabi-Fans. ▶ **Seite 486**

*Frisch geräucherte Fische gibt
es an der Ostseeküste.*
▸ **Seite 82/83**

HINTERGRUND

Preiskategorien

Hotels
Luxus: über 100 Euro/DZ
Komfortabel: 60 – 100 Euro/DZ
Günstig: bis 60 Euro/DZ

Restaurants
Fein & teuer: über 15 Euro
Erschwinglich: 10 – 15 Euro
Preiswert: bis 10 Euro

PRAKTISCHE INFORMATIONEN

Schwerin: Kultur und Wassersport
▸ **Seite 422**

Mit dem Schaufelraddampfer
durch die Sächsische Schweiz
► Seite 124/125

TOUREN IM OSTEN DEUTSCHLANDS

REISEZIELE VON A BIS Z

Herrliche Allee in Mecklenburg
► Seite 117

Winter auf dem Fichtelberg im Erzgebirge
▶ **Seite 239**

Imposant: das Leipziger Rathaus
▶ **Seite 314**

UNESCO-Weltkulturerbe:
Schloss Sanssouci
▶ **Seite 379**

Ein Erlebnis:
mit dem Kahn durch den Spreewald
▶ **Seite 431**

Hintergrund

KREIDEKÜSTE UND SCHIEFER-
GEBIRGE, DIE HIMMELSSCHEIBE
VON NEBRA UND DER DRESDNER
ZWINGER, ELISABETH VON THÜRINGEN, BACH
UND GOETHE, DIE REFORMATION UND DER
REICHSTAGSBRAND – EIN LANDESKUNDLICHER
GRUNDKURS ÜBER DEN OSTEN DEUTSCHLANDS

EIN LAND FÜR ENTDECKER

Dieser Landstrich zwischen Ostsee, Erzgebirge und Thüringer Wald wäre einen ganzen Jahresurlaub wert! Und jeder der 365 Tage hielte neue Überraschungen bereit: ursprüngliche Dörfer, intakte Natur, traditionsreiche Städte, stille Seen, unberührte Meeresküste, wasserreiche Flüsse und grüne Auen, sagenumwobene Felsen und Burgen, Märchenschlösser und neu aufgeblühte Metropolen.

Wohin darf die Entdeckungsreise gehen? Nach Mecklenburg-Vorpommern vielleicht, ins Land der 1000 Seen oder an die Ostseeküste, auf eine der Inseln oder in eine der Hansestädte? Oder nach Thüringen – ein totales Kontrastprogramm zum Norden. Hier locken der grüne Thüringer Wald und die lieblichen Täler von Saale und Unstrut mit ihren Burgen und Rebenhängen. Zentren der Kultur sind Erfurt und Weimar. Sachsen ist allemal eine Reise wert: Dresden, Leipzig, Elbsandsteingebirge und Erzgebirge. Und Sachsen-Anhalt, als Reiseziel oft unterschätzt, hat mit Dessau und dem Wörlitzer Gartenreich, mit der Altmark und vor allem mit dem östlichen Harz und dessen Vorland jede Menge Sehenswertes zu bieten. Berlin versteht sich von selbst – hier gerät man ins Großstadtfieber: Eine Stadt mit einer ungeheuer spannenden älteren und jüngeren Geschichte, die auf Schritt und Tritt zu spüren ist. Und es ist wohl nicht übertrieben, zu

Goethe und Schiller *in Weimar, der Stadt der Klassiker*

behaupten, dass Berlin momentan eine der interessantesten Kapitalen Europas ist, eine Metropole in dynamischem Wandel mit einem Umland, das Großstädtern kaum bessere Erholungsmöglichkeiten bieten könnte. Wie eine Insel liegt Berlin in Brandenburg, dem größten der ostdeutschen Bundesländer. Hier lassen sich weite Landschaften erkunden – Fontane lädt ein, auf seinen Spuren zu wandeln.

Tolle Städte und kulturelle Glanzpunkte

Natürlich bieten die Städte in Ostdeutschland jede Menge – Dresden, das »Elbflorenz« mit Zwinger, Semperoper und Frauenkirche, steht auf der Liste der Zweisterneziele ganz oben. Gleich als nächstes kommt Leipzig, die Stadt Johann Sebastian Bachs mit Thomaskirche,

Die Himmelsscheibe von Nebra ...
... wurde vor wenigen Jahren auf einer Anhöhe über dem Unstruttal gefunden. Sie ist die älteste bislang bekannte Darstellung des Kosmos.

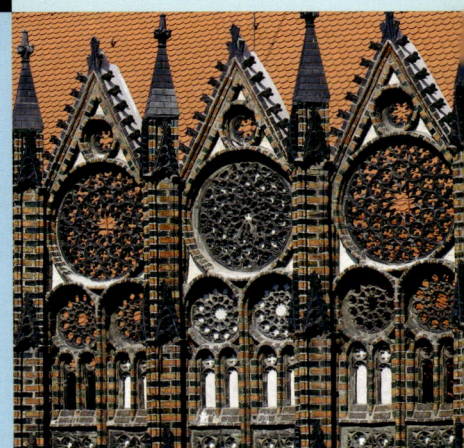

Schönste Backsteingotik ...
... gibt es nicht nur in den alten Hansestädten an der Ostsee zu sehen, sondern auch im Binnenland wie hier in Brandenburg an der Havel.

Wahre Kostbarkeiten ...
... hat die besonders artenreiche Flora des Thüringer Waldes zu bieten.

Auch von Kindern gerne füttern ...
... lassen sich die Möwen am Ostseestrand von Kühlungsborn.

Rennpappe im Museum
Der »Trabi« hat inzwischen Kult-Status erlangt.

Ein besonderer Leckerbissen ...
... ist die Thüringer Rostbratwurst.

der geschichtsträchtigen Nikolaikirche und dem Gewandhaus, Stadt der Messe und Passagen und der »Kaffeesachsen« mit vielen Cafés und Kaffeehäusern. Weimar ist ein Muss für alle, die auf den Spuren von Goethe, Schiller & Co. wandeln wollen. Dessau: Bauhaus pur und bis heute ganz wichtig für Fans der Architektur- und Design-Moderne! Und gleich nebenan wartet wunderbar kultivierte Natur: die Wörlitzer Gartenlandschaft. Dann aber auch Sensationen wie die Himmelsscheibe von Nebra, die älteste bekannte Kosmosdarstellung, in deren Geheimnisse man in Halle an der Saale eingeweiht wird.

Viel Natur und ursprüngliche Landschaften

Zu DDR-Zeiten konnte sich die Natur in Ostdeutschland stellenweise fast ungestört entwickeln. Solche Gegenden sind bis heute Lebensraum für Tiere und Pflanzen, die es in Westdeutschland schon seit langem nicht mehr gibt. Selbst die Ostseeküste von Mecklenburg-Vorpommern ist an manchen Stellen noch sehr ursprünglich. Der Spreewald wirkt wie ein von Gewässern durchzogener Urwald. Landschaftliche Höhepunkte und zugleich Touristenmagnete sind die Kreidefelsen auf Rügen, die Sächsische Schweiz mit ihren ungewöhnlichen Felsformationen, die Mecklenburgische Seenplatte mit Deutschlands größtem Binnensee, der Müritz, oder das Erzgebirge – im Winter eine verschneite Traumlandschaft. Auch der Thüringer Wald mit dem Rennsteig und das romantische Saaletal sind beliebte Ziele. Wenig bekannt, aber ebenfalls sehr schön ist der Fläming in Brandenburg, eine sandige, vom Duft der Kiefernwälder geprägte, dünn besiedelte Region. Und ein Naturschauspiel zieht im Herbst viele Menschen nach Mecklenburg-Vorpommern: der Kranichzug, wenn bis zu 50 000 Kraniche auf ihrer Reise in den Süden hier zwischenlanden.

Beliebte Souvenirs *aus dem Erzgebirge sind die kunstvoll gedrechselten und bunt bemalten Nussknacker.*

Kultiges auf der Reise durch Ostdeutschland

Bleiben ein paar Erinnerungsstücke aus DDR-Zeiten, die im Verschwinden begriffen sind. Allen voran der Trabi, der von seiner Fangemeinde jedes Jahr im Juni beim Internationalen Trabantfahrer-Treffen gefeiert wird. Oder die gute Soljanka, die man auf einigen Speisekarten noch findet. Und ganz sicher begegnet einem auf der Reise hier und da auch noch das Ampelmännchen.

Fakten

Was versteht man unter dem Begriff »Bodden«, und wo erheben sich die höchsten Berge Ostdeutschlands? Was kreucht und fleucht zwischen Ostsee und Thüringer Wald, und wie steht es um das Klima? Wo floriert die Wirtschaft, und wo gibt es Kultur satt? Manchen ist der Osten Deutschlands als Reiseland noch nicht so bekannt. Es warten viele Neuentdeckungen!

Natur

Obwohl Deutschland im Vergleich mit anderen Staaten nicht unbedingt groß ist, zeigt es auch in seinen östlichen Regionen eine überraschende landschaftliche Vielfalt. Ebenen und Gebirge, Beckenlandschaften und Senken, Hügelzonen und Seenplatten wechseln sich ab.

Landschaftliche Vielfalt

Norddeutsches Tiefland

Das Norddeutsche Tiefland erstreckt sich zwischen der Ostsee und der ca. 170 km bis 250 km weiter südlich ansteigenden Mittelgebirgsschwelle. Sein Aussehen erhielt dieser Raum während des Eiszeitalters, als gewaltige Inlandseismassen aus dem skandinavischen Raum vorstießen und enorme Schutt- und Geröllmassen ablagerten. Das **Eiszeitalter** begann vor ca. 600 000 Jahren, der letzte große Eisvorstoß kam vor ca. 22 000 Jahren südlich von Berlin zum Stehen. Nur an einzelnen Stellen treten ältere Gesteinspakete in Erscheinung, so etwa die berühmten Kreidefelsen auf der Insel Rügen und der Muschelkalk im Berliner Raum.

Lage und Ausdehnung

Noch relativ jung sind die **Spuren der Vereisung** in Mecklenburg-Vorpommern und im Norden Brandenburgs, wo die letzten größeren Eisreste erst vor ca. 10 000 Jahren abtauten. Es entstand eine abwechslungsreiche Küstenlinie mit steilen und flachen Abschnitten, tiefen und seichten Buchten, langen Sandstränden, Sandhaken und Nehrungen. Und ganz im Nordosten sind ihr die beiden größten deutschen Inseln – Rügen und Usedom – vorgelagert.

Ostseeküste

Wie Girlanden legen sich von den Gletschern zurückgelassene Landrücken und Moränenhügel um das Ostseebecken. Aus einstigen Schmelzwasserrinnen und Gletscherzungenbecken sind im Westen Mecklenburg-Vorpommerns Meeresbuchten und Seen entstanden. Dagegen sind die Flachbereiche der Grundmoränenlandschaft im Osten dieses Bundeslandes nach der letzten Eiszeit vom Meer überflutet worden. Es konnten sich jene weiten und ziemlich seichten Buchten bilden, die man als »Bodden« (Meeresboden) bezeichnet.

In etwa parallel zur Küstenlinie verläuft der Baltische Höhenrücken. Diese teils noch stark bewaldete und von Seen durchsetzte Hügelkette ist die Endmoräne der letzten Eiszeit. Landschaftlich besonders reizvoll ist Mecklenburger Seenplatte. Bei diesen Seen handelt es sich oftmals um einstige Gletscherzungenbecken, Schmelzwasserrinnen und früher mit Eis gefüllte Senken.

Nördlicher Höhenrücken

Nach Süden folgen die Platten und Urstromtäler als südlichste Zone des Jungmoränenlandes. Dieses Gebiet erstreckt sich vom Elbtal bei

Urstromtäler, Märkisches Tiefland

← *Sandsteinfelsen in der Sächsischen Schweiz laden zum Klettern ein.*

Imposant: die Kreideküste der Ostseeinsel Rügen

Magdeburg ostwärts durch das von Havel und Spree durchflossene Märkische Tiefland bzw. Elbe-Oder-Tiefland mit der Prignitz, dem Havelland, dem Ballungsraum Berlin, dem Spreewald und dem Oderbruch bis an die Oder. Das Eberswalder Urstromtal begrenzt dieses Gebiet im Norden, das Baruther Urstromtal im Süden. Dazwischen verläuft das Berliner Urstromtal. Alle drei Urstromtäler sind durch die Schmelzwässer der letzten Inlandsvereisung angelegt worden. Im Landschaftsbild treten heute landwirtschaftlich genutzte Moränenplatten, als Weiden genutzte Niederungen sowie mit Binnendünen und Kiefernwäldern besetzte Sanderflächen hervor, durchzogen von kanalisierten Flussläufen und Seenketten.

Südlicher Landrücken
Halbmondförmig erstreckt sich im Westen und Süden von Berlin die wenig fruchtbare und ziemlich **sandige Landschaft** des Südlichen Landrückens. Hier wechseln unterschiedlich mächtige Sandschichten mit feuchten, zu Acker- und Grünland umgewandelten Flächen ab. Zum Südlichen Landrücken zählen die Hellberge der Altmark (bei Stendal), der bis zu 200 m hohe Fläming (nördlich von Wittenberg) mit seinen duftenden Kieferbeständen sowie die Heideflächen der Niederlausitz (bei Cottbus).

Börden und Tieflandsbuchten
Den südlichen Abschluss der Norddeutschen Tiefebene bildet ein unterschiedlich breiter Gürtel sehr fruchtbarer und deshalb schon seit frühester Zeit besiedelter Börden und Tieflandsbuchten. Dazu zählen natürlich auch die **Magdeburger Börde** und die **Leipziger Tieflandsbucht**. Vor dem Anstieg zu den Mittelgebirgen wurden während und nach den letzten Kaltzeiten feinkörnige **Lössschichten** abgelagert, die bis heute eine höchst ertragreiche Landwirtschaft ermöglichen.

Mittelgebirge

Südlich des Tieflandes wölben sich die Mittelgebirge auf, ein buntes Mosaik aus Hochflächen, Horsten, Gräben und Beckenlandschaften (u. a. Thüringer Becken), waldbestandenen, durchschnittlich 450 m bis knapp 1200 m hohen Gebirgszügen. Von West nach Ost sind dies Harz, Rhön, Thüringer Wald, Thüringer Schiefergebirge, Elstergebirge, Erzgebirge, Elbsandsteingebirge mit Sächsischer Schweiz und Lausitzer Bergland mit Zittauer Gebirge. Zentraler Gebirgsknoten ist das Fichtelgebirge, von dem aus alle wichtigen Gebirgszüge Mittel- und Ostdeutschlands ausstrahlen.

Faszinierende Vielfalt

Der Weser-Quellfluss Werra, die Saale und ihre Nebenflüsse Bode, Weiße Elster, Unstrut und Ilm, die Elbe mit ihren Nebenflüssen Schwarze Elster, Mulde und Spree sowie der Oder-Zufluss Lausitzer Neiße haben in den Mittelgebirgen höchst reizvolle Täler geschaffen. Naturseen und Talsperren bereichern das Landschaftsbild u. a. im Harz, im Thüringer Wald und im Thüringer Schiefergebirge.

Die ältesten Massive der Mittelgebirgszone sind vor etwa 250 Mio. Jahren während der Variskischen Gebirgsbildung entstanden. Gesteine aus dem **Erdaltertum** findet man u. a. im Harz, im Thüringer Schiefergebirge und im Erzgebirge. In einigen Mittelgebirgszügen bildeten sich reiche Erz- und Mineraliengänge, die später z. B. im Harz, im Erzgebirge und im Thüringer Wald lukrativen Bergbau ermöglichten. Am Nordrand der Mittelgebirgszone bildeten sich Braunkohlelagerstätten, die u. a. den Aufbau des Industrierreviers Halle/Leipzig bewirken sollten.

◄ Landschafts-geschichte

Im Tertiär, vor etwa 65 bis 5 Mio. Jahren, war es im heutigen Mittelgebirgsraum recht unruhig. Die Erdkruste zerbrach in einzelne Schollen, die, so im Falle des Thüringer Waldes und des Thüringer Beckens, unterschiedlich stark herausgehoben bzw. abgesenkt wurden. An den tektonischen Störungslinien kam es zu **Vulkanismus**, so beispielsweise in der Rhön und im Lausitzer Gebirge. Gleichzeitig »nagten« Wind und Wetter an den neu entstandenen Höhenzügen und füllten die jungen Beckenlandschaften allmählich auf.

Herbstidylle: der Tiefenbach-Wasserfall bei Altenberg im Erzgebirge

Klima

Der größte Teil Ostdeutschlands liegt in der **kühl-gemäßigten Klimazone**, in der Feuchtigkeit bringende Winde aus westlichen Richtungen vorherrschen. Ausgesprochen ozeanisch ist das Klima im Nordwesten. Die Winter sind dort relativ mild, die Sommer verhältnismäßig kühl. Ganz im Osten weist das Klima bereits kontinentale Züge auf. Hier kann es im Winter über längere Perioden sehr kalt und im Sommer recht warm werden. Außerdem werden hier des Öfteren länger anhaltende Trockenperioden registriert. In der Mitte und im Süden herrscht Übergangsklima vor, das – je nach Großwetterlage – eher ozeanisch oder kontinental geprägt sein kann. Allerdings bewirken Höhenzüge, Täler, Becken und Senken sowie die Verteilung von Wäldern, landwirtschaftlichen Nutzflächen und Siedlungen **deutliche klimatische Unterschiede** auf relativ engem Raum.

Niederschläge fallen das **ganze Jahr über**, wobei im Norddeutschen Tiefland durchschnittlich 500 bis 700 mm pro Jahr gemessen werden. In den Mittelgebirgen liegen diese Werte je nach Exposition zwischen 700 und 1500 mm pro Jahr. Im Süden, d. h. im Nordstau des Erzgebirges, werden gelegentlich weit höhere Niederschlagsmengen erreicht. So fielen dort im August 2002 an einem Tag über 300 Liter Regen auf einen Quadratmeter, was letztendlich das schlimme Elbe-Hochwasser verursachte.

Temperaturen ► Die mittlere jährliche **Durchschnittstemperatur** liegt im Norddeutschen Tiefland bei + 9 °C, im höheren Bergland bei + 2 °C. Im Winter liegen die Temperaturmittelwerte im Norddeutschen Tiefland bei knapp + 2 °C und im Gebirge bei – 6 °C. Im Sommermonat Juli stellen sich die Durchschnittstemperaturen folgendermaßen dar: Im Norddeutschen Tiefland werden + 18 °C erreicht, in den »Sonnenstuben« des Thüringer Beckens können bis zu + 20 °C erreicht werden! Etwas aus dem Rahmen fällt der Harz mit kühlen Sommern und schneereichen Wintern.

---

i **Ostdeutschland extrem**

- Höchste Berge:
  Fichtelberg (1215 m), Erzgebirge
  Brocken (1142 m), Harz
  Großer Beerberg (983 m), Thüringer Wald
  Lausche (793 m), Zittauer Gebirge
- Längste Flüsse:
  Elbe (700 km)
  Saale (427 km)
  Havel (343 km)
  Spree (382 km)
  Werra (292 km)
  Oder (162 km)
  Warnow (155 km)
  Peene (143 km)
- Größte Inseln:
  Rügen (930 km²)
  Usedom (445 km²)
  Poel (34,3 km²)
- Größte natürliche Seen:
  Müritz (110,3 km²)
  Schweriner See (61,5 km²)
  Plauer See (38,4 km²)
  Kummerower See (32,5 km²)
- Größte Stauseen:
  Bleiloch-Talsperre (215 Mio. m³; Saale)
  Hohenwarte (182 Mio. m³; Saale)
  Rappbode-Talsperre (109 Mio. m³; Bode)

Im Vogtland, im Erzgebirge und in der Lausitz kann im Winter wie im Sommer der Böhmische Wind wehen, ein **Fallwind**, der nicht selten Orkanstärke erreicht und auch tagelang anhalten kann. Tritt er im Sommer auf, so folgt ihm oft eine längere Schönwetterperiode. Im Winter kann er tagelang von den dann sonnigen und von milden Temperaturen begünstigten Höhen in die Täler hinunterbrausen und dort Schäden anrichten.

◄ Böhmischer Wind

Pflanzen und Tiere

In weiten Teilen Ostdeutschlands – insbesondere in den Mittelgebirgen – gibt es sommergrüne **Eichen-Buchen-Mischwälder** als natürliche Vegetation. In den klimatisch raueren Hochlagen von Harz, Thüringer Wald und Erzgebirge wachsen vorwiegend **Tannen** und **Fichten**. In den nordwestlich exponierten Kamm- und Hanglagen sind viele Bäume durch sauren Regen bzw. sauren Nebel geschädigt.

Flora

Abertausende von Kranichen rasten im Frühling und Herbst im Hinterland der Ostseeküste.

Auf den nährstoffarmen Sandböden des Nordostdeutschen Tieflandes gedeihen vorwiegend anspruchslose Nadelhölzer wie **Kiefern** und Fichten oder es dehnen sich **Heideflächen** aus. In Feucht- und Moorgebieten wachsen Birken und Kiefern. In den Flussauen sind Pappeln, Erlen, Weiden und Birken die wichtigsten Baumarten. An klimatisch begünstigten Berg- und Talhängen mit kalkhaltigen Böden wachsen auch Linden und Hainbuchen.

Fauna Auch im dünner besiedelten Osten Deutschlands ist der Lebensraum der heimischen Tierwelt stark eingeschränkt, wenn auch nicht so dramatisch wie im Westen der Bundesrepublik. Wildschweine, Rehe, Hirsche, Füchse, Dachse, Hasen und Kaninchen sind die wichtigsten Säugetiere, die noch in größerer Zahl vorkommen. Luchse, Wölfe und Bären sind längst ausgestorben. An einigen Stellen wird jedoch versucht, zumindest Luchse und Biber wiederanzusiedeln.

Auch die Artenvielfalt der Vogelwelt ist durch Störungen des ökologischen Gleichgewichts in Mitleidenschaft gezogen. Trotzdem kann man zumindest in den Feuchtgebieten Nordostdeutschlands noch viele **Störche** sehen und auch manche anderswo längst verschwundene Greifvögel wie **Seeadler** und **Wanderfalken** beobachten.

Seit auch in Ostdeutschland mehr Wert auf den Gewässerschutz gelegt wird, erholt sich die Wassertierwelt. Sehr erfreulich ist beispielsweise die Zunahme des Bestandes an **Bachforellen**. Vor Kurzem konnten in der Elbe wieder die ersten **Lachse** gefangen werden.

Naturschutz

Für den Erhalt der letzten noch vorhandenen »Urlandschaften« werden in Ostdeutschland große Anstrengungen unternommen. Hier gibt es heute eine ganze Reihe von Nationalparks, großflächigen Biosphärenreservaten und unterschiedlich großen Naturparks. Am bekanntesten sind der Nationalpark Jasmund auf der Insel Rügen, der Nationalpark Vorpommersche Boddenlandschaft, der Nationalpark Müritz, das Biosphärenreservat Flusslandschaft Elbe, das Biosphärenreservat Schorfheide-Chorin, das Biosphärenreservat Spreewald, der Nationalpark Sächsische Schweiz, der Naturpark Thüringer Wald, der Naturpark Erzgebirge/Vogtland sowie der Naturpark Harz.

Bevölkerung · Politik · Wirtschaft

Bevölkerung

Bevölkerungs-schwund und Überalterung In Ostdeutschland leben derzeit rund 16,7 Mio. Menschen. Über ein Fünftel sind älter als 65 Jahre. Dagegen liegt der Anteil der Kinder und Jugendlichen unter 15 Jahren bei nur noch einem Zehntel. Die Geburtenrate ist stark zurückgegangen, so dass inzwischen zahlreiche

Kindergärten und Schulen geschlossen werden mussten. Ein Problem für die ostdeutschen Bundesländer ist die **Abwanderung**. Nach der Wende haben rund 3 Mio. zumeist jüngere Menschen und ihre alte Heimat verlassen. Besonders fatal stellt sich die demografische Lage in Vorpommern, im östlichen Brandenburg, in der Lausitz und in einigen Gebieten von Sachsen-Anhalt dar, wo Bevölkerungsrückgänge bis knapp 50 % zu verzeichnen sind. Andererseits hat sich die Situation in einigen Ballungsräumen stabilisiert, vor allem um die **Entwicklungsschwerpunkte** Erfurt, Weimar, Jena, Chemnis, Leipzig/Halle, Dresden, Chmenitz/Zwickau, Magdeburg, Berlin/Potsdam und Rostock. Die Abwanderung meist junger Menschen und der Rückgang der Geburtenrate haben inzwischen in manchen Gegenden zu einer starken **Überalterung** der Bevölkerung geführt – mit allen daraus resultierenden Problemen.

Wenig bekannt ist, dass es in Ostdeutschland eine Minderheit mit garantierten Sonderrechten gibt. Es handelt sich dabei um ca. 60 000 slawische Sorben, die zumeist in der sächsischen Oberlausitz (bes. Räume Bautzen, Niesky, Hoyerswerda und Kamenz) und in der brandenburgischen Niederlausitz (bes. Spreewald und Raum Senftenberg) leben.

Sorbische Minderheit

Etwa ein Drittel der Bevölkerung der neuen Bundesländer bekennt sich zu einer Religion. Die meisten Gläubigen sind der evangelisch-lutherischen Kirche und der römisch-katholischen Kirche verbunden. Kleine, aber wachsende Minderheiten bekennen sich zum Judentum und zum Islam.

Religion

»Neue Bundesländer«

Die fünf neuen Bundesländer **Brandenburg, Mecklenburg-Vorpommern**, der Freistaat **Sachsen, Sachsen-Anhalt** und der Freistaat **Thüringen** sind auf Beschluss der Volkskammer der DDR aus den 14 zuvor bestehenden Bezirken (ohne Ost-Berlin) hervorgegangen. Sie entstanden im Rahmen der Wiedervereinigung Deutschlands mit dem Eingungsvertrag vom 3. Oktober 1990. Nicht zu den »neuen Bundesländern« gezählt wird die deutsche **Hauptstadt Berlin**, da hier nur der Ostteil der Stadt mit der Wiedervereinigung in das Bundesland Berlin eingegliedert worden ist.

Beitrittsgebiet

Auch das Gebiet des rechtselbisch gelegenen früheren **Amtes Neuhaus** wird nicht zu den »neuen Bundesländern« gezählt, da dieses 1993 vom mecklenburg-vorpommerschen Kreis Hagenow zum niedersächsischen Kreis Lüneburg wechselte. Dazu kamen drei Ortsteile der im **Amt Boizenburg** gelegenen Gemeinde Teldau, die heute ebenfalls als ehemaliges DDR-Territorium zu Niedersachsen gehören.

Deutschland ist ein demokratisch-parlamentarischer Bundesstaat. Träger des föderalen Gedankens sind die elf »alten« und fünf

Bundesländer

Zahlen und Fakten Ostdeutschland

Lage
► Mitteleuropa
50° 08′ bis 54° 41′ nördliche Breite
10° 00′ bis 15° 02′ östliche Länge
► Angrenzende Staaten: Polen,
Tschechien

Bundesländer
► Berlin
► Brandenburg (Hauptstadt: Potsdam)
► Mecklenburg-Vorpommern
(Hauptstadt: Schwerin)
► Freistaat Sachsen
(Hauptstadt: Dresden)
► Sachsen-Anhalt
(Hauptstadt: Magdeburg)
► Freistaat Thüringen
(Hauptstadt: Erfurt)

Flächen
► Berlin: 891 km²
► Brandenburg: 29 478 km²
► Mecklenburg-Vorpommern: 23 180 km²
► Sachsen: 18 415 km²
► Sachsen-Anhalt: 20 446 km²
► Thüringen: 16 172 km²

Bevölkerung (Stand: 2006)
► Berlin: 3 395 000
► Brandenburg: 2 559 000
► Mecklenburg-Vorpommern: 1 707 000
► Sachsen: 4 274 000
► Sachsen-Anhalt: 2 470 000
► Thüringen: 2 335 000

Bevölkerungsdichte
► Berlin: 3 807 Einw./km²
► Brandenburg: 87 Einw./km²
► Mecklenburg-Vorpommern:
74 Einw./km²
► Sachsen: 232 Einw./km²
► Sachsen-Anhalt: 121 Einw./km²
► Thüringen: 144 Einw./km²

Größte Städte
► Berlin: 3 345 000
► Leipzig: 508 000
► Dresden: 506 000
► Chemnitz: 246 000
► Halle: 236 000
► Magdeburg: 230 000
► Erfurt: 203 000
► Rostock: 200 000

Wirtschaft
► Bruttoinlandsprodukt (2006):
Berlin: 80,6 Mrd. Euro
Brandenburg: 49,5 Mrd. Euro
Mecklenburg-Vorpom.: 32,5 Mrd. Euro
Sachsen: 88,7 Mrd. Euro
Sachsen-Anhalt: 50,2 Mrd. Euro
Thüringen: 46,0 Mrd. Euro
Deutschland gesamt: 2 307,2 Mrd. Euro
► Arbeitslosenquote (2007):
Berlin: 14,2%
Brandenburg: 13,5%
Mecklenburg-Vorpommern: 15,1%
Sachsen: 13,4%
Sachsen-Anhalt: 14,6%
Thüringen: 11,8%
zum Vergleich
Alte Bundesländer: 6,7%
► Wirtschaftszweige:
Bergbau und Energie (bes. Braunkohle,
Kali und Salz, Erdgas Windkraft)
Land- und Forstwirtschaft (Getreide,
Viehzucht, Milchwirtschaft, Obst,
Gemüse, Nutzholz)
Fischerei (Hochseefischfang, Aqua-
kulturen, Teichwirtschaft)
Industrie (Metallverarbeitung, Fahr-
zeugbau, Schiffbau, Maschinenbau,
Chemie, Luft- und Raumfahrt,
Informationstechnik, Textil)
Kommunikation und Informatik
Tourismus

Bundesländer *Orientierung*

BRANDENBURG Bundesland
—————— Landesgrenze
Potsdam Landes-
hauptstadt

D

SCHLESWIG-
HOLSTEIN Kiel
Lübeck
Rostock
MECKLENBURG-
VORPOMMERN
Bremerhaven
FREIE UND Schwerin
HANSESTADT
HAMBURG
Oldenburg
FREIE
HANSESTADT
BREMEN BRANDENBURG
NIEDERSACHSEN
Hannover SACHSEN-
Braunschweig
Münster Potsdam BERLIN
Bielefeld
Magdeburg
NORDRHEIN- ANHALT Dessau
Dortmund Cottbus
WESTFALEN Göttingen Halle
Düsseldorf Kassel (Saale) Leipzig
Aachen Köln HESSEN FREISTAAT
Bonn Jena SACHSEN
Erfurt Gera Dresden
Koblenz FREISTAAT Chemnitz
THÜRINGEN Zwickau
RHEINLAND- Wiesbaden
Frankfurt
Mainz Darmstadt FREISTAAT
PFALZ BAYERN
SAARLAND Ludwigshafen
Saarbrücken Mannheim
Heidelberg Nürnberg
Karlsruhe
Regensburg
BADEN- Stuttgart
WÜRTTEMBERG Ulm ©Baedeker
Augsburg
Freiburg München

»neuen« Bundesländer. Oberstes gesetzgebendes Organ eines Bundeslandes ist der Landtag, der aus seiner Mitte einen Ministerpräsidenten wählt. Der Bundesrat ist die Vertretung der Länder. Er wirkt bei der Gesetzgebung und Verwaltung des Bundes mit. Seine Mitglieder werden von den einzelnen Bundesländern bestellt.

Wirtschaft

Nach dem Beitritt der DDR zur Bundesrepublik Deutschland wurde die Wirtschaft in den »neuen« Bundesländern völlig umgekrempelt. Fast das gesamte einstige Volkseigentum wurde privatisiert und kam größtenteils in den Besitz von Eigentümern außerhalb der neuen Länder. Große Teile der Industrie wurden unter der Regie der Treuhandanstalt »abgewickelt«, d. h. vielfach geschlossen und privatisiert, zum Teil aber auch saniert und verkauft. Die Industrieproduktion sank um gut zwei Drittel und die **Arbeitslosigkeit** erhöhte sich dramatisch. Noch im August 2007 war die Arbeitslosenquote in Ostdeutschland mit 14,7 % doppelt so hoch wie in Westdeutschland.

Bodenschätze und Energie

Ostdeutschland ist relativ arm an Rohstoffen. Große wirtschaftliche Bedeutung haben jedoch die umfangreichen **Braunkohlelagerstätten** im Großraum Leipzig und in der Lausitz, die von mehreren Energie-Großkonzernen ausgebeutet werden. Weitere wichtige mineralische Rohstoffe sind **Kali und Salz**, die heute noch in großem Stil vor allem im Werra-Gebiet und im Raum Bernburg abgebaut werden und wichtige Rohstoffe u. a. für die chemische bzw. die Düngemittelindustrie sind. Südlich von Magdeburg werden auch **Erdgasvorkommen** ausgebeutet.

Windkraftanlagen ►

Fährt man durch Ostdeutschland, so fallen immer mehr hochmoderne Windkraftparks ins Auge. In Mecklenburg-Vorpommern, Brandenburg und Sachsen-Anhalt werden bereits über 30 % des Nettostromverbrauchs durch moderne Windmühlen gedeckt.

Biogasanlagen ►

Aufgrund günstiger Voraussetzungen in der Landwirtschaft entstehen immer mehr Biogasanlagen, die heute schon einen (kleinen) Teil des Energiebedarfs decken.

Landwirtschaft

Aufgrund der noch aus DDR-Zeiten übernommenen **riesigen Anbauflächen** ist eine lukrative Landwirtschaft mit modernstem technischen Gerät und relativ wenigen Arbeitskräften möglich. Angebaut werden vor allem Mais, Raps, Getreide, Zuckerrüben und Kartoffeln, wobei auf immer mehr Feldern ausschließlich Pflanzen zur Energiegewinnung kultiviert werden. Örtlich spielt auch der großflächige Anbau von Obst (bes. Äpfel, Pflaumen, Erdbeeren) und Gemüse (u. a. Weißkohl, Spargel) eine herausragende Rolle.
Auch die **Viehhaltung** zur Erzeugung von Milch, Fleisch und Eiern nimmt einen hohen Stellenwert ein. Dank der hiesigen Großbetriebe gehört Deutschland heute zu den weltweit führenden Produzenten von Milch, Molkereierzeugnissen, Fleisch- und Wurstwaren.

2002 hat VW in Dresden seine Gläserne Manufaktur in Betrieb genommen.

Zwar leidet die Fischereiwirtschaft an der Ostseeküste unter dem dramatischen Rückgang der Fischbestände im Baltischen Meer, doch werden immer noch genügend Heringe, Dorsche etc. für den heimischen Bedarf angelandet. Sehr gut hingegen entwickelt sich die Binnenfischerei inklusive Aquakultur. Im seenreichen Ostdeutschland hat sich eine **Teichwirtschaft** etabliert, die vor allem Karpfen, Regenbogenforellen, Plötze, Hechte und Aale züchtet. In Mecklenburg-Vorpommern ensteht zur Zeit die größte Fischzuchtanlage der Welt, in der Störe jährlich 30 Tonnen Kaviar liefern sollen. **Fischerei**

Relativ gut geht es dem ostdeutschen Baugewerbe. Bis zur Stunde fließt viel Geld in den Neubau von Gewerbeanlagen und Infrastruktureinrichtungen, in die Sanierung und den Ausbau von Wohngebäuden, in die Stadt- und Ortskernsanierung sowie in den Bau von Verkehrsanlagen (bes. Autobahnen, Umgehungsstraßen, ICE-Strecken). Auch beim Abriss und Rückbau nicht mehr benötigter Wohnungen verdient das Baugewerbe. **Baugewerbe**

Die Industrialisierung Deutschlands begann im 19. Jh. in Sachsen und Thüringen. Trotz des gewaltigen Aderlasses bei der »Abwicklung« der DDR-Industrie nach der Wende haben es gerade diese beiden Bundesländer geschafft, sich in industrieller Hinsicht wieder in den Vordergrund zu spielen. In Jena, wo Zeiss und Schott einstmals die optische Industrie begründet haben, schaffte die »Jenoptik« den Aufstieg zum international agierenden Hightech-Konzern. In Eise- **Industrie** nach konnte die **Automobilindustrie** mit einem neuen Werk des Autobauers Opel nach der Wende an alte Traditionen anknüpfen. Neue Autofabriken entstanden auch in Leipzig (BMW) und Dresden (VW). Brennpunkte des Maschinenbaus sind Chemnitz, Zwickau, Gera und Magdeburg. Die **Feinmechanik** hat in jüngerer Zeit in Sachsen wieder von sich reden gemacht. Der Raum Leuna/Bitterfeld/Schkopau in Sachsen-Anhalt ist nach wie vor ein Zentrum der **chemischen und pharmazeutischen Industrie**, in der heute Großkonzerne wie Bayer, Dow Chemical und Total den Ton angeben. In Berlin werden die hier seit langem ansässigen Branchen Elektrotechnik, Fahrzeugbau, Maschinenbau, Chemie und Pharmazie modernisiert und ganz neue Industriezweige aus dem Bereich intelligenter Technologien aufgebaut. Fruchtbar ist der ostdeutsche Boden auch für Unternehmen der Nahrungsmittelindustrie. Geradezu stürmisch entwickeln sich Unternehmen, die sich mit Biotechnologie, Nanotechnologie, Mikroelektronik, Solartechnik und Windenergie beschäftigen. Wichtige **Zentren zukunftsweisender Industrien** sind u. a. Erfurt, Dresden (u. a. Infineon) und Freiberg (u. a. Wacker Siltronic).

Handel und Dienstleistungen

Nach wie vor rasant entwickeln sich der Handel und das Dienstleistungsgewerbe. Leipzig ist noch immer Messeplatz von internationalem Rang. In jüngster Zeit hat sich die Großstadt mit ihrer bestens ausgebauten Verkehrsinfrastruktur auch zu einem bedeutenden Logistik-Standort gemausert. Leipzigs Flughafen ist beispielsweise der wichtigste Umschlagplatz des Logistikkonzerns DHL. Vor allem in den beiden Metropolregionen Berlin-Brandenburg (Berlin, Potsdam, Oranienburg, Bernau, Fürstenwald) und Sachsendreieck (Leipzig, Halle, Dresden, Chemnitz, Zwickau), aber auch in Erfurt, Jena, Magdeburg und Rostock sind in den letzten Jahren zahlreiche Hochschuleinrichtungen und Forschungsinstitute herangewachsen, die neueste Erkenntnisse der Naturwissenschaften praktisch umzusetzen versuchen und neue Technologien entwickeln. Banken und Versicherungen haben vor allem in den ostdeutschen Großstädten gut sichtbare architektonische Zeichen gesetzt.

Eine gewisse Sonderstellung als Handels- und Dienstleistungszentren nehmen die beiden Städte Rostock und Magdeburg ein. In der alten Hansestadt an der Ostsee spielt nicht nur der Warenumschlag eine Rolle, sondern Rostock(-Warnemünde) ist heute auch ein belebter Kreuzfahrthafen mit stark steigendem Passagieraufkommen. Magdeburg ist der wichtigste Binnenhafen in Ostdeutschland, der von der Fertigstellung des Wasserstraßenkreuzes von Elbe und Mittellandkanal im Jahre 2003 enorm profitiert.

Tourismus

Der Tourismus gewinnt im Osten Deutschlands immer mehr an Bedeutung: 2006 zählte man rund 82 Mio. Übernachtungen, Tendenz steigend. Unangefochtener Spitzenreiter ist Mecklenburg-Vorpommern, gefolgt von Sachsen und der Hauptstadt Berlin. Mit 3,3 Mio. Urlaubsreisen stand Mecklenburg-Vorpommern 2006 bundesweit

Die Inselstadt Werder im Havelland ist ein beliebtes Touristenziel.

auf Platz 2 (nach Bayern). Im selben Jahr hatten weit über eine halbe Milliarde Tagesausflüge ihre Ziele in den neuen Bundesländern. Die meistbesuchten Städtereiseziele waren Berlin, Dresden, Leipzig, Weimar und Erfurt.

Die beliebtesten Urlaubsgebiete Ostdeutschlands sind die mecklenburgische Ostseeküste mit den Inseln Rügen, Hiddensee und Usedom, die Mecklenburgische Seenplatte, der Spreewald, die Oberlausitz, der Harz, der Thüringer Wald, das Erzgebirge und das Elbsandsteingebirge mit der Sächsischen Schweiz.

◄ Ferien-
landschaften

Geschichte und Kultur

Kampf der Germanen gegen Rom, Aufstieg und Fall der Kaiserreiche, die braune Vergangenheit und eine spektakuläre Wiedervereinigung – Deutschland blickt auf eine bewegte Geschichte zurück, eingebettet in eine einzigartige Kultur.

Ur- und Frühgeschichte

bis 5000 v. Chr.	Jäger und Sammler durchstreifen das Land.
um 5000 v. Chr.	Die Menschen werden sesshaft, betreiben Ackerbau und Viehzucht.
um 2000 v. Chr.	Bronze löst Stein als Werkstoff ab.
ab 800 v. Chr.	Blüte der Kultur unter den Kelten
9 n. Chr.	Schlacht im Teutoburger Wald gegen die Römer
375 n. Chr.	Die Völkerwanderung beginnt.

Steinzeit

Im badischen Mauer bei Heidelberg fand sich der berühmte Kiefer des **Homo heidelbergensis**, der vor rund 500 000 – 100 000 Jahren lebte: Dies ist der früheste Nachweis eines Menschen nicht nur in Deutschland, sondern in ganz Mitteleuropa. Der Heidelberger Urmensch lebte im sogenannten Altpaläolithikum und wurde vom Neandertaler (Homo neanderthalensis) abgelöst.

Im Jungpaläolithikum (35 000 – 8000 v. Chr.) wird die heutige Form des Menschen, der Homo sapiens sapiens, erstmals archäologisch greifbar. Das tägliche Leben der Jäger und Sammler erreichte einen gewissen Grad an Organisation, und es entstanden erste Kultobjekte wie z. B. Venusfigürchen oder Felsenbilder. Das mildere Klima wandelte natürlich auch die Lebensweise der Menschen in der Mittleren Steinzeit (Mesolithikum, 10 000 / 8000 – 5000 v. Chr.). Kleinere Verbände machten sich zum Teil sesshaft. Diese Tendenz setzte sich in der **Jungsteinzeit** fort, als um 5000 v. Chr. völlig neues Know-how ◄ Die ersten Bauern aus dem Vorderen Orient in unseren Raum gelangte: das Wissen um Ackerbau und Viehzucht zusammen mit Kulturpflanzen (frühe Getreidesorten wie Einkorn und Emmer sowie Gerste) und Haustieren wie Schaf und Ziege. Die Gebrauchsgegenstände und kunsthandwerklichen Produkte nahmen an Vielfalt zu. Noch bestanden alle Geräte dieser ersten Bauern aus Stein. Die Funde ortsfremder Rohstoffe, etwa Bernstein und Feuerstein, unterstreichen, dass schon zu dieser Zeit ein weitreichendes Handelsnetz existierte.

Bronzezeit

Mit einer Verzögerung von etlichen Hundert Jahren gelangte die Kenntnis von der **Metallherstellung** um 2000 v. Chr. aus dem mediterranen Raum und aus Skandinavien nach Mitteleuropa. Schmuck und Gebrauchsgegenstände wurden jetzt aus Bronze gefertigt, »erfunden« wurde auch das Schwert. Eine Sensation ist die 1999 gefundene »Himmelsscheibe von Nebra« (Sachsen-Anhalt). Datiert auf die ◄ Himmelsscheibe von Nebra Zeit um 1600 v. Chr., ist sie die **älteste Darstellung des Kosmos**, die weltweit existiert. Der Handel mit Kupfer, Salz und anderen Gütern zeitigte erstmals auch sichtbaren materiellen Erfolg: Die erhaltenen

← *Zeugen der Steinzeit: Megalithgräber bei Lancken-Granitz auf Rügen*

Fürstengräber zeugen von Reichtum und einer beginnenden sozialen Gliederung. Stämme und Völker bildeten sich heraus: Aus der großen Familie der Indogermanen siedelten auf deutschem Gebiet die Kelten in Süd- und Südostdeutschland und die Germanen in Norddeutschland. Um 800 v. Chr. endete die Bronzezeit, denn es gelang, ein besseres Material herzustellen: Eisen.

Eisenzeit

Hallstattkultur ▶

In der Eisenzeit entstanden **wirtschaftliche Zentren**, die Gesellschaft differenzierte sich weiter in Bauern, Handwerker und Händler. Zwei wichtige Kulturen brachte diese Epoche hervor: Das Zentrum der Hallstattkultur (800 – 400 v. Chr.) lag in den Ostalpen und in Süddeutschland, doch erstreckten sich ihre Einflüsse bis in den norddeutsch-jütländischen Raum. Als Träger der Hallstattkultur gelten die **frühen Kelten**. Charakteristisch sind die Fürstengräber, die eine Zentralisierung der Macht an wichtigen Handelsplätzen belegen. Ein unversehrtes und deshalb eines der reichhaltigsten keltischen Fürstengräber fand man im baden-württembergischen Hochdorf an der Enz (Funde und die Siedlungsweise werden im dortigen Museum hervorragend präsentiert). Die Jüngere Eisenzeit fällt mit der La-Tène-Kultur (500 v. Chr. bis Christi Geburt) zusammen, die nach einem Fundplatz am Neuenburger See (Schweiz) benannt wird. Die von antiken Geschichtsschreibern erstmals erwähnten Kelten drangen im 4. und 3. Jh. v. Chr. von ihren Stammlanden in Süddeutschland bis nach Britannien vor, dehnten sich bis nach Spanien und Portugal aus sowie ins südliche Niedersachsen und Böhmen, wo sie an die Gebiete der Germanen stießen. Sie vermittelten dabei mediterrane Einflüsse und nutzten als erste Kultur nördlich der Alpen **Eisenpflug und Töpferscheibe**.

La-Tène-Kultur ▶

Die Römer kommen

Gaius Julius Caesar (um 100 – 44 v. Chr.) berichtet in seinem »De bello gallico« (»Vom gallischen Krieg«) als erster Römer über die Germanen, mit denen er in den Jahren 58 bis 51 v. Chr. während der Eroberung Galliens in Kontakt kam. Alle linksrheinischen Gebiete waren romanisiert, die Grenze durch Kastelle gesichert. So wuchsen u. a. die Städte Trier, Köln und Mainz aus römischen Lagern heran.

Kampf um Germanien

Unter Augustus (63 v. Chr. – 14 n. Chr.) drang das römische Heer in den Jahren 12 – 9 v. Chr. bis zur Elbe vor, konnte aber hier nicht Fuß fassen, denn schon 9 n. Chr. besiegten die Germanen unter Arminius in der Schlacht nördlich des **Teutoburger Waldes** drei römische Legionen. Die Römer zogen sich daraufhin hinter den Rhein und die Donau zurück. Hundert Jahre später errichteten sie mit dem obergermanisch-rätischen Limes eine befestigte Grenze zum germanischen Herrschaftsgebiet. Damit war die mittelalterliche Entwicklung vorgegeben: Im römischen Germanien (Germania Romana) vollzog sich der soziale, staatliche und kulturelle Fortschritt schneller als im freien Germanien (Germania libera), das jedoch durch Handelsbeziehungen ebenfalls von der römischen Kultur beeinflusst wurde. Die

Germanenstämme waren in Gaue und Sippen gegliedert, die soziale Schichtung setzte sich aus einem Adel sowie aus Freien, Halbfreien und Sklaven zusammen. Aus der Verschmelzung des sakralen Königsrangs mit dem Amt des Herzogs, dem gewählten Führer des Heerzugs, entstand das **Königtum des frühen Mittelalters**.

Der Einfall der Hunnen in die Gebiete der Ostgoten löste 375 die Völkerwanderung aus. Nach den jahrhundertelangen Wirren dieser umfassenden Migrationsbewegung etablierten sich im mitteleuropäischen Raum die Stämme der **Alamannen, Hessen, Franken und Baiern**.

4.–6. Jh.: Völkerwanderung

Mittelalter

Merowinger und Karolinger

482–751	Merowingerzeit, Beginn der Christianisierung
8./9. Jh.	Die Karolinger an der Macht
800	Karl der Große wird zum Kaiser gekrönt.
814	Das Reich der Karolinger wird geteilt.

Frankenkönig Chlodwig (482 – 511) gelang es, die unter zahlreichen Gaukönigen aufgeteilten Frankenstämme politisch zu einen. Der wichtigste Schritt zur **Einheit des Frankenreichs** war aber Chlodwigs Übertritt zum Christentum: Wohl 498 wurde er in Reims getauft und leitete damit die Sakralisierung des Königtums ein. Bis 539 dehnte sich das Frankenreich bis zu den Ostgoten hin aus, d. h. von Mittelmeer- und Atlantikküste bis über die Elbe in thüringisches und alamannisches Gebiet. Nach Chlodwigs Tod teilten seine vier Söhne das Reich unter sich auf. Auseinandersetzungen führten jedoch dazu, dass der Adel 561 durchsetzte, das Reich unter jeweils einem Majordomus (Hausmeier) dreizuteilen. Von den Germanen waren um diese Zeit nur noch die Sachsen unabhängig.

Merowinger

Als literarisches Zeugnis sind aus heidnisch-germanischer Zeit die **Merseburger Zaubersprüche** erhalten. Zwischen 500 und 700 christianisierten iroschottische Mönche nach und nach die heidnische Bevölkerung. Bedeutende Klöster wurden gegründet, u. a. bei Würzburg, in Regensburg und auf der Insel Reichenau. Von herausragender Bedeutung war das **Benediktinerkloster St. Emmeram** in Regensburg. Es wies die typische mittelalterliche Anlage mit Kreuzgang auf, die im St. Galler Klosterplan festgehalten ist, der Anfang des 9. Jh.s entstand. In Kathedral- und Klosterschulen entstand eine erste Blüte der Buchmalerei.

Aus Heiden werden Christen

Karolinger

Im 8. Jh. gelang es dem Hausmeier Karl Martell, die fränkische Oberhoheit über das ganze ursprüngliche Reich zu erneuern sowie auf die Länder der Baiern, Alamannen und Friesen auszudehnen. Möglich wurden diese militärischen Erfolge dank **schwer bewaffneter Reiterkrieger**, die sich dem Hausmeier verpflichteten. Das Lehnswesen hat in diesem Dienst- und Treueverhältnis seinen Ursprung: Den sog. Vasallen wurde gegen die Verpflichtung, für ihren Herrn ins Feld zu ziehen, Land widerruflich zur Verfügung gestellt.

Bonifatius, »Apostel der Deutschen« ►

Der angelsächsische Missionar und spätere Erzbischof Winfried Bonifatius (672 / 673 – 754) gründete Klöster in Fritzlar und Fulda und schuf unter anderem die Bistümer Erfurt, Würzburg, Regensburg und Freising. Im Kloster St. Denis erzogen, stellten Karl Martells Söhne Karlmann und Pippin schließlich auch die weltliche Gewalt in den Dienst der von Bonifatius organisierten **Kirchenreform**, die die neuen Bistümer an Rom band. Die neue Einheit des Abendlandes erfüllte sich im christlichen Glauben. Als 751 Pippin von Bonifatius (als päpstlichem Legat) in Soissons zum König gekrönt wurde, hatten die Karolinger die Nachfolge der Merowinger angetreten.

Karl der Große

Pippins Sohn Karl (768 – 814) bekräftigte die königliche Schutzherrschaft über den Papst. Er verfolgte auch nach Osten eine expansive Politik und festigte seine Landgewinne durch Pfalzen und neue Bistümer (Bremen, Paderborn, Verden, Münster, Osnabrück und Minden). Der 30 Jahre anhaltende Widerstand der Sachsen gegen die gewaltsame Christianisierung schwand erst mit dem Übertritt ihres Herzogs Widukind zum Christentum im Jahre 785. Nach Feldzügen gegen Slawen und Awaren erstreckte sich das **Frankenreich von der Ostsee bis an die Adria**. Am Weihnachtstag des Jahres 800 krönte Papst Leo III. Karl in Rom zum Kaiser und erkannte damit ihn und nicht mehr den byzantinischen Basileus als Oberherrn an.

800: Karl wird zum Kaiser gekrönt ►

Karolingische Renaissance

Auch kulturell knüpften die Karolinger seit Karl dem Großen an das weströmische Kaiserreich und die spätantik-frühchristlichen Traditionen an. Diese künstlerische Hochblüte wird deshalb auch als »Renaissance« bezeichnet. Zentrum der Künste und Gelehrsamkeit war der **Hof in Aachen**. Hier stand die programmatische Pfalzkapelle, in der antike Spolien und Zitate germanischer Bauten architektonisch vereint waren. Mit der karolingischen Minuskel besaß das Reich Karls des Großen erstmals eine einheitliche Schriftform, die die Basis der modernen lateinischen Schreibschrift werden sollte. In der Buchmalerei wurden für das ganze Mittelalter gültige Formen geprägt. Der Benediktinermönch Walahfrid Strabo führte das Kloster auf der Bodenseeinsel Reichenau als Abt seit 838 zu einem einflussreichen kulturellen Zentrum in der Dicht- und Buchkunst. Erste Zeugnisse althochdeutscher Dichtung sind u. a. das Wessobrunner Gebet und das »Muspilli« (beide Anfang 9. Jh. aufgezeichnet). Die Musik bestimmte im gesamten christlichen Abendland der Gregorianische Choral, der auf eine Neuordnung der Liturgie durch Papst Gregor I. um 600 zurückgeht.

Die Nachfahren Karls des Großen teilten das Frankenreich auf. So entstanden das Westfrankenreich unter Karl dem Kahlen, das heutige Frankreich, und das Ostfrankenreich unter Ludwig dem Deutschen. Aus diesem Königreich entwickelte sich im 10. Jh. das eigentliche Deutsche Reich.

Die Wurzeln Deutschlands

Hohes Mittelalter

919–1024	Unter den sächsischen Ottonen entsteht das »Deutsche Reich«.
1024–1125	Salische Kaiser
1077	Heinrichs Bußgang nach Canossa
1138–1254	Zeit der Staufer; Friedrich Barbarossa wird Kaiser.
1155	Der Terminus »Heiliges Römisches Reich Deutscher Nation« wird geboren.
12. Jh.	Zeit der Mystiker wie Hildegard von Bingen und Bernhard von Clervaux

Als der Franke Konrad I. im Jahre 919 starb, wurde der Sachse Heinrich I. von den Sachsen und Franken zum König erhoben. Er eroberte weitere slawische Gebiete im heutigen Brandenburg und Sachsen. Die fünf von Herzögen geführten Stämme der Franken, Sachsen, Schwaben, Baiern und Lothringer bildeten das Reich, das jetzt erstmals als **»Deutsches Reich«** (Regnum Teutonicorum) bezeichnet wurde. Die Stammesfürsten wählten 936 in Aachen Heinrichs Sohn Otto I. zum König. Otto I. der Große regierte 936–973 und stärkte die Königsgewalt gegenüber dem Adel, indem er Bischöfe und Äbte als Reichsfürsten einsetzte. Dieser Akt war gleichbedeutend mit der Gründung der Reichskirche. Im Jahr 962 wurde Otto I. in Rom zum **Kaiser** gekrönt.

Ottonen

◄ Otto I.

Die Kunst jener Epoche zeichnete sich durch **Ausdrucksstärke und Verfeinerung** aus. Großen Anteil an dieser Kulturblüte hatten die Frauen: Adelheid, die zweite Frau Ottos I., unterstützte die Klosterreform von Cluny; die hochgebildete, mit Otto II. verheiratete Theophanu vermittelte byzantinische Einflüsse; Hrotsvit von Gandersheim schuf die ersten Lesedramen des Mittelalters. Nicht mehr die abgeschlossene Werkstätte der Hofschule Karls des Großen schuf die Kunst der Zeit, sondern es waren einzelne Klöster, die zu bedeutenden Kunstzentren aufgestiegen.

Ottonische Kunst

Die erlesensten Kunstwerke ottonischer Malerei kamen von der **Bodensee-Insel Reichenau**, wo in den Jahrzehnten um 1000 zahlreiche Handschriften und Fresken entstanden. Das Perikopenbuch Heinrichs II. (Bayer. Staatsbibliothek, München) gibt einen Eindruck von der Virtuosität, mit der damals geistige Inhalte zur Darstellung gebracht wurden.

1024 gelangte mit Konrad II. das Geschlecht der Salier auf den Kaiserthron. Auch sie strebten danach, ihre Position gegenüber den mächtigen Herzögen auszubauen. Als Heinrich IV. (reg. 1056–1106) 1073 vom sächsischen Adel bedroht wurde, begab er sich in den Schutz der aufstrebenden Reichsstädte – eine erste Aufwertung städtischen Einflusses.

Salier

Der zweite große Konflikt des Mittelalters war die Auseinandersetzung zwischen Papst und Kaiser um die Unabhängigkeit des Papsttums und die Vorherrschaft im Abendland. Die Kontroverse kulminierte im **Investiturstreit**. Als Heinrich IV. trotz Verbot Bischöfe einsetzte, verhängte Papst Gregor VII. den Bann über ihn. Das kam einer Absetzung des Königs gleich, und es kam zum Bürgerkrieg gegen die aufständischen süddeutschen Herzöge. Heinrichs Bußgang nach Canossa im Jahre 1077 nötigte den Papst aber, den Bann zunächst wieder aufzuheben. Ein zweiter Bann traf 1080 einen inzwischen gefestigten König, der den Gegenkönig besiegt hatte und die meisten Bischöfe, den niederen Adel und die Bürger der rheinischen Städte hinter sich wusste. Vom Gegenpapst Clemens III. ließ sich der selbstbewusste Heinrich 1084 in Italien zum Kaiser krönen.

◀ *1077: Gang nach Canossa*

Erst Heinrich V. (reg. 1106–1125) verzichtete 1122 im **Wormser Konkordat** auf das Recht der Investitur mit Ring und Stab, konnte die Bischöfe aber weiterhin durch ein Lehnsverhältnis an den König binden. Damit waren die Bischöfe dem weltlichen Adel gleichgestellt. Dessen Interessen wurden auf diese Weise gestärkt.

Im 11. Jh. wurde der **Dom zu Speyer** die kaiserliche Grablege, was sich auch in der Architektur spiegelt. Die Kirche ist wie die Kaiserdome in Worms und Mainz ein monumentales Zeugnis der Hochromanik. Eine neue Bautechnik (u. a. Einwölbung unter Erhalt der großen Fensterreihen) wurde hier erstmals in Deutschland angewandt. Weitere Merkmale der romanischen Baukunst sind der Gruppenbau, die Erweiterung des Raumprogramms (z. B. durch den Bau mehrschiffiger Krypten und die Anlage von Westchören) und die Gliederung des Außenbaus durch Turmfassaden und bauplastischen Schmuck.

Romanik

An den europäischen Höfen entwickelte sich im 12. Jh. der **Minnesang**, der an einem Ideal ausgerichtet Liebeslyrik war, aber auch gesellschaftliche Zustände widerspiegeln konnte. Ein meisterhafter Vertreter war Walther von der Vogelweide. Wie im Minnesang, so orientierten sich auch im höfischen Epos die Helden an **ritterlichen Idealen**. In »Abenteuergeschichten« wie dem Nibelungenlied oder dem »Parzival« des bedeutendsten Epikers Wolfram von Eschenbach war eine erzieherische Wirkung auf die höfische Jugend durchaus beabsichtigt.

Die Wissenschaft entdeckte insbesondere durch die Scholastik Aristoteles wieder. Sie setzte sich kontrovers mit der Strömung der Mystik (Bernhard von Clairvaux, Hildegard von Bingen) auseinander.

◀ *Mystik und Scholastik*

← *Kaiser Otto der Große als »Magdeburger Reiter«*

Die Liebfrauenkirche zu Halberstadt ist ein Musterbeispiel romanischer Baukunst.

Zeit der Staufer Mitte des 12. Jh.s entbrannte ein Machtkampf um den Königsthron zwischen Staufern und Welfen. Die deutschen Fürsten wählten 1152 Herzog **Friedrich von Schwaben** – aus staufischem Hause und Sohn einer Welfin – zum König. Ihm gelang es, den Konflikt der beiden Adelshäuser beizulegen. Durch geschickte und zielstrebige politische Manöver gewann der 1155 zum Kaiser gekrönte Friedrich als Fried- **Friedrich** rich I. Barbarossa (reg. 1152 – 1190) die weitreichende Machtstellung **Barbarossa ▶** der ottonischen Kaiser zurück. Er führte den Terminus **»Heiliges Römisches Reich«** ein, um den gleichberechtigten Rang des deut- schen Kaisers neben dem Papst zu behaupten. Die Universalherr- schaft ließ sich aber nicht verwirklichen, da die europäischen Könige und viele Bischöfe dem Streben nach uneingeschränkter kaiserlicher Macht entschiedenen Widerstand entgegensetzten. Zudem gab es auch im Deutschen Reich freie Klöster wie **Hirsau**, die dem Kaiser entgegenwirkten.

Kreuzzüge ▶ Zwar ließ sich der christliche Herrschaftsgedanke mit den Kreuzzü- gen des 12. und 13. Jh.s nicht einlösen. Dennoch wirkte die Kreuz- zugsbewegung sehr stark auf das Abendland: Geistliche Ritterorden entstanden, der Ritterstand bildete sich heraus und es kam zu einem **vielfältigen Kultur- und Handelsaustausch mit dem Orient**. Auf dem dritten Kreuzzug 1190 starb Friedrich I. Sein Sohn, Heinrich VI. (reg. 1190 – 1197), heiratete die Normannenprinzessin Konstanze, wodurch das Deutsche Reich nun auch Sizilien mit einschloss. Nach seinem Tod 1197 erlosch die deutsche Herrschaft in Italien. Die wie- der aufbrechende Rivalität zwischen Welfen und Staufern nutzte Papst Innozenz III. dazu, seine Machtposition und den Kirchenstaat **Friedrich II. ▶** auszubauen. Friedrich II. (reg. 1212 – 1250), der Sohn Heinrichs VI., setzte sich später jedoch in einem großen Krieg durch und wurde

1215 in Aachen gekrönt. Der in Sizilien aufgewachsene König versuchte, das von Innozenz III. unter kirchenstaatliche Lehnsherrschaft gebrachte Land wieder dem Deutschen Reich anzuschließen.

Bereits 1159 hatte Heinrich der Löwe die Stadt **Lübeck** gegründet und damit die Voraussetzung für die deutsche Vormachtstellung an der Ostsee geschaffen. Der zunehmende Handel stärkte die Macht des städtischen Bürgertums, das sich zum Teil auch aus der Herrschaft des Klerus befreite. Zeichen dieses Aufstiegs sind die monumentalen Bürgerkirchen, die wie z. B. in Lübeck die Bischofskirchen an Größe und Pracht weit übertreffen konnten. Das Stadtwesen entwickelte sich mit seiner bürgerlichen Freiheit, der Marktordnung und den Zünften. In diese Zeit fällt auch der erste Versuch, Recht zu kodifizieren: Um 1230 verfasste Eike von Repgow den **»Sachsenspiegel«**, das älteste deutsche Rechtsbuch und Vorbild späterer, ähnlicher Codices.

Aufstieg der Städte

Die staufische Architektur gewann gegenüber der romanischen an Differenziertheit. Die Kirche St. Aposteln in Köln ist ein gutes Beispiel dafür, wie neue architektonische Kleinformen die schwereren romanischen Formen gliederten. In Straßburg, Magdeburg und Naumburg entstanden die frühen gotischen Dome Deutschlands, in Trier (Liebfrauenkirche) und Marburg (St. Elisabeth) die ersten einheitlichen Pfarr- und Wallfahrtskirchen nach dem neuen architektonischen Muster. Die Auseinandersetzung mit französischer Kathedralplastik lässt sich deutlich an der Skulptur der Trierer Liebfrauenkirche, dem Münster in Straßburg und dem Bamberger Dom nachvollziehen. Im Rheinland und insbesondere im Rhein-Maas-Gebiet blühte eine Kunstlandschaft außerordentlichen Ranges.

Frühgotik

Spätmittelalter

1273	Rudolf von Habsburg wird deutscher König.
1358	Gründung der Hanse
1386	In Heidelberg wird die erste Universität Deutschlands gegründet.
13./14. Jh.	Ketzerverfolgung und Inquisition
1414–1418	Die zerrüttete Kirche wird in Konstanz wieder geeint.
um 1450	Johann Gutenberg erfindet die bewegliche Letter.

In Deutschland kennzeichnete das Kräftemessen zwischen König, Fürsten und Städten das Spätmittelalter. Die **Königswahl** wurde 1257 erstmals von einem festen Gremium, den Kurfürsten, vorgenommen. Nach einigen Wirren um Könige und Gegenkönige in der Zeit des Interregnums seit 1256 kam 1273 mit Rudolf I. von Habsburg nach den Staufern wieder ein machtvoller Herrscher auf den deutschen

Seit 1273 Habsburger

Königsthron. Um die alte Machtposition des Königs wieder zu erlangen, forderte er das verloren gegangene Reichsgut wieder ein. Seine Nachfolger strebten wieder nach dem Titel des Römischen Kaisers. Karl IV. (reg. 1346–1378) verschaffte sich eine souveräne Stellung im Reich und in Bezug auf das Kräftespiel zwischen Kurfürsten und Papst. In der Goldenen Bulle ließ er 1356 die wichtigsten Elemente der **Reichsverfassung** und des **Reichsrechts** zusammenfassen. Das Kolleg der sieben Kurfürsten wurde festgelegt: Den Erzbischöfen von Mainz, Köln und Trier, dem Pfalzgrafen bei Rhein, dem Herzog von Sachsen, dem Markgrafen von Brandenburg und dem König von Böhmen war es allein vorbehalten, den deutschen König zu wählen.

1356:
Goldene Bulle ▶

Deutscher Orden Im 13. Jh. erlangte der Deutsche Orden, ein geistlicher Ritterorden nach Vorbild der Templer und Johanniter, zunehmend Bedeutung als Träger einer Missions-, Siedlungs- und Expansionsstrategie. Der Orden war nur dem Papst und dem Kaiser gegenüber verantwortlich. Sein Zentrum und Sitz des Hochmeisters, war die **Marienburg in Westpreußen**. Die Siedlungsbewegung nach Osten vollzog sich meist unter Beteiligung der einheimischen Bevölkerung. Zahlreiche Stadtgründungen im 13. Jh. gehen auf diese Aktivitäten zurück.

Weiteres Erstar-
ken der Städte Der bedeutendste Städtebund des Mittelalters, **die Hanse**, formierte sich 1358 und stellte im 14. Jh. eine Wirtschaftsmacht dar. Dabei fiel einigen Städten eine Sonderrolle zu: Köln war z. B. Zentrum der Goldschmiede und Goldschläger, Braunschweig die Stadt der Messingproduktion. Bereits im 15. Jh. neigten sich die Bünde der Städte zugunsten von einzelnen Gesellschaften ihrem Ende zu, so z. B. der **Ravensburger Handelsgesellschaft**. Die Hanse büßte einen großen Teil ihrer Macht ein: Bankhäuser in Familienhand wie das der Fugger in Augsburg wurden zu potenten wirtschaftlichen und – als Finanziers der Fürsten – auch zu politischen Faktoren.

Kirche, Ketzer,
Judentum Auch die Kirche bot kein einheitliches Bild mehr. Ausufernde Heiligenverehrung und Ketzerverfolgung durch die **Inquisition** standen zeitgleich neben dem Aufstieg der Bettelorden wie den Dominikanern seit 1216 und den Franziskanern seit 1223. Das 14. Jh. war das Jahrhundert der Mystik, die neben dem herausragenden Meister Eckhart und seinen Schülern Johannes Tauler und Heinrich Seuse maßgeblich von Frauenklöstern getragen wurde. Zentrum der Frauenmystik war das Zisterzienserinnenkloster Helfta bei Eisleben. Die Juden hatten kaum Rechte und hatten eine hohe Steuerlast zu tragen. Trotz Absonderung in Ghettos, Verfolgung und Pogromen – besonders zu Zeiten der Pestepidemien – wuchsen bedeutende jüdische Siedlungen in Mainz, Köln, Worms und Frankfurt.

Kirchenschisma ▶ Die Zerrüttung der Kirche führte 1378 zum sogenannten Großen Schisma, der Wahl zweier Päpste. Ganz Europa spaltete sich in **zwei Lager**. Im Deutschen Reich hatte das Schisma vielfältige und wechselnde Bünde von König, Fürsten und Städten zur Folge. Schließlich kam 1414 – 1418 das Konzil von Konstanz zustande, das die Kirchenspaltung beendete. Jan Hus, der tschechische Reformator, wurde 1415 in Konstanz als Ketzer verbrannt. Sein Märtyrertod löste die Erhebung der Hussiten gegen die Deutschen aus, die in die erst 1436 beendeten Hussitenkriege mündete.

◄ Konzil zu Konstanz

Gotische Formen fanden sich nun an allen wichtigen Bauten in Deutschland. Die wandernden Bauhütten verbreiteten die Fortschritte in der Bautechnik. Wesentlich war dabei die Erfindung der **seriellen Fertigung**: Man konnte die Bauten höher und lichter aufführen, die vertikale Gliederung betonter und differenzierter gestalten und durch Glasmalerei ergänzen. Ein hervorragendes Beispiel für solche filigrane Architektur ist das Turmoktogon des Freiburger Münsters (Anfang 14. Jh.). Bereits 1248 wurde mit dem Bau des Kölner Doms begonnen, einer Kathedrale, die heute als ein Meisterwerk der Hochgotik gilt. Im Norden Deutschlands entfaltete sich eine ganz eigene Spielart der Baukunst, die Backsteingotik. Die imponierenden Kirchen von Lübeck, Stralsund und Greifswald, die Marienburg und die Rathäuser von Lübeck und Stralsund zeugen davon.

Gotik

◄ Backsteingotik

Während in Italien die Kunst der Frührenaissance aufblühte, datieren aus dem 14. Jh. die ersten **Tafelbilder und Flügelaltäre** in Deutschland. Noch ganz mittelalterlichen Formen sind beispielsweise die Werke des Meisters Bertram und des Meisters Francke (beide

◄ Malerei

Ein Juwel der Backsteingotik: das Rathaus von Stralsund

Kunsthalle Hamburg) verpflichtet. Im Kölner Raum entstanden nur wenige Jahre später viel subtilere Gemälde der sogenannten Internationalen Gotik. Stellvertretend für die Kölner Schule sei hier Stephan Lochner (um 1400 – 1451) genannt. Konrad Witz (um 1400 bis um 1445) vollzog einen revolutionären Schritt, als er zum ersten Mal den imaginären Bildhintergrund durch das Abbild einer in der Natur existierenden Landschaft ersetzte. Auf dem Gebiet der Architektur und der Bildhauerei wirkte vor allem die Familie der Parler stil-bildend.

Aristoteles' Schriften bestimmten die **Wissenschaften** und verdrängten platonisches, neuplatonisches und augustinisches Gedankengut. In Köln trat Albertus Magnus (um 1200 – 1280) hervor, der die aristotelische Philosophie systematisierte und den Naturwissenschaften den Boden ebnete. **Universitäten** wurden gegründet: 1386 die Heidelberger als erste Hochschule Deutschlands, 1409 die Leipziger. Johannes Gensfleisch aus Mainz, genannt **Gutenberg** (um 1400 bis 1468), der seit ca. 1445 mit beweglichen Drucklettern experimentierte, druckte 1453 die Bibel. Schriftliche Erzeugnisse verbreiteten sich somit rasch, denn man druckte auf Papier, das das teurere Pergament verdrängte. Langsam begannen auch humanistische Ideen zu kursieren; die Scholastik verlor dagegen an Einfluss.

Großstädte entstehen | Die augenfälligste Tendenz des Spätmittelalters ist die der **sozialen Differenzierung**. Die Bevölkerungszahl wuchs stark, und es bildeten sich an den Kreuzungen der wichtigen europäischen Handelsstraßen Großstädte wie Köln, Hamburg, Lübeck und Nürnberg. Hier entwickelten sich eine eigene Kultur und ein eigenes Recht. Die Städtebünde, etwa die Hanse und der Rheinische Bund, genossen Privilegien.

Die Pest wütet ▶ | Mitte des 14. Jh.s brach die Pest über Europa herein. Die Epidemien, Hungersnöte, Kriege und Naturkatastrophen dezimierten die Bevölkerung in Europa bis Ende des 14. Jh.s um fast 50 %. Dieses Phänomen und die Landflucht führten zu »Wüstungen«, Verwahrlosung weiter Agrarflächen und zu einer Krise der Landwirtschaft.

Neuzeit

Humanismus, Reformation, Gegenreformation

1517	Beginn der Reformation
1521/1522	Luther übersetzt die Bibel.
1524/1525	Bauernkrieg
1618–1648	Im Dreißigjährigen Krieg werden ganze Landstriche verwüstet.

Im 16. Jh. entwickelten sich Augsburg, Hamburg und Danzig zu Umschlagplätzen des europäischen Binnenhandels. Politisch verloren die großen Städte gegenüber den weltlichen Fürsten jedoch an Bedeutung. Im Unterschied zu anderen europäischen Ländern, die aufgrund ihrer zentralistischen Organisation dem Absolutismus zustrebten, glich das Heilige Römische Reich Deutscher Nation einem **Flickenteppich** aus weltlichen und geistlichen Herrschaftsgebieten. Ausgehend von den österreichischen Stammlanden verstanden es die Habsburger im 16. Jh., ihren Länderbesitz durch Heirats- und Erbverträge geschickt zu mehren. Sie wuchsen so zu einer europäischen Großmacht. Als Karl V. (reg. 1519–1556) erstmals mit der Wahl zum deutschen König auch automatisch zum Römischen Kaiser gewählt wurde, herrschte das Haus Habsburg über Deutschland, Österreich, Böhmen, Ungarn, Burgund und Spanien samt dessen Eroberungen in Amerika und Asien und war damit so groß geworden, dass Schiller in »Don Carlos« vom Reich, »in dem die Sonne nicht untergeht« sprechen konnte.

Großmacht Habsburg

◄ Karl V.

Die geistesgeschichtlichen Strömungen des frühen 16. Jh.s bereiteten den Boden für die **Reformation**. Der auch in Basel und Freiburg wirkende Erasmus von Rotterdam (1466–1536) propagierte eine auf dem Neuen Testament fußende Einstellung zu Welt und Kirche. Die Bildung der Bevölkerung nahm zu, und die Städte wurden zu geistigen Zentren, in denen die humanistischen Zirkel sprossen.

Humanismus

Herausragende Künstlerpersönlichkeit dieser Zeit war der in Nürnberg lebende Albrecht Dürer (1471–1528). Neben Gemälden von abgeklärter psychologischer Intensität, Zeichnungen und Aquarellen zeugen vor allem seine grafischen Arbeiten von hoher Meisterschaft. Einer seiner Schüler, Matthias Grünewald (um 1480 bis vor 1532), brachte jenseits der intellektuellen Kunst des Melancholikers Dürer ein ganz anderes Element zu einer vollkommenen Darstellung: den leidenschaftlichen Ausdruck. Tilman Riemenschneider (um 1460 bis 1531) schuf im fränkischen Raum Schnitzaltäre und Skulpturen, die bereits das ideale Schöne betonen.

Dürer und seine Nachfolger

1517 formulierte der Augustinermönch **Martin Luther** 95 Thesen gegen Ablasswesen und päpstliche Selbstherrlichkeit, die die evangelische Bewegung auslösten. Dass Luther sich der deutschen und nicht der lateinischen Sprache bediente, erklärt auch die ungeheure Resonanz seiner Streitschrift und machte ihn zur Leitfigur der Reformation. Trotz des 1520 ausgesprochenen Bannes konnte er sich auf dem Reichstag zu Worms 1521 vor Karl V. erklären, wurde aber im Wormser Edikt von 1521 als Ketzer mit dem Reichsacht belegt. Luther zog sich ins Asyl auf die Wartburg zurück und übersetzte das Neue Testament ins Deutsche, genauer in die ihm geläufige kursächsisch-meißnische Kanzleisprache. Damit gilt er als eigentlicher Begründer der neuhochdeutschen Schriftsprache.

Martin Luther (1483-1546)

Bauernkrieg Die evangelische Bewegung wurde in den folgenden Jahrzehnten zu einer ganz Europa verändernden Kraft. In Deutschland gerieten auch soziale Unruhen wie der Ritterkrieg des Franz von Sickingen von 1522/1523 und der blutig niedergeschlagene Bauernaufstand der Jahre 1524/1525 in den Wirbel der umstürzenden Veränderungen.

Gegen-reformation Nach und nach bekannten sich viele Landesherren zur Reformation, zweifellos auch, weil ihnen die Neuordnung der Kirchen- und damit vieler Machtstrukturen gelegen kam. Das Haupt der Gegenreformation war **Kaiser Karl V.**, der die Wiederherstellung der Glaubenseinheit als eine seiner wichtigsten Aufgaben sah. Die protestantischen Reichsstände schlossen sich 1530 zum Schmalkaldischen Bund zusammen, unterlagen aber dem Kaiser 1546 – 1547 im Schmalkaldischen Krieg. Auf dem Augsburger Reichstag 1555 konnten die protestantischen Fürsten politische Autonomie und Religionsfreiheit durchsetzen. Die Bevölkerung hingegen musste die Religion annehmen, die ihr Landesherr gewählt hatte (»cuius regio, eius religio«). Auch innerhalb der katholischen Kirche konnten Reformen Fuß fassen. Hauptträger der Erneuerung war der 1534 von Ignatius von Loyola gegründete Orden der **Jesuiten**, der zum Träger der Gegenreformation wurde. Am Ende des 16. Jh.s hatten sich im Ringen von Reformation und Gegenreformation die Gewichte verteilt: Mittel- und Norddeutschland waren fast gänzlich protestantisch, West- und Süddeutschland überwiegend katholisch.

Die Künste und die Reformation Auch in den Künsten setzte sich der Glaubenskrieg fort: Bilder konnten theologische Pamphlete sein, Gedichte und Lieder dogmatische Inhalte transportieren. Im Gegensatz zur bald bilderfeindlichen evangelischen Kirche zelebrierte der Katholizismus mit dem aufblühenden Barock seine Regeneration und bezog die Künste bewusst in

Profanarchitektur ► den Kult mit ein. Im ausgehenden 16. Jh. verdrängte zunächst aber die Profanarchitektur den Sakralbau von seiner tonangebenden Stellung. Schlösser, Stadtpaläste und Rathäuser stellten die wichtigste Bauaufgabe **nachgotischer Zeit** dar. Ein Stilzusammenhang bildete sich in Deutschland allerdings nur im Nordwesten: Den Wohlstand der Bürger und des Adels im Wesergebiet zwischen Hannoversch Münden und Minden begleitete von etwa 1530 bis 1630 eine Blüte in der Architektur, die so genannte »Weserrenaissance«.

Malerei, Literatur und Musik ► Wichtig für die spätere Barockmalerei und ein Vorläufer der idealistischen Landschaftsmalerei war der Frankfurter Maler und Radierer Adam Elsheimer (1578 – 1610). Martin Opitz' (1597 – 1639) 1624 erschienenes »Buch von der deutschen Poeterey« blieb stilbildend für die Barockliteratur bis ins 18. Jh. hinein. Die erste deutsche Oper (»Dafne«) komponierte 1627 Heinrich Schütz (1585 – 1672) nach einem von Opitz übertragenen Libretto (nur dieses ist erhalten).

Johannes Kepler ► Auf wissenschaftlichem Terrain leistete der Theologe, Mathematiker und Astronom Johannes Kepler (1571 – 1630) mit seinen **Gesetzen zur Planetenbewegung** Bahnbrechendes.

Unter dem Vorwand der Verteidigung des wahren Glaubens verfolgten Fürsten und Stände eigennützige Interessen und fanden sich in Schutzbündnissen zusammen. Der Gründung der protestantischen Union von 1608 folgte 1609 die Katholische Liga. Zu ersten Kämpfen kam es in Böhmen, wo die überwiegend evangelischen Landesstände 1619 Ferdinand II. als König absetzten. Der folgende Krieg, in den die Dänen, die Spanier, die Schweden und die Franzosen eintraten, verwüstete weite Landstriche Deutschlands, ein Drittel der Bevölkerung starb, Bürger wie Bauern verarmten. Ein eindrückliches Zeugnis dieser Schreckensjahre ist der 1669 erschienene Roman »Der abenteuerliche Simplizissimus« von Hans Jakob Christoffel von Grimmelshausen (um 1622–1676).

Dreißigjähriger Krieg

1644 begannen schließlich die langwierigen Friedensverhandlungen in Münster und Osnabrück, die 1648 zum **Westfälischen Frieden** und damit zum Ende des Krieges führten. Die Bestimmungen des Friedensvertrages legten die konfessionelle und politische Landkarte Deutschlands fest und bereiteten, indem sie die kaiserlichen und päpstlichen Befugnisse einschränkten, die Grundlage für die barocke Prachtentfaltung der Fürsten.

Kühle Aufklärung, barocke Pracht: Absolutismus

1700	Gründung der Akademie der Wissenschaften in Berlin
1701	Preußen wird Königreich.
1740–1786	Friedrich der Große regiert mit strenger Hand.
18. Jh.	Deutsche Aufklärung
1756–1763	Siebenjähriger Krieg

Schon bald nach den Religionskriegen des 16. und frühen 17. Jh.s setzte sich eine kritische Distanz zu den konfessionellen Kirchen durch. Die Ziele des Staates mussten nicht mehr religiös motiviert sein, es genügte ihr Selbstzweck. Der französische König Ludwig XIV. verkörperte die neue Maxime: Das Wohl des Staates rechtfertigte alle Unternehmungen (l'état c'est moi – der Staat bin ich). Der aufkommende **Merkantilismus**, die staatliche Wirtschaftslenkung durch den Landesherrn, bewirkte eine effizientere Staatswirtschaft.

Im Reich der Sonnenkönige

Gegen Ende des 17. Jh.s bestimmte eine kleine Zahl mächtiger Fürsten die deutsche Geschichte. Vor allem im Westen und Südwesten bestand das Reich aus kleinen und kleinsten Staaten. Als Reich agierte Deutschland nur vereinzelt wie z. B. bei der Verteidigung Süddeutschlands im **Pfälzischen Krieg** (1688–1697). Die Stellung des Kaisers bemaß sich nach der Stärke seiner Hausmacht. Zu bedeutenden Territorien waren Kurbayern, Kursachsen, Kurbraunschweig-Lüneburg und Kurbrandenburg-Preußen unter dem Großen Kurfürsten Friedrich Wilhelm (reg. 1640–1688) aufgestiegen. Sie betrieben je-

Aufstieg der Regionalmächte

weils eine eigene Freundschafts- und Bündnispolitik. Bayern lehnte sich an Frankreich an, um Unterstützung gegen Österreich zu erhalten, Sachsen stellte seit 1697 den polnischen König und hatte in August dem Starken (reg. 1694–1733) die glänzende Gestalt des deutschen Barock, der Dresden zu einem Zentrum der Künste von europäischem Rang ausbaute.

Preußen und Österreich ▶ Im Laufe des 18. Jh.s stabilisierten sich **zwei Großmächte** auf deutschem Boden: Habsburg und Preußen. Letzteres war 1701 zum Königreich avanciert und seine Herrscher, allen voran König Friedrich I. und seine Gattin Sophie Charlotte, versuchten, der Residenz Berlin ähnlichen Glanz zu geben, wie ihn z. B. die Fürstenhöfe in Dresden und München verbreiteten. Friedrichs Nachfolger Friedrich Wilhelm I. verwirklichte eine konsequent absolutistische Herrschaft mit stark merkantiler Ausrichtung.

Friedrich II. der Große (Gemälde von Anton von Graff, 1781)

Um die Wende zum 18. Jh. wirkte sich der Verlust des einheitlichen christlichen Weltbildes auf das allgemeine geistige Leben aus. Vernunft, Natur und Erfahrung waren die Werte, an denen sich nun das Denken orientierte; Wissenschaft und Forschung gewannen an Gewicht. Gottfried Wilhelm Leibniz (1646–1716) gründete 1700 in Berlin eine Akademie der Wissenschaften. Der in Königsberg lehrende Philosophieprofessor Immanuel Kant (1724–1804) war der Repräsentant der **deutschen Aufklärung** schlechthin. Kern seiner Lehre war das Gebot, die vernunftbestimmte Freiheit an ein sittliches Gesetz zu binden.

Ab 1740 regierte in Preußen der erste Monarch, der die Postulate der Aufklärung politisch umzusetzen begann. Diesen König, Friedrich II. (reg. 1740 bis 1786), nann-

Friedrich der Große ten schon seine Zeitgenossen wegen seines **toleranten und weltoffenen Regierungsstils** »den Großen«. Er verkörperte die althergebrachten »preußischen« Tugenden, war aber auch Freund und Förderer der Künste und übte kraft seines Herrschaftsethos' als »erster Diener seines Staates« eine Vorbildwirkung auf andere Fürsten aus. Außenpolitisch nutzte er die von Friedrich Wilhelm I. aufgebaute militärische Macht, um in zwei Kriegen gegen seine österreichische Widersacherin Maria Theresia Schlesien in preußische Hand zu bekommen. Im Siebenjährigen Krieg konnte sich Friedrich gegen die übermächtige Allianz von Frankreich, Österreich und Russland behaupten und Preußens Existenz retten.

◄ 1756 – 1763: Siebenjähriger Krieg

Im 17. und 18. Jh. war mit den barocken Residenzen weltlicher und geistlicher Fürsten zum ersten Mal eine Art **Gesamtkunstwerk** entstanden, an dem alle Künste Anteil hatten. Eines der Paradebeispiele, die Residenz der Würzburger Fürstbischöfe, vereinte die raffinierte Architektur Balthasar Neumanns (1687 – 1753) mit Tiepolos Fresken sowie einem in den Park ausgreifenden ästhetischen Programm. Im

Barock und Rokoko

Dresden Augusts des Starken entstand aus der Zusammenarbeit von Matthäus Daniel Pöppelmann und Balthasar Permoser der Zwinger (1710 – 1732). In Berlin leitete der Bildhauer und Baumeister Andreas Schlüter ab 1699 den dortigen Schlossbau. Im habsburgischen Herrschaftsbereich im süddeutschen Raum entfaltete sich in der ersten Hälfte des 18. Jh.s die Baukunst zu außerordentlichem Reichtum. Neben Neumann beherrschten die Baumeisterfamilie Dientzenhofer, Johann Michael Fischer (1692 – 1766), die Brüder Asam und Dominikus Zimmermann die süddeutsche Architekturlandschaft. In Westfalen begründete der im Dienst von Kurfürst Clemens August von Köln stehende Johann Conrad Schlaun (1695 – 1773) eine eigene Schule **spätbarocker Profanarchitektur**.

Barocke Pracht in Gotha

Das barocke Musikleben gedieh in erster Linie an den Höfen, so z. B. an dem von Sachsen-Weimar. Auch Johann Sebastian Bach (1685 bis 1750) war hier kurze Zeit tätig, bevor er 1723 Thomaskantor und »Director musices« in Leipzig wurde. 1678 eröffnete das erste deutsche »öffentliche und populäre« Opernhaus in Hamburg. Dort kamen unter anderem die 45 Opern des Hamburger Musikdirektors Georg Philipp Telemann (1681 – 1767) zur Aufführung. Neben Bach und Georg Friedrich Händel (1685 – 1759) – Letzterer lebte seit 1712 in London – war Telemann einer der ersten deutschen Musiker von abendländischer Geltung.

Musik und Literatur

An der Schwelle zur neuen Zeit wies der bedeutendste deutsche Geist der Aufklärung, Gotthold Ephraim Lessing (1729 – 1781), lange als Bibliothekar in Wolfenbüttel tätig, der Literatur den Weg in die **Klassik**. Unter seinen Werken ist sein Plädoyer für die Toleranz, »Nathan der Weise«, wohl am besten im kulturellen Gedächtnis verwahrt.

Von Napoleon bis 1848

1786–1805/1832	Weimarer Klassik, Goethe und Schiller
1798 bis um 1830	Romantik
1806	Ende des Heiligen Römischen Reichs Deutscher Nation
1813	Sieg über Napoleon bei Leipzig
1814/1815	Wiener Kongress: Europa wird neu geordnet.
1835	Erste Bahnstrecke Deutschlands wird eröffnet.
1847	Marx und Engels verfassen das Kommunistische Manifest.
1848	Märzrevolution

Folgen der Französischen Revolution

Als das 18. Jh. zu Ende ging, hatte in England bereits die industrielle Revolution eingesetzt, die Vereinigten Staaten von Amerika waren entstanden und die Französische Revolution hatte das Zeitalter des Absolutismus beendet. Für Deutschland sollte die Machtpolitik des Generals **Napoleon Bonaparte** bestimmend werden, der sich 1799 mit einem Staatsstreich an die Spitze Frankreichs gestellt hatte.

Frankreich bestimmt die Politik

Schon vor 1800 hatte das revolutionäre Frankreich seinen Einflussbereich erheblich ausweiten können. 1801 musste das Deutsche Reich im Frieden von Lunéville alle linksrheinischen Gebiete abtreten.

Der **Reichsdeputationshauptschluss** von 1803 untermauerte den Vertrag von Lunéville und bedeutete das Ende zahlreicher deutscher Kleinstaaten sowie die weitgehende Auflösung des Kirchenbesitzes. Danach schuf sich Napoleon, seit 1804 Kaiser der Franzosen, ein System von Vasallenstaaten, indem er 16 süd- und westdeutsche Fürstentümer 1806 im Rheinbund zusammenschloss und das Protektorat übernahm. Indem er sie für souverän erklärte, erreichte er, dass sie aus dem Reichsverband austraten. Bayern und Württemberg erhob er gar zu Königreichen. Das Heilige Römische Reich Deutscher Nation erlosch, als Kaiser Franz II. 1806 daraufhin die Reichskrone niederlegte. Deutschland war in drei Parteien zerfallen: Die Rheinbundstaaten waren an das Empire gebunden und ordneten zumindest in Süddeutschland ihre Staatsorganisation nach französischem Vorbild. Österreich, das seine Gebiete in Schwaben und am Oberrhein verloren hatte, geriet unter Franz II. zum Polizeistaat. Preußen, das sich 1806 gegen Frankreich erhoben hatte, wurde vernichtend geschlagen und entging nur durch russischen Einspruch der völligen Auflösung.

Napoleon wird besiegt

Die neue Staatsauffassung vom mitbestimmenden Bürger erklärt ebenso wie das aufkeimende Nationalbewusstsein, warum eine Welle des Widerstands durch die deutsche Bevölkerung ging, als Frankreich 1812 gegen Russland zu Felde zog und dabei zahlreiche Truppenkontingente der von ihm abhängigen Staaten seiner Grande Armée einverleibte. Jedoch erst als diese im russischen Winter untergegangen war, standen fast alle deutschen Staaten gegen Napoleon auf, angeführt von Preußen, das sich 1813 mit Russland verbündete. Mit vereinten Kräften gelang im Oktober 1813 in der **Völkerschlacht bei Leipzig** der Sieg über die französischen Truppen. Noch einmal aber setzte der bereits verbannte Napoleon an, Europa zu erobern, doch wurde er 1815 bei **Waterloo** vor den Toren Brüssels von einer Allianz der Engländer, Preußen und Niederländer endgültig geschlagen.

Alljährlich wird mit Trommelwirbel und Pulverdampf an die Völkerschlacht bei Leipzig erinnert.

Große Wirkung auf die Künste hatten die Schriften des deutschen Altertumsforschers Johann Joachim Winckelmann (1717 – 1768). Seine »Gedanken über die Nachahmung der griechischen Werke in der Malerei und Bildhauerkunst« von 1755 legten die theoretische Basis zur klassizistischen Kunst. Was die Architektur anbetraf, konnten Baumeister wie Karl Friedrich Schinkel (1781 – 1841), Leo von Klenze (1784 – 1864) und Friedrich von Gärtner (1792 – 1847) den neuen Stil erst in den nachnapoleonischen Jahren verwirklichen. Kunstzentren waren **Berlin und München**, wo die bemerkenswertesten Bauten entstanden: in Berlin die Neue Wache Unter den Linden (1817 / 1818) und das Alte Museum (1824 – 1828), beide von Schinkel, in München Gärtners Ludwigstraße (1832 – 1843) und die Glyptothek (1816 – 1834) von Klenze. In Berlin wirkten in dieser Zeit auch die Bildhauer Johann Gottfried Schadow (1764–1850) und Christian Daniel Rauch (1777–1857). Für viele deutsche Maler wurde Rom zum Mittelpunkt ihres Schaffens. Um den dort lebenden Anton Raphael Mengs (1728 – 1779) scharte sich ein Kreis von Künstlern und Gelehrten.

Klassizismus

Johann Wolfgang von Goethe (1749 – 1832) wurde auf seiner ersten Italienreise (1786 – 1788) von klassizistischem Gedankengut beeinflusst. Damals hatten er und Friedrich Schiller sich schon mit ihren »Sturm und Drang«-Dichtungen – allen voran Goethes »Werther« – einen Platz in der Literaturgeschichte gesichert. Besteht Schillers Werk im Wesentlichen aus literarischen Arbeiten und ästhetischen Schriften, so war Goethe universeller Gelehrter schlechthin. Sowohl auf wissenschaftlichem Gebiet (Farbenlehre, 1810) und im politisch-

Weimarer Klassik

◀ Goethe und Schiller

administrativen Bereich (seit 1779 Geheimer Rat am Weimarer Hof) wie als Dichter war er in ähnlicher Weise produktiv. Dass am Hof des kleinen Staates Sachsen-Weimar-Eisenach ein literarisch-wissenschaftlicher Kreis heimisch werden konnte, der eine ganze Epoche, die Klassik, prägte, ist der Herzogin Anna Amalia (1739–1807) und ihrem Sohn Carl August (1757–1828) zu verdanken.

Auch die Musikgeschichte nennt die Epoche des ausgehenden 18. Jh.s die klassische – gemeint ist damit die Blütezeit der Wiener Klassik. Historisch bedeutsam war jedoch auch Christoph Willibald Gluck (1714–1787), der mit »Orpheus und Eurydike« die Barockoper durch eine moderne, dramatischere Form ablöste.

Restauration und Revolution

Wiener Kongress Unter Federführung Englands und Österreichs wurde auf dem Wiener Kongress 1815 eine **europäische Friedensordnung** verabschiedet, die in etwa die Verhältnisse vor Napoleon wiederherstellte. Die linksrheinischen Gebiete blieben indessen bei Frankreich. Preußen und Österreich orientierten sich neu: Preußen wuchs westlich nach Deutschland hinein, Österreich richtete sich nach Südosten aus. Die 38 deutschen Einzelstaaten schlossen sich zum **Deutschen Bund** zusammen. Zentrales Organ wurde der Bundestag in Frankfurt. Österreich hatte hier den Vorsitz und betrieb im Sinne des Staatskanzlers Fürst von Metternich eine entschieden reaktionäre Innenpolitik.

Karlsbader Beschlüsse Die im Kampf gegen Napoleon entstandenen Hoffnungen auf Einheit und Freiheit Deutschlands waren in der Restauration enttäuscht worden. Ein Teil der Studenten gründete patriotische Burschenschaften, die gegen die Restaurationspolitik aufbegehrten. Fürst von Metternich nutzte die studentische Strömung und insbesondere den Mord an dem reaktionären Schriftsteller August von Kotzebue, um 1819 mit den Karlsbader Beschlüssen liberale Tendenzen zu unterbinden. Die Burschenschaften wurden verboten, die Universitäten überwacht, die Zensur verschärft. Erst als 1830 in Frankreich, Belgien und Polen bürgerliche Revolutionen einsetzten, erhielten auch in Deutschland die unterdrückten politischen Bewegungen neuen Auftrieb und äußerten sich 1832 im **Hambacher Fest**. Die Presse erlangte gerade in der Zeit der Reaktion besondere Bedeutung, als Pressefreiheit zum Inbegriff politischer Freiheit wurde. Außer modifizierten Verfassungen in einigen Kleinstaaten änderte sich jedoch wenig im Reich. Der aus bitterster Not angezettelte Aufstand der schlesischen Weber wurde 1844 blutig niedergeschlagen.

Märzrevolution Die Revolution erfasste 1848 schließlich doch noch die deutschen Staaten. Dabei vermochten sich genau wie in Frankreich nicht die sozialrevolutionären Kräfte durchzusetzen. Vielmehr focht eine **bürgerliche Mittelschicht** um ihre Forderungen: Pressefreiheit, Schwurgericht, Koalitionsfreiheit, Volksbewaffnung und gesamtdeutsches Parlament. Preußens König (1840–1861) Friedrich Wilhelm IV. versuchte, sich selbst an die Spitze der nationalen Bewegung unter dem neuen schwarz-rot-goldenen Banner zu setzen.

Nur ein knappes Jahr sollte der erste Versuch andauern, dem Deutschen Reich eine Verfassung zu geben. Nachdem im Mai 1848 die **Nationalversammlung** zu diesem Zweck in der Frankfurter Paulskirche tagte, bewirkte die Ablehnung der Kaiserkrone durch Friedrich Wilhelm IV. eine Radikalisierung der Volkserhebung. Preußische Truppen schlugen im Frühjahr 1849 den badisch-pfälzischen Aufstand rücksichtslos nieder. Die nationale Revolution war gescheitert, das Bürgertum wandte sich nach politischen nun wirtschaftlichen Zielen zu. Zehntausende der unteren Schichten wanderten aus.

◀ Paulskirche

Zwischen Preußen und Österreich hatte sich der Konflikt um die Führungsrolle in Deutschland verschärft. Mitte des 19. Jh.s begünstigte die voranschreitende Industrialisierung und die Freihandelspolitik in Preußen dessen Machtposition.

Im ersten Drittel des 19. Jh.s schritt vor allem der **Ausbau der Verkehrswege** rasch voran. Seit 1816 gab es Dampfschiffe. Preußen gewann in dieser Zeit durch eine geschickte Handelspolitik wirtschaftlich und politisch an Gewicht. Es initiierte 1834 die Gründung des **Deutschen Zollvereins**, eine Etappe auf dem Weg zum Nationalstaat. Der allmähliche Übergang zur Massenproduktion und das dadurch bedingte Entstehen einer neuen gesellschaftlichen Schicht förderte sozialreformerische und sozialistische Theorien. 1847 verfassten Karl Marx und Friedrich Engels das »Kommunistische Manifest«.

Industrialisierung

◀ 1847: Kommunistisches Manifest

Unter den Künstlern der Romantik seien u. a. Novalis (1772–1801) und Joseph von Eichendorff (1788–1857) genannt. Romantische Tendenzen wie das Interesse für die Überlieferung von Märchen und Sprache – insbesondere bei den Gebrüdern Grimm (»Kinder- und Hausmärchen« 1812–1815, Deutsches Wörterbuch 1854) – sind als Versuch zu verstehen, auch auf literarisch-sprachlichem Gebiet eine **nationale Identität** zu stiften. Die Vertreter der Vormärzliteratur wie Ferdinand Freiligrath (1810–1876) agierten dagegen direkt. Eine Sonderstellung unter den Literaten nahm Heinrich Heine (1797 bis 1856) ein, der selbst mit romantischen Dichtungen begonnen hatte, aber dann die deutschen Verhältnisse mit einer spöttischen Lyrik und Prosa bedachte.

Romantik

Noch immer waren die Stätten der Antike Anziehungspunkte für deutsche Künstler. Zu den »Deutschrömern« zählten Maler wie Anselm Feuerbach (1829–1880), der die klassizistische Tradition fortführte, aber auch der Kreis der Nazarener, die sich gegen den akademischen Stil wandten. In Deutschland dominierten zwei norddeutsche Künstler die Malerei der Romantik: Philipp Otto Runge (1777 bis 1810) und Caspar David Friedrich (1774–1840).

Gottfried Semper ► Die Abkehr vom Klassizismus regte Gottfried Semper (1803–1879) an. Er propagierte eine an den Formen der Renaissance geschulte Monumentalarchitektur (Dresdner Oper, 1838–1841).

Beethoven ► In der Musik stand Ludwig van Beethoven (1770–1827) als Mittler zwischen Klassik und Romantik. Er eröffnete neue Dimensionen, indem er die Orchester für seine Sinfonien erweiterte und in seinem Spätwerk die Melodik aufzulösen begann. Clara Schumann (1819–1896), Robert Schumann (1810–1856) und Felix Mendelssohn-Bartholdy (1809–1847) vertreten die romantische Musik.

Kaiserreich

1862	Otto von Bismarck wird preußischer Ministerpräsident.
1866	Norddeutscher Bund
1870/1871	Deutsch-Französischer Krieg
1871	Ausrufung des Kaiserreichs in Versailles
um 1880	Einführung der Kranken- und Altersversicherung
1885	Daimler und Benz bauen die ersten Benzinmotoren.
1906	Albert Einstein formuliert die Relativitätstheorie.

Norddeutscher Bund Unter Ministerpräsident Otto von Bismarcks zielstrebiger Machtpolitik erlangte Preußen die Vormacht in Norddeutschland, als sich der Deutsche Bund infolge des Preußisch-Österreichischen Kriegs 1866 auflöste. Alle Staaten nördlich des Mains wurden in diesem Jahr im Norddeutschen Bund zusammengeschlossen. Er war schon in seiner Verfassung darauf angelegt, lediglich **Durchgangsstufe zu einem geeinten Deutschland** zu sein.

Deutsch-Französischer Krieg Der französische Kaiser Napoleon III. befürchtete die Hegemonie Preußens über Europa und forderte daher einen Verzicht des Erbprinzen von Hohenzollern auf die spanische Thronkandidatur. Diese Prestigefrage löste den von beiden Lagern erwarteten und vorbereiteten Krieg aus, der in Deutschland als **Nationalkrieg** begriffen wurde. Die süddeutschen Staaten beteiligten sich ohne Zögern; Frankreich wurde geschlagen.

Kaiserreich Bismarck nutzte die nationale Begeisterung im siegreichen Deutschland und konnte die süddeutschen Staaten bewegen, zusammen mit den Ländern des Norddeutschen Bundes das Deutsche Reich zu bilden. Am 18. Januar 1871 wurde der preußische König Wilhelm im Spiegelsaal des Schlosses von Versailles als Wilhelm I. zum Deutschen Kaiser proklamiert. Unter der Regie des Reichskanzlers Bismarck vollzog sich die **rechtliche und wirtschaftliche Vereinheitlichung** im Deutschen Reich.

Die Jahre bis 1890 bestimmten die Auseinandersetzung zwischen Staat und Kirche **(Kulturkampf)** und die Furcht konservativer Kreise vor revolutionärer Veränderung. Sowohl die Sozialistengesetze von 1878, die die sozialdemokratischen Organisationen und Zeitungen verboten, wie auch die Sozialgesetze der 1880er-Jahre (Kranken-, Unfall-, Alters- und Invalidenversicherung) waren primär dazu gedacht, die sozialen Krisenherde zu dämpfen und politischer Gefahr von links vorzubeugen.

Gründerjahre

Die sich rasant entwickelnde Industrie verstärkte die **Urbanisierung**. Der Verkehr erreichte eine neue Größenordnung: 1879 fuhren in Berlin die ersten elektrischen Straßenbahnen. Die Schwerindustrie erlebte einen Aufschwung durch die Optimierung der Stahlherstellung und den riesigen Bedarf im Verkehrswesen und in der Rüstung. Die chemische Großindustrie war ab 1880 führend auf dem Weltmarkt. Wirtschaftliche Verflechtung, Kartelle und die Macht der Banken nahmen Ende des 19. Jh.s im Zeichen eines ungehemmten Kapitalismus zu.

Fin de siècle

Zwei markante Persönlichkeiten repräsentieren das zu Ende gehende 19. Jh.: **Friedrich Nietzsche** (1844 – 1900) und **Richard Wagner** (1813 bis 1883). Der Philosoph entwickelte eine Lehre, in der er den Menschen von zwei Prinzipien geleitet sah: dem apollinischen (Ordnung und Harmonie) und dem dionysischen (Rausch und Ursprünglichkeit). Die christliche Welt setze diesem Lebenswillen moralische Grenzen, aus denen es sich zu befreien gelte. In Wagners Musikdramen erkannte er eine Erfüllung dieser lebensbejahenden Utopie.
Obwohl eine breite Schicht lieber Fortsetzungsromane der Zeitschrift »Die Gartenlaube« oder Eugenie Marlitts Romane las, boten die Werke von **Theodor Fontane** (1819 – 1898) ein genaueres Bild der Zeit. Wer etwas über das Leben der unteren Gesellschaftsschichten erfahren wollte, griff zu den naturalistischen Dramen Gerhart Hauptmanns (1862 – 1946).

Kolonialfrage

Ende des 19. Jh.s trat in Deutschland die Kolonialfrage immer mehr ins Zentrum der öffentlichen Diskussion. Kolonien – die Deutschland fehlten – wurden als wirtschaftliche Existenzgrundlage betrachtet, aber auch als Demonstration nationaler Größe verstanden. Durch seinen schwankenden außenpolitischen Kurs gelang es Deutschland nicht, über den Dreibund (Deutsches Reich, Österreich-Ungarn, Italien) hinaus Bündnispartner zu gewinnen; England und Frankreich sowie England und Russland dagegen näherten sich einander an.

Technischer Fortschritt

Die Entwicklung in Wissenschaft und Technik schritt immer schneller voran. Albert Einsteins (1879 – 1955) **Relativitätstheorie** aus dem Jahre 1906 und Max Plancks (1858 – 1947) Beiträge zur **Quantenphysik** seit 1900 veränderten die Physik von Grund auf. 1885 bauten

Schmitt-Rottluff-Gemälde in Chemnitzer König-Albert-Museum

Gottlieb Daimler (1834 – 1900) und Carl Benz (1844 – 1929) unabhängig voneinander die ersten **Benzinmotoren**.

Expressionismus Noch wirkte in Deutschland der französische Impressionismus bei Malern wie Max Liebermann (1847 – 1935) nach, da entstand eine ganz neue Kunst, der Expressionismus. Besonders in der Münchner Künstlergruppe **»Der Blaue Reiter«**, zu der Wassily Kandinsky (1866 – 1944), Paul Klee (1879 – 1940), Gabriele Münter (1877 bis 1962) und Franz Marc (1880 – 1916) gehörten, wurde dieser Stil entwickelt. Sein Pendant war der Dresdner Kreis **»Die Brücke«** mit Ernst Ludwig Kirchner (1880 – 1938), Otto Müller (1874 – 1930), Erich Heckel (1883 – 1970) und Karl Schmidt-Rottluff (1884 – 1976).

Zeit der Weltkriege

1914 – 1918	Erster Weltkrieg
1918	Novemberrevolution, der Kaiser dankt ab.
1919	Weimarer Republik
1924	Adolf Hitler schreibt »Mein Kampf«.
1929	Weltwirtschaftskrise
1930 – 1933	Die Massenarbeitslosigkeit nimmt zu.
30. Januar 1933	Hitler wird Reichskanzler.

Erster Weltkrieg In einer Atmosphäre des sich steigernden Imperialismus, des englisch-deutschen Gegensatzes und der nationalistischen Bestrebungen vor allem im Vielvölkerstaat Österreich-Ungarn wurden am 28. Juni

1914 der österreichische Thronfolger Franz Ferdinand und seine Gattin im serbischen Sarajevo ermordet. Am 28. Juli erklärte Österreich Serbien mit deutscher Rückendeckung den Krieg, Deutschland folgte mit der Kriegserklärung an Russland am 1. August und an Frankreich am 3. August, England trat am 4. August in den Krieg ein. Die Schrecken des Ersten Weltkrieges waren vor allem die **ungeheuren Materialschlachten**, der sich bald ergebende Stellungs- und Grabenkrieg und der »uneingeschränkte U-Boot-Krieg«. Aufgrund wiederholter Versenkung neutraler, auch US-amerikanischer Schiffe traten 1917 die USA in den Krieg ein. Im Sommer 1918 zwang die Offensive der Alliierten an der Westfront die deutschen Truppen zum Rückzug. Die Oberste Heeresleitung erklärte die Weiterführung des Kriegs für aussichtslos. Im November 1918 wurde der Waffenstillstand zwischen Deutschland und den Alliierten geschlossen. Deutschland musste im 1919 unterzeichneten Versailler Vertrag harte Friedensbedingungen akzeptieren, die die deutsche Wirtschaft lange beeinträchtigen und durch die provozierten Revanchegedanken einer der Gründe für den Aufstieg des Nationalsozialismus sein sollten.

Die Novemberrevolution im kriegsmüden Deutschland ging 1918 von Matrosen der Hochseeflotte aus, die sich weigerten, in diesem Stadium des Kriegs noch auszulaufen. In den Küstenstädten bildeten sich Soldatenräte, denen es zusammen mit kurz darauf entstandenen Arbeiterräten gelang, Menschen gegen die Monarchie zu mobilisieren. Am 9. November 1918 verzichtete Kaiser Wilhelm II. auf den Thron, der Sozialdemokrat Philipp Scheidemann rief in Berlin die Republik aus, die Regierungsgeschäfte übernahm der SPD-Vorsitzende **Friedrich Ebert** (1871–1925). Dieser zog die Oberste Heeresleitung auf seine Seite. Dadurch gelang es ihm, die im Spartakusaufstand für eine Räterepublik kämpfenden linksradikalen Soldaten und andere Gruppen auszuschalten und Wahlen zu einer Nationalversammlung durchzusetzen. **Ausrufung der Republik**

Weimarer Republik

Die Nationalversammlung trat am 6. Februar 1919 in Weimar zusammen und verabschiedete eine Verfassung, die auf der starken Position des vom Volk gewählten Reichspräsidenten basierte und ein Verhältniswahlrecht ohne Hürden vorsah, das die Zersplitterung der Parteienlandschaft begünstigte. Die **desolate Nachkriegswirtschaft** bewirkte ab 1922 eine rapide ansteigende Inflation, doch 1923 kam es mit Einführung der Rentenmark zur Konsolidierung der Währung. Aber gerade in diesem Jahr erhob der Nationalsozialismus mit dem gescheiterten Hitler-Putsch vom 9. November in München zum ersten Mal sein Haupt. Während der dafür verhängten Haftstrafe schrieb Hitler in Landsberg am Lech »Mein Kampf«. **Inflation und Putschversuche**
Auf der Konferenz von Locarno 1925 gelang vor allem Außenminister Gustav Stresemann (1878–1929) der Ausgleich mit dem Westen.

1926 wurde das Deutsche Reich in den **Völkerbund** aufgenommen, wodurch es gleichberechtigt in den Kreis der Großmächte aufrückte. Schließlich erklärte sich Frankreich 1932 mit der einmaligen Restzahlung von drei Milliarden Reichsmark einverstanden.

Die »Goldenen Zwanziger« ▶ Zum ersten Mal traten in Deutschland auch **Massenphänomene** in Erscheinung: Die sozialen Klassen tendierten zu Nivellierung, ganze Gesellschaftsschichten verarmten. Eine populäre Kultur brachte Sport-, Schlager- und Filmstars hervor. Mit den Filmen von Fritz Lang (1890 – 1976) und Friedrich W. Murnau (1896 – 1931) verlor das Kino seinen Jahrmarktscharakter. Eine Kunstrichtung der Weimarer Jahre schien gerade dieses Etikett als Banner vor sich herzutragen: DADA. Tatsächlich sind die Kunstwerke Hans Arps (1887 bis 1966) und Kurt Schwitters' (1887 – 1948) als Absage an die bürgerliche Kunst wie auch als Jux zu verstehen.

Bauhaus ▶ Stark engagiert setzte ein anderer Kreis von Künstlern ganz andere Prioritäten. Den Lehrern am Weimarer und später am Dessauer Bauhaus ging es darum, den Gegensatz zwischen hoher und angewandter Kunst aufzuheben. Zu ihnen gehörten Architekten wie Walter Gropius (1883 – 1969) und Ludwig Mies van der Rohe (1886 bis 1969), Maler wie Paul Klee (1879 – 1940), Oskar Schlemmer (1888 bis 1943) und Lyonel Feininger (1871 – 1956), Lichtkünstler und Fotografen wie László Moholy-Nagy (1895 – 1946) sowie Designer wie Wilhelm Wagenfeld (1900 – 1990) und Marcel Breuer (1902 – 1981).

Literatur, Malerei ▶ In der Literatur etablierte sich nach den großen ambitionierten Romanen von Thomas Mann und Alfred Döblin eine **»Neue Sachlich-**

Bauhaus-Architektur in Dessau. Im Bild: das Ausflugslokal »Kornhaus«

keit« genannte Richtung, die Gesellschaftskritik mit Witz und Spott mischte. Kurt Tucholsky (1890–1935), Erich Kästner (1899–1974) und Mascha Kaléko (1907–1975) sind hier die herausragenden Exponenten, denen die Maler Otto Dix (1891–1969) und George Grosz (1893–1959) sowie der Publizist Carl von Ossietzky (1889 bis 1938) mit seiner »Weltbühne« zur Seite standen.

Die Zwanzigerjahre brachten auch dem **Theater** neue Impulse: Erwin Piscator (1893–1966) konnte sein »Proletarisches Theater« an der Volksbühne in Berlin weiterführen, Max Reinhardt (1873–1943) experimentierte mit neuen Formen der Inszenierung, und Bertolt Brecht (1898–1956) entwickelte das **Epische Theater**.

Der große Börsenkrach an der Wall Street führte 1929 durch die internationalen Kreditverflechtungen zur **Weltwirtschaftskrise**. In Deutschland wurde die Erschütterung der bisherigen staatlichen und wirtschaftlichen Systeme zur Geburtsstunde einer gezielten Konjunkturpolitik, denn das freie Spiel trug die Wirtschaft nicht mehr. Staatliche Eingriffe wurden notwendig. **Konjunkturpolitik**

Der Anfang der Zwanzigerjahre in Italien aufgekommene Faschismus beeinflusste mit den Elementen einer allmächtigen Partei, dem Führerkult und dem Gemeinschaftsmythos andere nationalistische und antiliberale Strömungen in Europa. Nach faschistischem Vorbild hatte auch Adolf Hitler die NSDAP, nachdem sie 1925 wieder neu gegründet worden war, zu einer militanten Kaderpartei geformt. **Faschismus**

Der spezielle Wahn des deutschen Nationalsozialismus lag in der **Rassenlehre**, die Hitler in seinem 1924 in der Festungshaft geschriebenen Werk »Mein Kampf« ausführte. Die Eroberung neuen »Lebensraums« für die »arischen Herrenmenschen« war hier mit den Konsequenzen des Holocaust schon deutlich vorgezeichnet.

Das ohnehin nicht stark verankerte parlamentarisch-demokratische System geriet durch ständigen Parteienhader und damit wechselnde Regierungen zunehmend in Misskredit und begünstigte Parteien wie die NSDAP, die dieses System ablehnten, aber, solange es ihnen nützte, daran teilnahmen. Zwischen 1930 und 1933 nahm die **Massenarbeitslosigkeit** ständig zu und wurde zum Hauptproblem der Regierungen Brüning, Papen und von Schleicher, die sich z. T. mangels Mehrheiten im Parlament auf den seit 1925 amtierenden Reichspräsidenten Hindenburg (1847–1934) stützten und ihr Heil in Neuwahlen suchten. Die aber brachten auch keine Klarheit – bis auf eine: In den Wahlen 1930 und 1932 machte die NSDAP einen gewaltigen Sprung nach vorn und stieg zu einem gewichtigen politischen Faktor auf. Aus den Novemberwahlen 1932 ging die NSDAP als stärkste Partei hervor, doch noch lehnte es Hindenburg ab, Hitler zum Reichskanzler zu ernennen. Die Regierung Kurt von Schleichers trat jedoch im Januar 1933 zurück, und jetzt, am 30. Januar 1933, übertrug Hindenburg die Macht an den »böhmischen Gefreiten« Hitler. **Die Demokratie bröckelt**

Das Dritte Reich

27. Februar 1933	Der Reichstag brennt.
ab März 1933	Die NSDAP wird alleinige Macht im Staat, Boykott jüdischer Geschäfte.
1935	»Nürnberger Gesetze« entrechten die Juden.
1936	Olympische Spiele in Berlin
9./10. Nov. 1938	Pogromnacht
1939 – 1945	Zweiter Weltkrieg
20. Juli 1944	Attentat auf Hitler scheitert.
8. Mai 1945	Deutschland kapituliert bedingungslos.

Der Weg in die Diktatur

Der **Reichstagsbrand** vom 27. Februar 1933 verschaffte den Nationalsozialisten Gelegenheit, politische Gegner auszuschalten. Die Reichstagswahl vom 5. März 1933 brachte Hitler und seinen rechtsnationalen Partnern den Sieg. Nun war der Weg in die Diktatur vollends beschritten: Am 23. März entledigte sich die Regierung mit dem **Ermächtigungsgesetz** der Kontrolle durch den Reichstag, am 1. April wurden jüdische Geschäfte boykottiert, am 2. Mai die Gewerkschaften liquidiert, am 10. Mai brannten die Bücher verfemter Autoren, im Juni und Juli 1933 wurden die Parteien bis auf die NSDAP aufgelöst. Kultur und Wissenschaft trockneten unter der Herrschaft des Propagandaministers Goebbels förmlich aus. Wer in der Kunst als »entartet« bezeichnet wurde, zog sich entweder ins innere Exil zurück oder flüchtete ins Ausland. Es blieben die monumentale Aufmarscharchitektur eines Albert Speer (1905 – 1981) und Arno Brekers (1900 – 1991) heroische Skulpturen vom »Herrenmenschen«.

Rüstung als Wirtschaftsmotor

Nach Jahren der Depression florierte die Wirtschaft nun wieder, aber die Konjunktur war eine **künstliche**. Arbeitsbeschaffungsmaßnahmen und Hochrüstung führten zu einer immensen Verschuldung – auch aus wirtschaftlichen Gründen war der Weg in den Krieg vorgezeichnet. Gleichzeitig gab sich das »Dritte Reich« nach außen als weltoffene Großmacht. Dieses Bild sollten die Olympischen Spiele von 1936 in Berlin und Garmisch-Partenkirchen vermitteln.

Der SS-Staat

Seit der Ausschaltung der SA als Machtfaktor im Juni 1934 herrschte der SS-Staat. Das bedeutete äußersten **Staatsterror**; jeder Einzelne war in seiner individuellen Freiheit gefährdet, die Konzentrationslager drohten. In besonderem Maße galt diese Schreckensherrschaft für Juden. 1935 wurden die **»Nürnberger Gesetze«** erlassen, die die Entrechtung der Juden weiter verschärften. In der Nacht vom 9. auf den 10. November 1938, der sog. »Reichskristallnacht«, brannten in ganz Deutschland die Synagogen und gaben das Signal zur systematischen Vernichtung der jüdischen Bevölkerung. Erzwungene Auswan-

Judenverfolgung ►

Pogromnacht ►

derung und die »Arisierung« von Geschäften und Vermögen begannen. Die »Endlösung der Judenfrage«, der **Holocaust**, wurde auf der Berliner Wannsee-Konferenz im Januar 1942 organisatorisch besiegelt. 6 Mio. europäische Juden wurden im Dritten Reich ermordet. Der Plan zur Ausrottung »unwerten Lebens« traf außer Juden auch Behinderte, Geisteskranke sowie Sinti und Roma.

Widerstand regte sich früh vor allem bei der **Linken** und bei Teilen der **Kirchen**; ein Umsturz schien bald aber nur noch dem Militär möglich. Versuche scheiterten jedoch, wie z. B. das späte Attentat auf Hitler am 20. Juli 1944. Auch pazifistische Aktionen schlugen fehl. Mitglieder der »Weißen Rose«, einer Münchner Gruppe von Studentinnen und Studenten, wurden 1943 verhaftet und hingerichtet. **Widerstand**

Hitlers territorialen Forderungen boten die Großmächte zunächst keinen Einhalt. Sie versuchten mit ihrer Strategie des **»appeasement«**, Deutschlands Forderungen in gewissem Umfang nachzugeben und den Frieden um fast jeden Preis zu erhalten, provozierten damit letztendlich aber nur neue Forderungen des zum Krieg entschlossenen Hitler. Nach dem Anschluss Österreichs im März 1938, der Abtrennung Sudetendeutschlands von der Tschechoslowakei im September 1938 und der »Zerschlagung der Resttschechei« im Früh- **Zweiter Weltkrieg**

Berlin im Jahre 1945: Große Teile der Stadt waren zerstört.

jahr 1939 war jedoch auch für Frankreich und England die Geduld zu Ende, als Hitler am 1. September 1939 deutsche Truppen in Polen einmarschieren ließ: Der Zweite Weltkrieg begann.

Zunächst verzeichneten Deutschland und das mit ihm verbündete Italien große Landgewinne: Polen, Norwegen, Dänemark, Frankreich und die Beneluxstaaten wurden in »Blitzkriegen« überrollt. Zur Unterstützung des Bundesgenossen Italien dehnte Hitler den Krieg auf Jugoslawien, Griechenland und Nordafrika aus. Am 22. Juni 1941 löste er den Angriff auf die Sowjetunion aus. Als das seit 1940 mit Deutschland und Italien paktierende Japan am 7. Dezember 1941 den US-amerikanischen Hafen Pearl Harbor auf Hawaii bombardierte, erklärte Hitler auch den USA den Krieg.

Auschwitz ► Vor allem im Osten brachten die deutschen Eroberer dabei im Zeichen der Blut-und-Boden-Ideologie und des Antisemitismus schlimmstes Leid über die Zivilbevölkerung. Im besetzten Polen wurden die Todesfabriken betrieben, deren Namen – Auschwitz, Sobibor, Treblinka, Majdanek, Chelmno und Belzec – für den **Tod von Millionen von Menschen** stehen.

Bombenkrieg ► Die Kapitulation der 6. Armee in Stalingrad im Februar 1943 markierte den Wendepunkt des Kriegs. An der Westfront kam die Wende mit der Landung alliierter Truppen in der Normandie am 6. Juni 1944. Aus beiden Richtungen rückten nun die Truppen der Alliierten nach Deutschland vor. Der Bombenkrieg vernichtete einen großen Teil der deutschen Städte und forderte Hunderttausende von Toten. Die **bedingungslose Kapitulation** wurde schließlich am 8. Mai 1945 unterzeichnet.

Geteiltes Deutschland

Unmittelbare Nachkriegszeit

1945	Potsdamer Abkommen, Deutschland wird geteilt.
23. 5. 1949	Gründung der Bundesrepublik Deutschland
7. 10. 1949	Gründung der Deutschen Demokratischen Republik

Vier Besatzungszonen ► Das **Potsdamer Abkommen** vom August 1945 teilte Deutschland in vier Zonen, wobei der Sowjetunion von vornherein ein anderes Zugriffsrecht auf die Ostzone (Demontage von Industrieanlagen) zugesprochen worden war. Auch die Westgrenze Polens (Oder-Neiße-Linie) und die Umsiedlung der Deutschen aus Ostpreußen, Pommern und Schlesien waren darin beschlossen. Mitte 1947 legte der US-amerikanische Außenminister George C. Marshall ein Programm zum Wiederaufbau der europäischen Wirtschaft vor. 1948 folgte die **Währungsreform** in den drei Westzonen, die schon zu großen Teilen föderativ gegliedert waren.

Die Differenzen zwischen der Sowjetunion und den drei Westmächten traten nach Kriegsende deutlich hervor. Der Eiserne Vorhang trennte bald nicht nur Deutschland, sondern die Welt. 1947 markierte dann die von den USA ausgegebene Doktrin des »containment«, die **Eindämmung sowjetischer Einflussnahme**, den Beginn des Kalten Krieges.

Deutschland im Kalten Krieg

Mitte 1948 gaben die USA, Großbritannien und Frankreich den Ministerpräsidenten der westdeutschen Länder den Auftrag, die Gründung einer **demokratischen Republik** vorzubereiten. Mit der Verkündung des Grundgesetzes am 23. Mai 1949 entstand die Bundesrepublik Deutschland, im August desselben Jahres fanden die ersten Wahlen zum Bundestag statt. Theodor Heuss (1884 – 1963) wurde erster Bundespräsident, Konrad Adenauer (1876 – 1967) erster Bundeskanzler.
In der Sowjetischen Besatzungszone war bereits 1945 der Großgrundbesitz enteignet und bis 1948 die Industrie verstaatlicht worden. Im Dezember 1947 wurde der Deutsche Volkskongress gewählt, aus dem wiederum der Deutsche Volksrat hervorging. Dieser verabschiedete am 7. Oktober 1949 die Verfassung der Deutschen Demokratischen Republik.

BRD und DDR

Zwei deutsche Staaten

Seit 1949 gab es in Deutschland nun zwei Staaten, die beanspruchten, ganz Deutschland zu repräsentieren. Hinzu kam das in vier Sektoren geteilte Berlin, das immer wieder zum Schauplatz deutschdeutscher Konfrontationen werden sollte. Zunehmend verfestigten sich die Lager in Ost und West. Die westlichen Staaten strebten wirtschaftliche Zusammenarbeit an und konnten 1949 zusammen mit den USA die **NATO** gründen. 1955 wurde auch die Bundesrepublik in das Verteidigungsbündnis integriert und das Besatzungsstatut aufgehoben. 1955 gründete die Sowjetunion den **Warschauer Pakt**. Die Grenze der DDR zum Westen und zu Westberlin wurde bis auf wenige Berliner Übergänge abgeriegelt.

Einbindung in die Machtblöcke

Im Wechselspiel der globalen Interessen verlor die deutsche Wiedervereinigung für die USA und die Sowjetunion an Bedeutung. So erklärt sich, dass der Bau der Berliner Mauer 1961 von den Westmächten **ohne entschiedenen Widerstand** hingenommen wurde.

13. August 1961: Berliner Mauer

Unter der Führung von Walter Ulbricht (1893 – 1973) nahm die SED eine alles beherrschende Rolle im Staat ein. Bereits 1950 setzte die **sozialistische Planwirtschaft** ein. 1952 beschloss die SED die Kollektivierung der Landwirtschaft. Stalins Tod bewirkte 1953 die Phase des »Tauwetters«. Die kurz zuvor angeordnete Erhöhung der Arbeitsnorm wurde aber nicht zurückgenommen und führte in Berlin und anderen Städten zu Unruhen, die am 17. Juni 1953 mit sowjetischer Waffengewalt unterdrückt wurden.

Entwicklung DDR

DIE MAUER

Eigentlich ist es erstaunlich und doch ist es gut: Von der Mauer ist kaum noch eine Spur in Berlin zu sehen, insbesondere gibt es nirgends mehr ein Stück, wo die komplette Grenzanlage erhalten ist. Denn die Mauer war nicht nur eine Mauer, sie war ein aufwändiges, tief gestaffeltes Konstrukt, das kaum zu überwinden war. 1988 hatten die Sperranlagen eine Gesamtlänge von rund 155 km, wovon 43,1 km auf die Innenstadt und 111,9 km auf die Grenze zwischen Westberlin und angrenzende DDR-Bezirke entfielen.

① Vorderlandmauer
Die Westberlin zugewandte, 106 km lange Vorderlandmauer bestand aus einer 3,60 bis 4,10 m hohen und 16 cm starken Betonplattenwand mit einem dicken Betonrohr darauf. An der Außengrenze war sie z. T. durch einen Metallgitterzaun ersetzt.

② Kfz-Graben
Zum Verhindern des Durchbruchs mit Kraftfahrzeugen. Gesamtlänge 90 km.

③ Kontrollstreifen
Ständig geharkt und von Vegetation frei gehalten, um Spuren zu erkennen. Gesamtlänge 165 km.

④ Kolonnen- oder Postenweg
6 bis 7 m breiter, zweispurig asphaltierter Streifen für Kraftfahrzeuge und Marschweg. Gesamtlänge 172 km.

⑤ Lichttrasse
Lichtmasten tauchten die Sperranlagen nachts auf 180 km Länge in gleißendes Licht.

⑥ Wachtürme
190 Wachtürme dienten zur Beobachtung und als Führungsstelle. In manchen Abschnitten waren zwischen den Türmen Hundelaufanlagen installiert.

⑦ Flächen- und Panzersperre
Spanische Reiter (ca. 1 km) oder Nagelmatten (ca. 20 km) gegen den Durchbruch mit Fahrzeugen.

⑧ Grenzsignalzaun
Löste bei Berührung akustische und Lichtsignale aus. Gesamtlänge 150 km.

⑨ Hinterlandmauer
Erste Sperre auf östlicher Seite, oft auch durch Metallgitterzaun ersetzt. Gesamtlänge 70 km.

August 1961: Kurz bevor die Fenster zugemauert werden, flüchten Bewohner eines Hauses in der Bernauer Straße. Der Gehweg ist schon in Westberlin.

Die beste Informationsquelle über die Mauer ist das Dokumentationszentrum in der Bernauer Str. 111 (Mi. – So. 10.00 – 17.00 Uhr).

Direkt hinter dem Reichstag verlief die Vorderlandmauer. Auf der Spree patrouillierten Sicherungsboote; am Ufer ein Stück Hinterlandmauer.

FIN DU SECTEUR FRANÇAIS

Neun Grenzübergänge machten die Mauer zumindest von Westen her etwas durchlässig, allerdings nicht uneingeschränkt. Checkpoint Charlie an der Friedrichstraße war für Westalliierte, westliche Ausländer und Diplomaten bestimmt.

Die Vorderlandmauer markierte nicht immer die direkte Grenzlinie, sondern verlief oft zurück versetzt, sodass man sich mancherorts statt im Westen eigentlich schon im Osten befand. Hier am Brandenburger Tor und im Wedding im französischen Sektor.

© Baedeker

Auf Ulbricht folgt
Honecker ▶

Es herrschte nun »Ruhe im Land« und man konnte sich, von der Staatssicherheit überwacht, dem Aufbau des »sozialistischen Vaterlands« widmen. 1971 ging die Ära Ulbricht zu Ende. Erich Honecker (1912–1994) nahm den Platz des Ersten Sekretärs der SED ein. Die Annäherung an die Bundesrepublik öffnete die hermetisch abgeriegelte DDR ein wenig und brachte es mit sich, dass immer mehr DDR-Bürger ihre Unzufriedenheit mit manchen Zuständen äußern wollten. Die **Repressionen** gegen die freie Meinungsäußerung nahmen drastischere Formen an. Viele Künstler verließen die DDR in den folgenden Jahren.

**Entwicklung
Bundesrepublik**

Die bundesrepublikanische Politik der ersten Jahre trug die Handschrift des Bundeskanzlers Konrad Adenauer (CDU). Er erreichte die Annäherung an Frankreich, betrieb die Wiederbewaffnung, nahm aber auch 1955 erste diplomatische Kontakte zu Moskau auf. 1963 löste ihn Ludwig Erhard (1897–1977) ab, der als Wirtschaftsminister zwischen 1949 und 1963 die soziale Marktwirtschaft lanciert hatte und deswegen als Vater des **»deutschen Wirtschaftswunders«** gilt.

Ab 1966 regierte eine große Koalition von CDU/CSU und SPD mit Bundeskanzler Kurt-Georg Kiesinger (1904–1988). Das Fehlen einer echten Opposition im Bundestag, die hierarchisch-autoritären Verhältnisse an den Universitäten, die mangelhafte Aufarbeitung des Nationalsozialismus und der Protest gegen den Krieg in Vietnam waren die Themen der **Außerparlamentarischen Opposition**, die sich anlässlich der Debatte über die Notstandsgesetze formierte. Auf lange Sicht fand die Bewegung jedoch keinen Rückhalt in der Bevölkerung, speziell nicht in der von ihr heftig umworbenen Arbeiterschaft. Aus dieser Situation der schwindenden Hoffnung auf eine linke Revolution bildete sich die terroristische Gruppe der **Rote Armee Fraktion**, die bis in die 1990er-Jahre Anschläge gegen Repräsentanten der politischen und wirtschaftlichen Führungsschicht verübte.

Der gesellschaftliche Wandel führte auch zu einem politischen Wandel: 1969 übernahm die sozialliberale Koalition unter Willy Brandt (SPD, 1913–1992) die Regierung. Brandt leistete einen entscheidenden Beitrag zur Entspannungspolitik, als er den Ausgleich vor allem mit der Sowjetunion und Polen suchte. In den sogenannten **Ostverträgen** bestätigten die jeweiligen Seiten ihren Verzicht auf Gewalt und die Respektierung ihrer aktuellen Grenzen. Im Herbst 1972 folgte der **Grundlagenvertrag** mit der DDR, der beiden Staaten die Achtung ihrer Selbstständigkeit versprach. Für seine Bemühungen wurde Willy Brandt im Jahr 1971 mit dem Friedensnobelpreis ausgezeichnet. Obwohl mit überzeugender Mehrheit 1972 wiedergewählt, trat Brandt Mitte 1974 zurück, als die Spionagetätigkeit seines Referenten Günter Guillaume bekannt wurde. Helmut Schmidt (geb. 1918) übernahm nun das Amt des Bundeskanzlers.

Trotz entspannterem Klima verstärkten die Supermächte Mitte der 1970er-Jahre ihre Rüstung. Dagegen wandte sich eine breite außerparlamentarische **Friedensbewegung**, die am 10. Oktober 1981 in Bonn mit der bis dahin **größten Demonstration** in der Geschichte der Bundesrepublik gegen die Stationierung neuer atomarer Waffen protestierte. Auch in der DDR hielten sich ungeachtet der SED-Repressionen die pazifistischen Strömungen, vor allem im Rahmen der evangelischen Kirche. In der Bundesrepublik war die Friedensbewegung wesentlich von einer neuen gesellschaftlichen Kraft getragen, der Partei der Grünen. Sie hatte sich aus Bürgerinitiativen der 1970er-Jahre gegen Atomkraftwerke und Umweltzerstörung formiert.

Willy Brandt
(1913 – 1992)

1982 löste eine CDU/FDP-Koalition mit **Bundeskanzler Helmut Kohl** (geb. 1930) die Regierung Schmidt ab. Die eurostrategischen Waffen wurden unter der Regierung Kohl gegen beträchtlichen Widerstand der Friedensbewegung in Stellung gebracht. Die damit einhergehenden Spannungen zwischen Ost und West ließen erst nach, als **Michail S. Gorbatschow** (geb. 1931) 1985 zum Generalsekretär der sowjetischen KPdSU gewählt wurde.

Unmittelbar nach Kriegsende waren die ersten Zeitungen und Verlage wieder zugelassen worden. Hans Werner Richter (1908 – 1993) scharte zwei Jahre nach Ende des Krieges in Westdeutschland die **»Gruppe 47«** um sich. Aus ihr kam eine ganze Reihe von Literaten, die für lange Zeit die bundesrepublikanische Literatur prägen sollten: Alfred Andersch (1914 – 1980), Heinrich Böll (1917 – 1985), Günter Grass (geb. 1927) und Martin Walser (geb. 1927).

Kultur in Ost und West

◀ Literatur

In der DDR fanden die exilierten Schriftsteller und Schriftstellerinnen nach 1945 eine wohlwollendere Aufnahme als im Westen. Anna Seghers (1900 – 1983) und Bertolt Brecht (1898 – 1956) wurden zu literarischen Leitfiguren der jungen Republik. Bald jedoch war deren kritischer Blick unerwünscht; man brauchte Literatur, die den herrschenden Sozialismus bejahte (Bitterfelder Weg seit 1959). Viele Autoren verließen deshalb die DDR: Peter Huchel (1903 – 1981), Sarah Kirsch (geb. 1935), Jurek Becker (1937 – 1997) und Reiner Kunze (geb. 1935). Es gab auch Schriftsteller wie Christa Wolf (geb. 1929), die sich dem Diktat der Partei nicht beugen wollten und trotzdem in der DDR blieben.

In Deutschland sind seit 1950 die **Donaueschinger Musiktage** für die neue Musik von Bedeutung. In der Bildenden Kunst suchte man in der Bundesrepublik den Anschluss an die Vorkriegszeit und an internationale Tendenzen. So überwog in Westdeutschland zunächst die **abstrakte Malerei**. Das bestimmte noch die ersten Ausstellungen der **documenta**, die sich im Laufe der Jahre zur bedeutendsten Plattform der internationalen Kunst entwickelte. 1955 und 1959 waren der vom Expressionismus zur Abstraktion gelangte Ernst Wilhelm Nay (1902 – 1968) und ein Vertreter des »Informel« Hans Hartung (1904

◀ Musik und Bildende Kunst

bis 1989), an prominenter Stelle zu finden. Die ebenso überragende wie umstrittene Künstlerpersönlichkeit der 1970er-Jahre war **Joseph Beuys** (1921–1986). Expressive Gegenständlichkeit kehrte Anfang der Achtzigerjahre mit den großformatigen Gemälden der sog. Neuen Wilden wieder zurück (Baselitz, Lüppertz, Hödicke u. a.).

In der DDR ging die Malerei durch ihre Bindung an die Partei einen anderen Weg. Hier entwickelte sich mit Wolfgang Mattheuer (geb. 1927), Werner Tübke (geb. 1929), Bernhard Heisig (geb. 1925) und Willi Sitte (geb. 1921) eine vielgestaltige realistische Schule.

Der Weg ins neue Jahrtausend

Vereintes Deutschland

1989	Sturz des Honecker-Regimes und Öffnung der Grenzen
3. 10. 1990	Deutsche Einheit
2002	Einführung des Euro
2003	Deutschland verweigert Teilnahme am Irak-Krieg.
2005	Die Arbeitslosenzahl überschreitet die 5-Millionen-Marke.

Glasnost und Perestrojka

Die Reformen in der Sowjetunion zeitigten auch in ihren Satellitenstaaten Auswirkungen. Offene Opposition brach in der DDR erst aus, als die Fälschung der Kommunalwahlen vom Mai 1989 bekannt wurde. Die sog. **Leipziger Montagsdemonstrationen** begannen. In Prag stürmten ausreisewillige DDR-Bürger die bundesdeutsche Botschaft, in Ungarn nahm der Druck der Ausreisewilligen derart zu, dass dort vorübergehend die Grenzen nach Österreich geöffnet wurden. Die demonstrierenden Massen verlangten mit dem Ruf »Wir sind das Volk« die Wiedervereinigung. Darüber stürzte schließlich auch Erich Honecker, dessen Nachfolger Egon Krenz nichts anderes mehr übrig blieb, als am 9. November 1989 die Grenzen der DDR zu öffnen. Bundeskanzler Kohl legte am 28. November 1989 dem Bundestag ein Zehn-Punkte-Programm vor, das ein vereinigtes, föderalistisches Deutschland zum Ziel hatte. Die DDR-Volkskammer setzte für den 18. März 1990 freie Wahlen an. Daraus ging eine große Koalition unter Führung des CDU-Politikers Lothar de Maizière (geb. 1940) hervor, die den Beitritt der DDR zur Bundesrepublik beschloss. Nach der Wirtschafts-, Währungs- und Sozialunion trat am 3. Oktober 1990 der **Einigungsvertrag** in Kraft.

9. November 1989: Öffnung der DDR-Grenzen ►

3. Oktober 1990: Deutsche Einheit ►

Im 21. Jahrhundert

Im neuen Jahrtausend sieht sich das vereinte Deutschland Problemen gegenüber. Diese liegen im **wirtschaftlichen Bereich** (im Februar 2005 lag die Zahl der Arbeitslosen bei 5,2 Mio., das entsprach einer Arbeitslosenquote von 12,6 %), in der Krise des Sozialstaats, in den

10. November 1989 am Brandenburger Tor in Berlin:
Seit 24 Stunden ist die Mauer geöffnet.

ungelösten Fragen der Energie- und Umweltpolitik (fortschreitende Klimaveränderungen), der angespannten Haushaltslage des Bundes und nicht zuletzt in der Aufgabe, Ost- und Westdeutschland zusammenwachsen zu lassen. Unter der 1998 gewählten Regierung aus SPD und Grünen mit Bundeskanzler Gerhard Schröder vollzog sich der Umzug von Bundestag, Bundesrat und den meisten Ministerien von Bonn nach Berlin.

Am 1. Januar 1999 ist auch in Deutschland der Euro – zunächst als Buchwährung – eingeführt worden. Im Jahr 2002 hielten die Bürger Deutschlands zum ersten Mal Banknoten und Münzen der **Europawährung** in Händen. Seit der Wahl von Angela Merkel zur Bundeskanzlerin im November 2005 bekleidet zum ersten Mal in der Geschichte des Landes eine Frau diesen Posten.

Berühmte Persönlichkeiten

Wer war der erste Deutsche im Weltall? Was wollte Martin Luther wirklich? Wie verschlug es Bertolt Brecht nach Ostberlin? Wer galt als »aufgeklärtester Monarch« des 18. Jahrhunderts und wen nannte das Time Magazine das »schönste Gesicht des Sozialismus«? Kleine Denkmäler für die, die nicht nur Deutschlands Osten prägten.

August der Starke (1670 – 1733)

Nachdem sein älterer Bruder mit 26 Jahren ohne Erben verstorben war, trat der am 12. Mai 1670 geborene August im Alter von 24 Jahren als **Kurfürst Friedrich August I.** die Regentschaft an. Nach Übertritt zum Katholizismus konnte er 1697 mithilfe immenser Bestechungsgelder die polnische Königskrone erringen, die er während des Nordischen Kriegs 1706 wieder verlor, 1709 mit russischer Hilfe aber zurückgewann. Jedoch fruchtete sein Streben, Polen in eine Erbmonarchie umzuwandeln, nicht. Während seiner Regentschaft wurde der prachtvolle Dresdner Hof, größtenteils finanziert durch der Bevölkerung immer wieder auferlegte Steuerlasten und durch Ländereienverkauf, zu einem Zentrum von Kunst und Kultur in Europa. Dresden erhielt zahlreiche neue Bauwerke, allen voran den Zwinger. August der Starke verdankte seinen Beinamen seiner imposanten Gestalt und seinen Bärenkräften, mit denen er u. a. Hufeisen verbog. Auch anderweitig stellte er seine Kräfte unter Beweis: Mit allerlei Mätressen – die Rede ist von 150 bis 300 – soll er eine ähnlich hohe Anzahl Nachkommen gezeugt haben. Er starb am 1. Februar 1733 in Warschau und ist im Dom zu Krakau beigesetzt. Sein Herz jedoch ruht seinem Wunsch entsprechend in der Gruft der Hofkirche zu Dresden.

Kurfürst von Sachsen und König von Polen

Johann Sebastian Bach (1685 – 1750)

Der aus einer alten Musikerfamilie stammende, in Eisenach geborene Johann Sebastian Bach komponierte **Werke jeder musikalischen Richtung** außer Oper und Ballett. Zahlreiche Kantaten, Oratorien und Passionen, Orchester-, Orgel- und Klavierwerke sind erhalten. Vor allem seine Werke für Tasteninstrumente stellen nicht nur einen Höhe-, sondern auch einen Wendepunkt der europäischen Musik dar. Über das Seelenleben des großen Barockkomponisten, der Organist in Arnstadt, Mühlhausen, Weimar, Hofkomponist in Köthen und von 1723 bis zu seinem Tod Thomaskantor in Leipzig war, ist wenig bekannt. Eigenhändige Niederschriften beziehen sich immer nur auf das Pekuniäre: Geldmahnungen, Klagen über Zölle etc.

Organist und Komponist

Bertolt Brecht (1898 – 1956)

Bertolt Brecht war der bedeutendste deutsche Dramatiker, Lyriker und Regisseur des 20. Jahrhunderts. Zuerst arbeitete der in Augsburg geborene, einer gutbürgerlichen Familie entstammende Künstler in Berlin, wo »Die Dreigroschenoper« entstand. Hier schloss er sich der kommunistischen Bewegung an, jedoch ohne sich mit dem Parteikommunismus zu identifizieren. 1933 musste er vor den Nationalso-

Schriftsteller

← *Im Thomaskirchhof in Leipzig lauscht Johann Sebastian Bach auch moderneren Klängen.*

zialisten fliehen. In den USA entwickelte er seine Dramentheorie, dessen herausragendstes stilistisches Mittel der V-Effekt, die Technik der Verfremdung, ist: In seinem **»Epischen Theater«** soll der Zuschauer nicht zum Mitfühlen animiert werden, sondern er soll aus der Distanz heraus Erkenntnisse gewinnen und Konsequenzen u. a. auch für die Gesellschaft ziehen. Als Brecht nach dem Krieg von den Alliierten die Einreise nach Westdeutschland verwehrt wurde, reiste er nach Ostberlin. Hier gründete er mit seiner Frau Helene Weigel das »Berliner Ensemble«. Auch in der DDR kam es zu Spannungen zwischen dem Dichter und der politischen Führung: So kritisierte Brecht die DDR-Führung nach dem Aufstand vom 17. Juni 1953 in einem Brief.

Elisabeth von Thüringen (1207 – 1231)

Die Heilige Elisabeth, Landgräfin von Thüringen, ist die Patronin von Thüringen und Hessen, die Patronin der Witwen und Waisen, Bettler und Kranken, unschuldig Verfolgten, Notleidenden und auch der Bäcker. Die längste Zeit ihres kurzen, **dem Dienst am Nächsten gewidmeten Lebens** verbrachte sie auf der Wartburg bei Eisenach.

Die Hl. Elisabeth als Kind (Mosaik auf der Wartburg)

1207 als ungarische Königstochter geboren, kam sie mit vier Jahren dorthin und wurde 1221 mit Landgraf Ludwig IV. von Thüringen vermählt. Selbstlos kümmerte sie sich um Arme und Kranke, worin sie ihr Mann, nicht aber der Rest der Familie, unterstützte. Als er bei einem Kreuzzug starb, vertrieb ihr Schwager Elisabeth von der Wartburg, weil sie angeblich öffentliche Gelder für Almosen verschwendet habe. 1229 zog sie zu ihrem Beichtvater Konrad nach Marburg, an den sie sich zuvor durch ein verhängnisvolles Gehorsamsgelübde gebunden hatte. Dieser, vom Papst als Elisabeths Vormund eingesetzt, nutzte den Zugriff auf ihr Vermögen, um mit ihr gemeinsam 1229 in Marburg ein Hospital zur Betreuung Kranker und Armer einzurichten. Die Vormundschaft übte er in grausamer Weise aus: Er ließ sie auspeitschen und bespitzeln. Die Gesundheit der jungen Frau war dadurch bald angegriffen; Elisabeth starb 1231 im Alter von 24 Jahren. Bereits vier Jahre nach ihrem Tod wurde sie heiliggesprochen.

Dorothea Christiane Erxleben (1715 – 1762)

Aus Quedlinburg stammt Dorothea Erxleben. Als **erste deutsche Ärztin** erwarb sie an einer Universität, in Halle (Saale), den medizinischen Doktorgrad. Der Vater, ein Arzt, war ein Verfechter der Frauenbildung und sorgte privat für die gymnasiale und medizinische Ausbildung der begabten Tochter.

Ihr erster Versuch, an der Universität die formale Zulassung zum Arztberuf zu erhalten, wurde abgelehnt. Erst ein Bittschreiben an den preußischen König Friedrich den Großen ermöglichte ihr die Promotion und damit die Zulassung als Ärztin. Die Mutter einer großen Kinderschar praktizierte hochgeachtet bis zu ihrem Tod in Quedlinburg, wo heute ein Klinikum nach ihr benannt ist.

Theodor Fontane (1819 – 1898)

Schriftsteller

Fontane gilt als einer der größten deutschen Romanciers. In Brandenburg findet man immer wieder Verweise auf seine **»Wanderungen durch die Mark Brandenburg«** und auch auf Usedom stolpert man hier und dort über den »preußischsten der Realisten«. Kein Wunder, denn Theodor Fontane, in Neuruppin geboren, hat seine Kindheit in Swinemünde verbracht – eine Zeit, die er als 75-Jähriger in »Meine Kinderjahre« liebevoll beschreibt. Die unbeschwerte Zeit endete für ihn 1832, als er zunächst auf das Gymnasium nach Neuruppin und ein Jahr später auf die Gewerbeschule nach Berlin geschickt wurde. Trotz seiner Approbation zum Apotheker 1847 schlug sich jedoch lieber als Publizist durch. Fontane reiste mehrmals nach England, wo er 1855 bis 1859 als Berichterstatter für deutsche Zeitungen tätig war. Anschließend durchstreifte er die Mark Brandenburg und veröffentlichte seine Beschreibungen in mehreren Bänden. 1870 bis 1890 arbeitete Fontane hauptsächlich als Theaterkritiker für die »Vossische Zeitung«. Erst im fortgeschrittenen Alter begann er Romane und Erzählungen zu verfassen.

1863 kehrte Fontane nochmals an die Schauplätze seiner Kindheit zurück. Jahre später verarbeitete er die alten und neuen Eindrücke in **»Effi Briest«**: Kessin, der Hauptschauplatz des Romans, trägt deut-

Fontane-Denkmal in Neuruppin

lich Züge von Swinemünde. Nur wenige Jahre blieben Fontane, um seine literarischen Erfolge zu genießen. Am 20. September 1898 starb er im Alter von 77 Jahren in Berlin.

Friedrich der Große (1712 – 1786)

König von Preußen

Als der junge Friedrich seinem Vater, dem »Soldatenkönig« Friedrich Wilhelm I., 1740 auf den Thron folgte, erbte er ein zersplittertes Reich. Unter Ausnutzung der habsburgischen Schwäche brach er drei Kriege vom Zaun, nach deren Ende 1763 Preußen zwar ausgeblutet und verwüstet, aber endgültig in den Kreis der europäischen Großmächte eingetreten war. Nach seinem Tod hinterließ er einen Staat, zweimal so groß, wie er ihn empfangen hatte. Aber Friedrich der Große hatte nicht nur machtpolitische Interessen, er war auch der **»aufgeklärteste« Monarch** seiner Zeit. Er führte ein merkantilistisches Wirtschafts- und Finanzsystem ein, reformierte das Heer-, Rechts- und Erziehungswesen und baute die Landwirtschaft aus. Er verkündete die Meinungs- und Pressefreiheit, setzte sich für religiöse Toleranz ein und schaffte die Folter ab. Friedrich rief aber auch Musiker, Dichter und Gelehrte an seinen Hof, war ein Gönner von Voltaire und Bach sowie ein begeisterter Amateurmusiker. In seinen letzten Lebensjahren jedoch bemächtigte sich des Königs ein immer stärkeres negatives Urteil über die menschliche Vernunft. Verbittert und vereinsamt starb der »Alte Fritz« 1786 im Schloss Sanssouci bei Potsdam.

Caspar David Friedrich (1774 – 1840)

Zu Lebzeiten verkannter Maler

Caspar David Friedrich, geboren in Greifswald als Sohn eines Seifensieders, völlig verarmt gestorben, gilt heute als **bedeutendster Landschaftsmaler der Romantik**. Nach dem Studium an der Kopenhagener Kunstakademie ließ er sich in Dresden nieder, wo er im Mittelpunkt eines Malerkreises stand, zu dem auch Philipp Otto Runge und Georg Friedrich Kersting gehörten. Ausgangspunkt seiner Malerei war die Naturanschauung. Auf Wanderungen durch das Riesengebirge, den Harz, das Elbtal und auf Rügen fertigte er zahlreiche Skizzen an. Sechsmal, zwischen 1801 und 1826, besuchte er die Insel. Doch Landschaften und Naturphänomene wurden nicht um ihrer selbst willen in Zeichnungen und Bildern festgehalten, sie dienten Friedrich und seinen Zeitgenossen als Symbole für menschliche Empfindungen und Zustände, sie waren Ausdruck für Melancholie, Trauer, Einsamkeit, aber auch für das Streben nach Befreiung – sowohl im gesellschaftlich-politischen als auch im seelischen Sinne. Obwohl Friedrich Naturstudien als Vorlagen für seine Gemälde benutzte, waren die Bilder selbst kunstvoll komponierte Phantasielandschaften. Als Friedrich 1840 starb, war seine Naturphilosophie bei seinen Zeitgenossen längst nicht mehr gefragt. Erst im Verlauf des 20. Jh.s hat sein Werk wieder die verdiente Anerkennung gefunden.

Gert Fröbe (1913 – 1988)

Schauspieler

Gert Fröbe, einer der wenigen deutschen Filmschauspieler von Weltrang, hieß eigentlich Karl-Gerhard Fröber und wurde am 25. März 1913 in Oberplanitz im Kreis Zwickau geboren. Erst spät zum Schauspielerberuf gekommen, hatte er einen ersten Erfolg als »Otto Normalverbraucher« in dem Film »Berliner Ballade« (1948). Mit der Darstellung eines Triebtäters in »Es geschah am hellichten Tag« (1958) gelang ihm der Durchbruch zu einer internationalen Karriere, in der er seine Wandlungsfähigkeit und sein schauspielerisches Können in den unterschiedlichsten Rollen unter Beweis stellte: als Familientyrann in »Via Mala« (1961), als Oberschuft »Goldfinger« im gleichnamigen James-Bond-Film aus dem Jahr 1965, aber auch als Erzkomödiant in der Titelrolle des Kinderfilms »Der Räuber Hotzenplotz« (1974). Gert Fröbe starb am 5. September 1988 in München.

Johann Wolfgang von Goethe (1749 – 1832)

Universalgenie

Schon zu Lebzeiten, erst recht nach seinem Tod im Jahr 1832 galt und gilt Johann Wolfgang von Goethe als das poetische Universalgenie schlechthin und war die alles überragende Gestalt der deutschen Literatur vom Sturm und Drang bis zur Klassik. Der in Frankfurt am Main Geborene wirkte ab 1776 am Hof des Herzogs Carl August in Weimar als Minister. Dieses Amt bescherte ihm genug Muße, eine enorme Produktivität zu entfalten. Von Staatsaufgaben weitgehend entbunden, schuf der Dichter, der mit »Götz von Berlichingen« den literarischen Durchbruch erlangt hatte und mit »Die Leiden des jungen Werther« über Nacht berühmt geworden war, ein lyrisches Werk von unglaublichem Formenreichtum, dazu Dramen, Novellen, Briefromane und Autobiografisches, Kritiken, Reden und sogar naturkundliche Schriften, deren berühmteste die »Farbenlehre« war. Der Höhepunkt seines Schaffens aber ist die Menschheitstragödie **»Faust«**, ein Meisterwerk von universaler Bedeutung.

Nina Hagen (*1955)

Als Catharina Hagen wurde die Sängerin und Songschreiberin in Berlin-Friedrichshain geboren. Ihre Mutter ist die Schauspielerin Eva Maria Hagen, ihr Ziehvater der Liedermacher Wolf Biermann. Eine öffentliche Solidaritätsbekundung für Wolf Biermann nach dessen Ausbürgerung aus der DDR been-

»Punk Rock Lady« Nina Hagen

dete Hagens gerade begonnene Karriere. Sie konnte in den Westen fliehen und setzte hier ihre Karriere als Sängerin fort. Nina Hagen stilisierte sich zunehmend als »Punk Rock Lady« und übte sich in schrillen Thesen. 1981 brachte sie ihre inzwischen ebenfalls als Schauspielerin bekannt gewordene Tochter Cosma Shiva zur Welt; ihr Sohn Otis stammt aus einer späteren Beziehung.

Sigmund Jähn (*1937)

Kosmonaut Welch außergewöhnliche Erfahrungen er einmal machen sollte, das war Sigmund Jähn, der am 26. August 1978 mit Sojus 31 als **erster Deutscher ins All** flog, nicht an der Wiege gesungen. Der Sohn eines Sägewerksarbeiters und einer Heimarbeiterin wurde am 13. Februar 1937 in Morgenröthe-Rautenkranz im sächsischen Vogtland geboren. Nach einer Ausbildung zum Buchdrucker begann er 1955 eine Offizierslaufbahn bei der Nationalen Volksarmee (NVA). Von 1966 bis 1970 studierte er an der sowjetischen Militärakademie der Luftstreitkräfte, wo er in den engen Kreis der Auserwählten für den ersten Flug eines DDR-Bürgers ins All aufgenommen wurde. Am 26. August 1978 war es dann so weit: Sigmund Jähn flog mit Walerij Bykowskij im Rahmen des Interkosmos-3-Fluges zur sowjetischen Raumstation Saljut 6. Während der 125 Erdumkreisungen in fast acht Tagen führte Jähn zahlreiche wissenschaftliche Experimente durch. Verständlicherweise wurde dieser Weltraumflug in den Medien der DDR ausgiebig gefeiert und in Jähns Geburtsort entsprechend dokumentiert. 1991/92 in großem Umfang erweitert, nennt sie sich heute Deutsche Raumfahrtausstellung.

1983 promovierte er am Zentralinstitut für Physik der Erde in Potsdam auf dem Gebiet der »Fernerkundung der Erde«. Seit 1990 ist Jähn im russischen Kosmonautenausbildungszentrum als freier Berater für das Astronautenzentrum der DLR und seit 1993 auch für die ESA (Europeam Space Agency) tätig.

Otto Lilienthal (1848 – 1896)

Flugpionier Der aus Anklam gebürtige Otto Lilienthal ist als **einer der Väter der Luftfahrt** in die Geschichtsbücher eingegangen. Gemeinsam mit seinem Bruder Gustav hat er Untersuchungen über die Flugkünste der Vögel angestellt. Ab dem Jahre 1871 befasste er sich zudem mit der Erforschung des Luftwiderstandes. 1874 erkannte Otto Lilienthal die besonderen Vorzüge flach gewölbter Tragflächen. Seine Untersuchungen und Experimente waren richtungsweisend für die Entwicklung der Luftfahrt. 1889 erschien sein Werk »Der Vogelflug als Grundlage der Fliegerkunst«, in dem er seine Beobachtungen auf ihre Gesetzesmäßigkeiten hin prüfte.

Von 1891 bis 1896 führte Lilienthal mit eigens von ihm entwickvieleelten Gleitflugapparaten viele erfolgreiche Flüge durch. Zunächst legte er zwar nur 15 m zurück, später erreichte er bis ca. 300 Meter.

Bei einem seiner Flugversuche verunglückte Otto Lilienthal tödlich. An seinen reichen Erfahrungsschatz sollten die amerikanischen Brüder Wright anknüpfen.

Martin Luther (1483 – 1546)

Ohne Gutenbergs Erfindung des Buchdrucks hätte Martin Luther in Deutschland sicherlich nicht viel Gehör gefunden. So aber konnten sich die 95 Thesen des Augustinermönches gegen die gängige Ablass-Praxis binnen weniger Tage über das ganze Reich verbreiten. Luther, der die feste Auffassung vertrat, dass der Mensch allein durch den Glauben erlöst werden könne, strebte keinen Bruch mit der katholischen Kirche an, er wollte nur einen Missstand aus der Welt schaffen. Schließlich brach der »kleine unbekannte Klosterbruder« endgültig mit der alten Kirche, indem er das Papsttum grundsätzlich in Frage stellte. Als er der päpstlichen Aufforderung, sich zu unterwerfen, nicht nachkam, verhängte Rom 1521 den Bann über ihn, die Reichsacht folgte kurze Zeit später auf dem Wormser Reichstag. Doch die reformatorische Bewegung ließ sich damit nicht mehr aufhalten. Luthers Verdienste reichen weiter: Mit seiner **Bibelübersetzung**, seinen religiösen Schriften und geistlichen Dichtungen wirkte er auch entscheidend auf die Entwicklung der deutschen Sprache und Literatur ein.

Reformator

Ulrich Plenzdorf (1934 – 2007)

Der in Berlin-Kreuzberg geborene Sohn eines Maschinenbauers studierte zunächst in Leipzig Philosophie und war von 1955 bis 1958 als Bühnenarbeiter tätig. Von 1959 bis 1963 widmete er sich einem Studium an der Filmhochschule in Babelsberg.
Bekanntheit erlangte Ulrich Plenzdorf durch seinen gesellschaftskritischen Roman **»Die Leiden des jungen W.«**, ursprünglich ein Bühnenstück, das 1972 in Halle (Saale) uraufgeführt, 1973 veröffentlicht und in Westdeutschland verfilmt wurde. Viele junge Menschen in der damaligen DDR konnten sich mit Plenzdorfs tragischem Helden identifizieren, der einen Anspruch auf Selbstverwirklichung erhebt und sich gesellschaftlich verordneten Lebenszusammenhängen zu entziehen versucht.
Plenzdorf machte sich in der Folgezeit vor allem als Drehbuchschreiber und Liedtexter einen Namen. Von ihm stammen u. a. die Skripte für den von Heiner Carow gedrehten Film »Die Legende von Paul und Paula« sowie eine Staffel von Jurek Beckers ARD-Kult-Serie »Liebling Kreuzberg«.

Drehbuchautor

Heinrich Schliemann (1822 – 1890)

Troia machte ihn berühmt, doch Heinrich Schliemann ging auch als Wegbereiter der modernen Archäologie in die Geschichte ein. Seine

Unermüdlicher Archäologe

»Karriere« mutet exotisch an: Der in Neubuckow Geborene erlernte bereits während seiner kaufmännischen Lehre und danach 20 Fremdsprachen im Selbststudium. Als Großkaufmann erwarb Schliemann ein riesiges Vermögen, das er für Bildungsreisen nach Ägypten, Indien, China, Japan und Mittelamerika ausgab. Ab 1866 studierte Schliemann in Paris Archäologie und promovierte in Rostock. Von Athen aus, seinem Wohnsitz ab 1870, führte Schliemann aus eigenen Mitteln umfangreiche Ausgrabungen an den antiken Stätten Troia, Mykene, Orchomenos und Tiryns durch – getragen von der Idee, die bei Homer genannten Stätten zu finden. Dabei entwickelte er neue Methoden, z. B. die systematische Auswertung der literarischen Quellen oder die topografische Erkundung des Ausgrabungsgebietes. In den Berliner Museen werden seine troianischen Fundstücke aufbewahrt.

Walter Ulbricht (1893 – 1973)

Politiker, Vorsitzender des Staatrates der DDR

Der gebürtige Leipziger und gelernte Tischler hat nach dem Zweiten Weltkrieg die Politik in der sowjetischen Besatzungszone und der späteren DDR maßgeblich geprägt. 1912 trat Ulbricht der SPD bei, später wurde er Mitglied des Spartakusbundes und der KPD. Von 1928 bis 1933 gehörte er dem Reichstag an. Nach der Machtübernahme durch die Nazis ging er zunächst in den Untergrund und Ende 1933 in die Emigration. 1938 kam er in die Sowjetunion und erreichte dort eine führende Position in der Exil-KPD.

Ende April 1945 kehrte Walter Ulbricht zusammen mit zehn Moskauer Emigranten (»Gruppe Ulbricht«) nach Deutschland zurück. 1946 setzte er in der damaligen SBZ den Zusammenschluss von KPD und SPD zur zu Sozialistischen Einheitspartei Deutschlands (SED). Seit 1950 stand Ulbricht als Generalsekretär, ab 1953 dann als Erster Sekretär an der Spitze des Zentralkomitees, dem neben dem Politbüro wichtigsten Gremium der SED. Mit sowjetischer Hilfe **machte er die DDR zu einem sozialistischen Staat** und schaltete politische Gegner aus. Die DDR wurde politisch und wirtschaftlich ein Teil des Ostblocks. Nach dem Tod Wilhelm Piecks 1960 wurde Ulbricht Staatschef der DDR. Seit den 1950er-Jahren verfocht er die Zwei-Staaten-Theorie, d. h. das Nebeneinander von zwei Staaten auf deutschem Boden. 1961 wurde unter seiner Ägide die Berliner Mauer gebaut. Auch die Niederschlagung des »Prager Frühlings« (1968) unterstützte er tatkräftig. 1971 musste Ulbricht »aus gesundheitlichen Gründen« von den meisten seiner Ämter zurücktreten und wurde von Erich Honecker abgelöst.

Katarina Witt (*1965)

Ausnahmesportlerin und Geschäftsfrau

Die in West-Staaken (heute Berlin) geborene Katarina Witt ist die erfolgreichste deutsche Eiskunstläuferin und einer der großen Stars unter den Sportlerinnen. Von Jutta Müller trainiert, holte sie sechs Mal

Kati Witt zeigt stolz ihre Goldmedaille.

den Europameistertitel, vier Mal den Weltmeistertitel und zwei Mal, in den Jahren 1984 und 1988, Olympisches Gold. Das **»schönste Gesicht des Sozialismus«**, wie das Time Magazine sie 1988 titulierte, ist bis heute eine der weltweit populärsten deutschen Sportlerinnen.

Die einstige Vorzeige-Repräsentantin der DDR begann bereits 1988 eine ungewöhnliche Profikarriere bei Eisrevuen in den USA und Westeuropa. In den folgenden Jahren wirkte sie in Hollywood-Filmen mit (»Ronin«, »Jerry Maguire«), schrieb eine Autobiografie (»Zwischen Pflicht und Kür«), posierte für den »Playboy«, produzierte sehr erfolgreich Eiskunstlauf-Shows und arbeitete als TV-Kommentatorin. ImFrühling 2008 absolvierte sie ihre Abschiedstournee durch Deutschland und arbeitet heute als Produzentin in der Sport- und Entertainment-Branche.

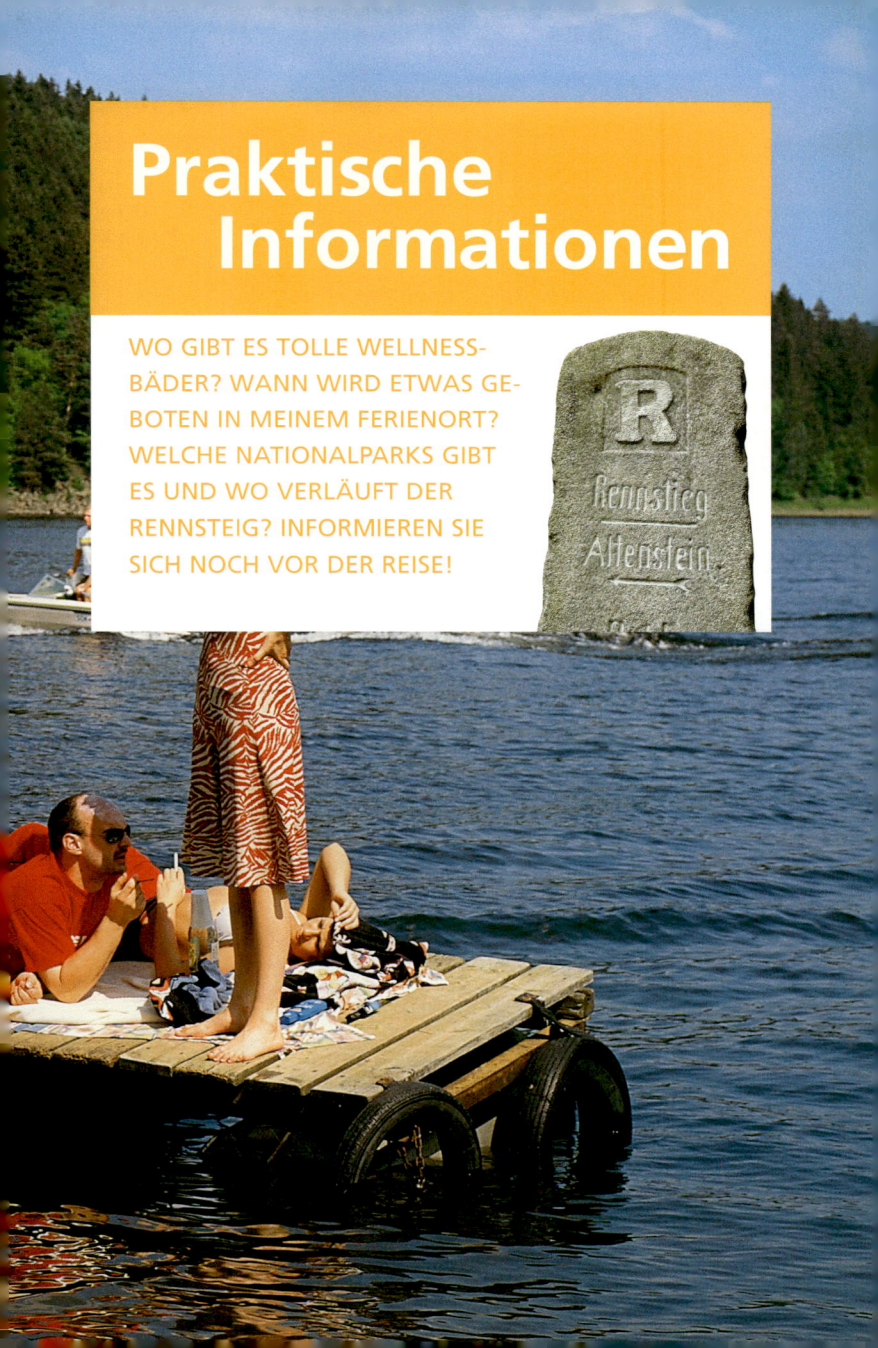

Praktische Informationen

WO GIBT ES TOLLE WELLNESS-BÄDER? WANN WIRD ETWAS GE-BOTEN IN MEINEM FERIENORT? WELCHE NATIONALPARKS GIBT ES UND WO VERLÄUFT DER RENNSTEIG? INFORMIEREN SIE SICH NOCH VOR DER REISE!

Auskunft

Hinweis Aktuelle Informationen zu einzelnen Sehenswürdigkeiten erhält man bei den örtlichen Touristenbüros, deren Adressen bei den Hauptstichworten (▶Reiseziele von A bis Z) zu finden sind. Im Folgenden sind die zentralen und regionalen Auskunftsstellen aufgelistet.

▶ AUSKUNFT

ZENTRALE AUSKUNFTSSTELLEN

▶ Deutsche Zentrale für Tourismus (DZT)
Beethovenstr. 69
60325 Frankfurt am Main
Tel. (069) 97 46 40
Fax 75 19 03
www.deutschland-tourismus.de

▶ Deutscher Tourismusverband (DTV)
Bertha-von-Suttner-Platz 13
53111 Bonn
Tel. (02 28) 98 52 20
Fax 9 85 22 28
www.deutschertourismus
verband.de

REGIONALE AUSKUNFTSSTELLEN

▶ Berlin
Berlin Tourismus Marketing
Am Karlsbad 11, 10785 Berlin
Tel. (030) 25 00 25
Fax 25 00 24 24
www.berlin-tourist-
information.de

▶ Brandenburg
TMB Tourismus-Marketing
Brandenburg GmbH
Am Neuen Markt 1
14467 Potsdam
Tel. (03 31) 29 87 30
Fax 2 98 73 73
www.reiseland-brandenburg.de

▶ Mecklenburg-Vorpommern
Tourismusverband
Mecklenburg-Vorpommern e. V.
Platz der Freundschaft 1
18059 Rostock
Tel. (03 81) 4 03 05 00
Fax 4 03 05 55
www.auf-nach-mv.de

▶ Sachsen
Tourismus Marketing Gesellschaft
Sachsen mbH
Bautzener Straße 45/47
01099 Dresden
Tel. (03 51) 49 17 00
Fax 4 96 93 06
www.sachsen-tourismus.de

▶ Sachsen-Anhalt
Tourismus-Marketing
Sachsen-Anhalt GmbH
Am Alten Theater 6
39104 Magdeburg
Tel. (03 91) 5 67 70 80
Fax 5 67 70 81
www.sachsen-anhalt-
tourismus.de

▶ Thüringen
Thüringer Tourismus GmbH
Willy-Brandt-Platz 1
99084 Erfurt
Tel. (03 61) 3 74 20
Fax 3 74 22 99
www.thueringen-tourismus.de

Reisen mit Behinderung

 ## ADRESSEN

▶ **Bundesarbeitsgemeinschaft des Clubs Behinderter und ihrer Freunde e. V.**
Langenmarckweg 21
51465 Bergisch Gladbach
Tel. (0 22 02) 989 98-11
www.bagcbf.de

▶ **Bundesverband Selbsthilfe Körperbehinderter e. V.**
Altkrautheimer Str. 20
74238 Krautheim
Tel. (0 62 94) 42 81-0, Fax 42 81-79
www.bsk-ev.org

▶ **Verband aller Körperbehinderten Österreichs**
Schottenfeldgasse 29/2. Stk.
A-1010 Wien
Tel. (01) 914 55 62
Fax 512 36 61-55

▶ **Mobility International Schweiz**
Froburgstr. 4
CH-4600 Olten
Tel. (062) 206 88 35
Fax 206 88 39
www.mis-ch.ch

Feiertage, Feste und Events

Neben den bundesweit üblichen Feiertagen ist der Reformationstag (31. Oktober) in allen östlichen Bundesländern mit Ausnahme Berlins ein gesetzlicher Feiertag. In Sachsen-Anhalt kommt noch der 6. Januar (Heilige Drei Könige) dazu, in Sachsen der Buß- und Bettag, ein beweglicher Feiertag, der auf dem Mittwoch eineinhalb Wochen vor dem ersten Advent liegt.   **Spezielle Feiertage**

FESTE UND EVENTS

BERLIN

Berliner Filmfestspiele im Februar

Karneval der Kulturen. Multikulturelles Fest mit Umzug im Mai

Christopher Street Day. Größtes schwul-lesbisches Fest, im Juni

Berlin-Marathon Ende September

BRANDENBURG

▶ **Fredersdorf bei Belzig**
Bettenrennen. Kurioses Wettrennen mit bettähnlichen Vehikeln am Pfingstsonntag

▶ **Lübbenau**
Hafenfest. Hafenkonzerte und Kahnkorso im Juli

Räucherfisch in allen Variationen gibt es an der Ostseeküste.

FRISCH AUF DEN TISCH

Die Ostdeutschen müssen beileibe keine kleinen Brötchen backen: Was Regionalküchen angeht, herrscht zwischen Rügen und Sächsischer Schweiz »Vielfalt pur« – Grund genug, eine kulinarische Landkarte zu zeichnen.

»Die deutsche Küche« gibt es nicht, »die Küche« gibt es wohl in keinem Land. Also heißt das Stichwort Regionalküche. Jede Gegend in Ostdeutschland hat ihre kulinarische Spezialitäten, die es zu entdecken gilt. Nicht nur Kirchen und Museen sind für das Verständnis von Land und Leuten wichtig, sondern auch, was in den Küchen gebraten und geschmort wird. Regionales hat einfach Flair!

Mecklenburg-Vorpommern

Fisch muss man essen, wo er lebt: An der deutschen Ostseeküste wird beispielsweise köstliche geräucherte Flunder aufgetischt, Heringe gibt es als Klopse, mit Sahnestippe oder als Salzhering gebraten mit Schmorkohl. Aus den **Räucherkammern** kommen außer Sprotten auch Rügener Aale mit gold-braunen Bäuchen. Auf Hiddensee werden die frischen Aalstücke von den Boddenfischern in zerlassener Butter zart geschmort.

An der Küste mischt man gerne **Süßes und Saures**. Pommersche Tollatschen vereinen Blut, Griebenschmalz und Rosinen. Kartoffelsuppe wird mit Speck und Pflaumen serviert. Rindfleisch mit Pflaumen wurde schon von Fritz Reuter liebevoll besungen. Überhaupt haben die Menschen hierzulande eine Vorliebe für Pflaumen, deren verdauungsfördernde Wirkung allenthalben geschätzt wird. Andere Früchte wie Kirschen, Äpfel oder Birnen werden ebenfalls gerne mit Fleisch oder Speck kombiniert. Den Schlusspunkt setzt dann ein **ordentlicher Schnaps**, z. B. ein Rostocker Kümmel.

Sachsen-Anhalt

Auch in Sachsen-Anhalt liebt man die Mischung von Süß und Sauer. Auf den schweren Böden gedeihen Kartoffeln, Getreide und Obst. Das auf der Letzlinger Heide weidende Lamm schmeckt vorzüglich mit Majorankartoffeln, zum Kälberherz gehören Weinbirnen. Klare Binnengewässer liefern die Grundlage für Havelberger Bierfisch, Wickelaal Arendsee oder gebratene Maränen. Quasi »Nationalgericht« ist der **Klump**, in seiner Urform ein Kloß aus (Hefe-)Teig mit Dörrobst und gepökeltem Fleisch. Die Abwandlungen sind unzählig, fast jeder Haushalt hat sein eigenes Rezept, süße Varianten eingeschlossen.

Einige Spezialitäten sind über die Landesgrenzen bekannt geworden: Der Harzer Käse – nach einem Rezept von Schweizer Käsemachern, die sich während des Dreißigjährigen Kriegs im Harz aufhielten – hat eine etwas anrüchige Note, aber wer kann schon seiner Verbindung mit Zwiebeln, Butter, Ei und Senf, auch »Harzer Tartar« genannt, widerstehen. Aus Salzwedel hingegen kommen die besten, feinsten Baumkuchen.

Klein, aber fein: Eines der kleinsten Weinanbaugebiete Deutschlands liegt an Saale und Unstrut. Und zur Einstimmung darf es auch mal ein Glas Rotkäppchensekt aus Freyburg/Unstrut sein. Auch Bier hat in diesem Land eine lange Tradition. Im Sommer schmeckt es übrigens besonders prickelnd in Form einer Bockbierbowle: Bockbier, Zitronensaft, Zucker und Korn.

Berlin

Berlin ist nicht unbedingt für höhere kulinarische Weihen bekannt, aber mindestens eine Spezialität hat den Siegeszug um die Welt angetreten: die Bulette. Möglicherweise wurde das Ursprungsrezept von den Hugenotten mitgebracht, ganz sicher sind sie für den Name verantwortlich: Boule bedeutet Kugel.

Gehacktes wird in Berlin übrigens auch gerne als Hackepeter angeboten: Roh, mit Zwiebeln, Salz und Pfeffer vermischt und mit Gewürzgurke auf Schrippen serviert. Von einem Berliner Eisbein wird auch der hungrigste Gast satt und der Erfinder des berühmten Kasseler Bratens – in Berlin ohne Erbspüree eigentlich nicht denkbar – stammt nicht etwa aus Kassel: Es war der Schlachtermeister Cassel aus Berlin-Schöneberg. In echten Berliner Kneipen steht auf der Theke neben dem »Hungerturm«, der Buletten, Hackepeter-Schrippen u. Ä. beherbergt, ein großes Glas mit Soleiern.

Eine süße Spezialität ist bundesweit bekannt geworden. Der Berliner Pfannkuchen, außerhalb Berlins kurz »Berliner« genannt, besteht aus einem mit Pflaumenmus gefüllten, in Fett

*Ein Thüringer Leibgericht:
Klöße mit Rouladen und
Rotkohl*

ausgebackenen Hefeteigkloß. Ein herrlicher Durstlöscher ist die Berliner Weiße, ein mäßig alkoholisches obergäriges Weizenbier – ein Getränk, das schon Wallenstein goutierte. Es gibt sie pur oder traditionell gemischt mit Himbeersaft oder Waldmeistersirup.

Brandenburg

Der Birnbaum des »Herrn von Ribbeck auf Ribbeck im Havelland«, der seine Früchte Kindern und Reisenden schenkte, ist ein Symbol der brandenburgischen Küche. Die von Theodor Fontane besungenen Birnen haben den Speisezettel der Mark Brandenburg ebenso geprägt wie die Teltower Rübchen, die sich schon Goethe per Schnellpostkutsche nach Weimar bringen ließ und die auch Heinrich Heine vorzüglich mundeten. Kein Zweifel: ein literarischer Zauber veredelt die ohnehin schmackhaften Gerichte der Mark. Der Wechsel von Hecht nach Spreewälder Art und gebratenem Havelzander, den Heinrich Zille besonders schätzte, von Hammelzwiebelfleisch und Gurkensuppe mit Pökelrippchen ist eine lukullische »Wanderung durch die Mark«.

Der vorzüglichste Meerrettich stammt aus dem Spreewald und wird traditionell zu gekochtem Rindfleisch oder Hammellende gereicht. Eine bekann-tere, recht deftige Spezialität stammt ebenfalls aus dem Spreewald: die sauer eingelegte Fassgurke. Sie wird auch gerne mal einfach so zwischendurch gegessen.

Sachsen

Die Vorliebe für Kartoffeln ist in Sachsen geradezu sprichwörtlich. Hier gilt ein einfaches Essen als Delikatesse: Pellkartoffeln mit Quark und Leinöl. Sachsen und Thüringen streiten um die Erfindung der rohen Klöße. Die flockigen Knödel aus roh geriebenen Kartoffeln gelten in beiden Ländern als unabdingbare Beilage zu soßenreichen Fleischgerichten. Eine köstliche Variation sind die Griegeniffte: Klöße aus rohen und gekochten Kartoffeln, gefüllt mit gerösteten Brotwürfeln. Lecker sind auch Stupperche, aus gekochten, durchgepressten Kartoffeln, Mehl, Gries und Eiern geformte Würstchen, die im Wasser gekocht und mit einer Zwiebel-Speck-Stippe serviert werden.

Einmalig, aber eine nicht gerade preiswerte Spezialität ist Leipziger Allerlei mit Morcheln und Krebsschwänzen. Erschwinglich sind hingegen die feinen Dresdner Krautwickel und die kräftige Bornaer Zwiebelsuppe.

Welchen Stellenwert Kaffee seit Langem in Sachsen hat, lässt sich an der Tatsache ermessen, dass kein Gerin-

gerer als Johann Sebastian Bach eine »Kaffeekantate« komponierte. Auch die Erfinderin des Kaffeefilters, Melitta Benz, stammte aus Sachsen. Zum schwarzen Gebräu, in diversen Variationen serviert, muss natürlich etwas Süßes her, das je nach Laune sogar darin eingetunkt wird. Beliebt sind Blechkuchen wie die Dresdner Eierschecke, Gebäck wie die Leipziger Lerchen, der sächsische Kartoffelkuchen, der die Vorliebe der Sachsen für Kartoffeln und Süßes auf geniale Weise kombiniert, oder der traditionelle Prasselkuchen. Am berühmtesten ist aber der **Dresdner Weihnachtsstollen**, der alten Chroniken zufolge schon im 15. Jahrhundert gebacken wurde. Er wird in alle Welt exportiert. In Sachsen liegt übrigens das östlichste Weinbaugebiet Deutschlands und das seit mehr als 500 Jahren gebraute Wernesgrüner Bier aus dem Vogtland gehört zu den ältesten Biersorten Deutschlands.

Thüringen

Garantiert eine Thüringer Erfindung ist die **Rostbratwurst**, ein würziges Wunderwerk der Fleischerkunst. Sie hat ihren Siegeszug um die Welt angetreten und wird sogar in Feinschmeckerrestaurants in Asien aufge-

tischt. Spötter bezeichnen den vom Rost überm Holzkohlenfeuer aufsteigende Bratwurstduft gar als »Thüringer Weihrauch«. Als »Stolzer Heinrich« ist die Bratwurst, sauer eingelegt, eine durchaus empfehlenswerte Variante.

Bratwurst, Kloß und Kuchen, so lautet der kulinarische Dreiklang Thüringens, und das ist keineswegs despektierlich gemeint. Kartoffeln sind die Grundlage für die **Thüringer Klöße**, die beispielsweise zu Gänsekeulen in Rotwein gereicht werden. Die beliebten »Hüllerchen«, aus gekochten, zerdrückten Kartoffeln und Kartoffelmehl geformte Bällchen, die in Speck-Zwiebel-Sauce gebacken werden, kann man auch an der Kaffeetafel antreffen, eine gewöhnungsbedürftige Kombination. Die Harmonie vervollständigen süße Blechkuchen wie der Suhler Rahmkuchen und der Zwetschgenkuchen. Aus der Gegend von Meiningen stammt der Hutzelkuch, ein Zwetschgenkuchen aus Dörrobst, der in »Zwetschgen-Notzeiten«, also im Winter, Frühling und Sommer auf den Tisch kommt. Übrigens werden hierzulande die Zwetschgen, bevor sie auf den Teig gelegt werden, gerne mit Leinöl beträufelt.

Im September finden im Landgestüt Redefin die berühmten Hengstparaden statt.

▶ **Peitz**
Fischerfest im August

▶ **Rheinsberg**
Rheinsberger Musiktage, Pfingsten

Internationales Festival junger
Opernsänger, Juni bis August

▶ **Werder**
Baumblütenfest. Größtes Volksfest
Brandenburgs, April/Anfang Mai

MECKLENBURG-VORPOMMERN

▶ **Fischland-Darß-Zingst**
Zeesenbootregatta mit alten Fi-
scherkähnen, Juli bis September

▶ **Greifswald**
Fischerfest. Mit historischer Re-
gatta und anderen maritimen
Wettkämpfen, im Juli

▶ **Plau**
Badewannenrallye. Kurioses Ren-
nen auf dem Plauer See im Juli

▶ **Redefin**
Hengstparaden des Landesgestüts
im September

▶ **Reuterstadt Stavenhagen**
Reuterfestspiele. Theater und Literatur auf Plattdeutsch im Juni

▶ **Rostock/Warnemünde**
Warnemünder Woche. Internatio-
nale Segelregatta mit historischem
Umzug, Juli

Hanse Sail. Weltweit größtes
Windjammertreffen, August

▶ **Rügen/Ralswik**
Störtebeker-Festspiele, Juni bis
Anf. September

▶ **Schwerin**
Töpfermarkt. Größter derartiger
Markt in Norddeutschland, Juli

Drachenbootfest. Wettrennen
prächtig geschmückter Boote auf
dem Pfaffenteich im August

▶ **Stralsund**
Wallensteintage. Großes historisches Volksfest, Juli

▶ **Usedom**
Musikfestival, Schwerpunkt klassische Musik, September/Oktober.

▶ **Wismar**
Wismarer Hafentage mit Regatten und großem Volksfest am ersten Juni-Wochenende

SACHSEN

▶ **Annaberg-Buchholz**
Annaberger Kät. Ältestes, größtes Volksfest des Erzgebirges, Juni

▶ **Dresden**
Dampflokfest im Mai

Moritzburger Fischzug, Ende Oktober

▶ **Kamenz**
Lessingtage, Januar/Februar

Forstfest. Stadtfest mit Schüler-umzügen, August

▶ **Klingenthal**
Internationaler Akkordeon-Wett-bewerb, Mai

▶ **Kurort Rathen**
Theater und Oper auf Sachsens größter Naturbühne, der Fel-senbühne Rathen, von Mai bis September

▶ **Leipzig**
Lachmesse, Kabarett und Klein-kunst, Oktober

▶ **Oberlausitz**
Osterreiten. Reiterprozessionen, u. a. rund um Bautzen und in Panschwitz-Kuckau

▶ **Oberwiesenthal**
Skifasching im Februar

Ein Publikumsmagnet ersten Ranges: die Störtebeker Festspiele in Ralswiek auf Rügen

▶ **Schneeberg**
Bergstreittag im Juli

Lichtelfest am 2.
Adventwochenende

▶ **Zwickau**
Internationales Trabantfahrer-
Treffen im Juni

SACHSEN-ANHALT

▶ **Blankenburg**
Ritterspiele auf Burg Regenstein.
Großes Mittelalterspektakel, Juli

▶ **Brocken/Harz**
Walpurgisnacht. Feiern überall im
Harz, aber rund um den Brocken
ist das Treiben besonders wild.

▶ **Dessau**
Kurt-Weill-Fest. Veranstaltungen
rund um den Dessauer Komponisten, Frühjahr

▶ **Havelberg**
Pferdemarkt, September

▶ **Lutherstadt Wittenberg**
Luther-Hochzeit. Stadtfest zur
Hochzeit des Reformators, Juni

▶ **Naumburg**
Hussiten-Kirschfest. Historischer
Festumzug im Juni

▶ **Quedlinburg**
Kaiserfrühling. Historienfest,
Pfingsten

▶ **Querfurt**
Burgfest, 3. Wochenende im Juni

▶ **Wörlitz**
Seekonzert. Klassik genießen
bei einer Gondelfahrt durch
das Gartenreich, Mai bis
September

THÜRINGEN

▶ **Landesweit**
Thüringer Bachwochen. März/
April

▶ **Eisenach**
Eisenacher Sommergewinn.
Thüringens größtes Frühlingsfest,
drei Wochen vor Ostern

Luther – Das Fest.
Großes Mittelalterspektakel im
August

▶ **Erfurt**
Krämerbrückenfest im Juni

Domstufenfestspiele. Juli/August

▶ **Gotha**
Ekhof-Festival. Klassische Musik
im ältesten Barocktheater der
Welt, Juni bis August

▶ **Jena**
Kulturarena. Theater, Musik- und
Filmfest, Juli/August

▶ **Hildburghausen**
Theresienfest. Kleiner Bruder des
Münchner Oktoberfestes

▶ **Meiningen**
Hütesfest. Töpfermarkt und Fest
rund um den Thüringer Kloß, der
hier Hütes heißt, im Juli

Meininger Kleinkunsttage.
Vom Kabarett bis zur Comedy,
September

▶ **Rudolstadt**
TFF, weltgrößtes Folk-Roots-
Musikfestival, am ersten Juli-
wochenende

▶ **Weimar**
Zwiebelmarkt, Oktober

Freizeit- und Erlebnisparks

Die Anzahl der Freizeit- und Erlebnisparks ist in den letzten Jahren gestiegen. Es gibt Parks mit Fahrattraktionen, Märchenparks, Parks mit Miniaturmodellen oder Blumen- und Gartenparks. Nachfolgend eine Auswahl:

 AUSWAHL

BERLIN

► **FEZ-Berlin**
An der Wuhlheide 197
12459 Berlin
Tel. (030) 530 71-0
Fax 530 71-111
www.fez-berlin.de
Di. – Fr. 9.00 – 22.00, Sa.
13.00 – 18.00, So. ab 10.00
(Schulzeit), Di. – Fr., So.
11.00 – 18.00, Sa. ab 13.00
(Sommerferien), Mo. – Fr., So.
10.00 – 18.00, Sa. ab 13.00 Uhr
(sonstige Ferien)

DORF WEHLEN

► **Miniaturenpark Die Kleine Sächsische Schweiz**
Schustergasse 8
01829 Dorf Wehlen
Tel. (03 50 24) 706 31, Fax 797 59
www.kleine-saechsische-
schweiz.de
Ostern – Ende Okt. tgl.
10.00 – 18.00 Uhr

ERFURT

► **egapark Erfurt**
Gothaer Str. 38, 99094 Erfurt
Tel. (03 61) 564-37 37
Fax 564-17 02
www.ega-park-erfurt.de
Nov. – Feb. tgl. 9.00 – 16.00,
März/Apr., Mitte Sept./Okt.
bis 18.00, Mai – Mitte Sept.
bis 20.00 Uhr

KLEINWELKA

► **Irrgarten Kleinwelka**
02527 Kleinwelka
Tel. (03 59 35) 205 75 bzw. 215 75
www.irrgarten-kleinwelka.de
Mitte März – Anf. Nov. tgl. 9.00 bis
18.00, in den Sommerferien bis
19.00 Uhr

LEIPZIG

► **Belantis**
Zur Weißen Mark 1
04249 Leipzig
Tel. (0 18 05) 69 46 94
Fax (03 41) 91 03 11 11
www.belantis.de
Ende März bis Ende Okt. meist
Mi. – So. 10.00 bis 18.00 Uhr. Am
besten informiert man sich kurz-
fristig vorab.

LENGENFELD

► **Freizeitpark Plohn**
Rodewischer Str. 21
08485 Lengenfeld
Tel. (03 76 06) 341 63, Fax 335 99
www.freizeitpark-plohn.de
Anf. April – Ende Mai u. Anf.
Sept. – Anf. Nov. tgl. 10.00 – 17.00,
Ende Mai – Anf. Sept. bis 18.00

LICHTENSTEIN

► **Miniwelt Sachsen GmbH-Park**
Chemnitzer Str. 43
09350 Lichtenstein
Tel. (03 72 04) 722 55, Fax 722 57
www.miniwelt.de

Ende März – Anfang Nov.
9.00 – 18.00 Uhr

NEUBRANDENBURG

▸ **Modellpark Mecklenburgische Seenplatte**
Wilhelm-Külz-Str. 38
17033 Neubrandenburg
Tel. (03 95) 570 64 40
www.modellpark.de
April – Okt. tgl. 9.30 – 19.30,
Nov. – März bis 18.00 Uhr

OEDERAN

▸ **Miniaturpark Klein Erzgebirge**
Ehrenzug, 09569 Oederan
Tel. (03 72 92) 599-0, Fax 599-17
www.klein-erzgebirge.de
Ende März – Anf. Nov. tgl. 10.00
bis 18.00, Juni – Aug. ab 9.00 Uhr

POTSDAM

▸ **Filmpark Babelsberg**
Großbeerenstraße, 14482 Potsdam
Tel. (03 31) 7 21 27-50, Fax -37
www.filmpark-babelsberg.de
Mitte März – Okt.
tgl. 10.00 – 18.00 Uhr (Juni/Sept.
Mo. u. Fr. geschlossen)

RUHLA

▸ **Miniaturenpark »mini-a-thür«**
Karolinenstr. 46, 99842 Ruhla
Tel. (03 29 69) 8 00 08, Fax 6 09 06
www.mini-a-thuer.de
Anf./Mitte April – Anf. Nov.
10.00 – 18.00 Uhr

SAALBURG

▸ **Märchenwald**
Dornbachgrund 1
07929 Saalburg-Ebersdorf
Tel./Fax (03 66 47) 222 18
www.maerchenwald-saalburg.de
Mitte März – Ende Okt. tgl.
8.00 – 18.00 Uhr

TRUSETAL

▸ **Zwergen-Park Trusetal**
Brotteroder Str. 55
98596 Trusetal
Tel. (03 68 40) 401 53, Fax 401 54
www.zwergen-park.de
Ostern – Ende Okt. tgl.
10.00 – 17.00 Uhr, sonst nur
Sa. u. So.

UECKERMÜNDE

▸ **Tierpark Ueckermünde**
Chausseestr. 76
17373 Ueckermünde
Tel. (03 97 71) 5 49 40, Fax 54 95 11
www.tierpark-ueckermuende.de
März – Okt. tgl. 10.00 – 18.00,
sonst 10.00 – 15.00 Uhr

WALLDORF

▸ **Sandstein- und Märchenhöhle**
Marienstraße
98639 Walldorf
Tel. (0 36 93) 899 10, Fax 89 01 63
www.sandsteinhoehle.de
März – Mai, Sept./Okt. tgl.
10.00 – 16.30, Juni – Aug. bis
17.30 Uhr

Höhlen

Unterirdische Schönheiten Wer einen Blick in die Welt der Tropfsteine und Gipskristalle tun möchte, findet gut erschlossene und gesicherte Schauhöhlen. Da die Lufttemperaturen in den Höhlen auch im Hochsommer selten über 9 °C liegen, ist wetterfeste Kleidung und festes Schuhwerk angebracht. Im Folgenden eine Auswahl:

▶ SCHAUHÖHLEN

FRIEDRICHRODA

▶ **Marienglashöhle**
(Ehem. Bergwerk,
Gipskristallgrotte)
Verwaltung, 99894 Friedrichroda
Tel. (0 36 23) 30 49 53

KITTELSTHAL

▶ **Kittelsthaler Tropfsteinhöhle**
Tropfsteinhöhlenweg
99843 Ruhla-Kittelsthal
Tel. (03 69 29) 6 33 18

ROTTLEBEN/KYFFHÄUSER

▶ **Barbarossahöhle**
Geopark Barbarossahöhle
An den Mühlen 6
06567 Rottleben/Kyffhäuser
Tel. (03 46 71) 5 45 13
www.hoehle.de

RÜBELAND

▶ **Baumanns- und
Hermannshöhle**
Rübeländer Tropfsteinhöhlen

Blankenburger Str. 35
38889 Rübeland
Tel. (03 93 54) 4 91 32
www.harzer-hoehlen.de

SAALFELD

▶ **Saalfelder Feengrotten**
Feengrottenweg 2
07318 Saalfeld
Tel. (0 36 71) 5 50 40
www.feengrotten.de

SCHWEINA

▶ **Altensteiner Höhle**
Bernd Mylius, Höhlenführer
Tel. (0 36 61) 7 12 16
www.altensteiner-hoehle.de

SYRAU

▶ **Syrauer Drachenhöhle**
Gemeinde Syrau
Höhlenberg 10
08548 Syrau
Tel. (03 74 31) 80 90
www.drachenhoehle.de

Mit Kindern unterwegs

Im Sommer sind natürlich die Küste und die Seengebiete attraktive Ziele für den Nachwuchs, verlockende Bademöglichkeiten gibt es zuhauf. Viele Naturreservate sind gut auf Kinder eingestellt, sodass kleine Besucher die einheimische Fauna und Flora auf spielerische Art und Weise kennenlernen können.
Immer einen Ausflug wert sind die Zoologischen Gärten in Chemnitz, Leipzig und Schwerin. Ein riesiges Aquarium bietet das Müritzeum (▶ Mecklenburgische Seenplatte); interessant sind auch das Deutsche Meeresmuseum in ▶Stralsund und das Meeresaquarium in Zella-Mehlis (▶Thüringer Wald).

**Vergnügen
in der Natur**

Eine ganze Reihe von Freizeitparks zieht Klein und Groß an, und man kann dabei sogar noch etwas lernen, beispielsweise in den Miniaturparks, die mit Modellen von berühmten Bauten aufwarten.

**Freizeitparks
und Museen**

Eine junge Familie am Kyffhäuser-Denkmal

Auch ungewöhnliche Museen sind für alle Altersstufen interessant, so auch die Pfefferkuchenbackstube in Weißenberg bei ▶ Bautzen, die Camera obscura in Hainichen bei ▶ Chemnitz, das erzgebirgische Spielzeug- und Weihnachtsmuseum und das Nussknackermuseum (▶Erzgebirge), das Spielzeugmuseum in Sonneberg (▶ Thüringer Wald), das »Museum der Natur« in ▶ Gotha oder das Krippen-museum in ▶Güstrow.

Größere Kinder und Jugendliche interessieren sich vielleicht auch für das Industriemuseum ▶Chemnitz, das Niederlausitzer Apothekenmuseum (▶Cottbus), das Deutsche Hygienemuseum mit dem eindrucksvollen Gläsernen Menschen und vielerlei interaktiven Möglichkeiten in ▶ Dresden, das Karl-May-Museum in Radebeul bei ▶Dresden, die Automobile Welt in ▶Eisenach und das August-Horch-Museum in ▶ Zwickau, den Frohnauer Hammer (▶Erzgebirge), das Glockenmuseum in Apolda (▶ Jena, Umgebung) oder die Technik-Museen in ▶ Berlin, ▶ Merseburg und ▶Schwerin.

Lebendige Vergangenheit

Lebendig wird die jüngste Geschichte u. a. im Hessisch-Thüringischen Grenzmuseum Schifflersgrund (▶ Eichsfeld) und im Dokumentationszentrum Alltagskultur der DDR (▶Frankfurt/Oder, Umgebung). Das Leben in früheren Jahrhunderten gerade auch für Kinder und Jugendliche anschaulich zu machen, haben sich das Erzgebirgische Freilichtmuseum, das Freilichtmuseum in Groß Raden (▶Güstrow, Umgebung), Klockenhagen (▶Rostock, Umgebung) Rudolstadt (▶Saaletal) und Lehde (▶Spreewald), das Freilichtmuseum Mueß (▶Schwerin, Umgebung), das »Ukranenland« in Torgelow (▶ Uckermark) und das Vogtländische Freilichtmuseum in Landwüst (▶ Vogtland) auf die Fahnen geschrieben.Und auch das monumentale Denkmal auf dem Kyffhäuser lockt Familien mit Kindern an.

Schaubergwerke

Im Südosten Deutschlands hat das Bergwerk eine lange Tradition. Das erfahren Jung und Alt u. a. im Schaubergwerk Felsendome Rabenstein (▶ Chemnitz) oder im Besucherbergwerk »Himmelfahrt-Fundgrube« (▶ Freiberg). Was man aus den Hinterlassenschaften des Tagebaus machen kann, zeigt beispielsweise das Ferropolis in einer aufgelassenen Braunkohlegrube bei Jüdenberg (▶ Dessau).

Museumseisenbahnen

Oldtimer-Eisenbahnen finden ein großes Publikum. Viele Museumseisenbahnen, die teilweise auch bewirtschaftet sind, werden privat betrieben, verkehren nur im Sommerhalbjahr und zu unterschiedlichen Zeiten. Nachfolgend eine Auswahl.

Schnauferl-Nostalgie

Viele historische Loks wurden in liebevoller, oft jahrelanger Arbeit von Eisenbahnfreunden restauriert und stehen nun für die Begutachtung und Würdigung durch meist kenntnisreiche Fans in diversen Eisenbahnmuseen bereit. Einen Besuch lohnen beispielsweise das Deutsche Technik-Museum Berlin, das Sächsische Eisenbahnmuseum e. V. in Chemnitz-Hilbersdorf, das Verkehrsmuseum im Johanneum (▶ Dresden), das Schmalspurbahnmuseum in Rittersgrün und das Schwarzenberger Eisenbahnmuseum (▶ Erzgebirge), das Dampflokwerk Meiningen, das Eisenbahn- und Technik-Museum auf der schönen Insel Rügen oder das Historische Bahnbetriebswerk in Arnstadt (▶ Thüringer Wald).

 ## NOSTALGISCHE EISENBAHNEN

BERLIN

▶ **Berliner Parkeisenbahn**
Streckenlänge: 7,5 km
FEZ/An der Wuhlheide 189
12459 Berlin
www.parkeisenbahn.de

▶ **Belrin – Basdorf (Heidekrautbahn)**
Streckenlänge: 60 km
Berliner Eisenbahnfreunde
An der Wildbahn 2a
16348 Wandlitz, OT Basdorf
www.berliner-eisenbahnfreunde.de

▶ **Britzer Museumsbahn Berlin**
Streckenlänge: 6,1 km

Britzer Museumsbahn Berlin
Buckower Damm 170
12349 Berlin
www.britzer-museumsbahn-berlin.de

BRANDENBURG

▶ **Mesendorf – Lindenberg**
Streckenlänge: 8,9 km
Prignitzer Kleinbahnmuseum
16928 Lindenberg
www.pollo.de

MECKLENBURG-VORPOMMERN

▶ **Bad Doberan – Kühlungsborn (»Molli«)**
Streckenlänge: 15,4 km

Mecklenburgische Bäderbahn
Molli GmbH, Am Bahnhof
18209 Bad Doberan
www.molli-bahn.de

▶ **Putbus – Göhren**
(»Rasender Roland«)
Streckenlänge: 24,4 km
Rügensche Kleinbahn
Binzer Straße 2, 18581 Putbus
www.rasender-roland.de

▶ **Schwichtenberg – Uhlenhorst**
Streckenlänge: 2,6 km
Mecklenburg-Pommersche-
Schmalspurbahn Freunde e. V.
17099 Galenbeck
www.mpsb.de

SACHSEN

▶ **Bad Schandau – Lichtenhainer**
Wasserfall (Kirschnitztalbahn)
Streckenlänge: 8 km

Historische Straßenbahn
Oberelbische Verkehrsgesellschaft
Bahnhofstr. 14a, 01796 Pirna
www.ovps.de

▶ **Cranzahl – Oberwiesenthal**
(Fichtelbergbahn)
Streckenlänge: 17,4 km
Sächsische Dampfeisenbahn-
gesellschaft, Bahnhofstr. 7
09484 Kurort Oberwiesenthal
www.fichtelbergbahn.de

▶ **Dresdner Parkeisenbahn**
Streckenlänge: 5,6 km
Liliputbahn im Großen Garten
www.liliputbahn.de

▶ **Oschatz – Glossen**
(Döllnitzbahn »Wilder Robert«)
Streckenlänge: 19 km
Bahnhofstr. 2a, 04769 Mügeln
www.wilder-robert.de

Die Waldeisenbahn Muskau dampft von Weißwasser nach Kromlau.

▶ Radebeul – Moritzburg – Radeburg (»Lößnitzdackel«)
Streckenlänge: 16 km
Traditionsbahn Radebeul e. V.
www.trr.de

▶ Schönheide – Stützengrün-Neulehn
Streckenlänge: 4,5 km
Am Fuchsstein-Lokschuppen
08304 Schönheide, www.museumsbahn-schoenheide.de

▶ Steinbach – Jöhstadt (Preßnitztalbahn)
Streckenlänge: 7,8 km
IG Preßnitztalbahn, Jöhstadt
www.pressnitztalbahn.de

▶ Weißwasser – Kromlau – Bad Muskau
Streckenlänge: 11,2 km
WEM – Waldeisenbahn Muskau
Jahnstr. 53 (Haus A)
02943 Weißwasser
www.waldeisenbahn.de

▶ Zittau – Kurort Oybin (»Zittauer Bimmelbahn«)
Streckenlänge: 13 km
SOEG, Bahnhofstraße 39
02763 Zittau
www.soeg-zittau.de

SACHSEN-ANHALT

▶ Quedlinburg – Eisfelder Talmühle (Selketalbahn)
Streckenlänge: 52,8 km
Freundeskreis Selketalbahn e. V.
www.selketalbahn.de

𝒊 Kursbuch

■ Im Verlag Uhle & Kleinmann, Pettenpohl-straße 17, D-32312 Lübbecke, Tel. (0 57 41) 72 09, Fax 9 02 24, erscheint jährlich das Kursbuch der deutschen Museums-Eisenbahnen. Wichtige Informationen erhält man auch im Internet:
www.eisenbahnnostalgie.de
www.bahntouristik.de
http://museum.bahnen-und-busse.de

▶ Wernigerode – Drei-Annen-Hohne – Nordhausen
Streckenlänge: 60,5 km
Harzer Schmalspurbahnen
Friedrichstr. 151
38855 Wernigerode
www.hsb-wr.de

▶ Drei-Annen-Hohne – Brocken (Brockenbahn)
Streckenlänge: 19 km
www.hsb-wr.de

▶ Klostermansfeld – Hettstedt
Streckenlänge: 9 km
Mansfelder Bergwerksbahn
06308 Benndorf
www.bergwerksbahn.de

THÜRINGEN

▶ Oberweißbacher Bergbahn
Streckenlänge: 1,4 km
DB RegioNetz GmbH
An der Bergbahn 1
98746 Mellenbach-Glasbach
www.oberweissbacher-bergbahn.com

Nationalparks

Naturschutz gibt es in unterschiedlich intensiver Ausprägung. Nationalparks schützen und bewahren die vorhandene Natur, in Biosphä-   **Naturschutz** renreservaten steht das Nebeneinander von Natur und Mensch im Vordergrund und in den Naturparks geht es im Wesentlichen um die Entwicklung von Erholungsgebieten für Menschen unter gleichzeitiger Berücksichtigung des Naturschutzes. Ziel ist ein naturverträglicher Tourismus. Derzeit laden sechs Nationalparks, elf Biosphärenreservate und 31 Naturparks in den ostdeutschen Bundesländern zu naturnaher Erholung ein.

Nationalparks

Die länderübergreifende Koordinierung für alle deutschen Nationalparks nimmt die 1991 gegründete Dachorganisation EUROPARC DEUTSCHLAND wahr. Naturschutz ist in Deutschland allerdings Ländersache. Die Bundesländer haben daher eigene Nationalparkverwaltungen, die man bei Bedarf kontaktieren kann.

Situation an der früheren innerdeutschen Grenze

In Ostdeutschland ergibt sich eine spezielle Situation aufgrund der Tatsache, dass sich hier in manchen Landstrichen zu DDR-Zeiten – insbesondere entlang der innerdeutschen Grenze – die Natur z. T. fast ungestört entwickeln konnte. Diese Gegenden boten sich für eine Ausweisung als Naturschutzgebiet geradezu an.

Eine neue Attraktion: der Baumkronenpfad im Nationalpark Hainich

⊙ ANLAUFSTELLEN

▶ **Allgemeine Links**
www.europarc-deutschland.de
www.nationale-
naturlandschaften.de
www.naturparke.de

BRANDENBURG

▶ **Nationalpark
Unteres Odertal**
Nationalparkverwaltung
Park 2
16303 Schwedt-Criewen
Tel. (0 33 32) 2 67 70
Fax 2 67 72 20
www.unteres-odertal.de

▶ **Biosphärenreservat
Flusslandschaft Elbe –
Brandenburg**
Neuhausstr. 9
19332 Rühstädt
Tel. (03 87 91) 98 00
www.reiseland-brandenburg.de

▶ **Biosphärenreservat
Schorfheide-Chorin**
Hoher Steinweg 5–6
16278 Angermünde
Tel. (033 31) 365 40
www.schorfheide-chorin.de

▶ **Biosphärenreservat
Spreewald**
Schulstr. 9
03222 Lübbenau
Tel (0 35 42) 892 10

▶ **Naturparks**
Barnim, Dahme-Heideseen,
Hoher Fläming, Märkische
Schweiz, Niederlausitzer Heide-
landschaft, Niederlausitzer Land-
rücken, Nuthe-Nieplitz,
Schlaubetal, Stechlin – Ruppiner
Land, Uckermärkische Seen,
Westhavelland

MECKLENBURG-VORPOMMERN

▶ **Nationalpark Vorpommersche
Boddenlandschaft**
Nationalparkverwaltung
Im Forst 5
18375 Born
Tel. (03 82 34) 50 20
Fax 5 02 25
www.nationalpark-vorpommer
sche-boddenlandschaft.de
▶Fischland · Darß · Zingst

▶ **Nationalpark Jasmund**
Nationalparkverwaltung
Stubbenkammer 3a
18546 Sassnitz
Tel. (03 83 92) 3 50 11
Fax 350 54
www.nationalpark-jasmund.de
▶Rügen

▶ **Nationalpark Müritz**
Nationalparkamt Müritz
Schlossplatz 3, 17237 Hohenzieritz
Tel. (03 98 24) 25 20
Fax 2 52 50
www.nationalpark-mueritz.de
▶Mecklenburgische Seenplatte

▶ **Biosphärenreservat
Mecklenburgisches Elbetal**
Am Elbberg 20, 19258 Boizenburg
Tel. (03 88 47) 5 47 55
www.elbetal-mv.de

▶ **Biosphärenreservat
Schaalsee**
Wittenburger Chaussee 13
19246 Zarretin
Tel. (03 88 51) 30 20
www.schaalsee.de

▶ **Biospärenreservat
Südost-Rügen**
Nationalparkamt Rügen

Blieschow 7a
18586 Lancken-Granitz
Tel. (03 83 03) 885 88
www.biosphaerenreservat-
suedostruegen.de

▶ **Naturparks**
Am Stettiner Haff, Feldberger
Seenlandschaft, Insel Usedom,
Mecklenburgische Schweiz und
Kummerower See, Nossentiner/
Schinzer Heide, Sternberger Seen-
land

SACHSEN

▶ **Nationalpark
Sächsische Schweiz**
Nationalparkverwaltung
An der Elbe 4
01814 Bad Schandau
Tel. (03 50 22) 90 06 00
Fax 90 06 66
www.nationalpark-
saechsische-schweiz.de
▶Sächsische Schweiz

▶ **Biosphärenreservat
Oberlausitzer Heide- und
Teichlandschaft**
Dorfstr. 4
02694 Guttau-Wartha
Tel. (03 59 32) 36 50
www.biosphaerenreservat-
oberlausitz.de

▶ **Naturpark**
Dübener Heide (zusammen mit
Sachsen-Anhalt), Erzgebirge/Vogt-
land

SACHSEN-ANHALT

▶ **Nationalpark Harz**
Nationalparkverwaltung
Lindenallee 35
38855 Wernigerode
Tel. (0 39 43) 55 02-0
Fax 55 02-37
www.nationalpark-harz.de

▶ **Biosphärenreservat
Mittelelbe**
Kapenmühle, 06813 Dessau
Tel. (03 49 04) 42 10
www.elbebiber.de

▶ **Biosphärenreservat
Karstlandschaft Südharz**
Hallesche Str. 68a
06536 Roßla
Tel. (03 46 51) 298 89-0
www.bioreskarstsuedharz.de

▶ **Naturparks**
Drömling, Dübener Heide
(zusammen mit Sachsen),
Fläming, Harz (zusammen
mit Niedersachsen), Saale-
Unstrut-Triasland

THÜRINGEN

▶ **Nationalpark Hainich**
Nationalparkverwaltung
Bei der Marktkirche 9
99947 Bad Langensalza
Tel. (0 36 03) 39 07 28, Fax 39 07 20
www.nationalpark-hainich.de
▶Mühlhausen

▶ **Biosphärenreservat Rhön**
Verwaltung Thüringen
Mittelsdorfer Str. 23
98634 Kaltensundheim
Tel. (03 69 46) 382-0
www.biosphaerenreservat-
rhoen.de

▶ **Biosphärenreservat Vessertal**
Waldstr. 1
98711 Schmiedefeld am Rennsteig
Tel. (03 67 82) 66 60
www.biosphaerenreservat-
vessertal.de

▶ **Naturparks**
Eichsfeld-Hainich-Werratal, Kyff-
häuser, Thüringer Schiefergebirge/
Obere Saale, Thüringer Wald

Übernachten

Eine Auswahl von Hotels verschiedener Kategorien ist bei den einzelnen Reisezielen von A bis Z zu finden. Vollständige Listen halten die Tourismusinformationen der jeweiligen Städte oder Regionen bereit, über die man oft auch buchen kann. Von großem Nutzen ist darüber hinaus der VARTA-Führer, der Adressen von Hotels und Restaurants nennt und bewertet (www.vartafuehrer.de).

Zahlreiche Hotels und Gasthöfe bieten außerhalb der Hauptsaison günstige Pauschalarrangements; preiswerte Inklusivangebote am Wochenende offerieren vor allem große Hotelketten.

Übernachtungsmöglichkeiten bieten auch etliche inzwischen in ordentliche Hotels umgewandelte Erholungsheime, die zu DDR-Zeiten v. a. dem FDGB gehörten.

Hotels

◀ VARTA-Führer

◀ Saisonpreise/
Wochenend-
angebote

Privatzimmer und Ferienwohnungen gibt es inzwischen in recht großer Zahl. Die Vermieter geben sich viel Mühe, ihren Gästen eine ansprechende Ausstattung zu bieten. Die regionalen und lokalen Touristenbüros halten aktuelle Verzeichnisse bereit.

**Privatunter-
künfte**

Traditionsreiche Adresse in Weimar

Wanderheime/ Bauden Wer ein begeisterter Wanderer ist, der kennt die Einrichtung der Wanderheime, schlichte und günstige Übernachtungsmöglichkeiten, meist mitten in der Natur, insbesondere an Wanderstrecken gelegen. Zu DDR-Zeiten gehörten sie in der Regel dem FDGB, heute werden sie oft von großen Vereinen, manche auch von einzelnen Pächtern betrieben. In diesem Zusammenhang gehören auch die sog. Bauden, ursprünglich einfache (Berg-)Hütten, heute vielfach umgebaut, erweitert und modernisiert.

Preiskategorien

■ Die im Kapitel Reiseziele aufgeführten Preise beziehen sich auf ein Doppelzimmer pro Nacht mit Frühstück
Luxus: ab 100 €
Komfortabel: von 60 bis 100 €
Preiswert: bis 60 €

Vor allem im Erzgebirge, in der Oberlausitz, im Fichtelgebirge, im Thüringer Wald und im Harz findet man diese speziellen Herbergen.

Camping Auch an Campingplätzen und Zeltmöglichkeiten herrscht in Ostdeutschland kein Mangel. Der Deutsche Camping-Club (DCC) bringt jährlich einen umfangreichen Campingführer heraus.

Ferien auf dem Bauernhof Zahlreiche Bauernhöfe bieten vor allem Familien mit Kindern Möglichkeiten für erholsame Ferienaufenthalte. Etliche Höfe sind in Ferienringen zusammengeschlossen, die auch Gemeinschaftsveranstaltungen organisieren.

▶ WICHTIGE ADRESSEN

CAMPING
▶ **Deutscher Camping-Club**
Mandlstr. 28, 80802 München
Tel. (089) 380 14 20, Fax 33 47 37
www.camping-club.de

URLAUB AUF DEM BAUERNHOF
▶ **Bundesarbeitsgemeinschaft für Urlaub auf dem Bauernhof und Landtourismus e. V.**
Claire-Waldoff-Str. 7, 10117 Berlin
Tel. (030) 31 90 42 20
Fax 31 90 44 96
www.bauernhofurlaub-deutschland.de

▶ **Deutsche Landwirtschafts-Gesellschaft e. V.**
Eschborner Landstr. 122

60489 Frankfurt/M.
Tel. (069) 24 78 80
Fax 24 78 81 14
www.landtourismus.de

▶ **Arbeitsgemeinschaft Urlaub & Freizeit auf dem Lande e. V.**
Lindhooperstr. 63
27283 Verden
Tel. (0 42 31) 9 66 50
Fax 96 65 66
www.bauernhofferien.de

JUGENDHERBERGEN
▶ **Deutsches Jugendherbergswerk (DJH)**
Leonardo-da-Vinci-Weg 1
32760 Detmold
Tel. (0 52 31) 9 93 60, Fax 99 36 66
www.jugendherberge.de

Jugendherbergen stehen jedem offen, der einen gültigen Jugendherbergsausweis hat; der Ausweis wird ausgestellt durch eine an den internationalen Verband (IYHF) angeschlossene Jugendherbergsvereinigung. Jugendliche Mitglieder (bis 25 Jahre) werden bevorzugt aufgenommen. Familien sowie Leiter von Schulen und Jugendgruppen benötigen eine besondere Mitgliedskarte, die bei der Einschreibung vorgelegt werden muss. Im Verlag des Deutschen Jugendherbergswerkes erscheint alljährlich das **Deutsche Jugendherbergsverzeichnis**.

Jugend-
herbergen

Urlaub aktiv

Die lokalen und regionalen Tourismusverbände halten umfangreiches Informationsmaterial zu sportlichen Aktivitäten bereit.

Hinweis

In Mecklenburg-Vorpommern gibt es seit einigen Jahren den sog. Touristen-Fischereischein, der zusammen mit der Angelkarte zum Angeln an der Küste, den Binnenseen und den Flüssen berechtigt. Sportfischer finden aber auch in den anderen Bundesländern unzählige Seen, Flüsse und Bäche, wo sie ihrem Hobby frönen können. Über die erforderlichen Angelkarten bzw. Fischereischeine informieren Gemeinden ebenso wie die Sport- und Angelgeschäfte vor Ort.

Angeln

Mecklenburg-Vorpommern punktet bei Wasserratten mit kilometerlangen Sandstränden an der Küste, im Hinterland hingegen mit schönen Binnenseen wie der Mecklenburgischen Seenplatte, dem Land der Tausend Seen. Die Berliner zieht es klassischerweise vor allem an den Wannsee und unter den zahllosen natürlichen oder künstlichen Seen in Brandenburg, Sachsen, Sachsen-Anhalt und Thüringen sind jede Menge Gewässer für Badefreuden dabei.

Baden

Innerhalb weniger Jahre sind in Ostdeutschland attraktive Golfplätze entstanden, darunter viele 18-Loch-Plätze. Derzeit werden insgesamt über 60 Anlagen betrieben, die großteils internationalem Standard entsprechen. Die passende Unterkunft bieten diverse Golfhotels.

Golf

Wo Felsen sind, sind Kletterer nicht weit. Gipfelstürmer finden im Vogtland, im Erzgebirge, in der Sächsischen Schweiz, in der Oberlausitz, den Königshainer Bergen und im Zittauer Gebirge gute Bedingungen. Attraktive Kletterfelsen bieten auch der Thüringer Wald, das Saaletal, das Thüringer Schiefergebirge und der Harz.

Klettern

Radfahrer finden in den östlichen Bundesländern nachgerade unzählige Möglichkeiten: Fern-Radwanderwege wie der Elster-Radweg (257 km), die Tour Brandenburg (1111 km), der Elberadweg (860 km), der Rennsteigradweg (195 km), der Gurkenradweg rund um

Radeln

den Spreewald (250 km) und der Unstrut-Radwanderweg (178 km) finden reichlich Zuspruch. Aber auch kürzere Strecken sind zuhauf ausgewiesen. Wer möchte, kann sein Gepäck während der Radtour transportieren lassen. Mountainbike-, Downhill- und Four-Cross-Anhänger finden vor allem in Thüringen, Sachsen-Anhalt und Sachsen entsprechend ausgewiesene Gelände.

Reiten Insbesondere Brandenburg ist ein klassisches Land für Ross und Reiter, Mecklenburg-Vorpommern verfügt über mehr als 280 Reiterhöfe. Wer die edlen Vierbeiner lieber betrachten möchte, hat u. a. bei der Hengstparade des Landgestüts Redefin Gelegenheit dazu.

Wandern Der Klassiker unter den berühmten Fernwanderwegen Deutschlands ist der **Rennsteig**. Er verläuft auf dem Kamm des Thüringer Mittelgebirges über 169,3 km von Eisenach-Hörschel nach Blankenstein/Saale und ist meist mit einem großen weißen »R« gekennzeichnet (www.rennsteig.de). Die Naturschutzgebiete vom Nationalpark bis zum Naturpark besitzen in der Regel ein gut ausgebautes Wanderwegenetz mit Wegen verschiedenster Art und Länge. Die Küste lockt mit Dünen- und Heidelandschaften, der Harz mit dem 94 km langen **Hexen-Stieg**, in den Seengebieten wechseln Ausblicke auf Wasserflächen mit bewaldeten Abschnitten, der Spreewald bietet herrliche Auenlandschaften, das Zittauer Gebirge enge Schluchten und Vulkankegel. Selbst in Berlin sind diverse Wanderwege markiert, die, auch wenn sie nicht ständig durch unberührte Natur führen, interessante Einblicke in die Hauptstadt bieten. Man kann den Spuren der Künstler folgen, z. B. auf dem **Goethewanderweg** von Weimar nach Rudolstadt (ca. 20 km), auf Wanderungen durch die Mark Brandenburg oder auf dem 112 km langen Malerweg in der Sächsischen Schweiz. Jüngst eröffnet wurde der Lutherweg, ein ca. 400 km langer Pilgerrundwanderweg durch Sachsen-Anhalt mit einem stilisierten L als Symbol.

! Baedeker TIPP

Von Bach zu Goethe

So heißt der 2008 als Qualitätsweg des Deutschen Wanderverbandes ausgezeichnete Pfad, der die beiden Thüringer-Wald-Städte Arnstadt und Ilmenau. Er schlängelt sich über die Rheinsberge und den Veronikaberg und führt zu Wirkungsstätten von Johann Sebastian Bach und Johann Wolfgang Goethe.

Wassersport Stolze Windjammerparaden und diverse Regatten auf der Ostsee begeistern selbst eingefleischte Landratten. Wer jedoch selber auf dem Wasser aktiv werden möchte, ist hier genau richtig. Segler finden natürlich an der Küste, aber auch auf größeren Binnenseen und Stauseen reichlich Gelegenheit, sich Wind und Wellen zu stellen. Wasserwanderer können beispielsweise die Havel und ihre Nebenge-

Talsperre Pöhl im Vogtland: Hier lernt man segeln ...→

wässer und die gesamte Mecklenburgische Seenplatte erkunden. Brandenburg verfügt über 6500 km mit dem Paddelboot befahrbare Fließgewässer, u. a. im Spreewald. In Sachsen-Anhalt arbeitet die Initiative »Blaues Band« an der Entwicklung des Wassertourismus am und auf dem Wasser (www.blauesband.de). Alle Bundesländer geben außerdem Broschüren zum Thema Wasserwandern heraus.

Wintersport　Gespurte Loipen und präparierte Pisten locken Wintersportfans insbesondere in den Thüringer Wald, ins Vogtland bzw. Elstergebirge, ins Erzgebirge und in den Harz. Wer sich nicht selber auf die Bretter stellen will, kann die Koryphäen der Disziplinen Biathlon, Skispringen, Nordische Kombination, Rodeln oder Bob bei diversen Wettbewerben bestaunen, so zum Beispiel in **Oberhof**, dem bekanntesten Wintersportplatz im Thüringer Wald sowie in **Altenberg** im Erzgebirge und **Klingenthal** im Vogtland, wo es eine nagelneue Wintersport-Arena gibt.

Auch nordische Amateure kommen im Thüringer Wald auf ihre Kosten.

Verkehr

Im Bereich Straßenverkehr werden immer noch gewaltige Anstrengungen unternommen, um neue Magistralen wie beispielsweise die Ostsee- bzw. Küsten-Autobahn (A 20) oder die Thüringer-Wald-Autobahn (A 71) als Quer- und Längsverbindungen zwischen West- und Ostdeutschland auszubauen. Im Übrigen ist das Netz gut ausgebauter Straßen uch im Osten Deutschlands ziemlich engmaschig geworden.

Straßenverkehr

Insbesondere die größeren Orte sind – auch durch den Ausbau von Hochgeschwindigkeitstrassen – auf der Schiene recht problemlos zu erreichen, und so mancher Bahnhof dort ist zu einem Schmuckstück um- und ausgebaut worden, beispielsweise der eindrucksvolle Leipziger Hauptbahnhof. Schwieriger sieht es in der Fläche aus, wo die Anreise teilweise einen erheblichen Zeitaufwand erfordert.

Bahnverkehr

Die Ländertickets der Bahn gelten im jeweiligen Land in den Nahverkehrszügen und oft in Bahnen und Bussen der kommunalen oder regionalen Verkehrsverbünde und ist als Gruppen- oder Single-Ticket zu haben. Das Ostsee-Ticket berechtigt bis zu fünf Personen zur Fahrt von Berlin bzw. Brandenburg an die Ostsee-Küste und zwar auch in IC/EC-Zügen. Die Reiseangebote der Bahn beinhalten auch attraktive ostdeutsche Reiseziele, etwa Weimar oder Dresden.

◀ Ticketangebote

 AUSKUNFT

AUTOMOBILKLUBS

▶ **ACE**
Tel. (0 18 02) 34 35 36
www.ace.de

▶ **ADAC**
Tel. (018 02) 22 22 22
www.adac.de

▶ **AvD**
Tel. (08 00) 990 99 09
www.avd.de

MIETWAGEN

▶ **Avis**
Tel. (0 18 05) 21 77 02
www.avis.de

▶ **Europcar**
Tel. (0 18 05) 80 00
www.europcar.de

▶ **Hertz**
Tel. (0 18 05) 33 35 35
www.hertz.de

▶ **Sixt**
Tel. (0 18 05) 525 25 25
www.sixt.de

BAHNVERKEHR

▶ **Deutsche Bahn AG**
Tel. (0 18 05) 99 66 33
www.bahn.de

FLUGVERKEHR

▶ **Deutsche Lufthansa**
Tel. (0 18 05) 80 84 26
www.lufthansa.com

▶ **Air Berlin**
Tel. (0 18 05) 73 78 00
www.airberlin.com

Flugverkehr Im Luftverkehr sind die Kapazitäten enorm ausgebaut worden. Die Flughäfen in Berlin, Leipzig/Halle, Dresden, Erfurt und Rostock können die Nachfrage problemlos bedienen. Auch entferntere Regionen sind gut angebunden mit kleineren Flughäfen etwa in Altenburg oder Schwerin/Parchim. Praktisch alle Flughäfen werden auch von Billigfliegern angesteuert.

Wellness

Gesunde Erholung Urlaub dient der Regeneration. Eine ebenso sinnvolle wie vergnügliche Art der Erholung bietet ein Wellness-Urlaub. Doch ob einige Tage oder nur ein paar Stunden, der Erholungseffekt ist enorm, weshalb diese Branche in den »Neuen Bundesländern« geradezu boomt.

Thermen · Erlebnisbäder

Viele Kurorte und Touristenzentren in Ostdeutschland haben in der jüngeren Vergangenheit stark aufgerüstet, was Kureinrichtungen, Frei- und Hallenbäder betrifft. Es sind neue und besonders heilkräftige Thermalwasservorkommen erschlossen worden, man hat vor allem entlang der Ostseeküste, aber auch im Landesinneren und in den Mittelgebirgen neue Erlebnisbäder mit Saunalandschaften, Wellen- und Brandungsbädern, diversen Wellness- und Kureinrichtungen, Kosmetik-Angeboten und Fitness-Zentren angelegt.

Hinweis ▶ Da sich Öffnungszeiten ändern können, sollte man vorab telefonisch nachfragen. Nachfolgend eine Auswahl beliebter Erlebnisbäder.

Rosenblütenbad in Bad Elster

► ERLEBNISBÄDER

BAD BRAMBACH

► Aquadon
08648 Bad Brambach
Tel. (03 74 38) 88-267
www.saechsische-staatsbeaeder.de
tgl. 9.00 – 22.00 Uhr
Badelandschaft mit Innen- und
Außenbecken, Bodensprudler,
Saunaladschaft und Wellness-
Erlebniswelt.

BAD ELSTER

► Elsterado
08645 Bad Elster
Tel. (03 74 37) 71-257
www.saechsische-staatsbeaeder.de
tgl. 9.00 – 22.00 Uhr
Badelandschaft mit Innen- und
Außenbecken, Strömungskanal,
Sprudelbank und Saunaladschaft.
Eine neue Therme wurde im
Januar 2008 erbohrt.

BAD FRANKENHAUSEN

► Kyffhäuser-Therme
August-Bebel-Platz 9
06567 Bad Frankenhausen
Tel. (03 46 71) 51 23
www.kyffhaeuser-therme.de
tgl. 9.00 – 22.00, Sauna Mi. – Fr.
erst ab 13.00 Uhr
Solebecken, Freizeitbecken, Saunalandschaft, Grottentherapie,
Massage, Heuwickel

BAD KLOSTERLAUSNITZ

► Kristall Bad Klosterlausnitz
Köstritzer Str. 16
07639 Bad Klosterlausnitz
Tel. (03 66 01) 59 80
www.kristallbad-bad-
klosterlausnitz.de
Mo., Mi., Do. 10.00 – 22.00, Di.,
Fr. bis 24.00, Sa. 9.00 – 24.00, So.
bis 22.00 Uhr
Wellenbad, Natursole, Rutschen,

Saunen, Massage, Solarien,
Beauty-Angebote, ab 12.00 Uhr
FKK

BAD SAAROW

► SaarowTherme
Am Kurpark 1
15526 Bad Saarow
Tel. (03 36 31) 86 80
www.bad-saarow.de
So. – Do. 9.00 – 21.00, Fr., Sa. bis
23.00 Uhr
Thermalsolewasser, Sprudeldüsen,
Strömungskanal, Sauna, Kräuter-
stube, Rasul-Ganzkörperpeeling,
Beauty-Tagesfarm, Moor- und
Sole-Angebote

BERLIN

► Thermen am Europacenter
Nürnberger Str. 7, 10787 Berlin
Tel. (030) 257 57 60
www.thermen-berlin.de
Mo. – Sa. 10.00 – 24.00, So. bis
21.00 Uhr
Thermalsole, Thermen-Geysire,
Saunadorf, Dampfbäder, Garten-
landschaft, Gastronomie, Beauty &
Soul SPA

► MeridianSpa
Spandau Arcaden
Klosterstr. 3, 13581 Berlin
Tel. (030) 33 86 06-0
www.meridianspa.de
Mo., Mi., Fr. 9.00 – 23.00, Di., Do.
ab 7.00, Sa., So. 9.00 – 22.00 Uhr
Whirlpools, Kneipp-Becken,
Sauna, Dampfbad, Warmluftbäder,
Restaurant, Dach-
terrasse, Massagezentrum,
Ayurveda-Institut

DRESDEN

► Elbamare Erlebnisbad
Wölfnitzer Ring 65

01169 Dresden
Tel. (03 51) 41 00 90
www.elbamare.de
tgl. 10.00 – 22.00 Uhr
Sportbecken, Erlebnisbecken,
Außenbecken, Kinderbereich,
Saunabereich, Restaurant.
Behindertengerecht.

EIBENSTOCK

► **Badegärten Eibenstock**
Am Bühl 3
08309 Eibenstock
Tel. (03 77 52) 50 70
www.badegaerten.de
So. – Do. 10.00 – 22.00, Fr., Sa.
bis 23.00 Uhr
Badehalle mit Panoramafenster,
Saunalandschaft, Massagen,
Kosmetik, Ayurveda, Fitness,
Gastronomie

HALLE

► **Maya Mare**
Am Wasserwerk 1
06132 Halle
Tel. (03 45) 774 20
www.mayamare.de
Mo. – Mi. 9.00 – 22.00, Do. – So.
10.00 – 23.00, Sauna tgl. ab
10.00 Uhr
Mexikanische Bade- und Saunalandschaft, Massagen & Beauty,
Fitness

HEILIGENSTADT

► **Heilbad Eichsfeldtherme**
In der Leineaue 1
37308 Heilbad Heiligenstadt
Tel. (0 36 06) 663 90
www.vitalpark-heilbad-
heiligenstadt.de
So., Fei. 10.00 – 21.00, Mo. – Mi.
bis 22.00, Do. – Sa. bis 23.00 Uhr
Wasserlandschaft, Thermal-
Sole-Bad, Sportbad, mehrere
Saunen, Sanarium mit Farblicht-
therapie

KRAUSNICK

► **Tropical Islands**
Tropical-Islands-Allee 1
15910 Krausnick
Tel. (03 54 77) 60 50 50
www.tropical-islands.de
rund um die Uhr geöffnet, Sau-
nalandschaft Mo. – Do. 9.00 – 1.00
Uhr früh, Fr. So. durchgehend
Wassererlebniswelt in der riesigen
ehemaligen Cargolifter-Werfthalle.
Europas größte tropische Well-
ness- und Saunalandschaft mit
Ayurveda- und Thai-Massage so-
wie textilfreiem Bereich, Riesen-
rutsche, Bali-Lagune, Südsee,
Tropendorf, Shopping-Boulevard,
Indoor-Regenwald, Island
Ballooning

LEIPZIG

► **Sachsen-Therme**
Schongauer Str. 19
04329 Leipzig
Tel. (03 41) 25 99 90
www.sachsen-therme.de
tgl. 10.00 – 23.00 Uhr
Riesenwasserrutschen, Wasser-
kanone, Wildwasserkreisel,
Saunalandschaft, Massage,
Beauty, Fitness

MAGDEBURG

► **Nautica – die Wasserwelt**
Herrenkrugstr. 150
39114 Magdeburg
Tel. (03 91) 81 81-00
www.nautica-wasserwelt.de
So. – Do. 10.00 – 22.00, Fr.,
Sa. bis 23.00 Uhr
Wasserrutschen, Abenteuerbecken,
Kindererlebniswelt, Saunawelt,
Fitnessprogramm

OBERHOF

► **Rennsteig-Therme Oberhof**
Im Gründle, 98559 Oberhof
Tel. (03 68 42) 29 20
www.rennsteigthermen.de

tgl. 10.00 – 22.00 Uhr
Riesenrutsche, Kleinkinder-
Badebereich, Saunalandschaft,
Aquarider, Restaurant

RIBNITZ-DAMGARTEN

► Bodden-Therme

Körkwitzer Weg 15
18311 Ribnitz-Damgarten
Tel. (0 38 21) 390 99 61
www.bodden-therme.de
Di., Mi. 14.00 – 22.00,
Do. – So. sowie Juli/Aug.
tgl. 10.00 – 22.00 Uhr
Sport- und Kinderbecken,
Turbodusche, Riesenwasser-
rutsche, Solarium, Saunen,
Dampfbad

SEEBAD AHLBECK

► Ostseetherme Usedom

Lindenstr. 60
17419 Seebad-Ahlbeck
Tel. (03 83 78) 27 30
www.ostseebadtherme-
kaiserbaeder.de
Mo. – Do., Sa. 10.00 – 21.00, Fr. bis
22.00, So. 10.00 – 20.00 Uhr
Thermalbad, Grottenrutsche, Saunen, Massage, Kosmetik, Präven-
tionskurse, Bäderanwendungen

STRALSUND

► HanseDom Stralsund

Grünhufer Bogen 18–20
18437 Stralsund
Tel. (0 38 31) 373 30
www.hansedom.de
tgl. 9.30 – 23.00, Fitness
8.00 – 24.00 Uhr
Wildwasserbach, Wellenbecken,
Rutschen, Außentherme, Saunalandschaft, Fitness u. Sport,
Gastronomie

WISMAR

► Wonnemar Wismar

Bürgermeister-Haupt-Str. 38

23966 Wismar
Tel. (0 38 41) 327 60
www.wonnemar.de
Okt. – April So. – Do.
10.00 – 22.00, Fr., Sa. bis 23.00,
Mai – Sept. tgl. bis 21.00 Uhr
Wasserwelt, Saunawelt, Wellness,
SPA, Fitness, Gastronomie

WOLKENSTEIN

► Silber-Therme

Am Kurpark 3
09429 Wolkenstein-Warmbad
Tel. (03 73 69) 151 15
www.warmbad.de
So. – Do. 9.00/10.00 – 22.00,
Sa., So. 10.00 – 23.00 Uhr
Thermenwelt, weitläufige
Saunalandschaft, Wellness-
Bereich, Physiotherapie

ZEULENRODA

► Badewelt Waikiki

Am Birkenwege 1
07937 Zeulenroda
Tel. (03 66 28) 73 70
www.badewelt-waikiki.de
tgl. 9.00 – 22.00 Uhr
Tropenbad, Rutschen,
Luftsprudler, Sportbad, Saunen,
Solebecken, Solarien, Gastronomie

ZWICKAU

► Johannisbad

Johannisstr. 16
08056 Zwickau
Tel. (03 75) 27 25 60
www.johannisbad.de
Mo., Mi. 10.00 – 22.00,
Di. ab 7.00, Do. ab 8.00,
Sa., So. ab 9.00, Fr. 10.00 bis
23.00 Uhr
Denkmalgeschütztes Jugendstil-
gebäude, Saunalandschaft,
Dampfbad, Solarium, Reha-
Zentrum, Massagen

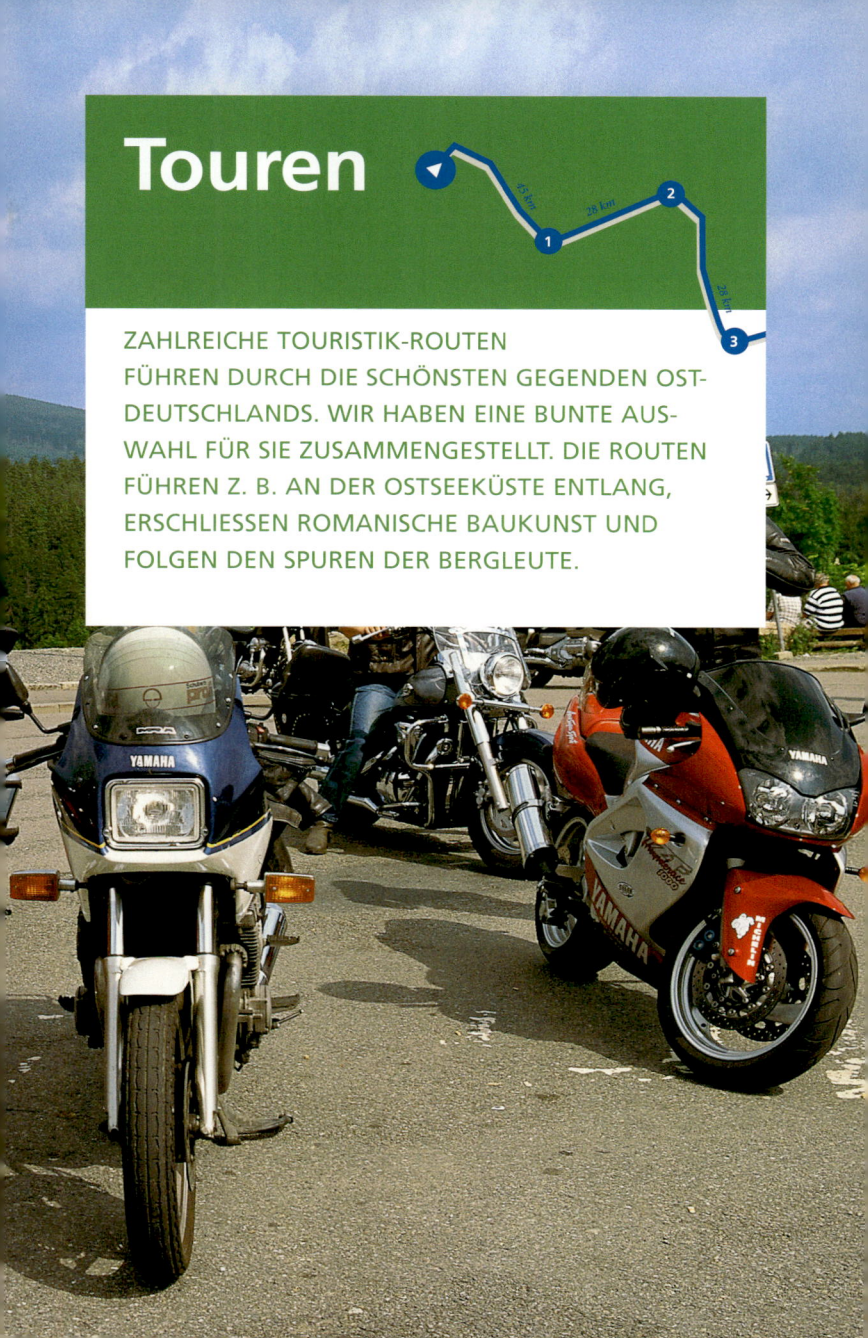

Touren

ZAHLREICHE TOURISTIK-ROUTEN
FÜHREN DURCH DIE SCHÖNSTEN GEGENDEN OST-
DEUTSCHLANDS. WIR HABEN EINE BUNTE AUS-
WAHL FÜR SIE ZUSAMMENGESTELLT. DIE ROUTEN
FÜHREN Z. B. AN DER OSTSEEKÜSTE ENTLANG,
ERSCHLIESSEN ROMANISCHE BAUKUNST UND
FOLGEN DEN SPUREN DER BERGLEUTE.

TOUREN DURCH DEUTSCHLANDS OSTEN

Berge, Seen oder Strände? Kirchen und Klöster oder Burgen und Schlösser? Oder kreuz und quer durchs Land? Stellen Sie sich eine Reiseroute anhand unserer Vorschläge zusammen!

Wismar
Denkmalgeschützte Fassaden in der Altstadt

Meißen
Blick auf die Altstadt und den Dom

Ostsee

★ Fischland-Darß-Zingst
★★ Rügen
Stralsund
★ Heiligendamm
★ Greifswald
★ Kühlings-
born
★ Bad Doberan
TOUR 1
★ Klützer Winkel
★ Rostock
Anklam
★★ Usedom
TOUR 1
Demmin
★★ Wismar
★ Mecklen-
burgische
Schweiz
★ Ueckermünde
TOUR 2
★★ Schwerin

★★ Mecklen-
burgische
Seen
Neustrelitz

Rheinsberg

★ Ruppiner
Schweiz

★ Neuruppin

Brandenburg

Hoher
Fläming

★ Lutherstadt
Wittenberg

★ Wasserschloss
Westerburg
TOUR 3
★★ Osterwieck
★ Kloster Huysburg
★ Kloster Drübeck
★ Halberstadt
★★ Brocken
★★ Quedlinburg
★ Wernigerode
Ballenstedt
★ Blankenburg
★★ Burg Falkenstein
★ Thale Hasselfelde
TOUR 7
★★★ Harzgerode
★Heiligenstadt
Nordhausen Gernrode

★ Mühlhausen

★ Bad Langensalza

★★ Eisenach

★ Thüringer **TOUR 2**
Wald
Rudolstadt

Meiningen

TOUR 2

★ Dahlener
Heide

★★ Bad Muskau
TOUR 5
Hoyerswerda
Rosenthal
★ Kamenz
★★ ★★
Bautzen Görlitz
★ Meißen Panschwitz-Kuckau
★★ Dresden ★ Hohnstein Cunewalde
★★ Freiberg **TOUR 6** ★ Rathen
★ Zwickau **TOUR 4** Pirna ★ Bad Löbau
★ Vogtland ★★ Königstein Schandau ★ Zittau
Marienberg ★★ ★★ Sächsische
★ Schneeberg Erzgebirge ★ Seiffen Schweiz
★ Blankenstein Aue ★ Olbernhau
★ Schwarzen- Annaberg-
berg Buchholz

Unterwegs in Ostdeutschland

Vielseitiges Land   Der Osten Deutschlands ist als Reiseland ausgesprochen vielfältig. Badeurlaub an der Ostseeküste bzw. auf den Inseln Rügen und Usedom ist ebenso möglich wie Wander- und Winterurlaub in den Bergen, z. B. im Thüringer Wald, im Erzgebirge und im Elbsandsteingebirge. Dazwischen liegen rund 500 Kilometer, die an Kulturdenkmälern, geschichtsträchtigen Orten und reizvollen Landschaften kaum reicher sein könnten. Für manchen Reisenden, der etwa die unendlichen Weiten Nordamerikas oder Australiens kennengelernt hat, mag eine solche Distanz geradezu lächerlich erscheinen. Bedenkt man jedoch, dass den Ostdeutschland-Urlauber ein außergewöhnlich dichtes Netz von großartigen Sehenswürdigkeiten und erlebnisreichen Plätzen erwartet, sollte man die Abmessungen Ostdeutschlands nicht unterschätzen.

> ## ! Baedeker TIPP
>
> ### Planlos?
>
> Im vorliegenden Reiseführer können nur Pläne der touristisch wichtigsten Städte abgedruckt werden. Trotzdem muss man nicht planlos auf Fahrt gehen. Eine deutschlandweite, hausnummergenaue Straßensuche ermöglicht der Internetauftritt des Falk-Verlages unter: www.falk.de.

Ferienstraßen   Für eine Reise durch Ostdeutschland gilt der alte Grundsatz: weniger ist oft mehr. Bei der riesigen Vielfalt an Reisezielen muss man wohl oder übel auswählen. Wegen der hierzulande relativ geringen Entfernungen lassen sich problemlos mehrere Ferienrouten miteinander kombinieren. Man könnte sogar rein theoretisch einen Strandurlaub am Meer mit einem Wanderurlaub in den Bergen kombinieren. Aber wer macht das schon? Eher zu empfehlen ist eine Tour entlang einer der zahlreichen mit speziellen Hinweisschildern markierten Ferienstraßen, wobei das Thema der Tour meistens nur eine grobe Orientierungshilfe ist. So sieht man während einer Fahrt auf der Straße der Romanik natürlich nicht nur alte Kirchen und Klöster, sondern auch andere Baudenkmäler, reizvolle Landschaften und bedeutende Städte. Man kann natürlich auch mehrere Ferienstraßen miteinander verbinden oder beliebig viele Abstecher machen.

Bahn oder Auto?   Im Osten Deutschlands gibt es noch ein vergleichsweise dichtes Eisenbahnstreckennetz, ergänzt durch zahlreiche Buslinien, auf denen man fast jeden Ort erreicht. Viele größere Städte sind im Stunden- oder zumindest im 2-Stunden-Takt erreichbar. Von regionalen Knotenpunkten gelangt man meist auch recht schnelle weiter in abgelegenere Orte.

Autoreisezüge ▶   Wer sich eine lange und anstrengende Autofahrt etwa von Süddeutschland an die Ostseeküste ersparen, aber nicht gänzlich auf das Auto verzichten will, kann auch Autoreisezüge benutzen, die innerhalb Deutschlands auf mehreren Strecken verkehren.

Das noch vor wenigen Jahren ziemlich marode Straßennetz im Osten Deutschlands ist inzwischen modernisiert und erheblich ausgebaut worden. Spektakuläre Verkehrsneubauten wie der knapp acht Kilometer lange **Rennsteig-Tunnel** und die neue **Rügen-Brücke** erleichtern die Anfahrt in beliebte Ferienregionen wie den Thüringer Wald und die Insel Rügen. Allerdings sollte man bedenken, dass es vor allem an schönen Wochenenden oft lange Staus bei der Anreise in bzw. auf der Rückreise aus von Touristen stark frequentierten Gebieten gibt. Zu Engpässen mit langen Wartezeiten kommt es auch vor noch nicht modernisierten Brücken oder vor Städten und Ortschaften, die noch über keine Umgehungsstraße verfügen. ◄ Straßennetz

Wer besonders wenig Zeit hat, kann auch mit demFlugzeug ins Zielgebiet reisen. Größere Städte wie Leipzig/Halle, Erfurt, Dresden und Rostock sind bestens ins innerdeutsche Luftliniennetz eingebunden. Im Zeitalter der Billigflüge gibt es zahlreiche Fluggesellschaften, die sehr preiswerte Angebote für innerdeutsche Flüge offerieren. ◄ Innerdeutsche Flüge

Tour 1 Nordostdeutsche Hanse-Route

Länge der Tour: 480 km   **Tourdauer:** ca. 10 Tage

Die Hanse war über 500 Jahre lang ein Zusammenschluss von Kaufleuten von Flandern bis zum Finnischen Meerbusen. In allen über 200 Hansestädten, die durch den Bund wohlhabend wurden, hat die Hanse mit ihren Backsteinbauten eindrucksvolle steinerne Zeugnisse einer hohen wirtschaftlichen Blüte hinterlassen. Die Tour führt in einige dieser Städte.

Wer den Spuren der Hanse folgen will, sollte in der als UNESCO-Weltkulturerbe ausgewiesenen Altstadt von ❶ ✶ ✶ **Wismar** starten. Von der einstmals zweitmächtigsten Stadt im Handelsbund lohnt ein Abstecher nordwestwärts in den ❷ ✶ **Klützer Winkel** mit dem sehenswerten Barockschloss Bothmer und dem familiären Seebad Boltenhagen. Ein zweiter Abstecher führt von Wismar südwärts nach ❸ ✶ ✶ **Schwerin**, der in einer herrlichen Seenlandschaft gelegenen Hauptstadt von Mecklenburg-Vorpommern mit ihrem Märchenschloss. Hier findet 2009 eine Bundesgartenschau statt.

Zurück in Wismar folgt man der Bundesstraße 105 in nordöstlicher Richtung und erreicht das Ostseebad ❹ ✶ **Kühlungsborn** mit seinen prächtigen alten Villen. 9 km wei-

✓ **NICHT VERSÄUMEN**

- Wismar: Weltkulturerbe-Altstadt
- Schwerin: Festspielstadt mit Märchenschloss
- Stralsund: Weltkulturerbe am Bodden
- Rügen: die Schöne im Nordosten
- Usedom: Kaiserbäder mit Traumstränden

Ostseebad Heiligendamm
Weiße Stadt am Meer

Insel Rügen
Weltberühmte Kreideklippe: der Königsstuhl im Nationalpark Jasmund

★ Fischland-Darß-Zingst

★ ★ Heiligendamm

★ Kühlungsborn

★ Klützer Winkel

★ Bad Doberan

★ Rostock

★ ★ Wismar

★ ★ Schwerin

★ ★ Stralsund

★ Greifswald

★ ★ Rügen

Anklam

★ ★ Usedom

★ Ueckermünde

8 km · 7 km · 54 km · 17 km · 44 km · 21 km · 40 km · 53 km · 31 km · 31 km · 74 km · 22 km · 34 km

ter westlich folgt ⑤ ★ ★ **Heiligendamm**, die spätestens seit dem G-8-Gipfel 2007 weltbekannte »Weiße Stadt am Meer«. Eine herrliche Lindenallee führt von dem geschichtsträchtigen Seebad südostwärts nach ⑥ ★ **Bad Doberan** mit seinem eindrucksvollen gotischen Münster. Von hier sind es nur noch 10 km ostwärts auf der B 105 bis in die lebhafte alte Hafen- und Hansestadt ⑦ ★ **Rostock** mit ihrer türmereichen Silhouette. 9 km weiter nördlich liegt das bekannte Ostseebad Warnemünde, heute ein Stadtteil von Rostock. Von hier geht es über die Warnow hinüber in die Rostocker Heide, an deren Nordrand das beliebte Ostseebad Graal-Müritz liegt. Östlich landeinwärts kommt man in die an der Mündung des Flusses Recknitz in den Saaler Bodden gelegene »Bernsteinstadt« Ribnitz-Damgarten, an deren westlicher Peripherie das Freilichtmuseum Klockenhagen einen Besuch lohnt.

Beim Freilichtmuseum zweigt eine stark befahrene Straße nordwärts ab, die zu den Halbinseln ⑧ ★ **Fischland – Darß – Zingst** bzw. in den Nationalpark Vorpommersche Boddenlandschaft führt. Hier reihen sich viel besuchte Seebäder mit herrlichen Stränden aneinander: Diershagen, Wustrow, das malerische Ahrenshoop, Darßer Ort, Prerow und Zingst. In Zingst biegt man südwärts ab und erreicht über die Landenge zwischen Bodstedter und Barther Bodden das alte Städtchen Barth mit seinem malerischen alten Kern und seiner mächtigen, aus Backsteinen errichteten Marienkirche.

Eine halbe Autostunde östlich von Barth liegt ⑨ ★ ★ **Stralsund**, die »Perle der Hanse«, deren gut erhaltenes mittelalterliches Zentrum ebenfalls als Weltkulturerbe ausgewiesen ist. Die türmereiche alte Stadt ist zugleich das Tor zur Insel ⑩ ★ ★ **Rügen**, die man über eine neue Hochbrücke erreicht. Eine Inselrundfahrt auf Rügen sollte nicht nur die berühmten Kreidefelsen der Stubbenkammer im Nationalpark Jasmund miteinschließen, sondern auch das Kap Arkona mit dem malerischen Fischerdorf Vitt und die traditionsreichen Seebäder Binz, Sellin und Göhren. Lohnend ist auch ein Bootsausflug zur westlich vorgelagerten Insel Hiddensee.

Von Stralsund führt die B 96 a, die hier auch als Europäische Route der Backsteingotik ausgewiesen ist, in südöstlicher Richtung nach ⑪ ✳ **Greifswald**, der altberühmten Hanse- und Universitätsstadt am gleichnamigen Bodden. 32 km weiter östlich liegt das Hafenstädtchen Wolgast am Peenestrom. Über diesen gelangt man auf Deutschlands zweitgrößtes Eiland, die Insel ⑫ ✳ ✳ **Usedom**. Die schöne Naturlandschaft machte Usedom bereits im 19. Jh. zum äußerst beliebten Urlaubsziel. Altbekannt sind die »Kaiserbäder« Ahlbeck, Heringsdorf und Bansin sowie das Seebad Zinnowitz. Im Nordwesten der Insel liegt Peenemünde, wo von 1936 bis 1945 ein Testgelände der Wehrmacht und der Luftwaffe samt Raketenabschussplatz bestand. Näheres erfährt man im hiesigen historisch-technischen Informationszentrum.

Man verlässt die Insel Usedom ganz im Süden und erreicht die alte Hansestadt ⑬**Anklam**. Im Otto-Lilienthal-Museum wird der Flugpionier und Sohn der Stadt geehrt. Endpunkt der nordostdeutschen Hanse-Route ist ⑭ ✳ **Ueckermünde** am Stettiner Haff, von wo aus man die Ueckermünder Heide und die gesamte Uckermark erkunden kann.

Tour 2 Deutsche Alleenstraße

Länge der Tour: 1230 km   **Tourdauer:** 3 – 4 Wochen

Entlang der Deutschen Alleenstraße fahren Sie bei dieser Tour ab Rügen durch die wunderschönen Landschaften der Mecklenburgischen Seenplatte, der Sächsischen Schweiz und des Erzgebirges. Dabei besuchen Sie weltberühmte Orte wie Lutherstadt Wittenberg, Dresden und Eisenach.

Die Route beginnt im reizvoll gelegenen Ostseebad Sellin auf der Insel ❶ ✳ ✳ **Rügen**. Wunderschöne Alleen führen via Putbus, Garz und Poseritz nach Altefähr und von dort über den Strelasund hinweg in die alte Hafen- und Hansestadt ❷ ✳ ✳ **Stralsund** mit ihrem als Weltkulturerbe ausgewiesenen türmereichen Stadtkern.

Von Stralsund aus folgt man der B 194 südwärts ins altertümliche Städtchen Grimmen und weiter nach ❸**Demmin**, der im Vorpommerschen Tiefland am Zusammenfluss von Peene, Tollense und Trebel gelegenen alten Hansestadt. Auch auf diesem Streckenabschnitt gibt es noch einige schöne Alleen.

Die Route erreicht nun die reizvolle Landschaft des Naturparks ④ ✶ **Mecklenburgische Schweiz** mit den Orten Malchin und Teterow, mit Kummerower und Malchiner See sowie der Reuterstadt Stavenhagen. Vom Malchiner See führt die Deutsche Alleenstraße dann weiter südwestwärts in den Bereich der großenteils unter besonderen Schutz gestellten ⑤ ✶ ✶ **Mecklenburgischen Seenplatte**, die für Erholungsuchende und Wassersportler ideale Bedingungen bietet. Die Alleenstraße durchmisst den waldreichen Naturpark Nossentiner-Schwinzer Heide in nordsüdlicher Richtung und erreicht schließlich Malchow. Nun fährt man südostwärts zur Müritz, Norddeutschlands größtem See, und weiter am Südrand des gleichnamigen Nationalparks entlang. Bei Wesenberg lohnt ein Abstecher in die Barockstadt

✔ NICHT VERSÄUMEN

- Mecklenburgische Seenplatte: Natur pur
- Rheinsberg: Geschichte und Musik
- Lutherstätten in Wittenberg
- Dresden: Kultur und Architektur satt
- Thüringer Wald: Deutschlands grünes Herz

⑥ ✶ **Neustrelitz**. Durch eine wunderschöne Seenlandschaft geht es weiter südwärts ins Bundesland Brandenburg. Erste Station in Brandenburg ist ⑦ ✶ **Rheinsberg** mit seinem berühmten Schloss. Durch die ⑧ ✶ ✶ **Ruppiner Schweiz**, die Fontane in seinen Wanderungen durch die Mark Brandenburg eindrucksvoll beschrieben hat, geht es in seine Heimatstadt ⑨ ✶ **Neuruppin**, wo man ihm dafür ein Denkmal gesetzt hat. Anschließend durchmisst die Alleenstraße die Niedermoorlandschaft des Rhinluch mit dem Städtchen Fehrbellin und das Havelland. Schließlich erreicht sie das an der Havel gelegene geschichtsträchtige ⑩ ✶ **Brandenburg**, von wo aus ein Abstecher ostwärts zum Kloster Lehnin lohnt. Südlich der Stadt fährt man durch ein Waldgebiet und erreicht dann das Baruther Urstromtal. Danach geht es weiter in den ⑪ ✶ **Hohen Fläming**. Schließlich erreicht man die im breiten Urstromtal der Elbe gelegene ⑫ ✶ **Lutherstadt Wittenberg** in Sachsen-Anhalt mit ihren weltberühmten und als Weltkulturerbe ausgewiesenen Reformationsstätten.

Südlich der Elbe bzw. am Nordrand der Dübener Heide fährt man südostwärts weiter und erreicht den Freistaat Sachsen. Erstes Ziel ist hier das Städtchen ⑬ **Torgau** an der Elbe, das 1945 Weltruhm erlangt hat als vermeintlich erster Treffpunkt von sowjetischen und US-amerikanischen Truppen. Danach geht es südostwärts weiter durch die ⑭ ✶ **Dahlener Heide**, wo es sich herrlich wandern lässt, durch das Städtchen Oschatz und südlich an der einstmals bedeutenden Stahlstadt Riesa vorbei in die alte sächsische Residenz- und Porzellanstadt ⑮ ✶ **Meißen**. Von hier führt die Alleenstraße über die Elbe und weiter zum herrlichen Schloss Moritzburg, das die Handschrift Augusts des Starken trägt. Dann geht es südwärts in die Karl-May-Stadt Radebeul.

Schließlich erreicht man Sachsens kunstsinnige Landeshauptstadt ⑯ ✶ ✶ **Dresden** mit weltberühmten Sehenswürdigkeiten wie dem Zwinger, dem Schloss mit dem Grünen Gewölbe, der Semperoper

Mecklenburgische Seenplatte
Für einen erholsamen Urlaub am Wasser wie geschaffen

1 ✱✱ Rügen
31 km
2 ✱ Stralsund
57 km
✱ **Mecklenburgische Schweiz** *44 km* **3** Demmin
4
39 km
5
✱✱ **Mecklenburgische Seen** *64 km* **6** Neustrelitz
42 km
7 Rheinsberg
20 km
✱ **Ruppiner Schweiz** **8**
11 km
9 ✱ Neuruppin
80 km
10 Brandenburg
48 km
11 Hoher Fläming
41 km
✱ **Lutherstadt Wittenberg** **12** *43 km*
13 Torgau
25 km
✱ **Dahlener Heide** **14** *44 km*
✱ **Meißen**
15 *25 km* ✱✱ **Dresden**
16 *48 km*
17
47 km
✱✱ **Sächsische Schweiz**
18
137 km *60 km* **19**
✱ **Vogtland**
Rudolstadt
✱✱ **Erzgebirge**
20 Lobenstein
21
16 km
65 km
✱ **Thüringer Wald**
22 *25 km*
24 ✱ Eisenach
23 Meiningen
52 km
25 Bad Langensalza
31 km
26 ✱ Mühlhausen
20 km
27 ✱ Heiligenstadt
33 km

Sächsische Schweiz
Höchst imposant: die Sandsteinfelsen der Bastei

Thüringer Wald
Eldorado der nordischen Skisportler

und der wiederaufgebauten Frauenkirche. Dresden wird nicht umsonst »Elbflorenz« genannt. Vom Kulturprogramm erholt man sich am besten bei einem Ausflug elbaufwärts in die ⑰ ✶ ✶ **Sächsische Schweiz** bzw. in die bizarre Felsenwelt des Elbsandsteingebirges.

15 km südöstlich von Dresden, bei Heidenau bzw. kurz vor Pirna, dem »Tor zur Sächsischen Schweiz«, folgt die Deutsche Alleenstraße dem Flüsschen Müglitz südlich aufwärts ins ⑱ ✶ ✶ **Erzgebirge** und führt via Glashütte, Dippoldiswalde, Schmiedeberg und Frauenstein nach Olbernhau, von wo aus ein kurzer Abstecher ins Spielzeugmacherstädtchen Seiffen lohnt. Von Olbernhau geht es anschließend in westlicher Richtung weiter nach Marienberg, Annaberg-Buchholz, Schwarzenberg und Aue. Dort biegt die Alleenstraße in südwestlicher Richtung ab, zieht an der Eibenstock-Talsperre vorbei, passiert Rautenkranz-Morgenröthe, den Heimatort von Siegmund Jähn, Deutschlands erstem Kosmonauten, und erreicht schließlich den Oberlauf der Zwickauer Mulde. Bei der Talsperre Muldenberg lohnt ein Abstecher hinauf nach Klingenthal.

Von der Talsperre Muldenberg strebt die Alleenstraße westwärts durch das ⑲ ✶ **Vogtland** und erreicht das an der Pirk-Talsperre gelegene Städtchen Oelsnitz. Von hier sollte man einen Abstecher südwärts ins landschaftlich reizvolle Elstergebirge bzw. in den vogtländischen »Bäderwinkel« mit den beiden Kurorten Bad Elster und Bad Brambach bzw. in den »Musikerwinkel« mit dem für seine Instrumentenbauer bekannten Ort Marktneukirchen. Von Oelsnitz führt die Alleenstraße zunächst nordwärts weiter nach Plauen, dem wirtschaftlichen und kulturellen Zentrum des Vogtlandes.

Von Plauen schlängelt sich die Route weiter westwärts in den Freistaat Thüringen und erreicht das landschaftlich reizvolle Saaletal bzw. das waldreiche Thüringische Schiefergebirge. Etappenziel ist der freundliche Kurort ⑳ ✶ **Bad Lobenstein** mit seinem malerischen Markt. Von dort führt die Alleenstraße nordwärts weiter nach Ziegenbrück im Saaletal und Pössneck in der Orlasenke. Hier knickt sie in südwestlicher Richtung ab und führt via Saalfeld und Bad Blankenburg nach ㉑ ✶ **Rudolstadt**, das von der mächtigen barocken Heidecksburg überragt wird.

Von Rudolstadt aus zieht die Alleenstraße in nordwestlicher Richtung durch das Vorland des Thüringer Waldes via Stadtilm nach Arnstadt und weiter in südwestlicher Richtung bergan in den herrlichen ㉒ ✶ ✶ **Thüringer Wald** mit dem weltberühmten Wintersportplatz Oberhof. Von dort geht es zunächst westwärts bergab in Richtung Schmalkalden. Wenige Kilometer vor diesem besuchenswerten Städtchen biegt die Alleenstraße in südlicher Richtung ab und schlängelt sich hinunter ins schöne Werratal, wo die alte Residenz- und Theaterstadt ㉓ ✶ **Meiningen** Etappenziel ist.

Von Meiningen aus windet sich die Alleenstraße in nordwestlicher Richtung durch das Biosphärenreservat Rhön, knickt dann westlich von Bad Salzungen wieder in nordöstlicher Richtung ab und windet sich dann über die Nordwestspitze des Thüringer Waldes hinüber in die zu Füßen der berühmten Wartburg gelegene und kulturhistorisch hochbedeutsame Stadt 24 ✶ **Eisenach**.

Von Eisenach führt der Weg nordostwärts weiter bzw. am Ostrand des Nationalparks Hainich entlang nach 25 **Bad Langensalza** mit seinen ansehnlichen Türmen und Toren. Danach zieht die Alleenstraße in Gestalt der B 247 nordwestwärts ins obere Unstruttal und in die Thomas-Müntzer-Stadt 26 ✶ **Mühlhausen**. Von dort geht es in nordwestlicher Richtung weiter ins Eichsfeld, wo das Heilbad 27 ✶ **Heiligenstadt** zur Erholung einlädt. Von dort strebt die Alleenstraße via Duderstadt in nordwestlicher Richtung weiter und erreicht schließlich die bereits in Niedersachsen gelegene Stadt Northeim am Westrand des Harzes.

Tour 3 Straße der Romanik

Start: C 1

Länge der Tour: ca. 170 km   **Dauer:** 2 bis 3 Tage

Im Mittelalter war der Harz Zentrum europäischer Politik und die Kunst gelangte hier zu höchster Blüte. Besonders am nördlichen und östlichen Harzrand entstanden bedeutende weltliche und kirchliche Bauwerke. Nirgendwo sonst in Ostdeutschland findet man so viele Zeugnisse der Romanik.

Als Ausgangspunkt der Tour dient ❶ ✶ ✶ **Quedlinburg**. Schon von weitem sichtbar überragt die **Stiftskirche St. Servatius** als architektonisches Meisterwerk der Romanik die Stadt. 922 durch Heinrich I. angelegt, zählt sie zu den bedeutendsten hochromanischen Bauten Deutschlands. Auch der mittelalterliche Stadtkern hat die Jahre überdauert und gehört mit der Stiftskirche und dem Domschatz zum **UNESCO-Weltkulturerbe**. Ebenfalls sehenswert ist die Wipertikirche mit ottonischer Krypta (um 1020). Von Quedlinburg geht es südwärts nach ❷ **Ballenstedt** mit seiner Klosterkirche und dem Grab Albrechts des Bären weiter zur ❸ ✶ ✶ **Burg Falkenstein** im Selketal, einer der besterhaltenen Burgen im Harz, die Anfang des 12. Jh.s gegründet und vom 15.–17. Jh. umgebaut wurde. Eine Falknerei bietet Flugvorführungen.

Romanische Meisterwerke

✓ **NICHT VERSÄUMEN**

- Quedlinburg: Weltkulturerbe-Stadt
- Gernrode: Ottonische Architektur und sagenumwobene Felsen
- Wernigerode: Fachwerk-Altstadt
- Halberstadt: Schätze der Romanik

Wieder zurück und nach Ballenstedt in westlicher Richtung geht es über ❹ ✶ ✶ **Gernrode**, das mit der ehemaligen Stiftskirche St. Cyriakus über eines der bedeutendsten Zeugnisse der ottonischen Archi-

Kein Hexenwerk

11 ✱ Wasserschloss Westerburg

6 km

8 km

10 km

✱ ✱ Osterwiek

10

8 km

✱ Kloster **12** Huysburg

16 km

20 km

9 km

Ilsenburg

9

3 km

✱ Kloster Drübeck

8

6 km

7

✱ ✱ Wernigerode

13 ✱ ✱ Halberstadt

15 km

16 km

Halberstadt
Ein Höhepunkt romanischer Baukunst ist die Liebfrauenkirche.

✱ Blankenburg **6**

8 km

1 ✱ ✱ Quedlinburg

✱ Thale **5**

12 km

Ballenstedt

4

2

10 km

7 km

9 km

Thale
Von Mythen umwobener Fels: die Rosstrappe

✱ ✱ Gernrode

✱ ✱ Burg Falkenstein **3**

tektur verfügt, nach **5** ✱ **Thale**, wo sich die 403 m hohe Rosstrappe erhebt. Das Kloster Wendhusen, zweitälteste Klostergründung zwischen Weser und Elbe, gehört zu den ältesten Siedlungen und Kultplätzen am Harznordrand.

Müßiggang in Blankenburg

Die Route führt nordwestwärts weiter nach **6** ✱ **Blankenburg**. Das ehemalige Zisterzienserkloster Michaelstein wurde 1146 gegründet und verfügt noch über romanische und frühgotische Bausubstanz in der Klausur. Ein neu angelegter Kräuter- und ein Gemüsegarten nach historischem Vorbild sind zu besichtigen. Sowohl beim Klosterfischer wie auch im Cellarius Restaurant im Kloster kann man sehr schön einkehren. 3 km nördlich von Blankenburg ragt der 296 m hohe Regenstein mit der gleichnamigen Burgruine auf.

Neuschwanstein im Harz

Nordwestlich von Blankenburg erreicht man **7** ✱ ✱ **Wernigerode**. Hier wurde das Schloss um 1110 als Grafenburg erbaut. Das romanische Kellergewölbe gehört neben der Kaiserpfalz in Goslar und der Burg Falkenstein zu den größten erhaltenen Profanbauten der Romanik im Harz. Von hier geht es zum zwischen Wernigerode und Ilsenburg gelegenen ❽ ✳ **Kloster Drübeck**. Die Klosterkirche entstand im 12. Jahrhundert. Die Blütezeit des Klosters herrschte in wirtschaftlicher und geistlicher Hinsicht zwischen dem 12. und 14. Jahrhundert. Hier verknüpft sich die Straße der Romanik mit dem Projekt Gartenträume, das historisch bedeutsame Park- und Gartenanlagen vorstellt. Sehenswert in ❾ **Ilsenburg** ist die Klosterkirche (11. Jh.).

Von Ilsenburg geht es in Richtung Nordost in die Fachwerkstadt ❿ ✳ ✳ **Osterwieck**, deren Stadtbild von rund 400 Fachwerkhäusern geprägt wird. Die ältesten Teile der Stephanikirche stammen aus der ersten Hälfte des 12. Jahrhunderts. Eine Spritztour lohnt sich zum 16 km nordöstlich von Osterwieck gelegenen ⓫ ✳ **Wasserschloss Westerburg**, einer vollständig erhaltenen frühmittelalterlichen Burganlage, die heute ein Hotel beherbergt. Bei einem Abstecher zum ⓬ ✳ **Kloster Huysburg** (1084 gegründet) kann man die romanische Kirche von 1121 und Reste des romanischen und gotischen Kreuzgangs besichtigen.

Fachwerk und mehr

Im während des Zweiten Weltkriegs besonders stark zerstörten ⓭ ✳ ✳ **Halberstadt** hat man mit dem Dom und der Liebfrauenkirche zwei Schätze der Sakralarchitektur vor sich, die zu den bedeutendsten ihrer Art im Harzvorland zählen. Die Sammlung liturgischer Gewänder und romanischer Bildteppiche im Dom St. Stephanus und Sixtus gilt als weltweit wichtigste ihrer Art nach dem Vatikan. Nach einer ausführlichen Besichtigung von Halberstadt tritt man die Rückreise nach ❶ ✳ ✳ **Quedlinburg** an.

Tour 4 Sächsische Silberstraße

Länge der Tour: 170 km (o. Abstecher)   **Dauer:** 3 – 5 Tage

Die beste und schönste Art, das Erzgebirge kennenzulernen, ist eine Fahrt auf der Sächsischen Silberstraße. Hier folgt man durch eine herrliche Mittelgebirgslandschaft den Spuren der Bergleute, die im 12. Jh. erstmals ihr »Berggeschrey« erschallen ließen und das Silbererz aus den Stollen zu fördern begannen.

Der zutage gebrachte Reichtum füllte die Schatullen der Landesherren, ließ aber auch eine Reihe stolzer Städte entstehen, die nun die Hauptstationen entlang der Route markieren. Doch nicht nur Landschaft und Kultur machen die Silberstraße zu einer Attraktion, vielerorts wird auch deutlich, wie mühsam und gefährlich die Arbeit unter Tage war.

Die Fahrt beginnt in ❶ ✳ **Zwickau**, der Geburtsstadt von Robert Schumann, die als Station an der Handelsstraße von Leipzig nach

Ausgangspunkt Zwickau

Böhmen vom Silberreichtum profitierte. Man verlässt sie auf der B 93 Richtung Südosten und steigt bald sanft aus dem Tal der Zwickauer Mulde zum Erzgebirge hinauf. Erster Halt ist das 1471 gegründete ❷ ✳ **Schneeberg**, die »Weihnachtsstadt des Erzgebirges«, die schon 1474 über 220 Zechen im und um das Stadtgebiet besaß, in denen außer Silber vor allem auch Kobalt gefördert wurde. Wie das geschah, erfährt man auf dem Berglehrpfad. Von Schneeberg aus geht es weiterhin auf der B 169 über Schlema nach ❸ **Aue**, einst mit bedeutender Eisenverhüttung, später als wichtige Förderstätte des Porzellanrohstoffs Kaolin und in der Nachkriegszeit gemeinsam mit Schneeberg zu trauriger Berühmtheit gelangt wegen der unter sowjetischem Kommando stehenden Uranerzförderung. Über diese Zeiten berichtet das Bergbaumuseum.

✔ NICHT VERSÄUMEN

- Annaberg-Buchholz und Frohnauer Hammer
- Fichtelberg bei Oberwiesenthal
- Spielzeugdorf Seiffen
- Freiberg: Dom mit weltberühmter Silbermann-Orgel

Silber als Quell des Wohlstands

Hinter Aue fährt man nun auf der B 101 hinein ins Erzgebirge zum malerisch hoch über dem Tal thronenden ❹ ✳ **Schwarzenberg**, wo 1380 der erste Eisenhammer des Erzgebirges in Betrieb genommen wurde. In der Umgebung kann man u. a. die Silberwäsche in Antonsthal besichtigen. Auf der anschließenden Fahrt auf der B 101 Richtung Annaberg-Buchholz überquert man in Scheibenberg den höchsten Punkt der Silberstraße (670 m ü. d. M.) und wirft einen Blick auf das Naturdenkmal der Basaltsäulen am Scheibenberg. Dann aber geht es hinein nach ❺ ✳✳ **Annaberg-Buchholz**, 1492 gegründet und bereits 1509 mit fast 600 Silbergruben eine der reichsten Städte Deutschlands. Hier ließ sich der Mathematiker Adam Ries nieder,

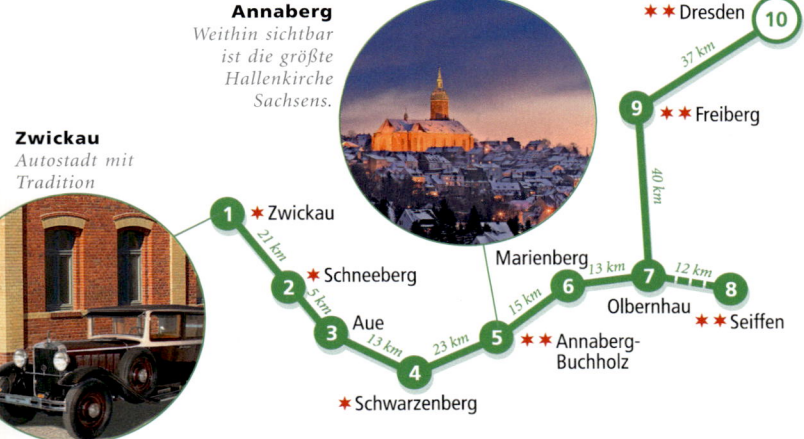

Annaberg
Weithin sichtbar ist die größte Hallenkirche Sachsens.

Zwickau
Autostadt mit Tradition

1 ✳ Zwickau
21 km
2 ✳ Schneeberg
5 km
3 Aue
13 km
4 ✳ Schwarzenberg
23 km
5 ✳✳ Annaberg-Buchholz
15 km
Marienberg 13 km
6
7
12 km
8 ✳✳ Seiffen
Olbernhau
40 km
9 ✳✳ Freiberg
37 km
10 ✳✳ Dresden

dessen Haus man ebenso besichtigen sollte wie das Erzgebirgsmuseum und natürlich die Annenkirche. Auf jeden Fall muss man das benachbarte Frohnau besuchen, wo mit dem im 17. Jh. erbauten Hammerwerk ein technisches Denkmal erster Güte steht. Auch ein Ausflug in den Wintersportort Oberwiesenthal an der tschechischen Grenze bietet sich an.

Nach Annaberg teilt sich die Silberstraße. Auf der B 101 führt sie über den Kurort Wiesenbad und das idyllische Wolkenstein nach **Schönbrunn**; die interessantere Strecke läuft von Frohnau über eine Abzweigung der B 95 nach Geyer, wo es eine 50 m tiefe sogenannte Pinge, einen Einbruchtrichter, zu sehen gibt. Weiter geht es zum Greifenbachstauweiher, der vom ältesten künstlichen Graben des Erzgebirges gespeist wird, und vorbei an den imposanten Greifensteinen nach **Ehrenfriedersdorf**, wo bereits um 1240 Bergbau betrieben wurde und das Besucherbergwerk Zinngrube sowie der Hans-Witten-Altar in der Stadtkirche besonders sehenswert sind. Hier ist man bereits wieder auf der B 95, auf der man ein Stück zurück bis zur Abzweigung nach **Wolkenstein** fährt und dort wieder auf die B 101 trifft.

Rund um Annaberg

Bald darauf teilt sich die Silberstraße noch einmal. Die B 101 berührt nacheinander das Kalkwerk Lengefeld, Forchheim mit seiner Dorfkirche von George Bähr und einer Silbermannorgel und schließlich Mittelsaida. Wiederum ist die Alternative interessanter: Auf der B 174 fährt man nach ❻**Marienberg**, wo die gesamte Bergwerkslandschaft zum technischen Denkmal erklärt worden ist. Der 1520 gegründete Ort gilt als klassisches Beispiel für eine planmäßig angelegte Bergstadt und ist als solche noch nahezu gänzlich erhalten. Auf Marienberg folgt Pobershau mit einem Schaubergwerk, dann – auf der B 171 – ❼**Olbernhau**, wo ein Kupferhammer aus dem 16. Jh. und andere Anlagen zur Kupfererzverarbeitung erhalten sind.

Nach Marienberg

Von Olbernhau sollte man auch einen Abstecher ins Spielzeugdorf ❽✴✴ **Seiffen** unternehmen. Hinter Olbernhau beschreibt die Silberstraße einen Bogen über Sayda und trifft bei Großhartmannsdorf wieder auf die B 101. Auf dieser geht es nun nach ❾✴✴ **Freiberg**, dem Zentrum des Bergbaus. In der ältesten Bergstadt des Erzgebirges begann 1168 die Silbererzförderung. Entsprechend groß ist das Angebot an Sehenswürdigkeiten: das Huthaus der Grube »Einigkeit«, der Dom mit der berühmten Tulpenkanzel, die geowissenschaftliche Sammlung der Bergakademie, das Stadt- und Bergbaumuseum und Schaubergwerke. Freiberg ist der Höhepunkt und fast auch das eigentliche Ende der Silberstraße. Diese führt dann durch den Tharandter Wald und über Freital, wo nicht Silber, sondern Steinkohle gefördert wurde, nach ❿✴✴ **Dresden**. In der Elbresidenz wird augenscheinlich vorgeführt, was die Wettiner aus dem im Erzgebirge erarbeiteten Reichtum machten: Sie bauten und kauften Kunstwerke.

Die Höhepunkte zum Abschluss

Tour 5 Lausitz-Rundfahrt

Länge der Tour: ca. 240 km   **Dauer:** 2 – 5 Tage

Die Spreestadt Bautzen, das kulturelle Zentrum der Oberlausitz, bietet sich als Ausgangspunkt für Fahrten durch die Lausitz an. Die Rundstrecke ist an zwei Tagen zu bewältigen. Um diese Tour ohne Hektik genießen zu können, sollte man vielleicht eine Übernachtung mehr einplanen, um vielleicht im Zittauer Gebirge wandern oder eine längere Besichtigungstour unternehmen zu können.

Ausgangspunkt dieser Rundfahrt ist das schöne ❶ ✳✳ **Bautzen**, das man auf der B 96 in südöstlicher Richtung verlässt. Nach 10 km biegt man nach ❷ **Cunewalde** ab, wo einem die erste größere Anhäufung der für diese Gegend typischen Umgebindehäuser (und die größte Dorfkirche der Oberlausitz) begegnen. Danach trifft man in dem Ort ❸ **Löbau** ein, dem Städtchen am Fuß des Löbauer Bergs, auf dem der einzige gusseiserne Aussichtsturm Europas steht. Von Löbau führt die B 178 nach Süden Richtung Zittau.

✔ NICHT VERSÄUMEN

- Festungsstadt Bautzen
- Zittau und Zittauer Gebirge
- Architekturjuwel Görlitz
- Fürstliche Gärten in Bad Muskau
- Kloster Marienstern bei Panschwitz-Kuckau
- Lessing-Stadt Kamenz

Nach Zittau und Oybin

Einen Abstecher wert ist **Obercunnersdorf**, denn nirgends sonst in der Oberlausitz findet man ein derart geschlossenes Ensemble teils 200 Jahre alter Umgebindehäuser. Zurück auf der Bundesstraße durchquert man bald **Herrnhut**, den Stammsitz der Herrnhuter Brüdergemeinde. Danach geht es direkt nach ❹ ✳ **Zittau**, Hauptort des Dreiländerecks Deutschland/Tschechien/Polen und Eingangstor zum Zittauer Gebirge. Der **Kurort Oybin**, der von Zittau regelmäßig mit der dampfgetriebenen Zittauer Bimmelbahn angefahren wird, ist ein guter Platz zum Übernachten und Wandern.

Alternative

Will man von Bautzen direkt nach Zittau fahren, biegt man nicht nach Cunewalde ab, sondern bleibt die ganze Strecke auf der B 96. Dabei kommt man u. a. durch Neusalza-Spremberg, wo das älteste Umgebindehaus der Oberlausitz steht.

Leckeres Brot in Marienthal

Für die zweite Etappe wählt man in Zittau die B 99 nach Norden, immer an der Neiße entlang, die die Grenze zu Polen bildet. Auf der polnischen Seite sieht man zunächst das monströse Braunkohlenkraftwerk Bogatynia. Doch schon kurze Zeit später bietet sich eine erfreulichere Aussicht, denn von der Bundesstraße nietet sich ein Blick auf das herrlich im Neißetal gelegene ✳ **Zisterzienserinnenkloster Marienthal**, größer und vielleicht noch etwas schöner als St. Marienstern. Die Nonnen von Marienthal brauen zwar nicht, dafür backen sie und verkaufen ihre Kuchen und Brote in der heimeligen Klosterstube.

Nach verdienter Stärkung geht es nun – direkt vorbei am nicht minder riesigen, diesmal aber deutschen Braunkohlenkraftwerk Hagenwerder – ohne Aufenthalt nach ❺ ✶ ✶ **Görlitz**. Die vom Krieg verschonte Grenzstadt zu Polen besitzt vor allem um den Untermarkt eine einzigartige mittelalterliche Bausubstanz. Görlitz ist der eigentliche Höhepunkt der Fahrt, aber auch ihr Schlusspunkt, denn danach fährt man auf der E 40/B 6 zurück nach Bautzen – es sei denn, man will auf keinen Fall die berühmten Parkanlagen des Fürsten Pückler in ❻ ✶ ✶ **Bad Muskau** versäumen. Das kostet von Görlitz aus weitere 52 km Anfahrt.

Gestärkt nach Görlitz

Nach erholsamem Aufenthalt in Bad Muskau fährt man in westlicher Richtung weiter nach ❼ **Hoyerswerda**. Hoyerswerda? Zugegeben, die Stadt, in der der Plattenbau erfunden wurde, ist nicht gerade eine Schönheit, aber vielleicht sollte man auch diese Seite Ostdeutschlands einmal gesehen haben. Vor den Toren der Stadt kommen Naturfreunde auf ihre Kosten im ✶ **Biosphärenreservat Oberlausitzer Heide- und Teichlandschaft**.

In die Heimat des Plattenbaus

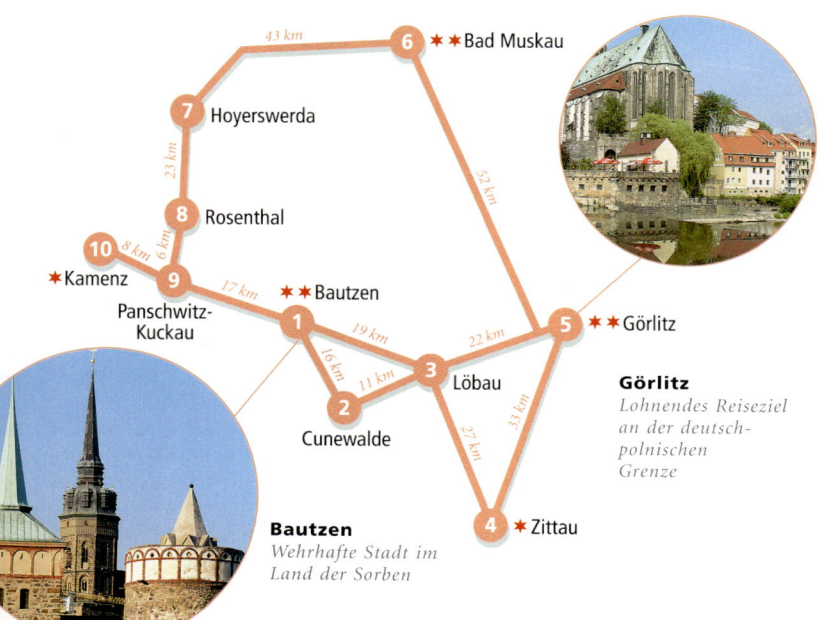

43 km — ❻ ✶ ✶ Bad Muskau

❼ Hoyerswerda

23 km

❽ Rosenthal

❿ 8 km   6 km

✶ Kamenz   ❾

17 km   ✶ ✶ Bautzen

Panschwitz-Kuckau   ❶   19 km

16 km   11 km   ❸ Löbau

❷   22 km   ❺ ✶ ✶ Görlitz

Cunewalde   52 km

27 km   33 km

Görlitz
Lohnendes Reiseziel an der deutsch-polnischen Grenze

❹ ✶ Zittau

Bautzen
Wehrhafte Stadt im Land der Sorben

Am besten zu Ostern

Bedeutende Wallfahrtsorte lernt man südlich von Hoyerswerda kennen. Als Erstes erreicht man die Wallfahrtskirche von **❽ Rosenthal**. Wenige Kilometer weiter südlich gelangt man nach **❾ Panschwitz-Kuckau**, wo das sorbische Brauchtum, vor allem das Osterreiten, besonders gepflegt wird. Doch auch wenn nicht gerade Ostern ist, lohnt der Besuch: Mit der schön gelegenen Klosteranlage von **✷ St. Marienstern**, Ziel vieler Wallfahrer, steht im Ort eines der beiden einzigen Zisterzienserinnenklöster Sachsens – das zweite, Marienthal bei Zittau, wird in der folgenden Tour angesteuert. In St. Marienstern wird übrigens auch Bier gebraut, zu probieren in der Klosterschänke.

Lessing lässt grüßen

Ein paar Autominuten nordwestlich von Panschwitz-Kuckau erreicht man die Lessingstadt **❿ ✷ Kamenz**. Literaturfreunde müssen hier das dem großen Dichter der Aufklärung von seiner Geburtsstadt errichtete Museum besuchen; wer wenig damit anfangen kann, sollte auf jeden Fall über den Marktplatz und durch einige der umliegenden Gassen schlendern. Danach tritt man die Rückreise nach **❶ ✷✷ Bautzen** an.

Tour 6 Von Dresden durch die Sächsische Schweiz

Länge der Tour: ca. 100 km   **Dauer:** 2–3 Tage

Ob mit dem Auto, dem Elbdampfer, zu Fuß oder per Fahrrad – die Route ab Dresden ins Elbsandsteingebirge bedeutet eine geballte Ladung schönster Natur. Bringen Sie genug Zeit mit für kleine Wanderungen hier und da.

Für die Fahrt durch die bizarre Landschaft der **✷✷ Sächsischen Schweiz** verlässt man **❶ ✷✷ Dresden** auf der Bundesstraße 172 und fährt auf ihr zunächst bis Heidenau. Dort muss man sich entscheiden, ob man nicht einen Ausflug durch das romantische Müglitztal zum Schloss Weesenstein, Burg Kuckuckstein und der Uhrenstadt Glashütte oder gar weiter bis Altenberg im Osterzgebirge macht (einfache Strecke 37 km).

Heißt das Ziel aber zunächst Sächsische Schweiz, legt man den ersten Halt in **❷ ✷ Pirna** ein, dem »Tor zur Sächsischen Schweiz«. Hier bummelt man über den Marktplatz und klettert hinauf zur Burg Sonnenstein. Dann aber geht es ins Elbsandsteingebirge, entweder im Elbtal auf der Struppener Straße oder auf der Höhe via Bundesstraße. Wer über Struppen fährt, sollte nach dem Ort am Kleinen Bärenstein vorbei hinab nach Oberrathen, dem linkselbischen Teil des Kurorts **❸ ✷ Rathen** an der großen Elbschleife fahren und von

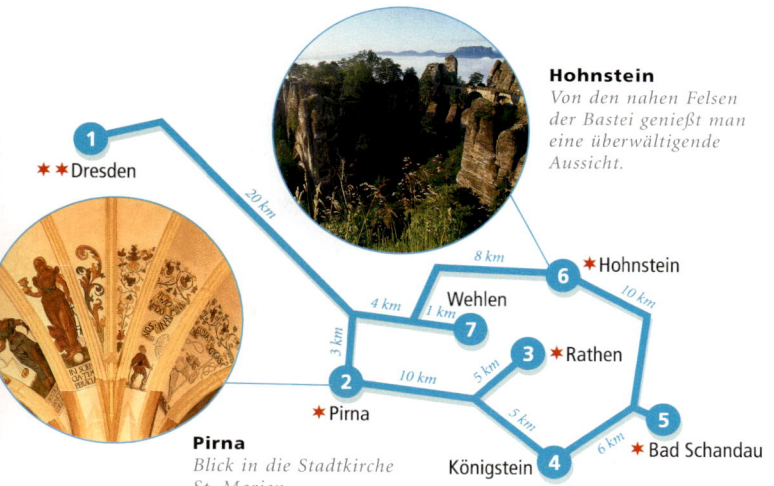

Hohnstein
Von den nahen Felsen der Bastei genießt man eine überwältigende Aussicht.

Pirna
Blick in die Stadtkirche St. Marien

dort mit der Gierseilfähre – ohne Auto! – nach Niederrathen unterhalb der ✳ ✳ **Bastei** übersetzen. Hier heißt es hinaufklettern, denn sie bietet eine der schönsten Aussichten der Sächsischen Schweiz. Auf keinen Fall versäumen!

Danach geht es dieselbe Strecke zurück, über die Hohe Straße zur Bundesstraße und auf dieser Richtung ❹**Königstein**. Bald zweigt rechts die Auffahrt zur mächtigen ✳ **Festung Königstein** ab, auch sie ist ein Muss. Wer sie zuerst sehen möchte, sollte in Pirna direkt auf die Bundesstraße fahren, danach aber auf jeden Fall auch den Kurort Rathen nicht auslassen. Hat man die Festung zur Genüge gesehen und vor allem die Aussicht auf das Elbtal und den Lilienstein genossen, bleibt man weiter auf der B 172 und fährt über die Stadt Königstein nach ❺ ✳ **Bad Schandau**, dem touristischen Herz der Sächsischen Schweiz. Hier bleibt fast nichts anderes übrig, als die Wanderstiefel zu schnüren: zu den Zschirnsteinen, zu den Schrammsteinen und durch das Kirnitzschtal, das man zwar auch per Straßenbahn und mit dem Auto durchqueren kann, doch eigentlich ist es viel zu schön, um es nicht unter den eigenen Füßen zu spüren.

Ist ein Abstecher über die Grenze in die Böhmische Schweiz angesagt, fährt man weiter nach Schmilka und wandert zum Prebischtor. Wenn nicht, biegt man am westlichen Ortsausgang von Bad Schandau vor der Elbbrücke Richtung ❻ ✳ **Hohnstein** ab, wo eine atemberaubend hoch über dem Tal errichtete Burg wartet. Von Hohnstein geht es über die Stadt ❼**Wehlen** zurück nach Pirna in dessen rechtselbischen Stadtteil Copitz und von dort, an der Elbe entlang, über Pillnitz, Loschwitz und das Blaue Wunder zurück nach Dresden.

Ins Herz der Sächsischen Schweiz

Rechtselbisch zurück nach Dresden

Herrlich: eine Fahrt mit dem Schaufelraddampfer durch die Sächsische Schweiz

Mit Bahn und Elbdampfer Für das Kennenlernen der Sächsischen Schweiz muss man nicht unbedingt das Auto benutzen. Wer Zeit und vor allem gutes Schuhwerk mitbringt, kann von Dresden oder Pirna aus bequem mit der S-Bahnlinie S 1 das ganze Elbtal bis zur tschechischen Grenze entlangfahren und von mehreren Bahnhöfen zu Wanderungen starten. Noch gemächlicher und noch schöner ist eine Flusspartie mit den von Dresden ablegenden Schaufelraddampfern nach Pirna, zum Kurort Rathen, nach Königstein und Bad Schandau.

Tour 7 Kraftakt unter Dampf: Fahrt auf engen Schienen

Länge: drei Strecken auf rund 142 km Länge, Harzquerbahn 60,5 km, Brockenbahn 19 km, Selketalbahn 60,5 km

Dauer: 2 – 3 Stunden (streckenabhängig)

Wer den Harz geruhsam, aber nicht zu Fuß erkunden möchte, der sollte eine Fahrt mit den Harzer Schmalspurbahnen nicht versäumen. Bei Höchstgeschwindigkeiten von 40 km/h (bergab wohlgemerkt) kann man beispielsweise die schöne Strecke mit der Selketalbahn zurücklegen. Alle Strecken lassen sich durch Umsteigen kombinieren. Wenn die schwere Lok der Brockenbahn die Waggons bis auf den 1142 m hohen Gipfel zieht, muss sie auf den Steigungsstrecken einige Kraft aufbringen.

Die **Harzquerbahn** benötigt für die Strecke von Wernigerode bis Nordhausen rund drei Stunden. Von ✳ ✳ **Wernigerode** geht es zunächst über die Holtemme und dann durch eine sehr enge Kurve hinauf zur Steinernen Renne. In der Nähe des Bahnhofs beginnen mehrere Rundwanderwege, u. a. zu den 2 km entfernten Wasserfällen der **Steinernen Renne**, wo die Holtemme über ein bizarres Felsengebilde in die Tiefe stürzt. Auf der folgenden 8 km langen Strecke durch das Dränge- und das Thumkuhlental überwindet die Bahn 230 Höhenmeter (unterwegs ergibt sich ein schöner Blick zurück auf Wernigerode). Am Thumkuhlenkopf beginnt die einzige, 70 m lange **Tunneldurchfahrt** auf der ganzen Strecke. In Drei Annen Hohne wird der Wasservorrat aufgefüllt; zwischen Wernigerode und hier hat die Bahn 4 m³ Wasser in Dampf und in die Schubkraft der Zylinderkolben verwandelt sowie fast 20 Zentner Steinkohle verbraucht.

Von Wernigerode bis Drei Annen Hohne

Kurz hinter Drei Annen Hohne liegt die **Abzweigung** der 19 km langen Brockenbahn. Bis Schierke geht es durch dichte Fichtenwälder, in zwei großen Bögen um die Regensteiner Köpfe herum und durch das Tal der Wormke; Damm und Brücke über die Wormke sind das beeindruckendste Hochbauwerk der Brockenbahn. Nachdem die

Brockenbahn

Mit Volldampf durch den winterlichen Harz

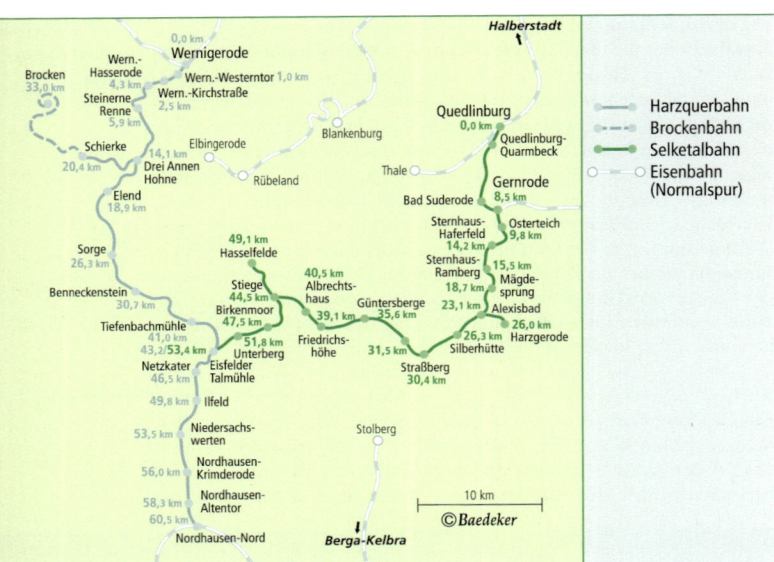

Brockenstraße gekreuzt wurde, beginnt die sog. **Brockenspirale**. Damit die Eisenbahn ihren in 1125 m Höhe gelegenen Bahnhof erreichen kann, musste die Strecke künstlich verlängert werden. So fährt sie nun, um die letzten Höhenmeter zu überwinden, eineinhalbmal um die Brockenkuppe.

Von Drei Annen Hohne zur Eisfelder Talmühle

Nimmt man nicht den Abzweig auf den Brocken, ist die nächste Station der Harzquerbahn nach Drei Annen Hohne **Elend**. Die Bahn überquert die Kalte Bode, durchfährt dichte Fichten- und dann lichtere Erlenwälder; zur Rechten passiert man den 971 m hohen Wurmberg und erreicht den **höchsten Punkt der Strecke** (557 m). Nächste Station ist das an der Warmen Bode gelegene Sorge. Kurz hinter Benneckenstein, der folgenden Station, überquert die Bahn die Rappbode, gelangt in ein großes, geschlossenes Waldgebiet, steigt ein wenig aus dem Dambachtal herauf und fährt durch Tiefenbachmühle. Hier hält der Zug nur, wenn man es vorher beim Schaffner angemeldet hat.

Selketalbahn

An der Eisfelder Talmühle hat man Anschluss an die Selketalbahn, die älteste der Harzer Schmalspurbahnen. Sie gilt gleichzeitig als **romantischster Teil** des Schmalspurnetzes. 60,5 km lang ist die wild bewachsene Strecke zwischen Eisfelder Talmühle und dem am nördlichen Harzrand gelegenen Quedlinburg, nachdem Mitte 2006 das Streckennetz der Selketalbahn von Gernrode bis zur Welterbestadt verlängert wurde. Zunächst führt die Strecke nach Stiege hinauf, erreicht die Orte Günthersberge sowie Straßberg und fährt durch Silberhütte und Alexisbad (alle ► Selketal). Hier zweigt eine Stichbahn nach Harzgerode ab; die Selketalbahn fährt weiter nach Mägdesprung, einem beliebten Ausgangspunkt für Wanderungen, durch das Selketal, u. a. zur Burg Falkenstein und nach Ballenstedt.

Von Gernrode, dem bisherigen Endpunkt mit seiner berühmten Stiftskirche, geht die um 8,5 km verlängerte Fahrt über den ganz auf Wellness abgestimmten kleinen Ort Bad Suderode nun bis nach **✳ ✳ Quedlinburg**.

Nächste Station der nach Nordhausen führenden Harzquerbahn ist nach Durchfahrt des Behretals der Haltepunkt **Netzkater**, wo u. a. der 599 m hohe Poppenberg (mit Aussichtsturm), einige Forsthäuser und Waldgaststätten, u. a. Hufhaus und Christianenhaus, zu Wanderungen einladen.

Weiterfahrt der Harzquerbahn bis Nordhausen

Mit der Bahn geht es nun weiter durch das Ilfelder Tal, an mächtigen Steinbrüchen, Felswänden und Klippen vorbei, nach Ilfeld. Hinter Ilfeld verlässt die Bahn das Gebirge. In Fahrtrichtung tauchen Gipsberge auf, z. B. rechter Hand der 80 m hohe Mühlberg; nächste Station ist Niedersachswerfen, hier wird am Kohnstein Zechstein-Anhydrit, ein Kalziumsulfat, für die chemische Industrie abgebaut und zu Schwefelsäure und Ammoniak verarbeitet. Schließlich erreicht die Harzquerbahn nach 56 km die ehemalige Freie Reichs- und Hansestadt Nordhausen, die Endstation der Bahn.

Reiseziele von A bis Z

VON DER OSTSEE BIS ZUM ERZ-
GEBIRGE BIETET DEUTSCHLANDS
OSTEN REISEZIELE FÜR JEDEN
GESCHMACK. KULTURDENKMÄLER ERSTEN
RANGES UND HERRLICHE LANDSCHAFTEN
MACHEN DAS LAND IM HERZEN EUROPAS ZU
EINEM TOLLEN ERLEBNIS.

Altenburg

Bundesland: Thüringen
Einwohnerzahl: 44 000

Höhe: 180 – 230 m ü. d. M.

Altenburg, einst Kaiserpfalz und Residenzstadt, hat ansehnliche Baudenkmäler und Kunstschätze zu bieten. Berühmt ist es aber vor allem als »Skatstadt« – um 1820 wurde das Spiel hier erfunden.

Geschichte　Altenburg, rund 45 km südlich von ▶Leipzig, wurde 1180 von Stauferkaiser Friedrich I. Barbarossa zur **Reichsstadt** und Residenz erhoben. Als die Macht der Staufer schwand, gelangte die Stadt 1328 in die Hand der Markgrafen von Meißen. 1603 – 1672 und 1826 – 1918 war Altenburg Hauptstadt des Herzogtums Sachsen-Altenburg, 1518 – 1929 Hauptstadt des Freistaats Sachsen-Altenburg. Seit 1990 gehört die Stadt zu Thüringen.

Sehenswertes in Altenburg

✳
Schloss　Das ab 1700 barockisierte Schloss auf einem Porphyrfelsen nordöstlich des Stadtkerns zeichnet mit seinem Grundriss die Form der früheren Rundburg nach. Eine geschwungene Auffahrt (1725) führt zum Triumphtor (1744). Durch den Glockenturm betritt man den

Im Stadtzentrum von Altenburg herrscht Volksfeststimmung.

ALTENBURG ERLEBEN

AUSKUNFT

Touristeninformation
Moritzstr. 21
04600 Altenburg
Tel. (0 34 47) 51 28 00, Fax 51 99 94
www.altenburg-tourismus.de

ESSEN

► Erschwinglich

Mittelalterliche Erlebnisschänke
Johann-Sebastian-Bach-Str. 11
Tel. (0 34 47) 31 35 32
Hier erleben Sie eine Zeitreise ins
Mittelalter – deftig-derbe Rittermahle
samt zünftiger Unterhaltung.

Ratskeller
Markt 1
Tel. (0 34 47) 31 12 26
In dem traditionsreichen Gewölbek-
eller werden Sie mit schmackhaften
regionalen Gerichten verwöhnt.

ÜBERNACHTEN

► Komfortabel

Parkhotel am großen Teich
August-Bebel-Str. 16 – 17
04600 Altenburg
Tel. (0 34 47) 58 30, Fax 58 34 44
www.parkhotel-altenburg.de
Modernes, zweckmäßiges Haus im
Herzen der Stadt, heimische Küche
im Restaurant.

► Günstig

Hotel Engel
Johannisstr. 27, 04600 Altenburg
Tel. (0 34 47) 5 65 10, Fax 56 51 14
www.hotel-engel-altenburg.de
In der Nähe des historischen Marktes
gelegen, bietet das Haus zeitgemäße
Zimmer, die mit viel Liebe zum Detail
eingerichtet wurden. Im Restaurant
genießen Sie gutbürgerliche thüringische und sächsische Küche.

Schlosshof mit dem Neptunbrunnen und der Pferdeschwemme.
Vom Hausmannsturm hat man einen schönen Rundblick. Die »Fla-
sche«, ein Mantelturm, der einst als Burgverlies diente, stammt aus
dem 11. Jh., die Renaissance-Galerie aus dem Jahre 1604. Im Inneren
verdienen vor allem der Festsaal mit dem Deckengemälde »Amor
und Psyche« (K. Moosdorf) und der Bachsaal mit Deckengemälden
zur wettinischen Geschichte Beachtung.

Das Schlossmuseum zeigt neben einer ostasiatischen sowie einer ◄ Schlossmuseum
Meissener Porzellansammlung und einer Waffensammlung natürlich
auch ein Spielkartenmuseum mit einer Kartenmacherwerkstatt von
1600 (tgl. außer Mo. 10.00 bis 17.00 Uhr). Auf der Orgel von H. G.
Trost (1738) in der Schlosskirche (nach 1444) spielte Johann Sebastian Bach im Jahre 1739. Sie erklingt im Sommer bei Orgelkonzerten.

Im weitläufigen, 400 Jahre alten Schlosspark liegen u. a. ein Teehaus, **Schlosspark**
ein Rokokopavillon und die Orangerie (1712). Ein wahres Kleinod

ist das Lindenau-Museum. Diese Die Sammlung frühitalienischer ◄ Lindenau-
Malerei mit 180 Tafelbildern des 13. – 16. Jh.s trug Bernhard **August** Museum
von Lindenau (1779 – 1854) zusammen. Im Museumscafé sitzt man
zwischen Gipsabgüssen antiker Plastiken.

? WUSSTEN SIE SCHON ...?

■ Um 1820 wurde in Altenburg das Kartenspiel Skat »erfunden« und zwar als Weiterentwicklung des seinerzeit in weiten Kreisen beliebten Kartenspiels namens Schafkopf. Zwölf Jahre später gründeten die Gebrüder Bechstein hier die erste Spielkartenfabrik. 1886 trafen sich mehrere Hundert Teilnehmer in Altenburg zum 1. Deutschen Skat-Kongress. Und 1899 wurde hier der Deutsche Skatverband gegründet. Nach dem Zweiten Weltkrieg wurde der Sitz dieses Verbandes vorübergehend nach Bielefeld verlegt. Seit 2001 ist er wieder in Altenburg beheimatet. Außerdem ist 2001 in der thüringischen Stadt das Internationale Skatgericht etabliert worden, das über Streitfälle entscheidet.

Mauritianum ▶ Am Nordende des Parks erinnert dieses Naturkundemuseum an den berühmten Zoologen **Alfred Brehm** (1829 – 1884), den Verfasser des Tierkunde-Klassikers »Brehms Tierleben«.

Brühl Unterhalb des Schlosses steht am Theaterplatz das 1869 bis 1871 errichtete Landestheater, ein viergeschossiger, runder Neorenaissancebau. Hinter dem Theater öffnet sich der Brühl, der älteste Marktplatz von Altenburg mit dem Marktbrunnen. An seiner Südseite fällt das barocke Seckendorff'sche Palais (1724 / 1725) auf; gegenüber verdient das ehemalige Regierungsgebäude von 1604 wegen seiner außergewöhnlichen Modeldecke – gestempelter Stuck – Beachtung.

Markt Überquert man die südlich des Brühls verlaufende Burgstraße und biegt in die Sporenstraße ein, steht man auf dem großen, von schönen alten Bürgerhäusern umrahmten Markt. Beherrscht wird er vom **Renaissance-Rathaus** mit seinem hohem Turm (1562/1564; die Pläne stammen von Nikolaus Grohmann). Der Backsteinbau der **Brüderkirche** (1901/1904) mit einem großen Wandmosaik schließt den Markt nach Westen ab.
Die sog. **Roten Spitzen**, ein spitzer und ein geschweifter Backsteinturm, ragen hinter der östlichen Marktfront auf. Sie sind Reste der Kirche eines **Augustiner-Chorherren-Stiftes** aus dem Jahr 1172.

Nikolaiviertel Sehenswert ist auch das malerische alte Nikolaiviertel, das sich südlich an den Markt anschließt. Vom **Nikolaiturm** (12. Jh.) auf dem Nikolaikirchhof hat man einen schönen Blick über die Stadt. Man erreicht das Viertel vom Markt über die Moritzstraße, die am Topf- und Kornmarkt vorbei auf den Rossmarkt stößt.

Volkspark Südöstlich des Nikolaiviertels schließt sich der Große Teich an. Auf seiner Insel befindet sich ein **Kleintierzoo**, dahinter liegt der Volkspark mit einer Schwimmhalle. Am Talhang und auf der Höhe erstreckt sich der Stadtwald mit dem Turm der Jugend.

Umgebung von Altenburg

Altenburg ist das Herz des Altenburger Landes, einer sanften Hügellandschaft mit Tälern, Fluss- und Bachläufen, Seen, Landschaftsschutzgebieten, Burgen, Schlössern und idyllischen Dörfern. 7 km nördlich von Altenburg, in Windischleuba, befindet sich anstelle einer ehemaligen Wasserburg (14. Jh.) ein Schloss (heute Jugendherberge). Hier wohnte seinerzeit der **Balladendichter Börries von Münchhausen** (1874 – 1945). Nördlich von Windischleuba liegt das Naherholungsgebiet am Pleiße-Stausee (165 ha).

Altenburger Land

Schmölln, 13 km südlich von Altenburg, war Zentrum der **Knopfindustrie**. Das Knopf- und Regionalmuseum (Sprottenanger 2) erzählt u. a. die Geschichte des Perlmuttknopfdrechslers Hermann Donath, der die Samen der harten Steinnusspalme als Rohstoff entdeckte.

◄ Schmölln

Südlich von Schmölln, jenseits der A 4, beherbergt die Burg Posterstein (12. Jh.) ein Museum, das die Geschichte der Burg in Wort und Bild erläutert.

◄ Burg Posterstein

✱ Altmark

H – K 5/6

Bundesland: Sachsen-Anhalt   **Höhe:** 20 – 160 m ü. d. M.

Die dünn besiedelte Altmark besticht durch eine fast unberührte Landschaft mit malerisch gelegenen Dörfern und Städten. Ihre leichten, sandigen Böden werden land- und forstwirtschaftlich genutzt. Geschlossene Waldgebiete erstrecken sich im Südteil der Altmark, in der Colbitz-Letzlinger Heide.

Die Altmark, einst Grenzland, entwickelt sich seit der Wende erstaunlich dynamisch. Sie liegt nördlich von Magdeburg und stößt im Osten und Norden an die Elbe, im Nordwesten ans Wendland in Niedersachsen und im Westen an die Lüneburger Heide. Sie erstreckt sich ca. 80 km in nordsüdlicher und 70 km in westöstlicher Richtung. Teils ebenes, teils flachwelliges Land mit feuchten Niederungen, dem Elbeflusstal und sandigen Böden, wechselt ab mit großen geschlossenen Waldgebieten im nördlichen und reizvollen Heidelandschaften wie der Colbnitz-Letzlinger Heide im südlichen Teil der Altmark.

Zwischen Elbe und Lüneburger Heide

Stendal und Umgebung

Stendal, die größte Stadt der Altmark (40 000 Einw.), ist **Wirtschafts- und Kulturzentrum** der Region. Hier wurde Johann Joachim Winckelmann (1717 – 1768) geboren, Autor der »Geschichte der Kunst des Altertums« und Begründer der modernen Kunstwissenschaft und Archäologie. Ein Museum in seinem Geburtshaus (Winckelmannstr. 36) erinnert an sein Leben und Werk.

Stendal

▶ ALTMARK ERLEBEN

AUSKUNFT

Fremdenverkehrsverband Altmark
Marktstr. 13
39590 Tangermünde
Tel. (0 39 22) 34 60, Fax 4 32 33
www.altmarktourismus.de

ESSEN

▶ Erschwinglich

Hotel Restaurant
Schloss Tangermünde
Auf der Burg, Tangermünde
Tel. (0 39 22) 73 73
Das schöne Restaurant auf der alten
Burg wird für altmärkische Speisen
und internationale Klassiker geschätzt.

▶ Preiswert

Kartoffelhaus im Ratskeller
Kornmarkt, Stendal
Tel. (0 39 31) 79 50 50
Nomen est omen – im Keller des Rat-
hauses gibt es raffinierte Kartoffelge-
richte und märkische Spezialitäten.

Zur Grünen Laterne
Hallstraße 73, Stendal
Tel. (0 39 31) 21 57 59 – In der Nähe
des Marktes wird in der ältesten Bier-
und Weinstube Stendals (um 1790)
deftige Hausmannskost serviert.

ÜBERNACHTEN

▶ Komfortabel

Altstadt-Hotel
Breite Straße 60, 39576 Stendal
Tel. (0 39 31) 6 98 90, Fax 69 89 39
www.altstadthotelstendal.de
Im Herzen des Städtchens liegt dieses
charmante Hotel mit wohnlichen
Zimmern und modernem Restaurant.

Ringhotel Schwarzer Adler
Lange Straße 52, 39590 Tangermünde
Tel. (0 39 22) 9 60, Fax 36 42
www.schwarzer-adler-
tangermuende.de
In dem historischen Landhotel, dessen
Ursprünge auf das Jahr 1632 zurück-
gehen, erwarten Sie schick eingerichtete Zimmer im Landhausstil und ein
gediegenes Restaurant. Gemütlich-rus-
tikal geht's im Kutscherstübchen zu.

▶ Günstig

Union
Goethestr. 11, 29410 Salzwedel
Tel. (0 39 01) 27 70 02, Fax 42 21 36
www.hotel-union-salzwedel.de
Alteingesessenes Hotel an der mittel-
alterlichen Stadtmauer, hochwertig
eingerichtete Zimmer, Restaurant im
Tiroler Stil, Sauna im Haus.

Den Stendaler **Marktplatz** in der Altstadt bestimmt das Ensemble
aus Marienkirche (1447, mit kostbarem Marienaltar und prächtiger
Chorschranke), Rathaus und Roland. Das gotische Rathaus mit seinen Staffel- und Schweifgiebeln ist ein Kleinod aus dem 14. Jh. (später mehrfach verändert). Das Leben in Stendal spielt sich vornehmlich in der von zahlreichen Backsteinbauten mit prachtvollen Giebeln
gesäumten Breiten Straße ab. Am Domplatz erhebt sich St. Nikolai
(1423 – 1467), ein klassisches Beispiel **mittelalterlicher Backsteingotik**, größter Schatz ist ein spätgotischer Glasgemäldezyklus (Leben
Christi und Heiligenlegenden). Von dem 1456 gegründeten Katharinenkloster sind neben der Klosterkirche noch Reste des Süd- und

St. Nikolai ▶

des Westflügels der Klausur sowie ein kleiner schmaler Kreuzgang vorhanden. Dort ist jetzt das Altmärkische Museum zu Geschichte und Kultur der Altmark untergebracht. Wenig weiter trifft man auf das **Tangermünder Tor** (1220), einer der zwei erhaltenen backsteinernen Tortürme der mittelalterlichen Stadtbefestigung. Das **Uenglinger Tor** aus dem 15. Jh. im Nordwesten der Altstadt ist eines der schönsten Backsteintore Norddeutschlands.

◀ Altmärkisches
Museum

Riesige Großsteingräber der mittleren Steinzeit liegen bei **Steinfeld** (12 km westlich).
Der Flussschifferort **Arneburg**, 11 km nordöstlich von Stendal am Steilufer der Elbe, ist eine der ältesten Siedlungen der Altmark. Der Marktplatz wird von niedrigen Fachwerkhäuschen eingerahmt; im Rathaus befindet sich das Heimatmuseum. Vom Burgberg, auf dem nur noch Reste der 925 erwähnten Burganlage zu sehen sind, hat man einen schönen Blick in das Elbtal.
Im Spargelstädtchen **Osterburg** (24 km nördlich von Stendal) sind einige Fachwerkbauten und die Nikolaikirche ebenso beachtenswert wie der alte Baumbestand im hübschen Schlosspark des Nachbarorts **Krumke**.

**Umgebung von
Stendal**

Das Backstein-Rathaus von Stendal mit dem Roland

Noch recht mittelalterlich präsentiert sich Tangermünde.

Tangermünde und Umgebung

Tangermünde

Die Stadt (10 000 Einw.) an der Mündung des Tangers in die Elbe hat sich ihr mittelalterliches Stadtbild weitgehend erhalten. Besonders eindrucksvoll ist die Stadtmauer aus Backstein (um 1300) mit Wiekhäuschen und Wehrtürmen, darunter der stattliche Schrotturm.

✱

Rathaus ▶

Ein bedeutender Bau der Backsteingotik ist das Rathaus (um 1430), dessen Schaugiebel mit reichem Filigranwerk geschmückt ist. Über die Kirchstraße und die Lange Straße kommt man an zahlreichen Fachwerkhäusern (17. Jh.) mit teilweise schmuckreichen Portalen vorbei. Im Innern der St.-Stephan-Kirche, einem spätgotischen Backsteinbau am Ende der Langen Straße, sind eine Renaissancekanzel (1619) und ein Taufkessel (1508) beachtenswert. Außerhalb der Stadtmauern stehen dicht am Steilrand der Elbe die **Überreste der Burg**; sie wurde nach 1373 von Kaiser Karl IV. neu ausgebaut, im 15. Jh. verändert und – nachdem sie 1640 niedergebrannt war – 1902 historisierend ergänzt. Nordwestlich der Burg thront auf der Höhe die spätgotische Kapelle St. Elisabeth, eine einstige Spitalkapelle, nun Konzert- und Ausstellungshalle.

Weiße Flotte ▶

Die Kaiser-Fahrgastschiffe bieten ab Tangermünde zahlreiche Erlebnisfahrten auf den Flüssen Elbe und Havel an.

Bismark, Schönhausen

Bismarckverehrer zieht es nach Bismark (35 km nordwestlich, kleines Museum) und vor allem nach Schönhausen (15 km nordöstlich), Bismarcks Geburtsort, mit der Tauf- und Gruftkirche und einem interessanten Bismarck-Museum.

✱ ✱

Klosterkirche Jerichow

Die Klosterkirche Jerichow, 18 km südöstlich, ein meisterhafter spätromanischer Backsteinbau (der älteste der Altmark), gehört zu einem 1144 gegründeten Prämonstratenserkloster. Großartig sind der Kirchenraum, der Kreuzgang und das Klostermuseum, wo Anfang Juni

auch ein gut besuchtes mittelalterliches Klosterfest und diverse som-
merliche Konzerte geboten werden. Viel Beachtung findet auch ein
Sandsteinrelief an einem Pfeiler in der zweischiffigen Krypta, das eine Marienkrönung (14. Jh.) zeigt. Die spätromantische Pfarrkirche
von Jerichow besitzt ein bemerkenswertes Wandepitaph von Arnstedt
(1609).

Der fast kreisrunde, 540 ha große Arendsee, die **»Perle der Alt-**   ✳
mark«, 15 km westlich von Seehausen, entstand nach unterirdischer   **Arendsee**
Salzauslaugung durch Erdeinbrüche und ist ein viel besuchtes Erholungsgebiet. Ein Wanderweg am Seeufer entlang beginnt am Parkplatz beim Strandbad (Campingplatz, Boots- und Fahrradverleih).
Im Luftkurort Arendsee sind ein ehemaliges Benediktinerkloster mit
einer spätromanischen Pfeilerbasilika und Fachwerkhäuser aus der
ersten Hälfte des 19. Jh.s sehenswert. Hoch über dem See thront das
1184 – 1210 errichtete Kloster.

Salzwedel und Umgebung

Salzwedel, die zweitgrößte Stadt der Altmark (22 000 Einw.), liegt am   ✳
Zusammenfluss von Dumme und Jeetze westlich des Arendsees. Die   **Salzwedel**
sehenswerten **Fachwerkbauten** der mittelalterlichen Stadt zeugen
noch heute von ihrer Bedeutung als Hansestadt (1263 – 1518).
Der mächtige Backstein-Bergfried (12. Jh.) der einstigen Burg, die
Stadtbefestigung mit Hungerturm, hoch aufragendem Neuperver Tor
(15. Jh.), rundem Karlsturm (um 1370) und Steintor (1530) umschließen die **Altstadt**. Zu den eindrucksvollsten Fachwerkhäusern
gehören das sog. Hochständerhaus (um 1450), die Propstei (1474),
der Bürgermeisterhof (1543), die Ensembles in der Wollweberstraße,
Alten Jeetze und Reichestraße sowie das Viertel um St. Marien mit
der Radestraße.
Das altstädtische **Rathaus** (16. Jh.), eine spätgotische Zweiflügelanlage mit Staffelgiebeln und Türmchen, ist heute Gerichtsgebäude. Die
nahe St. Lorenzkirche (13. Jh.) zeigt den Übergang vom romanischen
zum gotischen Stil. St. Marien (13. Jh.; 1450 – 1468 spätgotisch umgestaltet) ist eine fünfschiffige Backsteinbasilika mit Kreuzrippengewölben und beachtenswerter spätgotischer Innenausstattung. In der
ehemaligen Propstei befindet sich das Museum des Historikers Johann Friedrich Danneil († 1868 in Salzwedel). Hier werden neben
Exponaten zur Ur- und Frühgeschichte der Altmark auch Kostbarkeiten wie die **Salzwedler Madonna** (13. Jh.) und ein Altarbild von
Lucas Cranach d. J. (1582) gezeigt. Nahe der Hohen Brücke und dem
ehem. Hansehof erhebt sich St. Katharinen (13. – 15. Jh.); bei Restaurierungsarbeiten wurden wertvolle Wandmalereien entdeckt, die Teile der mittelalterlichen Stadt zeigen.
An **Jenny von Westphalen** (1814 – 1881), Lebensgefährtin von Karl
Marx, erinnert ein Museum in ihrem Geburtshaus, einem stattlichen
Barockgebäude (Jenny-Marx-Str. 20).

Baumkuchen

Der seit 1682 in Salzwedel hergestellte Baumkuchen ist Legende. Seine typische Form entsteht, wenn der Teig in vielen Schichten auf eine
sich langsam über dem Feuer drehende Walze
aufgetragen wird – zu verfolgen in der 1807
gegründeten und ältesten Baumkuchenbäckerei
in Salzwedel (St.-Georg-Str. 87, Tel. 0 39 01/
3 23 06, www.baumkuchen-salzwedel.de).

Gardelegen und Umgebung

Die über 800 Jahre alte Stadt Gardelegen (13 000 Einw.) liegt inmitten weiter Heide- und Waldflächen. Das Salzwedeler Tor mit zwei
mächtigen Rundbastionen (um 1500) und die begehbaren Wälle sind
Reste der mittelalterlichen Befestigung. Das Rathaus (16. Jh.) am
Markt und die reich ausgestattete Marienkirche (um 1200 und 14.
Jh.) sind schöne Beispiele der Backsteinarchitektur. Zahlreiche
schmucke Fachwerkhäuser aus dem 16./17. Jh. zieren die Sandstraße.
Stadtgeschichte wird im Museum in der Löwenapotheke (1685) präsentiert. Angeschlossen ist die Gedenkstätte für die in der Isen-
schnibber Feldscheune am 13. April 1945 von der SS lebendig ver-
brannten 1016 Häftlinge des zum Thüringer KZ »Mittelbau Dora«
gehörenden Außenlagers Rottleberode.

Haldensleben

Haldensleben (20 000 Einw.) liegt 35 km südöstlich von Gardelegen
(40 km nordwestlich von Magdeburg) am Südrand der Altmark. Von
der Stadtbefestigung stehen noch der Bülstringer Torturm (Ende 13.
Jh.) und das Stendaler Tor (15. Jh.). Vor dem klassizistischen Rathaus
am Markt steht Deutschlands einziger reitender **Roland** (Kopie). Sehenswert sind auch das Kühnesche Haus (1592), das Templer-Fach-
werkhaus (1553) und die Marienkirche (14./15. Jh.). Im **Museum
Haldensleben** sind Exponate zur Stadtgeschichte, das Original des
reitenden Roland (1528) und ein Teilnachlass der Märchensammler
Jacob und Wilhelm Grimm zu sehen. Im Haldenslebener Forst
(westlich außerhalb) liegt eine große **prähistorische Begräbnisstätte**
mit 84 Großsteingräbern aus der Jungsteinzeit.

Wendland

Idyll an der Elbe

Nördlich von Salzwedel erstreckt sich das Wendland mit den mittelalterlichen Städtchen Hitzacker, Dannenberg, Lüchow und Schna-
ckenburg an. In diesem Idyll an der Elbe gibt es noch **Rundlingsdör-
fer**, in denen die Höfe einen Dorfplatz umschließen. Das Rundlings-
museum Wendlandhof in Lübeln bei Lüchow informiert über diese
Siedlungsform. Die Elbuferstraße hat einen besonders schönen Abschnitt im Wendland zwischen Jasebeck und Damnatz.

✴ Bautzen

O 8

Bundesland: Sachsen **Höhe:** 219 m ü. d. M.
Einwohnerzahl: 42 000

Die vieltürmige Stadt mit ihrem mittelalterlich-barocken Stadtbild erhebt sich auf einem Granitplateau über der Spree. Heute ist sie Zentrum der Oberlausitzer Sorben.

Der 1002 erstmals erwähnte Ort wurde anstelle des einstigen Stammeszentrums der slawischen Milzener und nach wechselvollen Kämpfen während der deutschen Ostexpansion als Grenzfeste der Markgrafen von Meißen errichtet. Um 1200 begann die planmäßige Anlage der Stadt durch deutsche Kolonisten, 1213 erhielt Bautzen Stadtrecht. Seiner raschen Entwicklung verdankte es die führende Stellung im Oberlausitzer Sechsstädtebund (1346 – 1815). Mit der Strumpfwirkerei (17. Jh.) und der Tuchweberei (18. Jh.) entwickelten sich bescheidene Ansätze eines industriellen Aufschwungs, der sich im 19. Jh. weiter verstärkte. Die Bautzener Gefängnisse, wo die Sowjets bereits von 1945 bis 1950 politisch Andersdenkende eingesperrt hatten, wurden zu DDR-Zeiten zum Inbegriff eines Unrechtssystems.

Geschichte

 ## BAUTZEN ERLEBEN

AUSKUNFT

Tourist-Information
Hauptmarkt 1
02625 Bautzen
Tel. (0 35 91) 4 20 16, Fax 46 44 99
www.bautzen.de

ESSEN

► Erschwinglich
Schloss-Schänke
Burgplatz 5
Tel. (0 35 91) 30 49 90
In dem historischen Gasthaus werden regionale und internationale Speisen serviert.

► Preiswert
Wjelbik
Kornstr. 7
Tel. (0 35 91) 42 06-0
Hier wird nach original sorbischen und alten Lausitzer Rezepten gekocht.

ÜBERNACHTEN

► Komfortabel
Goldener Adler
Hauptmarkt 4
02625 Bautzen
Tel. (0 35 91) 48 66 20, Fax 49 21 00
www.goldeneradler.de
Mitten in der Altstadt steht dieses Renaissance-Gebäude von 1540. Es ist zeitgemäß ausgestattet. Im Restaurant mit historischem Ambiente genießt man Spezialitäten der Region.

► Günstig
Villa Antonia
Lessingstr. 1
02625 Bautzen
Tel. (0 35 91) 50 10 20, Fax 50 10 44
www.hotel-villa-antonia.de
Gepflegte Unterkunft in einer restaurierten Villa; gemütliches Restaurant in alpenländischem Stil.

Sehenswertes in Bautzen

Hauptmarkt

Mittelpunkt der Stadt ist der Hauptmarkt. An seiner Nordseite ragt der Turm des **barocken Rathauses** (1729 – 1732) auf; die Ost- und Westseite des Platzes zieren Patrizierhäuser wie das »Goldene Buch« (Nr. 5), die Stadtapotheke und der Gasthof Goldener Adler.

Ecke Hauptmarkt/Innere Lauenstraße steht das Gewandhaus, ein Bau im Stil der Neurenaissance (1882/1883) mit dem Ratskeller von 1472; gegenüber das barocke Jahreszeitenhaus. Die hier beginnende Innere Lauenstraße – auch sie ist gesäumt von stattlichen Bürgerhäusern – führt zum 1400 in die Stadtbefestigung eingefügten Lauenturm. Schön sind auch die barocken Bürgerbauten entlang der vom Hauptmarkt nach Osten abgehenden **Reichenstraße**, vor allem die Hausnummern 12, 27 und 29. Am Ende der Reichenstraße erhebt sich Bautzens »Schiefer Turm«, der um 1,44 m von der Senkrechten abweichende Reichenturm (1490 – 1492; Aussichtsplattform).

Dom St. Petri

Hinter dem Rathaus öffnet sich der Fleischmarkt, wo sich das Denkmal des sächsischen Kurfürsten Johann Georg I. (1865) unter Bäumen fast versteckt. Unübersehbar dagegen ist der Dom St. Petri, eine **dreischiffige gotische Hallenkirche** (1213 – 1497) mit fast 85 m hohem Turm. Der Dom, heute Konkathedrale des Bistums Dresden-Meißen, weist drei Besonderheiten auf: Sein Grundriss ist in der Längsachse geknickt, den drei Schiffen wurde 1463 ein viertes hinzugefügt und er ist seit 1524 Simultankirche für Katholiken und Protestanten. Im katholischen Teil (Chor) sind vor allem der Hochaltar (1722 – 1724) von Fossati mit dem Altarbild »Petrus empfängt den Schlüssel« von Pellegrini und die Sandsteinplastiken des Permoser-Schülers Benjamin Thomae sowie das lebensgroße Kruzifix (1714) von Permoser sehenswert. Im protestantischen Teil befindet sich die Fürstenloge (1673/1674). Der Domschatz wird im Haus An der Petrikirche Nr. 6 ausgestellt, dem ehem. Bischofspalast.

Domschatz ▶

Domstift ▶

Links am Dom vorbei führt der Weg in die Burgstadt hinein auf das farbenfrohe Hauptportal des Domstifts von 1755 zu.

Burgstadt

Die Straßen An der Petrikirche und Schlossstraße – mit dem ehemaligen Ständehaus von 1668 und der Schlossapotheke von 1699 – führen durch den ältesten Stadtteil, der in Bautzens Frühzeit unregelmäßig im Schutze der Ortenburg gewachsen war.

Ortenburg ▶

Die über tausendjährige Ortenburg, einst **Sitz der königlichen Verwalter der Oberlausitz**, macht infolge starker Zerstörungen im Dreißigjährigen Krieg und mehrerer Umbauten architektonisch einen wenig geschlossenen Eindruck. Man betritt die Anlage durch den spätgotischen Mathiasturm (1486), dessen ein Sitzbild des ungarischen Königs Mathias Corvinus schmückt – die Lausitz war 1469 bis 1490 eine Provinz des ungarischen Königreiches. Links sieht man das ebenfalls auf die Spätgotik zurückgehende Hauptgebäude des Schlosses, das nicht besichtigt werden kann. Ein besonderes Kunstwerk befindet sich am Burgtheater: Der Pulsnitzer Bildhauer Ernst Rietschel schuf die Giebelfigur »Tragödie« ursprünglich für Sempers erstes »Königliches Hoftheater« von 1838. Unbedingt anschauen sollte man sich das **Sorbische Museum**, das über die Geschichte und Kultur der Sorben unterrichtet.

Mehrere **Bautzener Architekturdenkmäler** lernt man auf dem Spaziergang entlang der alten Stadtbefestigungen kennen. Dazu gehören in der nördlichen Burgstadt der Nikolaiturm (vor 1522) und die Ruine der im Dreißigjährigen Krieg (1620 und 1634) abgebrannten Nikolaikirche (1444), die Gerberbastei (1503) und der Schülerturm (vor 1515), von dem man wieder zum Hauptmarkt zurückkommt.

Am Oster-Reymann-Weg, der an der Ausfallpforte der Ortenburg beginnt, liegt der Burgwasserturm mit der Fronfeste, wohl aus dem 13. Jh., dann gelangt man an der Mühlbastei (um 1480) vorbei und durch das 1606 neu erbaute Mühltor auf den Wendischen Kirchhof mit der Michaeliskirche der evangelischen Sorben (1498 vollendet) und schließlich zum **Wahrzeichen Bautzens**, der Alten Wasserkunst, die dem Schutz und mit ihrem Schöpfwerk zugleich der Wasser-

Bautzen, die Stadt der Türme: Michaeliskirche und Dom St. Petri

versorgung der Stadt diente. Die Schöpfanlage wurde 1588 von Wenzel Röhrscheidt d. Ä. konstruiert und treibt heute einen Generator an.

Jenseits der Friedensbrücke erreicht man in der Fischergasse die Neue Wasserkunst, von Wenzel Röhrscheidt d. J. 1606 – 1610 erbaut. Unweit der Neuen Wasserkunst steht bei den Schilleranlagen das 1975 errichtete Gebäude des **Deutsch-Sorbischen Volkstheaters**. Am Postplatz befindet sich das Haus der Sorben (Serbski Dom), in dem auch der Dachverband der Lausitzer Sorben, die »Domowina«, ihren Sitz hat.

Neue Wasserkunst

Gedenkstätte
Bautzen ► Das ehemalige Stasi-Gefängnis Bautzen II ist zur Gedenk- und Begegnungsstätte umgestaltet worden. Dokumentiert wird die Geschichte der beiden Gefängnisse in der Stadt (Weigangstr. 8 a).

Umgebung von Bautzen

Kleinwelka Mit Sauriern hat es angefangen, nun besitzt das 4 km nördlich von Bautzen liegende Kleinwelka schon drei Freizeitparks: den **Saurierpark** mit lebensgroßen Modellen der Urtiere, einen großen Irrgarten und den Miniaturenpark, u. a. mit »Klein-Ossiland«.

Neschwitz In Neschwitz (sorb. Njesw cidło), noch einmal 6 km weiter von Kleinwelka, ließ sich Herzog Friedrich von Württemberg-Teck 1723 ein hübsches **Barockschlösschen** bauen, das man besichtigen kann; auch der Park mit exotischen Gehölzen lohnt den Besuch.

Schirgiswalde Das 15 km südlich gelegene Schirgiswalde (sorb. Še achow) nennt sich **»Perle der Oberlausitz«** und ist ein beliebter Ferienort. Sehenswert sind die barocke **Pfarrkirche**, der **Markt** mit dem klassizistischen **Rathaus** (1818), zwei Laubenhäusern und einigen Umgebindehäusern. Im ehemaligen **Domstiftlichen Herrenhaus** (St.-Pius-Haus) sind noch handgedruckte Tapeten aus dem 19. Jh. erhalten.

Weißenberg In Weißenberg, 18 km östlich von Bautzen, sollte man das Heimatmuseum »Alte Pfefferküchlerei« nicht versäumen. In der 1643 gegründeten und erst 1937 aufgegebenen **Pfefferkuchenbackstube** sind allerlei alte Gerätschaften zu sehen.

★ ★ Berlin

M/N 5/6

Bundesland: Hauptstadt der Bundesrepublik Deutschland und Bundesland
Einwohnerzahl: 3,4 Mio.

Höhe : 35 – 50 m ü. d. M.

Die Hauptstadt präsentiert sich als Metropole mit einer Museumslandschaft, die sich nicht nur im europäischen Rahmen vergleichen lässt, einem Nachtleben, das internationales Niveau erklommen hat und einem Kulturangebot, das von den Berliner Philharmonikern bis zu den Filmfestspielen reicht.

Ausführlich beschrieben im Baedeker Allianz Reiseführer »Berlin • Potsdam« Berlin, erster Amtssitz des Bundespräsidenten, Sitz von Bundestag, Bundesregierung und Bundesrat und als Stadtstaat auch Bundesland, liegt inmitten der Norddeutschen Tiefebene, umgeben vom Land Brandenburg. Die **Hauptstadtfunktion** bekleidet die Spreemetropole offiziell wieder seit dem Beschluss des Deutschen Bundestags vom 20. Juni 1991 über den Umzug von Parlament und Regierung, fak-

Lichtermeer am Potsdamer Platz

tisch mit der Aufnahme der Arbeit von Bundestag und Bundesregierung in Berlin im April bzw. August 1999. Die große Bauvorhaben
sind vollendet (allen voran Potsdamer Platz, Regierungsviertel und
neuer Hauptbahnhof) – nicht immer zur Freude der Berliner und
der Architekturkritiker, aber auf jeden Fall sehr groß und meist auch
sehr teuer. Der Wiederaufbau des Stadtschlosses steht noch aus.
Berlin ist ein Zentrum von Forschung und Wissenschaft mit drei
Universitäten (Freie Universität, Technische Universität und Humboldt-Universität) und renommierten Forschungsinstituten wie dem
Hahn-Meitner-Institut für Kernforschung sowie die bedeutendste
deutsche Industriestadt, für die Namen wie Siemens, AEG und Bor-
sig stehen. Seine Position als Messestadt hat Berlin mit der Vergröße-
rung des Messegeländes am Funkturm weiter ausgebaut.

Geschichte Berlins

um 600	Westslawische Stämme besiedeln den Berliner Raum.
1237	Erste urkundliche Erwähnung von Cölln: Stadtgründungsdatum
1470	Berlin wird Residenz des Kurfürstentums Brandenburg.
1709	Der erste preußische König Friedrich I. macht Berlin zur Haupt- und Residenzstadt Preußens.
1871	Berlin wird Hauptstadt des deutschen Kaiserreichs.
1948/1949	Berlin-Blockade
1961	Spaltung der Stadt durch den Mauerbau
9.11.1989	Die Mauer fällt.
1999	Bundestag und -regierung ziehen nach Berlin.

Gründung Unter den Askaniern entstanden an der Spree beim heutigen Mühlendamm als Kaufmannssiedlungen die beiden Dörfer Berlin und das 1237 erstmals erwähnte Cölln, die sich 1307 ein gemeinsames Rathaus bauten. Den Askaniern folgten die Hohenzollern, deren Graf Friedrich II. den Grundstein zum Bau des **»Schlosses zu Cölln«** legte. 1470 wurde Berlin zur Residenz des Landesherrn erhoben.

Hauptstadt Preußens In den nächsten 180 Jahren dezimierten die Pest und der Dreißigjährige Krieg die Einwohnerzahl beträchtlich; erst die zielbewusste Regierung des Großen Kurfürsten Friedrich Wilhelm (1610–1688) brachte der Stadt und der Mark Brandenburg einen neuen Aufschwung, Anfang des 18. Jh.s wird es gar Haupt- und Residenzstadt des Königreichs Preußen. Friedrich der Große forcierte die Ansiedlung von Manufakturen, ließ repräsentative Bauten errichten und machte Berlin zur **»deutschen Hauptstadt der Aufklärung«**. Nach dem Ende der zweijährigen französischen Besetzung 1808 setzte eine Entwicklung ein, die Berlin zu einer modernen Industriestadt, zum Knotenpunkt des europäischen Eisenbahnverkehrs und am Ende des 19. Jh.s schließlich zu einer Weltstadt werden ließ.

Hauptstadt des Deutschen Reichs Auch politisch hielt die Stadt Schritt: Mit der Proklamation des Deutschen Kaiserreichs am 18. Januar 1871 wurde sie zu dessen Hauptstadt. Betrug die Einwohnerzahl zu dieser Zeit 823 000, waren es am Vorabend des Ersten Weltkriegs 1,9 Millionen. Am Ende dieses Kriegs erlebte Berlin die entscheidenden Augenblicke des Werdens der deutschen Republik: Abdankung des Kaisers, Ausrufung der Republik, Spartakusaufstand und Kapp-Putsch. In diese Zeit fiel auch die Zusammenlegung einer Vielzahl von Vororten und -städten zur Stadtgemeinde Groß-Berlin. Kaum hatte sich die Republik konsolidiert und war Berlin zur **vibrierenden Metropole der Goldenen Zwanziger** geworden, war auch schon alles wieder vorbei: Die Nazis feierten am 30. Januar 1933 ihren Führer und neuen Reichskanzler mit einem Fackelzug durch das Brandenburger Tor; dann verwandelten sie Berlin in die Schaltzentrale ihres Terrors. Mit der Olympiade 1936 versuchten sie das Ausland noch einmal zu blenden, doch drei Jahre später begann der Zweite Weltkrieg, an dessen Ende von zuvor 4,3 Mio. Menschen noch 2,8 Mio. in der Stadt lebten; von 82 000 jüdischen Berlinern überlebten 7427. Das Zentrum der Stadt war zu drei Vierteln zerstört.

Die Mauer ist nur noch historische und künstlerische Reminiszenz.

Highlights Berlin

Brandenburger Tor
Das Symbol der überwundenen Teilung verkörpert deutsche Geschichte pur.
► **Seite 159**

Unter den Linden
Schlendern Sie von einem historischen Ort zum nächsten.
► **Seite 159**

Gendarmenmarkt
Von Geschichte hören oder einfach den schönsten Platz Berlins genießen.
► **Seite 161**

Spandauer Vorstadt und Scheunenviertel
Hier ist nachts was geboten.
► **Seite 163**

Museumsinsel
Wahrlich eine Insel der Kunst und Kultur – und Weltkulturerbe.
► **Seite 163**

Potsdamer Platz
Kein Bauvorhaben in Berlin hat so viel Aufsehen erregt wie die Neugestaltung des »Filetstücks«.
► **Seite 168**

Gemäldegalerie am Kulturforum
Alte Meister von Weltrang
► **Seite 169**

Schloss Charlottenburg
Einst wohnte hier der preußische König Friedrich der Große.
► **Seite 173**

Kurz vor Kriegsende hatten die Alliierten in Jalta den **Viermächte-Status** für Berlin beschlossen. Differenzen zwischen den Besatzungsmächten führten 1948 zur Blockade Berlins durch die Sowjetunion, die in ihrer Besatzungszone ein sozialistisches System etablierte. Als 1949 zunächst die Bundesrepublik und bald darauf die DDR gegründet wurden, war Berlin zweigeteilt: Westberlin als Exklave der Bundesrepublik und Ostberlin als Hauptstadt der DDR. Dort – wie auch in anderen Städten der DDR – schlugen sowjetische Panzer den Aufstand vom 17. Juni 1953 nieder. Die Spaltung der Stadt wurde durch den Mauerbau vom 13. August 1961 zementiert; erst 1963 wurde die Grenze durch das erste Passierscheinabkommen wieder etwas durchlässig. Während es in Ostberlin unter der Kontrolle der Stasi lange ruhig blieb, wurde Westberlin Ende der 1960er-Jahre zum Brennpunkt der Außerparlamentarischen Opposition und in den 1980ern zum Zentrum der linksalternativen Bewegung.

Vereintes Berlin

1989 aber bekam auch die SED den Unmut des Volkes zu spüren: Erich Honecker stürzte;seinem Nachfolger blieb nichts übrig, als am 9. November 1989 die Grenzen zu öffnen. Die feierliche Öffnung der Mauer am 22. Dezember 1989 am Brandenburger Tor beendete nach 28 Jahren symbolisch die Teilung der Stadt. Den Weg zur völligen Vereinigung der Stadthälften ebneten die **Unterzeichnung des Einigungsvertrags** zwischen den beiden deutschen Staaten im Palais Unter den Linden am 31. August 1990 und die sogenannten »Zwei + Vier-Verhandlungen«, in denen die Siegermächte des Zweiten Welt-

Berlin West

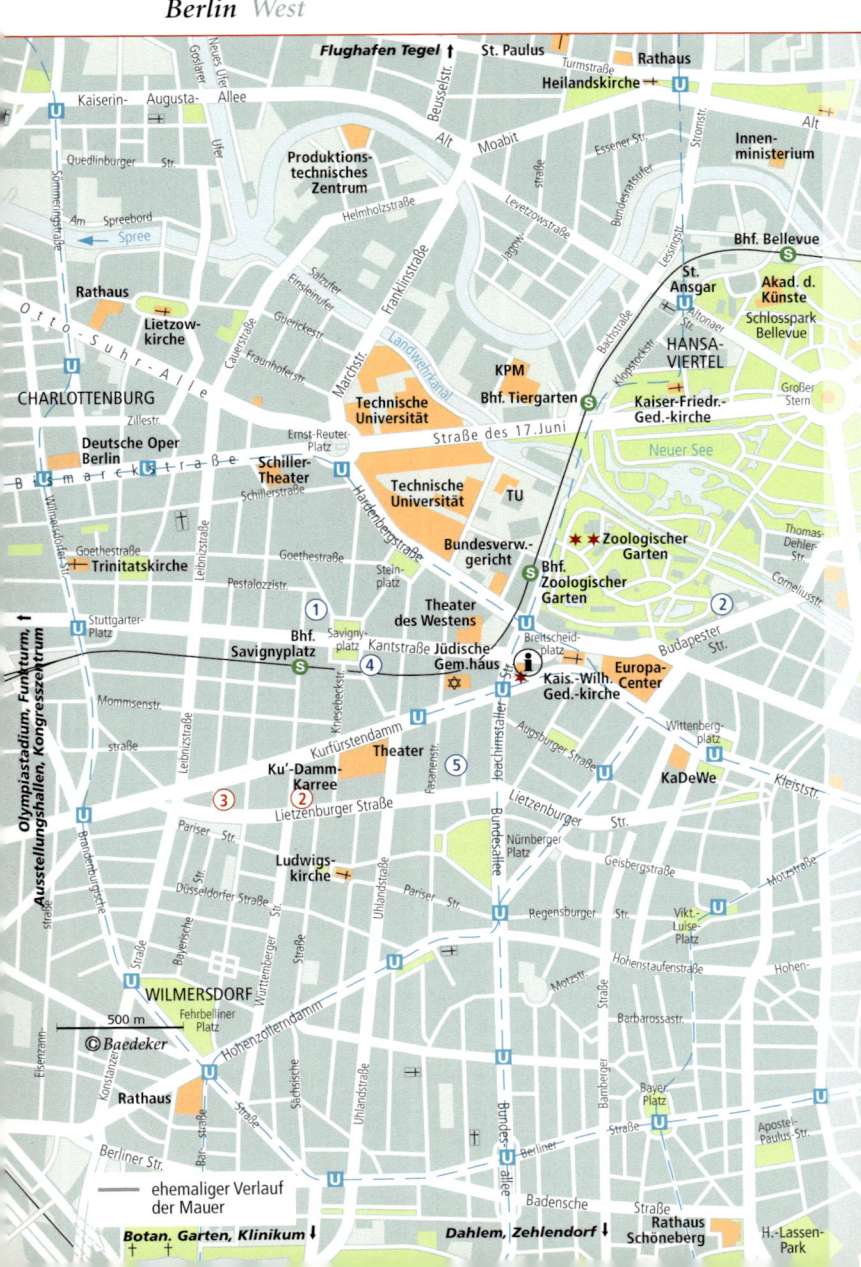

Essen

① Suriya
② Café am Neuen See
③ Großbeerenkeller
④ Franz Diener
⑤ Diekmann

Übernachten

① Grand Hotel Esplanade
② Bleibtreu
③ Dittberner

Berlin Ost

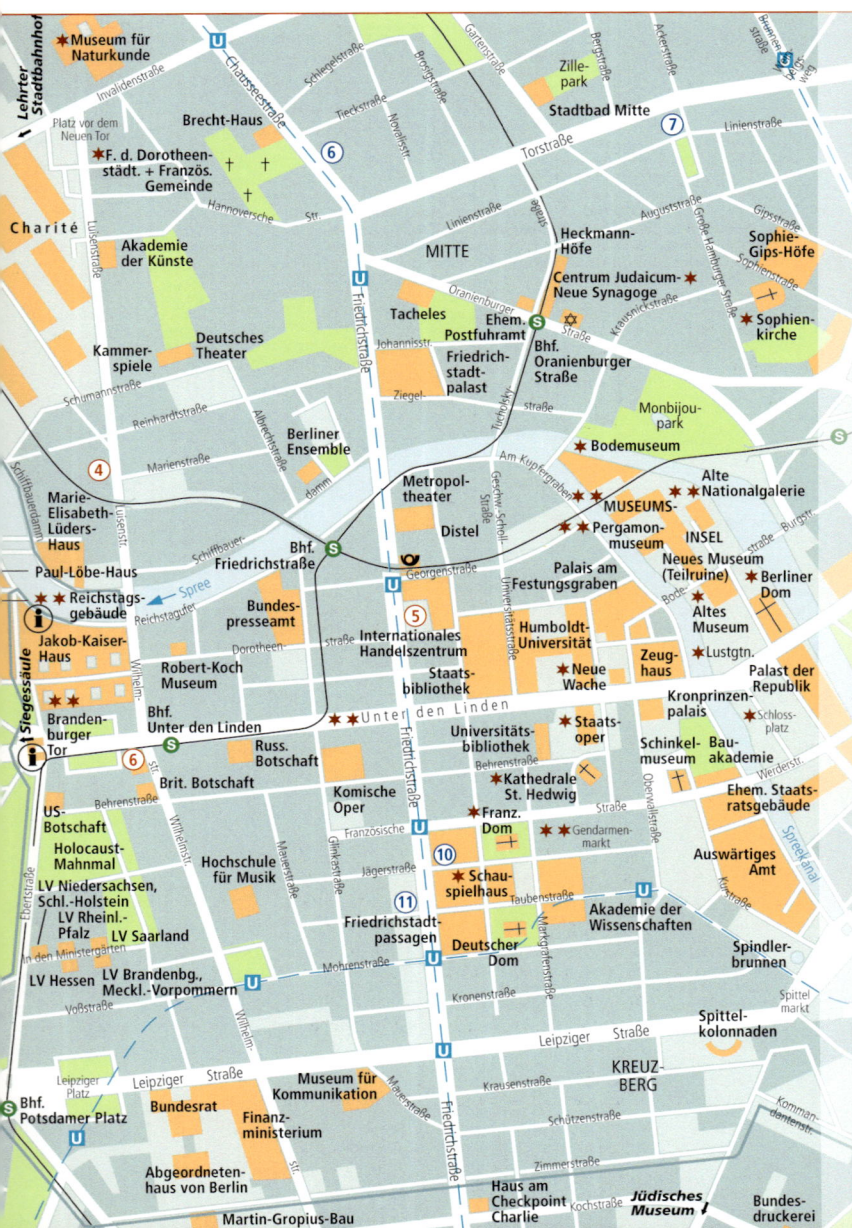

Herz-Jesu-Kirche
Friedrich-Ludwig-Jahn-Sportpark
Zeiss-Großplanetarium
PRENZLAUER
BERG
Torstraße
Schönhauser Allee
Straßburger Straße
Prenzlauer Berg
Prenzlauer Straße
Greifswalder Straße
Heinrich-Roller-Straße
Am Friedenshain
Märchen-brunnen
Volksbühne
Weydinger Str.
Mollstraße
Antikriegs-museum
Hallenbad
Linienstraße
Hackesche Höfe
Münzstraße
Rosenthaler
Alte Schönhauser Straße
Max-Beer-Straße
Almstadtstraße
Linienstraße
Straße
Keibelstraße
Beimler
Weinstraße
Barnim
Fischingerstraße
Mollstraße
Berolinastraße
Rochstraße
Rosa-
Karl-
Liebknecht-
Bhf. Hackescher Markt
Bhf. Alexanderplatz
Alexander-platz
Hans-
Straße
Karl-Marx-Allee
Weidemeyerstraße
Karl-Marx-Allee
Marien-kirche
Fernseh-turm
Grunerstr.
Jacobystraße
Dom Aquarée
Neptun-brunnen
Rathausstraße
Rathauspassage
Gericht
Klosterkirche (Ruine)
Magazinstraße
Schillingstraße
Blumenstraße
Marx-Engels-Denkmal
Rotes Rathaus
Grunerstraße
Palais Podewil
Voltairestraße
Alexanderstraße
Nikolai-kirche
Hanf-museum
Altes Stadthaus
Parochial-kirche
Marstall Ribbeck-haus
NIKOLAI-VIERTEL
Stralauer
Straße
Lichten-berger Straße
Tierpark Stasi-Museum
Stadt-bibliothek
Ephraim-Palais
Mühlendamm-schleuse
Historischer Hafen
Märkisches Ufer
Holzmarktstraße
Mühlen-damm
Fischer-
insel
Fischerinsel
Insel-brücke
Märkisches Museum
Bhf. Jannowitz-brücke
ehemaliger Verlauf der Mauer
Ermeler-Haus
Zille-denkmal
Schwimm-bad
Wall
Neue Jakobstr.
Kleine Roßstr.
Bären-zwinger
250 m
© Baedeker
Köpenicker
Straße
Brückenstraße
Ohmstraße
Michaelkirchstraße
Alte Jakobstraße
Sebastianstraße
Annenstraße
Schmidtstraße
Heinrich-Heine-Straße
Melchiorstraße
St.-Michael-Kirche
Annen-kirche
Flughafen Tempelhof

Essen
⑥ Rutz
⑦ Ipanema
⑧ Cantamaggio
⑨ Schwarzenraben
⑩ Vau
⑪ Lutter & Wegner

Übernachten
④ Künstlerheim Luise
⑤ Jolly Hotel Vivaldi
⑥ Adlon
⑦ Myer's Hotel

▶ BERLIN ERLEBEN

AUSKUNFT

Berlin Tourismus Marketing
Am Karlsbad 11, 10785 Berlin
Tel. (0 30) 25 00 25, Fax 25 00 24 24
www.btm.de

Stadtbüros:
Hauptbahnhof (Eingang Nord,
Europaplatz 21)
Neues Kranzlereck
(Kurfürstendamm 21)
Brandenburger Tor (im Südflügel)
Pavillon am Reichstagsgebäude

AUSGEHEN

Das Berliner Nachtleben ist das
schrillste der Republik. Tatsächlich
gibt es keine Sperrstunde. Wer die
notwendige Ausdauer mitbringt, kann
grundsätzlich davon ausgehen, dass
irgendwo immer etwas passiert. Besonders viel passiert u. a. in Clubs wie
Maria am Ostbahnhof (An der Schil-
lingbrücke), im **SO 36** (Oranienstraße)
und – sommers – im **Club der Visio-
näre** beim Freiluft-Chillout (Am Flut-
graben 1 in Treptow). Berühmt für
seine »Russendisko« ist das **Kaffee
Burger** (Torstraße 60).
An Szenekneipen herrscht kein Mangel. Empfehlungen: **An einem Sonntag
im August** (Kastanienallee 103),
Ankerklause (Kottbusser Damm 104),
Green Door (Winterfeldtstraße 50),
Oxymoron (Hackesche Höfe),
Ständige Vertretung (Schiffbauerdamm 8) und der **Zwiebelfisch** (Savignyplatz 7).

MUSEEN

Informationen über alle Museen in
Berlin finden sich im Internet unter
www.berlinsmuseen.de; die Staatlichen
Museen Preußischer Kulturbesitz
werden unter www.smb.spk-berlin.de
vorgestellt.

NAHVERKEHR

Mit S- und U-Bahn, Straßenbahnen
und Bussen werden fast alle Sehenswürdigkeiten problemlos erreicht.
Die **Welcome-Card** (für 2 oder 3 Tage)
erlaubt u.a. freie Fahrt in Bussen und
Bahnen und gewährt Ermäßigungen in
einigen Museen. Erhältlich bei den
Tourist-Informationen und in Hotels.

SIGHTSEEING MAL ANDERS

Wer sich in einer guten halben Stunde
einen Überblick verschaffen will, kann
eine Bustour mit den **Linien 100 oder
200** unternehmen. Die 100er-Busse
fahren vom Bahnhof Zoo zum Alexanderplatz, die 200er vom Bhf. Zoo
nach Prenzlauer Berg – an den wichtigsten Sehenswürdigkeiten vorbei.
Ganz andere Eindrücke von Berlin
erhält man bei **Ausflugsfahrten auf
Spree und Havel**, die u. a. am Wannsee, vor der Kongresshalle und neben
dem Zeughaus starten.

SHOPPING

Immer noch ist **Charlottenburg-Wil-
mersdorf** eine klassische Einkaufs-
gegend: der Kurfürstendamm mit
seinen Neben- und Seitenstraßen wie
Savignyplatz, Kantstraße, Bleibtreustraße und Mommsenstraße, dazu die
Tauentzienstraße und natürlich: das
KaDeWe am Wittenbergplatz, das zu
den berühmtesten Kaufhäusern
Deutschlands zählt.
Das östliche Pendant dazu ist die
Friedrichstraße mit den Einkaufs-
quartieren 205 (v. a. Mode), 206 (sehr
exklusiv: Schuhe, Kosmetik, Mode,
Accessoires, Edeldesign) und 207, wo
die **Galeries Lafayette** zu Hause sind.
Die **Arkaden am Potsdamer Platz** mit
über 100 Geschäften – v. a. Mode –
bemühen sich redlich, im Konzert der
Großen mitzumischen.

Auch etwas abseits lohnt sich der Einkauf, vor allem, weil es dort oft wirklich Ausgefallenes gibt: in der *Spandauer Vorstadt* – Auguststraße, Hackesche oder Heckmann-Höfe – in der *Simon-Dach-Straße* in *Friedrichshain*, in der *Kastanienallee in Prenzlauer Berg*, rund um den *Winterfeldtplatz* und in der *Maaßenstraße in Schöneberg* und in *Kreuzbergs Bergmannstraße*.

ESSEN

► Fein & Teuer

⑩ *Vau*
Jägerstraße 54/55, Mitte
Tel. (0 30) 2 02 97 30
Erstklassige Menüs aus frischen saisonalen Produkten. Meisterhafte Architektur und Kunst machen das Vau auch zu einem Augenschmaus.

► Erschwinglich

④ *Restaurant Franz Diener*
Grolmanstraße 47, Charlottenburg
Tel. (0 30) 8 81 53 29
Seit 40 Jahren am Platz. Illustres, der Kunst zugetanes Publikum.

⑤ *Diekmann*
Meinekestraße 7, Charlottenburg
Tel. (0 30) 39 01 16 98
Bistroküche im Ambiente eines Kolonialwarenladens.

⑥ *Rutz*
Chausseestraße 8, Mitte
Tel. (0 30) 24 62 87 60
Originelles Weinlokal mit einer Weinkarte der Superlative und Bistroküche.

⑨ *Schwarzenraben*
Neue Schönhauser Straße 13, Mitte
Tel. (0 30) 28 39 16 98
Wo einst im Volkskaffeehaus Platz für alle war, speisen heute Designträger

und Szenegänger durchaus gut, aber teuer. Sehr angesagt.

⑪ *Lutter & Wegner*
Charlottenstraße 56, Mitte
Tel. (0 30) 20 29 54 10
Österreichisch-deutsche Küche. Hier war E. T. A. Hoffmann Stammgast.

► Preiswert

① *Suriya*
Grolmanstraße 22, Charlottenburg
Tel. (0 30) 3 12 91 23
Außen und innen eher unscheinbar, aber die Küche hat es in sich: eines der authentischsten indischen Restaurants in Berlin.

② *Café am Neuen See*
Lichtensteinallee 2, Tiergarten
Tel. (0 30) 2 54 49 30
Einer der beliebtesten Biergärten der Stadt in schöner Umgebung.

③ *Großbeerenkeller*
Großbeerenstr. 90 (Kreuzb.)
Tel. (030) 2 51 30 64
Traditionelle Berliner Küche, z. B. Hoppelpoppel (d.i. Kassler, Bratkartoffeln, Ei und Zwiebeln).

⑦ *Ipanema*
Torstr. 164, Mitte
Tel. (030) 694 22 55
Typisch brasilianisches Büffet-Restaurant: zum Einheitspreis von 6 Euro gibt es eine große Auswahl an Fleisch, Fisch und Vegetarischem.

⑧ *Cantamaggio*
Alte Schönhauser Straße 4, Mitte
Tel. (0 30) 2 83 18 95
Moderne Gerichte aus der sardisch-italienischen Küche.

► Ausflugslokale
Alter Dorfkrug Lübars
Alt-Lübars 8 (Reinickendorf)

Tel. (0 30) 40 20 84 00; Bus 222 ab
S-Bhf. Waidmannslust
Ziemlich weit draußen, aber schönes
dörfliches Idyll. Berliner Küche.

Schrörs
Josef-Nawrocki-Straße 16 (Köpenick)
Tel. (0 30) 64 09 58 80
Tram 60/61 ab S-Bhf. Friedrichshagen
Biergarten direkt am Müggelsee.

Blockhaus Nikolskoe
Nikolskoer Weg, Wannsee (Zehlen-
dorf), Tel. (0 30) 8 05 29 14
Bus 316 ab S-Bhf. Wannsee
Sehr schöne Gartenwirtschaft an his-
torischem Ort über dem Wannsee.

Zenner
Alt-Treptow 14–17 (Treptow)
Tel. (0 30) 5 33 73 70
S-Bahn: Treptower Park
Traditionelles Ausflugsziel im
Treptower Park. Großer Terrassen-
biergarten direkt an der Spree.

ÜBERNACHTEN
▶ **Luxus**
① *Grand Hotel Esplanade*
Lützowufer 15 (Tiergarten)
10785 Berlin
Tel. (0 30) 2 54 78-0, Fax 2 43 78-82 22
www.esplanade.de
Luxushotel im schlicht-eleganten De-
signerstil. Gourmetrestaurant Harle-
kin, rustikale Eckkneipe. Beliebter
Treffpunkt: Harry's New York Bar.

⑥ *Adlon Kempinski Berlin*
Unter den Linden 77 (Mitte)
10117 Berlin
Tel. (0 30) 22 61-0, Fax 22 61-22 22
www.hotel-adlon.de
Hotellegende, in der schon Enrico
Caruso, Zar Nikolaus, Albert Einstein
oder Thomas Alva Edison wohnten.
Restaurant, Bars und Wintergärten,
Business Center, 12 Boutiquen.

▶ **Komfortabel**
② *Bleibtreu*
Bleibtreustraße 31 (Charlottenburg)
10707 Berlin
Tel. (0 30) 8 84 74-0, Fax 8 84 74-444
www.bleibtreu.com
In großbürgerlichem Stadthaus, öko-
logischer Anspruch in Einrichtung
und Küche.

④ *Künstlerheim Luise*
Luisenstraße 19 (Mitte)
10117 Berlin
Tel. (0 30) 2 84 48-0, Fax 2 84 48-448
www.kuenstlerheim-luise.de
Originelles Haus direkt am Regierungsviertel, in dem jedes Zimmer,
Lobby und Treppenhaus von einem
anderen Künstler gestaltet wurde.

⑤ *Jolly Hotel Vivaldi*
Friedrichstraße 96 (Mitte)
10117 Berlin
Tel. (0 30) 20 62 66-0,
Fax 20 62 66-999
www.jollyhotels.de
Neu, sehr zentral, mit italienischem
Touch im Service, im Restaurant
Vivaldi, im Bistro und in der Weinbar.

▶ **Günstig**
③ *Dittberner*
Wielandstraße 26 (Charlottenburg),
10707 Berlin
Tel. (0 30) 8 81 50 01, Fax 8 83 58 87
www.hotel-dittberner.de
Hotel-Pension in einem verwinkelten
Bürgerhaus, sehr freundlicher Service.
Ku'damm um die Ecke

⑦ *Myer's Hotel*
Metzstraße 26 (Prenzlauer Berg)
10405 Berlin
Tel. (0 30) 4 40 14-0, Fax 4 40 14-104
www.myershotel.de
Stilvolle Einrichtung, viel ver-
sprechende Lage für abendliches
Ausgehen in Prenzlauer Berg.

krieges mit sofortiger Wirkung ihre besonderen Rechte in Bezug auf Deutschland als Ganzes und auf Berlin suspendierten. In der Nacht vom 2. auf den 3. Oktober 1990 fand zur Wiedervereinigung Deutschlands ein großes Volksfest rund um das Brandenburger Tor statt. Am Tag darauf trat das aus Volkskammer und Bundestag gebildete gesamtdeutsche Parlament im Reichstag zusammen; am 20. Juni 1991 bestimmte der erste für ganz Deutschland frei gewählte Bundestag die Verlegung von Parlament und Regierungssitz nach Berlin, das nach der Sommerpause 1999 offiziell »bezogen« wurde. Bittere Pille für die Euphorie aber bleibt die Ablehnung der Fusion von Berlin und Brandenburg per Volksentscheid im Mai 1996. Mit der Jahreswende 2000/2001 wurden die vormals 23 Berliner Bezirke auf zwölf verringert. Mit der Eröffnung des Hauptbahnhofs 2007 war der größte Abschnitt der neuen Bauvorhaben abgeschlossen.

Berlin-Mitte

Berlins Wahrzeichen und **Symbol der überwundenen Teilung** schlechthin ist das Brandenburger Tor zwischen Mitte und Tiergarten. Es wurde 1788–1791 von Carl Gotthard Langhans nach Motiven der Propyläen in Athen als repräsentativer Abschluss der »Linden« errichtet. Die seitlichen Säulenhallen sind 1868 von Johann Heinrich Strack angebaut worden. Das Tor bekrönt eine Quadriga mit der Siegesgöttin Viktoria. Wie kein anderer Ort war das Brandenburger Tor Zeuge der deutschen Geschichte, von den Siegesparaden der Preußen bis zum SA-Fackelzug, vom Mauerbau und symbolträchtigsten Ort der Teilung bis zum Vereinigungsvolksfest am 2./3. Oktober 1990.

✳ ✳ Brandenburger Tor

Südlich vom Brandenburger Tor wurde im Mai 2005 das Holocaust-Mahnmal eröffnet. Architekt Peter Eisenman schuf einen »begehbare Struktur« aus 2711 Betonstelen; im unterirdischen »Ort der Information« wird anhand von Einzelschicksalen die Geschichte des Holocaust nachvollzogen.

Holocaust-Mahnmal

Zu den Linden hin öffnet sich der Pariser Platz. Hier steht wieder das legendäre Luxushotel Adlon an der Ecke zur **Wilhelmstraße**. Daneben durchbricht der neue Glasbau der **Akademie der Künste** die historisierenden Bauvorgaben des Senats. Vom einstigen Regierungsviertels an der Wilhelmstraße ist nur das ehemalige Reichsluftfahrt- und jetzige Bundesfinanzministerium (Ecke Leipziger Str.) erhalten.

Pariser Platz

Die etwa 1400 m lange und 60 m breite **berühmte Straße** Unter den Linden verbindet den Pariser Platz mit der zum Schlossplatz führenden Schlossbrücke. Sie entstand aus einem kurfürstlichen Reitweg und erhielt vor allem unter Friedrich dem Großen ihre prächtigen Bauten. Ein Spaziergang beginnt am besten am Pariser Platz.
Den Abschnitt westlich der Kreuzung mit der Friedrichstraße säumen überwiegend moderne Nachkriegsgebäude (darunter das Ge-

✳ ✳ Unter den Linden

bäude der Deutschen Bank mit dem **Deutschen Guggenheim**), jenseits der Friedrichstraße ist die historische Bebauung meist nach dem Krieg wiederhergestellt worden. Auf der linken Straßenseite fällt zunächst die **Staatsbibliothek** auf, 1903–1914 an Stelle des Marstalls erbaut. Auf sie folgt das Gebäude der **Humboldt-Universität**, das 1748–1753 von J. Boumann d. Ä. als Palais für Prinz Heinrich, den Bruder Friedrichs II., errichtet und 1809 auf die Initiative Wilhelm von Humboldts (1767–1835) zur Hochschule umgewidmet wurde. Seit 1946 trägt sie seinen Namen. Standbilder des Gründers und seines Bruders Alexander säumen den Eingang.

✹
Reiterdenkmal
Friedrichs II. ▶

Auf dem Mittelstreifen bei Bibliothek und Universität erinnert ein Reiterdenkmal von Christian Daniel Rauch (1851) an Friedrich II. Das 13,50 m hohe Standbild, das lange Zeit im Park von Sanssouci stand, wurde 1980 wieder an seinen angestammten Platz gebracht. Es zeigt den König im Krönungsmantel auf seinem Lieblingspferd »Condé« sowie preußische Feldherren und Reliefs mit Szenen aus dem Leben Friedrichs.

Gegenüber der Universität öffnet sich der **Bebelplatz**, früher Opernplatz, unter Friedrich dem Großen als **repräsentatives Forum Fridericianum** geplant. Seine Westseite, in dessen Mitte ein Mahnmal für die Bücherverbrennung vom Mai 1933 eingelassen ist, säumt die wegen ihrer geschwungenen Form »Kommode« genannte Alte Bibliothek (1774–1788), an die zur Straße hin das Alte Palais (1834–1836)

✹
St.-Hedwigs-
Kathedrale ▶

anschließt, einst Wohnung Kaiser Wilhelms I. In der Südostecke des Platzes liegt die St.-Hedwigs-Kathedrale (1747–1773), ein Zentralbau nach dem Muster des römischen Pantheon und **einziger großer friderizianischer Kirchenbau in Berlin**.

✹
Deutsche
Staatsoper ▶

Die Deutsche Staatsoper gegenüber der »Kommode« wurde als erster Bau des Forums 1741–1743 durch Georg Wenzeslaus von Knobelsdorff errichtet und nach dem Brand von 1843 durch Carl Ferdinand Langhans in veränderter Form erneuert. Nach der Zerstörung 1945 ist sie bereits 1955 wieder eröffnet und 1986 umfassend restauriert worden. An die Oper schließt sich das ehemalige **Kronprinzessinnenpalais** (1733–1737) an, das die drei Töchter Friedrich Wilhelms III. bis zu ihrer Verheiratung bewohnten (heute Operncafé). In der Grünanlage davor stehen Denkmäler für die preußischen Generäle Scharnhorst, Blücher, Yorck und Gneisenau von Rauch und seinen Schülern. Darauf folgt das 1732 in barockem Stil umgebaute **Kronprinzenpalais**, in dem Kaiser Wilhelm II. geboren wurde. Letztes Gebäude auf dieser Straßenseite der Neubau der Bertelsmann-Stiftung, das das Haus des Berliner Stadtkommandanten von 1653 zitiert.

✹
Neue Wache ▶

Die Neue Wache (1816–1818) gegenüber der Oper ist eines der bekanntesten Bauwerke von Karl Friedrich Schinkel. Nach dem Muster eines römischen Kastells als Wachgebäude errichtet, ist sie in der Weimarer Republik zum Ehrenmal für die Gefallenen des Ersten Weltkriegs umgewidmet worden, um in der DDR Mahnmal für die Opfer von Faschismus und Militarismus und nach 1990 schließlich zentrale Gedenkstätte der Bundesrepublik Deutschland zu werden.

Als solche erhielt sie eine mehrfach ver-
größerte Kopie der Pietà von Käthe
Kollwitz. Hinter der Neuen Wache liegt
das **Maxim-Gorki-Theater** im Gebäude
der ehemaligen Singakademie.

Das **älteste Bauwerk Unter den Linden**
ist das benachbarte Zeughaus, 1695 bis
1706 von Johann Arnold Nering, Andreas Schlüter und Jean de Bodt als einer
der schönsten deutschen Barockbauten
errichtet. Der plastische Schmuck, vor
allem auch die berühmten »Köpfe sterbender Krieger« im Innenhof, stammt
überwiegend von Schlüter, die allegori-
schen Gestalten der Pyrotechnik, Arith-

Auf dem Zeughaus thront Kriegsgott Mars.

metik, Geometrie und Mechanik am Eingang und die Dachfiguren
schuf Guillaume Hulot. Das Zeughaus mit seiner modernen Erweiterung nach Plänen von Ioeh Ming Pei beherbergt **das Deutsche Historische Museum**.

★

◄ Zeughaus
(Deutsches Histori-
sches Museum)

Beim Zeughaus führt die Schlossbrücke über einen Spreearm zum
Schlossplatz. Die acht **Skulpturengruppen antiker Gottheiten** entstanden 1845–1857 nach Entwürfen Schinkels.

◄ Schlossbrücke

Die Fläche hinter dem Kommandantenhaus belegte das Außenminis-
terium der DDR. Hier soll der alte Schinkelplatz neu entstehen. Ganz
am Südende sieht man die Backsteintürme der im 19. Jh. nach Plänen Schinkels erbauten Friedrichwerderschen Kirche, heute als
Schinkelmuseum Leben und Werk des Baumeisters Karl Friedrich
Schinkel (1781–1841) dokumentierend.

**Friedrich-
werdersche
Kirche
(Schinkel-
museum)**

Südlich jenseits der Werderstraße steht am Werderschen Markt das
einstige Gebäude des Zentralkomitees der SED, früher Reichsbank
und nun – mit modernem Vorbau – **Auswärtiges Amt**.

◄ Werderscher
Markt

Berlins schönster Platz, der Gendarmenmarkt, verdankt seinen Namen dem hier von 1736–1782 stationierten Garderegiment »Gens
d'Armes«. Nach dem Krieg ist er in jahrelanger Arbeit wiederhergestellt worden. Den Platz beherrscht das ehemalige Schauspielhaus
(1818–1821) von Schinkel, unter Intendanten wie Gustaf Gründgens
eine derbedeutendsten Bühnen Deutschlands (heute Konzerthaus
Berlin). Davor steht das 1871 enthüllte Schillerdenkmal, das 1935
entfernt wurde und erst 1988 wieder hierher zurückgekehrt ist.

★ ★

**Gendarmen-
markt**

◄ Schauspielhaus

An der Südwestseite des Platzes wurde der Deutsche Dom 1701–
1708 für die reformierte lutherische Gemeinde errichtet. 1848 hat
man auf seinen Stufen die »Märzgefallenen« aufgebahrt – auch dies
Thema einer Ausstellung im Dom über die Geschichte der parlamen-
tarischen Demokratie in Deutschland. Als Gegenstück zum Deutschen Dom ist 1701–1705 auf der Nordseite der Französische Dom
für die französisch-reformierte Gemeinde erbaut worden. Wie auch

◄ Deutscher Dom,
Französischer Dom

Der Gendarmenmarkt gilt als Berlins schönster Platz.

am Deutschen Dom stammt der prächtige Kuppelturm von Karl von Gontard. Im Dom illustriert das **Hugenotten-Museum** die Geschichte der Hugenotten in Frankreich und in Preußen.

Friedrichstraße

Die Friedrichstraße kreuzt die Linden ungefähr in deren Mitte. Sie war im kaiserlichen Berlin die weltstädtisch-elegante Geschäfts- und Vergnügungsmeile schlechthin, was sie – zumindest nach dem Willen der Investoren – durch eine Masse von Neubauten von meist weltbekannten Architekten auch wieder werden soll.

Südliche
Friedrichstraße ▶

Die Bautätigkeit macht sich am frappierendsten im Abschnitt südlich der Linden bemerkbar. Die spektakulärsten neuen Gebäude sind die **Friedrichstadtpassagen** mit dem Kaufhaus Galeries Lafayette von Jean Nouvel und, an der Grenze zum Bezirk Kreuzberg, das American Business Center von Philip Johnson. Dieses Riesengebäude bedeckt fast völlig den ehemaligen Checkpoint Charlie, den **legendären Ausländerübergang** im geteilten Berlin. Wenig südlich, schon in Kreuzberg, erfährt man im Museum **Haus am Checkpoint Charlie**, wie es hier einmal ausgesehen hat und auf welche Weise viele Menschen versuchten, die Mauer zu überwinden.

Nördliche
Friedrichstraße ▶

Nördlich der Kreuzung mit den Linden kommt man zum Bahnhof Friedrichstraße, nach dem Mauerbau die einzige Anknüpfungsstelle für Fern- und Nahbahnen in der geteilten Stadt. Darauf folgt rechts der ehemalige Admiralspalast (1910), nun Metropol-Theater, in dem 1946 die Zwangsvereinigung von KPD und SPD zur SED vollzogen wurde. Jenseits der über die Spree führenden Weidendammer Brücke (1895/1896) erreicht man den 1984 eröffneten neuen **Friedrichstadtpalast** mit einem Denkmal für die Diseuse Claire Waldoff (1884 bis 1957) davor. Von der Brücke blickt man nach links auf das Theater am Schiffbauerdamm, seit 1954 Sitz des »Berliner Ensembles« und Wirkungsstätte von Bertolt Brecht und Helene Weigel.

Brecht und Weigel sind ebenso wie z. B. Johann Gottlieb Fichte, Georg Wilhelm Friedrich Hegel, Karl Friedrich Schinkel, Gottfried Schadow, Heinrich Mann, Hans Eisler, Arnold Zweig, Anna Seghers und Heiner Müller auf dem Dorotheenstädtischen Friedhof an der Chausseestraße im Anschluss an die Friedrichstraße begraben.

✱ **Dorotheen-städtischer Friedhof**

Neben dem Eingang des Friedhofs kommt man zur letzten Wohnung von Brecht und Weigel, die heute das Bertolt-Brecht-Zentrum mit den Archiven der beiden beherbergt sowie deren original gestaltete Wohn- und Arbeitsräume zeigt.

◄ Brecht-Haus

Das Museum für Naturkunde an der Invalidenstraße Nr. 34 ist nach Renovierung noch sehenswerter. Highlight aber nach wie vor: das 23 m lange Skelett des Brachiosaurus..

✱ **Museum für Naturkunde**

Das **Nachtleben** von Berlin-Mitte findet u. a. in der von der Friedrichstraße abzweigenden Oranienburger Straße in der **Spandauer Vorstadt** statt: vom koscheren Restaurant, Szenekneipen, alternativen Kunstzentrum bis hin zum Straßenstrich. Auf ihr kommt man, am **Kulturzentrum Tacheles** vorbei, zur ursprünglich 1866 eröffneten **Neuen Synagoge**, einst das größte jüdische Gotteshaus Deutschlands. Hier zeigt das **Centrum Judaicum** u. a. die Geschichte der jüdischen Gemeinde Berlins.

Oranienburger Straße

Nach der Synagoge führt die Krausnickstraße zur **Großen Hamburger Straße**. Dort lag der erste jüdische Friedhof Berlins, auf dem Moses Mendelssohn († 1786) begraben war. Ein Gedenkstein erinnert an das jüdische Altersheim, das von 1941 an Sammelstelle für die zum Transport in die Vernichtungslager bestimmten Berliner Juden war. Kurz darauf sieht man die zwischen 1721 und 1734 errichtete **Sophienkirche**, die den wohl schönsten barocken Kirchenturm Berlins besitzt.

> ❗ *Baedeker* TIPP
>
> **Scheunenviertel**
> Zu beiden Seiten der Rosenthaler Straße dehnt sich das Scheunenviertel aus, das dabei ist, wieder das zu werden, was es im Vorkriegs-Berlin war: ein Kneipenviertel, neudeutsch Szeneviertel. Restaurants und Kneipen reihen sich aneinander, eines besser als das andere.

Am Ende der Oranienburger Straße liegt der Hackesche Markt, wo man über die Rosenthaler Straße die 1906 entstandenen Hackeschen Höfe betritt, damals größter zusammenhängender Arbeits- und Wohnkomplex Europas, heute **wunderschön restaurierter Szenetreff** mit Kneipen, Läden, Theater und Kino.

✱ **Hackesche Höfe**

Die von Spreekanal und Kupfergraben umflossene Museumsinsel nördlich der Linden wurde im Jahre 1841 durch königliche Order zu einem »der Kunst und der Altertumswissenschaft geweihten Bezirk« bestimmt und ab 1843 ausgebaut. Bereits seit 1830 bestand das Alte Museum im Lustgarten, 1843–1855 entstand das Neue Museum,

✱✱ **Museumsinsel**

🕐 **Öffnungszeiten für alle Museen:** Di. bis So. 10.00–18.00

1897–1904 folgte das heutige Bode-Museum und schließlich 1909–1930 das Pergamonmuseum. Unter dem 1905–1920 amtierenden Generaldirektor Wilhelm von Bode gelangten die Sammlungen zur **Weltgeltung**. Kriegsbedingte Auslagerung und Teilung der Stadt bzw. der Sammlungen sind überwunden. Heute sind sie unter den Fittichen der Staatlichen Museen Preußischer Kulturbesitz wieder zusammengeführt.

Die Häuser der zum UNESCO-Welterbe gehörenden Museumsinsel werden nach und nach umgebaut und mit einem glasüberdachten zentralen Eingangsbereich und einer unterirdischen Querverbindung versehen (Gesamtkonzept: David Chipperfield).

★ **Bodemuseum ►**

Von der Friedrichstraße kommend, erreicht man zuerst das 1956 nach Bode benannte vormalige Kaiser-Friedrich-Museum. Der neobarocke Museumsbau ist ein Werk des Baumeisters Ernst von Ihne. Im kuppelüberwölbten großen Treppenhaus steht auf dem Originalsockel ein Bronzeabguss von Schlüters Reiterdenkmal des Großen Kurfürsten, das sich früher auf der Langen Brücke (heute Rathausbrücke am Nikolaiviertel) befand. Nach Renovierung zeigen hier nun die **Skulpturensammlung**, das **Museum für Byzantinische Kunst** und die **Gemäldegalerie** ca. 1700 Skulpturen von der Spätantike bis zum ausgehenden 18. Jh. und ca. 150 Gemälde. Hinzu kommt das **Münzkabinett** – und ein sehr schönes Café in der Rotunde.

★★ **Pergamonmuseum ►**

Auch das Pergamonmuseum, **größtes und bedeutendstes Museum auf der Insel**, umfasst mehrere Einzelmuseen. Die Antikensammlung besitzt so einmalige Schätze wie den namengebenden Pergamonaltar, außerdem sind wertvolle griechische und römische Plastiken zu sehen. Das Vorderasiatische Museum verfügt über eindrucksvolle Denkmäler der neubabylonischen Baukunst. Aus älterer Zeit stammen die Stiftmosaikwand (um 3000 v. Chr.) und die Backsteinfassade (etwa 1415 v. Chr.) aus dem Eanna-Heiligtum in Uruk. Das wertvollste Stück des Islamischen Museums ist die Fassade des Wüstenschlosses Mschatta in Jordanien (8. Jh.). Außerdem werden persische und indische Miniaturen, Teppiche und Schnitzereien gezeigt.

Neues Museum ►

Am Wiederaufbau des Neuen Museums wird seit 1986 gearbeitet. Nach der voraussichtlichen **Wiedereröffnung im Jahr 2009** werden die Sammlungen des Ägyptischen Museums hier an ihrem angestammten Platz präsentiert werden.

Hinter dem Neuen Museum erhebt sich die frisch renovierte Alte Nationalgalerie, die Gemälde und Plastiken deutscher Meister aus dem 19. und frühen 20. Jh., vor allem Berliner Künstler, sowie Werke französischer Impressionisten ausstellt; ein Schwerpunkt sind u. a. die Werke Adolph von Menzels.

★ ★

◄ Alte National-
galerie

Jenseits des Kupfergrabens und mit der Front auf den Lustgarten zeigend, steht das Alte Museum, **Schinkels bedeutendste städtebauliche Leistung**, mit großer Freitreppe und lang gestreckter Säulenhalle. Hier hat nun die Antikensammlung ihren Platz gefunden. Bis zur Fertigstellung des Neuen Museums werden im Obergeschoss auch die wichtigsten Stücke aus dem **Ägyptischen Museum** gezeigt.

★

◄ Altes Museum
(Antiken-
sammlung)

Vor dem Alten Museum erstreckt sich der Lustgarten, einer der wichtigsten Kundgebungsplätze des alten Berlin. Die große Granitschale vor der Freitreppe des Museums, 1827 bis 1830 entstanden, wurde aus einem einzigen märkischen Findling gehauen.

◄ Lustgarten

Der Berliner Dom an der Ostseite des Lustgartens wurde 1894–1905 nach Plänen von Julius Raschdorff auf Wunsch Kaiser Wilhelm II. als **Hauptkirche des preußischen Protestantismus** an Stelle einer früheren Domkirche von 1750 errichtet. Im Kirchenraum sind der Große Kurfürst und seine Gemahlin, das preußische Königspaar Friedrich I. und Sophie Charlotte sowie in der Hohenzollerngruft 90 weitere Mitglieder des Herrscherhauses bestattet. Über das Kaiserliche Treppenhaus kommt man auch hinauf zur Kuppel, die eine herrliche Sicht über das Zentrum Berlins bietet.

★

Berliner Dom

Jenseits der Karl-Liebknecht-Straße stand das große Berliner Stadtschloss, dessen Ruine man 1950 sprengte, um unter Einbeziehung des Lustgartens einen weiten Aufmarschplatz zu schaffen. Hier stand der nun abgerissene **Palast der Republik** (1973–1976), bis 1990 Sitz der Volkskammer, Versammlungs- und Kulturstätte. An seiner Stelle soll das Stadtschloss wieder errichtet werden. Um die Lücke zu füllen, wird vorübergehend die temporäre Kunsthalle **White Cube** gebaut.

Schlossplatz

An der Südostseite steht das ehemalige Gebäude des Staatsrats der DDR, in dessen Fassade das Portal IV des Stadtschlosses eingefügt wurde. Von hier aus hatte **Karl Liebknecht** am 9. November 1918 die **deutsche sozialistische Republik** ausgerufen.

Links vom ehem. Staatsratsgebäude liegen der Alte Marstall (1665 bis 1670) und daran anschließend das Ribbeckhaus, 1624 für die bei Theodor Fontane vorkommende märkische Adelsfamilie erbaut und **einzig erhaltenes Renaissancehaus Berlins**.

Ribbeckhaus

In der Brüderstraße südlich vom Schlossplatz wohnte im Haus Nr. 13 der Verleger Friedrich Nicolai (1733–1811), der sein Heim zu einem Treffpunkt der bedeutendsten Köpfe der deutschen Aufklärung machte.

Nicolaihaus

Der Turm des Roten Rathauses behauptet sich auch neben dem Fernsehturm.

Nikolaiviertel

Das Nikolaiviertel südöstlich vom Schlossplatz am jenseitigen Spree-ufer ist eine auf dem Reißbrett entworfene **»Alt-Berliner Milieu-Insel«** mit historischen Bauten, die sich früher z. T. andernorts befanden. Die Gebäude scharen sich um die auf einer romanischen Basilika er-baute spätgotische **Nikolaikirche** (14./15. Jh.), deren spitzer Doppel-turm das Wahrzeichen des Viertels ist. Von 1657–1666 wirkte hier **Paul Gerhardt**, der Verfasser vieler evangelischer Kirchenlieder, als Geistlicher. Der Kirchenraum zeigt die Stadtgeschichte vom Mittelal-ter bis zum Dreißigjährigen Krieg. Zu den bekanntesten historischen Gebäuden gehören die Gerichtslaube des mittelalterlichen Rathauses, das Lessinghaus, in dem Lessing die »Minna von Barnhelm« schrieb, das herrlich ausgestattete Knoblauchhaus (1754–1760), das pracht-volle barocke Ephraim-Palais (1764; heute Galerie der Berliner Kunst vom 17.–19. Jh.), das **Heinrich-Zille-Museum** in der Propststraße und das Restaurant »Zum Nussbaum«. Nicht weit vom Ephraim-Palais befindet sich am Mühlendamm das **originelle Hanfmuseum**.

Molkenmarkt und Umgebung

Über dem an das Nikolaiviertel anschließenden Molkenmarkt ragt der Turm des Alten Stadthauses auf. An ihm vorbei kommt man zu Berlins erster Barockkirche, der Parochialkirche (1695–1714), und dahinter zu einem Rest der Berliner Stadtmauer (13. Jh.) mit der an-geblich ältesten Kneipe Berlins **»Zur Letzten Instanz«** daneben. Wei-terhin findet man in diesem Viertel das Stadtgericht Berlin-Mitte (1896–1905) mit seinem sehenswerten Jugendstil-Treppenhaus und die Ruine der Franziskaner-Klosterkirche (13. Jh.), nun als Skulptu-rengarten genutzt.

Nicht etwa der Politik, sondern seiner roten Backsteine wegen wird das Berliner Rathaus »Rotes Rathaus« genannt. Es wurde 1861–1869 als dreigeschossige Neurenaissance-Mehrflügelanlage mit 74 m hohem Turm errichtet. Auf dem umlaufenden Terrakottafries berichtet die **»Steinerne Chronik«** aus der Geschichte Berlins. Das Rote Rathaus ist heute Sitz des Regierenden Bürgermeisters und des Senats. Der Neptunbrunnen (1891) vor dem Rathaus zeigt den Meeresgott, umgeben von vier Allegorien auf Elbe, Oder, Rhein und Weichsel. Links sieht man an der Rückseite des Palasts der Republik das Marx-Engels-Forum.

Rotes Rathaus

Über den Brunnen hinweg schaut man zur **ältesten erhaltenen Berliner Kirche**. Die 1270 begonnene und 1380 erweiterte Marienkirche bewahrt in der Turmhalle das Freskogemälde »Totentanz« mit niederdeutschen Versen (1484). Zur reichen Ausstattung gehören eine barocke Alabasterkanzel (1703) von Andreas Schlüter und das Lucas Cranach d. Ä. zugeschriebene Schnitzbild der Heiligen Familie.

✱ Marienkirche

Alles überragend steigt 365 m hoch der 1969 vollendete Fernsehturm auf. Er bietet eine **Aussichtsplattform** in 207 m Höhe und ein drehbares Café.

✱ Fernsehturm

Unter den Hochgleisen hindurch betritt man den 1805 zu Ehren **Zar Alexanders I. von Russland** so benannten Alexanderplatz, von dessen Vorkriegsbebauung so gut wie nichts mehr geblieben ist und den heute mehr oder weniger einfallslose Neubauten prägen.

Alexanderplatz

An der **Stadtgeschichte** Interessierte sollten den Weg zum **Märkischen Museum** über den Mühlendamm und die Fischerinsel auf sich nehmen. Das Gebäude im Stil der märkischen Backsteingotik wurde von 1899–1908 erbaut.

Im Herzen Berlins ließ Friedrich Wilhelm I. 1741 den **Potsdamer Platz** anlegen. Vor dem Zweiten Weltkrieg war er der verkehrsreichste Platz Europas. Die Bomben des Zweiten Weltkriegs zerstörten sämtliche Gebäude bis auf das Weinhaus Huth und Teile des Hotels Esplanade. Mit dem Bau der Mauer wurde der Platz zum Niemandsland zwischen zwei Mauerlinien. Nach dem Mauerfall angelten sich Großkonzerne wie Daimler-Benz und Sony die Grundstücke und ließen von eini-

Leicht und luftig trotz seiner Größe: das Zeltdach über dem Sony Center

★★
Potsdamer Platz

gen der namhaftesten Architekten der Welt ein neues Stadtzentrum errichten. **Quartier Daimler** mit seiner blitzenden Einkaufspassage, der Spielbank Berlin, dem 3D-Kino und dem »Panorama-Punkt« in 96 m Höhe eröffnete 1998 als erstes, das **Sony Center** gegenüber zog 2000 nach. Seine Hauptattraktion ist das **Filmmuseum Berlin**, das u. a. den Nachlass von Marlene Dietrich präsentiert.

Leipziger Straße

Die Leipziger Straße führt ostwärts zur Wilhelmstraße. Hier steht das jetzige Bundesfinanzministerium, 1934–1936 als Reichsluftfahrtministerium erbaut, dann Haus der Ministerien der DDR und danach Sitz der Treuhandanstalt. Ein Glasdenkmal erinnert an den 17. Juni 1953. Daneben hat der Bundesrat seinen Sitz im ehemaligen Preußischen Abgeordnetenhaus, etwas weiter an der Mauerstraße befindet sich das **Museum für Kommunikation** – dahinter verbirgt sich das alte Postmuseum.

Niederkirchner-straße

An der Niederkirchnerstraße entlang trennte einst die Mauer die Bezirke Mitte und Kreuzberg. Zu Nazizeiten befanden sich hier die Zentralen von SS, SD und Gestapo. In freigelegten Kellerräumen eines Nebengebäudes der Gestapozentrale ruft die Ausstellung **»Topografie des Terrors«** diese Zeit wieder in Erinnerung. Heute zieht vor allem der für seine Kunstausstellungen bekannte **Martin-Gropius-Bau** viele Besucher an.

Tiergarten

★★
Reichstags-gebäude

Vom Brandenburger Tor sieht man bereits das Reichstagsgebäude, das 1884–1894 von Paul Wallot im Stil der italienischen Hochrenaissance entworfen wurde. Bis zum 27. Februar 1933, dem Tag des **Reichstagsbrandes**, kam hier der Deutsche Reichstag zusammen. Der Brand, mit großer Wahrscheinlichkeit von dem niederländischen Kommunisten Marinus van der Lubbe als Alleintäter gelegt, war Anlass für die »Verordnung zum Schutz von Volk und Staat« am Tag darauf, die den Nazis die Gelegenheit gab, ihre politischen Gegner zu verfolgen und zu beseitigen.
Der Reichstag ist nach dem Aus- und Umbau nach Plänen des britischen Architekten Norman Foster ständiger Tagungsort des Bundestags. Seine große touristische Attraktion ist die **Glaskuppel** auf dem Dach, zu deren Spitze man auf spiralförmigen Rampen wandelt. Von oben überblickt man u. a. sehr gut den Spreebogen mit dem riesenhaften **Bundeskanzleramt**, der Schweizer Botschaft davor (die den Krieg mehr oder weniger unbeschadet überstanden hat) und die Blöcke mit den Abgeordnetenbüros.

Tiergarten

Der Tiergarten ist nicht nur der Name eines Bezirks (er ist im neuen Bezirk Mitte = Wedding-Tiergarten-Mitte aufgegangen), sondern auch **Berlins größter Innenstadtpark**. Sehenswert hier sind die ehemalige Kongresshalle, nun Haus der Kulturen der Welt, sowie Schloss

Schloss Bellevue ►

ße, die südöstlich zum Wittenbergplatz mit dem großen, für seine Lebensmittelabteilung bekannten Kaufhaus **KaDeWe** führt, und die Budapester Straße. An ihr liegt das Elefantentor, einer der Eingänge zum **Zoologischen Garten** (Bezirk Tiergarten). Besondere Attraktion dieses ältesten Zoos in Deutschland sind – außer dem Eisbären Knut – die Menschenaffen, einer der wenigen Pandabären in Europa und das Aquarium.

Der vom Breitscheidplatz nach Westen bis nach Wilmersdorf führende, 3,5 km lange Kurfürstendamm hat sich vom kurfürstlichen Reitweg des 16. Jahrhunderts zur **Flanier- und Einkaufsmeile** gewandelt, auf der man an zahllosen Geschäften, Restaurants, Cafés, Kinos und Theatern vorbeispaziert. Das viel beschworene Weltstadtflair allerdings hat angesichts der Masse von Fastfoodlokalen, Schuhfilialen, Kaufhäusern und Spielsalons erhebliche Kratzer erlitten.

*

Kurfürsten-damm

Ein netter kleiner Spaziergang beginnt am besten am Breitscheidplatz und führt zur Fasanenstraße, an der südlich das **Käthe-Kollwitz-Museum** und nördlich das Jüdische Gemeindehaus zum Besuch einladen. Es folgt das Kurfürstendammkarree. Dann geht es weiter bis zur Knesebeckstraße und auf dieser hinauf zum atmosphärisch stimmigen Savignyplatz, wo es heute weit schönere Kneipen gibt als am berühmten Kudamm. Von dort führt die Kantstraße wieder zurück zum Breitscheidplatz.

Im Herzen von Charlottenburg liegt das in mehreren Etappen zwischen 1695 und 1746 entstandene Charlottenburger Schloss, nach dem Verlust des Stadtschlosses bestes Beispiel für die Baulust der preußischen Könige in Berlin. Seine markante Note erhält es durch den fast 50 m hohen **Kuppelturm**, der über dem Ehrenhof mit dem Reiterstandbild des Großen Kurfürsten aufragt. Die historischen Räume im von Johann Arnold Nering und Eosander Göthe entworfenen Mittelbau sind nach Kriegsschäden originalgetreu wieder hergestellt worden. Höhepunkt sind das Porzellankabinett und die Wohnräume Friedrichs des Großen (Öffnungszeiten: Di.–So. 9.00 bis 17.00 Uhr). Im Westflügel befasst sich das Museum für Vor- und Frühgeschichte mit den Ursprüngen der Kulturen Alteuropas und des alten Orients.

✶✶

Schloss Charlottenburg

Besondere Beachtung verdienen im Schlosspark das Mausoleum für Königin Luise († 1810) und ihren Gemahl König Friedrich Wilhelm III. († 1840), die in von Christian Daniel Rauch geschaffenen Grabmälern ruhen. Auch Kaiser Wilhelm I. († 1888) mit Kaiserin Augusta († 1890) sowie andere Hohenzollern sind hier bestattet. Im Belvedere ist eine **Sammlung »Berliner Porzellan«** zu sehen.

✶

◄ Schlosspark

Die beiden Gebäude gegenüber vom Schloss wurden 1850 von Friedrich August Stüler erbaut. Der Westtrakt beherbergt das Museum Berggruen, eine der bedeutendsten Privatsammlungen moderner Malerei und besitzt allein 70 Werke von Pablo Picasso.

✶

Museum Berggruen

*Einst Lustschloss, wurde Schloss Charlottenburg
zu Berlins schönster barocker Schlossanlage.*

**Museum Scharf/
Gerstenberg** ▶ Im Osttrakt zeigt das Museum Scharf-Gerstenberg hochkarätige Werke der Surrealisten und ihrer Vorläufer. Das Spektrum der Künstler reicht von Piranesi, Goya und Redon bis zu Dalí, Magritte, Max Ernst und Dubuffet.

Bröhan-Museum ▶ Erlesene **Jugendstil- und Art-Deco-Stücke** kann man im Bröhan-Museum neben der Sammlung Berggruen bewundern.

Messegelände Im Charlottenburger Stadtteil Westend erstreckt sich das Ausstellungs- und Messegelände, das der Schauplatz aller großen Berliner Ausstellungen wie Funkausstellung, Grüne Woche und ITB ist. Inmitten der Hallen erhebt sich ein weiteres Wahrzeichen Berlins, der mit Antenne 150 m hohe **Funkturm**, der 1924–1926 zur Funkausstellung errichtet wurde. Das Messegelände ist mit dem 1979 fertig gestellten Internationalen Congress-Centrum (ICC) verbunden.

✴
Olympiastadion Das Olympiastadion im Nordwesten von Charlottenburg ist von 1934 bis 1936 nach Plänen von Werner March für die **XI. Olympischen Spiele** angelegt worden. Das 300 m lange, 230 m breite und 12 m abgesenkte Stadion für 76 000 Zuschauer strahlt in seiner Gesamtheit den Monumentalcharakter nationalsozialistischen Bauens aus. Unmittelbar nordwestlich liegt die ebenfalls von March für Thingspiele geplante Waldbühne.

✴
Grunewald Die grüne Lunge Berlins ist der 3149 ha große Grunewald, der entlang von Havel und Wannsee durch die Bezirke Wilmersdorf und

Zehlendorf reicht. Im Wilmersdorfer Teil liegen der nach dem Krieg aus Trümmerschutt aufgerichtete 115 m hohe **Teufelsberg** als höchste Erhebung im Westen Berlins, der prächtige Aussichten über die Havel bietende **Grunewaldturm** und das 1542 als Renaissancebau errichtete und im 18. Jh. umgebaute **Jagdschloss Grunewald**. Es beherbergt neben dem Jagdzeugmagazin und einer Waldlehrschau eine feine Sammlung deutscher und niederländischer Gemälde, darunter von Lucas Cranach d. Ä. und Jacob Jordaens.

Zehlendorf und Steglitz

Zum Bezirk Zehlendorf-Steglitz ganz im Südwesten Berlins gehört der Stadtteil Dahlem mit Auditorium Maximum der Freien Universität Berlin, den Instituten der Max-Planck-Gesellschaft und den an der Lansstraße liegenden Museen, die als **dritter großer Museumsstandort** neben Museumsinsel und Kulturforum ihren Schwerpunkt in der Völkerkunde haben (Öffnungszeiten für alle Museen: Di. bis Fr. 10.00–18.00, Sa. und So. 11.00–18.00 Uhr).

★★
Dahlem-Museen

🕐

Dieses Museum nimmt eine **Spitzenposition unter den ethnografischen Museen Europas** ein. Zu seinen Prunkstücken zählen Terrakottaplastiken aus dem westnigerianischen Ife (10.–13. Jh.), Bronzen des 16. Jh.s aus Benin und die sog. Goldkammer mit Stücken aus Kolumbien, Mittelamerika und Peru.

★★
◄ Ethnologisches Museum

Das Museum für Asiatische Kunst vereint die Sammlungen aus dem indischen Kulturkreis und Ostasiens. Herausragend in der indischen Abteilung ist eine Sammlung von Wandmalereien des 5.–12. Jh.s aus den Turfan-Klöstern an der nördlichen Seidenstraße in Zentralasien. Die aus China, Japan und Korea stammenden Stücke sind der Rest der einst wesentlich größeren Ostasiatischen Sammlung, deren schönste Objekte 1945 in die Sowjetunion verbracht wurden.

★
◄ Museum für Asiatische Kunst

Das Museum Europäischer Kulturen beherbergt eine der größten Sammlungen europäischer Ethnographica und Kulturgeschichte weltweit.

◄ Museum Europäischer Kulturen

Drei weitere sehenswerte Museen gehören nicht zu den Dahlem-Museen. Das **Brücke-Museum** am Bussardsteig widmet sich der expressionistischen Künstlergemeinschaft »Die Brücke«; das **Museumsdorf Düppel** südwestlich von Dahlem stellt die Rekonstruktion einer mittelalterlichen Siedlung dar. Das **Alliiertenmuseum** in der Clayallee, untergebracht im ehem. Army-Kino »Outpost«, dokumentiert die Anwesenheit der drei Westalliierten in Berlin. Im Freigelände zu sehen sind u. a. das **berühmte Wachhäuschen vom Checkpoint Charlie** und ein französischer Militärwaggon.

Weitere Museen

In Nachbarschaft der Museen, aber bereits in Steglitz liegt der Botanische Garten, dessen Attraktionen das Victoria-Regia-Haus, das Botanische Museum, der Kurfürstliche Garten aus dem 17. Jh. sowie ein Duft- und Tastgarten für Sehbehinderte sind.

Botanischer Garten

✶
Wannsee

Der von der Havel durchflossene Wannsee bedeckt eine Fläche von 260 ha. Mit ihm besitzt Zehlendorf **Berlins beliebtestes Naherholungsgebiet**, das Strandbäder, Wassersport und Ausflugschifffahrt bietet. Der Stadtteil Wannsee ist eine der bevorzugtesten Wohngegenden der Stadt, von denen sich die Insel Schwanenwerder die exklusivste nennen darf. In der Villa Am Großen Wannsee 56–58 allerdings fand am 20. Januar 1942 die sogenannte Wannsee-Konferenz »zur Endlösung der Judenfrage« statt (Gedenkstätte).

Gedenkstätte
Wannseevilla ▶

Der reizvollste Punkt des Havelgebiets ist die weit im Südwesten liegende **Pfaueninsel** mit dem 1794–1797 im Stil einer Ruine erbauten

Lustschloss und einem schönen englischen Park.

Schloss Glienicke über der Havel ist 1826 von Karl Friedrich Schinkel als Sommerresidenz für Prinz Carl von Preußen erbaut worden. Auch die Pavillons und den gotischen Jägerhof für den Schlosspark Glienicke schuf er. Unterhalb vom Schloss verbindet die legendäre **Glienicker Brücke** Berlin mit Potsdam. Hier spielte sich während des Kalten Kriegs mancher Austausch hochrangiger Agenten ab.

Spandau

Auf der Pfaueninsel

✶
Zitadelle

Im westlich an Charlottenburg anschließenden Bezirk Spandau sollte man die in der Havel liegende Zitadelle besuchen. Sie ist ab 1560 auf den Mauern einer Wasserburg der Askanier und unter Einschluss älterer Bauten zum Schutz der Stadt Berlin errichtet worden. Ihre wichtigsten Teile sind das Kommandantenhaus mit dem Stadtgeschichtlichen Museum Spandau, der auf das Jahr 1350 zurückgehende Palas und der Juliusturm vom Beginn des 14. Jh.s, somit ältester Teil der Anlage. In ihm ist von 1874 an der sogenannte **Reichskriegsschatz** aufbewahrt worden.

Luftwaffen-museum

In den Hangars des ehemals britischen Militärflugplatzes Gatow – weit westlich jenseits der Havel – stellt das aus Hamburg hierher verlegte Luftwaffenmuseum der Bundeswehr Militärmaschinen vom Ersten Weltkrieg bis zur Gegenwart aus.

Schöneberg und Tempelhof

Rathaus Schöneberg

Das Rathaus Schöneberg am John-F.-Kennedy-Platz war bis 1991 Amtssitz des Regierenden Bürgermeisters von Berlin. Heute ehrt eine

Ausstellung den langjährigen Regierenden Bürgermeister und Bundeskanzler Willy Brandt. Vor dem Rathaus sprach John F. Kennedy 1963 die berühmten Worte »Ich bin ein Berliner«. Eine Gedenktafel erinnert an den Besuch des kurz darauf ermordeten US-Präsidenten.

Das weite Tempelhofer Feld war seit dem 18. Jh. Paradeplatz der Berliner Garnison, 1923–1974 Zentralflughafen von Berlin und ist seit 1986 Regionalflughafen. Vor dem großen Flughafengebäude, 1936–1939 von Ernst Sagebiel im nationalsozialistischen Monumentalstil erbaut, erinnert das 1951 enthüllte **Luftbrückendenkmal** an die Luftbrücke der westlichen Alliierten zur Versorgung der Stadt während der sowjetischen Blockade vom Juni 1948 bis zum Mai 1949. Der Flughafen soll in den nächsten Jahren geschlossen werden.

Flughafen Tempelhof

Kreuzberg und Friedrichshain

Der an Tiergarten und Mitte grenzende Bezirk Kreuzberg, nun mit Friedrichshain vereint, war lange Jahre Inbegriff für Randale und alternatives Leben. Mit der Wende ist er von der Randlage in Westberlin plötzlich in das Zentrum der vereinten Stadt gerückt – mit der Folge, dass Immobilienspekulanten viele Alternative verdrängten, manche soziale Probleme aber auch verschärft wurden. So zählt die einst alternative Hochburg SO 36 heute zu den Problemvierteln der Stadt. Immer noch aber gibt es den Kreuzberger Kiez wie in der Gegend um die Bergmannstraße, und immer noch ist Kreuzberg eine »kleine Türkei«, was besonders beim türkischen Markt (Di. und Fr.) am Maybachufer des Landwehrkanals (allerdings schon in Neukölln) zu erleben ist. Mittlerweile ist Friedrichshain dabei, die Nachfolge als Szeneviertel anzutreten.

Randale und alternatives Leben

Seinen Namen verdankt der Bezirk dem ganz im Süden liegenden und vom Flughafen Tempelhof zu sehenden, 66 m hohen Kreuzberg. Seinen Gipfel ziert das von Schinkel entworfene Denkmal für die Befreiungskriege. Auf dem Kreuzberg wird sogar Wein angebaut, an seinem Fuß liegt die burgartige ehemalige Schultheiß-Brauerei.

Kreuzberg (Viktoriapark)

Oberhalb der Einmündung des Landwehrkanals in die Spree verbindet die 1896 im Stil der **märkischen Backsteingotik** erbaute Oberbaumbrücke die Bezirke Kreuzberg und Friedrichshain.

✳
Oberbaumbrücke

Das Deutsche Technikmuseum auf einem ehemaligen Bahnbetriebsgelände begeistert mit originalen Ausstellungsstücken aus Schienen- und Straßenverkehr, Luftfahrt, Haushalts- und Fertigungstechnik, Druck, Maschinenbau, Elektronik u. a. und bietet auch eine **Experimentierabteilung**.

✳
Deutsches Technikmuseum

Kaum ein deutsches Museum hat so viel Furore gemacht wie das Jüdische Museum – schon vor der Eröffnung, denn es zeichnet sich

✳
Jüdisches Museum

durch die **exzentrische Architektur** von Daniel Libeskind aus. Die Sammlung versucht mit einer überbordenden Vielfalt von Objekten die Geschichte des Judentums in Deutschland darzustellen. Daneben steht das ehemalige Alte Kammergericht (1734/1735).

Volkspark Friedrichshain Der Volkspark Friedrichshain ist eine der größten Parkanlagen der Innenstadt, im Jahr 1846 an den Hängen des »Mühlenbergs« nach Entwürfen von Gustav Meyer angelegt. Anziehungspunkte sind der neubarocke Märchenbrunnen (1913) und der Friedhof der Märzgefallenen für die Opfer der Berliner Barrikadenkämpfe von 1848.

Prenzlauer Berg, Pankow und Weißensee

Der Prenzlauer Berg nordöstlich von Berlin-Mitte, nun mit Pankow und Weißensee zu einem Bezirk zusammengefasst, gehört zu den am dichtesten besiedelten Gebieten Berlins. Hierher geht man weniger aus touristischen Gründen, sondern vielmehr, um – vor allem in Prenzlauer Berg – **Kneipen und Kultur, Szene und Kiez zu erleben**. Dafür bietet sich u. a. die Kulturbrauerei an der Sredzkistraße, die Kastanienallee und der Kollwitzplatz an.

Ernst-Thälmann-Park Im Ernst-Thälmann-Park hat ein recht monumentales Denkmal für den im KZ Buchenwald ermordeten deutschen Kommunistenführer die Wende überstanden. Interessanter ist aber wohl das **Zeiss-Großplanetarium** mit seiner Ausstellung über die Astronomie und den von Mi. bis So. gebotenen verschiedenen Vorführungen.

Schloss Schönhausen Schloss Schönhausen in Pankow erhielt 1704 von Eosander von Göthe seine heutige Gestalt. Es diente 1949–1960 als Amtssitz des DDR-Staatspräsidenten Wilhelm Pieck, war danach Gästehaus der DDR-Regierung, erlebte die Verhandlungen am Runden Tisch und die Zwei + Vier-Gespräche und ist heute Gästehaus der Bundesregierung. Der ursprüngliche Rokokogarten, den Peter Joseph Lenné später zu einem **englischen Park** umgestaltete, ist aber zugänglich.

Der **Jüdische Friedhof** in Weißensee ist der größte in Europa. Hier sind u. a. der Kaufhausbesitzer Hermann Tietz (Hertie), der Verleger Samuel Fischer und die Eltern von Kurt Tucholsky beerdigt.

Lichtenberg

Im ehemaligen Hauptquartier der DDR-Staatssicherheit an der Ru-

Hier herrschte Erich Mielke: heute Stasi-Museum

sche-/Normannenstraße in Lichtenberg (nun mit Hohenschönhausen vereint) dokumentiert die Forschungs- und Gedenkstätte Normannenstraße die **Methoden der Stasi.** Mittel- und Höhepunkt der Ausstellung ist das Dienstzimmer des Stasi-Chefs Erich Mielke; eher eine kuriose Sammlung von Stasi-Trophäen.

✶
Stasi-Museum

Der Tierpark Friedrichsfelde ist 1955 im Park des 1719 gebauten Schlosses Friedrichsfeldeals Pendant zum Zoologischen Garten im Westen eröffnet worden. Besonderheiten sind – außer seiner immensen Größe – das Alfred-Brehm-Haus mit der Tropenhalle und dem Großkatzengehege und die Manatis.

✶
**Tierpark
Friedrichsfelde**

Als weitere Sehenswürdigkeit bietet Lichtenberg das Deutsch-Russische Museum im ehemaligen Hauptquartier des Sowjetmarschalls Schukow im Ortsteil Karlshorst, wo am 8. Mai 1945 die deutsche Kapitulation unterzeichnet wurde. Dieses sowie andere wichtige Ereignisse der deutsch-russischen Geschichte seit 1917 dokumentiert das Museum.

**Deutsch-
Russisches
Museum**

Treptow und Köpenick

Der Treptower Park im Südosten Berlins wurde 1876–1882 vom ersten Berliner Gartenbaudirektor Gustav Meyer angelegt und war 1896 Schauplatz der »Großen Berliner Gewerbeausstellung«. Die weite, an der Spree sich hinziehende Gartenlandschaft ist eines der **beliebtesten und schönsten Ausflugsziele** im Osten Berlins.

✶
**Treptower
Park**

Das riesige Sowjetische Ehrenmal (1947–1949) im Treptower Park ist die zentrale Gedenkstätte für die 1945 bei den Kämpfen um Berlin gefallenen Sowjetsoldaten. 5000 von ihnen sind hier bestattet. An der großen Frauenfigur »Mutter Heimat« vorbei kommt man zum Hauptmonument, ein den Heldengräbern der Donebene nachempfundenes Mausoleum. Auf ihm steht eine 11,60 m hohe Soldatenfigur, die ein Kind auf dem Arm trägt und ein gesenktes Schwert hält, welches das Hakenkreuz zerschlagen hat. Der Kuppelsaal des Mausoleums ist mit dem Mosaik »Die Vertreter aller Unionsrepubliken gedenken ihrer Toten« ausgeschmückt.

✶
◄ Sowjetisches
Ehrenmal

Im Südostteil des Parks liegt am Straßenstück Alt-Treptow die **Archenhold-Sternwarte**, 1896 anlässlich der Berliner Gewerbeausstellung erbaut und 1908/1909 erneuert. Die Hauptattraktion der Volkssternwarte ist das 21 m lange Riesenfernrohr, das größte Linsenfernrohr der Welt. Im **Hain der Kosmonauten** erinnern Denkmäler an die sowjetischen Raumflüge und an den Flug des DDR-Kosmonauten Sigmund Jähn 1978.

Hinter dem S-Bahnhof erheben sich die in den Jahren 1997 und 1998 erbauten, 125 m hohen Allianz Treptowers in den Berliner Himmel. Davor stehen die **Molecule Men** in der Spree. Diese recht spektakuläre Monumentalskulptur ist ein Werk des Künstlers Jonathan Borofsky.

Köpenick In der Altstadt von Köpenick muss man natürlich zum alten Rathaus (1901–1904), das durch den legendären »Hauptmann von Köpenick«, den Schuhmacher Wilhelm Voigt, weithin bekannt wurde. Das **Köpenicker Schloss** auf der Schlossinsel entstand in seiner heutigen Form Ende des 17. Jh.s nach Plänen von Rutger van Langerfeld. Im Oktober 1730 tagte hier das Kriegsgericht über den Kronprinzen Friedrich, den späteren Friedrich II., und seinen Freund Leutnant Katte, der dem Prinzen bei seinem Fluchtversuch geholfen hatte. Schloss Köpenick wurde 2004 nach grundlegender Renovierung als **Kunstgewerbemuseum** wieder eröffnet.

★
Müggelsee Was den Wessis der Wannsee, ist den Ossis der Müggelsee. Müggelsee und Müggelberge sind zu allen Jahreszeiten beliebte Ausflugsziele. Außer Müggelturm und Spreetunnel ist das Strandbad im Sommer ein Besuchermagnet.

Sehenswertes in den übrigen Bezirken

Marzahn Die bauliche Einöde von Marzahn lockt nicht gerade. Aber es gibt hier drei hübsche Sachen: das Dorfmuseum Alt-Marzahn mit bäuerlichem Gerät und das Friseur- und Badermuseum in Alt-Marzahn sowie den »Garten des wiedergewonnenen Mondes«, den **größten Chinagarten außerhalb Chinas**. Das Gründerzeitmuseum der Charlotte von Mahlsdorf liegt in Hellersdorf.

Echte ländliche Idylle findet man im Dorf **Lübars** ganz im Nordwesten des Bezirks Reinickendorf.

Die **Hasenheide** in Neukölln wurde 1936–1939 zum Volkspark umgewandelt. Nach dem Krieg kam der Trümmerschuttberg Rixdorfer Höhe hinzu. Bekannt geworden aber ist sie als **erster deutscher Turnplatz**, 1810 vom »Turnvater« Friedrich Ludwig Jahn gegründet.

Baedeker TIPP

Eine Molle an der Spree
Wem es beim Ausflug in den Treptower Park nach einer kühlen Molle gelüstet, der setze sich in den Biergarten in die »Eierschale-Zenner«. Seit 1822 zieht es die Berliner hier auf die Terrassen über der Spree, die als »Neues Gartenhaus an der Spree« gebaut und als »Zenner« legendär wurden (Alt-Treptow 14–17).

Umgebung von Berlin

★
Bernau Das 22 km nordöstlich liegende Bernau bietet das **Kuriosum** einer sozialistischen Planstadt in mittelalterlichen Stadtmauern. Immerhin sind die Neubauten nicht höher als vier Stockwerke. An alter Bausubstanz erhalten sind Reste der Stadtmauer, Wiekhäuser, Pulverturm, Hungerturm und Steintor, jetzt Heimatmuseum, sowie das Henkerhaus, ebenfalls Museum. In der Kirche St. Marien verdient ein spätgotischer Hochaltar mit sechs Flügeln Beachtung.

Oranienburg

Das 1216 erstmals urkundlich erwähnte und von der Havel durchflossene Oranienburg liegt 30 km nordwestlich von Berlin und ist von dort aus problemlos auch mit der S-Bahn (S 1) zu erreichen.

◄ Schloss
Oranienburg

Schloss Oranienburg, im 17. ahrhundert erbaut und auch erweitert, zeigt sich als zweigeschossige Dreiflügelanlage mit einer die Jahreszeiten symbolisierenden Figurenattika an der Stadtseite. Westlich davon erstreckt sich der **Schlosspark**, der ein sehenswertes Gartenportal von 1690, geschaffen von Johann Arnold Nering, und die 1754 erbaute Orangerie besitzt. Das Heimatmuseum im alten Amtshauptmannshaus (Breite Straße 1), einem frühbarocken Putzbau von 1657, würdigt u. a. das Schaffen des Chemikers Friedlieb Ferdinand Runge (1795–1867).

◄ Heimatmuseum

✱
◄ Mahn- und
Gedenkstätte
Sachsenhausen

Im Jahr 1933 richteten die Nazis in einer ehemaligen Brauerei ein erstes Konzentrationslager ein, dem 1936 im Nordosten der Stadt das Lager Sachsenhausen folgte. Von den über 200 000 Häftlingen aus vielen Nationen wurden mehr als 100 000 ermordet. Deren Schicksal beschreibt das **Museum** zur Geschichte des Konzentrationslagers Sachsenhausen in der ehemaligen Häftlingsküche; ein neuer Teil dokumentiert auch die Geschichte des Lagers nach 1945, als die Sowjets hier Nazis und solche, die sie dafür hielten, sowie politische Gegner – selbst kurz zuvor dem KZ entronnene Häftlinge – internierten. Noch einmal 65 000 Menschen starben.

> ❗ *Baedeker* TIPP
>
> **Von Löwen umringt**
>
> Ein echtes Highlight in Eberswalde ist der Zoo. Experten wählten ihn unter die zehn attraktivsten in Deutschland. Er bietet u. a. ein Löwenfreigelände, in dem die Besucher von den Tieren umgeben sind (Am Wasserfall; Öffnungszeiten: tgl. 9.00 Uhr bis Einbruch der Dunkelheit).

Wandlitz, 28 km nördlich von Berlins Zentrum am Wandlitzer See, erwählten sich die DDR-Oberen als Refugium. Sie ließen sich hier, vom übrigen Ort abgeschieden und streng abgeschirmt, 23 komfortable Häuser in den Wald bauen. Heute ist hier eine Rehabilitationsklinik eingerichtet. Wie Erich Honecker mit einigem kapitalistischem Komfort dem sozialistischen Alltag zu entrinnen trachtete, kann man in seinem zum Museum umgewandelten Haus sehen.

✱
**Märkische
Schweiz**

Die Märkische Schweiz im Osten von Berlin ist ein beliebtes Naherholungsgebiet der Hauptstädter. Hier wird gewandert, etwa auf die Bollersdorfer Höhe, die einen prachtvollen Ausblick über den **Scharmützelsee** bietet, den man auch per Ruderboot erkunden kann. Mittelpunkt der Märkischen Schweiz ist die über 700 Jahre alte **Kleinstadt Buckow**. Hier lebten Bertolt Brecht und Helene Weigel. In ihrem nun zur Gedenkstätte umgewidmeten Haus entstanden 1953 die »Buckower Elegien«.

Teupitzer Seen

Auch die Teupitz-Köriser Seen im Süden von Berlin locken viele Ausflügler an. Man erreicht sie nicht nur auf dem Landweg, sondern mit den Schiffen der Weißen Flotte auch über die Dahme auf dem Wasserweg.

Königs Wusterhausen

Vom Sender Königs Wusterhausen südlich von Berlin wurde im Jahr 1920 die **erste Rundfunksendung Deutschlands** ausgestrahlt, woran das Funkmuseum erinnert. Ganz frisch renoviert ist das Jagdschloss Friedrich Wilhelm I., der bekanntlich seinen Sohn Friedrich II. verbannte und dessen Freund Katte zum Tod verurteilte – das interessante Heimatmuseum zeigt den Schreibtisch, an dem der König diese Dekrete unterzeichnete.

✳ **Scharmützelsee**

Der Scharmützelsee, mit 10 km Länge und 13,8 km² Fläche der größte der 3000 brandenburgischen Seen, liegt in der Saarower Hügellandschaft südöstlich von Berlin. An seiner Nordseite steigen bis auf 148 m ü. d. M. die Rauenschen Berge an, in denen mit den Markgrafensteinen zwei große **Eiszeit-Findlinge** geblieben sind. Der größere von ihnen wurde 1827 halbiert, um aus der einen Hälfte eine große Granitschale herzustellen, die heute vor dem Alten Museum in Berlin steht. Hauptanlaufstelle ist Bad Saarow-Pieskow, wo Kurhaus, Strandbad und Campingplatz bereit stehen. Nördlich vom See liegt

Fürstenwalde ▶

Fürstenwalde, eine askanische Gründung. Sehenswert sind die gotische Marienkirche und das Rathaus (um 1550).

Eberswalde

Malerisch durchzieht der 1620 eröffnete Finowkanal die Innenstadt von Eberswalde, die mit einem sehenswerten Marktplatz und schönen alten Gebäuden aufwartet.

✳ **Schorfheide**

Nördlich von Eberswalde erstreckt sich die Schorfheide, seit Jahrhunderten beliebtes Jagdrevier, zuletzt für Honecker und Genossen. Zusammen mit dem sich östlich anschließenden Choriner Endmoränenbogen gilt sie als **beliebtes Erholungsgebiet**. Im Biosphärenreservat Schorfheide-Chorin, einer flach gewellten Landschaft aus Dünen und Kiefernwäldern, liegt neben anderen Seen der **Werbellinsee**. An seinem westlichen Ufer ließ König Friedrich Wilhelm IV. um 1850 das Schloss Hubertusstock erbauen. Später fand an diesem Jagdschloss Hermann Göring Gefallen, dann Honecker, der es zum Gästehaus der DDR-Regierung umfunktionierte. Der Zaun rundum, der die Privilegierten von der Außenwelt abschirmen sollte, hatte die positive Folge, dass Biber, Kraniche, Seeadler und andere Tiere auf dem Gelände heimisch wurden. Heute beherbergt das Schloss ein Hotel.

✳ ✳
Klosterruine Chorin

Außerordentlich schön liegt in einem Landschaftsschutzgebiet nahe dem Parsteiner See der Ort Chorin, der vor allem wegen der Ruine von Kloster Chorin Berühmtheit erlangte. Noch heute ist die Klosterruine das **bedeutendste Beispiel norddeutscher Backsteingotik** in der Mark Brandenburg. Jahr für Jahr ziehen die Konzerte im Rahmen des Choriner Musiksommers viele Besucher an.

Ebenfalls am Rande des Oderbruchs findet man ein **einmaliges technisches Denkmal**: das Schiffshebewerk des 1909–1914 angelegten Oder-Havel-Kanals bei Niederfinow. Schon früh suchte man, den Höhenunterschied von 36 m zwischen Havel und Oder mittels Schleusen zu überwinden. Von 1927 bis 1934 wurde dann das Schiffshebewerk Niederfinow errichtet. Noch heute lassen sich täglich bis zu zwanzig Schiffe in dem 86 m langen Trog hochhieven.

✳ Schiffshebewerk Niederfinow

✳ Bernburg

J 7

Bundesland: Sachsen-Anhalt   **Höhe:** 85 m ü. d. M.
Einwohnerzahl: 37 000

Die einstige Residenzstadt der Fürsten und späteren Herzöge von Anhalt-Bernburg besticht durch ihre herrliche Lage an der Saale und ihr Residenzschloss. Daneben locken Baudenkmäler aus unterschiedlichsten Epochen und eine teilweise erhaltene Stadtmauer.

Sehenswertes in Bernburg

Das Renaissanceschloss (Langhaus, 1538 – 1570) mit Barockportal, Blauem Turm (1300) und romanischem Eulenspiegelturm, der erkennbar schief im Ensemble steht, ist **Wahrzeichen der Stadt**. Im Schloss sind mittelalterliche Folterinstrumente, ein Museum zur Ur- und Frühgeschichte und eine Galerie mit Gegenwartskunst zu sehen. Das klassizistische **Hoftheater** (1826/1827) ist heute das Carl-Maria-von-Weber-Theater. Die überwiegend barocke **Schlosskirche** (1752) birgt die dreigeschossige Fürstengruft mit Prunksärgen der Fürsten und Herzöge von Anhalt-Bernburg. Eine Attraktion ist der **Bärenzwinger**, in dem 1860 erstmals Bären gehalten wurden.

✳ Schloss

Von den Renaissance- und Barockwohnhäusern in der sog. **Talstadt** ist das ehemalige Regierungsgebäude am Marktplatz (Nr. 28) bemerkenswert. In der Breiten Straße findet sich die um 1600 gebaute ehemalige **Fürstliche Kanzlei**. Die **Mauer um Alt- und Neustadt**

Malerisch: Schloss Bernburg an der Saale

● BERNBURG ERLEBEN

AUSKUNFT

Stadtinformation Bernburg
Lindenplatz 9
06426 Bernburg
Tel. (0 34 71) 3 46 93 11
www.bernburger-freizeit.de

ESSEN

► Erschwinglich
Fürsteneck
Große Einsiedelgasse 2
Tel. (0 34 71) 3 46 70
Im Stil einer Brasserie gehaltenes
Hotel-Restaurant im Stadtzentrum.

Amadeus
Breite Str. 2
Tel. (0 34 71) 35 42 00
Angesagtes Lokal, das für seine lecke-
ren Grünkohl-Spezialitäten bekannt
ist.

ÜBERNACHTEN

► Komfortabel
Parkhotel
Aderstedter Str. 1
06406 Bernburg
Tel. (0 34 71) 36 20, Fax 36 21 11
www.parkhotel-bernburg.de
In verkehrsgünstiger Lage am Stadt-
rand gelegenes Haus mit schön ein-
gerichteten Zimmern in barocker
Manier.

► Günstig
Askania
Breite Str. 2
06406 Bernburg
Tel. (0 34 71) 35 40, Fax 35 41 35
www.askania-hotel-bernburg.de
In Marktplatznähe gibt es moderne
Zimmer hinter schöner klassizistischer
Fassade

(15. – 17. Jh.) ist noch teilweise erhalten. Auch gibt es noch einige
Türme, so etwa den **Nienburger Torturm** (um 1400) mit Renaissancegiebel und den aus dem 15. Jh. stammende **Hasenturm**. In die
Stadtmauer einbezogen ist auch das bereits in der Neustadt gelegene,
um 1300 erbaute **Augustinerkloster** mit Kreuzgang.
Bedeutende Sakralbauten sind die dreischiffige Pfarrkirche **St. Marien** (13. Jh.) mit einem reich skulptierten Chor (um 1420) und die
unvollendete spätgotische Hallenkirche **St. Nicolai**.
Zwei Brücken überspannen die Saale: die **Neustädter Brücke**, technisches Denkmal aus dem 15. Jh., und die **Waldauer Brücke** (14. Jh.).

Waldau Die Kirche **St. Stephan** (12. Jh.) im Stadtteil Waldau, ein einschiffi-
ger romanischer Bau mit Flachdecke, ist ein kunsthistorisches Kleinod an der »Straße der Romanik«.

Umgebung von Bernburg

Nienburg In Nienburg (5 km nördlich) steht eine ehemalige Benediktinerklos-
terkirche, die 1242 als Basilika begonnen und nach 1282 als Hallenkirche fertiggestellt wurde. Sie ist ein **Hauptwerk der deutschen
Hochgotik.**

Köthen, die einstige Residenzstadt des Fürstentums Anhalt-Köthen, ✱
liegt knapp 20 km östlich von Bernburg in Richtung Dessau. Ab **Köthen**
1629 wirkte hier die »Fruchtbringende Gesellschaft«, die erste deutsche Vereinigung zur Pflege der Sprache. **Johann Sebastian Bach** war
von 1717 bis 1723 in Köthen als
Hofkapellmeister tätig; hier entstanden seine bedeutenden Instrumentalwerke. Von 1821 bis 1835
praktizierte hier der Begründer der
Homöopathie, Samuel Hahnemann (1755–1843), erstmals nach
den Grundsätzen seiner Lehre.
Das älteste Bauwerk und Wahrzeichen der Stadt, deren mittelalterliche Befestigung (um 1560) z. T. erhalten blieb, ist die spätgotische
Marktkirche **St. Jakob** (14. bis
16. Jh.); die Türme wurden um
1897 umgebaut. Im **Renaissanceschloss** (1547–1608) sind das His-

> **!** *Baedeker* TIPP
>
> **Biedermeierliche Vögel**
>
> Johann Friedrich Naumann (1780–1857),
> Begründer der wissenschaftlichen Vogelkunde,
> wurde in Ziebigk bei Köthen geboren. Seine
> vogelkundliche Sammlung – Präparate fast
> aller Vögel Europas sowie Aquarelle – wird im
> Nordflügel des Schlosses, dem Ferdinandsbau,
> präsentiert. Es gilt als einziges aus dem
> Biedermeier original erhaltenes ornithologisches
> Museum.

torische Museum und die Bach-Gedenkstätte untergebracht. Die Kirche **St. Agnus**, 1694–1698 in holländischem Barock erbaut, ist mit
Gemälden aus der Werkstatt von Lucas Cranach d. J. und von Antoine Pesne ausgestattet.

In Gröbzig (12 km südlich von Köthen) steht eine 1796 erbaute **Sy-** **Gröbzig**
nagoge (heute Museum). Sie ist einer der wenigen jüdischen Sakralbauten, die in der Pogromnacht vom 9. November 1938 nicht zerstört worden sind.

✱ Brandenburg an der Havel

L 6

Bundesland: Brandenburg **Höhe:** 32 m ü. d. M.
Einwohnerzahl: 73 000

Den besonderen Reiz der einstigen Bischofsstadt Brandenburg machen die Flussarme der Havel und die Kanäle aus, die das Stadtgebiet durchziehen. Und außerdem ist die Stadt von erholsamen Seen wie dem Plauer See, dem Breitlingsee und dem Beetzsee umgeben, die zum Angeln, Bootfahren und Schwimmen einladen.

Brandenburg war bis zur Mitte des 12. Jh.s Hauptfestung der slawi- **Geschichte**
schen Heveller. Unter König Heinrich I. wurde die Siedlung 928/929
erstmalig erobert; zeitweilig war sie Sitz des 948 gegründeten Bistums. Bis 1157 blieb die Burg heftig umkämpft. Auf **drei Inseln** entstanden die Siedlungskerne: der Dom bzw. Bischofssitz, die Altstadt

BRANDENBURG ERLEBEN

AUSKUNFT

Tourist-Information
Steinstr. 66/67
14776 Brandenburg
Tel. (0 33 81) 20 87 69, Fax 20 87 74
www.stadt-brandenburg.de

ESSEN

▶ **Erschwinglich**
Havelblick an der Dominsel
Neustädtische Fischerstr. 14
Tel. (0 33 81) 22 45 35
Rustikales Gasthaus mit geradezu
maritimem Ambiente direkt am
Ufer der Havel, wundervoller Blick
auf den Dom. Neben deutscher Küche
gibt es ein großes Angebot an Fisch-
gerichten.

▶ **Preiswert**
Bismarck Terrassen
Bergstr. 20
Tel. (0 33 81) 30 09 39
Klassische Gerichte aus dem Havelland
stehen in dem originellen Restaurant
auf dem Speiseplan.

ÜBERNACHTEN

▶ **Komfortabel**
Sorat
Altstädtischer Markt 1
14770 Brandenburg
Tel. (0 33 81) 59 70, Fax 59 74 44
www.sorat-hotels.com
Geschmackvoll eingerichtetes Hotel im
Stadtzentrum gegenüber dem mittel-
alterlichen Rathaus. Dennoch ruhig,
da die meisten Zimmer in Richtung
Stadtpark liegen. Regionale Küche
bestimmt das Angebot im Restaurant.

▶ **Günstig**
Axxon
Magdeburger Landstr. 228
14770 Brandenburg
Tel. (0 33 81) 32 10, Fax 32 11 11
www.axxon-hotel.de
Modernes Hotel mit bequemen Zim-
mern und schicken Marmorbädern.
Im Restaurant Rossini werden Sie mit
Spezialitäten aus der Toskana und
ausgesuchten Weinen Italiens
verwöhnt.

und die von Kaufleuten belebte Neustadt. Der Ausbau der deutschen
Landesherrschaft in der Mark Brandenburg führte in der Folgezeit
zum Aufblühen der Stadt. Im 13./14. Jh. erlangte sie den Rang einer
Hauptstadt. Als die Hohenzollern 1451 ihre Residenz nach Berlin
verlegten, begann der Abstieg Brandenburgs.

Sehenswertes in Brandenburg

Dominsel

Dom ▶

Der 1165 begonnene Dom St. Peter und Paul auf der Dominsel ist eine dreischiffige romanische Basilika. Die Krypta (1235) beherbergt
einen spätromanischen Schmerzensmann. Von der reichen Ausstattung des Domes sind die Glasmalereien (13. Jh.), das romanische
Kruzifix (12. Jh.), der Böhmische Altar (14. Jh.), der 1518 gestiftete
Lehniner Altar und der Marienaltar (um 1430) hervorzuheben. In
den teilweise erhaltenen Klausurgebäuden befinden sich der Kreuzgang und das Domarchiv mit wertvollen Handschriften, ferner das

Dommuseum mit kostbaren Gewändern und dem Brandenburger Hungertuch (um 1290).

Am Burgweg liegt die gotische Petrikapelle, seit 1320 Pfarrkirche der Domgemeinde, die 1520 mit Zellengewölben versehen wurde.

◄ Petrikapelle

Von der mittelalterlichen Stadtbefestigung um die Altstadt existieren noch Teile der Stadtmauer mit mehreren Türmen.

Altstadt

Besonders sehenswert ist das Altstädtische Rathaus (1470), ein spätgotischer zweigeschossiger Backsteinbau mit Staffelgiebel, Turm und Portal mit reichem Backstein-Maßwerk und großem Spitzbogenportal am Nordostgiebel. Vor dem Rathaus steht eine über 5 m große **Rolandsfigur** (1474).

★
◄ Altstädtisches Rathaus

Nördlich vom Rathaus erhebt sich das **älteste Bauwerk Brandenburgs**, die Pfarrkirche St. Gotthardt (12. Jh.) mit spätgotischer Backsteinhalle (15. Jh.) und barocker Turmhaube von 1767. Von der Ausstattung sind die romanische Bronzetaufe (13. Jh.), die spätgotische Triumphkreuzgruppe (15. Jh.), Gobelins (um 1463, Darstellung einer Einhornjagd) und ein Renaissancealtar (1559) bemerkenswert.

◄ St. Gotthardt

Das Museum der Stadt im imposanten **Frey-Haus** (Hauptstr. 96) von 1723 besitzt neben vielerlei stadtgeschichtlichen Exponaten auch das Schwert, mit dem der Jugendfreund Friedrichs des Großen, Leutnant von Katte, hingerichtet worden ist. Beachtenswert ist auch die Kunstsammlung (16.–20. Jh.) mit Arbeiten von Daniel Chodowiecki.

◄ Stadtmuseum

Szenerie am Stadtkanal von Brandenburg

St. Johannis ▶ Im Süden der Brandenburger Altstadt befindet sich die Ruine der Pfarrkirche St. Johannis, ein frühgotischer Backsteinbau aus dem 13.

Nikolaikirche ▶ Jh. Südwestlich der Altstadt steht die Nikolaikirche, eine zwischen 1170 und 1230 entstandene spätromanische Backsteinbasilika.

Neustadt

✳

St. Katharinen ▶

St. Katharinen (1395–1401) im Zentrum der Neustadt ist ein Musterbeispiel der Backsteingotik und Hauptwerk von Hinrich Brunsberg. Der Giebel der Fronleichnams- bzw. Marienkapelle an der Nordseite der dreischiffigen gewölbten Hallenkirche ist besonders hervorzuheben. Im Inneren sind ein spätgotischer Doppelflügelaltar (1474), der Hedwigsaltar (1457, Südkapelle), das Taufbecken (1440, Nordkapelle), die Kanzel (1668) und die Epitaphe sehenswert.

Im ehemaligen St.-Pauli-Kloster (1286) präsentiert das **Archäologische Landesmuseum** wichtige Funde aus der Region.

Interessante **Bürgerbauten** des 18. Jh.s finden sich in der Steinstraße 21, am Neustädtischen Markt 7 und 11, am Gorrenberg 14, in der Kleinen Münzstraße 6 und der Kurstraße 7. An der Hauptstraße errichtete man das Denkmal des Brandenburger Originals **Fritze Bollmann**, dessen Anglermoritat noch heute bekannt ist.

Im **N-Ost-algie-Museum** (Steinstr. 52) werden Erinnerungen an den DDR-Alltag von 1949 bis 1990 aufbewahrt.

Marienberg ▶ Auf dem 69 m hohen Marienberg verehrten die germanischen Semnonen die Göttin Freya. Heute erhebt sich hier der **Friedensturm**, von dem man eine schöne Aussicht genießen kann. Ein Ehrenmal erinnert an die im Dritten Reich im Zuchthaus Brandenburg-Görden hingerichteten Widerstandskämpfer.

✳
**Industriemuseum
Brandenburg**

Im ehemaligen **Stahl- und Walzwerk Brandenburg** (SWB) im Westen der Stadt, das bis 1993 in Betrieb war, steht der letzte Siemens-Martin-Ofen Westeuropas. Ferner sind hier Produkte des traditionsreichen Brandenburger Fahrzeugbauers **Brennabor** ausgestellt.

Umgebung von Brandenburg

✳ ✳
Kloster Lehnin

Das berühmte Kloster Lehnin, 20 km südöstlich von Brandenburg, war die erste Zisterzienser-Niederlassung in der Mark, als Hauskloster der Askanier von Markgraf Otto I. 1180 gegründet. Die Klosterkirche St. Marien, eine frühgotische Pfeilerbasilika, 1190 begonnen und 1262 geweiht, ist eines der ältesten und bedeutendsten Beispiele norddeutscher **Backsteinarchitektur**. Erhalten sind die Klausur, das Königshaus, das Kornhaus, das Falkonierhaus und die Klostermauer mit dreipfortigem Tor.

✳
Havelland

Besonders reizvoll im Havelland mit seinen ausgedehnten moorigen Niederungen, flachwelligen Dünengebieten und vereinzelten Kiefern- und Mischwäldchen ist der mittlere Abschnitt der Havel zwischen Potsdam und Brandenburg, wo sich der Fluss zu zahlreichen lang gestreckten, gewundenen Seen erweitert. Zu den bekanntesten und be-

Imposante Backstein-Architektur: Kloster Lehnin

liebtesten zählen der Schwielowsee südlich von Potsdam, der Trebelsee zwischen Potsdam und Brandenburg bei Ketzin, der Beetzsee bei Ketzür nördlich von Brandenburg und der Plauer See südwestlich von Brandenburg. Hier kann man nicht nur baden und Bootsausflüge unternehmen, sondern auch manchen dicken Fisch angeln.

Die Städtchen Werder (►Potsdam, Umgebung), Ketzür, Rathenow und Havelberg sind neben Potsdam, Brandenburg und Neuruppin (►Rheinsberg · Neuruppin) die interessantesten Orte im Havelland.

Havelberg

★ ★

 Mariendom

Nahe der Einmündung der Havel in die Elbe liegt die hübsche Kreisstadt Havelberg. Bedeutend ist hier der Dom St. Marien, der 1170 geweiht und 1279 – 1330 gotisch umgebaut wurde. Im Innern der **dreischiffigen Basilika** beeindrucken gotische Glasmalereien (14./15. Jh.) und bemerkenswerte Bauplastiken, besonders die Reliefplatten am Lettner und an den Chorschranken, drei Sandsteinleuchter (13. Jh.) und die gotische Triumphkreuzgruppe (13. Jh.). Südlich des Doms liegen die Stiftsgebäude. Am Marktplatz steht das spätklassizistische Rathaus.

★

Ziesar

32 km südwestlich von Brandenburg ist das alte Städtchen Ziesar ein beliebtes Ausflugsziel. Hauptattraktion ist die seit 1214 bezeugte **Burg** mit ihrem weithin sichtbaren Bergfried. Hier residierten von 1327 bis 1560 die brandenburgischen Bischöfe. In der Burg ist das **Museum für brandenburgische Kirchen- und Kulturgeschichte** eingerichtet. In der Vorburg befindet sich das Heimatmuseum. Die **Stadtkirche St. Crucis** ist eines der ältesten Gotteshäuser östlich der Elbe.

★ Chemnitz

L/M 9

Bundesland: Sachsen
Einwohnerzahl: 244 000

Höhe: 309 m ü. d. M.

Von einem bedeutenden Zentrum der Textilproduktion des Kurfürstentums Sachsen (16. Jh.) entwickelte sich Chemnitz im 19. Jh. zur Industriemetropole und machte sich als »Sächsisches Manchester« einen Namen.

► CHEMNITZ ERLEBEN

AUSKUNFT

Tourist-Information
Markt 1
09111 Chemnitz
Tel. (03 71) 6 90 68-0
Fax 6 90 68 30
www.chemnitz-tourismus.de

ESSEN

► Erschwinglich
② *Villa Esche*
Parkstr. 58
Tel. (03 71) 2 36 13 63
Gut speist man in der 1902 von
Henry van der Velde erbauten
Jugendstilvilla.

► Preiswert
① *Streller's Restaurant*
Bergst. 69
Tel. (03 71) 3 55 19 00
Sympathisches und gemütliches
Altstadtrestaurant.

ÜBERNACHTEN

► Komfortabel
① *Renaissance*
Salzstr. 56, 09113 Chemnitz
Tel. (03 71) 3 34 10, Fax 3 34 17 77
www.mariott.de
Niveauvolle und elegante Unterkunft.

③ *Günnewig Hotel Chemnitzer Hof*
Theaterplatz 4, 09111 Chemnitz
Tel. (03 71) 6 84-0, Fax 6 76 25 87
www.guennewig.de
Das zentrumsnah gelegene Haus bes-
ticht durch moderne Eleganz.

► Günstig
② *Avenue Hotel Becker*
Dresdner Str. 136
09131 Chemnitz
Tel. (03 71) 4 71 91-0, Fax 4 71 91 47
www.avenuehotel.de
Flottes Design und praktisch eingerichtete Zimmer.

Geschichte Als Freie Reichsstadt entstand Chemnitz aus einer Kaufmannsnieder-
lassung an der Kreuzung der Salz- und der Frankenstraße. Bereits im
Jahr 1136 hatte Kaiser Lothar hier ein Benediktinerkloster gestiftet,
als Gründungsjahr der Siedlung gilt 1165. Im Jahre 1357 erhielt
Chemnitz das Bleichprivileg, das die Stadt zu einem **Mittelpunkt der
Leinenweberei** und des Leinenhandels werden ließ. Auch der erzgebirgische Bergbau wirkte sich positiv auf die wirtschaftliche Entwicklung aus. Schon im 15. Jh. arbeiteten hier ein Kupferhammer und eine Saigerhütte. Nach 1800 stieg Chemnitz zum Hauptort des Maschinenbaus in Sachsen und als Folge dieser Entwicklung zu einem
Brennpunkt der deutschen Arbeiterbewegung auf – Grund genug für
die DDR-Führung, die nach dem Zweiten Weltkrieg neu aufgebaute
Stadt nach Karl Marx zu benennen, der selbst nie in Chemnitz war.
1990 stimmte die Mehrheit der Chemnitzer für die Rückbenennung.

Innenstadt

Neue Strukturen Nach seiner Zerstörung am 5. März 1945 ist das Stadtzentrum unter
sozialistischen Vorzeichen neu aufgebaut und in den 1960er-Jahren

renoviert worden. Nach der politischen Wende 1989/1990 entwarfen namhafte Architekten wie Helmut Jahn, Christoph Ingenhoven und Hans Kollhoff ganz neue Strukturen für die Innenstadt. Es entstanden eine urbane Flanier- und Einkaufsmeile, neue Kulturbauten sowie zahlreiche Restaurants und Cafés.

Das 1912/1913 vom Architekten Professor Wilhelm Kreis beim Hauptbahnhof für das jüdische Familienunternehmen Tietz errichtete Kaufhaus beherbergt heute das renommierte **Museum für Naturkunde** und die **Neue Sächsische Galerie** mit einer Kollektion sächsischer Kunst ab 1945 sowie die Stadtbibliothek und die Volkshochschule. Im Lichthof kann man den **Versteinerten Wald** aus über 290 Millionen Jahre alten verkieselten Baumstämmen bewundern.

★
DAStietz

Architektonisch bedeutend ist das von Richard Möbius entworfene Ensemble am Theaterplatz mit Opernhaus (1906–1909), König-Albert-Bau, Chemnitzer Hof und St.-Petri-Kirche.

Theaterplatz

Chemnitz Orientierung

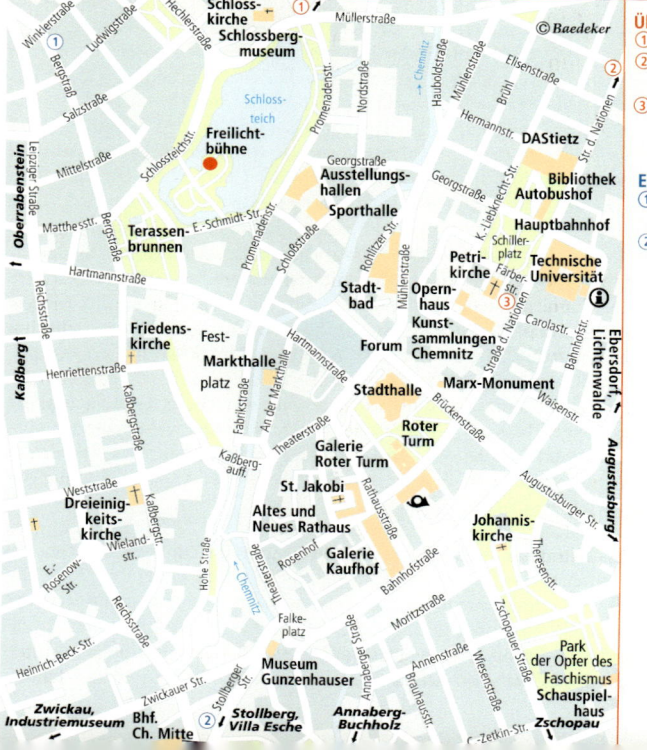

Übernachten
① Renaissance
② Avenue Hotel Becker
③ Günnewig Hotel Chemnitzer Hof

Essen
① Streller's Restaurant
② Villa Esche

Kunstsammlungen Chemnitz ▶ Der König-Albert-Bau beherbergt die städtischen Kunstsammlungen mit Werken des Impressionismus und des Expressionismus, darunter eine umfangreiche Kollektion von Arbeiten des im Chemnitzer Vorort Rottluff geborenen **Karl Schmidt-Rottluff**.

Stadtbad Etwas abseits trifft man auf dieses 1928 – 1935 errichtete, seinerzeit größte und modernste Hallenbad Europas, das zudem als ein Musterbeispiel der Bauhausarchitektur gilt.

Karl-Marx-Monument Weiter südlich an der Brückenstraße trotzt dieses umstrittene Denkmal der Geschichte. Der Kopf des Ahnherrn des Sozialismus, den die Einheimischen »Nischel« nennen, ist 1971 vom sowjetischen Künstler Lew Kerbel geschaffen worden.

Weiter südlich steht dieses im 12. Jh. aus rotem Porphyr errichtete älteste Bauwerk der Stadt, der **Rote Turm**, mit seinem Ende des 15. Jh.s aufgesetzten Backsteingeschoss. Dieser Teil der Stadtbefestigung diente lange Zeit als Gefängnis, in dem 1885 auch Arbeiterführer August Bebel einsaß.

Markt und »Doppelrathaus« Südlich des neuen Zentrums und durch dieses an die Peripherie gedrängt liegt der Markt, das **mittelalterliche Zentrum** der Stadt. Diesen Platz dominiert das 1496 bis 1498 erbaute, im 16. und 17. Jh. umgestaltete **Alte Rathaus**. Ihm vorgebaut ist der 1486 entstandene Turm, in den beim Wiederaufbau das Renaissanceportal (1559) des zerstörten Hauses am Markt Nr. 15 integriert wurde.

Darüber gefällt ein figürliches Glockenspiel. Versetzt dahinter erhebt sich der auf das 12. Jh. zurückgehende **Hohe Turm**, damals Sitz des Stadtvogts und heute Wirkungsstätte des Chemnitzer Türmers. Von der Aussichtsplattform hat man einen schönen Blick über die Dächer der Innenstadt. Mit dem Alten Rathaus verbunden ist das 1907 – 1911 erbaute **Neue Rathaus** mit seiner großartigen Jugendstil-Innenausstattung. Im Stadtverordnetensaal beeindruckt das berühmte Wandgemälde »Arbeit – Wohlstand – Schönheit« von Max Klinger (1918). Das Siegert'sche Haus (1731 – 1741) an der Südostseite des Platzes besitzt die **einzige noch erhaltene Barockfassade** der Stadt.

Stadtkirche St. Jakobi Von den Rathäusern mehr oder weniger umgeben ist die Stadtkirche St. Jakobi, 1350 – 1365 an Stelle eines romanischen Vorgängerbaus errichtet und heute von den Umbauten im Jugendstil (1911/1912) geprägt. Im Inneren des Gotteshauses beeindruckt ein 1505 von Peter Breuer geschaffener Flügelaltar.

Museum Gunzenhauser Südlich des Stadtkerns, im 1930 am Beginn der Stollberger Straße errichteten ehemaligen Sparkassengebäude, ist im Dezember 2007 diese neue Kunstausstellung eröffnet worden. Sie umfasst **Werke der klassischen Moderne** und der 2. Hälfte des 20. Jh.s, darunter Arbeiten von Otto Dix, Max Beckmann, Karl Schmitt-Rotluff, Lovis Corinth und Edvard Munch.

Der Kaßberg westlich des Stadtzentrums ist eines der größten geschlossenen **Gründerzeit- und Jugendstilviertel** Europas. Mit seinen einzigartigen Fassaden sowie mit seinen netten Lokalen ist der Kaßberg ein beliebtes Wohnquartier. Die historischen Gebäude – Wohnhäuser, Kirchen und Verwaltungsbauten – sind zwischen 1870 und 1930 entstanden. Typisch für das auf quadratischem Grundriss angelegte Quartier sind Alleen und begrünte Plätze. Architektonische Kleinodien sind das majolikaverzierte Wohnhaus Barbarossastraße 48/52 und das ehemalige Kreissteueramt in der Hohen Straße 35. Am Kaßberghang gibt es noch einige spätmittelalterliche Bierkeller.

✳ Kaßberg

Auf dem Schlossberg nordwestlich vom Stadtzentrum wurde 1136 ein Benediktinerkloster gegründet. In der dreischiffigen Hallenkirche St. Maria (1514–1526) verdienen die spätgotischen Malereien Beachtung. Berühmt sind auch das monumentale, 1505–1525 von Hans Witten und Franz Maidburg geschaffene Astwerkportal und die hölzerne Geißelsäule, ein weiteres Meisterwerk (1515) von Witten. Das **Schlossbergmuseum** zeigt u. a. sakrale Plastik und Grafik.

✳ Schlosskirche

Sehenswertes in den Außenbezirken

Hier taucht man in die Geschichte des »Sächsischen Manchester« ein. Das Industriemuseum Chemnitz auf auf dem Gelände einer ehemaligen Gießerei an der Zwickauer Straße zeigt eine Vielzahl von – teilweise noch funktionsfähigen – Maschinen aus dem 19. und frühen 20. Jahrhundert.

Textilfabrikant Esche ließ sich seine Villa (Parkstr. 58) 1902/1903 vom belgischen Jugenstilarchitekten **Henry van de Velde** erbauen, der auch das Mobiliar entwarf. Eine Ausstellung zeigt Arbeiten des belgischen Kunstschaffenden.

Im Stadtteil Hilbersdorf ist am Rand eines der größten deutschen Rangierbahnhöfe das **Sächsische Eisenbahnmuseum** entstanden, das u. a. eine stattliche Zahl restaurierter Dampfloks besitzt. Das Gelände war bis 1994 als Ausbesserungswerk in Betrieb.

Henry van de Velde baute die Villa Esche.

Die Stiftskirche Unserer Lieben Frauen (15. Jh.) im nördlichen Ortsteil **Ebersdorf** besitzt eine der **reichsten Kirchenausstattungen Sachsens**, darunter als Glanzstücke einen 1513 von Hans Hesse geschaffenen spätgotischen Flügelaltar und vier Skulpturen von Hans Witten.

Oberrabenstein

Oberrabenstein am westlichen Stadtrand ist ein sehr beliebtes **Naherholungsgebiet**. Außer dem Rabensteiner Wald gibt es hier das **Schaubergwerk Felsendome Rabenstein** – ein ehemaliges Kalkbergwerk mit kuppelartigen Hohlräumen, prachtvollen Kalkkristallen und Teichen – sowie die **Burg Rabenstein** mit einer Waffenausstellung und den **Chemnitzer Zoo**.

Umgebung von Chemnitz

Lichtenwalde

Lichtenwalde besitzt eines der **stattlichsten Barockschlösser Sachsens** (1722 – 1726), umgeben von einem üppig mit Pavillons, Skulpturen und Wasserkünsten ausgestatteten Schlosspark (1730 – 1737).

Hohenstein-Ernstthal

Jedem Karl-May-Leser ist Hohenstein-Ernstthal, 20 km westlich, ein Begriff, denn hier wurde der Abenteuerschriftsteller geboren. Sein Elternhaus (Karl-May-Str. 54) kann besichtigt werden; die Stätten seiner Jugend verfolgt der Karl-May-Wanderweg. Sehenswert ist auch das Textil- und Heimatmuseum. Außerhalb liegt die in den 1920er- und 1930er-Jahren berühmte **Rennstrecke Sachsenring**.

Schräglage auf dem Sachsenring: der MotoGP-Pilot Marco Melandrini am Limit

Im 18 km südlich gelegenen Zwönitz bietet das Technische Museum Papiermühle ein einzigartiges technikgeschichtliches Schaustück: eine um die Wende vom 19. zum 20. Jh. installierte, heute noch funktionstüchtige **Papiermühle.**

Zwönitz

Zschopau, 13 km südöstlich von Chemnitz, hat unter Motorradfahrern einen Namen: Von hier kamen vor dem Zweiten Weltkrieg die DKW-Motorräder. Zu DDR-Zeiten fertigte man die MZ, heute in bescheidenerem Umfang die MuZ. Einen Besuch lohnt die **Burg Wildeck** (12./16. Jh.), Jagdschloss von Kurfürst Moritz von Sachsen, mit dem mächtigen Rundturm »Dicker Heinrich«.
Im 10 km westlich gelegenen Gelenau wurde 1992 das **Deutsche Strumpfmuseum** eröffnet.

Zschopau

◄ Gelenau

Das Städtchen liegt rund 13 km östlich von Chemnitz im Erzgebirge oberhalb des Zschopautales, überragt vom weithin sichtbaren kurfürstlichen **Jagdschloss**. Zu ihm gelangt man auf der von terrassenartigen Freitreppen (sog. Heisten) gesäumten Hauptstraße und über den steilen Markt hinauf. Als Alternative bietet sich die Standseilbahn (1911) vom Bahnhof Erdmannsdorf im Zschopautal an (Höhenunterschied 168 m, Streckenlänge 1200 m, Fahrzeit 8 Min.).
Das viertürmige Renaissanceschloss (1567 – 1572) gilt als das **mächtigste Schloss des Erzgebirges** und wurde als Jagdschloss für Kurfürst August I. errichtet. Von der Stadt her kommend, betritt man den Schlosshof durch das Nordtor. Rechts liegt das Sommerhaus (Jugendherberge, Restaurant), gefolgt vom Hasenhaus in der Südwestecke. Es verdankt seinen Namen dem Bilderzyklus »Krieg der Hasen gegen die Stadt der Jäger und Hunde« (1572) von Heinrich Göding und beherbergt heute ein Museum für Jagdtier- und Vogelkunde. Im Küchenhaus ist das Motorradmuseum eingerichtet, das mit über 170 Maschinen die große Vergangenheit von Chemnitz und Zschopau als Motorradfabrikationsstätten lebendig werden lässt. Im Lindenhaus in der Nordostecke werden die Baugeschichte des Schlosses dokumentiert und Waffen gezeigt. Die Schlosskapelle (1572; Erhard van der Meer) besitzt einen Altar mit einem Gemälde von Lucas Cranach d. J., das Kurfürst August mit Familie darstellt.

Augustusburg

★
◄ Schloss

★
◄ Motorrad-
museum

Im 20 km nördlich von Chemnitz an der Zschopau gelegenen Mittweida besichtigt man die spätgotische Stadtkirche St. Marien mit ihrem Schnitzaltar von 1661 und der Sandsteinkanzel (1667), die von einer Replik der Mosesfigur Michelangelos getragen wird.

Mittweida

Hainichen, 9 km östlich von Mittweida, ist bekannt als Geburtsort des aufklärischen Fabelschriftstellers Christian Fürchtegott Gellert (1715 – 1769). Sein Geburtshaus, das damalige Pfarrhaus, stand am heutigen Gellertplatz. Leben und Werk des Dichters dokumentiert das Gellert-Museum im Stadtpark. Auf dem Rahmenberg steht eine 1885 gestiftete Camera obscura.

Hainichen

★★
Burg Kriebstein

Von Mittweida nordwärts kommt man – vorbei an der Talsperre Kriebstein – zur **»schönsten Ritterburg Sachsens«**, Burg Kriebstein. Majestätisch thront sie auf einem Felssporn über dem malerischen Flusslauf der Zschopau. Erstmals urkundlich erwähnt wurde die Burg mit ihrer unverwechselbaren Dachsilhouette im Jahre 1382. Besonders sehenswert sind der 45 m hohe gotische Palas, die im Spätmittelalter wunderschön ausgemalte Burgkapelle, das Schatzgewölbe und der gotische Festsaal.

Burg Kriebstein im Zschopautal

★ Rochlitzer Muldental

Das mittlere Tal der Zwickauer Mulde zwischen Penig im Süden und Rochlitz im Norden, rund 30 km nordwestlich von Chemnitz, gehört zu den **romantischsten Tallandschaften Sachsens**.

25 km nordwestlich von Chemnitz erreicht man **Rochsburg**. Die Burg entstand um 1170 und erhielt bis Ende des 16. Jh.s ihr heutiges Aussehen. Das Schlossmuseum umfasst die Barock-, Rokoko- und Empirezimmer.

Amerika ▶

Man darf sich wundern, aber in der Umgebung von Rochsburg gibt es ein Amerika. Man erreicht es auf einer Wanderung 3 km flussaufwärts durch das romantische Muldental. Die Siedlung entstand um 1835 für eine Baumwollspinnerei, die lange Zeit so abgelegen war, dass man die Reise dorthin als »Fahrt nach Amerika« bezeichnete.

★
Göhrener Eisenbahnviadukt

Weiter die Mulde flussabwärts passiert man den 381 m langen und 68 m hohen Göhrener Eisenbahnviadukt, der in den Jahren 1869 bis 1871 erbaut wurde.

Wechselburg

★★

Stiftskirche ▶

Bald darauf erreicht man Wechselburg, dessen 1160 – 1180 in der klassischen Gestalt einer dreischiffigen Pfeilerbasilika auf kreuzförmigem Grundriss erbaute Stiftskirche als das **besterhaltene romanische Bauwerk in Sachsen** gilt. Den hellen und festlichen Innenraum bestimmt das Wechselspiel von weißem Putz und warmem Rot des Rochlitzer Porphyrs. Herausragende Ausstattungsgegenstände sind das Grabmal (13. Jh.) für das Stifterpaar Dedo von Groitzsch († 1190) und seine Ehefrau Mechthild († 1189) und vor allem der um 1230 entstandene romanische Kanzellettner, dessen einmaliges Bildprogramm in enger Beziehung zur Goldenen Pforte am Dom zu ►Freiberg steht.

Das 7 km nördlich von Wechselburg liegende Rochlitz ist bekannt für das in der Umgebung gewonnene Porphyrgestein, den **»sächsischen Marmor«**. Die rein spätgotische **Kunigundenkirche** (1417 bis 1476) am ansonsten klassizistisch gestalteten Markt birgt den Hochaltar (1513) mit Holzskulpturen von Philipp Koch, dem Meister der Freiberger Domapostel, sowie einen Flügelaltar von Lucas Cranach d. Ä. (1476). Über der Mulde thront das **Schloss** (16. Jh.), an dessen Westende die beiden 53 m hohen Türme aufragen (13./14. Jh.), in denen ein 14 m tiefes Verlies seit dem 16. Jh. als berüchtigtes Staatsgefängnis diente.

Rochlitz

Weitere 12 km flussabwärts liegt Colditz, als **Kriegsgefangenenlager** für alliierte Offiziere des Zweiten Weltkriegs international bekannt geworden, vor allem in Großbritannien. Auf Schloss Colditz wurden Offiziere interniert, die schon anderweitig Fluchtversuche unternommen hatten – und dies hier über 300 Mal wieder versuchten, wie die Ausstellung im Wachhaus belegt.

Colditz

✳ Kohrener Land

Mischwälder und Wiesen, Teiche und Bäche, historische Hinterlassenschaften und eine traditionelle Töpferkunst stehen für den Reiz des Kohrener Landes ca. 40 km nordwestlich von Chemnitz.

Idylle in Mittelsachsen

Hauptort ist die Doppelgemeinde Kohren-Sahlis, Zentrum der im Umkreis betriebenen **Töpferei**. So ist ihr Wahrzeichen der 1928 aufgestellte bunte Töpferbrunnen. Von einst 14 Töpfereien stellen zwei bis heute die gelbbraune Kohrener Irdenware mit Löffel- und Latzmuster sowie blau-weiß dekorierte Keramik her. Diese Tradition dokumentiert das Töpfermuseum. Im Ortsteil Sahlis sollte man Gut Rüdigsdorf aufsuchen, um in der **Orangerie** Moritz von Schwinds neun Fresken zum Thema »Amor und Psyche« (1838) und im Saal des Herrenhauses eine **einzigartige Grisailletapete** des französischen Tapetenmalers Pere von 1824 zu bewundern.

Kohren-Sahlis

✳
◄ Gut Rüdigsdorf

Eine bekannte Burg Kohrener Landes überragt den Ort Gnandstein wenig westlich von Kohren-Sahlis. Die **älteste erhaltene romanische Burganlage östlich der Saale** entstand Mitte des 12. Jh.s, wurde im Dreißigjährigen Krieg größtenteils zerstört und danach wieder aufgebaut. Im dritten Geschoss liegt der in seinem Erhaltungszustand für Sachsen einmalige Fest- bzw. Rittersaal. Die spätgotische Kapelle bewahrt einen Bartholomäus-, einen Annen- und einen Marienaltar des Zwickauer Riemenschneider-Schülers Peter Breuer aus den Jahren 1502 und 1503.

✳
Burg Gnandstein

✶ Cottbus

07

Bundesland: Brandenburg
Einwohnerzahl: 102 000

Höhe: 77 m ü. d. M.

Cottbus (sorb. Choebuz) an der Spree, die zweitgrößte Stadt Brandenburgs, ist das Wirtschafts-, Wissenschafts- und Messezentrum Südbrandenburgs und Hauptort der Niederlausitz. Trotz weitläufiger Neubaugebiete und endloser Braunkohlefelder in der Umgebung ist Cottbus dank seiner Parks eine grüne Stadt, deren Charakter das Nebeneinander von Deutschen und Sorben prägt.

Geschichte Die im Jahr 1156 erstmals urkundlich erwähnte Siedlung entwickelte sich zu einem bedeutenden **Ort der Textilherstellung**: Tuchmacher und Leineweber erhielten als Erste das Zunftrecht. Nach der Verwüstung der Stadt im Dreißigjährigen Krieg belebten die hier 1701 angesiedelten Pfälzer und Hugenotten Handwerk und Wirtschaft wieder. Den Aufschwung brachte insbesondere die Einführung der Seidenspinnerei, der Strumpfwirkerei und der Tabakverarbeitung. Mit der Mechanisierung setzte zu Beginn des 19. Jh.s eine sprunghafte Entwicklung der Textilindustrie ein. Vor allem nach dem Zweiten Weltkrieg wurde die Braunkohle des Umlands in großem Stil abgebaut.

COTTBUS ERLEBEN

AUSKUNFT

Cottbus Service
Berliner Platz 6, 03046 Cottbus
Tel. (03 55) 7 54 20, Fax 7 54 24 55
www.cottbus.de

ESSEN

▶ **Erschwinglich**
Lynaris (im Lindner Congress Hotel)
Berliner Platz
Tel. (03 55) 36 60
Feine Spreewald-Küche und klassische Kompositionen.

▶ **Preiswert**
Kartoffelkiste
Spremberger Str. 37
Tel. (03 55) 2 28 38
Hier gibt es allerlei leckere Gerichte rund um die berühmteste Ackerknolle Deutschlands.

ÜBERNACHTEN

▶ **Komfortabel**
Best Western Parkhotel
Branitz & Spa
Heinrich-Zille-Str. 120
03042 Cottbus
Tel. (03 55) 7 51 00, Fax 71 31 72
www.branitz.bestwestern.de
Ruhige und idyllische Oase mit Wellnessbereich zum Erholen, nur wenige Gehminuten zum Fürst-Pückler-Park und Schloss Branitz.

▶ **Günstig**
Ahorn
Bautzener Str. 134
03050 Cottbus
Tel. (03 55) 47 80 00, Fax 4 78 00 40
www.ahornhotel.com
Ordentliche, solide Zimmer in einem freundlich geführten Haus.

Treffpunkt für Kulturbeflissene: das Jugendstil-Staatstheater Cottbus

Sehenswertes in Cottbus

Der Altmarkt, auf dem bis 1945 das Rathaus stand, bietet mit seinen **Altmarkt**
barocken Bürgerhäusern und schlichten Traufhäusern ein hübsches
Ensemble. Hervorzuheben sind die Häuser Nr. 14 (1693), Nr. 16
(1675) und Nr. 24. Letzteres beherbergt die 1586 gegründete Löwenapotheke, die heute als »Niederlausitzer Apothekenmuseum« mit historischer Einrichtung, Giftkammer und Labor Besucher anlockt.
Bei der Ostecke des Altmarkts erhebt sich die Oberkirche (14. Jh.), ◄ Oberkirche
das **größte Gotteshaus der Niederlausitz**. Sie besitzt einen 11 m hohen Altar von 1664 des Torgauer Meisters Andreas Schultze.

Die Wendische Kirche (um 1300) ist die ehemalige Franziskaner- **Wendische**
Klosterkirche, in der bis zum 20. Jh. auch in sorbischer Sprache ge- **Kirche**
predigt wurde. In dem Gotteshaus ist der **Stadtgründer Fredehelmus**
von Cottbus beigesetzt.

In südlicher Richtung kommt man auf die neu gestaltete Sprember- **Wendisches**
ger Straße. Dann folgt die Mühlenstraße mit dem Wendischen Mu- **Museum,**
seum zur Kultur der Niederlausitzer Sorben. Weiter geht es zur **Schlosskirche,**
1714–1717 von Hugenotten errichteten Schlosskirche und zum **Spremberger**
Spremberger Turm (13. Jh.), dem im 19. Jh. nach Plänen von Schin- **Turm**
kel mit einer Zinnenkrone versehenen Wahrzeichen der Stadt.

In der Bahnhofstr. 52 beschäftigt man sich mit der Geschichte von **Stadtmuseum**
Cottbus, mit der Lausitzer Glas- und Teppichproduktion und mit
dem in Cottbus geborenen Maler **Carl Blechen** (1798–1840).

Am Schillerplatz südwestlich der Altstadt ist das 1908 erbaute Stadt- ★
theater ein Blickfang. Es ist Deutschlands einziges innen wie außen **Staatstheater**
im **reinen Jugendstil** gehaltenes Theater. **Cottbus**

Buga-Gelände Die Parks und Grünanlagen entlang der Spree wurden durch die Schaffung des Spreeauenparks zur Bundesgartenschau 1995 mit dem Zoo und dem Branitzer Park im Südosten der Stadt verbunden. Im Elias-Park verkehrt eine **dampfbetriebene Kleineisenbahn**.

Kunstmuseum Dieselkraftwerk Jüngste Attraktion der Stadt ist das im früheren Dieselkraftwerk am Spreeufer untergebrachte Kunstmuseum der Brandenburgischen Kulturstiftung Cottbus (Expressionismus bis zeitgenössische Kunst).

✳
Branitzer Park Ein Meisterwerk deutscher Gartenbaukunst ist der 1846 begonnene und erst 1888 vollendete Branitzer Park, der letzte große deutsche Landschaftsgarten des 19. Jh.s. Sein Schöpfer war **Hermann Fürst von Pückler-Muskau** (1785–1871), der hier wie in Bad Muskau (▶ Lausitz) die vollkommene Harmonie zwischen gestalteter Landschaft, Architektur und Plastik verwirklichen wollte. **Einmalig in Europa** sind die aus dem Aushub aufgeschüttete Landpyramide und die »Tumulus« genannte Seepyramide, in der Pücklers Frau Lucie und sein Herz bestattet sind – sein Körper wurde seinem Wunsch entsprechend in Säure aufgelöst.

Das 1772 erbaute Barockschloss bezog Pückler 1845, nachdem er die Arbeiten in Bad Muskau wegen Geldmangels hatte einstellen müssen. Er ließ das Gebäude nach Anregungen von Gottfried Semper umgestalten. Heute spiegeln die

> ! **Baedeker TIPP**
>
> **Ausflugsziele**
> Das Peitzer Teichgebiet mit seinen berühmten Zuchtstätten von Karpfen, Hechten und Aalen lohnt für alle Fischliebhaber. Wer sich dagegen fürs Müllerhandwerk interessiert, ist in der Spreewehrmühle am Großen Spreewehr richtig. Die Attraktion in Forst ist der Rosengarten auf der Wehrinsel mit 30 000 Rosenstöcken.

✳
Fürst-Pückler-Museum ▶ Räume wie der Musiksaal, die auch in ihren Beständen rekonstruierte Bibliothek und Sonderausstellungen die Lebensweise des **exzentrischen Adligen** wider. Am südöstlichen Parkrand steht die von Friedrich August Stüler entworfene Schmiede.

✱✱ Dessau-Roßlau

K 7

Bundesland: Sachsen-Anhalt **Höhe:** 61 m ü. d. M.
Einwohnerzahl: 77 000

Seit 1. Juli 2007 sind die beiden früher selbstständigen Städte Dessau und Roßlau (Elbe) zu einer kreisfreien Stadt verschmolzen. Touristisch bedeutsam ist vor allem Dessau, dessen Gesicht durch den Bauhaus-Stil geprägt ist. Durch diesen erlangte es weltweite Bekanntheit. 1996 wurden die hiesigen Bauhaus-Gebäude in die Liste des Weltkulturerbes der UNESCO aufgenommen.

Dessau Orientierung

Übernachten
① An den 7 Säulen
② Steigenberger Hotel
   Fürst Leopold
③ NH Dessau

Essen
① Pächterhaus
② Marianneklause

1213 erstmals urkundlich als Siedlung und 1298 als Stadt erwähnt, **Geschichte** war Dessau von 1471 bis 1918 **Residenz der Fürsten von Anhalt-Dessau**. 1774 gründete Johann Bernhard Basedow (1724–1790) in Dessau das Philanthropinum als »Schule der Menschenfreunde«. 1892 entstanden hier die **Junkers-Werke**, in denen zunächst Gasmotoren und Gasthermen hergestellt wurden und wenig später auch Flugzeuge, so auch die weltberühmte »Ju 52«.

✷ ✷ Bauhausbauten

1925/1926 wurde in Dessau das berühmte Bauhausgebäude nach Entwürfen von **Walter Gropius** errichtet. Das Ensemble aus Glas, Stahl und Beton, in das jeder Gegenstand ohne aufgesetzte Effekte integriert ist, entspricht der Idee des Begründers: Die Form gehorcht der Funktion. In dem Gebäude fand die aus Weimar vertriebene Hochschule für Gestaltung eine neue Wirkungsstätte, bis sie 1932 von den Nationalsozialisten geschlossen wurde. Ateliertrakt, Berufsschule, Werkstätten und Bühne verkörpern den Bauhausgedanken. Heute ist das Gebäude Sitz der Stiftung Bauhaus Dessau. Bemerkens-

Bauhaus

❗ *Baedeker* TIPP

Ins Bauhaus

Wer sich das Bauhaus anschauen will, kann sich den Führungen anschließen, die ganzjährig tgl. um 11.00 und um 14.00 Uhr, Mitte Feb. bis Ende Okt. Sa. und So. zusätzlich um 16.00 Uhr, angeboten werden. Gruppen können auch Rundfahrten (im eigenen Bus!) zu den Bauhausbauten arrangieren (Voranmeldung Tel. 03 40/6 50 82 51).

▶ DESSAU-ROSSLAU ERLEBEN

AUSKUNFT

Tourist-Information Dessau
Zerbster Str. 2 c
06844 Dessau-Roßlau
Tel. (03 40) 2 04 14 42
Fax 2 04 11 42
www.dessau-rosslau.de

Kulturstiftung DessauWörlitz
Schloss Großkühnau
06846 Dessau-Roßlau
Tel. (02 40) 6 46 15-0
www.gartenreich.com

ESSEN

▶ **Erschwinglich**

① **Pächterhaus**
Kirchstr. 1
Tel. (03 40) 6 50 14 47
In einem restaurierten Fachwerkhaus
aus dem Jahr 1743 werden die Gäste
mit hervorragender regionaler Küche
verwöhnt.

② **Mariannenklause**
Mariannenstr. 13
Tel. (03 40) 2 21 33 74
Zwischen alten Kohlenherden und
antiken Küchenmöbeln kommen in
dem originellen Lokal altdeutsche
Gerichte und regionale Spezialitäten
auf den Tisch.

ÜBERNACHTEN

▶ **Komfortabel**

② **Steigenberger Fürst Leopold**
Friedensplatz
06844 Dessau-Roßlau
Tel. (03 40) 2 51 50
Fax 2 51 51 77
www.dessau.steigenberger.de
Schickes Hotel im Bauhaus-Stil mit
großzügigen Zimmern und Suiten.

③ **NH Dessau**
Zerbster Str. 29
06844 Dessau-Roßlau
Tel. (03 40) 25 14-0
Fax 25 14-640
www.nh-hotels.com
Großzügiges Tagungshotel mit Res-
taurant im Bistro-Stil. Von der Dach-
terrasse des Saunabereiches herrlicher
Blick über die Stadt.

▶ **Günstig**

① **An den 7 Säulen**
Ebertallee 66
06846 Dessau-Roßlau
Tel. (03 40) 61 96 20
Fax 61 96 22
www.pension7saeulen.de
Charmant geführtes Haus am Rand
der Innenstadt, gepflegte Zimmer,
freundlicher Service.

---

wert sind u. a. die 1400 m² große, frei hängende Glas-Vorhangfassade,
Bauhaus-Brücke und Eingang. Originalgetreu restauriert (1976 bis
1979) wurden Aula, Mensa, Vestibül und Ausstellungs- und Vor-
tragsraum.

★

Meisterhäuser In der Ebertallee weiter nordwestlich entstanden zeitgleich mit dem
Bauhausgebäude drei Meisterhäuser für die Bauhausmeister und ein
Einzelhaus für den Direktor, das im Krieg zerstört wurde. Die Häuser von Kandinsky/Klee, Feininger und Muche/Schlemmer wurden
renoviert und zeigen sich innen wieder in originaler Farbenpracht.

Von der Ebertallee Richtung Aken biegt man nach einigen hundert Metern rechts in die Elballee ab, an deren Ende das Kornhaus steht. Dieses 1996 renovierte Bauhausgebäude mit schöner Terrasse beherbergt einen Tanzsaal, eine Bierhalle und ein Café. Seine **wunderschöne Lage am Elbufer** lädt zu einem Spaziergang ein.

Kornhaus

Im Süden der Innenstadt steht das von Walter Gropius 1928 erbaute Arbeitsamt, ein halbrunder Flachbau mit anschließendem zweigeschossigen Bürotrakt, und durch seinen Grundriss und das Stahlskelett mit Ziegelmauerwerk eine **Ausnahme** unter den Bauhausbauten.

Arbeitsamt

Die Bauhaus-Siedlung in Dessau-Törten südöstlich des Zentrums mit **316 Häusern** sollte die Idee der Mechanisierung des Bauens verwirklichen. Das Stahlhaus (1926, Südstraße) von Georg Muche und Richard Paulick steht auf Stahlstützen und hat eine Stahlblech-Außenhaut. Die fünf dreigeschossigen Laubenganghäuser mit je 18 Wohnungen (1930, Peterholzstraße) stammen von Hannes Meyer.

Bauhaus-Siedlung Dessau-Törten

Innenstadt

Das Gebäude des heutigen Museums wurde Mitte des 18. Jh.s als **Leopolddank-Stift** errichtet. Mineralien und Fossilien sind hier ebenso zu sehen wie Schaustücke aus Botanik und Zoologie.

Museum für Naturkunde und Vorgeschichte

Die Kirche wurde 1712 bis 1717 in niederländischem Barock erbaut. Um 1820 bekam sie Anbauten von Carlo Ignazio Pozzi. Das Gotteshaus mit dreigeschossigem Zwiebelturm und elliptischem Mansardendach wurde 1991 umfassend renoviert.

St. Georg

Vom **Residenzschloss** der Fürsten von Anhalt ist nur noch der Johannbau erhalten, in dem das Museum für Stadtgeschichte eingerichtet wurde. Im 18. Jahrhundert wurde als Begrenzung des Schlossparks zum Lustgarten hin die Mauer mit dem Lustgartentor errichtet.

Johannbau

Im ehemaligen Palaisgarten, sind das klassizistische **Teehäuschen** (um 1780, ursprünglich Orangerie), ein Teil der **Akzisemauer von 1712** mit einem Zentauren aus Bronze (1881, von Reinhold Begas) und einige Denkmäler sehenswert, z. B. des Philosophen Moses Mendelssohn und des Verfassers des »Sachsenspiegels«, Eike von Repgow.

Stadtpark

✳ ✳ Gartenreich Dessau-Wörlitz

Zwischen Dessau und Wörlitz erstreckt sich eine zauberhafte Kulturlandschaft mit Schlössern und Parkanlagen, eingebettet zwischen Seen und Flussläufe, Wiesen und Wälder. Dieses »Gartenreich« gehört seit 2000 zum UNESCO-Weltkulturerbe.

Georgium mit Gemäldegalerie

Das Georgium, ein englischer Garten nordwestlich des Dessauer Hauptbahnhofs, atmet den Geist des **Klassizismus**. Im **Schloss Georgium** (1782, Friedrich Wilhelm von Erdmannsdorff) zeigt die Anhaltische Gemäldegalerie neben Bildern von Dürer, Cranach d. Ä. und Tischbein auch Werke holländischer und flämischer Malerei.

Schloss Mosigkau

Ein Kleinod deutscher Architektur des 18. Jh.s ist das nach Plänen von **Georg Wenzeslaus von Knobelsdorff** erbaute Schloss Mosigkau südwestlich der Stadt. In z. T. original ausgestatteten Kabinetten sind Möbel, Spiegel, Porzellane und Fayencen zu sehen. Holländische, flämische und deutsche Gemälde des 17./18. Jh.s (u. a. Rubens, Pesne, Jordaens und van Dyck) hängen in dem mit reichem Stuck verzierten Galeriesaal. Im Mosigkauer Park (1755 – 1757) gibt es auch einen **Irrgarten**. In den Orangerien finden jährlich (Juli – Sept.) Sommerausstellungen statt. Das japanische Teehäuschen wurde 1775 gebaut.

Luisium

Der einstige Landsitz der Fürstin Luise von Anhalt-Dessau liegt 4 km östlich von Dessau. In einem geradezu intimen **englischen Garten** mit Tempeln, Statuen, Grotten, einer chinesischen Brücke und einer Orangerie steht das klassizistische **Schloss** (1774 – 1777), ein Meisterwerk von **Friedrich Wilhelm von Erdmannsdorff**.

Wörlitzer Park

25 km östlich von Dessau wurde zwischen 1765 und 1810 eine herrliche Parkanlage gestaltet, einer der **ersten Landschaftsgärten auf dem europäischen Festland**. Mit seinen Seen, Kanälen, klassizisti-

Idylle pur: der Wörlitzer Park mit seinen Seen und Kanälen

● EICHSFELD ERLEBEN

AUSKUNFT

Eichsfeld Touristik
Bahnhofstraße 22
37327 Leinefelde
Tel. (0 36 05) 50 36 60, Fax 50 36 61
www.eichsfeld.de

WELLNESS

Eichsfeld Therme
In der Leineaue 1
37308 Heilbad Heiligenstadt
Tel. (0 36 06) 663-90
www.heilbad-heiligenstadt.de
Thermalsolebad mit Vitalpark,
Saunalandschaft, Tepidarium
und Sportbecken.

ÜBERNACHTEN/ESSEN

▶ Komfortabel
Hotel Zum Löwen
Marktstraße 30
37115 Duderstadt
Tel. (0 55 27) 30 72, Fax 7 26 30
www.hotelzumloewen.de
Schönes Altstadtgebäude mit eleganter Innenausstattung, gemütliche und komfortabel eingerichtete Zimmer. Restaurant, Schwimmbad und Sauna. Gediegenes Restaurant mit schöner Gartenterrasse, internationale Spezialitäten und regionale Küche.

▶ Günstig
Norddeutscher Bund
Göttinger Straße 25
37308 Heilbad Heiligenstadt
Tel. (0 36 06) 55 30-0, Fax 5530 30
www.hotel-norddeutscher-bund.de
Man wohnt in einem hübsch hergerichteten Fachwerhaus. Thüringische Spezialitäten werden im Gewölbekeller oder im Biergarten im Innenhof serviert. Eigene Metzgerei.

Stadthotel
Dingelstädter Straße 43
37308 Heilbad Heiligenstadt
Tel. (0 36 06) 66 60, Fax 66 62 22
www.heiligenstadt.de/stadthotel
Moderne Zimmer im schmucken Jugendstilhaus. Bodenständige Kost in Restaurant und Biergarten.

noch die politische Neuzuordnung zu Preußen bzw. Hannover nach dem Wiener Kongress (1815) etwas anhaben. Selbst nach dem Zweiten Weltkrieg, als die innerdeutsche Grenze zwischen dem Unter- und dem Obereichsfeld gezogen wurde und das Obereichsfeld Teil der DDR wurde, blieben die Menschen bei ihrem angestammten Glauben. Das Eichsfeld war die größte Region der DDR mit einer überwiegend katholischen Bevölkerung.

Sehenswertes im Eichsfeld

Das alte politische und kulturelle Zentrum des Eichsfeldes – hier residierte einst der kurmainzische Statthalter – liegt zu Füßen von Iberg und Dün im Tal der Leine. Um 1460 wurde hier der begnadete Bildschnitzer **Tilman Riemenschneider** geboren; 1525 predigt Thomas Müntzer in der Stadt und 1825 ließ sich Heinrich Heine hier

★
Heiligenstadt

Golden leuchtet die fruchtbare Landschaft nördlich von Leine und Wipper.

taufen. 1856–1864 war Theodor Storm am hiesigen Gericht als Kreisrichter tätig. Aus dieser Zeit stammen einige Novellen, Märchen und zahlreiche Gedichte. Heiligenstadt ist auch ein beliebter Kurort (seit 1929 Kneippheilbad und seit 1950 auch Soleheilbad), der mit seiner modernen **Eichsfeld-Therme** Gäste aus nah und fern anlockt.

Ältestes Bauwerk ist die ehemalige Stiftskirche St. Martin (1304 bis 1487) im Westen des Stadtzentrums. Nebenan steht das barocke Kurmainzische Schloss (1736–1738). Auf dem Weg in die Altstadt kommt man am **Literaturmuseum** im kurmainzischen Lehnshaus von 1436 vorbei, das an Storms Heiligenstädter Zeit erinnert.

Mitten in der Altstadt erhebt sich **St. Marien** – auch Altstädter- oder Liebfrauenkirche genannt –, die zwischen 1300 und 1700 entstanden ist. In ihrem Innern verdienen eine Madonna von 1414 sowie Fresken von 1507 Beachtung. Gegenüber steht die **Friedhofskapelle St. Annen**, ein frühgotischer Zentralbau (um 1300). Im nahe gelegenen ehemaligen Jesuitenkolleg (1739/1740) ist das **Eichsfelder Heimatmuseum** eingerichtet.

Ausflugsziele um Heiligenstadt 18 km westlich von Heiligenstadt liegt **Friedland** im Dreiländereck Niedersachsen–Hessen–Thüringen. Der Ort ist durch das am 20. September 1945 gegründete Grenzdurchgangslager für Vertriebene, Kriegsgefangene und später auch DDR-Aussiedler weltbekannt geworden. Oberhalb des Ortes erinnert das 1967/1968 geschaffene monumentale Heimkehrerdenkmal an überwundene Zeiten.

Wie die Grenze zwischen den beiden deutschen Staaten aussah, kann man im **Hessisch-Thüringischen Grenzmuseum** Schifflersgrund südwestlich von Heiligenstadt bei Bad Soden-Allendorf nacherleben.

Ebenfalls südwestlich von Heiligenstadt, zwischen Lindewerra und Gerbershausen, lockt die sagenumwobene **Teufelskanzel** (452 m) als mächtiger Sandsteinfelsen mit einem tollen Ausblick.

25 km nordöstlich von Heiligenstadt, in Teistungen, ist das **Grenzlandmuseum Eichsfeld** eingerichtet.

✶ ✶ Eisenach · Wartburg

F 9

Bundesland: Thüringen
Einwohnerzahl: 44 000

Höhe: 215 m ü. d. M.

Eisenach, die Pforte zum ► Thüringer Wald, liegt zu Füßen seines berühmten Wahrzeichens – der geschichtsträchtigen Wartburg, einst Residenz der Landgrafen von Thüringen, seit der Jahrtausendwende Weltkulturerbe der UNESCO.

Glanzvolle Namen verbinden sich mit Stadt und Burg: Der Minnesänger Walther von der Vogelweide war einige Jahre lang Gast des Landgrafen Hermann I., die heilige Elisabeth (► Berühmte Persönlichkeiten) errichtete unterhalb der Burg ein Armenhospital, Martin Luther (► Berühmte Persönlichkeiten) übersetzte in der Wartburg das Neue Testament, Johann Sebastian Bach (►Berühmte Persönlichkeiten) und Goethes Muse, Charlotte von Stein, wurden in Eisenach geboren, und Fritz Reuter, der bedeutendste niederdeutsche Schriftsteller, verbrachte hier seinen Lebensabend.

Geschichte

Vermutlich im Zusammenhang mit dem Bau der Wartburg angelegt, wird Eisenach 1150 als »Isinacha« erstmals erwähnt. Im Schutz der Burg entwickelte sich der Ort bald zu einem **politischen und geistigen Zentrum Thüringens**; die Hofhaltung der Landgrafen war eine der prächtigsten des Mittelalters. Der legendäre »Sängerkrieg auf der Wartburg«, ein angeblicher Dichterwettstreit, wird auf 1207 datiert (►Baedeker Special S. 229). 1211 kommt die Vierjährige Elisabeth, ungarische Königstochter und zukünftige Braut des Thüringer Landgrafen, auf die Wartburg. Wegen ihres religiösen und karitativen Wirkens wird sie 1235, vier Jahre nach ihrem Tod, heilig gesprochen. Von 1498 bis 1501 besucht Martin Luther die Eisenacher Lateinschule; 1521 lebt er als »Junker Jörg« auf der Wartburg und übersetzt hier das Neue Testament in die deutsche Sprache.

> ! *Baedeker* TIPP
>
> **Luther – Das Fest**
> Alljährlich findet Mitte August auf dem Alten Friedhof ein großes Mittelalter-Spektakel statt. Im Mittelpunkt dieses Festes stehen ein großes Luther-Schauspiel sowie ein Festumzug von mittelalterlich Kostümierten.

1741 kam Eisenach zum Großherzogtum Sachsen-Weimar. Die Wartburg war 1817 Schauplatz des berühmten Burschenschaftlertreffens, das als wichtige Vorstufe zur deutschen Einheit gilt. Vom 7. bis 9. August 1869 fand im Gasthaus »Goldener Löwe«, heute eine Gedenkstätte, der sog. **»Eisenacher Kongress«** statt, der Gründungsparteitag der Sozialdemokratischen Arbeiterpartei Deutschlands. Im Oktober 1989 bildet sich im Zuge der Wende der erste »Runde Tisch« der DDR in Eisenach. Die Georgenkirche wird zum Ort der montäglichen Friedensgebete. Im Februar 1991 werden für die neuen Werke von Opel und Bosch die Grundsteine gelegt. Im März 1992 eröffnen als erste Großinvestoren nach der Wiedervereinigung die Bayerischen Motorenwerke (BMW) ihr Werk.

EISENACH ERLEBEN

AUSKUNFT
Tourist-Information
Eisenach – Wartburgland
Markt 9, 99817 Eisenach
Tel. (0 36 91) 7 92 30, Fax 79 23 20
www.eisenach.info

EVENT
Sommergewinn
Am Samstag drei Wochen vor Ostern wird in Eisenach Deutschlands größtes Frühlingsfest mit einem farbenfrohen Umzug gefeiert. Auf dem Marktplatz liefern sich Frau Sunna und Herr Winter ein heftiges Streitgespräch.

ESSEN
► **Erschwinglich**
Landgrafenstube
Auf der Wartburg, 99817 Eisenach
Tel. (0 36 91) 79 70
Gediegen speisen in historischem Ambiente.

Café Lackner & Julian's Restaurant
Johannisstraße 22, 99817 Eisenach
Tel. (0 36 91) 78 45
Seit fast 80 Jahren werden hier fein zubereitete Thüringer Spezialitäten serviert. Außerdem gibt es vielerlei süße Köstlichkeiten aus der eigenen Backstube.

ÜBERNACHTEN
► **Luxus**
Hotel auf der Wartburg
99817 Eisenach
Tel. (0 36 91) 79 70
www.wartburghotel.de
Das Ambiente und die einzigartige Aussicht machen den Aufenthalt in dem Fünf-Sterne-Haus zum reinen Genuss.

► **Komfortabel**
Steigenberger Hotel
Thüringer Hof
Karlsplatz 11
99817 Eisenach
Tel. (0 36 91) 280
www.eisenach.steigenberger.de
Traditionshaus aus dem 19. Jh.; komfortable und modern eingerichtete Zimmer garantieren einen angenehmen Aufenthalt.

► **Günstig**
Villa Anna
Fritz-Koch-Straße 12
99817 Eisenach
Tel. (0 36 91) 2 39 50
www.hotel-villa-anna.de
Kleines, ruhiges Hotel in einer altehrwürdigen gründerzeitlichen Villa.

Luther als Event in der Wartburg-Stadt Eisenach

Altstadt

Das Herzstück der Altstadt ist der **Markt** mit dem **Rathaus** von 1632 und dem barocken **Stadtschloss** (um 1750) mit dem **Thüringer Museum** (derzeit wegen Sanierung geschlossen; im bereits restaurierten Marstall werden Wechselausstellungen gezeigt; eine Dependance des Museums mit einer Sammlung mittelalterlicher Kunst ist in der Predigerkirche untergebracht). Vor dem Rathaus trägt ein alter **Marktbrunnen** den heiligen Georg, den Schutzpatron der Stadt. An der Südseite des Markts steht die um 1180 erbaute **Pfarrkirche St. Georg**, eine Hallenkirche, in der Martin Luther am 2. Mai 1521 predigte, obwohl er bereits unter der Reichsacht stand.

★
Lutherhaus

Von 1498 bis 1501 besuchte Martin Luther die Eisenacher Lateinschule und wohnte damals im heute sog. Lutherhaus am Lutherplatz. In dem spätmittelalterlichen Fachwerkbau sind eine **Luther-Gedenkstätte** und das Evangelische Pfarrhausarchiv eingerichtet.

★ ★
Bachhaus

Am Frauenplan 21 wird an den Komponisten Johann Sebastian Bach (1685–1750) und seine Familie erinnert. Einige der historischen Musikinstrumente werden noch für **einzigartige Hörgenüsse** bespielt. Im 2007 eröffneten spektakulären Anbau wird mit modernsten Mitteln Musikgeschichte präsentiert.

Schmales Haus

Am Johannisplatz steht das vermutlich **schmalste bewohnte Fachwerkhaus Deutschlands**. Es hat eine Breite von nur 2,05 Metern; die

Grundfläche beträgt 20 m². Immerhin ist es 8,5 Meter hoch und besitzt zwei Stockwerke. Das genaue Baudatum ist nicht bekannt, geschätzt wird ein Alter von weit über 250 Jahren.

✷
Automobile Welt Eisenach

In Eisenach wurden schon seit Ende des 19. Jh.s Autos gebaut. 1928 übernahm **BMW** die Eisenacher Fabrik und baute hier u. a. den legendären »Dixi«. Zu DDR-Zeiten entstand hier der **»Wartburg«**. Und heute produziert Opel in Eisenach. Die 2005 auf dem Gelände des einstigen Automobilwerks Eisenach (AWE; Friedrich-Naumann-Str. 10) neu eröffnete Ausstellung zeigt u. a. eine einzigartige Sammlung von Wartburg- und BMW-Oldtimern.

Reuter-Wagner-Museum

Im seinem einstigen Wohnhaus (Reuterweg 2) erinnert eine Ausstellung an Leben und Werk des niederdeutschen Dichters Fritz Reuter (1810–1874). Daneben wird die nach Bayreuth umfangreichste Sammlung zu Leben und Werk Richard Wagners gezeigt.

Burschenschafts-denkmal

Auf der Göpelskuppe steht das Burschenschaftsdenkmal, 1902 errichtet zur Erinnerung an das **Wartburgfest** von 1817, bei dem sich ca. 500 Abgesandte deutscher Universitäten versammelten. Die Burschenschaftler, geeint in ihrer Ablehnung von Restauration und Kleinstaaterei nach dem Ende der napoleonischen Ära, proklamierten ein Manifest für die zukünftige Einheit Deutschlands, das zunächst jedoch ungehört verhallte.

✷ ✷ Wartburg

🕐
Führungen:
März – Okt.
tgl. 8.30 – 17.00,
Nov. – Feb.
tgl. 9.00 – 15.00

Eine der interessantesten deutschen Burgen ist die Wartburg auf dem Wartberg, die der Legende nach im Jahr 1067 von Graf Ludwig dem Springer gegründet wurde. Anfang des 13. Jh.s soll auf der Wartburg ein (historisch nicht nachweisbarer) Wettstreit zwischen Minnesängern ausgetragen worden sein, unter ihnen Wolfram von Eschenbach und Walther von der Vogelweide (►Baedeker Special S. 229).

Im Winter 1521/1522 lebte **Martin Luther** als »Junker Jörg« unter kurfürstlichem Schutz auf der Burg. In nur elf Wochen übersetzte er dort das Neue Testament aus dem Griechischen ins Deutsche und leistete damit u. a. einen entscheidenden Beitrag zur Herausbildung der neuhochdeutschen Schriftsprache.

Besichtigung ►

Man betritt die Wartburg über den einzigen Zugang: die im Norden gelegene Zugbrücke. Im ersten Burghof sieht man Fachwerkbauten, darunter das **Ritterhaus**. Eine imposante Gebäudegruppe grenzt den ersten Hof vom zweiten ab. Der einst dicht bebaute zweite Burghof mit dem **Südturm** und dem **Palas** ist der älteste Teil der Anlage. Wer den Südturmbesteigt, wird mit einer weiten Sicht auf Eisenach und den Thüringer Wald belohnt. Im Palas befinden sich u. a. der romanische Rittersaal und der Speisesaal. In der **Elisabeth-Kemenate** zeigt ein Mosaik Szenen aus dem Leben der hl. Elisabeth. In den Museumsräumen der **Neuen Kemenate** und der **Dirnitz** (des damals

SÄNGERKRIEG AUF DER WARTBURG

»Der Sängerkrieg auf der Wartburg« heißt eine Sammlung mittelhochdeutscher Spruchgedichte aus der Mitte des 13. Jahrhunderts. Darin geht es um einen angeblichen Dichterwettstreit, der im Jahr 1207 hier ausgetragen worden sein soll.

Die Sammlung ist die bedeutendste thüringische Spruchdichtung, die in verschiedenen Fassungen überliefert wurde, u. a. in der berühmtesten Liederhandschrift des Spätmittelalters, dem um 1300 entstandenen »Codex Manesse«.

In dem Wettstreit zwischen den damals berühmtesten Dichtern bzw. fiktiven literarischen Figuren soll derjenige ermittelt werden, der den besten Herrscher am schönsten zu loben vermag. Der Verlierer sollte noch am selben Tag hingerichtet werden.

Und so versuchen Heinrich von Ofterdingen, Walther von der Vogelweide, Der tugendhafte Schreiber, Biterolf, Reinmar von Zweter und Wolfram von Eschenbach die Gunst des weisesten Herrschers zu erhalten. Bis auf Heinrich von Ofterdingen, der die Verdienste des österreichischen Herzogs Leopold hervorhebt, preisen alle anderen ihren Gastgeber, den Landgrafen Hermann I. (um 1155 bis 1217). Damit begab sich Heinrich von Ofterdingen – natürlich – auf die Verliererstraße …

Vom literarischen zum historischen Ereignis

Bis ins 15. Jh. hinein kamen zum »Sängerkrieg« neue Gedichte in immer neuen Variationen hinzu. Schließlich wurde aus dem fiktiven Dichterwettstreit ein historisches Ereignis. Im Zuge der Wiederentdeckung des Mittelalters erlangte die Sage in der Zeit der Romantik eine große Popularität: E.T.A. Hoffmann gestaltete den Wettstreit in seiner Erzählung »Der Kampf der Sänger« von 1818. Am bekanntesten ist die Umsetzung des »Sängerkriegs« durch Richard Wagner in der Oper »Tannhäuser und der Sängerkrieg auf der Wartburg« von 1843. In den Jahren 1854 bis 1856 malte Moritz von Schwind mehrere Räume der Wartburg mit Fresken aus, darunter das große Sängerstreit-Fresko. Durch die Inschrift des Freskos glaubt der Betrachter, am Ort eines historischen Ereignisses zu stehen: IN DIESEM SAALE WURDE DER SÆNGER= / STREIT GEHALTEN DEN 7ten JULI 1207 / DEM GEBURTSTAG DER HEIL: ELISABETH.

WARTBURG

★★ Wer kennt nicht die Wartburg, die 410 m hoch über Eisenach auf dem Wartberg thront und seit 1999 zum Welterbe der Unesco zählt? Hier kümmerte sich einst die heilige Elisabeth um Arme und Kranke. Walther von der Vogelweide, Wolfram von Eschenbach und andere Minnesänger sollen hier der Sage nach einen Dichterwettstreit ausgetragen haben. Im Winter 1521/1522 übersetzte Martin Luther das Neue Testament auf der Wartburg. Und das berühmte Wartburgfest 1817, zu dem Burschenschaftler aus Jena eingeladen hatten, geriet zu einer Demonstration für einen deutschen Nationalstaat.

🕐 Führungen:
März – Okt. 8.30 – 17.00
(Schießung des Burgtors: 20.00 Uhr),
Nov. – Febr. 9.00 – 15.30
(Schließung des Burgtors: 17.00 Uhr)
Tel. (036 91) 25 00, www.wartburg-eisenach.de

① Torhalle
Der einzige Zugang zu der Burg führt durch die Torhalle mit ihrem massiven Burgtor aus Eichenhoz und einer darin eingelassenen, »Nadelöhr« genannten schmalen Pforte.

② Ritterhaus
Der Fachwerkbau aus dem 15. Jh. diente vermutlich als Unterkunft für die Wachleute und die Bediensteten der Burg.

③ Dirnitz
Erst im 19. Jh. entstand die Dirnitz, in deren Obergeschoss die Museumsräume der Wartburg untergebracht sind.

④ Bergfried
Der Bergfried mit seinem rund 4 m hohen Kreuz wurde 1859 teilweise auf den Fundamenten eines mittelalterlichen Vorgängerbaus errichtet.

⑤ Gadem
Der sog. Gadem wurde 1874 an Stelle des einstigen Marstalls als Gästehaus erbaut. Heute bewirtet dort das Burgcafé die Burgbesucher.

⑥ Palas
Der zwischen 1155 und 1180 gebaute Palas, das Hauptgebäude der Burg, ist der älteste Bau der Wartburg. Er diente den Landgrafen als Wohnung und zu repräsentativen Zwecken.

⑦ Südturm
Der Südturm, auch Pulverturm genannt, stammt vom Beginn des 14. Jahrhunderts. Dort befand sich einst das Verlies der Burg.

Blick vom Südturm auf die Vogtei mit dem 1872 angefügten Nürnberger Erker aus dem 15. Jahrhundert.

Von 1902 bis 1906 schuf der Mosaikkünstler August Oetken in der Elisabeth-Kemenate im Erdgeschoss des Palas herrliche Glasmosaike mit Szenen aus dem Leben der heiligen Elisabeth.

In der kleinen, Luther-Stube genannten Kammer in der Vogtei übersetzte im Winter 1521/1522 Junker Jörg, alias Martin Luther, das Neue Testament.

Den Sängersaal schmückt ein monumentales Fresko von Moritz von Schwind, das den legendären mittelalterlichen »Sängerkrieg« darstellt.
Im Stockwerk darüber erstreckt sich der Festsaal über die ganze Länge des Palas. Nach dem Vorbild dieses prunkvoll ausgestatteten Raums ließ »Märchenkönig« Ludwig II. den »Sängersaal« auf Schloss Neuschwanstein gestalten.

© Baedeker

heizbaren Bereichs des Palas) sind gotische Wandteppiche, Gemälde von Lucas Cranach d. Ä., Skulpturen aus der Werkstatt Tilman Riemenschneiders und ein Schrank nach Entwürfen Albrecht Dürers zu sehen.

✱
Lutherstube ▶ Über den westlichen Wehrgang gelangt man zur Lutherstube, deren eher spartanische Einrichtung seit Luthers Zeiten fast unverändert geblieben ist. Kurfürst Friedrich der Weise ließ Luther, um ihn vor Kirchenbann und Reichsacht zu schützen, am 4. Mai 1521 auf die Wartburg bringen, wo er fast ein Jahr lang unter dem Namen **»Junker Jörg«** lebte. Der Legende nach soll Luther hier ein Tintenfass nach dem Teufel geworfen haben, um sich gegen dessen Belästigungen zu wehren; statt des dabei angeblich entstandenen Tintenflecks sieht man heute ein Loch neben dem Ofen.

Umgebung von Eisenach

Rennsteig In Eisenach-Hörschel beginnt der Rennsteig, der sich von hier aus über die Höhen des ▶Thüringer Waldes schlängelt.

✱
Drachen-
schlucht Die Drachenschlucht, eine im ▶ Thüringer Wald einzigartige Klamm, liegt ca. 2 km südlich Eisenachs im Naturschutzgebiet »Wartburg – Hohe Sonne« und ist ein beliebtes Wanderziel. Seit 1977 als **geologisches Naturdenkmal** geschützt, bietet die 3 km lange und an der engsten Stelle knapp 90 cm breite Schlucht Lebensraum für zahlreiche Tier- und Pflanzenarten.

Hörselberge Östlich der Stadt liegen die weißen Kalksteinfelsen der Hörselberge. Der Große Hörselberg (484 m ü. d. M.) ist einer der **sagenumwobenen Berge Deutschlands**. Der Legende nach haben hier Wotan und Tannhäuser, Frau Holle und Frau Venus ihr Domizil, und in sturmerfüllten Herbstnächten soll der getreue Eckart Wanderer vor dem »Wilden Heer« warnen. In der Nähe befinden sich auch die Venus- und die Tannhäuserhöhle sowie das Jesusbrünnlein.

Bad Salzungen Bad Salzungen, südlich von Eisenach zwischen Thüringer Wald und Rhön im weiten Tal der Werra gelegen, hat sich seit dem 19. Jh. zu einem bedeutenden **Solbad** entwickelt. Wenige Schritte sind es vom Marktplatz mit dem barocken Rathaus zum Burgsee, um den ein Promenadenweg führt. Das **Jugendstil-Gradierwerk** hinter den Bahngleisen dient der Freiluftinhalation zur Behandlung von Atmungserkrankungen. Daneben lockt das **Keltenbad** mit weitläufiger Saunalandschaft und Wellnessbereich.

Bad Liebenstein Thüringens **ältestes Heilbad** wurde bereits im 17. Jh. aufgesucht. Sehenswert ist das Kurzentrum mit Kurhaus, Kurtheater und Brunnentempel. Schön ist der Elisabethpark mit Rosengarten. Von der Burgruine Liebenstein, im 13. Jh. errichtet, eröffnet sich ein weiter Blick bis ins Werratal und zu den Bergen der Vorderrhön.

★★ Erfurt

G/H 8/9

Bundesland: Thüringen **Höhe:** 195 m ü. d. M.
Einwohnerzahl: 200 000

Mit seinem verwinkelten mittelalterlichen Stadtkern bietet Erfurt, die Hauptstadt des Freistaates Thüringen, immer wieder überraschende Einblicke. Überragt wird die malerische Altstadt vom Domberg und dem gegenüberliegenden Petersberg. Wirtschaftlich hat Erfurt heute vor allem als Dienstleistungsstandort Bedeutung.

Der Ort wurde 742 von Bonifatius als Bistum gegründet. Die Furt an der Gera und die Lage am bedeutenden Handelsweg »via regia« (Königsstraße), der vom Rhein nach Russland führte, begünstigten im Mittelalter die Entwicklung des alten »Erphesfurt« zu einer deutschen Handelsmetropole. Im 14. und 15. Jh. hatte Erfurt seine Blütezeit. Damals ließ der Handel, vor allem mit dem **pflanzlichen Färbemittel Waid** (Blau), den Ort zu einer mächtigen Stadt werden. Ausdruck des Wohlstands war die Eröffnung einer Universität 1392, die jedoch 1816 den Betrieb aufgeben musste. An dieser Universität studierte Martin Luther von 1501 bis 1505, bevor er ins Augustinerkloster eintrat. Die Verlagerung des Welthandels und der Import des billigen Indigos unterminierten Erfurts Rolle als Handelsplatz. Im 18. Jh. führten Feld- und Gartenbau erneut zu wirtschaftlichem Aufschwung. Nach der Wende wurde Erfurt Hauptstadt von Thüringen.

Geschichte

Erfurt Orientierung

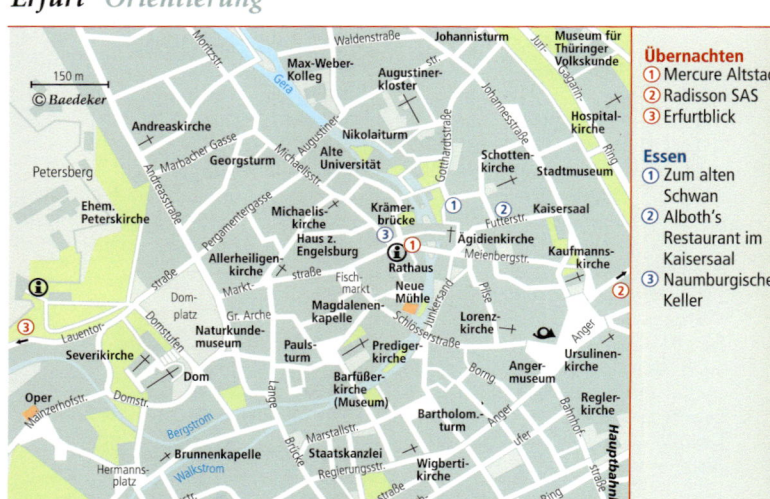

Übernachten
① Mercure Altstadt
② Radisson SAS
③ Erfurtblick

Essen
① Zum alten Schwan
② Alboth's Restaurant im Kaisersaal
③ Naumburgischer Keller

► ERFURT ERLEBEN

AUSKUNFT

Tourist-Information
Am Benediktplatz 1
99084 Erfurt
Tel. (03 61) 6 64 00
Fax 6 64 02 90
www.erfurt-tourismus.de

EVENT

Krämerbrückenfest
Das Krämerbrückenfest, seit 1975
jährlich Mitte Juni veranstaltet, ist
nicht nur ein sehr beliebtes Altstadt-
fest, sondern versetzt die Besucher
wegen seines großen mittelalterlichen
Marktes, der Gaukler und der Tänzer
gleichsam in vergangene Zeiten.

ESSEN

► Erschwinglich

① *Zum alten Schwanen*
Gotthardtstr. 27
(im IBB Hotel)
Tel. (03 61) 6 74 00
Traditionsreiches Restaurant mit erst-
klassiger regionaler und internationaler Küche. Gemütliche Terrasse.

② *Alboth's Restaurant
im Kaisersaal*
Futterstr. 15
Tel. (03 61) 5 68 82 07
Elegantes Restaurant im historischen
Stadthaus. Gehobene internationale
Küche von besonderer Qualität.

► Preiswert

③ *Naumburgischer Keller*
Michaelisstr. 49
Tel. (03 61) 5 40 24 50
Im Herzen der Altstadt lädt das Res-
taurant mit historischem Flair zu
Thüringer Speisen ein. Empfehlung:
Naumburgische Kellerpfanne im
gusseisernen Tiegel.

ÜBERNACHTEN

► Komfortabel

② *Radisson SAS Hotel*
Juri-Gagarin-Ring 127
99084 Erfurt
Tel. (03 61) 5 51 00
Fax 5 51 02 10
www.tagungen-erfurt.de
Modernes Hochhaus mit großzügig
ausgestatteten Zimmern und Suiten,
einige im Bauhausstil eingerichtet, teils
mit schöner Aussicht. Sauna und
Fitnessraum.

① *Mercure Hotel Erfurt Altstadt*
Meienbergstr. 26 – 27
99084 Erfurt
Tel. (03 61) 5 94 90
Fax 5 94 91 00
www.mercure.com
Stilvolles, im Herzen der Altstadt
gelegenes Haus, das Tradition und
Moderne zu verbinden weiß. Be-
queme, gut ausgestattete Zimmer,
Restaurant, Gartenterrasse, Sauna.

► Günstig

③ *Hotel Garni Erfurtblick*
Nibelungenweg 20
99092 Erfurt
Tel. (03 61) 22 06 60
Fax 2 20 66 22
www.hotel-erfurtblick.de
Freundliche, gepflegte und vor allem
sehr ruhige Zimmer in einem engagiert geführten Hotel. Herrlicher Blick
auf die Stadt.

Mariendom und Severikirche am Erfurter Domplatz

Innenstadt

Beherrschendes **Wahrzeichen** der Altstadt ist das Ensemble von Mariendom und Severikirche auf dem Domberg. Der Dom wurde 1154 als romanische Basilika errichtet, an die man im 14. Jh. den hochgotischen Chor anfügte. Ab 1455 erfolgte ein Neubau des Langhauses Richtung Westen. Im mittleren der drei Türme, die einst hohe Helme hatten, läutet die »Maria Gloriosa«, die **größte frei schwingende mittelalterliche Glocke der Welt**, die 1497 durch Meister Gerhard Wou aus Kampen gegossen wurde. Überwältigend ist der Eindruck der farbigen Glasfenster im Chor, ein eindrucksvolles Zeugnis mittelalterlicher Glasmalerei. Im Dom gibt es eine Fülle von Kunstschätzen, u.a. den barocken Hochaltar, das Chorgestühl (14. Jh.), die Stuckmadonna und die Leuchterfigur des »Wolfram« (um 1160), eine der frühesten rundplastischen Freifiguren auf deutschem Boden. Die Severikirche (1278–1340 erbaut), eine fünfschiffige **gotische Hallenkirche**, besitzt drei mit spitz zulaufenden Helmen versehene Türme. Von der Ausstattung sind besonders der große Barockaltar von 1670, der Sarkophag des hl. Severus (um 1360) und der 15 m hohe, filigrane Taufstein von 1467 hervorzuheben, der als Meisterwerk spätgotischer Steinmetzarbeit gilt.

Gegenüber vom Domberg erhebt sich der Petersberg mit der Zitadelle und einem begehbaren Labyrinth von Horchgängen. Ursprünglich stand dort oben das **Peterskloster**, das 1813 bei der Beschießung der Zitadelle ausbrannte. Erhalten sind Überreste der ehemaligen Klosterkirche St. Peter und Paul, einer dreischiffigen romanischen Pfeilerbasilika, und Teile der barocken Zitadelle, von der aus sich eine schöne Aussicht auf Erfurt bietet.

⋆
Domplatz

⋆
◀ Severikirche

Petersberg

Naturkunde-museum

Die in einem alten Waidspeicher untergebrachte Ausstellung (Große Arche 14) informiert über die Entwicklungsgeschichte der Thüringer Landschaft. Besondere Attraktionen sind eine **14 m hohe Eiche**, um die herum Besucher zu den einzelnen Baumstockwerken aufsteigen können, sowie die **Arche Noah** im Gewölbekeller mit diversen Tierpräparaten und interaktiven Info-Stationen.

✱ Fischmarkt

Rathaus ▶

Museum Neue Mühle ▶

Hier steht der im Volksmund **»Roland«** genannte hl. Martin im Gewand eines römischen Kriegers; sehenswert sind an der Westseite das Haus »Zum roten Ochsen« (1562), ein reich geschmückter Renaissancebau, und an der Nordseite das Haus »Zum breiten Herd« (1584). Der eindrucksvollste Bau am Fischmarkt ist das neugotische Rathaus: Den Festsaal schmücken Historienbilder zur Erfurter Stadtgeschichte, das Treppenhaus Darstellungen zur Thüringer Sagenwelt. Südlich vom Fischmarkt liegt am Ufer des Breitstroms die letzte noch funktionstüchtige **Wassermühle Erfurts**. Sie gehört zu den zahlreichen Mühlen, die einst den Wasserlauf der Gera säumten; seit 1992 ist sie als Museum zugänglich.

✱ Krämerbrücke

Michaelisstraße ▶

Vom Rathaus gelangt man zur berühmten Krämerbrücke, die 1325 an der Gerafurt als Bogenbrücke in Stein errichtet wurde. Beiderseits mit Häusern bebaut (heute sind es 32), ist sie die **längste bebaute Brückenstraße Europas** und einer der interessantesten Punkte der Stadt, gesäumt von Geschäften für Kunsthandwerk und Antiquitäten. In der Nähe der Brücke verläuft die Michaelisstraße. Auf dem

Mittelalterliches Spektakel an der Krämerbrücke

Grundstück Nr. 39 befand sich die alte Erfurter Universität, deren berühmtester Student Martin Luther war. Hier ist das **Collegium maius** (heute Sitz des Kirchenamtes der Thüringischen Landeskirche und der Sächsischen Kirchenprovinz) wieder aufgebaut.

Weiter nördlich kommt man zur Augustinerstraße mit dem Augustinerkloster und der Augustinerkirche (1290–1350). Hier verbrachte der junge **Martin Luther** entscheidende Jahre seines Lebens. Das 1945 zerstörte und inzwischen wieder aufgebaute Kloster ist Tagungszentrum und Luthergedenkstätte.

Augustiner-kloster

In der Elisabethkapelle des um 1360 errichteten Nikolaiturms (Teil der Ende des 18. Jh.s abgebrochenen Nikolaikirche) sind die bedeutendsten mittelalterlichen **Darstellungen der thüringischen Landgräfin Elisabeth** (Secco-Malereien aus dem 14. Jh.) restauriert.

◄ Nikolaiturm

Die Augustinerstraße mündet in die Johannesstraße, in der noch zahlreiche alte Bürgerhäuser erhalten sind: u. a. das reich verzierte Haus »Zum Stockfisch«, das 1607 im Stil der Spätrenaissance erbaut wurde und heute das **Stadtmuseum** beherbergt, das Fachwerkhaus »Zum Mohrenkopf« und das Giebelhaus »Zum grünen Sittich und gekrönten Hecht«. Folgt man der Johannesstraße weiter südwärts, kommt man zur Kaufmannskirche, in der die Eltern von Johann Sebastian Bach getraut wurden.

◄ Bürgerhäuser

Einen Besuch lohnt auch das Museum für Thüringer Volkskunde, das etwas abseits der Johannesstraße am Juri-Gagarin-Ring liegt. Besonders interessant sind die detailgetreu aufgebauten Werkstätten traditioneller Thüringer Gewerbe.

Museum für Thüringer Volkskunde

Die Johannesstraße mündet in die Anger genannte Straße, eine der ältesten der Stadt mit zahlreichen prachtvollen alten Gebäuden; heute ist sie ein Boulevard mit Geschäften und Restaurants. An der Ecke zur Trommsdorffstraße steht das **Ursulinenkloster**. Das Haus »Zum Schwarzen Löwen« (Nr. 11) war während des Dreißigjährigen Krieges Residenz des schwedischen Statthalters. An der Ecke Anger/Bahnhofstraße steht der einstige kurmainzische Packhof, ein reich verzierter Barockbau von 1706. Hier zeigt das Angermuseum Kunst und Kunsthandwerk vom Mittelalter bis zur Gegenwart, so z. B. kostbare Altaraufsätze des 14. und 15. Jh.s, Landschaftsmalerei des 18. und 19. Jh.s, Porzellane und Fayencen aus Thüringer Werkstätten. Am Anger weiter kommt man zum Bartholomäusturm, einem Überrest der Familienkirche der **Thüringer Grafen von Gleichen**, die hier ihre Residenz hatten. Im Turm hängt ein großes Glockenspiel mit 60 Glocken aus der Gießerei in Apolda. Gegenüber vom Bartholomäusturm steht das Haus »Zum großen Schwantreiber und Paradies« (Nr. 28/29). Ein paar Schritte weiter kommt man zum Haus Dacheröden (Nr. 37/38), dem Gebäude mit dem schönsten Renaissanceportal der thüringischen Landeshauptstadt. Hier trafen sich u. a. Goethe, Schiller und Wilhelm von Humboldt.

★ Anger

◄ Angermuseum

◄ Bartholomäus-turm

Mittagspause vor der frisch renovierten Thüringischen Staatskanzlei

Barfüßerkirche (Museum)

Auf der Weilergasse Richtung Breitstrom geht man zur Barfüßerkirche, die mit den ältesten Glasmalereien Erfurts und Meisterwerken der Grabplastik ausgestattet ist. In ihrem Chor ist heute das **Museum für mittelalterliche Sakralkunst** untergebracht.

Predigerkirche

Gleich in der Nähe (Predigerstraße) steht eines der schönsten Gotteshäuser der Stadt, das 1270 bis 1450 entstanden ist. Im Predigerkloster hat der Mystiker **Meister Eckhart** viele Jahre lang gewirkt.

Thüringer Staatskanzlei

Am Brunnen von 1889/1890 und der Wigbertikirche vorbei führt der Weg zur damaligen Statthalterei, dem monumentalsten profanen Gebäude der Altstadt. Es entstand in den Jahren 1711 bis 1720 aus zwei älteren Patrizierhäusern und hat eine schöne Barockfassade. Heute hat hier die Thüringer Staatskanzlei ihren Sitz.

✱ Cyriaksburg Erfurt

Die Cyriaksburg im Südwesten Erfurts war früher Stadtschloss und Festung. Erhalten sind nur noch die beiden Türme, jetzt **Sternwarte und Aussichtsturm**, ferner eine Verteidigungsanlage von 1825, die das einzige Gartenbaumuseum in Deutschland beherbergt. Ab 1961

✱ egapark erfurt ▶

wurden auf dem Gelände Internationale Gartenbauausstellungen der sozialistischen Länder veranstaltet. Nach der Wende entstand hier ein herrlicher Garten- und Freizeitpark mit dem größten ornamental bepflanzten Blumenbeet Europas, einem wundervollen Rosengarten, Wasserspielen, einer Flamingoanlage, einem Kinderbauernhof, einem Spielparadies und vielem mehr.

Thüringer Zoopark

Im Norden der Stadt, am Roten Berg, ist der Thüringer Zoopark ein beliebtes Auflugziel. Hier kann man Affen, Giraffen, Nashörner und viele andere Tiere beobachten. Im modernen Aquarium sieht man u. a. die Bewohner eines Korallenriffs.

Schloss Molsdorf (um 1740), ein lohnendes Ausflugsziel südwestlich von Erfurt, zählt zu den **schönsten Thüringer Rokokoanlagen**.

✳ **Schloss Molsdorf**

✳ ✳ Erzgebirge

K – N 9/10

Bundesland: Sachsen   **Höhe:** 350 – 1244 m ü. d. M.

Im Erzgebirge, einem der schönsten deutschen Mittelgebirge, wechseln sich romantische Ritterburgen mit lieblichen Tälern und tiefen Wäldern ab. Im Winter heißt es hier »Ski und Rodel gut«.

Vom Auersberg nahe dem Vogtland bis zum Geisingberg erstreckt sich 130 km lang und 40 km breit das Erzgebirge (tschechisch Krusné hory) von Südwesten nach Nordosten. Es steigt aus dem Mittelsächsischen Hügelland mit 350 bis 450 m ü. d. M. nach Südosten langsam auf 800 bis 900 m ü. d. M an und fällt jenseits der auf seinem Kamm verlaufenden Staatsgrenze zu Tschechien steil zum Graben der Eger ab. Der **höchste Berg des Erzgebirges**, der Keilberg (tschech. Klínovec; 1244 m ü. d. M.), liegt auf tschechischem Gebiet; der ihm benachbarte Fichtelberg ist mit seinen 1214 Metern der höchste Gipfel im deutschen Teil, immerhin 1019 Meter erreicht der Auersberg bei Johanngeorgenstadt.

Hochwinter auf dem Fichtelberg im Erzgebirge

▶ ERZGEBIRGE ERLEBEN

AUSKUNFT

Tourismusverband Erzgebirge e. V.
Adam-Ries-Str. 16
09456 Annaberg-Buchholz
Tel. (0 37 33) 1 88 00-0, Fax 1 88 00 20
www.tourismus-erzgebirge.de

ESSEN

▶ Erschwinglich
Büttner
Markt 3, Schneeberg
Tel. (0 37 72) 35 30
Lassen Sie sich im 400 Jahre alten
Gewölbekeller von einem der besten
Köche Sachsens verwöhnen.

▶ Preiswert
Goldne Sonne
Fürstenplatz 5, Schneeberg
Tel. (0 37 72) 37 09 17
Behagliches Gasthaus in einem alten
Barockgebäude. Gutbürgerliche Küche
und regionale Spezialitäten.

Alt Schwarzenberg
Hammerweg 15, Schwarzenberg
Tel. (0 37 74) 2 79 24
Gutbürgerliche Küche
in gemütlicher Atmosphäre.

ÜBERNACHTEN

▶ Luxus
Relaxhotel Sachsenbaude
Fichtelbergstr. 4
09484 Oberwiesenthal
Tel. (0 37 48) 1 39-0, Fax 1 39-140
www.hotel-sachsenbaude.de

Auf dem Fichtelberg gelegenes Natur-
steinhaus, Zimmer mit modernen
Stilmöbeln, komfortable Suiten. Im
behaglichen Restaurant Loipenklause
geht's lässig-leger zu.

▶ Komfortabel
Neustädter Hof
Grünhainer Str. 24
08340 Schwarzenberg
Tel. (0 37 74) 12 50, Fax 12 55 00
www.neustaedterhof.de
Gründlich renoviertes Haus aus dem
Jahr 1910. Gemütliche Zimmer mit
zeitgemäßem Komfort. Restaurant,
Biergarten und Sauna runden das
Angebot ab.

Parkhotel Waldschlösschen
Waldschlösschenpark 1
09456 Annaberg-Buchholz
Tel. (0 37 33) 67 74-0, Fax 67 74-44
www.parkhotel-waldschloesschen.de
Die richtige Adresse für Erholungsuchende. Ruhig im Park gelegen, be-
queme Zimmer, gemütliche
Restauranträume mit Wintergarten.

▶ Günstig
Berghotel Steiger
Am Mühlberg 2 a, 08289 Schneeberg
Tel. (0 37 72) 39 49-0, Fax 39 49 69
www.berghotel-steiger.de
Familienfreundliches Haus mit nett
eingerichteten Zimmern, schöner
Wellnessbereich mit Sauna, Dampfbad
und Whirlpool.

**Vom Bergbau
zur Industrie**
Das Erzgebirge verdankt seinen Namen den zahlreichen Edel- und
Buntmetallerzen. Seit im Jahr 1168 beim heutigen Freiberg die ersten
Silbervorkommen entdeckt wurden, erklang über Jahrhunderte im-
mer wieder das »Berggeschrei« und kündete von neu entdeckten
Erzgängen. Dieser **Erzreichtum** bildete die Grundlage für die wirt-

schaftliche Erschließung und Entwicklung. Bergleute wanderten ein und es entstanden planmäßig angelegte Bergstädte wie ► Freiberg, Schneeberg und Annaberg. Die Erschöpfung vieler Erzlagerstätten brachte Ersatzerwerbe wie das Klöppeln und später das Holzschnitzen hervor. Im 19. Jh. entwickelten sich bedeutende Industriestädte wie ► Chemnitz und ► Zwickau, beide vor dem Zweiten Weltkrieg wichtige Automobilproduktionsstätten in Deutschland (DKW, Horch, Auto Union, Wanderer); eine Tradition, die in der DDR mit den Trabantwerken fortgesetzt wurde.

Westliches Erzgebirge

Entlang der Sächsischen Silberstraße lässt sich das westliche Erzgebirge am besten und schönsten erkunden. Auf den **Spuren der Bergleute** lernt man die mit dem Silber reich gewordenen Städte sowie die einzelnen Bergwerke kennen. Die ausgeschilderte Strecke führt von ►Zwickau über ►Freiberg nach ►Dresden.

Sächsische Silberstraße

Schneeberg ist heute vor allem bekannt als **Zentrum der erzgebirgischen Volkskunst** und des Brauchtums. Alljährlich im Juli findet der Bergstreittag statt, und beim weihnachtlichen Lichtelfest lässt man alte Traditionen aufleben. Die Stadt entstand nach reichen Silberfunden um 1470/1471, doch waren die Vorkommen bereits um 1500 weitgehend abgebaut. Ersatz bot der Bergbau auf Kobalt, mit dessen Farbstoff man die Meißener Porzellanmanufaktur versorgte. Nach dem Stadtbrand 1719 wurden die Häuser der heutigen Altstadt größtenteils im Barock- und Rokokostil wieder errichtet.

Schneeberg und Umgebung

Der imposant lang gestreckte, zum Kirchberg ansteigende **Markt** wird beherrscht vom neugotischen Rathaus (1851/1852), über dessen Haupteingang ein Sandsteinrelief die »Sage von der Fündigwerdung Schneebergs« darstellt. Am Platz ragt besonders der prächtige **»Goldene Hirsch«** heraus.

Der Marktplatz geht über in den **Frauenmarkt**, wo das Erzgebirgische Volkskunsthaus zum Einkauf und dessen Café zur Pause unter gotischen Gewölben einlädt. Weiter bergan erreicht man die dreischiffige spätgotische **St.-Wolfgang-Kirche** (1515 – 1540), eine der größten Hallenkirchen Sachsens. Sie besitzt einen 1539 von **Lucas Cranach d. Ä.** geschaffenen Flügelaltar, eines seiner reifsten Werke.

Der 11 km südlich von Eibenstock gelegene Ort besitzt mit der **Dreifaltigkeitskirche** (1684 – 1688) von Johann Georg Roth den ältesten barocken Zentralbau in Sachsen. Seine Besonderheit sind die dreigeschossigen Emporen und der reiche Kanzelaltar von 1688. In der Nähe liegen die Naturschutzgebiete **Hochmoor Weitersglashütte** und **Großer Kranichsee**.

Carlsfeld

Wo Stauferkaiser Friedrich Barbarossa 1173 ein Kloster gründen ließ, wurde 1661 zinnhaltiges Erz gefunden, später auch Eisen, Kobalt, Ni-

Aue

ckel, Wismut und Kaolin. Ab 1635 stellte hier Sachsens erste große Farbenmühle den Farbstoff Kobaltblau. Ab 1708 belieferte die Weißerdenzeche St. Andreas die Manufaktur in Meißen mit Porzellanerde. Die heute rund 18 000 Einwohner zählende Stadt wuchs nach und nach zu einem lebhaften Industriestandort heran, wobei nach dem Zweiten Weltkrieg und bis 1990 der Uranbergbau der deutsch-sowjetischen Wismut AG eine herausragende Rolle spielen sollte.

Sehenswertes ▶ Im Zentrum gibt es noch ein geschlossenes Ensemble von **Jugendstil-Bauten**. Über die Gleise am Bahnhof spannt sich die **erste Spannbetonbrücke der Welt**. Am Fuß des Heidelsberges lädt das **Stadtmuseum** zum Besuch ein. Ein hochinteressanter **Bergbaulehrpfad**, der auch die Nachbarorte Schlema und Schneeberg miteinbezieht, macht mit der jüngeren Entwicklung der Region vertraut.

Schwarzenberg und Umgebung Die **»Perle des Erzgebirges«** liegt malerisch am Zusammenfluss von Schwarzwasser und Mittweida. Die vom Vogt von Gera gegründete Stadt wurde 1282 erstmals erwähnt. 1380 wurde hier der erste Eisenhammer des Erzgebirges in Betrieb genommen. Vom **Markt** mit dem **Rathaus** spaziert man, vorbei an einem Glockenspiel aus Meißener Porzellan, zur Pfarrkirche **St. Georg** (1699), einem einschiffigen Barockbau mit einem herrlichen Innenraum. Kurz darauf folgt das

✳

Schloss ▶ spätgotische Schloss, das von 1433 an entstand; 1555 – 1558 wurde es von Kurfürst August zum Jagdschloss umgebaut. Darüber und über die Geschichte der Stadt informiert das **Schlossmuseum**, dessen Attraktion eine Nagelschmiede aus dem 19. Jh. ist. Auf dem ehemaligen Bahnbetriebsgelände zeigt das **Schwarzenberger Eisenbahnmuseum** Dampf- und Diessellokomotiven.

Pöhla, Rittersgrün ▶ Wenige Kilometer südlich von Pöhla sollten Interessierte das **Schmalspurbahnmuseum** in Rittersgrün und das **Besucherbergwerk** (Zinnvorkommen, Grubenbahn) nicht versäumen.

✳

Annaberg-Buchholz Die nächste Station an der Silberstraße ist Annaberg-Buchholz, das wirtschaftliche und kulturelle Zentrum des Oberen Erzgebirges. Hier feiert man die Kät, das **größte Volksfest im Erzgebirge**. Annaberg ist ein Kind des »Berggeschreys«: 1492 wurden reiche Silbervorkommen gefunden, bereits 1497 erhielt der Ort Stadtrechte und wurde Sitz der Bergbehörde (bis 1856), die 1509 die in ganz Deutschland gültige **»Annaberger Bergordnung«** herausgab. In seiner Glanzzeit war Annaberg größer und reicher als Leipzig und Heimat des »Rechenmeisters des deutschen Volkes« Adam Ries (1492 – 1559). Nachdem die Silbererzförderung ihren Höhepunkt überschritten hatte, gewannen Bortenwirkerei und Spitzenklöppelei an Bedeutung. Zentrum

Markt ▶ ist der Markt, an dem besonders das 1751 erneuerte Rathaus und St. Marien, die 1502 erbaute **einzige Bergkirche Sachsens**, auffallen. In dem Gotteshaus beeindruckt eine bergmännische Krippe mit meisterlich geschnitzten Figuren. Von der Buchholzer Straße (wenig südlich vom Markt) zweigt rechts die Johannisgasse ab, in der das Haus des Rechenmeisters Ries (Nr. 23) steht.

Erzgebirgischer Lichterzauber im vorweihnachtlichen Annaberg

Die bedeutendste Sehenswürdigkeit Annabergs ist die spätgotische
St.-Annen-Kirche gegenüber, die **größte Hallenkirche Sachsens**,
1499 – 1525 erbaut. Von außen eher abweisend, offenbart ihr Inneres
eine der schönsten Raumgestaltungen der deutschen Spätgotik. Dazu
trägt vor allem das herrliche Schlingrippen- und Schleifensterngewölbe von Jakob Heilmann von Schweinfurt bei, hinzu kommen die
100 Reliefs mit biblischen Szenen und Lebensalterallegorien von
Franz Maidburg (1520 – 1522), die Schöne Tür (1512) und der Taufstein (1515) von Hans Witten, der Bergaltar mit Darstellungen der
Bergleute von Hans Hesse (1521) und der Altar der Münzknappschaft (1522) von Christoph Walter I.

Frohnau (westlich von Annaberg-Buchholz) besitzt mit seinem
»Hammer« ein **einzigartiges Technikdenkmal**. Dieser ist seit dem
14. Jh. nachgewiesen und existiert in seiner heutigen Form seit 1657.
Über das 8 km nördlich gelegene Ehrenfriedersdorf, dessen Nikolaikirche einen Altar von Hans Witten besitzt, erreicht man die als **Kletterrevier** bekannte Gruppe der Greifensteine. Diese Restfelsen eines
ehemals mächtigen Granitmassivs ragen bis zu einer Höhe von
731 m auf. Im Naturtheater Greifenstein werden vor allem Stücke
nach Karl May und über Karl Stülpner, den »Robin Hood des Erzgebirges«, aufgeführt.

In Oberwiesenthal, 24 km südlich von Annaberg-Buchholz und
Wintersportzentrum des Erzgebirges am Fuß des 1214 m hohen

✶✶
◀ St. Annen

✶
◀ Frohnauer
Hammer

Oberwiesenthal

! *Baedeker* TIPP

Mit Volldampf nach Oberwiesenthal

Den Ausflug nach Oberwiesenthal kann man zwar auch mit dem Auto unternehmen, viel vergnüglicher aber ist die Anreise mit der Fichtelbergbahn ab Cranzahl. Die 1897 eröffnete Bahn ist mehr als nostalgische Kurzweil, denn nach wie vor verkehrt sie nach geregeltem Fahrplan (Information: BVO Bahn GmbH, Tel. 03 73 48/151-0).

Fichtelbergs, kann man die farbenfrohe Postmeilensäule am Marktplatz bewundern und die Große Fichtelbergschanze besichtigen; vor allem aber sollte man mit der Schwebebahn auf den Fichtelberg hinauffahren und den Blick weit über das Erzgebirge und ins nahe Böhmen hinein genießen.

Nach Annaberg-Buchholz teilt sich die Silberstraße. Die interessantere Route führt auf der B 101 nach **Wolkenstein**, dem **ältesten Heilbad Sachsens**, überragt von einer stattlichen Burg. Von hier aus bietet sich ein kurzer Abstecher durch das wildromantische Zschopautal nach Scharfenstein an, wo Karl Stülpner, der »Robin Hood des Erzgebirges« auf die Welt kam. In der Burg ist das **erzgebirgische Spielzeug- und Weihnachtsmuseum** untergebracht. Die Silberstraße setzt sich in Wolkenstein auf der B 171 fort.

✱

Marienberg

Das auf einer Hochfläche nahe der Grenze zu Tschechien liegende Marienberg wurde 1521 von Herzog Heinrich dem Frommen als weitere Silberbergbaustadt gegründet. Mittelpunkt der planmäßigen Stadtanlage ist der **Markt** mit einem Standbild des Stadtgründers. Die Stadtkirche **St. Marien**, eine gotische Hallenkirche, wurde 1564 vollendet. Im 4-geschossigen Bergmagazin (1809) ist ein **sächsisch-böhmisches Museum** eingerichtet. Der 2006 reaktivierte **Pferdegöpel** veranschaulicht hiesige Bergbaugeschichte.

Lengefeld

Das 10 km weiter nördlich gelegene Städtchen bietet mit seinem **Kalkwerk** aus dem 19. Jh. ein seltenes technisches Denkmal und mit **Schloss Rauenstein** eine Raubritterburg wie aus dem Märchen.

Olbernhau

Nach Marienberg bleibt man auf der B 171 und fährt weiter nach Olbernhau im Tal der Flöha. Die dortige **Saigerhütte** ist seit 1537 belegt; die heute 22 Gebäude, darunter drei mächtige wasserbetriebene Hämmer, sind ein einzigartiges Denkmal der Technikgeschichte. Dass Olbernhau im **»Spielzeugland«** liegt, belegt das Museum im Rittergut am Markt mit seiner Ausstellung über die erzgebirgische Holzkunst- und Spielzeugindustrie. Spektakulär sind die mechanischen Heimatberge im Dachgeschoss des Hauses.

Östliches Erzgebirge

Die hier vorgeschlagene Route verlässt nun die Silberstraße, die sich in Olbernhau nach Norden Richtung ▶Freiberg wendet, und führt hinein in das östliche Erzgebirge.

Von Olbernhau sind es 10 km bis Seiffen. Das **»Spielzeugdorf«** liegt im »Seiffener Winkel« südlich des Schwartenberges (788 m ü. d. M.) und ist das Herz der sächsischen Spielwarenindustrie. Neben dem Spielzeug sind die gedrechselten Leuchterfiguren sowie die in Reifen (Ringen) gedrehten und davon abgespaltenen Tierfiguren weltberühmt. Authentischer kann man erzgebirgisches Spielzeug nicht erwerben. Der Name des 1324 erstmals erwähnten Ortes wird abgeleitet vom früheren Auswaschen (»Seifen«) der Zinnkörner aus dem Verwitterungsschutt der Täler. Über die Entstehung der Spielzeugindustrie im Erzgebirge informiert u. a. das **Spielzeugmuseum**. Ein anmutiges Bild, besonders im Winter, bietet die kleine barocke Dorfkirche (1779), ein achteckiger Zentralbau mit umlaufenden Emporen, übrigens auch ein beliebtes Motiv der Seiffener Spielzeugmacher. Unterhalb davon tut sich die 35 m tiefe Binge auf, ein Zeugnis des einstigen Bergbaus. Am östlichen Ortsausgang zeigt das Erzgebirgische Freilichtmuseum in historischen Gebäuden die Arbeits- und Lebensbedingungen der Spielzeugmacher und anderer für die Region typischer Berufsgruppen. Täglich finden Reifendrechsel-Vorführungen am Wasserkraftdrehwerk von 1760 statt.

Seiffen und Umgebung

★
◀ Dorfkirche

★
◀ Erzgebirgisches Freilichtmuseum

In Neuhausen (3 km nördl. v. Seiffen) besucht man das **einzige Nussknackermuseum Europas** und das Glashüttenmuseum. Danach pas-

Neuhausen

siert man die Talsperre Rauschenbach und folgt der B 171 nach **Frauenstein**. Im dortigen Renaissanceschloss wird an den genialen **Orgelbaumeister Gottfried Silbermann** erinnert.

Von Frauenstein geht es südostwärts weiter nach **Altenberg**. Das alte Bergbaustädtchen – heute ein beliebter Kneippkurort – liegt am Geisingberg im Osterzgebirge, nur 5 km von der tschechischen Grenze. Die Umgebung ist als **Wintersportgebiet** bekannt, besonders Zinnwald-Georgenfeld, wo man sich auch theoretisch, und zwar im dortigen Skimuseum, übers Skilau-

Erzgebirgische Nussknacker

fen informieren kann. Turbulent geht es gelegentlich auf der Rennschlitten- und Bobbahn im nahen Kohlgrund zu.

Ab etwa 1400 wurde in der Gegend von Altenberg Zinn im Seifenbetrieb gewonnen. Ein **spektakuläres bergbauhistorisches Schaustück** ist die Pinge, ein Trichter, der 1620 nach vorangegangenen kleineren Brüchen durch den gleichzeitigen Einsturz vieler einzelner Gruben entstand. Das ursprünglich nur 1,25 ha große Bruchgebiet umfasst heute 22 ha; der Erzbergbau ist mittlerweile eingestellt.

★
◀ Pinge

Geisingberg ▶ Die Basaltkuppe des Geisingbergs (823 m ü. d. M.) ist neben der Pinge das zweite **Wahrzeichen** der Stadt. Hier gedeihen noch seltene Blumen wie Himmelsschlüssel und Fingerhut.

Ebenfalls ein Paradies für Botaniker ist das Georgenfelder Hochmoor. Naturfreunde halten hier Ausschau nach Sonnentau, Trunkels-

Schellerhau ▶ beere, Moosbeere oder Pfeifengras. Auch an den 2000 Gebirgspflanzen im **Botanischen Garten** von Schellerhau, 4 km nordwestlich von Altenberg, kann man sich erfreuen.

Kurort Kipsdorf Der Kurort Kipsdorf, 7 km nordwestlich im Tal der Roten Weißeritz, ist Endpunkt der 1883 eröffneten, von Freital-Hainsberg kommenden ältesten **Dampfschmalspurbahn** Deutschlands. Die Bahntrasse wurde durch die große Flut im August 2002 großenteils zerstört,

Schmiedeberg ▶ wird aber derzeit wiederhergestellt. 5 km weiter, in Schmiedeberg, befindet sich **eine der schönsten sächsischen Kirchen**, ein Zentralbau von George Bähr (1666 – 1738), dem Baumeister der Dresdner Frauenkirche.

Dippoldiswalde In der 5 km entfernten Kreisstadt Dippoldiswalde, dem wirtschaftlichen Zentrum des Osterzgebirges, sind die Renaissancegebäude am Markt, das Rathaus, das Schloss, die Stadtkirche und vor allem die **Lohgerberei** aus dem Jahr 1750 einen Aufenthalt wert.

✱

Müglitztal Nur wenige Kilometer nordöstlich von Altenberg tritt man in **Lauenstein** in das Müglitztal ein, vom sächsischen König Johann als **»Sachsens schönstes Tal«** bezeichnet. In der **Burg Lauenstein** befindet sich heute das Heimatmuseum. Die Stadtkirche enthält mit dem Hauptaltar und dem Grabmal derer von Bünau bedeutende Werke des Manierismus von Michael Schwenke (1563 – 1610).

Glashütte In Glashütte hat F. A. Lange 1845 die **erste deutsche Uhrenfabrik** gegründet. Die hochwertigen Chronometer der Firma **Lange & Söhne** genießen heute Weltruhm. Wie diese gemacht werden, erfährt man im Firmenmuseum. In der restaurierten Sternwarte hoch über der Stadt hat sich Luxusuhrmacher **Wempe** eingerichtet.

✱

Schloss Das Schloss (13. – 16. Jh.) im Müglitztal war Lieblingsaufenthalt von
Weesenstein ▶ König Johann von Sachsen (reg. 1854 – 1873). Eine Besonderheit sind die **vielfältigen Tapeten**, darunter eine Pariser Ledertapete von 1750 im Festsaal und eine chinesische Bambustapete von 1725. Die **Schlosskapelle** entstand nach Vorlagen von George Bähr.

Schloss Kuckuckstein Romantische Seelen sollten sich einen Abstecher nach Liebstadt nicht entgehen lassen (hinter Glashütte östlich abzweigen). Über der ehemals kleinsten Stadt Sachsens thront das zauberhafte Schloss Kuckuckstein, in dem man u. a. den Versammlungsraum einer Freimaurerloge besichtigen kann.

Weitere Ziele ▶Chemnitz, ▶Freiberg, ▶Zwickau

★ Fischland – Darß – Zingst

K/L 2

Bundesland: Mecklenburg-Vorpommern　　**Höhe:** 0 – 18 m ü. d.M.

Endlose Sandstrände, malerische kleine Fischerdörfer und ein abwechslungsreiches Landschaftsbild – die Halbinselkette zieht besonders Natur- und Badefreunde in ihren Bann.

Fischland, Darß und Zingst waren ursprünglich drei Inseln, die allmählich zusammenwuchsen und schließlich im 19. Jh. durch Deiche verbunden wurden. Seit Jahrhunderten trägt das Meer die Landzunge von Fischland ab. Etwa ein halber Meter Land wird jedes Jahr vom Steilufer zwischen Wustrow und Ahrenshoop weggespült und an der Spitze von Darßer Ort als Dünenlandschaft wieder angelandet.

Entstehung

 FISCHLAND, DARSS UND ZINGST ERLEBEN

AUSKUNFT

Tourismusverband
Fischland-Darß-Zingst
Barther Str. 31
18314 Löbnitz
Tel. (03 83 24) 6 40-0, Fax 6 40-34
www.fischland-darss-zingst.de

AUSFLUG IN DEN BODDEN

Von Ostern bis Oktober werden Boddenrundfahrten in historischen Zeesenbooten ab Ahrenshoop-Althagen, Born, Prerow, Wustrow und Zingst angeboten.

ESSEN

▶ Preiswert
Buhne 12
Grenzweg 12
18347 Ahrenshoop
Tel. (03 82 20) 2 32
Einmalige Lage am Wasser, grandioser Seeblick, viele Fischspezialitäten.

ÜBERNACHTEN

▶ Luxus
Dorint
Strandstr. 46
18347 Wustrow
Tel. (03 82 20) 6 50, Fax 6 51 00
www.dorintresorts.com/wustrow
Dieses kinderfreundliche Haus mit marinem Flair liegt in Strandnähe und ist bestens ausgestattet, u. a. mit einem traumhaft schönen »Vital Spa« (Badelandschaft mit Sauna und Beauty Farm).

▶ Komfortabel
Haus Elisabeth von Eicken
Dorfstr. 39
18347 Ahrenshoop
Tel. (03 82 20) 6 99-0, Fax 6 99 24
www.elisabethvoneicken.de
In dieser Villa einer Künstlerin wohnt und speist man hervorragend. Es gibt Kunstausstellungen und einen schönen Skulpturengarten.

▶ Günstig
Störtebeker
Mühlenstr. 2
18375 Prerow
Tel. (03 82 33) 7 02-0, Fax 7 02 15
www.pension-stoertebeker.m-vp.de
Reizende, ruhige Pension, wohnliche Zimmer. Im Restaurant kommt Gutbürgerliches auf den Tisch.

Reiseziele auf Fischland, Darß und Zingst

Nationalpark Vorpommersche Boddenlandschaft

Darß und Zingst gehören zum Nationalpark Vorpommersche Boddenlandschaft. Charakteristisch für den Darß sind sein 6000 ha großer, von Wanderwegen durchzogener **Darßer Urwald** und der kilometerlange **Darßer Weststrand**. Dieser interessante Küstenabschnitt ist den Naturgewalten besonders stark ausgesetzt, wie an den vom Wind gebeugten Bäumen zu erkennen ist.

Wustrow

Das Seebad Wustrow, der **älteste Ort auf Fischland**, war bis in die jüngere Vergangenheit von der Seefahrt geprägt (ab 1846 Navigationsschule, später Hochschule für Seefahrt; 1992 geschlossen). Vom Kirchturm bietet sich ein herrlicher Blick über die Halbinsel. Im Hafen liegen noch **Zeesenboote**, jene eigentümlichen Segelboote, mit denen früher im Bodden gefischt wurde und die heute bei Regatten oder als Ausflugsboote zum Einsatz kommen.

Ahrenshoop

Ahrenshoop verdankt seine Entwicklung zum Touristenziel einer Malerkolonie, die sich hier schon vor über 100 Jahren etabliert hat. Bis heute spielt die Kunst eine bedeutende Rolle in dem **charmanten Seebad**, wie ein Blick in die Kunstkaten, das Neue Kunsthaus und in die Bunte Stube verdeutlicht.

Malerisch: die Steilküste und der Ostseestrand bei Ahrenshoop

Der Hauptort auf dem Darß ist das am Prerowstrom gelegene Ost- ✱
seebad Prerow. Sehenswert sind das Darß-Museum (Waldstraße 48), **Prerow**
die alte Seemannskirche (1726) mit ihren Schiffsmodellen und zahlreiche Seemannshäuser mit geschnitzten und bemalten Türen. Von
Prerow aus fährt die »Darßbahn« zum Darßer Ort, der nördlichen
Landspitze des Darß, an der sich die Neulandbildung besonders gut
beobachten lässt. Südlich von Prerow schmiegt sich am Bodstedter
Bodden das Seefahrerdorf Wieck in die Boddenlandschaft.

Das Ostseeheilbad Zingst mit Kurmittelzentrum, zahlreichen Hotels, **Zingst**
Pensionen und herrlichem Campingplatz liegt am östlichen Ende der
Halbinselkette. Hauptattraktion ist die herbstliche **Kranichrast**.
Zehntausende Vögel machen auf ihrer Reise in den Süden Station
auf den nahen Inseln und im Bodden.

Frankfurt an der Oder

O/P 6

Bundesland: Brandenburg   **Höhe:** 22 m ü. d. M.
Einwohnerzahl: 62 500

**Die alte Messe- und Universitätsstadt Frankfurt an Oder ist der
wichtigste Grenzübergang nach Polen. Schon 1506 öffnete hier die
erste brandenburgische Universität ihre Pforten; bedeutende Lehrer und Studenten waren u. a. Ulrich von Hutten, Thomas Müntzer
und Heinrich von Kleist. Letzterer ist der bedeutendste Sohn der
Stadt.**

Die Stadt an der Oder entstand um 1226 an der Kreuzung wichtiger **Geschichte**
Fernhandelsstraßen. 1253 erhielt »Vrankenforde« das Stadtrecht.
Von 1430 bis 1515 war Frankfurt Mitglied der Hanse. Seit 1502 wurden hier Bücher gedruckt, wobei der Druck in Hebräisch besondere
Bedeutung gewann (1697–1699 erster Talmud in Deutschland). Der
Dreißigjährige Krieg brachte die Stadt dem Untergang nahe. Nach
der Verlegung der Universität nach Breslau erhielt Frankfurt 1815
die Regierung der Neumark. Nach ihrer Zerstörung im Zweiten
Weltkrieg wurde die Stadt neu aufgebaut; nur wenige historische Gebäude blieben erhalten. Frankfurt ist Sitz der 1991 gegründeten **Euro-
pa-Universität Viadrina**.

Sehenswertes in Frankfurt (Oder)

Das Rathaus am Marktplatz im Stil der norddeutschen Backsteingo- ✱
tik mit seinem imposanten Prunkgiebel (14. Jh.) zählt zu den **ältes- Rathaus**
ten und größten erhaltenen mittelalterlichen Rathäusern Deutschlands**. In der unteren Rathaushalle präsentiert das Museum Junge
Kunst, Malerei, Grafik und Plastik.

Museum Viadrina

Das Museum Viadrina im ehem. Junkerhaus nordöstlich vom Rathaus (Carl-Philipp-Emanuel-Bach-Straße) zeigt Stadtgeschichtliches und schrieb selbst Stadtgeschichte: Hier logierten die Söhne des Kurfürsten von Brandenburg während ihres Studiums in Frankfurt.

✳ **Kleist-Museum**

Im Kleist-Museum südöstlich (Faberstr. 7) in der ehemaligen Garnison-Schule gibt eine Ausstellung einen Überblick über Leben, Werk und Rezeption von Heinrich von Kleist.

✳ **St. Marienkirche**

Die St. Marienkirche (1253 – 1524) ist die **größte Hallenkirche der norddeutschen Backsteingotik**. Bedeutend sind die Kaiserpforte (um 1375) zu Ehren Karls IV. aus der Schule Peter Parlers, die Deckenmalerei von 1522 in der Sakristei und das erst im Mai 2005 zurückgekehrte 12 m hohe **Christusfenster**.

✳ **Konzerthalle**

Die frühgotische ehemalige Franziskanerklosterkirche mit ihrer **hervorragenden Akustik** dient heute als Konzerthalle »Carl Philipp Emanuel Bach«. Zu ihrer Ausstattung gehört auch die älteste spielbare Orgel der Frankfurter Firma Sauer. Zudem wird eine Ausstellung über Leben und Werk von C. P. E. Bach, der 1734 – 1738 Student in Frankfurt war, gezeigt.

Im anschließenden spätbarocken **Collegienhaus** befindet sich das Stadtarchiv mit der ältesten erhaltenen Urkunde von 1287.

▶ FRANKFURT (ODER) ERLEBEN

AUSKUNFT

Tourist-Information
Karl-Marx-Str. 1
15230 Frankfurt (Oder)
Tel. (03 35) 32 52 16
Fax 2 25 65
www.frankfurt-oder.de

ESSEN

▶ Erschwinglich

Turm 24
Logenstr. 8
Tel. (0 33 35) 53 11 33
Fantastische Ausblicke und eine recht feine Küche gibt es auf dem Oderturm.

ÜBERNACHTEN

▶ Komfortabel

City Park Hotel
Lindenstr. 12
15230 Frankfurt (Oder)
Tel. (03 35) 55 32-0
Fax 55 32-605
www.citypark-hotel.de
Moderne, in Zentrumsnähe gelegene Herberge mit funktionell eingerichteten Zimmern und empfehlenswertem Restaurant.

▶ Günstig

Am Schloss
Berliner Str. 48
15234 Frankfurt (Oder)
Tel. (03 35) 6 80 18 41
Fax 6 54 27
www.hotel-am-schloss-ffo.de
Die Zimmer dieses kleinen Familienbetriebes sind sehr wohnlich mit Kirschholzmöbeln eingerichtet. Im Restaurant des Hauses kann man auch gut speisen.

Hier wird an den Großen Sohn von Frankfurt an der Oder erinnert.

Dieses Gotteshaus wurde 1876–1878 südlich des Rathauses anstelle einer älteren Kirche errichtet. Hier sind wertvolle Ausstattungsstücke aus der Marienkirche zu sehen. Auf dem ehemaligen Friedhof der Gertraudenkirche ist u. a. der Schriftsteller Ewald von Kleist († 1759) begraben, ein Großonkel Heinrich von Kleists. **St. Gertraud**

Das **Kultur- und Kongresszentrum** am Platz der Einheit entstand 2001 nach Plänen des Architekten Klaus Springer. **Kleist Forum**

Zur 750-Jahr-Feier 2003 entstand beiderseits der Oder diese hübsche **grenzüberschreitende Gartenanlage**. **Europa-Garten**

Umgebung von Frankfurt (Oder)

Die 34 000 Einwohner zählende Industriestadt liegt rund 20 km südlich von Frankfurt (Oder) an der Einmündung des Oder-Spree-Kanals in die Oder. Sie entstand als **»Stalinstadt«** für die Arbeiter des 1951 in Betrieb genommenen Eisenhüttenkombinats (mittlerweile EKO Stahl GmbH), entsprechend zeigt das Stadtbild eine im sozialistischen Geist geplante Siedlung. Auf dem hohen Oderufer steht im Stadtteil Fürstenberg eine gotische Hallenkirche (um 1400), deren Äußeres nach Kriegszerstörungen wiederhergestellt worden ist. In ihrer Nähe gibt das **Städtische Museum** (Löwenstraße 4) einen Überblick über die Geschichte der Stadt. In der Heinrich-Pritzsche-Straße 26 westlich befindet sich das **Feuerwehrmuseum** mit historischen Feuerwehrfahrzeugen und -geräten. Und wie war das noch in **Eisenhüttenstadt** der DDR? Für alle, die es vergessen haben, empfiehlt sich ein Besuch im **Dokumentationszentrum Alltagskultur der DDR**, wo die Sammlung und Wechselausstellungen erzählen, wie es im sozialistischen Teil Deutschlands war (Erich-Weinert-Allee 3).

Neuzelle In Neuzelle, 9 km südlich von Eisenhüttenstadt, stehen die barocke Klosterkirche des ehemaligen Zisterzienserklosters mit reicher Ausstattung und zahlreiche Klostergebäude, darunter die Klosterbrauerei. Es handelt sich dabei um die **einzige vollständig erhaltene Zisterzienserklosteranlage in Brandenburg**.

✱ Freiberg

M 9

Bundesland: Sachsen   **Höhe:** 400 m ü. d. M.
Einwohnerzahl: 42 000

Seit 1168 im östlichen Erzgebirge erste Silbererzvorkommen entdeckt wurden, wuchs Freiberg zu einer ansehnlichen Stadt mit prächtigen Bürgerhäusern und reich ausgestatteten Kirchen heran. Außerdem wurde hier die erste bergbautechnische Hochschule der Welt angesiedelt, die berühmte Bergakademie.

Geschichte Nach Silberfunden beim Waldhufendorf Christiansdorf im Jahr 1168 begann der Aufstieg des Erzgebirges zum Bergbaugebiet. Harzer Bergleute wurden geholt und Christiansdorf in »Sächsstadt« umbenannt. Die Zusammenlegung mit drei weiteren Siedlungen führte zur Gründung der Stadt Freiberg. Der Ort entwickelte sich zu einem **wirtschaftlichen Zentrum** und wichtigen Fernhandelsplatz mit bedeutender Münzstätte und war von 1542 an Sitz der obersten Bergbehörde. Die 1765 gegründete Bergakademie zählte u. a. Alexander von Humboldt, Novalis und Theodor Körner zu ihren Schülern. Nachdem die Silberproduktion im 19. Jh. einen letzten Höhepunkt erlebt hatte, wurde der Silberbergbau 1913 aufgegeben.

Hightech-Standort Nach dem Niedergang des Silberbergbaus nutzte man das technischwissenschaftliche Potenzial zur Unterstützung neuer Industriezweige. Ein Schwerpunkt ist die Beschäftigung mit ressourcenschonender Energiegewinnung (Fotovoltaik, Geothermie, Biomasse). Freiberg ist u. a. Standort der größten Solarzellenfabrik Europas.

Sehenswertes in Freiberg

✱
Obermarkt Das alte Handelszentrum der Stadt ist der weitläufige Obermarkt. Vom 1897 aufgestellten Brunnen überblickt der **Stadtgründer Markgraf Otto** das Geschehen. Am auffälligsten ist das weiß leuchtende spätgotische **Rathaus** (1420 – 1474) mit der als Betstube für die Rats-

► FREIBERG ERLEBEN

AUSKUNFT

Tourist-Information
Burgstraße 1
09599 Freiberg
Tel. (0 37 31) 27 32 64
Fax 27 32 60
www.freiberg.de

WELLNESS

Unter Anleitung einer Yogalehrerin lernt man im Schacht »Reiche Zeche«, der ältesten Silbermine Sachsens, Entspannungs- und Atemtechniken, was bei der absolut sauberen, radon-haltigen Luft dort unten besonders gut tut. Infos: Tourist-Information (s. oben).

ESSEN

► Erschwinglich

Le Bambou
Obergasse 1
Tel. (0 37 31) 35 39 70
Originelles Restaurant in einer alten Villa mit viel afrikanischem Dekor und Kunsthandwerk eingerichtet. Beachtenswerte internationale Küche, eine erstaunliche Weinkarte und erst-klassiger Service.

► Preiswert

Pfeffersack
Kirchgasse 15 c
Tel. (0 37 31) 45 86 76
Historisch-rustikale Gastwirtschaft im Schönbergschen Hof am Dom. Auf den Tisch kommt Deftiges, aber auch zartes Wildbret.

ÜBERNACHTEN

► Komfortabel

Silberhof
Silberhofstr. 1, 09599 Freiberg
Tel. (0 37 31) 2 68 80, Fax 26 88 78
www.silberhof.de
Imposantes Jugendstilhaus. Elegante Zimmer und Suiten mit wunder-schönen Stilmöbeln. Gediegenes Res-taurant. Moderate Preise!

► Günstig

Am Obermarkt
Waisenhausstr. 2, 09599 Freiberg
Tel. (0 37 31) 2 63 70, Fax 2 63 73 30
www.hotel-am-obermarkt.de
Schlichte, praktisch eingerichtete Zimmer in einem freundlichen Haus mitten in der Stadt. Schönes Restau-rant mit Gewölbekeller.

---

herren bestimmten Lorenzkapelle im Turm. Zu den schönsten Ge-bäuden rundum zählen das **Schönlebehaus** (Obermarkt 1), ein gro-ßes, dreigeschossiges Patrizierhaus vom Anfang des 16. Jh.s, das ehe-malige **Kaufhaus** (Obermarkt 16; Renaissancebau von 1545/1546) und das **Lisskirchnerhaus** (Obermarkt 17) von 1530 mit seinem ein-drucksvollen Frührenaissanceportal.
Westlich vom Obermarkt steht diese spätgotische Hallenkirche (1404 bis 1440) mit einer Silbermannorgel von 1735.

◄ St. Petri

Im Nordwesten der Altstadt steht das auf Resten einer mittelalterli-chen Burg im 16. Jh. errichtete und kürzlich renovierte Renaissance-schloss, das mit der **terra mineralia** der TU Bergakademie Freiberg eine weltweit einzigartige Mineraliensammlung beherbergt.

★
Schloss
Freudenstein

Freiberg, St. Marien: die älteste und größte noch erhaltene Silbermannorgel

✶ ✶
Dom St. Marien

Freibergs bedeutendste Sehenswürdigkeit ist der Dom St. Marien, 1484 bis 1501 als **spätgotische Hallenkirche** erbaut. Seine Ausstattung wurde von den besten Künstlern Sachsens gefertigt. Zuallererst zu nennen ist die fantastische Tulpenkanzel (1508 – 1510) von Hans Witten (um 1475 bis 1522), ein Höhepunkt spätgotischer Bildhauerarbeit, neben der die Bergmannskanzel (1638) etwas verblasst. Weiterhin besitzt der Dom die älteste und **größte noch erhaltene Silbermannorgel in Sachsen** (1711 – 1714), eine um 1230 geschaffene romanische Kreuzigungsgruppe und mit der Grablege der sächsischen Kurfürsten von Giovanni Maria Nosseni (1544 – 1620) das bedeutendste Denkmal des italienischen Manierismus nördlich der Alpen, das mit dem Moritzmonument auch das **erste Freigrab der deutschen Renaissance** enthält. Die um 1230 für den Vorgängerbau entstandene Goldene Pforte gilt mit ihrem reichen Skulpturenschmuck als ältestes und schönstes Figurenportal in Deutschland.

Stadt- und Berg-
baumuseum

Hinter dem Dom öffnet sich der Untermarkt mit dem Domherrenhof (1484), einem Patrizierhaus der Spätgotik. Dieses beherbergt heute das Stadt- und Bergbaumuseum (u. a. spätgotische Plastiken).

✶
Besucher-
bergwerk

In die Wiege des sächsischen Bergbaus führt ein Besuch des Städtischen Lehr- und Besucherbergwerks »Himmelfahrt-Fundgrube«, bestehend aus den Schächten »Reiche Zeche« (Bergbautechnik vom 14. Jh. bis heute) sowie »Alte Elisabeth« (u. a. Dampfförderanlage aus dem Jahr 1848).

Umgebung von Freiberg

In Brand-Erbisdorf (7 km südlich von Freiberg) lohnen die Schauanlage **Bartholomäusschacht** sowie das im Huthaus zum Reußen untergebrachte **Bergbau- und Heimatmuseum** einen Besuch.

Brand-Erbisdorf

Im Renaissanceschloss von Frauenstein (20 km südöstlich von Freiberg) erinnert das **Gottfried-Silbermann-Museum** an den Orgelbauer. Auf steilem Fels sieht man Reste einer mittelalterlichen Burg.

Frauenstein

★ Gera

K 9

Bundesland: Thüringen
Einwohnerzahl: 103 000

Höhe: 205 m ü. d. M.

Die an der Weißen Elster gelegene frühere Residenzstadt des Fürstentums Reuß und Geburtsstadt des Malers und Grafikers Otto Dix (1891–1969) war einst eine wohlhabende Stadt, wie der wunderschöne Marktplatz und die altehrwürdigen Bürgerhäuser zeigen.

Die anno 995 erstmals erwähnte Siedlung bekam 1237 das Stadtrecht. Schöne alte Bürgerhäuser, größtenteils nach einem Stadtbrand im Jahr 1780 entstanden, zeugen von Zeiten wirtschaftlichen Wohlstandes. Tuchmacher, Färber und später auch Maschinenbauer machten Gera sogar zu einer der fünf reichsten Städte Deutschlands.

Herausragendes Gebäude auf dem Marktplatz von Gera ist das **Rathaus** aus dem 16. Jh. mit reich verziertem Hauptportal an einem achtgeschossigen Turm. Beachtenswert sind auch die Stadtapotheke (16. Jh.) mit einem runden, reich geschmückten Renaissanceerker und der **Simsonbrunnen** (1685/1686) von Caspar Junghans. Das frühere Regierungsgebäude wurde 1720–1722 errichtet.

Marktplatz

Unweit nordwestlich vom Markt steht das ehemalige **Zucht- und Waisenhaus** (Museumsplatz 1), ein dreigeschossiger Barockbau von 1732–1738, in dem heute das Stadtmuseum zu finden ist.

 Baedeker TIPP

Hinab in die Höhler

Geras Brauer lagerten ihr Bier in einem 9 km langen System von Gängen und Kellern, das sich bis 11 m tief und teilweise nur 80 cm breit unter der Altstadt und dem Nicolaiberg hinzog. Einige dieser »Höhler« kann man besichtigen. Ausgangspunkt ist der Höhler Nr. 188 (Nicolaiberg 3, gleich hinter dem Naturkundemuseum; Di.–So. geöffnet).

Das Innere der barocken, dreischiffigen Salvatorkirche (1717–1720) am Nicolaiberg in Rathausnähe wurde, abgesehen von der im 18. Jh. bemalten Flachdecke, im **Jugendstil** ausgestattet.

Salvatorkirche

▶ GERA ERLEBEN

AUSKUNFT

Gera Tourismus e. V.
Heinrichstraße 35
07545 Gera
Tel. (03 65) 8 30 44 80
Fax 8 30 44 81
www.gera-tourismus.de

ESSEN

▶ Erschwinglich

Spezialitäten Restaurant Royal
Sorge Nr. 19
Tel. (03 65) 5 13 74
Eingerichtet in einem altem Bürger-
haus des 18. Jh.s, serviert werden
traditionelle thüringische Gerichte.
Das Haus beherbergt den größten
Weinkeller Thüringens mit über 800
Weinen und Sekten aus 25 Ländern.

▶ Preiswert

Grünspecht
Pfortener Str. 13
Tel. (03 65) 7 11 88 67
Uriges Lokal mit ungezwungenem
Ambiente; Steaks, Salate und deftige
Hausmannskost kommen auf den
Tisch.

ÜBERNACHTEN

▶ Komfortabel

Novotel Gera
Berliner Str. 38

07545 Gera
Tel. (03 65) 4 34 40
Fax 4 34 41 00
www.novotel.com
Modernes Hotel mit recht
geschmackvoll eingerichteten
Zimmern, Sauna und Schwimmbad.
Elegantes Restaurant.

▶ Günstig

Gewürzmühle
Clara-Viebig-Str. 4
07545 Gera
Tel. (03 65) 82 43 30
Fax 8 24 33 44
www.hotel-gewuerzmuehle-gera.de
Freundliches Hotel in einer ehemaligen Gewürzmühle, funktionell
ausgestattete Zimmer.

Baedeker-Empfehlung

Hotel garni an der Elster
Südstr. 12
07548 Gera
Tel. (03 65) 7 10 61 61
Fax 7 10 61 71
www.hotel-an-der-elster.de
In einem liebevoll restaurierten Haus
aus der Gründerzeit sind einige freundliche Gästezimmer geschmackvoll
eingerichtet.

Museum für Naturkunde Im ehem. Schreiberschen Haus (1687/1688; am Nicolaiberg 3) werden Ausstellungen zu Geologie, Flora und Fauna Ostthüringens ge-
zeigt. Schöne Mineralien aus Ostthüringen befinden sich im Höhler
Nr. 188 hinter dem Museum (Öffnungszeiten: Di. 13.00 – 20.00,
Mi. – Fr. 10.00 – 17.00, Sa, So, Fei. 11.00 – 18.00 Uhr).

Botanischer Garten In der Nähe des Naturkundemuseums (Ecke Nicolaistr./Schillerstr.)
ist ein Botanischer Garten mit mehr als 1000 verschiedenen Pflanzenarten angelegt. Das Turmhaus wurde 1864 errichtet.

Im Ferberschen Haus (Greizer Str. 37, südlich der Salvatorkirche), einem der schönsten Bürgerhäuser der Stadt, sind deutsche und internationale Art-Deco-Objekte sowie Kunsthandwerk und Fotodesign aus dem 20. und 21. Jh. zu sehen, darunter auch Arbeiten der Geraer Fotografin Aenne Biermann (1898 – 1933).

Museum für angewandte Kunst

Die Kunstsammlung Gera besitzt mit 400 Arbeiten von Otto Dix die größte öffentliche Sammlung seiner Werke. In der Orangerie (Küchengartenallee 4), einer Zweiflügelanlage (18. Jh.) im einstigen Küchengarten der Fürsten Reuß, ist eine Ausstellung zu sehen mit dem Titel »Von Cranach zu Dix« (Öffnungszeiten: Mo. 13.00 – 17.00, Di. 13.00 – 20.00, Mi. – Fr. 10.00 – 17.00, Sa., So., Fei. 11.00 – 18.00 Uhr).

✱ Orangerie

Das 1902 östlich der Orangerie erbaute Theater ist ein hervorragendes Bauzeugnis des Jugendstils.

Theater

Die vielen Fabrikantenvillen sind Zeugnisse des früheren Reichtums der Stadt. Hervorzuheben ist das Haus Schulenburg (Str. des Friedens 120). Das denkmalgeschützte Anwesen wurde 1913/1914 für einen Geraer Textilfabrikanten erbaut. Es gehört zu den wichtigsten als Gesamtkunstwerk konzipierten und erhaltenen Bauwerken des belgi-

Haus Schulenburg

Besonders romantisch zeigt sich Gera im milden Herbstlicht.

Gut gesichert war früher das Eingangstor zum Ronneburger Bergbaugelände.

URANERZ FÜR DIE SOWJETUNION

Bei Ronneburg sind zwei Kegelberge sichtbar, die Abraumhalden von über 1000 t Uranerz, die hier bis 1990 gefördert worden sind. Die »Neue Landschaft Ronneburg«, die Ausstellungsfläche der Bundesgartenschau 2007, entstand über aufgefüllten Uranerzgruben. Dahinter verbirgt sich die Geschichte der »Wismut«, eines Bergbaugiganten, die weitgehend tabuisiert wurde.

Als die USA im August 1945 Atombomben über Hiroshima und Nagasaki abwarfen, hatten sie den atomaren Wettlauf vorerst gewonnen. Für den russischen Diktator Stalin war die amerikanische Überlegenheit ein Schock, schnell sollten eigene russische Atomwaffen her. Die Sowjets besaßen zwar das theoretische Rüstzeug für die Herstellung von Kernwaffen, was ihnen aber fehlte, waren ausreichende Uranvorräte. Dass schon seit der Mitte des 19. Jh.s im Erzgebirge ein uranhaltiges Erz, die so genannte Pechblende, gefördert wurde, war bekannt. Bereits 1879 wurde die »Schneeberger Krankheit« erstmals beschrieben, ein durch starke Radonstrahlung entstandener Lungenkrebs der Bergarbeiter in Schneeberg im Erzgebirge.

SAG Wismut

Bereits im Sommer 1945 jedenfalls wurden die Lagerstätten im Erzgebirge von sowjetischen Bergbauexperten auf Uran untersucht. Im Herbst 1946 kam es zu ersten Gewinnungs- und Förderarbeiten. 1947 wurde die »Sowjetische Aktiengesellschaft (SAG) Wismut« mit Sitz in Moskau gegründet. Sie diente dem Zweck, schnell an den wertvollen und dringend benötigten Rohstoff für das sowjetische Atomprojekt zu gelangen. Das Buntmetall Wismut, das ebenfalls im Erzgebirge gefördert wurde, diente als **Tarnname für den Uranabbau**. Über die Uranlagerstätten in Sachsen und Thüringen verfügte fortan die »SAG Wismut«, die vom russischen Geheimdienst NKWD geleitet wurde. Von 1946 bis 1953 förderte die »SAG Wismut« etwa 9500 t hochwertiges Uran. Im August 1949 zündete die UdSSR die erste Atombombe.

Das Uran der »Wismut« wurde von Moskau als Reparationsleistung deklariert. Die Bergleute wurden anfänglich, wie im sowjetischen Straflagersystem, zwangsverpflichtet. Da die »Uransklaven« (wie Kurt Schuhmacher sie nannte) massenhaft flohen, änderten die Bedingungen sich aber schnell. Mit Prämien, mit Vergünstigungen aller Art wurden nun erfolg-

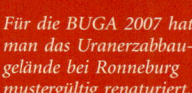

Für die BUGA 2007 hat man das Uranerzabbaugelände bei Ronneburg mustergültig renaturiert.

reich Bergleute für den Uranbergbau angeworben. Um 1950 beschäftigte die »Wismut« ca. 200 000 Mitarbeiter.

SDAG Wismut

Als mit dem Jahreswechsel 1953/54 alle anderen SAG als Volkseigene Betriebe (VEB) in DDR-Besitz überführt wurden, blieb die »Wismut« mit 51 % **in sowjetischem Besitz** und wurde zur »Sowjetisch-Deutschen Aktiengesellschaft (SDAG) Wismut«. Die Einflussmöglichkeiten der DDR blieben aber sehr beschränkt. Die »Wismut« war mit über 230 000 t gefördertem Uran der **weltweit drittgrößte Uranproduzent** hinter den USA und Kanada. Die Hauptbetriebsstätten lagen in Aue/Oberschlema im sächsischen Erzgebirge und im Gebiet um Ronneburg bei Gera im ostthüringischen Vogtland. Nirgendwo sonst wurde Uran so personalintensiv, mit so laxen Arbeitsschutzmaßnahmen und in einem derart dicht besiedelten Gebiet abgebaut. Die »SDAG Wismut« war das größte Industrieunternehmen der DDR, der größte sowjetische Auslandsbetrieb und der mit Abstand mächtigste Uranproduzent im gesamten Ostblock. Das geförderte Uranerz war das wichtigste Reparationsgut der SBZ/DDR.

Alles Gründe für ihre Sonderstellung als **Staat im Staat**. Ein eigener Polizeiapparat wurde bereits 1947 aufgebaut.

Seit 1950 gab es eine eigene Gerichtsbarkeit, welche die Verfassung der DDR außer Kraft setzten konnte. Es gab eigene Ausweise, eigene Versorgungseinrichtungen, ein eigenes Telefonnetz, eigene Autokennzeichen, eigene Kulturstätten u. v. m. Alle Aktivitäten unterlagen der Geheimhaltung. Das oberste Regiment führten der sowjetische Geheimdienst und die Staatssicherheit der DDR, die für die Sicherheitsüberprüfung der Beschäftigten zuständig war.

Strahlende Landschaften

1990 wurde mit der deutschen Wiedervereinigung die Urangewinnung gestoppt und die »SDAG Wismut« in die »Wismut GmbH« als **Sanierungsbetrieb** der ausgebeuteten und verstrahlten Landschaft umgewandelt. Die Sowjetunion übertrug ihren Aktienanteil unentgeltlich an das wiedervereinte Deutschland und wurde dafür von der Sanierung der Abbaugebiete befreit. Nun wird daran gearbeitet, über 300 Mio. m² Abraumhalden, aus denen ständig Radon entweicht, über 160 Mio. m² durch Schwermetalle vergiftete radioaktive Schlammseen, kontaminierte Aufbereitungsanlagen und andere schwere Umweltschäden zu beseitigen. Die Sanierungskosten für die strahlende Vergangenheit werden auf 13 Milliarden Euro geschätzt.

Frisch renoviert ist das Otto-Dix-Haus am Mohrenplatz.

schen Architekten, Gestalters und Theoretikers **Henry van de Velde** (1863–1957), der als einer der Väter des modernen Designs und Wegbereiters des Jugendstils sowie des Bauhaus-Stils gilt.

Villa Jahr Ebenfalls sehenswert ist die Villa Jahr im Stadtteil Heinrichsgrün am linken Ufer der Weißen Elster. Sie wurde 1905/1907 im Stil des Historismus für einen Maschinenbauunternehmer errichtet.

St. Marien Überquert man weiter westlich die Weiße Elster, kommt man zu der um 1400 gebauten einschiffigen Kirche St. Marien.

Otto-Dix-Haus Daneben steht das Geburtshaus von Otto Dix (Mohrenplatz 4), in dem eine Dokumentation zu seinem Leben und Schaffen und etliche seiner Gemälde, Zeichnungen und Druckgrafiken gezeigt werden (Öffnungszeiten: Mo. 13.00 – 17.00, Di. 13.00 – 20.00, Mi. – Fr. 10.00 bis 17.00, Sa., So., Fei. 10.00 – 18.00 Uhr).

BUGA-Gelände An der Weißen Elster erstreckt sich der **Hofwiesenpark**, der 2007 zusammen mit der mustergültig sanierten Uranbergbaulandschaft der früheren deutsch-sowjetischen der Wismut AG (► Baedeker Special S. 258/259) bei Ronneburg Schauplatz einer viel besuchten Bundesgartenschau war.

Bergfried Osterstein Das einzige noch erhaltene Bauzeugnis des einstigen Schlosses Osterstein und beliebtes Ausflugsziel ist dieser mittelalterliche Turm inmitten des großen Geraer Stadtwaldes.

Umgebung von Gera

Die alte Bischofsstadt Zeitz 23 km nördlich von Gera liegt bereits in   **Zeitz**
Sachsen-Anhalt. Das barocke **Schloss Moritzburg**, auf den Ruinen einer bischöflichen Residenz gebaut, ist heute als Museum zugänglich. Gezeigt werden Werke der bildenden Kunst, altes Glas, Zinn und schönes Porzellan. In der Krypta (10. Jh.) der **Schlosskirche** befinden sich die Särge der Herzöge von Sachsen-Zeitz und die Grabstätte des Naturforschers Georg Agricola (1494 – 1555). Von den eindrucksvollen Bürgerhäusern sei vor allem auf das **Seckendorffsche Palais** (Am Brühl 11) hingewiesen. Von der ehemaligen Stadtbefestigung sind noch sechs Wehrtürme und Teile der Stadtmauer erhalten. Unter der Stadt kann man ein mittelalterliches Gängesystem begehen.

Der alte Stadtkern mit dem zweitürmigen **Renaissancerathaus** bildet   **Eisenberg**
ein reizvolles Ensemble. Um den **Marktplatz** gruppieren sich die einschiffige spätgotische Stadtkirche **St. Peter** (1494), die Superintendentur (1580), ein dreigeschossiger Renaissancebau, und der **Mohrenbrunnen** (1727). Das **Schloss Christianenburg** (1678 – 1692) beherbergt das Landratsamt. Die **Schlosskirche** (1680–1692) mit Wand- und Deckengemälde italienischer Künstler wird als Konzertsaal genutzt. Sehenswert ist auch der **Schlossgarten** (1683) mit Rosengarten. Wanderwege führen von Eisenberg im Raudatal aufwärts, wegen der früher zahlreichen Sägemühlen auch als **Mühltal** bekannt.

★ ★ Görlitz

P 8

Bundesland: Sachsen   **Höhe:** 221 m ü. d. M.
Einwohnerzahl: 58 000

»Für mich ist Görlitz eine der schönsten Städte Deutschlands und sollte nicht nur ein Geheimtipp unter Kennern sein«, formulierte Günter Blobel, der Medizin-Nobelpreisträger von 1999. Dieses Ensemble aus Architekturzeugnissen der Renaissance, des Barock, des Klassizismus, des Historismus, der Gründerzeit und des Jugendstils muss man gesehen haben.

Die Europastadt Görlitz (sorbisch Zhorjelc, polnisch Zgorzelec), die   **Geschichte**
östlichste Stadt Deutschlands, ist an der mittelalterlichen »via regia« entstanden. Im Jahre 1071 erstmals urkundlich als »Gorelic« erwähnt, entwickelte sich die Siedlung auf dem 15. Meridian rasch zu einem wichtigen Handelsplatz. Der mittlerweile stark befestigte und mit vielerlei Rechten ausgestattete Ort spielt ab 1346 eine führende Rolle im Oberlausitzer Sechsstädtebund. Trotz wechselnder Herrschaften verdankte die Stadt ihren Wohlstand der langen Zugehörigkeit der Lausitz zum Königreich Böhmen. Zu wirtschaftlicher Macht

▶ GÖRLITZ ERLEBEN

AUSKUNFT

Görlitz-Information
Brüderstr. 1
02826 Görlitz
Tel. (0 35 81) 47 57-0
Fax 47 57 27
www.goerlitz.de

ESSEN

▶ Erschwinglich

① *Schneider-Stube*
Peterstr. 8 (im Hotel Tuchmacher)
02826 Görlitz
Tel. (0 35 81) 4 73 16 66
Gediegen speisen im Kreuzgewölbe
eines restaurierten Renaissance-
Bürgerhauses von 1528.

▶ Preiswert

② *Dreibeiniger Hund*
Büttnerstr. 13
02826 Görlitz
Tel. (0 35 81) 42 39 80
Beeindruckende Gewölbe, barocke
Holzbalkendecken, ein offener Kamin
und Wandmalereien des 19. Jahrhunderts sorgen für rustikales Flair. Auf
den Tisch kommen traditionelle Gerichte aus der Lausitz, nach alten
Rezepten zubereitet.

ÜBERNACHTEN

▶ Komfortabel

① *Sorat*
Struvestr. 1
02826 Görlitz
Tel. (0 35 81) 40 65 77
Fax 40 65 79
www.sorat-hotels.com
Charmantes Hotel garni in einem
wunderschönen Jugendstilhaus im
Zentrum, wenige Gehminuten zum
Ober- und Untermarkt.

② *Mercure Parkhotel Görlitz*
Uferstr. 17, 02826 Görlitz
Tel. (0 35 81) 66 26 66, Fax 66 26 62
www.mercure.com
Großzügiges, sehr gepflegtes Haus mit
wohnlich eingerichteten Zimmern,
Restaurant, Schwimmbad, Sauna und
Fitnessabteilung.

▶ Günstig

③ *Europa*
Berliner Str. 2, 02826 Görlitz
Tel. (0 35 81) 42 35-0, Fax 42 35-30
www.hotel-europa-goerlitz.de
Mitten in der Fußgängerzone bietet
das kleine Hotel schnörkellose und
praktische Zimmer.

gelangt, war es eine der Geburtsstätten des Humanismus. Jacob Böhme (1575 – 1624, Schuhmacher, Naturphilosoph und Mystiker) gilt
als einer der frühen geistigen Wegbereiter der klassischen deutschen
Philosophie. Von historischer Bedeutung war die Unterzeichnung
des Görlitzer Abkommens am 6. Juli 1950, eines Staatsvertrages zwischen der DDR und Polen über die Anerkennung der **Oder-Neiße-
Grenze** in der polnischen Nachbarstadt Zgorzelec.

Sehenswertes in Görlitz

Postplatz   Die Straßenzüge und Bauten um den Postplatz im heutigen Stadt-
und Geschäftszentrum stammen vor allem aus dem späten 19. Jahr-

hundert. Lediglich die **Frauenkirche** am Marienplatz ist eine Schöpfung der Spätgotik (1459–1486). Von hier blickt man zum **Dicken Turm** (vor 1305) mit dem 1477 in Sandstein gehauenen Stadtwappen. Linker Hand befindet sich das Görlitzer **Naturkundemuseum**. Dahinter folgt die von einem spätgotischen Statuenzyklus gezierte **Annenkapelle** (1508 – 1512).

Vom Marienplatz kommt man über den Demianiplatz zum Kaisertrutz, einem massigen Rondell, das 1490 in die Stadtbefestigung miteinbezogen wurde. Hier sind die **Städtischen Sammlungen für Geschichte und Kultur** untergebracht. Zum Obermarkt hin erhebt sich der vor 1376 errichtete **Reichenbacher Turm**, der 1485 seinen Oberbau und 1782 seine barocke Haube erhielt. Der Turm trägt die Wappen des Lausitzer Sechsstädtebundes. In seinem Inneren ist eine Waffensammlung zu sehen.

Kaisertrutz

Görlitz Orientierung

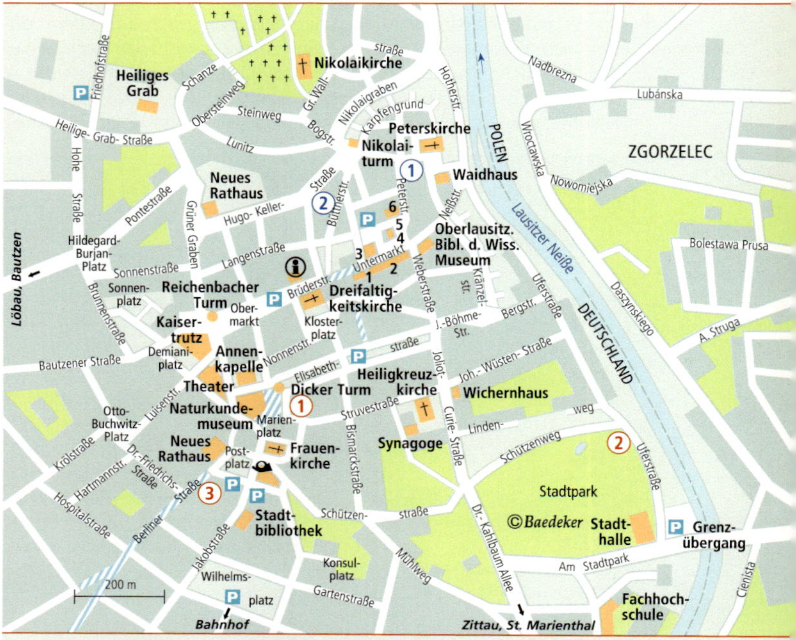

1 Schönhof	**3** Altes Rathaus	**5** Alte Börse
2 Lange Läuben	**4** Waage	**6** Ratsapotheke

Übernachten
① Sorat ③ Europa
② Mercure

Essen
① Schneider Stube
② Dreibeiniger Hund

Obermarkt

Hinter dem Reichenbacher Turm öffnet sich der vom Barock geprägte große Obermarkt. Das schönste Bürgerhaus ist das 1718 erbaute sog. **Napoleonhaus** (Nr. 29) mit üppiger figürlich-plastischer Stuckverzierung an seiner Nordseite. Von seinem Balkon nahm Napoleon im Jahre 1813 auf seinem Rückzug aus Russland eine Parade seiner noch verbliebenen und geschlagenen Truppen ab. Gegenüber steht die gotische **Dreifaltigkeitskirche** (14./15. Jh.) mit einem Mönchsgestühl von 1484, einer Grablegung von 1492, einem um 1500 entstandenen »Christus in der Rast« sowie mit einem um 1511 geschaffenen Wandaltar der »Goldenen Maria« und einem hochbarocken Altaraufsatz von 1713. Den östlichen Ausgang des Obermarktes, die Brüderstraße, flankieren in eindrucksvoller Geschlossenheit Renaissance- und Barockbauten.

Schönhof ▶

Rechter Hand ragt der Schönhof (Nr. 8) etwas in die Straße hinein. Mit seiner reichen Pilastergliederung am Eckerker ist er eines der schönsten und auf jeden Fall das **älteste erhaltene deutsche Renaissance-Bürgerhaus**. Es wurde 1526 von Wendel Roskopf d. Ä. erbaut und beherbergt heute das **Schlesische Museum zu Görlitz**.

Untermarkt

Spätgotische, Renaissance- und Barockhäuser geben auch dem Untermarkt, den man nun betritt, seine Atmosphäre. Hier schlug quasi das Herz der mittelalterlichen Stadt. Höchst eindrucksvoll ist das in mehreren Bauetappen gewachsene Rathaus. Als kunsthistorisches Kleinod gilt der vor 1378 errichtete älteste Teil des repräsentativen

Görlitz – die altbekannte Stadt an der Neiße. Im Blick: die Kirche St. Peter-und-Paul

Bauwerks. Die berühmte Rathaustreppe mit ihrer 1591 von Hans
Walther III. gestalteten Justitia-Säule wurde bereits 1537 von Wendel
Roskopf gebaut. Den Rathausturm zieren zwei 1584 angebrachte
Kunstuhren. Die Hallenhäuser auf dem Untermarkt (Läuben 2 – 5)
erinnern mit ihrer noch originalen Innenarchitektur an die **wirtschaftliche Blütezeit** der Stadt zwischen 1480 und 1547. Im Zentrum
des Untermarktes steht eine Häusergruppe, die bereits seit dem
14. Jh. als »Zeile« bezeichnet wurde. Bemerkenswert sind die um
1600 errichtete Waage und die dahinter anschließende barocke Alte
Börse. Gegenüber steht die Ratsapotheke von 1550 mit zwei Sonnen-
uhren; das Nachbarhaus Nr. 22 wird wegen des akustischen Effekts
seines spätgotischen Portals auch **»Flüsterbogen«** genannt.

◄ Rathaus

◄ Ratsapotheke

Von der Südostecke des Untermarkts – hier steht der **Gasthof »Brau-
ner Hirsch«**, im 17. Jh. geistiger Mittelpunkt der Stadt – führt die
Neißstraße hinab zum Fluss. Über die 2004 an historischer Stelle
wiederaufgebaute **Altstadtbrücke** kommt man hinüber nach Zgore-
lec, den polnischen Teil von Görlitz. Bemerkenswerte Bauten an der
Neißstraße sind die **Oberlausitzische Bibliothek der Wissenschaften**
(Nr. 30) mit ihrem prächtigem Barockportal (1726–1729) sowie das
»Biblische Haus« (Nr. 29) von 1570 mit Reliefszenen aus der Bibel,
eines der bedeutendsten Gebäude der deutschen Renaissance

Neißstraße

Die Peterstraße führt vom Untermarkt zur Pfarrkirche St. Peter und
Paul (1423–1497), dem spätgotischen Nachfolgebau einer um 1230
geweihten spätromanischen Basilika. Die Renaissance fügte dieser **ge-
waltigen mittelalterlichen Bauleistung** in Görlitz u. a. die seitlichen
Portalvorhallen hinzu, die Neugotik 1889–1891 die beiden Türme.
Die Hallenkrypta St. Georg gilt als schönster spätgotischer Raum der
Oberlausitz. Über dem Steilabfall zur Neiße (rechts der Kirche) steht
das wehrhafte **Waidhaus** (Renthaus), der älteste Profanbau der Stadt.

St. Peter und Paul

Von St. Peter und Paul geht es am Nikolaiturm (14. Jh.) vorbei in die
Nikolaivorstadt, den ältesten Teil von Görlitz. Hier steht die
1452 – 1520 anstelle einer Vorgängerin errichtete Nikolaikirche. Auf
ihrem Friedhof gibt es zahlreiche barocke Grabdenkmäler, darunter
auch jenes für den Philosophen Jacob Böhme. Im Westen der Nikolaivorstadt liegt das kunsthistorisch bedeutende **Heilige Grab**
(1481–1504). Die Anlage ist eine Kopie des Heiligen Grabes in Jerusalem und symbolisiert die Stätten der Passion Christi. Das Görlitzer
Heilige Grab gilt als **erster Versuch von Landschaftsgestaltung in Europa**.

Umgebung von Görlitz

Ein beliebtes Ausflugsziel ist die Landeskrone im Südwesten der
Stadt – mit Aussichtsturm, Theodor-Körner-Denkmal und Gaststätte.
Schön ist es auch auf den **Königshainer Bergen** westlich von Görlitz

an. Hier wandert man zum Teufelsstein und zum Hohenstein. In Markersdorf, 6 km westlich an der B 6, lohnt das Schlesisch-Oberlausitzer Dorfmuseum einen Besuch.

18 km südlich von Görlitz liegt das **Kloster St. Marienthal** idyllisch im Tal der Neiße. Mit der natürlichen Schönheit des grünen Flusstals konkurriert der farbenprächtige Barock der weitläufigen Anlage, die 1234 als erstes der beiden einzigen **Zisterzienserinnenkloster** im heutigen Sachsen gegründet wurde und im 17. und 18. Jh. ihr heutiges Aussehen erhielt (das zweite ist St. Marienstern in Panschwitz-Kuckau ► S. 312). Klosterkirche, Kreuzkapelle und Bibliothek von St. Marienthal können im Rahmen einer Führung besichtigt werden. Nach einer Klosterführung kommt eine Rast in der gemütlichen Klosterschänke der Marienthaler Nonnen gerade richtig, die hier köstliches Backwerk aus der eigenen Backstube – und Deftigeres – auftragen.

✴ Gotha

G 9

Bundesland: Thüringen
Einwohnerzahl: 48 000

Höhe: 311 m ü. d. M.

Die einstige Residenzstadt des Herzogtums Sachsen-Gotha ist eine der ältesten Siedlungen Thüringens. Berühmt wurde der Ort durch die »Geographische Anstalt« von Justus Perthes (1749–1816).

Geschichte Gotha ist eine der ältesten Siedlungen Thüringens und wurde 775 in einer Urkunde Karls des Großen erstmals als »Villa Gothaha« erwähnt. Mitte des 12. Jh.s erhielt sie das Stadtrecht. Die Gothaer Bürger trieben einen ausgedehnten Handel v. a. mit Färberwaid, einer Pflanzenfarbe, die heute durch Indigo ersetzt ist. Von 1640 bis 1918 war Gotha Residenzstadt zunächst der Herzöge von Sachsen-Gotha-Altenburg und dann der Herzöge von Sachsen-Coburg und Gotha. Sie alle zogen namhafte Wissenschaftler und Künstler an den Hof und begründeten so den Beinamen »Stadt der Wissenschaften und Künste«.

? WUSSTEN SIE SCHON …?

■ … dass die Hertiefiliale neben der Frauenkirche das einzige Kaufhaus in Deutschland ist, das vor dem Ersten Weltkrieg erbaut wurde? Es entstand schon 1913.

? WUSSTEN SIE SCHON …?

■ … dass die erste Ausgabe des berühmten »Gotha« 1763 im Verlag von Justus Perthes erschienen ist, der später für seine Karten und Atlanten bekannt wurde? Auch wenn das Standardwerk der Genealogie des Adels längst nicht mehr in Gotha selbst verlegt wird, ist der Name geblieben.

● GOTHA ERLEBEN

AUSKUNFT

Tourist-Information
Hauptmarkt 33, 99867 Gotha
Tel. (0 36 21) 50 78 57-0,
Fax 50 78 57-20
www.gotha.de

EVENT

Ekhof-Festival
Die Bühnentechnik des Gothaer
Schlosstheaters bildet die technische
Voraussetzung für das Ekhof-Festival.
Es findet alljährlich von Juni bis
September statt und bringt weitge-
hend unbekannte Stücke des 18. Jh.s
in historisch genauen Inszenierungen
auf die Bühne.

ESSEN

► Erschwinglich
Il Giardino
Schöne Aussicht 5
Tel. (0 36 21) 77 20
Elegantes Restaurant im Hotel Lin-
denhof mit schöner Terrasse.

► Preiswert
Zur Tanne
Bürgeraue 5
Tel. (0 36 21) 21 16 90
In dem Gasthaus mit Café und

Biergarten gibt es vorwiegend
Gutbürgerliches, so auch leckeres
Wildgulasch mit Preiselbeerschaum
und Thüringer Klößen sowie feine
hausgebackene Kuchen.

ÜBERNACHTEN

► Komfortabel
Am Schlosspark
Lindenauallee 20, 99867 Gotha
Tel. (0 36 21) 44 20, Fax 44 24 52
www.hotel-am-schlosspark.de
Ruhige Lage, geschmackvoll ein-
gerichtet. Freundliches Restaurant
mit Wintergarten.

► Günstig
Waldbahn Hotel
Bahnhofstr. 16, 99867 Gotha
Tel. (0 36 21) 23 40, Fax 23 41 30
www.waldbahn-hotel.de
Gut geführtes Haus in der Nähe vom
Bahnhof.

Landhaus Hotel Romantik
Salzgitterstr. 76, 99867 Gotha
Tel. (0 36 21) 3 64 90, Fax 36 49 49
www.landhaus-hotel-romantik.de
Charmanter Familienbetrieb mit
Zimmern im Landhausstil und einem
schönen Garten.

Sehenswertes in Gotha

Die Stadt wird von der größten frühbarocken Schlossanlage Deutschlands beherrscht. Von 1643 bis 1654 ließ Ernst I. von Sachsen-Gotha-Altenburg (Ernst der Fromme) Schloss Friedenstein erbauen.
Dieses beherbergt heute Museen mit bedeutenden Kunstschätzen sowie eine in Europa einzigartige Sammlung alter Landkarten, Atlanten
und Globen.

In den ehemaligen herzoglichen Repräsentations- und Wohnräumen
finden sich bedeutende Sammlungen altdeutscher und niederländischer Gemälde, Plastiken des Mittelalters und des Klassizismus, eine

✶
**Schloss
Friedenstein**

◄ Schlossmuseum

In barocker Pracht glänzt der Festsaal von Schloss Friedenstein.

der ältesten Ägypten-Sammlungen Europas, ein bedeutendes Münzkabinett, Kupferstiche sowie Kunstkammerschätze, darunter das berühmte »Gothaer Liebespaar«.

Museum für Regionalgeschichte und Volkskunde ▶

In der größten heimatgeschichtlichen Sammlung Thüringens erfährt der Besucher anhand zahlreicher Exponate, wie die Menschen dieser Gegend in den vergangenen Jahrhunderten gelebt haben.

Theatermuseum ▶

Dieses Museum neben dem Ekhof-Theater befasst sich mit der Theatergeschichte im Allgemeinen und auch mit der des Ekhof-Theaters. Zu sehen sind u. a. historische Bühnenbilder und Kostüme.

Ekhof-Theater ▶

Im Westflügel des Schlosses befindet sich das Ekhof-Theater. **Konrad Ekhof** (1720–1778) begründete 1775 im Gothaer Schloss das erste deutsche Hoftheater mit festem Sitz und festem Ensemble. Das Theater besitzt eine der ältesten barocken Bühnen der Welt mit einer noch funktionstüchtigen hölzernen Kulissenmaschine von 1683.

Schlosskirche, Fürstengruft ▶

Unter der Schlosskirche in der Fürstengruft haben Mitglieder des Hauses Sachsen-Gotha-Altenburg ihre letzte Ruhestätte gefunden.

Kasematten ▶

Schloss Friedenstein besaß von 1663 bis 1778 eine eigene starke Wehr- und Befestigungsanlage. Deren oberirdische Teile sind längst abgetragen. Teilweise zu besichtigen sind die original erhaltenen unterirdischen Kasematten. Sie gehören zu den bedeutendsten Anlagen ihrer Art im späten Mittelalters. Die Nordbastion ist freigelegt.

★
Museum der Natur

Wenige Gehminuten südlich vom Schloss erreicht man das **größte naturkundliche Museum Thüringens**, im Gebäude des früheren Herzoglichen Museums. Die über 300 Jahre alten Stücke aus der herzoglichen Kunst- und Naturaliensammlung sind besonders wertvoll.

Der riesige Schlosspark mitten in der Stadt ist eine Sehenswürdigkeit. Auf Geheiß von Herzog Ernst II. von Sachsen-Gotha-Altenburg entstand 1765 südlich der Schlossparkanlagen der erste klassische Englische Landschaftsgarten außerhalb Großbritanniens mit den Grundelementen Teich, Merkur-Tempel und »Heiliger Insel«.

Englischer Garten (Schlosspark)

Mitte des 18. Jh.s wurde östlich des Schlosses inmitten eines weitläufigen Barockgartens die Orangerie gebaut. Ihr gegenüber steht ein Dreiflügelbau mit Springbrunnen im Ehrenhof.

Orangerie und Schloss Friedrichsthal

Von den Kaskaden der Kasseler Wilhelmsburg inspiriert ist die Wasserkunst am Schlossberg beim oberen Hauptmarkt.

Wasserkunst

Herzstück der historischen Altstadt ist das 1567 erbaute **Renaissance-Rathaus** – ursprünglich ein Kaufhaus, danach Residenz und seit 1665 Sitz des Stadtrats. Auffallend sind das schöne Renaissanceportal an der Nordseite und eine Kopfskulptur mit beweglichem Unterkiefer. Das Rathaus ist umrahmt von denkmalgeschützten **Bürgerhäusern** (16./17. Jh.); manche haben Ziersteine mit Bibelzitaten, so die Häuser »Zur goldenen Schelle« und »Zur silbernen Schelle«. Putten auf Delfinen schmücken den **Schellenbrunnen**. Ein Pumpwerk von 1895 in den Kellerräumen des Cranach-Hauses (Hauptmarkt Nr. 17) pumpt das Wasser vom Leinakanal 9 m hinauf zur Wasserkunst.

✱ Hauptmarkt

◄ Aussichtsplattform Rathausturm
Mai – Okt.
11.00 – 18.00,
Nov. – April
11.00 – 16.00

Am unteren Hauptmarkt steht das Geburtshaus von **Ernst Wilhelm Arnoldi** (1778 – 1841), der 1820 die **erste Feuerversicherungsbank** und 1827 die **erste Lebensversicherungsbank** begründete, aus denen die »Gothaer Allgemeine Versicherung AG« und »Gothaer Lebensversicherung AG« (heute Köln) hervorgegangen sind. **Hinweis:** Das Gothaer Haus der Versicherungsgeschichte (Bahnhofstr. 3a) ist vorübergehend geschlossen.

> **!** *Baedeker* TIPP
>
> ### Auf geht's mit der Waldbahn
> Die im Volksmund »Urwaldrumpel« genannte Thüringer Waldbahn fährt mit der Linie 4 in die Erholungsorte Friedrichsroda und Tabarz. Mit diesem Verkehrsmittel kommt man in Boxberg an der ältesten Pferderennbahn Deutschlands vorbei, erreicht Schloss Reinhardbrunn, das Städtchen Waltershausen und die Marienglashöhle.

Die spätgotische Hallenkirche am Neumarkt wurde im 17. und 18. Jh. barock umgebaut. Am Brautportal erinnern zwei Standbilder an die Reformatoren Martin Luther und Philipp Melanchthon. Imposant ist auch der große Epitaph von 1728 für Herzog Ernst I. Nahebei wurde das **Löfflerhaus**, ursprünglich eine Freischule für arme Kinder, in einen Handwerkerhof umgestaltet (Margarethenstr. 2 – 4).

Margarethenkirche

Am nahen Brühl steht Maria Magdalenae, das im 18. Jh. anstelle eines früheren, wohl von der hl. Elisabeth von Thüringen gegründeten Hospitals erbaut wurde.

Hospital Maria Magdalenae

Augustinerkirche Am Klosterplatz liegt die Augustinerkirche, eine im 13. Jh. errichtete ehemalige Klosterkirche mit einem malerischen Kreuzgang. **Martin Luther** predigte hier mehrmals in den Jahren 1521 bis 1529.

Tivoli Im Haus Am Tivoli 3 wurde sozialdemokratische Geschichte geschrieben. 1875 fand hier der **Vereinigungsparteitag** statt. Die **Sozialdemokratische Arbeiterpartei** von August Bebel vereinigte sich mit dem **Allgemeinen Deutschen Arbeiterverein** von Ferdinand Lassalle zur Sozialistischen Arbeiterpartei (SAP). Dafür hatten sie sich auf das reformerisch ausgerichtete »Gothaer Programm« verständigt und wurden deshalb von Karl Marx und Friedrich Engels in der »Kritik des Gothaer Programms« (1875) scharf angegriffen. Dass die Gründungsversammlung in Gotha stattfand, lag an der liberalen Politik des Herzogtums, das konsequent die Preußische Einigungspolitik vertrat. Übrigens: 1890/1891 gründete sich die SAP neu unter dem Namen SPD, diesmal jedoch in Erfurt.

Umgebung von Gotha

✳
Großer Inselsberg
Vom Großen Inselsberg (916 m ü. d. M.), der sich 25 km südwestlich von Gotha im ▶Thüringer Wald erhebt, kann man herrliche Ausblicke genießen.

Waltershausen Wer sich für Puppen interessiert, ist in der 14 km südwestlich von Gotha gelegenen thüringischen Puppenstadt Waltershausen goldrichtig. 1176 wurde die **Burg Tenneberg** errichtet, die im 18. Jh. im Barockstil umgebaut wurde. Besonders schön ist neben der Burgkapelle und dem Taufstein die Eingangsfront mit den Fensterrahmungen als Vorhangbögen. Im Festsaal, einem von drei erhaltenen Barockräumen, ist eine Ausstellung des Heimatmuseums zur **Geschichte der Puppenherstellung** zu sehen. Lediglich die Bohlenstuben und der Gewölbekeller kann man im gotischen Fachwerkstil erbauten **Rathaus** besichtigen. Das Klaustor (1390) ist der einzige noch erhaltene Torturm der Stadtbefestigung.
Die barocke **Stadtkirche Zur Gotteshilfe** mit einem älteren Turm besitzt einen in Thüringen einzigartigen Zentralbau. Ihre Trosterorgel ist fast 300 Jahre alt.

✳
Marienglashöhle
Unweit Friedrichrodas, 17 km südwestlich von Gotha, liegt die Marienglashöhle, **eine der schönsten und größten Gipskristallhöhlen in Europa**. Bei Führungen lernt man das Schaubergwerk, die Kristallgrotte und den Höhlensee kennen.

Ohrdruf Auch Ohrdruf, 15 km südlich von Gotha, wo 723 der »Apostel der Deutschen« Bonifatius seine Mission in Thüringen begann, besitzt ein Schloss, **Ehrenstein** genannt (1550 – 1590). Dieser Renaissancebau mit Rokokosaal hat ein reich geschmücktes Portal und einen mächtigen Turm. Wahrzeichen des Ortes ist aber der Turm der im

Zweiten Weltkrieg zerstörten **Michaeliskirche**, in der über ein Jahrhundert lang Mitglieder der Familie Bach als Organisten gewirkt haben.

Eine Attraktion ist das technische Denkmal Tobiashammer, eine ◀ Tobiashammer
Hammerschmiede mit **einer der größten Dampfmaschinen Europas**. Hier sind u. a. mehrere funktionstüchtige Fallhämmer, ein Walzwerk, ein Schleifwerk und Glühöfen zu besichtigen.

★ Greifswald

M 2

Bundesland: Mecklenburg-Vorpommern   **Einwohnerzahl:** 53 000
Höhe: 6 m ü. d. M.

Einst prägte der Seehandel – Greifswald war Mitglied der Hanse – das Leben der Stadt, dann die Universität, nach Rostock die zweitälteste Norddeutschlands. Den Zweiten Weltkrieg hat die 5 km von der Ostseeküste entfernte Stadt nahezu unbeschadet überstanden.

Die Siedlung Greifswald entstand im 13. Jh. in der Nähe des Klosters   Geschichte
Eldena als Niederlassung von Kaufleuten und Handwerkern. Der 1248 als »oppidum gripheswald« erwähnte Ort kam 1249 in den Be-

Schön anzusehen: Backsteingotik am Greifswalder Marktplatz

▶ GREIFSWALD ERLEBEN

AUSKUNFT

Fremdenverkehrsverein
Rathaus am Markt
17489 Greifswald
Tel. (0 38 34) 52 12 808, Fax 52 13 82
www.greifswald.info

ESSEN

▶ **Erschwinglich**
Fischerhütte
An der Mühle 8, Wieck
Tel. (0 38 34) 83 96 54
Zünftig Fisch essen direkt am Bodden.

▶ **Preiswert**
Domburg
Domstr. 21
Tel. (0 38 34) 77 63 51
Uriges, traditionsreiches Gasthaus, das
für seine bodenständige regionaltypi-
sche Küche bekannt ist. Probieren Sie
die Bratkartoffeln!

ÜBERNACHTEN

▶ **Komfortabel**
Kronprinz
Lange Str. 22, 17489 Greifswald
Tel. (0 38 34) 79 00, Fax 79 01 11
www.hotelkronprinz.de
Direkt im Zentrum: funktionelle
Zimmer, schickes Restaurant im Stil
einer Brasserie.

Baedeker-Empfehlung

▶ **Günstig**
Maria
Dorfstr. 45
17493 Greifswald-Wieck
Tel. (0 38 34) 84 14 26
www.hotel-maria.de
Kleines Hotel mit netten, rustikal
eingerichteten Zimmern – idyllisch
am Greifswälder Bodden gelegen.

sitz der Herzöge von Pommern. Diese verliehen ihm 1250 das Lübecker Stadtrecht. Ab 1278 war die junge Stadt Mitglied der Hanse.
1456 gründete Bürgermeister Heinrich Rubenow die **Universität**, die
sich alsbald in Deutschlands Norden einen Namen machte und mit
berühmten Namen wie Ernst Moritz Arndt, Ulrich von Hutten,
Theodor Billroth oder Ferdinand Sauerbruch glänzt.

Sehenswertes in Greifswald

Mittelpunkt der alten Hansestadt ist der denkmalgeschützte Markt
mit dem gotischen Backsteinrathaus. Den Platz zieren schöne Bürgerhäuser aus verschiedenen Jahrhunderten. Bedeutende Beispiele
für die Profanarchitektur der **norddeutschen Backsteingotik** sind die
Bürgerhäuser Nr. 11 und Nr. 13 an der östlichen Platzseite mit prächtigen Giebelfassaden mit Blendarchitektur aus glasierten Ziegeln.

**Pommersches
Landesmuseum**
Auf dem Gelände des alten Franziskanerklosters, von dem noch das
Guardianshaus erhalten ist, befindet sich das Pommersche Landes-
museum mit seiner sehenswerten **Gemäldegalerie** (u. a. Werke von
Caspar David Friedrich, Frans Hals, Vincent van Gogh).

Noch über die Fußgängerzone Schuhhagen hinaus in nördliche Richtung kommt man zur Marienkirche (13. Jh.), einer dreischiffigen, kreuzrippengewölbten Hallenkirche mit **gewaltiger Raumwirkung** und prachtvoller, intarsienverzierter Renaissancekanzel (1587). Unter den Grabsteinen aus dem 14. bis 18. Jh. befindet sich auch der des 1462 ermordeten Bürgermeisters Heinrich Rubenow.

✱
Marienkirche

Das Viertel nördlich der Marienkirche ist ein interessantes Beispiel für die Altstadtsanierung der 1970er-Jahre in der damaligen Deutschen Demokratischen Republik.

»Rekonstruktionsviertel«

Westlich von Rathaus und Marktplatz erhebt sich der imposante Dom St. Nikolai (13. Jh.; im 15. Jh. nach Osten erweitert und zur Basilika umgebaut), eine der interessantesten gotischen Backsteinkirchen Mecklenburgs mit Barockhaube. Das Innere wurde 1824 bis 1833 im neogotischen Stil umgestaltet. Erhalten blieben jedoch spätgotische Gemälde und Wandmalereien (1420–1450) sowie einige Grabmäler.

✱
Dom St. Nikolai

> **!** *Baedeker* TIPP
>
> **Ab in die Botanik!**
> Der botanische Garten der Universität aus dem 18. Jh., etwas abseits hinter den Institutsgebäuden gelegen, entpuppt sich für Pflanzenfreunde und Gartenliebhaber als Genuss. Schauen Sie unbedingt in das 12 m hohe Palmenhaus!

An der Kreuzung von Dom- und Rubenowstraße steht das 1747 bis 1750 errichtete Gebäude der **Ernst-Moritz-Arndt-Universität** mit dem Denkmal des Gründers Heinrich Rubenow davor.

Im östlichen Stadtteil Eldena steht an der Straße nach Wolgast die imposante Ruine des 1199 gegründeten Zisterzienserklosters. Die säkularisierte Anlage wurde 1637 von schwedischen Truppen geplündert und verfiel. Erst im Zuge der Romantik erwachte das Interesse an der Ruine und 1827 wurden erste Sicherungsmaßnahmen unternommen. Berühmtheit erlangte die Ruine durch die Gemälde von **Caspar David Friedrich** (▶Berühmte Persönlichkeiten).

✱
Klosterruine Greifswald-Eldena

Das ehemalige Fischerdorf an der Nordseite der Ryckmündung in das Dänische Wiek ist mit seinen reetgedeckten Fischerkaten und Kapitänshäusern ein beliebtes Ausflugsziel. Holländisches Flair erhält der Ort durch die **hölzerne Zugbrücke** (1887). Von Wieck starten Boote zu Rundfahrten durch den Greifswalder Bodden.

Wieck

Umgebung von Greifswald

Knapp 20 km nordöstlich der Stadt liegt der Ort Lubmin am Greifswalder Bodden. Hier gibt es einen großen Industriehafen. Das 1990 stillgelegte einstmals größte Kernkraftwerk der DDR wird derzeit mit großem Aufwand zurückgebaut.

Lubmin

Die Ruine des Klosters Eldena ist heute ein beliebtes Ausflugsziel.

In der alten Hafen- und Hansestadt **Anklam** wurde der Ingenieur und **Luftfahrtpionier Otto Lilienthal** (1848–1896) geboren. In der Ellbogenstraße (Nähe Bahnhof) zeigt das Otto-Lilienthal-Museum u. a. Nachbauten und Modelle der Gleiter, die der Flugpionier entwickelte und erprobte. Nur wenige Gebäude überstanden die schweren Zerstörungen des Zweiten Weltkriegs, darunter die **Marienkirche** (13. Jh.) mit schönen gotischen Wandmalereien. Von der mittelalterlichen Stadtbefestigung blieben nur das **Steintor** in der Schulstraße (14. Jh.) und der **Pulverturm** südlich vom Markt erhalten.

Große Abschnitte des **Peenetals** nordwestlich und nordöstlich von Anklam gehören zum Naturschutzgebiet Peenetalmoor, dem **größten Niedermoorgebiet Mitteleuropas**. Diese vom Menschen nur wenig beeinflusste Landschaft ist Lebensraum zahlreicher vom Aussterben bedrohter Pflanzen- und Tierarten. Sogar Biber gibt es hier noch.

In **Spantekow**, etwa 15 km südwestlich von Anklam, baute sich **Ulrich von Schwerin** 1558–1567 seinen Stammsitz. Das Herrenhaus blieb erhalten, ist aber durch spätere Umbauten ziemlich entstellt. Sehenswert ist das Renaissancerelief über dem Eingangstor mit den ganzfigurigen Porträts des Schlossherrn und seiner Frau.

Stolpe, Neetzow In Stolpe, knapp 10 km westlich von Anklam an der Peene, gibt es ein Fährhaus und eine Schmiede aus der Zeit um 1800 sowie einen Turmunterbau des 1153 gegründeten **ersten Benediktinerklosters in Vorpommern**. 10 km hinter Stolpe, in Neetzow, steht inmitten eines Landschaftsparks ein 1850 im Neorenaissancestil erbautes Schloss.

Griebenow In Griebenow 10 km westlich von Greifswald ließ sich Graf Keffenbrinck-Rehnschild 1709 ein Schloss (keine Besichtigung) mit Landschaftspark anlegen. Zum Schloss gehört eine ungewöhnliche Kirche (1616), ein hübscher Fachwerkbau mit Zeltdach.

Knapp 30 km westlich von Greifswald liegt Grimmen. Das **gitterförmige Straßennetz** ist typisch für eine Stadt, die im Zuge der frühen Ostkolonisation gegründet wurde. Sehenswerte Baudenkmäler sind das um 1400 erbaute **Rathaus** und die gotische Stadtkirche **St. Marien** (um 1280) mit einem Rats- und Zunftgestühl aus dem späten 16. Jh. und einer geschnitzten Kanzel von 1707. Drei **Stadttore** sind die Reste der Stadtbefestigung aus dem 15. Jahrhundert.

Grimmen

Eine besonders schöne Dorfkirche besitzt Kirch Baggendorf, 10 km südwestlich von Grimmen. Der Feldsteinbau (1250) ist vor allem wegen seiner **gotischen Ausmalung** (um 1400) sehenswert.

✱
Kirch Baggendorf

✱ Greiz

K 9

Bundesland: Thüringen
Einwohnerzahl: 23 000

Höhe: 265 m ü. d. M.

Die als »Perle des Vogtlandes« bezeichnete Kreisstadt liegt im Tal der Weißen Elster im Südosten von Thüringen. Hier residierten bis 1918 die Fürsten von Reuß älterer Linie; außerdem war Greiz bis zur Wende ein bedeutendes Zentrum der Textilindustrie.

Greiz wurde 1209 erstmals urkundlich erwähnt. Um 1300 begründete Vogt Heinrich II. Reuß von Plauen die Linie Reuß-Greiz und machte Greiz zum Herrschaftssitz der Reußen. 1802 verwüstete ein verheerendes Feuer die Stadt. Dass Greiz im Zweiten Weltkrieg nicht zerstört wurde, verdankt sie Hauptmann Kurt von Westernhagen, der sinnlose Durchhaltebefehle verweigerte und die Stadt in den letzten Kriegswochen kampflos an die Amerikaner übergab. Er wurde noch am 14. April 1945 als »Deserteur« auf dem heute nach ihm benannten Platz erschossen.

Geschichte

Ab dem 17. Jh. hatte Greiz eine bedeutende Textilindustrie. Aus den vielen Webereien wurde nach 1945 der Großbetrieb VEB Greika (Greizer Kammgarn-Weberei) mit fast 6000 Beschäftigten. Seine Produkte waren nicht nur in der DDR, sondern auch in der BRD begehrt. Nach der Wiedervereinigung wurde die »Greika« abgewickelt; an den Folgen tragen Stadt und Umland bis heute schwer.

Greizer Textilindustrie

Sehenswertes in Greiz

Zwei Residenzschlösser bestimmen das Bild der Stadt und bezeugen die Reußischen Erbteilungen: das Obere Schloss Greiz und das Unte-

Residenz-schlösser

▶ GREIZ ERLEBEN

AUSKUNFT
Tourist-Information
Burgplatz 12 (Unteres Schloss)
07973 Greiz
Tel. (0 36 61) 68 98 15, www.greiz.de

ESSEN
▶ **Preiswert**
Landgasthof Petzold
Ökonomenweg 1
Tel. (0 36 21) 24-790, Fax 24-106
6 km außerhalb der Stadt gibt es

leckere thüringische und vogtländische Spezialitäten.

ÜBERNACHTEN
▶ **Günstig**
Schlossberghotel
Marienstr. 1 – 5, 07973 Greiz
Tel. (0 36 61) 62 21 23
www.schlossberghotel-greiz.de
Gepflegtes und behindertengerecht
ausgestattetes Stadthotel mit schönem
Blick auf das Obere Schloss.

re Schloss Greiz. Greiz hatte zwei Parkanlagen und zwei Marställe,
zwei Bürgermeister und zwei Galgen.

Oberes Schloss ▶ Das Wahrzeichen der Stadt thront weithin sichtbar auf einem Berg-
kegel. Die Schlossanlage besitzt ein Schanzenrondell, einen Turmfel-
sen, eine kürzlich wiederentdeckte Doppelkapelle und eine barocke
Schlosskirche im Bereich des mittelalterlichen Palas. Wegen laufender
Sanierungsarbeiten kann man derzeit nur Teile des Schlosses besichtigen, z.B. die ehemalige Wäscherei, den Marstall und die Orangerie.

Unteres Schloss ▶ 1564 erhielt Heinrich der Ältere die Herrschaft Untergreiz und ließ
neben der heutigen Marienkirche seine Residenz errichten. Nach
dem Stadtbrand wurde das Untere Schloss im klassizistischen Stil
neu aufgebaut. Gleichzeitig wurde die Residenz vom Oberen ins Untere Schloss verlegt, das bis 1918 Residenzschloss blieb. In den
prunkvollen Repräsentations- und Wohnräumen ist das **Museum der
Stadt Greiz** mit Ausstellungen zur Geschichte der Stadt und des
Fürstentums Reuß eingerichtet. Im Erdgeschoss (Zugang durch die

★

Textil-
Schauwerkstatt ▶ Tourist-Information) wird die Weberei in Greiz veranschaulicht:
»Was Greiz gewebt und Greiz gefärbt, das hält, bis die Enk'lin
erbt« – sagte früher der Volksmund. Gezeigt werden die Arbeitsgänge
und Techniken von der Hand- bis zur mechanischen Weberei.

Schlossgarten,
Arkaden ▶ Nach historischen Aufzeichnungen wurden der Schlossgarten unterhalb des Unteren Schlosses und die Arkaden wiederhergestellt.

Stadtkirche
St. Marien Das ursprüngliche Gotteshaus wurde 1802 mitsamt seiner Silbermann-Orgel ein Raub der Flammen. Drei Jahre später hat man eine
neue Kirche im Stil des Frühklassizismus errichtet; nur der Turm der
alten Kirche wurde vorbildgetreu nachgebaut.

Hauptwache Auffallend an der Hauptwache gegenüber dem Unteren Schloss ist
der vorgezogene Giebel auf vier dorischen Säulen, an dessen Front

das reußische Landeswappen mit den Initialen von Heinrich XIX. Fürst Reuß prangt. Es wird von zwei Löwen der Plauener Vögte gehalten, die beiden Kraniche stehen für die Herrschaft Kranichfeld.

Nach dem Stadtbrand entstanden entlang der Marktstraße und der Thomasstraße Gebäude in unterschiedlichen Spielarten des Jugendstils. Auffallend ist das große farbige Glasmosaik am Eckhaus Burgstraße/Marktstraße. Florales Dekor sieht man am Haus Burgstr. 5.   **Jugendstilbauten**

Durch Markt- und Thomasstraße gelangt man zum dreieckigen Marktplatz mit einem nach historischen Vorlagen neu gestalteten Marktbrunnen. Das 1840 bis 1842 erbaute Rathaus mit seinem markanten Turm ersetzt den 1802 vernichteten Vorgängerbau.   **Marktplatz, Rathaus**

Vom Marktplatz gelangt man durch eine kleine Passage zu dem Platz, auf dem jener Wehrmachtsoffizier hingerichtet wurde, der Greiz vor der sinnlosen Zerstörung bewahrt hat.   **Von-Westernhagen-Platz**

Im Tal der Weißen Elster erstreckt sich der 60 ha große Greizer Schlosspark. Der Landschaftsgarten im englischen Stil geht auf Carl Eduard Petzold, einen Schüler des »Gartenfürsten« Pückler-Muskau, zurück. Am Eingang vor der Freiheitsbrücke liegt die von den Greizern heiß geliebte **Blumenuhr**; Mittelpunkt des Parks ist der **Binsen-**   **✱ Greizer Schlosspark**

Greiz, Unteres Schloss: Vorführung in der Textil-Schauwerkstatt

teich. Beachtenswert ist auch das **Pinetum**, ein Wald aus exotischen Nadelhölzern, der zu den frühesten seiner Art in Europa gehört.

Sommerpalais ►

Unweit der Brückenstraße steht das Sommerpalais der Reußischen Linie, das – 1769 errichtet – zu den frühesten Beispielen des Louis-XVI-Stils in Mitteldeutschland zählt. Es beherbergt eine europaweit einzigartige **Sammlung von historischen Kupferstichen**, die fürstliche **Bibliothek** sowie das **Satiricum** mit seiner reichen Sammlung historischer satirischer Blätter sowie einer Kollektion von Karikaturen aus der DDR-Zeit. Neben dem Sommerpalais steht das ehemalige herzogliche Küchenhaus, in dem heute ein Café zum Verweilen einlädt.

Weißes Kreuz

Vom Park aus ist das Weiße Kreuz auf dem Hirschfelsen zu sehen. Es wurde zum Gedenken an Prinzessin Sophie von Löwenstein-Wertheim an ihrem einstigen Lieblingsplatz errichtet..

Schöne Aussichtspunkte

Auf dem 325 m hohen Roth nordwestlich des Greizer Parks ist der 1842 erbaute **Pulverturm** ein beliebter Aussichtspunkt. Von dem hoch über dem Talgrund der Weißen Elster errichteten **Gasparinentempel** hat man einen schönen Blick zum Oberen Schloss und auf die Greizer Altstadt.

Umgebung von Greiz

Mausoleum im Waldhaus

Nördlich von Greiz ruht seit 1902 Fürst Heinrich XXII. neben seiner Gemahlin Ida und seinem Sohn Heinrich in einer Grabkapelle.

Weida

In Weida, knapp 20 km nordwestlich von Greiz, lohnt das im Kern romanische **Schloss Osterburg** mit seinem mächtigen Bergfried, dem Heimatmuseum und der Schlosswache einen Besuch.

✶ Güstrow

K 3

Bundesland: Mecklenburg-Vorpommern **Höhe:** 10 m ü. d. M.
Einwohnerzahl: 31 000

Mit Dom, Schloss und Ernst-Barlach-Gedenkstätte sowie zahlreichen Baudenkmälern bietet Güstrow Sehenswürdigkeiten von hohem Rang. Die planvoll angelegte Siedlung kam im 14./15. Jh. durch Wollhandel, Tuchproduktion und Brauereien zu Wohlstand. Ab 1556 war Güstrow Sitz der Herzöge von Mecklenburg-Güstrow, und 1628 – 1630 residierte hier Albrecht von Wallenstein.

Sehenswertes in Güstrow

✶✶

Schloss

Das Schloss von Güstrow ist das **größte Renaissancebauwerk** in Mecklenburg-Vorpommern. Der imposante Dreiflügelbau mit Tür-

⏵ GÜSTROW ERLEBEN

AUSKUNFT

Güstrow-Information
Domstraße 9, 18273 Güstrow
Tel. (0 18 05) 68 10 68, Fax 68 20 79
www.guestrow-tourismus.de

ESSEN

► Erschwinglich
Barlachstuben
Plauer Straße 7
Tel. (0 38 43) 6 93 80
Freundliches Restaurant am Rande
der Altstadt, in dem es nicht nur
Spezialitäten aus der Region, sondern
auch internationale Klassiker gibt.

► Preiswert
Villa Italia
Domplatz 10
Tel. (0 38 43) 68 32 32
Feine mediterrane Küche im reno-
vierten Logenhaus der Freimaurer.

ÜBERNACHTEN

► Komfortabel
Kurhaus am Inselsee
Heidberg 1, 18273 Güstrow
Tel. (03843) 85 00, Fax 85 01 00
www.kurhaus-guestrow.de
Malerisch am Inselsee gelegen und
ideal für einen ruhigen, erholsamen
Aufenthalt. Gemütliche, stilvoll
eingerichtete Zimmer, Restaurant,
Gartenterrasse mit Seeblick und Sau-
na.

► Günstig
Gästehaus am Schlosspark
Neuwieder Weg, 18273 Güstrow
Tel. (0 38 43) 24 59 90, Fax 24 59 92
www.gaestehaus-guestrow.de
Ruhige Unterkunft mit zweckmäßig
eingerichteten Zimmern; für Radur-
lauber sehr geeignet.

---

men, Giebeln und Erkern ist Sitz eines Museums (Waffen, Kunst des 16. und 17. Jh.s, Möbel, antike Keramik). Wunderschön ist der Fest-saal mit Stuck und Deckenmalereien aus dem 16./17. Jahrhundert.

Das klassizistische Ernst-Barlach-Theater am Franz-Parr-Platz ist das **älteste Theater Mecklenburgs** (1828/1829). Im ebenfalls klassizisti-schen Haus Nr. 10 ist das Stadtmuseum untergebracht. **Theater, Stadtmuseum**

Westlich des Franz-Parr-Platzes erhebt sich der gotische Dom St. Ma-ria, St. Johannes Evangelista und St. Cäcilia (1226–1335). Im Innern sind die Apostelfiguren des Lübecker Bildschnitzers Claus Berg (um 1530) sehenswert, der spätgotische Flügelaltar im Chor (um 1500) und das Marmorgrab für Herzog Ulrich III. und seine beiden Ge-mahlinnen (Philipp Brandin; 1585–1599). In der Nordhalle hängt **Barlachs Bronzeskulptur »Der Schwebende«** (1926/1927; 1944 einge-schmolzen; Neuguss 1952). Am Domplatz stehen einige beachtliche Renaissance-Wohnhäuser (Nr. 14, 15/16, 18) aus dem 16./17. Jh. **✷ Dom**

Die Domstraße führt zum Markt, der mit dem klassizistisch umgebauten **Rathaus** (1797/1798) einen markanten Mittelpunkt hat. **Markt**

Ein berühmtes Kunstwerk: »Der Schwebende« von Ernst Barlach im Dom zu Güstrow

Dahinter erhebt sich die die vierschiffige Hallenkirche **St. Marien** (1503–1522). Beachtung verdienen ihr spätgotischer Flügelaltar (1522) und die monumentale Triumphkreuzgruppe (1516).

Deutsches Krippenmuseum
In der 1308 erstmals erwähnten gotischen Heilig-Geist-Kapelle an der Gleviner Straße sind rund 350 verschiedene Weihnachtskrippen aus aller Welt aufgebaut.

✳ **Ernst-Barlach-Gedenkstätten und -Museum**
An zwei Orten in Güstrow kann man dem Werk von Ernst Barlach, dem bedeutenden Bildhauer, Grafiker und Dichter, nachspüren: In der spätgotischen **Gertrudenkapelle** (um 1430) nordwestlich der Altstadt werden bedeutende Werke des Bildhauers gezeigt; südwestlich außerhalb liegt am malerischen Inselsee Barlachs 1931 bezogenes **Atelierhaus** (Heidberg 15) mit dem größten Teil seines künstlerischen Nachlasses. Im neuen Ausstellungsforum ist das **Graphikkabinett** (u. a. Zeichnungen, Handschriften) eingerichtet.

✳ **Natur- und Umweltpark**
Eine besondere Attraktion ist der Natur- und Umweltpark am östlichen Stadtrand. Highlights sind **Freigehege für Wölfe, Luchse und Bären** sowie ein Aqua-Tunnel durch einen Flusslauf und ein hochinteressanter Boden-Erlebnispfad.

Umgebung von Güstrow

Bützow
In Bützow 20 km nordwestlich von Güstrow sind die **frühgotische Backsteinkirche** mit spätgotischem Altar und Renaissancekanzel sowie das **neugotische Rathaus** (1846–1848) sehenswert. In der weiteren Umgebung sieht man noch gut erhaltene Dorfkirchen und typische alte Bauernhäuser (u. a. in Neukirchen, Rühn und Schwaan).

Die Kleinstadt Sternberg liegt 27 km südwestlich von Güstrow am Südwestufer des gleichnamigen Sees. Zeitweise diente sie den mecklenburgischen Fürsten als Residenz. Am Marktplatz stehen noch viele **Fachwerkhäuser** (18./19. Jh.). Besichtigungen lohnen auch die **Stadtkirche** (13./14. Jh.) und das **Heimatmuseum** (Mühlenstraße 6). Eine Attraktion für die ganze Familie ist das 4 km nordöstlich von Sternberg gelegene Archäologische Freilichtmuseum Groß Raden. Hier ist eine **slawische Siedlung aus dem 9. und 10. Jh.** mit Wohnhäusern, Tempel, Werkstätten und Wehranlagen nachgebaut.

Sternberg

★
◀ Freilichtmuseum Groß Raden

Wer Ruhe genießen und gern wandern möchte, dem sei diese Tallandschaft bei Groß Görnow 6 km nördlich von Sternberg empfohlen, wo Mildenitz und Warnow zusammenfließen. Das wildromantische, bis zu 30 m tief eingeschnittene Tal ist ein Naturparadies, in dem man auch vielerlei seltene Vögel beobachten kann.

★
Durchbruchstal der Warnow

★ Halle an der Saale

J/K 7/8

Bundesland: Sachsen-Anhalt   **Höhe:** 76–136 m ü. d. M.
Einwohnerzahl: 235 000

Die Geburtsstadt des Komponisten Georg Friedrich Händel liegt am Westrand der braunkohlereichen Leipziger Tieflandsbucht. Halle war zu DDR-Zeiten ein wichtiger Industriestandort. Heute ist Sachsen-Anhalts größte Stadt Dienstleistungszentrum und kultureller Brennpunkt im Süden des Bundeslandes.

Die 806 erstmals erwähnte Siedlung entstand am Austritt von Salzquellen und an einem wichtigen Saale-Übergang. Durch den Handel mit dem »weißen Gold« gelangte der Ort zu Wohlstand. Erst 1541 gelang es der Bürgerschaft der seit 968 zum Erzbistum Magdeburg gehörenden Stadt, die Macht der Geistlichkeit abzuschütteln. Die 1694 gegründete Universität wurde im 17./18. Jh. zu einem Zentrum der Aufklärung und des Pietismus. In der zweiten Hälfte des 19. Jh.s entwickelte sich Halle zu einem bedeutenden Industriestandort.

Geschichte

Sehenswertes in Halle

In der Altstadt weitet sich der Marktplatz mit dem Händel-Denkmal. Der freistehende, 84 m hohe **Rote Turm** wurde 1418 bis 1506 gebaut. Er beherbergt das mit 84 Glocken **größte Glockenspiel Deutschlands**. Am Turm sieht man die steinerne Kopie (1719) eines hölzernen Roland von 1250. An der Ostseite des Marktes steht das 1930 fertiggestellte **Rathaus**, an der Südseite fällt das 1891 bis 1894 erbaute **Stadthaus** ins Auge. Etwas zurückversetzt an der Westseite des Platzes steht das im Stil der Spätrenaissance errichtete **Markt-**

★
Marktplatz

▶ HALLE AN DER SAALE ERLEBEN

AUSKUNFT

Tourist-Information
Marktplatz 13
(Marktschlösschen)
06108 Halle (Saale)
Tel. (03 45) 1 22 99 84
Fax 1 22 99 85
www.stadtmarketing-halle.de

ESSEN

▶ Erschwinglich
① *San Luca*
Universitätsring 8
Tel. (03 45) 2 00 35 87
Elegantes italienisches Restaurant.

③ *Schweizer Hof*
Waisenhausring 15
Tel. (03 45) 2 02 63 92
Gehobene deutsche Küche und
vorzügliche vegetarische Speisen.

▶ Preiswert
② *Mönchshof*
Talanstr. 6
Tel. (03 45) 2 02 17 26
Behagliches Restaurant am Dom,
bekannt für seine gutbürgerliche
Küche.

ÜBERNACHTEN

▶ Luxus
② *Kempinski Hotel Rotes Ross*
Franckstr. 1, 06110 Halle (Saale)
Tel. (03 45) 2 33 43-0, Fax 2 33 43-699
www.kempinski-halle.de
Stadthotel mit 300-jähriger Tradition;
stilvoll eingerichtete Zimmer und
Suiten; erstklassiges Restaurant.

▶ Komfortabel
③ *Maritim*
Riebeckplatz 4
06110 Halle (Saale)
Tel. (03 45) 51 01-0, Fax 51 01-777
www.maritim.de
Renommiertes Haus mit modernem
Design. Restaurant, Schwimmbad,
Sauna, Kosmetikstudio, Frisörsalon.

▶ Günstig
① *Am Wasserturm*
Lessingstraße 8
06114 Halle (Saale)
Tel. (03 45) 29 82-0, Fax 5 12 65 43
www.cityhotel-halle.de
Sorgfältig restauriertes Gründerzeit-
haus mit familiärer Atmosphäre und
zweckmäßigen Zimmern.

---

schlösschen. Die viertürmige Marktkirche **St. Marien**, eine dreischiffige spätgotische Hallenkirche ohne Chor, wurde ab 1529 an Stelle
zweier romanischer Vorgängerbauten errichtet. In St. Marien haben
Martin Luther (Totenmaske) gepredigt und Georg Friedrich Händel
Orgel gespielt. Die Marienbibliothek gegenüber der Marktkirche ist
die **älteste und größte Kirchenbibliothek** Deutschlands.

Ulrichskirche ▶ Die frühere Ulrichskirche (1319–1341) mit einer bemerkenswerten
Darstellung des Marientods am Eingang ist seit 1976 Konzerthalle.

Stadtmuseum ▶ In dem 1558 von Nickel Hofmann erbauten Wohnhaus des Philosophen Christian Wolff ist das Stadtmuseum von Halle eingerichtet.

**Franckesche
Stiftungen** Die Franckeschen Stiftungen, eine bis heute bestehende soziale Einrichtung, hat der Pädagoge und Pietist **August Hermann Francke**

Halle (Saale) *Orientierung*

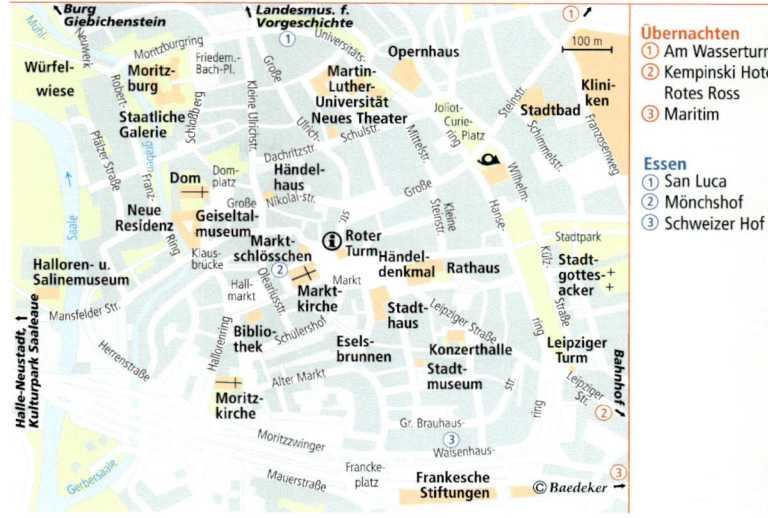

Übernachten
① Am Wasserturm
② Kempinski Hotel Rotes Ross
③ Maritim

Essen
① San Luca
② Mönchshof
③ Schweizer Hof

(1663–1727) 1698 ins Leben gerufen. Sein Denkmal (Daniel Christian Rauch; 1829) schmückt den zentralen Lindenhof der zwischen 1698 und 1745 entstandenen Anlage. Im Hauptgebäude befinden sich das **Cansteinsche Bibelkabinett**, das **Francke-Kabinett** sowie die berühmte **Kunst- und Naturalienkammer**. In einem hinteren Gebäude befindet sich die 1728 erbaute barocke **Kulissenbibliothek**. Auch die Bundeskulturstiftung hat ihren Sitz in dem Gebäudekomplex.

Der Alte Markt, auf dem der vielfotografierte **Eselsbrunnen** (1906) steht, war einst wichtiger Handelsplatz. Im Haus Nr. 12 ist das **Beatles-Museum** als weltweit größte Ausstellung ihrer Art eingerichtet. — **Alter Markt**

Die Moritzkirche (1388–1511) ist eine spätgotischen Hallenkirche mit schönem Stern- und Netzgewölbe und ausdrucksstarken **Arbeiten des Bildhauers Konrad von Einbeck** (1360–1428). — ✶ **Moritzkirche**

Der Hallmarkt westlich des Marktplatzes wurde 1866 bis 1890 an der Stelle ehemaliger Salzgewinnungsstätten angelegt. — **Hallmarkt**

Auf der nahen Salinenhalbinsel sieht man, wie die Halloren (Salinenarbeiter) mit Siedepfannen Salz gewonnen haben. Auch ihr Brauchtum wird vorgestellt. — **Technisches Halloren- und Salinenmuseum**

Im Nordflügel der ehemaligen Residenz (1531–1537) werden heute **Fossilien aus den Braunkohlelagerstätten** des Geiseltals gezeigt. — **Geiseltalmuseum**

Dom Der Dom entstand im 13./14. Jh. als gotische Hallenkirche und wurde im 16. Jh. neu gestaltet. Bemerkenswert sind die **Renaissance-Skulpturen**, die Apostel und Heilige darstellen.

Händelhaus In dem Geburtshaus von Georg Friedrich Händel (1685–1759) in der Großen Nikolaistraße 5 ist ein Musikmuseum eingerichtet.

★
Staatliche Galerie Moritzburg Die Moritzburg (1484–1503) wurde Anfang des 20. Jh.s zum Museum für Kunst und Kunstgewerbe umgebaut; seit 1996 ist sie Kunstmuseum des Landes Sachsen-Anhalt. In dem 2004–2008 vom spanischen Architektenpaar Nieto/Sobejano eigenwillig umgestaltete Gebäudekomplex ist Kunst des 19. und 20. Jh.s zu sehen, darunter auch Werke bekannter Vertreter des **Expressionismus** und der **Klassischen Moderne**.

Botanischer Garten Nordwestlich der Moritzburg erstreckt sich der 1694 als **Arzneigarten der Universität** gegründete Botanische Garten.

★
Stadtgottesacker Östlich der Altstadt liegt der im Stil eines italienischen Camposanto angelegte Renaissancefriedhof (1557–1590), auf dem bedeutende Hallenser Persönlichkeiten beigesetzt sind.

★
Burg Giebichenstein Im eingemeindeten Vorort Giebichenstein steht die gleichnamige Burg, seit 968 **Residenz der Erzbischöfe von Magdeburg**. Teile der Oberburg wurden im Dreißigjährigen Krieg zerstört und sind als Ruine erhalten. Die Unterburg aus dem 15. Jh. ist Sitz der **Hochschule für Kunst und Design Burg Giebichenstein**. Unterhalb der Burg gibt es eine Anlegestelle für die Saaleausflugsboote. Weiter nördlich erstreckt sich der **Zoologische Garten** (Eingang Reilstraße).

★
Landesmuseum für Vorgeschichte Absolutes Highlight dieses hochinteressanten Museums (Richard-Wagner-Str. 9) südöstlich der Burg Giebichenstein ist die bronzene 3600 Jahre alte Himmelsscheibe, die 1999 bei Nebra (s. S. 286) gefunden wurde.

Umgebung von Halle

Dölauer Heide Nordwestlich von Halle liegt die auch als »Stadtforst Halle« bezeichnete Dölauer Heide, ein großes Schutzgebiet, das landschaftlich zum östlichen Harzvorland überleitet, mit **jungsteinzeitlichen Hügelgräbern**, Resten einer **befestigten Steinzeitsiedlung** und einem Aussichtsturm auf dem Kolkberg.

Petersberg Wahrzeichen des 12 km nördlich gelegenen Ortes ist die **Stiftskirche** auf dem Petersberg (250 m). Das ab 1130 errichtete Gotteshaus gehörte zu einem Augustinerkloster, das bis 1538 bestand. 1565 brannte die Kirche ab, wurde aber 1853 originalgetreu wieder aufgebaut.

15 km nordwestlich von Halle thront die 961 erstmals genannte **Wettin**
Stammburg der Wettiner (heute Gymnasium) auf einer Felsnase
über der Saale. Von der alten Bausubstanz ist kaum etwas erhalten.

In Landsberg 20 km nordöstlich steht eine **stauferzeitliche Doppel-** **Landsberg**
kapelle (ca. 1170), Rest einer Burg der Markgrafen von Landsberg.

Bad Lauchstädt liegt 15 km südwestlich von Halle am Flüsschen Lau- **Bad Lauchstädt**
cha. Der bereits im 9. Jh. erwähnte Ort erlebte seine Glanzzeit im 18.
und 19. Jh., als er wegen seiner Heilquellen zum **Modebad des säch-**
sischen Adels avancierte. Um 1800 wurde Bad Lauchstädt zum **Treff-**
punkt von Literaten und Theaterfreunden.
Aus dem späten 18. Jh. stammen die Kuranlagen mit dem **Quellpa-** ★
villon und dem Bade- oder Duschpavillon (1776) im Zentrum. **Her-** ◀ Kuranlagen
zogspavillon (1735), **Kursaal** (Ausmalung nach Entwürfen Karl
Friedrich Schinkels; 1823) und **Kolonnaden** (Wandelgang mit Archi-
tekturmalerei und eingebauten Krämerbuden; 1775 – 1787) gehören
ebenfalls zu dem spätbarocken Ensemble. Das interessanteste Gebäude ist das klassizistische **Goethe-Theater** mit voll funktionsfähiger

Abendliche Szenerie am Hallenser Marktplatz

Ziemlich ambitioniert: die Schau in der 2007 eröffneten Arche Nebra

hölzerner Bühnenmaschinerie. Goethe war hier Theaterdirektor, Richard Wagner später Kapellmeister. Beim ehem. Schloss befinden sich die Stadtkirche (17. Jh.) und das ehem. Amtshaus (17. Jh.). Das barocke **Rathaus** am Markt trägt das Stadtwappen am Portal.

Querfurt Das **barocke Stadtbild** von Querfurt 30 km südwestlich von Halle ist auf die Bautätigkeit nach den großen Bränden des 17. Jh.s zurückzuführen. Am **Markt** steht das **Rathaus** (1699). Auch Teile der ehem. Stadtbefestigung sind erhalten. Hauptattraktion der Stadt ist eine der **größten und ältesten mittelalterlichen Burgen Deutschlands** mit zwei Ringmauern, in den Fels gehauenen Burggräben und drei mächtigen Bastionen (15. Jh.). An die Burgkirche (12. Jh.) im Burghof wurde im 14. Jh. die Grabkapelle für Gebhard XIV. von Querfurt († 1383) angebaut. Unter dem Bergfried (»Dicker Heinrich«) entdeckte man Reste eines Wohngebäudes aus der Karolingerzeit. Im Korn- und Rüsthaus ist das Burg- und Kreismuseum eingerichtet.

✱ ✱
Himmelsscheibe von Nebra 13 km südlich von Querfurt liegt Nebra, das als Fundort einer rätselhaften bronzezeitlichen **Himmelsscheibe** berühmt geworden ist. Die vor ca. 3600 Jahren entstandene Bronzescheibe ist im Hallenser Landesmuseum für Vorgeschichte (s. S. 284) zu sehen. Auf dem Mittelberg bei Nebra wurde 2007 die **Arche Nebra** eröffnet, ein hypermodernes multimediales Besucherzentrum, in dem man sich über die Bedeutung dieser Himmelsscheibe informieren kann.

** Harz

Bundesland: Sachsen-Anhalt   **Höhe:** 120 – 1141 m ü. d. M.

Ein besonderer Reiz des Harzes liegt in seiner abwechslungsreichen Landschaft mit einer Fülle an Naturschönheiten. Spuren des über tausendjährigen Bergbaus, zahlreiche mittelalterliche Fachwerkstädte mit einer Vielzahl kunsthistorischer Sehenswürdigkeiten, stolze Burgen und Schlösser sowie grandiose Sakralbauten machen einen Urlaub hier zu einer spannenden Reise durch die Geschichte.

Der waldreiche Harz (von mittelhochdeutsch hart = Höhe, hart) liegt in der Mitte Deutschlands, er ist das **nördlichste deutsche Mittelgebirge**. Höchste Erhebung ist der sagenumwobene Brocken (1142 m). Bis 1990 war das Gebirge von der deutsch-deutschen Grenze durchschnitten, die ungefähr der topografischen Trennungslinie zwischen dem Oberharz und dem Unterharz folgte.

Überall stößt man hier auf Sagen, Mythen, Märchen sowie auf Harzer Brauchtum. Darüber hinaus locken eine Fahrt mit einer der historischen Schmalspurbahnen, die schnaufend den Harz durchfahren, gut ausgebauter Wander-, Radfahr- und Reiterwege, ferner Kneipp- und Moorheilbäder, Bergseen zum Schwimmen, Bootfahren oder Segeln sowie vieles mehr.

Ausführlich beschrieben im Baedeker Allianz Reiseführer »Harz«

Der Harz ist ein ovaler, etwa 95 km langer und 35 km breiter, sehr alter Gebirgsstock. Der **Oberharz** erhebt sich im Norden und Westen steil aus dem hügeligen Vorland und gipfelt in der kahlen Granitkuppe des berühmten Brockens. Vor allem Fichtenwälder, in höheren Lagen durchsetzt von Hochmooren, bestimmen sein Landschaftsbild. Ein dichtes Netz kleinerer Flüsse, Seen und Teiche gliedert ihn in eine Abfolge von romantischen Tälern mit sanften bis schroff aufragenden Bergrücken. Enge, felsige Täler wie das Okertal und das Bodetal greifen besonders vom Nordrand her tief in das Gebirge ein. Der **Unterharz** fällt nach Südosten allmählich von 500 auf 350 m ab. Zahlreiche Bäche schlängeln sich durch Wiesentäler, die in eine sanfte Hügellandschaft eingebettet sind. Laub- und Mischwälder prägen sein Bild. Das östliche Harzvorland, vor allem die Magdeburger Börde, ist mit seiner Lössdecke sehr fruchtbar.

Landschaftsbild

Der 2006 ausgewiesene Nationalpark Harz besteht auf dem ehemaligen Nationalpark Hochharz (8900 ha) in Sachsen-Anhalt und dem ehemaligen Nationalpark Harz (15 800 ha) in Niedersachsen. Er erstreckt sich vom Südrand des Mittelgebirges bei Herzberg über die Hochlagen bis zum Nordrand bei Ilsenburg. Das fast vollständig bewaldete Gebiet steigt von den Randzonen bei ca. 230 m im Norden bis zum **Brocken** auf 1142 m kontinuierlich an. Um den Brocken erhielt sich eine fast unberührte Pflanzen- und Tierwelt mit völlig intakten Hoch- und Übergangsmooren.

**
◄ *Nationalpark Harz*

► HARZ ERLEBEN

AUSKUNFT

Harzer Verkehrsverband
Marktstr. 45
38640 Goslar
Tel. (0 53 21) 34 04-0, Fax 34 04-66
www.harzinfo.de

ESSEN

► Erschwinglich

Gasthaus Kupfer
Am Markt 23
06547 Stolberg
Urige Atmosphäre in einem historischen Fachwerkhaus. Leckere internationale Gerichte sowie regionale Spezialitäten, z.B. Stolberger Lerchen (besondere Würstchen).

► Preiswert

Zum Klosterfischer
Michaelstein 14
38889 Blankenburg
Tel. 039 44 35 11 14
Traditionelle Fischgaststätte. Frischer geht es nicht: Gezüchtet werden hier Regenbogen-, Lachs- und Bachforellen sowie Karpfen und Schleie. Eine der Spezialitäten ist die im Silbermantel gegrillte Regenbogenforelle.

ÜBERNACHTEN

► Luxus

Landhaus zu den Rothen Forellen
Marktpaltz 2
38871 Ilsenburg
Tel. (03 94 52) 93 93, Fax 93 99
www.rotheforelle.de
Traditionsreiches Relais & Châteaux-Hotel in idyllischer Lage. Geschmackvoll eingerichtete Zimmer; das Restaurant serviert Gourmetküche. Entspannen kann man sich in der Bade- und Saunalandschaft.

► Komfortabel

Viktoria Luise
Hasselfelder Str. 8
38889 Blankenburg
Tel. (0 39 44) 9 11 70
Fax 91 17 17
www.viktoria-luise.de
Liebevoll restaurierte Jugendstilvilla aus dem Jahr 1893, die einen herrlichen Blick auf Schloss und Barockgarten bietet. Das sehr freundlich und persönlich geführte Hotel bietet seinen Gästen behagliche, stilvoll eingerichtete Zimmer, gediegene Restauranträume und einen gemütlichen Weinkeller.

► Günstig

Zum Bären
Marktstr. 21
06507 Gernrode
Tel. (03 94 85) 54 50
Fax 5 45 40
www.gasthof-zum-baeren.de
Der Gasthof verfügt über gemütliche Zimmer. Im rustikal eingerichteten Lokal hängen viele Jagdtrophäen; die Speisekarte enthält regionale Wild- und Fischspezialitäten.

Wildromantischer Wasserfall an der Auffahrt zum Brocken

Anfang des 10. Jh.s setzte die Besiedlung des Harzes ein, der bis dahin königliches Jagdgebiet war. 968 wurde im Rammelsberg bei Goslar einereiche Silberader entdeckt, der Beginn des **Harzer Bergbaus** (Silber-, Kupfer-, Blei-, Zink- und Eisenerz). Bis zum 16. Jh. entstanden mehr als 30 Orte im Oberharz, darunter die sieben freien Bergstädte Grund, Wildemann, Lautenthal, Clausthal, Zellerfeld, St. Andreasberg und Altenau. Der Dreißigjährige Krieg brachte einen Rückschlag, doch zu Beginn des 18. Jh.s erlebte der Bergbau einen neuen Aufschwung. 1775 wurde in Clausthal eine Bergakademie gegründet, die noch heute besteht. Im 19. Jh. ging der Bergbau zurück. An seine Stelle trat der Fremdenverkehr – der Harz wurde ein im Sommer und im Winter **beliebtes Ferienziel**.

Geschichte

> **? WUSSTEN SIE SCHON …?**
>
> ■ … dass man schon in vorchristlicher Zeit in der Nacht zum 1. Mai die Winterdämonen mit Feuer, Schamanen und mit Hilfe zauberkundiger Frauen vertrieb, und die Frühlingsgöttin begrüßt wurde?

Hörst du Stimmen in der Höhe? / In der Ferne, in der Nähe? / Ja, den ganzen Berg entlang / strömt ein wütender Zaubergesang. (Goethe)
In der ersten Nacht des Maien / lässt's den Hexen keine Ruh / sich gesellig zu erfreuen / eilen sie dem Brocken zu. (Busch)
Sowohl Goethes Mephisto als auch Wilhelm Busch machten sich ihren Reim auf die **Hexen- und Teufelsorgien**. Heute zieht es alljährlich Tausende in der Nacht vom 30. April zum 1. Mai an mittlerweile mehr als 35 Veranstaltungsorte im Harz, um am Hexentanz-Spektakel der Walpurgisnacht teilzunehmen.

Walpurgisnacht

VON HEILIGEN UND HEXEN

Bis zum 12. Jh. bekämpfte die Kirche Dämonenglauben und Zauberei als heidnischen Aberglauben, und Übertretungen wurden im Allgemeinen mit Kirchenbußen belegt. Mit dem Aufflammen der Ketzerbewegung setzte sich jedoch die Lehre des Kirchenvaters Augustinus von einem möglichen Pakt zwischen Mensch und Dämon durch und die zauber- oder abergläubischen Handlungen wurden folgerichtig als Teufelsdienst und damit als Häresie verurteilt. Bereits der um 1225 verfasste »Sachsenspiegel« sah die Feuerstrafe für Ketzerei und Zauberei vor.

In Deutschland wurde die systematische Hexenverfolgung besonders durch die Bulle Papst Innocenz' VIII. von 1484 gefördert: »Wir haben neulich nicht ohne große Betrübnis erfahren, dass es in einzelnen Teilen Oberdeutschlands ... viele Personen von beiden Geschlechtern gäbe, welche, ihres eigenen Heiles uneingedenk, vom wahren Glauben abgefallen, mit dämonischen Inkuben und Sukkuben sich fleischlich vermischen, durch zauberische Mittel mit Hilfe des Teufels die Geburten der Weiber, die Jungen der Tiere, die Früchte der Erde ... und andere Zeugnisse der Erde zugrunde richten ... die Männer am Zeugen, die Weiber am Gebären zu verhindern vermögen ...« Deshalb beauftragte der Papst die **Inquisitoren Heinrich Institoris und Jakob Sprenger**, Zauberer und Hexen auszuspähen, zu bestrafen und auszurotten.

Der Hexenhammer

Mit Erfolg: 1486 veröffentlichten die beiden ein »Standardwerk« in Hexensachen, den »Hexenhammer« (»Malleus Maleficarum«), wobei sie die Hexerei eindeutig auf das weibliche Geschlecht projizierten. Dieses Werk erlebte bis 1669 noch 30 Auflagen und gehörte damit zu den **meistgedruckten Werken** der Frühzeit des Buchdrucks. In seinem dritten Teil ist das Gerichtsverfahren festgelegt: Der Richter durfte auf bloßes Gerücht hin anfangen zu inquirieren, als Zeugen durften sogar Exkommunizierte auftreten, ja Ketzer wider Ketzer, Hexen wider Hexen, die Frau gegen den Mann und Kinder gegen Eltern aussagen. Über die Zahl der Opfer gibt es keine genauen Angaben, Schätzungen schwanken zwischen 100 000, 500 000 und sehr viel höheren Zahlen; der Anteil der Frauen betrug über 80 %.

Abergläubische Vorstellung vom Pakt zwischen Mensch und Dämon

1714 leitete dann ein Edikt Friedrich Wilhelms I. von Preußen das Ende der Hexenprozesse in Deutschland ein.

Hexenkundliches

Der Begriff Hexe geht auf das althochdeutsche »hagzissa« (Hag = Wald, Hecke) zurück und bedeutet etwa »Zaunreiterin«; auch der norwegische Ausdruck »tysja«, Elfe, könnte mit dem Namen zusammenhängen. Bei den Germanen waren diese Frauen hoch angesehen, sie waren auch **Priesterinnen und Wahrsagerinnen**. Mit der Verbreitung des Christentums wurden sie jedoch als minderwertig angesehen. Gerade den einst »weisen Frauen« unterstellte man am ehesten magisch-schädigende Kräfte im Umgang mit den (unsichtbaren) Mächten. Naturheilkunde, soweit sie nicht von Mönchen und Nonnen, wie von der berühmten Äbtissin Hildegard von Bingen, ausgeübt wurde, Hebammendienste, Empfängnisverhütung, sicher auch Abtreibungen, Drogengebrauch und Heilsbeschwörungen wurden in den »Jahren der Verzweiflung« und noch darüber hinaus Millionen von Frauen zum Verhängnis, vom Kindes- bis zum Greisenalter. Der Ablauf der berüchtigten Prozesse war immer der gleiche: kein Verhör ohne Folter, kein Urteil ohne Tod und Feuer.

Auch im Harz gab es Hexenverfolgungen. Bereits um 1540 machte eine »Hexe« aus Elbingerode Angaben über die »rechten zauberschen«, sie pflegen in **»Walpurgen nacht auf den Brocken zu fahren ...«.** Herzog Heinrich Julius von Braunschweig (1566 bis 1613), Bischof in Halberstadt und angeblich ein hoch gebildeter Rechtsgelehrter, machte sich als Hexenverfolger einen ganz »hervorragenden« Namen. Unter ihm brannten die Scheiterhaufen in nie gesehener Zahl. 1573 wurde eine Anna Beringers aus Nordhausen wegen Zauberei verbrannt; in Quedlinburg wurden 1574 wohl 40 Frauen und 1589 sogar 133 Personen als Hexen dem Flammentod übergeben. Auch der damalige Amtmann Peregrinus Hühnerkopf zu Westerburg legte einen großen Eifer bei der Verfolgung armer, unglücklicher Weiber an den Tag. Die der Zauberei Beschuldigten ließ Hühnerkopf auf der Westerburg im »Schweißstüblein« verwahren und dann, nachdem ihnen durch Tortur und betäubende Tränke die tollsten Geständnisse abgequält waren und die hochweisen, juristischen Fakultäten und Schöppenstühle das Urteil gesprochen hatten, auf einem Platz vor der Westerburg lebendig verbrennen. (Textquelle: Walter Böckmann in: Ausstellkat. »Der Harz in Sage, Märchen und Geschichte«, 1979.)

Von West nach Ost im Unterharz

★ Brocken

Die Besteigung des **höchsten Berges des Harzes** (1142 m) ist auf verschieden langen Wanderwegen möglich. Ausgangspunkte sind u. a. Torfhaus (östlich von Altenau: Goetheweg), Schierke (drei verschiedene Routen), Bad Harzburg oder Ilsenburg. Auf dem kahlen Brockengipfel informiert das **Brockenmuseum** über die Geschichte des Bergs und des Nationalparks. Die Chance, die viel gerühmte Fernsicht (bis 125 km im Umkreis) zu genießen, ist sehr gering, denn über 300 Tage im Jahr ist der Berg umwölkt bzw. umnebelt.

> **! *Baedeker* TIPP**
>
> **Brockenherberge**
>
> Auf dem Brocken steht der 1935/36 erbaute und damit wohl älteste Fernsehturm der Welt. Ursprünglich war er 52 m hoch. Nach dem Umbau und der Verbannung der Sendetechnik sind hier nun u. a. eine Herberge und ein Café zu Hause (Zimmerreservierung: Tel. 03 94 55/120).

Übrigens: Die UNESCO-Weltkulturerbe-Stadt Goslar liegt nur etwa 35 km westlich vom Brocken im Niedersachsen.

Rübeland liegt im bis zu 80 m tief eingeschnittenen Tal der Bode. Baumannshöhle und Hermannshöhle, 1536 bzw. 1866 entdeckt, gehören zu den **schönsten Tropfsteinhöhlen in Mitteleuropa**.

Burg Regenstein

Die Burg und Festung Regenstein (3 km nördlich von Blankenburg) entstand im 12.–14. Jh. und ist die **älteste deutsche Felsenburg**. Nach 1671 wurde sie zu einer preußischen Festung ausgebaut und 1758 geschleift. Erhalten sind Teile eines runden Bergfrieds, in den Felsen gehauene Räume sowie Reste von Kasematten. Alljährlich finden hier am ersten Augustwochenende Ritterturniere statt.

Kloster Michaelstein

4 km nordwestlich von Blankenburg liegt bei dem Ortsteil Oesig das im 12. Jh. erbaute ehemalige Zisterzienserkloster Michaelstein. Während des Bauernkrieges wurde die Klosterkirche zerstört, die Anlage wenig später in eine Klosterschule umgewandelt. Im 18. Jh. bauten die Blankenburger Herzöge den Westflügel zu einem Jagdschloss um. Seit 1968 haben hier das Telemann-Kammerorchester und das Institut für Aufführungspraxis der Musik des 18. Jh.s ihren Sitz. In den Räumen ist zudem einehistorische **Musikinstrumenten-Sammlung** untergebracht. Das Refektorium wird heute als Konzertsaal genutzt. Sehenswert ist auch der nach alten Vorbildern angelegte Klostergarten mit über 200 Zauber- und Heilkräutern.

★ Teufelsmauer

Auf der Südostseite von Blankenburg beginnt die sagenumwobene Teufelsmauer. Dieser ziemlich schroff gezackte Sandsteinrücken erstreckt sich bis nach Timmenrode und taucht nach einer 3 km langen Unterbrechung bei Thale und Neinstedt sowie zwischen Gernrode und Ballenstedt wieder auf. Hier endet er unter der Bezeichnung »Gegensteine«.

![image](mountain landscape photo)

Abendlicher Blick auf die Rosstrappe und ins tief eingefurchte Bodetal

Die einstige Eisenhüttenstadt Thale kauert sich in das enge Bodetal am nordöstlichen Harzrand, zwischen den steilen, sagenumwobenen Felsen namens Hexentanzplatz und Rosstrappe. Alljährlich wird in der Nacht vom 30. April zum 1. Mai auf dem Hexentanzplatz die **Walpurgisnacht** gefeiert.
In der Unterstadt von Thale steht vor der Andreaskirche (16. Jh.) ein 22 m hoher Wohnturm aus dem 9. Jh., der Wendhusenturm. Im Hüttenmuseum (Walther-Rathenau-Straße 1) wird die Geschichte der Eisen- und Hüttenwerke gezeigt. Der Hexentanzplatz (451 m; Personenschwebebahn) und die Rosstrappe (403 m; Sessellift) waren vorgeschichtliche Kultplätze. Heute lädt das Bergtheater auf den Hexentanzplatz ein, das zu den schönsten Naturbühnen Deutschlands gehört.

Kalte und Warme Bode entspringen in den Hochmooren des Oberharzes am Südwesthang des Brockens und vereinen sich in Königshütte zur Bode. Anschließend fließt sie über Altenbrak und Treseburg, um bei Thale den Harz zu verlassen. Nach 169 km mündet sie bei Nienburg in die Saale und über die Elbe ins Meer. Ein landschaftlich **besonders schöner Flussabschnitt** liegt zwischen Thale und Treseburg (Wanderweg ca. 10 km); unterwegs kann man zur Rosstrappe und zum Hexentanzplatz (s. o.) aufsteigen.

Hauptanziehungspunkt der kleinen, am Fuß des Stubenberges gelegene Kurstadt Gernrode ist die ehemalige, auf das Jahr 959 zurückgehende Stiftskirche St. Cyriakus, die zu den **besterhaltenen romanischen Sakralbauten der ottonischen Zeit** in Deutschland gehört. Im Innern ist besonders interessant das **Heilige Grab** (1050–1075), die älteste erhaltene Nachbildung des Grabes Christi in Jerusalem.

Thale

◄ Hexentanzplatz

◄ Rosstrappe

Bodetal

Gernrode

◄ St. Cyriakus

✳ **Selketal**

Die Selke entspringt an der Westseite des 582 m hohen Rambergs in der Nähe von Stiege. Bei Meisdorf verlässt sie den Harz, um nach rund 70 km bei Hadersleben in die Bode zu münden. Vor allem im Abschnitt zwischen Alexisbad und Meisdorf gehört ihr Tal zu den reizvollsten des Harzes. Im Vergleich zum Bodetal ist es relativ breit und von schönen Wiesen bedeckt. Felsig gibt sich der Abschnitt zwischen Alexisbad, Mägdesprung und Scheerenstieg. Die 1887 eröffnete **Selketalbahn**, eine Schmalspurbahn, folgt zwischen Güntersberge und Mägdesprung dem Flusslauf.

✳ Burg Falkenstein ▶

Wenige Kilometer südwestlich von Meisdorf, wo die Selke aus dem Harz austritt, überragt die zwischen dem 12. und 16. Jh. erbaute, niemals eroberte Burg Falkenstein das Selketal. Hier lebte zeitweise Eike von Repgow (1180–1233), der in seinem **»Sachsenspiegel«** das mündlich überlieferte sächsische Gewohnheitsrecht, aufzeichnete. In der Burg befindet sich ein Museum für Kultur- und Jagdgeschichte. Etwas weiter flussaufwärts erhebt sich ebenfalls über dem rechten Selkeufer die **Burgruine Anhalt** (11.–15. Jh.).

✳ **Stolberg**

Wegen ihres geschlossenen mittelalterlichen Stadtbildes wird die kleine einstige Bergbau- und Residenzstadt Stolberg auch »Perle des Südharzes« genannt. Hier wurde der **Bauernkriegsführer Thomas Müntzer** (1489–1525) geboren. Auf einem Bergsporn thront das Stolberger Renaissanceschloss, einst eine mittelalterliche Burg, die im 16. und 17. Jh. ausgebaut wurde. Unterhalb davon erstreckt sich der schöne Marktplatz mit dem **Rathaus** (1452). Ursprünglich besaß es 12 Türen (= Monate/Jahr) 52 Fenster (= Wochen/Jahr) mit 365 Scheiben (= Tage/Jahr); kurioserweise gibt es innen keine Treppe, man gelangt über die Außentreppe ins Obergeschoss. Im April 1525 predigte hier Luther gegen die Bauernerhebungen und Thomas Müntzer. Die ehemalige Münze (Thomas-Müntzer-Gasse 19), ein prächtig geschmücktes Fachwerkhaus (1535), beherbergt das **»Museum Alte Münze«**; zu sehen sind die alte Münzwerkstatt und eine Thomas-Müntzer-Ausstellung. Diesem Gebäude ist das **Museum »Kleines Bürgerhaus«** (um 1470; Rittergasse 14) mit sechs im Stil des 19. Jh.s eingerichteten Räumen angeschlossen. Von der Lutherbuche genießt man einen schönen Blick über Stadt, Schloss und die umgebende Landschaft.

✳ Josephskreuz ▶

Lohnend ist ein Ausflug auf den 579 m hohen **Auerberg** (5 km östlich von Stolberg; vom beschilderten Parkplatz 20 Min. zu Fuß). Dort steht das 38 m hohe hölzerne Josephskreuz, 1896 nach einem Entwurf von Karl Friedrich Schinkel gefertigt. Von der Aussichtsplattform reicht der Blick bei guter Sicht vom ▶Kyffhäuser im Süden bis zum Brocken im Nordwesten.

✳ **Heimkehle**

Die 1357 erstmals erwähnte Heimkehle im Thyratal (10 km südlich von Stolberg, zwischen Rottleberode und Uftrungen) ist Deutschlands **größte Gipssteinhöhle**. 1944 wurde hier ein Rüstungsbetrieb eingebaut, in dem Häftlinge Flugzeugteile herstellen mussten.

Reiseziele im Harzvorland

Das im nördlichen Harzvorland gelegene Halberstadt war bereits im 8. Jh. Bischofssitz und später Mitglied der Hanse. Bei Luftangriffen im April 1945 wurde die alte Fachwerkstadt zu 80% zerstört. Ihr Wahrzeichen und ein Meisterwerk der norddeutschen Gotik ist der Dom St. Stephanus (1236–1491). Beachtenswert sind u. a. das Taufbecken am Haupteingang (1195), die Skulpturen auf den Pfeilerkonsolen (15. Jh.), der spätgotische Lettner und die Triumphkreuzgruppe von 1205. Der Kreuzgang aus dem 13. Jh. beherbergt den berühmten **Domschatz**, eine reiche Sammlung mittelalterlicher Kunstschätze, darunter drei romanische Bildteppiche (Führungen).

Die Westseite des Domplatzes ziert die viertürmige Liebfrauenkirche (12. Jh.), deren Chorschranken mit spätromanischen Stuckreliefs geschmückt sind.

Das Städtische Museum in der ehemaligen Spiegelschen Kurie (1782) an der Nordseite des Platzes besitzt Sammlungen zur Ur- und Frühgeschichte und zur Stadtgeschichte. In einem Seitenflügel befindet sich das **Museum Heineanum** mit einer ornithologischen Sammlung.

Im benachbarten Gleimhaus lebte der Dichter und Domsekretär Johann Wilhelm Ludwig Gleim (1719 – 1803) von 1747 bis zu seinem

★ ★
Halberstadt

★ ★
◄ Dom

★
◄ Liebfrauenkirche

◄ Städtische Museum

◄ Gleimhaus

Ein Meisterwerk romanischer Baukunst ist die Liebfrauenkirche zu Halberstadt.

! *Baedeker* TIPP

Halberstädter Würstchen

Nicht nur Kulturgenuss, sondern auch einen kulinarischen Genuss hat die Stadt im östlichen Harzvorland zu bieten. Denn bereits im Jahre 1896 hat Metzgermeister Friedrich Heine hier seine Brühwürstchen in Dosen als Weltneuheit vorgestellt. Bei einer Führung durch die Fabrik sieht man, wie die beliebten Würstchen gemacht werden. Danach gibt's noch ein leckeres Halberstädter Eintopfessen im firmeneigenen »Heine Bräu«. Infos: www.halberstaedter.de

Tod. Heute ist hier eine von ihm angelegte Sammlung mit mehr als 130 Bildnissen berühmter Zeitgenossen zu sehen. Seine einstige Bibliothek und auch sein Schriftwechsel befinden sich im Neubau nebenan.

Südöstlich vom Dom steht die **Marktkirche St. Martini** (13. und 14. Jh.) mit ihren unterschiedlich hohen Türmen. Vor dem neu erbauten Rathaus symbolisiert der über 500 Jahre alte steinerne Roland die städtischen Freiheiten von 1433.

Spiegelsberge Am südlichen Stadtrand liegen die Spiegelsberge mit einem kleinen **Jagdschlösschen** (1753 – 1785), in dem heute eine Gaststätte eingerichtet ist. Im Park befinden sich das Mausoleum des Bauherrn, des Domdechanten E. L. Ch. Spiegel, und ein kleiner Tierpark.

✳
Huy 8 km nordwestlich von Halberstadt beginnt der Huy (= Höhe), ein 18 km langer **bewaldeter Bergrücken**. An Stelle der Huysburg wurde um 1084 ein Benediktinerkloster errichtet, dessen 1121 geweihte einstige Klosterkirche im 18. Jh. neu ausgestattet wurde.

Westerburg In Westerburg beeindruckt die gleichnamige Wasserburg (11. Jh.) die Besucher, die **älteste erhaltene Wasserburg Deutschlands**. Sie wurde in ein Hotel umgewandelt.

Hamersleben Die **Stiftskirche St. Pankratius** (1. Hälfte 12. Jh.) in Hamersleben (22 km nördlich von Halberstadt) ist vor allem wegen ihrer Bauskulptur von herausragender Bedeutung. Dazu zählen u. a. Würfelkapitelle mit reichem figürlichem Schmuck, Chorschranken mit Stuckfiguren und eines der **ältesten romanischen Ziborien auf deutschem Boden**.

Quedlinburg ►dort

Eisleben In der ehemaligen Bergbaustadt Eisleben ist der berühmte **Reformator Martin Luther** (1483–1546) geboren, woran u. a. das Lutherdenkmal am Marktplatz erinnert. Die Luther-Gedenkstätten gehören seit 1997 zum UNESCO-Weltkulturerbe. Hinter dem gotischen Rathaus steht die **St. Andreaskirche** (13. und 15. Jh.); von der so genannten Lutherkanzel predigte der Reformator noch kurz vor seinem Tod. Zu besichtigen sind sein **Sterbehaus** (Andreaskirchplatz 7) sowie sein Geburtshaus (Lutherstraße 16), in dem sich heute ein **Luthermuseum** befindet. In der etwas südlich gelegenen Kirche St. Peter-und-Paul wurde er 1483 getauft. Die erste evangelische Kirche des Mansfelder Landes war die Bergmannskirche **St. Annen**, die die »Eisleber Steinbilderbibel« (1585), 29 Sandstein-Relieftafeln, verwahrt.

Im Schloss Oberwiederstedt (15 km nördlich) wurde Freiherr G. Ph. Friedrich von Hardenberg (1772–1801) geboren, besser bekannt als **Novalis**, ein früher Romantiker. Hier sind heute eine Forschungsstätte für Frühromantik und das **Novalis-Museum** untergebracht.

Oberwiederstedt

Das Schloss in Mansfeld (15 km nordwestlich) war Stammsitz der Mansfelder Grafen. Die Schlosskirche (15. Jh.) besitzt einen schönen Flügelaltar aus der Cranach-Werkstatt (1520). Im Humboldtschlösschen in Hettstedt, 7 km nördlich von Mansfeld, erzählt eine Ausstellung die Geschichte des Mansfelder Kupferschieferbergbaus vom 12. Jh. bis zu seiner Stilllegung 1990.

Mansfeld

Die Hauptattraktion der alten Berg- und Rosenstadt Sangerhausen, zwischen dem südlichen Harzvorland und dem Kyffhäuser gelegen, ist das über 100 Jahre alte Europa-Rosarium, **Europas größte Rosensammlung**. Hier gedeihen mehr als 8300 Zucht- und 500 Wildrosenarten aus vielen Teile der Erde und vielen Epochen. Berühmt ist die einmalige Sammlung von Kletterrosen.
Um den Marktplatz zeugen etliche schöne Patrizierhäuser (16. bis 18. Jh.), die **gotische Pfarrkirche St. Jakobi** (14./15. Jh.) mit ihrer sehenswerten Ausstattung, das im Kern **spätgotische Rathaus** (1431–1437) und das stattliche **Neue Schloss** (16. Jh.; heute Amtsgericht) von einstigem Reichtum und Bürgerstolz. Das **Alte Schloss** im Südosten der Stadt wurde im 13. Jh. zusammen mit der Stadtbefestigung erbaut; heute wird es von der Musikschule genutzt. Freunde der Romanik zieht es in die Stadtmitte, in die 1116–1223 erbaute einstige **Klosterkirche St. Ulrich**. Einen Besuch lohnt auch das **Spengler-Museum** (Bahnhofstraße 33), wo außer Exponaten zur Stadtgeschichte u. a. das Skelett eines Mammuts zu sehen ist.
Für Leute mit Platzangst nicht zu empfehlen: eine Fahrt im Förderkorb in rund 300 m Tiefe. Ehemalige Kumpels des stillgelegten Röhrigschachts Wettelrode (bei Sangerhausen) erklären den Abbau des Kupferschiefers. Über die tausendjährige Bergbautradition informiert das Bergbaumuseum (Öffnungszeiten: Juni, Juli, Aug. Di. bis So. 9.30–17.00 Uhr, Okt.–Mai nicht Di.; www.roehrigschacht.de).

★ ★
Sangerhausen
★ ★
◄ Europa-Rosarium

In der Kapelle des Renaissanceschlosses von Allstedt (12 km südlich von Sangerhausen) hielt **Thomas Müntzer** 1524 seine berühmte »Fürstenpredigt«. Heute beherbergt das Schloss ein **Burg- und Schlossmuseum**, u. a. mit der Kunstgusssammlung Carl Horn. In der romanischen Kirche St. Wigperti war Müntzer 1523/1524 Prediger.

Allstedt

Bedeutendstes Baudenkmal in Nordhausen ist der **gotische Dom zum hl. Kreuz** (12.–16. Jh.); am Marktplatz steht ferner das stattliche **Rathaus** (1610) mit dem 1717 aufgestellten Roland. In der **Nordhäu-**

★
Nordhausen

Hier wird der berühmte »Nordhäuser Korn« gebrannt.

ser Traditionsbrennerei (Grimmelallee 11) erfährt man einiges über die Kunst des Kornbrennens.

Gedenkstätte
Mittelbau Dora ▶

Nördlich des Ortsteils Salza befand sich das Konzentrationslager Mittelbau Dora. Unter dem 304 m hohen Kohrnstein mussten in rund 50 unterirdischen Fabrikhallen von 1943 bis 1945 Häftlinge unter unmenschlichen Bedingungen V-1- und V-2-Waffen bauen.

✱
**Burgruine
Hohnstein**

14 km nördlich von Nordhausen, in der Nähe von Neustadt, lohnt der Besuch der Burgruine Hohnstein (12. Jh.), **einst eine der größten Anlagen im Harz**. 1413 erwarben die Grafen von Stolberg die Burg und ließen sie zu einem Renaissanceschloss umbauen, das im Dreißigjährigen Krieg ausbrannte. 1908 entstand im äußeren Burghof ein romantisches Jagdschloss. Von hier oben genießt man einen weiten Rundblick.

✱ Jena

J 9

Bundesland: Thüringen   **Höhe :** 160 m ü. d. M.
Einwohnerzahl : 103 000

Friedrich Schiller, Johann Gottlieb Fichte, Friedrich Wilhelm Joseph Schelling und Georg Friedrich Wilhelm Hegel lehrten einst an Jenas renommierter Universität. Im 19. und 20. Jh. wurde die Stadt durch ihre feinmechanisch-optische Industrie und das feuerfeste »Jenaer Glas« weltbekannt. Heute bildet Jena zusammen mit Erfurt und Ilmenau das Technologiedreieck Thüringens.

Die bereits im frühen Mittelalter bekannte Siedlung Jena wurde 1236   **Geschichte**
zur Stadt erhoben. 1558 erhielt sie eine Universität, die bereits 100
Jahre später zur **größten deutschen Universität** und europaweit zu
einer der bedeutendsten Hochschulen geworden war. Heutige »Ex-
zellenz-Kriterien« hätte sie wohl spielend erfüllt.
Im 17. und 18. Jh. war Jena das **geistige Zentrum Deutschlands**, in
dem sich Klassik und Frühromantik trafen. Goethe, Schiller, Fichte,
Hegel, Feuerbach, Schelling, Hufeland, Doebereiner, Tieck, Brentano,
die Gebrüder Schlegel wirkten und
studierten hier. Immer zog die
Stadt starke Persönlichkeiten an.
Carl Zeiss gründete hier 1846 eine
Werkstatt für optische Feinmechanik, später wurde der geniale Ernst
Abbe sein Mitarbeiter. 1884 entstand das »Glastechnische Laboratorium Schott & Gen.«, wo das berühmte Jenaer Glas entwickelt werden sollte. Nach 1945 verlagerten
sich die Firma Schott Jenaer Glas
nach Mainz und die Firma Zeiss
ins ostwürttembergische Oberkochen. In Jena wuchs das Kombinat
VEB Carl Zeiss Jena heran, 1990 wurde daraus die Jenoptik GmbH
und Zeiss Oberkochen begründete die Carl Zeiss Jena GmbH als
Tochterunternehmen.

! *Baedeker* TIPP

Spurensuche

Wollen Sie auf den Spuren berühmter Persönlichkeiten wandeln? Bei der Tourist-Information
gibts dazu Spezialführungen. So kann man die
Jenenser Stationen Schillers und Goethes nacherleben, deren Freundschaft in dieser Stadt
begann, oder man spürt den Philosophen Fichte,
Schelling und Hegel oder dem Romantikerkreis
nach (Information: Tel. 0 36 41/80 64 00).

Sehenswertes in Jena

Der Marktplatz steht als nahezu erhalten gebliebenes städtebauliches   ★
Ensemble der Altstadt, die im Zweiten Weltkrieg ansonsten weitge-   **Marktplatz**
hend zerstört wurde, heute unter **Denkmalschutz**. Dominierend ist
das spätgotische Rathaus mit seinem Uhrenturm. Das Denkmal
»Hanfried« wurde dem Kurfürsten Johann Friedrich dem Großmüti-
gen (1503–1553) gesetzt, der die Jenaer Hochschule gründete, den
Vorgänger der bekannten Universität.

Am Marktplatz 7 stehen zwei Häuser, die einst im Besitz der Wein-   **Alte und Neue**
händlerfamilie Göhre waren: Die spätgotische Alte Göhre und die   **Göhre**
neugotische Neue Göhre. Die Alte Göhre beherbergt heute das
Stadtmuseum mit sehr informativen Ausstellungen zur Geschichte
Jenas.
In der angrenzenden Neuen Göhre zeigt die **Kunstsammlung der
Stadt Jena** Werke vom Mittelalter bis zum ausgehenden 20. Jahrhundert. Ausstellungsschwerpunkte liegen auf der Klassischen Moderne
und der Kunst der DDR. In der Galerie und im Kabinett sind Wechselausstellungen zu sehen (Öffnungszeiten: Di, Mi, Fr. 10.00 – 17.00,   ⏲
Do. 14.00 – 22.00, Sa, So. 11.00 – 18.00 Uhr).

▶ JENA ERLEBEN

AUSKUNFT

Tourist-Information
Johannisstr. 23
07743 Jena
Tel. (0 36 41) 49 80-50, Fax 49 80-55
www.jena.de

ESSEN

▶ Erschwinglich

Scala
Leutragraben 1 (JenTower)
Tel. (0 36 41) 35 66 66
Modernes Restaurant in der 29. Etage
des JenTowers. Beim Essen genießt
man einen atemberaubenden Blick
über die Stadt.

▶ Preiswert

Zur Noll
Oberlauengasse 19
Tel. (0 36 41) 59 77-0
Traditionsreiches Haus mit einer urigen Gaststube. Typisch deutsche Gerichte, thüringischen Spezialitäten und
italienische Vorspeisen.

Papiermühle Jena
Erfurter Str. 102
Tel. (0 36 41) 45 98 98
In dem seit 1737 bestehenden Gast-
haus gibt es leckere thüringische
Hausmannskost und süffige haus-
gebraute Bierspezialitäten.

ÜBERNACHTEN

▶ Luxus

Steigenberger Esplanade
Carl-Zeiss-Jena Platz 4, 07743 Jena
Tel. (0 36 41) 80 00, Fax 80 01 50
www.jena.steigenberger.de
Großzügiges Haus mit sachlich-elegant
eingerichteten Zimmern und Suiten.
Das Restaurant besitzt südamerika-
nisches Flair, legeres Bistro.

▶ Komfortabel

Schwarzer Bär
Lutherplatz 2, 07743 Jena
Tel. (0 36 41) 40 60, Fax 40 61 13
www.schwarzer-baer-jena.de
Das Haus im Stadtzentrum blickt auf
eine über 500-jährige Geschichte
zurück – unter dem Pseudonym
»Junker Jörg« ließ sich 1522 Martin
Luther hier bewirten. Gediegener
Komfort, geschmackvolle Zimmer mit
schönen Stilmöbeln.

▶ Günstig

Zur Schweiz
Quergasse 15, 07743 Jena
Tel. (0 36 41) 5 20 50
Fax 5 20 51 11
www.zur-schweiz.de
Zweckmäßige, gemütliche Zimmer in
einem gepflegten zentral gelegenen
Haus.

St. Michael Die spätgotische Stadtkirche St. Michael wurde 1506 mit Stilelementen aus Böhmen, Oberschlesien und Süddeutschland fertig gestellt
(nach dem Zweiten Weltkrieg rekonstruiert). Bemerkenswert sind
das Standbild des hl. Michael, eines der ältesten Holzbildwerke Thüringens, und die Bronzeplatte, die für Martin Luthers Grab in Wittenberg bestimmt war, sich seit 1571 aber hier befindet.

Collegium Jenense Vom Markt führt die Kollegiengasse zum ehemaligen Dominikanerkloster und späteren Collegium Jenense, das etwa drei Jahrhunderte

lang die **»Erste Universität«** der Stadt war. In der alten Karzerzelle sind Inschriften von Studenten zu sehen, die hier eine Strafe verbüßen mussten. Am Collegium Jenense wirkten bedeutende Gelehrte wie Hegel, Fichte und Schelling.

Jenas weithin sichtbares Wahrzeichen ist der 1972 nach einem Entwurf des DDR-Star-Architekten Hermann Henselmann für den damaligen VEB Carl Zeiss Jena fertiggestellte **Zylinder aus Beton und Glas**, der 1999 bis 2001 gründlich saniert wurde. Von der Aussichtsplattform in 128 m Höhe bietet sich ein überwältigender Ausblick. **JenTower**

In Jena gibt es eine Reihe schöner, alter Bürgerhäuser, darunter das Haus »Zur Rosen« von 1683 (Johannisstraße 13) sowie die Häuser in der Saalstraße (Nr. 5: Trebitzsches Haus). **Bürgerhäuser**

Am Fürstengraben steht an der Stelle des früheren Herzogsschlosses das Hauptgebäude (1905–1908) der Friedrich-Schiller-Universität mit dem Burschenschaftsdenkmal des Bildhauers Adolf von Donndorf davor. In der Großen Aula hängt ein Gemälde von Ferdinand Hodler (»Auszug der Jenaer Studenten zum Freiheitskampf von 1813«). Entlang der **»Via triumphalis«** (Fürstengraben) reihen sich zahlreiche Denkmäler berühmter Persönlichkeiten. **Universität**

Abendliches Vergnügen zu Füßen des JenTower

Frommannsches Haus

Im Frommannschen Haus (18. Jh.; Fürstengraben Nr. 18), dem Verlagshaus des Buchhändlers und Verlegers Frommann, trafen sich zu Goethes Zeiten viele Berühmtheiten. Ein weiteres markantes Gebäude (Nr. 23) ist der Barockbau der **»Zweiten Universität«**, bis 1908 Hauptgebäude der Universität.

Botanischer Garten

Der Botanische Garten mit Pflanzen aus allen Klimazonen der Erde wurde 1794 auf Betreiben Goethes angelegt als erster botanischer Garten, in dem die Pflanzen nach dem »natürlichen System« des Botanikers August Batsch angeordnet wurden. Eine im Inspektorhaus eingerichtete Gedenkstätte erinnert an das langjährige Wirken Goethes in Jena. Im Haus schräg gegenüber wohnte der Romantiker Novalis während seiner Studienzeit 1790/1791.

✳
Zeiss-Planetarium

Von der Goethe-Gedenkstätte sind es nur wenige Schritte zu diesem Kuppelbau von 1926. Hier gibt es populärwissenschaftliche Vorführungen, Kinderprogramme sowie Laser- und Multivisionsshows.

✳
Optisches Museum

🕐

Am Carl-Zeiss-Platz 12 im Südwesten der Innenstadt präsentiert das Optische Museum kulturgeschichtliche und technische Entwicklungslinien optischer Instrumente aus fünf Jahrhunderten. Dazu gehört auch die **größte Brillensammlung Europas** (Öffnungszeiten: Di.–Fr. 10.00–16.30, Sa. 11.00–17.00 Uhr).

Ein Muss für jeden Jena-Besucher: das Optische Museum

Am Carl-Zeiss-Platz erinnert ein achteckiger Jugendstilbau von Henry van de Velde (1911) an den Physiker Ernst Abbe, dem bahnbrechende Erfindungen auf dem Gebiet der Optik gelangen und der zu den Mitbegründern der Jenaer Glaswerke gehörte; die Abbe-Büste im Inneren schuf Max Klinger.

Ernst-Abbe-Denkmal

Im früheren Wohnhaus (Unterm Markt 12 a) des Philosophen Johann Gottlieb Fichte (1762 – 1814) ist das Literaturmuseum zur Jenaer Frühromantik eingerichtet. Der kultur- und geistesgeschichtliche Hintergrund für den Aufbruch einer ganzen Generation von Dichtern, Philosophen und Naturwissenschaftlern wird auf drei Etagen erläutert (Öffnungszeiten: Di. – So. 10.00 – 17.00 Uhr).

★
Literaturmuseum zur Jenaer Frühromantik

🕐

Das ehemalige Gartenhaus Schillers »vor der Stadt an der Leutra« (Schillergässchen 2) ist die **einzige erhalten gebliebene Schiller-Gedenkstätte Jenas**. Hier arbeitete der Dichter an den Dramen »Wallensteins Lager«, »Maria Stuart« und »Die Jungfrau von Orléans« (Öffnungszeiten: Apr. – Okt. Di. – So. 11.00 – 17.00, Nov. – März Di. bis Sa. 11.00 – 17.00 Uhr).

Schillers Gartenhaus

🕐

1918 übertrug der Zoologe Ernst Haeckel sein Wohnhaus, die **Villa Medusa**, der Carl-Zeiss-Stiftung. Das dort eingerichtete Museum widmet sich Leben und Werk des bedeutendsten deutschen Verfechters von Darwins Evolutionslehre. Das Arbeitszimmer ist original erhalten (Führungen: Di. – Fr. 8.30 – 10.00, 11.30, 14.00, 15.30 Uhr). Haeckel seinerseits hatte mit Stiftungsgeldern das weltweit einzigartige »Museum für Abstammungslehre«, das **Phyletische Museum**, eingerichtet. Das Jugendstilgebäude selbst folgt der »Symmetrie in der Formbildung aller Lebewesen«. Heute beherbergt es zudem das Institut für Spezielle Zoologie und Evolutionsbiologie (Erbertstr. 1; Öffnungszeiten: tgl. 9.00 – 16.00 Uhr).

Ernst-Haeckel-Haus

🕐

❓ WUSSTEN SIE SCHON …?

- … dass Goethe einst im Roten Turm am südöstlichen Ende der Stadtmauer geforscht und 1783 zusammen mit Justus Christian Loder den Zwischenkieferknochen (Intermaxillarknochen) entdeckt hat?

An der Schlippenstraße in Jena-Ost steht die sogenannte Schillerkirche. Am 22. Februar 1790 ließen sich der Dichter Friedrich Schiller und Charlotte von Lengefeld in der früheren Dorfkirche von Wenigenjena trauen.

Schillerkirche

In der Otto-Schott-Str. 13 westlich des Stadtzentrums erfährt man alles über den Wissenschaftler Otto Schott, der 1884 in Jena ein Glastechnisches Laboratorium gegründet hat. Aus dieser Forschungsstätte erwuchs ein Unternehmen von Weltrang, dessen bekannteste Produkte feuerfeste Glaswaren wie »Jenaer Glas«, »Ceran«, »Duran« sind (Öffnungszeiten: Di. – Fr. 13.00 – 18.00 Uhr).

★
SCHOTT GLASMuseum & Schott Villa

Herrlich gelegen: das Rokokoschloss Dornburg am rebenbestandenen Saale-Steilufer

Umgebung von Jena

Kahla
Leuchtenburg

In Kahla, 16 km südlich von Jena, sind noch größere Abschnitte der Stadtmauer des 14. und 15. Jh.s erhalten. Die Leuchtenburg oberhalb von Kahla war einst eine der **mächtigsten Burgen in Thüringen**. Im Inneren gibt es ein Museum und eine Burgschänke.

Cospeda,
Museum 1806

1806 besiegten Napoleons Truppen das sächsische und das preußische Heer in der **Schlacht von Jena und Auerstedt**. Diesem historischen Ereignis ist das Museum 1806 in Cospeda 4 km nördlich von Jena gewidmet (Öffnungszeiten: Apr. – Nov. Mi. – So. 10.00 – 13.00 u. 14.00 – 17.00, Dez. – März Mi. – So. 9.00 – 13.00 Uhr).

Dornburg

Dornburg 12 km nordöstlich von Jena am Steilufer der Saale ist mit seinen **Schlössern** und gepflegten **Parkanlagen** ein beliebtes Ausflugsziel. Das Alte Schloss, das Renaissanceschloss und das Rokokoschloss wurden vor allem durch Goethes Aufenthalte bekannt.

Apolda

Apolda (24 000 Einw.) liegt 9 km nordöstlich von Jena am Ostrand des Thüringer Beckens. Die Stadt wurde durch ihre Glockengießerei (1988 eingestellt) bekannt. Nach dem Zweiten Weltkrieg wurden hier auch die Glocken für die Gedenkstätte Buchenwald auf dem Ettersberg bei ► Weimar gegossen. Im **Glockenmuseum** (Bahnhofstr. 41) erfährt man alles über dieses Gewerbe. Im Haus gegenüber wurde das **Kunsthaus Apolda Avantgarde** eingerichtet. Gleich dahinter gibt die **Museumsbaracke »Olle DDR«** Einblicke in den damaligen Alltag, die zum Schmunzeln, aber auch zum Nachdenken anregen.

Die fünfeckige angelegte Wasserburg in Kapellendorf südwestlich von Apolda ist ein besonders schönes Beispiel für eine **gotische Nie-derungsburg mit Wassergraben**. Im Oktober 1806 war sie Haupt-quartier der preußischen Armee unter dem Fürsten von Hohenlohe.

Kapellendorf

▶Saaletal

Weitere Ziele

✱ Kyffhäuser

Bundesland: Thüringen   **Höhe:** 477 m ü. d. M.

Südlich des Harzes besticht das sagenumwobene Wahrzeichen der Region, das imposante Kyffhäuser-Denkmal mit dem Reiterstand-bild von Kaiser Wilhelm I. und der in Stein gehauenen Barbarossa-figur. Wenn man sich aufrafft und die 247 Stufen zur Turmkuppel erklimmt, wird man mit einem grandiosen Rundblick über die Gol-dene Aue bis zum Brocken belohnt!

Das kleine Kyffhäusergebirge erhebt sich zwischen den fruchtbaren Tälern von Helme und Unstrut; sein höchster Punkt ist der 477 m hohe **Kulpenberg**, auf dem ein 94 m hoher Fernsehturm mit Aus-sichtsplattform zum Rundblick einlädt.

Kyffhäuser-gebirge

Von weitem zu sehen: das mächtige Kyffhäuser-Denkmal

● KYFFHÄUSER ERLEBEN

AUSKUNFT
Tourismusverband Kyffhäuser
Am Anger 14
06567 Bad Frankenhausen
Tel. (03 46 71) 71 70, Fax 717 19
www.kyffhäuser-tourismus.de

ÜBERNACHTEN/ESSEN
▶ **Komfortabel**
Hotel Residenz
Am Schlachtberg 3
06567 Bad Frankenhausen
Tel. (03 46 71) 750, Fax 75 30
www.residenz-frankenhausen.de
Gute Adresse mit Wellness- und
Beautyangebot.

▶ **Günstig**
Thüringer Hof
Am Anger 15
06567 Bad Frankenhausen
Tel. (03 46 71) 51 01-0, Fax 51 01-62
www.thueringer-hof.com
Freundlich und preiswert.

✱ Reichsburg Kyffhausen Von der im 11. Jh. errichteten Reichsburg Kyffhausen, einer der größten mittelalterlichen Burganlagen Deutschlands, sind noch heute sehenswerte Reste, v. a. die Ruinen der Unterburg erhalten. Sie war unter Heinrich IV. (1056 bis 1106) zum Schutz der nahe gelegenen Kaiserpfalz Tilleda erbaut und später mehrfach erneuert worden, zuletzt unter **Kaiser Friedrich Barbarossa** (1152–1190). Mit insgesamt drei auf Terrassen übereinander gelagerten Burgen gehörte sie zu den **größten Höhenburgen Europas**. Ein kleines **Museum** informiert über ihre Geschichte. Das von weitem sichtbare, 81 m hohe **Sandstein-Denkmal** entstand 1896 im Auftrag der deutschen Kriegsvereine, sein 81 m hoher Turm ist zugänglich. Das Reiterstandbild erinnert an Kaiser Wilhelm I., die Steinfigur im Felsenhof an Barbarossa. In Tilleda sind auf dem Pfingstberg Überreste des um 972 erstmals erwähnten **kaiserlichen Hofes von Tilleda** erhalten. Bis 1189 hielten hier fast alle deutschen Könige und Kaiser Hof.

✱ Barbarossa-höhle ▶ Am Südwestrand des Kyffhäuser, zwischen Steinthaleben und Rottleben, wurde 1865 die Barbarossahöhle mit ihrer bizarren Karstlandschaft entdeckt. Nach der Barbarossasage soll hier »der schlafende Kaiser in seinem unterirdischen Schlosse schlummern«.

Bad Frankenhausen Bekannt ist die alte Salzstadt Bad Frankenhausen, heute Solbad, vor allem durch die **Entscheidungsschlacht im Bauernkrieg** 1525, die auf dem Schlachtberg nördlich der Stadt tobte. An den Kampf, bei dem das zahlenmäßig überlegene Bauernheer unter Führung von Thomas Müntzer fast vollkommen niedergemacht wurde, wird im **Panorama Museum** erinnert. In dem auffälligen Rundbau wird ein riesiges Panoramabild (1987) des Malers Werner Tübke gezeigt. Außerdem lohnt in Bad Frankenhausen ein Besuch des 1533 erbauten **Renaissanceschlosses** und einiger Bürgerhäuser aus der Blütezeit des Salzhandels.

Lausitz

N – P 7 – 9

Bundesländer:
Brandenburg und Sachsen

Höhe:
70 – 793 m ü. d. M.

Ganz im Osten Deutschlands, an der oberen Spree sowie beiderseits der Lausitzer Neiße bzw. im Grenzgebiet zu Tschechien und Polen, erstreckt sich die Lausitz mit den beiden historischen Landschaften Niederlausitz und Oberlausitz, deren Grenze der Fluss Schwarze Elster markiert. Ihren südlichen Rand bildet das bis zu 793 m aufragende Zittauer Gebirge.

Der Name Lausitz, sorbisch »Lužica« (= Moor, Sumpfniederung), bezeichnet historische Territorien zwischen mittlerer Oder und mittlerer Elbe im Gebiet der oberen Spree und Neiße. Zunächst bezog er sich auf das von den slawischen Lusizern bewohnte Gebiet, die Niederlausitz um ►Cottbus (sorb. Chosébuz), die im 12. Jh. an die wettinischen Markgrafen von Meißen ging. Später wurde der Name als Oberlausitz auch für das frühere Siedlungsgebiet der slawischen Milzener um ►Bautzen (sorb. Budyšin) und ►Görlitz (sorb. Zhorjelc) gebraucht, in dem sich im 14. Jh. der recht mächtige **Lausitzer Sechsstädtebund** (Görlitz, Bautzen, Löbau, Zittau, Kamenz und Lauban) gebildet hatte.

In der Lausitz leben heute rund 1,3 Mio. Menschen. Längs der Spree sowie zwischen dem Spreewald und dem Lausitzer Bergland zählt man annähernd 60 000 **Sorben**. Sie bilden eine in Deutschland anerkannte ethnische Minderheit.

Heimat der Sorben

Auch heute noch wird in der Niederlausitz in großem Stil Braunkohle abgebaut.

LAUSITZ ERLEBEN

AUSKUNFT

Marketing-Gesellschaft
Oberlausitz-Niederschlesien mbH
Tzschirnerstr. 14 a, 02625 Bautzen
Tel. (0 35 91) 48 77-0, Fax 48 77-48
www.oberlausitz.com

Tourismusverband Niederlausitz
Schlossbezirk 3, 03130 Spremberg
Tel. (0 35 63) 60 23 40, Fax 60 23 42
www.niederlausitz.de

WELLNESS

Lausitz-Therme
Buchwalder Str. 77, 01968 Senftenberg
Tel. (0 35 73) 3 78 90, Fax 37 89 32
www.lausitztherme.de
Ferienanlage am Senftenberger See mit
Sauna- und Badelandschaft, Restaurant und Ferienbungalows.

Lausitztherme Wonnemar
Am Kurzentrum
04924 Bad Liebenwerda
Tel. (03 53 41) 49 02-0
www.wonnemar.de/liebenwerda
Wasserwelt mit Wellness Spa, Saunalandschaft, Fitness Club und zwei
Restaurants

ESSEN

▶ **Erschwinglich**
Ratskeller
Markt 10, Kamenz
Tel. (0 35 78) 7 83 50
Für seine leckeren regionalen Gerichte
ist das urige Restaurant mit weiß
gekalktem Kreuzgewölbe bekannt.

▶ **Preiswert**
Zur Post
Lange Str. 24, Spremberg
Tel. (0 35 63) 46 93
Hier wird vorwiegend bodenständige
Küche serviert.

Allee Restaurant
Bautzener Allee 1 b, Hoyerswerda
Tel. (0 35 71) 92 15 15
Hier genießt man klassische Lausitzer
Spezialitäten.

ÜBERNACHTEN

▶ **Komfortabel**
Congresshotel
Dr.-Wilhelm-Külz-Str. 1
02977 Hoyerswerda
Tel. (0 35 71) 46 30, Fax 46 34 44
www.congresshotel-hoyerswerda.de
Der imposante Rundbau bietet geräumige und modernst ausgestattete
Zimmer. Gutes Restaurant.

▶ **Günstig**
Am Berg
Bergstr. 30, 03130 Spremberg
Tel. (0 35 63) 60 82-0, Fax 9 17 67
www.hotel-restaurant-am-berg.de
Zentrumsnah gelegen, charmant und
solide. Nettes Restaurant.

Villa Weiße
Poststr. 17, 01917 Kamenz
Tel. (0 35 78) 3 78 47-0, Fax 3 78 47-30
www.villa-weisse.de
Geschmackvoll eingerichtete Zimmer,
schöner Garten.

Niederlausitz

Landschaftsbild Die Niederlausitz ist geprägt vom Lausitzer Höhenzug mit ausgedehnten Altmoränen, Sandflächen mit Kiefernwäldern und Urstromtälern. Große Gebiete wurden und werden bis heute vom **Braunkoh-**

lentagebau förmlich umgepflügt. Örtlich wähnt man sich in einer Mondlandschaft apokalyptischen Ausmaßes. Bis heute sind dem Bergbau eine ganze Reihe von Dörfern zum Opfer gefallen. Doch inzwischen werden ausgekohlte Tagebaue aufwendig rekultiviert. Das neue **Lausitzer Seenland** gewinnt immer mehr Kontur.

Bis 1966 war Senftenberg, 37 km südwestlich von ► Cottbus an der Schwarzen Elster gelegen, für ausgedehnten Braunkohlentagebau bekannt. Schließlich hatte man das »Schwarze Gold« hier um 1860 entdeckt. Nun beschloss man die Rekultivierung der Gruben und ihre Umwandlung in ein **Badeparadies**. Das ist gelungen: 1300 ha Wasserfläche und 11 km Strandlinie ziehen alljährlich zahlose Badelustige an den **Senftenberger See**. Wer nicht nur baden will, kann sich das aus einer Wasserburg hervorgegangene **Schloss** mit dem **Kreismuseum** ansehen oder läuft Ski in Ostdeutschlands erster für diesen Zweck errichteter Halle.

Senftenberg

Etwa 26 km östlich von Senftenberg liegt das Städtchen Spremberg. In seiner **Kreuzkirche** sind viele Gegenstände aus Dorfkirchen untergekommen, die dem Braunkohlenabbau weichen mussten. Im Niederlausitzer **Heidemuseum** lebt die ländliche Vergangenheit vor der Braunkohlenzeit weiter.

Spremberg

Ein ungewöhnlich prachtvoll ausgestattetes Zisterzienserkloster liegt an der Oder 55 km nördlich von Cottbus. Die prunkvollen Altäre im **böhmisch-sächsischen Barock** sind ein Werk des frühen 18. Jh.s, als die im 13. Jh. gegründete, während der Reformation geschleifte und im 17. Jh. wieder aufgebaute Kirche innen neu gestaltet wurde.

Kloster Neuzelle

✳ Oberlausitz

Ganz anders als die Niederlausitz präsentiert sich die Oberlausitz mit ihren Heideflächen, ihrem Bergland um die Städte Kamenz und Bautzen sowie dem landschaftlich reizvollen Zittauer Bergland. Die wichtigsten Städte sind ► Bautzen, ► Görlitz und ► Zittau, die gesondert beschrieben sind.

Landschaftsbild

Ein Besuch in Löbau (sorb. Lubij; 18 000 Einw.) lohnt auch wegen der **typischen Lausitzer Dörfer** in der Umgebung, z. B. Cunewalde mit seiner barocken Dorfkirche oder Neusalza-Spremberg sowie Obercunnersdorf mit seinen vielen Umgebindehäusern.
Auf Löbaus Frühzeit geht das barocke **Rathaus** (1711) zurück; Turm und Kellergewölbe sind spätgotisch. Stattlichstes Bürgerhaus ist das links daneben stehende **»Goldene Schiff«**. Östlich vom Rathaus steht die frühgotische **Johanniskirche**, einst Teil des Franziskanerklosters, in dessen Refektorium im 14. und 15. Jh. die Tagungen des Sechsstädtebundes stattfanden. Das **Stadtmuseum** (Johannisstraße 5) zeigt Exponate zu Kultur und Handwerk der Oberlausitz. Ein Architektur-

✳ Löbau

Schön bemalt:
Sorbische Ostereier

SCHÖNE LAUSITZ

Auf dem Weg von Dresden Richtung Osten künden immer öfter zweisprachige Wegweiser und Ortsschilder und zweisprachige Beschriftungen an öffentlichen und privaten Gebäuden davon, dass man sich unter einer der anerkannten ethnischen Minderheiten Deutschlands befindet: den Sorben.

Das sorbische Siedlungsgebiet ist die bereits südöstlich von Berlin beginnende Lausitz im Bereich der mittleren und oberen Spree, also in Brandenburg und Sachsen. Insgesamt bezeichnen sich in diesen beiden Bundesländern heute ca. 60 000 Menschen als Sorben und damit als Angehörige eines slawischen Volksstamms, der eine eigene Sprache spricht und sich intensiv der Pflege seiner Bräuche widmet. Die Sorben sind die Nachfahren der ehemaligen südlichen Elbslawen. Ab der **Völkerwanderung** im 6. Jh. n. Chr. besiedelten sie ein Gebiet, das im Osten von Oder, Queiß und Bober, im Süden vom Erz- und Fichtelgebirge, im Westen von der Saale begrenzt wurde und im Norden bis zur Linie Frankfurt (Oder) reichte. Die Milzener in der Oberlausitz, die Lusizer in der Niederlausitz und die Daleminzer im Raum Meißen waren deren größte und bedeutendste Stämme. Zum ersten Mal werden die Sorben (»Surbi«) im Jahr 631 in der Chronik des fränkischen Mönches Fredegar erwähnt, in anderen Quellen wurden sie als »Vendi« bezeichnet, wovon sich der deutsche Name »Wenden« oder »Winden« ableitet. Ab dem 8. Jahrhundert wurden die elbslawischen Stämme in die Kriege und Eroberungszüge ihrer westlichen Nachbarn, der Franken und Sachsen, hineingezogen. Kaiser Heinrich I. richtete seine Eroberungskriege darauf, »den Frieden zu festigen« und »die Wildheit der Slawen zu unterdrücken«.

Zunehmende Diskriminierung

Otto I. setzte sich das Ziel, die slawischen Länder in den deutschen Staat einzuordnen, inklusive einer gewaltsamen **Christianisierung**. Bereits ab dem 12. Jahrhundert wurde das eroberte Land systematisch mit deutschen Bauern, Handwerkern, Kaufleuten und Bergleuten aus dem Rheinland, aus Franken und Sachsen besiedelt. Herrschte anfangs wohl noch ein Mit- und Nebeneinander, wurden die Slawen bald sozial und ethnisch degradiert. Ab dem 14. Jahrhundert betrieben zuerst die städtischen Zünfte die Diskriminierung der Slawen. So wurde in manchen Ge-

Nett anzusehen: die Tracht der sorbischen Frauen

genden die sorbische Sprache oft unter Androhung der Todesstrafe verboten. Solche und andere Maßnahmen lösten einen ungeheuren Assimilierungsdruck aus und brachten schließlich eine 700-jährige Periode kultureller Eigenständigkeit zwischen Elbe und Saale zum Erlöschen.

Überleben in einer Nische

In der Niederlausitz und in der Oberlausitz, beide etwas abseitig gelegene Landstriche, konnte die slawische Kultur allerdings überleben. Hier gab es bis um 1500 keine Sprachverbote, sodass die Sorben in den Lausitzen ihre Muttersprache bewahren konnten. Am Ende des 18. Jh.s wurden die blau-rot-weiße Fahne und die sorbischen Hymne »Rjana Lužica« (= »Schöne Lausitz«) zum Symbol der sorbischen Volksgruppe erklärt. Im Lauf des 19. Jh.s verschaffte sich eine **sorbische Nationalbewegung** immer deutlicher Gehör, die erst am 13. Oktober des Jahres 1912 in Wojerecy (Hoyerswerda) in die Gründung einer Dachorganisation, der »Domowina« (= »Heimatbewegung«) mündete. Die Nazis machten dann kurzen Prozess: 1937 verboten sie alle sorbischen Organisationen, das Vermögen, vor allem aber unersetzliche Schätze der sorbischen Kultur, wurden vernichtet. Fluss- und Ortsnamen deutschte man zum Teil ein, viele Sorben wurden in Konzentrationslager gesperrt. Das Wechselbad hörte für die Sorben nach 1945 nicht auf. In der DDR waren sie plötzlich die geachtete und von den Oberen gern gezeigte Minderheit mit verfassungsmäßig garantierten Rechten. Jedoch: Folklore war gewünscht, nicht eine andere Meinung. Heute existieren über 150 sorbisch-deutsche Gemeinden, mehrere Grundschulen und Oberschulen, an denen Sorbisch Unterrichtssprache ist. Für die Erhaltung des tradierten Kulturgutes sorgen in der Stadt Bautzen die zentrale Interessenvertretung **»Domowina«**, die Zeitung Serbske Nowiny, eine sorbische Rundfunkredaktion und das Deutsch-Sorbische Volkstheater. Die sorbische Kultur äußerte sich nicht nur in Gestalt der eigenen Sprache, sondern auch in einer ausgesprochen lebendigen Folklore. Über die Grenzen der Lausitz hinaus bekannt geworden ist der Krabat, ein Sagenkreis um eine Zaubergestalt aus der Hoyerswerdaer Gegend. Greifbarer als diese Geschichten sind allerdings die heute noch ausgeübten Sitten und Bräuche: Regionalspezifische Trachten werden zu Festtagen getragen, das Osterreiten wird wie eh und je zelebriert. Und manch andere Bräuche machen deutlich: Die sorbische Tradition wird bewahrt und gelebt.

zeugnis der Moderne ist das 1933 nach einem Entwurf von Hans Scharoun erbaute **Haus Schminke** (Kirschallee 1 b). Im Osten der Stadt erhebt sich der 447 m hohe Löbauer Berg als Landmarke, bekrönt vom gusseisernen, 1854 eingeweihten **Friedrich-August-Turm**.

✳
Herrnhut

15 km südlich von Löbau erreicht man den Stammsitz der evangelisch-pietistischen **Herrnhuter Brüdergemeine**. Sie wurde von böhmisch-mährischen Exilanten ins Leben gerufen, die 1722 Aufnahme bei Nikolaus Ludwig Graf von Zinzendorf (1700 – 1760) fanden. Er veranlasste den Bau der Musterstadt mit Gemeinhaus (Kirche), Chorhäusern und Gottesacker (Friedhof). Das **Museum für Völkerkunde** zeugt von der weltweiten Missionstätigkeit der Brüdergemeine, das **Heimatmuseum** dokumentiert deren Geschichte.

Herrnhuter
Sterne ▶

In der Oderwitzer Str. 8 werden die als Weihnachtsschmuck sehr beliebten Herrnhuter Sterne angefertigt.

✳
Kamenz

Die an der Schwarzen Elster gelegenen Stadt Kamenz (sorb. Kamjénc; 18 000 Einw.) ist Geburtsort des Dichters Gotthold Ephraim Lessing (1729 – 1781). Am **Markt** leuchtet das burgartige Rathaus rostrot, das nach dem Stadtbrand von 1842 nach Plänen Schinkels im Stil der italienischen Renaissance wieder aufgebaut worden ist. Der **Andreasbrunnen** (1570) ist eine Sandsteinarbeit mit dem Standbild der Justitia. In der Zwingerstraße (Nr. 7) steht das von der Renaissance geprägte **Malzhaus**. Das Ende der Straße markiert der **Basteiturm** (16. Jh.) als Überbleibsel der Stadtbefestigung. Im **Ponickau-Haus** (Pulsnitzer Str. 16), einem alten Bürgerhaus mit Barockfassade, ist das **Museum der Westlausitz** untergebracht. Auf einem Felsen südwestlich vom Markt steht **St. Marien** (15. Jh.) mit eindrucksvollem Hochaltar (15. Jh.), Michaelisaltar (1498) und Kreuzigungsgruppe (um 1500). Im nahen Lessinggässchen ist die Stelle markiert, an der das 1842 abgebrannte Geburtshaus von Lessing stand.

✳
Lessing-
museum ▶

Dem großen Dramendichter der Aufklärung ist ein Museum am Lessingsplatz am anderen Ende der Innenstadt gewidmet. Die Ausstellung zeichnet sein Leben und Werk nach und verfügt über eine umfangreiche **Bibliothek** mit vielen seltenen Erstausgaben.

St. Annen ▶

Gegenüber steht die dreischiffige spätgotische Kirche (1493 – 1499) des ehemaligen Franziskanerklosters. In ihr sind vier wertvolle, zwischen 1510 und 1520 gefertigte Holzaltäre zu staunen.

**Panschwitz-
Kuckau**

Das 8 km südlich gelegene Panschwitz-Kuckau ist ein **Zentrum sorbischen Brauchtums**. Der hier gepflegte **Osterritt** gehört zu den meistbesuchten der Oberlausitz.

✳
Kloster
St. Marienstern ▶

Der Ritt beginnt am 1248 gegründeten Kloster St. Marienstern, einem der beiden Zisterzienserinnenklöster in Sachsen (▶ Görlitz, Kloster St. Marienthal, S. 266). Die Nonnen von Marienstern brauen ein dunkles Bier (Ausschank in der Klosterstube). Viele Wallfahrer ziehen von St. Marienstern weiter nach Rosenthal, um ein Marienbildnis in der barocken Wallfahrtskirche von 1778 zu verehren.

16 km südlich von Kamenz steht eines der **schönsten Barockschlösser Sachsens**. Es wurde in den Jahren 1721 bis 1735 von Johann Christoph Knöffel erbaut. Außer prächtig ausgestatteten Sälen und Gemächern gibt es hier auch eine Gedächtnisausstellung für den Philosophen **Johann Gottlieb Fichte** (1762–1814), der in Rammenau geboren wurde.

✳ Schloss Rammenau

Südlich von **Hoyerswerda**, wo zum ersten Mal Plattenbauten entstanden, erstreckt sich das Oberlausitzer Heide- und Teichgebiet bis nach Kamenz und ► Bautzen. Die 26 000 ha große **Wald-, Sumpf- und Seenlandschaft** wartet auf mit vielen seltenen Pflanzen- und Tierarten. Vor allem Wasservögel wie Kormorane, Fischadler und Graureiher lassen sich hier beobachten. Der **Knappensee** und der **Silbersee** am Nordrand des Gebietes sind aus der Rekultivierung von Braunkohlentagebauen entstandene und mittlerweile sehr beliebte Naherholungsgebiete.

✳ Oberlausitzer Heide- und Teichgebiet

Das ganz im Nordosten der Oberlausitz an der Neiße liegende Bad Muskau (sorb. Muzakow), das 1823 zum **Kurbad** ernannt wurde, ist untrennbar mit dem Namen von **Hermann Fürst von Pückler-Muskau** verbunden, der sich mit seinen im Jahre 2004 als UNESCO-Weltkulturerbe ausgewiesenen Parkanlagen einen Platz im Olymp der Gartengestalter sicherte. Über einen großen Teil der Neißeaue sowohl auf deutschem wie auf polnischem Gebiet erstrecken sich die Parkanlagen, die von 1815 an nach den Plänen des Fürsten gestaltet wurden. Dem Exzentriker schwebte die Verbindung seines Schlosses als »vergrößerter Wohnung« mit dem Park als »idealisierter Natur« vor. Als ihm 1845 das Geld ausging, musste er Schloss und Park verkaufen, und vieles blieb unrealisiert; im Zweiten Weltkrieg wurden zudem große Teile zerstört. Dennoch wird man beim Spaziergang durch die Parkanlagen immer wieder das **Genie des Fürsten** im Wechsel von belebten und ruhigeren Parkabschnitten, von Grünzonen und Wasserflächen, Natur und Bauwerken erkennen.

Bad Muskau

✳✳ ◄ Parkanlagen von Bad Muskau

Das 1980 wiederaufgebaute **Alte Schloss** gründet auf einer Burg des Deutschritterordens aus dem 14. Jh.

> **!** *Baedeker* TIPP
>
> **Blütenpracht im Osten**
> Wer den Osten der Republik bereist und auch das Fürst-Pückler-Bad Muskau auf dem Programm hat, ist gut beraten, seine Reise im Mai/Juni anzutreten. Denn dann präsentiert sich der Rhododendrenpark im nahen Kromlau in vollster Blütenpracht. Vom Landschaftspark Bad Muskau zuckelt von April bis Oktober die Waldeisenbahn via Weißwasser nach Kromlau.

und wird heute als Museum, Standesamt und Weinkeller genutzt. Das **Neue Schloss** (16. Jh.) wurde im Zweiten Weltkrieg zerstört. Im Jahre 2000 konnte seine Restaurierung abgeschlossen werden. Weiterhin trifft man im Park auf das barocke **Kavaliershaus** (1772), die **Orangerie** von Gottfried Semper (1840) und das **Tropenhaus** in der ehemaligen Schlossgärtnerei.

★★ Leipzig

Bundesland: Sachsen   **Höhe:** 118 m ü. d. M.
Einwohnerzahl: 507 000

Mit den Montagsdemonstrationen 1989 wurde hier der Niedergang des SED-Regimes und damit das Ende der DDR eingeleitet, dem die deutsche Wiedervereinigung folgte. Als Messe- und Kulturstadt gelangte Leipzig im 17., 18. und 19. Jh. zu voller Blüte. Von jeher gilt sie als Stadt des Buches. Heute ist sie nach Frankfurt am Main und München der dritte große Bankenplatz in Deutschland.

Kulturstadt Leipzig liegt im Süden der Leipziger Tieflandbucht an den Mündungen der Parthe und Pleiße in die Weiße Elster. Hier wirkten u. a. Bach, Mendelssohn-Bartholdy und Schumann. Diese Traditionen halten der Thomanerchor und das Gewandhausorchester aufrecht. Auch in der Wissenschaft nimmt Leipzig eine herausragende Stellung ein: Die 1409 gegründete Universität Leipzig, die »Alma Mater Lipsiensis«, ist die drittälteste in Deutschland.

Geschichte

1165	Leipzig erhält Stadtrechte.
1497	Kaiser Maximilian I. erhebt Leipzig in den Rang einer Reichsmessestadt.
1519	Leipziger Disputation
Okt. 1813	Völkerschlacht bei Leipzig zwischen Napoleon und den verbündeten europäischen Mächten
2. Weltkrieg	Große Teile der Leipziger Innenstadt werden zerstört.
1989	Montagsdemonstrationen führen zum Untergang der DDR.

1015 entstand an der Kreuzung von Via Regia (Königsstraße) und Via Imperii (Reichsstraße) eine **Burg**, in deren Schutz sich eine Siedlung bildete. Der Handelsschutzbrief von 1268 ebnete den Weg zur Reichsmessestadt. Durch die Erschließung der Silbervorkommen im Erzgebirge kam Leipzig rasch zu Wohlstand. Im Verlauf der Leipziger Disputation zwischen Luther und Eck in der Pleißenburg brach der Reformator öffentlich mit der katholischen Kirche. Das 18. Jh. sah die Entfaltung von Buchhandel, Buchdruck, Theater, Universität und Musikleben, aber auch die Besetzung durch die Preußen im Siebenjährigen Krieg. Im Oktober 1813 erlebte die Stadt die **Völkerschlacht** der verbündeten europäischen Mächte gegen Napoleons Truppen. Im Frühjahr 1989 manifestierte sich deutliche Kritik an den politischen Verhältnissen in der DDR. Die **montäglichen Friedensgebete** in der Nikolaikirche und anschließende Demonstrationen erfassten die gesamte DDR und führten zum Sturz des SED-Regimes.

Imposant: die Eingangshalle auf dem neuen Leipziger Messegelände

Markt und Umgebung

Das Zentrum des alten Leipzig ist der großzügig bemessene Markt, unter dessen Pflaster 1925 ein unterirdisches Messehaus eröffnet wurde. Dieses musste vor kurzem dem neuen **City-Tunnel** weichen, einer unterirdischen Verbindung zwischen dem Leipziger Hauptbahnhof und dem Bayerischen Bahnhof, mit der die Leipziger Innenstadt an das bestehende S-Bahn Netz angeschlossen werden soll.

Markt

An der Ostseite des Marktes steht das Alte Rathaus, wohl eines der schönsten Zeugnisse bürgerlicher Renaissance-Architektur, gebaut 1556 nach Plänen des Leipziger Bürgermeisters Hieronymus Lotter. Vom Bläseraustritt über dem Verkündigungsbalkon spielen jedes Wochenende die **Leipziger Stadtpfeifer**. Im Alten Rathaus befindet sich das **Stadtgeschichtliche Museum** u. a. mit dem großen Festsaal mit drei Kaminen, dem Kramerraum und der Schatzkammer.

✷
Altes Rathaus

In dem Gebäude an der Südseite (1558 errichtet; 1707 im Stil des Barock umgestaltet) gaben sich die königlichen Gäste der Wettiner die Klinke in die Hand, u. a. auch der russische Zar Peter der Große.

Königshaus

In dem ebenfalls von Lotter entworfenen Bau an der Nordseite des Marktes wurden vor Messen Waren geprüft, gewogen und verzollt sowie die von den Kaufleuten mitgebrachten Gewichte geeicht.

Alte Waage

Von der Nordwestecke des Marktes geht die einstmals lebhafteste Geschäftsstraße der Stadt ab. In der **Adlerapotheke** (Nr. 9) arbeitete Theodor Fontane in den Jahren 1841/1842. Bereits 1523 ist **Barthels**

✷
Hainstraße

▶ LEIPZIG ERLEBEN

AUSKUNFT

Leipzig Information
Richard-Wagner-Str. 1
04109 Leipzig
Tel. (03 41) 71 04-260, Fax 71 04-271
www.leipzig.de/de/tourist

FREITAGSMOTETTE

Jeden Freitagabend um 18.00 Uhr bzw.
Samstagnachmittag um 15.00 Uhr
findet in der Thomaskirche die
berühmte Freitagsmotette mit dem
Thomanerchor statt.

ESSEN

▶ **Fein & Teuer**
① **Allee**
Jahnallee 28
Tel. (03 41) 9 80 09 47
Hübsches Bistro etwas abseits der
Innenstadt. Kreative Küche, die Bio-
Produkte aus dem Umland verarbeitet.

⑤ **Stadtpfeiffer**
Augustusplatz 8
Tel. (03 41) 2 17 89 20
Modernes, elegantes Fein-

Leipzig Orientierung

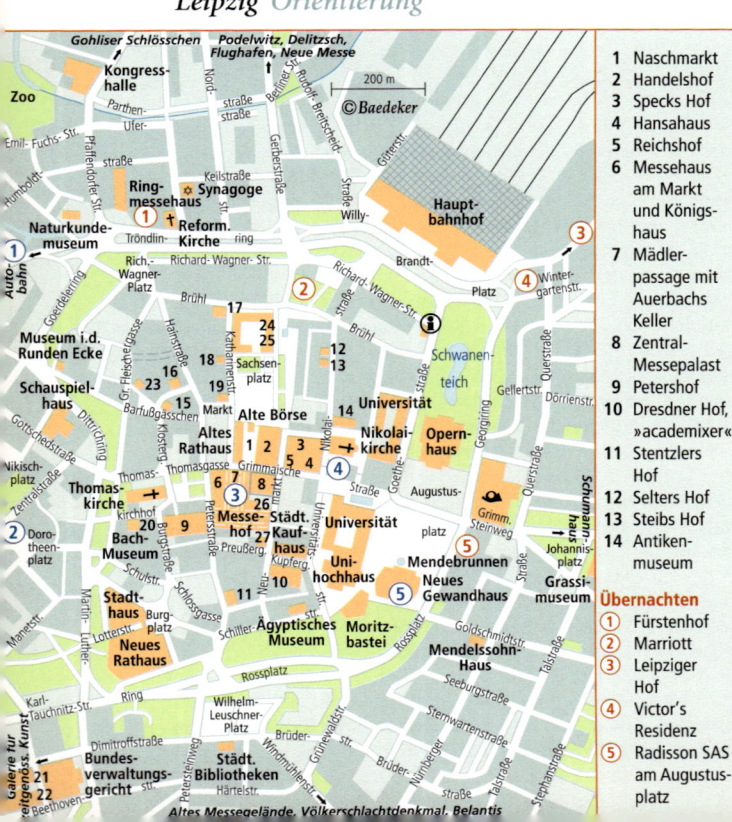

1 Naschmarkt
2 Handelshof
3 Specks Hof
4 Hansahaus
5 Reichshof
6 Messehaus am Markt und Königshaus
7 Mädlerpassage mit Auerbachs Keller
8 Zentral-Messepalast
9 Petershof
10 Dresdner Hof, »academixer«
11 Stentzlers Hof
12 Selters Hof
13 Steibs Hof
14 Antikenmuseum

15 Zum Coffe Baum
16 Barthels Hof
17 Romanushaus
18 Fregehaus
19 Alte Waage
20 »Pfeffermühle«
21 Hochschule für Grafik und Buchkunst
22 Univ.-bibl.
23 Drallewatsch
24 Mus. d. Bild. Künste
25 Stadtgeschichtl. Museum
26 Museum für Völkerkunde
27 Museum für Kunsthandwerk

Übernachten
① Fürstenhof
② Marriott
③ Leipziger Hof
④ Victor's Residenz
⑤ Radisson SAS am Augustusplatz

Essen
① Allee
② Apels Garten
③ Auerbachs Keller
④ Medici
⑤ Stadtpfeiffer

schmeckerrestaurant im Neuen Gewandhaus; klassische Gourmet-gerichte.

► Erschwinglich

③ *Auerbachs Keller*
Grimmaische Str. 2 – 4 (Mädler-Passage)
Tel. (03 41) 2 16 10-0
www.auerbachs-keller-leipzig.de
Berühmte historische Weinschänke, die seit 1525 Gäste bewirtet. Klassische und gutbürgerliche Küche. Legerer geht es im Großen Keller zu, der etwa 500 Personen Platz bietet.

④ *Medici*
Nikolaikirchhof 5
Tel. (03 41) 2 11 38 78
Ausgefallene italienische Küche in einem schicken Bistro mit Galerie gleich neben der Nikolaikirche.

► Preiswert

② *Apels Garten*
Kolonnadenstr. 2
Tel. (03 41) 9 60 77 77
Traditionsreiches Restaurant mit überdachter Terrasse. Schmackhafte sächsische Küche, zubereitet nach alten Rezepten.

ÜBERNACHTEN

► Luxus

① *Fürstenhof*
Tröndlinring 8, 04105 Leipzig
Tel. (03 41) 14 00, Fax 1 40 37 00
www.starwoodhotels.com
Klassizistisches Patrizierpalais (1770): Luxuriöse Eleganz, helle Zimmer und Suiten mit allem erdenklichen Komfort, wunderschöne Badelandschaft, fürstliches Ambiente im Restaurant.

► Komfortabel

② *Marriott*
Am Hallischen Tor 1, 04109 Leipzig
Tel. (03 41) 9 65 30, Fax 9 65 39 99
www.marriott.de
Nobelunterkunft im Zentrum, äußerst komfortable Zimmer mit Internet und Anrufbeantworter. Im amerikanisch gestylten Restaurant findet sich auf der Karte für jeden Geschmack etwas.

④ *Best Western Victor's Residenz*
Georgiring 13, 04103 Leipzig
Tel. (03 41) 6 86 60, Fax 6 86 68 99
www.victors-leipzig.bestwestern.de
Modernes Hotel in einem historischen Haus neben dem Hauptbahnhof, komfortable Stilmöbelzimmer und Suiten, flottes Restaurant im Stil einer Pariser Brasserie.

⑤ *Radisson SAS am Augustusplatz*
Augustusplatz 5, 04109 Leipzig
Tel. (03 41) 2 14 60, Fax 2 14 68 15
www.leipzig.radissonsas.com
Hotel in zentraler Lage mit praktischen Zimmern zu zivilen Preisen, Restaurant im Haus.

Baedeker-Empfehlung

③ *Leipziger Hof*
Hedwigstraße 1, 04315 Leipzig
Tel. (03 41) 6 97 40, Fax 6 97 41 50
www.leipziger-hof.de
Diese originelle Herberge könnte glatt als Galerie durchgehen, denn im ganzen Haus stellen Künstler aus dem Raum Leipzig ihre Werke aus, sehr gefällige Zimmer, ansprechendes Restaurant, Sauna.

Viel Volk flaniert jeden Tag durch die Mädler-Passage.

Hof als Faktorei der Welser entstanden und 1749/1750 für den Kaufmann J. G. Barthel barock umgebaut worden. Dieses älteste erhaltene Messehaus ist ein typischer »Leipziger Durchhof«, in den Planwagen zum Be- und Entladen ein- und ausfahren konnten.

Gasthaus »Zum Arabischen Coffe Baum«
In der nahen Kleinen Fleischergasse findet man das Haus, das 1694 erstmals eine Lizenz für den Ausschank von Kaffee erhielt und somit eines der **ältesten Kaffeehäuser Europas** ist. August der Starke soll hier seinen ersten Mokka genossen haben. Auch Goethe, Lessing, Schumann, Liszt und Wagner kehrten hier ein.

Museum in der Runden Ecke
Die **Machenschaften der Stasi** in Leipzig durchleuchtet dieses Museum am Dittrichring im ehemaligen Hauptquartier des Staatssicherheitsdienstes (»Stasi«).

Thomaskirche
Die spätgotische Thomaskirche am Thomaskirchhof ist in der Musikwelt ein Begriff als Heimat des 1212 gegründeten **Thomanerchores**. Dieser ist aufs Engste mit Johann Sebastian Bach verbunden, der hier von 1723 bis 1750 als Kantor wirkte und dessen Grab sich in der Kirche befindet. Das einstige Gotteshaus des Augustiner-Chorherrenstifts entstand von 1212–1222 und wurde im 14./15. Jh. zur dreischiffigen Hallenkirche umgebaut. Der Turm erhielt 1537 seinen achteckigen Oberbau und 1702 seine Barockhaube. Im Kreuzgang ist der Minnesänger Heinrich von Morungen beigesetzt. Das **Bach-Denkmal** vor der Kirche hat Carl Seffner 1908 geschaffen.

Bach-Museum im Bach-Archiv
Das Haus Thomaskirchhof Nr. 16 ist heute Sitz des Bach-Archivs, dem seit 1985 auch das Bach-Museum angeschlossen ist. Es zeigt Möbel, Instrumente und Handschriften aus Bachs Leipziger Zeit.

Naschmarkt und Umgebung

Im Jahr des Rathausbaus wurde an dessen Rückfront der **Naschmarkt** angelegt. Dessen Nordseite begrenzt die Alte Börse (1687). Einst Versammlungsort der Kaufleute und Stadtverordneten, dient sie heute für Konzerte und literarische Veranstaltungen. Das **Goethe-Denkmal** (1903) davor zeigt den Dichter als Leipziger Studenten.

✳
Alte Börse

Als man 1895 die Mustermessen im Frühjahr und Herbst einführte, erwiesen sich die traditionellen Kaufmannshöfe als wenig geeignet. Sie wurden abgelöst durch **Mustermessehäuser oder Messepaläste**, in denen das angebotene Warensortiment präsentiert wurde. Einige der wichtigsten erreicht man bequem vom Naschmarkt aus: An der Ostseite des Naschmarkts steht der 1909 als zweites städtisches Messehaus erbaute große **Handelshof**, dahinter der **Reichshof** von 1896, der noch Kaufhaus und Mustermesse vereint. Dessen Nachbar ist **Specks Hof**, das älteste private Messehaus (1908–1929), in dem erstmals durch Ladenstraßen verbundene Lichthöfe eingeplant wur-

✳
**Passagen und
Messehäuser**

den. Durch das **Hansahaus** kommt man zum **Riquethaus**, 1909 im Jugendstil fertig gestellt und vormals eine der ersten Adressen für Schokolade und Pralinen. Die Mattheuer-Plastik »Der Jahrhundertschritt« (Grimmaische Str. 6) weist auf die **Dependance des Bonner Hauses für Geschichte** hin, das über die Zeit der deutschen Teilung bis zum Fall der Mauer informiert.

◄ Zeitgeschichtliches Forum

Südlich vom Naschmarkt steht der **Zentral-Messepalast** (1914). Für Leipzigs schönste Ladenpassage, die Mädler-Passage (1914) gleich nebenan, musste Auerbachs Hof weichen. Von diesem ist noch der in Goethes »Faust« literarisch verewigte Auerbachs Keller erhalten, die **älteste Gastwirtschaft** der Stadt. In der Passage weisen Mephisto und Faust sowie die »Verzauberten Zecher« den Weg in den berühmten Keller.

✳
◄ Mädler-
Passage
✳
◄ Auerbachs
Keller

An der Ecke Neumarkt/Kupfergasse steht das Städtische Kaufhaus (1893–1901), in dem 1895 die **erste Mustermesse** stattfand. Die Statue von **Kaiser Maximilian** in der Fassade erinnert an seine Verleihung des Messeprivilegs (1497). Im Haus wurde 2005 die **Straße der Stars** mit Handabdrücken bekannter Persönlichkeiten eröffnet.

**Städtisches
Kaufhaus**

In der Katharinenstraße stellt das Museum der Bildenden Künste seine vielen Schätze aus. Schwerpunkte der Sammlung sind altdeutsche und niederländische Kunst des 16. bis 18. Jahrhunderts, italienische Kunst vom 18. bis zum 20. Jahrhudnert sowie deutsche Malerei des 18. bis 20. Jahrhunderts.

✳
**Museum der
Bildenden
Künste**

Leipzigs größtes und spätestens seit 1989 berühmtestes Gotteshaus: die Nikolaikirche

Sachsenplatz und Umgebung

Sachsenplatz Die Bomben des Zweiten Weltkriegs »schufen« den Sachsenplatz nördlich vom Naschmarkt, denn sie zerstörten ein altes und nach dem Krieg nicht wieder aufgebautes Stadtviertel. An der Westseite steht noch das prächtige frühbarocke **Romanushaus** (1704), ein Höhepunkt des Leipziger Barock, vom Leipziger Bürgermeister Franz Conrad Romanus mit »Ratsscheinen« finanziert. An der Nordwestseite des Sachsenplatzes verläuft der Brühl.

Drallewatsch Leipzigs berühmte **Kneipenmeile** »Drallewatsch« erstreckt sich westlich von Markt und Sachsenplatz in den Straßen und Gassen um das Barfußgässchen. »Drallewatsch« ist ein sächsischer Begriff und heißt so viel wie »etwas erleben«.

✱
Nikolaikirche Leipzigs größte Kirche, die Nikolaikirche (12. Jh. begonnen, 14.–16. Jh. umgebaut), ist seit dem 9. Oktober 1989 weltbekannt, als sich das seit 1982 abgehaltene montägliche Friedensgebet zur ersten **Montagsdemonstration** ausweitete. Der herrliche Innenraum wurde 1784–1797 von Johann Friedrich Carl Dauthe im Geiste des Klassizismus völlig neu gestaltet und bietet seitdem einen überwältigenden Anblick in Rosé, Lindgrün und Weiß – insbesondere dank Dauthes Idee, die kannelierten Säulen in Palmwedeln auslaufen zu lassen. Von der Kanzel (1521) soll schon Luther gepredigt haben. Vor der Kirche wurde als Erinnerung an die Ereignisse im Herbst 1989 eine Palmwedelsäule aufgestellt.

Die Alte Nikolaischule (1512 gegr.) nördlich der Kirche besuchten u. a. Leibniz, Seume und Wagner. Sie beherbergt das **Antikenmuseum** mit Stücken aus griechischer, etruskischer und römischer Zeit.

Alte Nikolaischule

Augustusplatz und Umgebung

Im Osten der Innenstadt erstreckt sich der im 19. Jh. angelegte große Augustusplatz. Nach den Kriegszerstörungen, dem Abriss des Augusteums und der 1968 von Ulbricht angeordneten Sprengung der alten Universitätskirche prägen ihn die im Geiste **sozialistischen Bauens** entstandenen Gebäude (Oper, Neues Gewandhaus, Universität). Die neuen **Universitätsgebäude** an der Südwestseite des Platzes wurden 1968 – 1975 nach Plänen von Hermann Henselmann und Horst Siegel erbaut. Sie schufen mit dem 142 m und 34 Stockwerke hohen »Uniriesen«, der ein aufgeschlagenes Buch symbolisiert und auch »Weisheitszahn«, City-Hochhaus oder »Panorama Tower« genannt wird, ein **Leipziger Wahrzeichen**. Von oben hat man eine großartige Aussicht auf die Stadt. Hinter dem Hochhaus (Universitätsstr.) ehrt ein Denkmal (1883) Gottfried Wilhelm Leibniz (1646–1716).

Augustusplatz

Des Uniriesen Nachbar ist das Neue Gewandhaus, 1977–1981 von Rudolf Skoda als letzter Neubau des damaligen Karl-Marx-Platzes für das **Gewandhausorchester** erbaut. Die Beethoven-Plastik im

★
Neues Gewandhaus

Festlich beleuchtet: das Neue Gewandhaus und der Mendebrunnen

Wandelgang (1902) stammt von Max Klinger; das Standbild von Felix Mendelssohn-Bartholdy wurde im Jahre 1993 als Ersatz für ein 1936 von den Nazis zerstörtes Denkmal geschaffen. Der wunderschöne **Mendebrunnen** vor dem Gewandhaus ist Leipzigs ältester erhaltener Brunnen.

Moritzbastei

Südlich vom Neuen Gewandhaus trifft man auf die Mitte des 16. Jh.s angelegte Bastei bzw. den letzten Rest der unter Kurfürst Moritz von Sachsen angelegten **Stadtbefestigung.** Heute ist sie erste Adresse, wenn es um Kleinkunst, Kabarett, Musik oder Kneipe geht.

Ägyptisches Museum

Das Ägyptische Museum der Universität an der Schillerstraße präsentiert u. a. eine Sammlung nubischer Keramik und Kleinkunst aus dem zweiten vorchristlichen Jahrtausend.

Opernhaus

Das Opernhaus am nördlichen Ende des Augustusplatzes ist 1960 am Standort des 1943 zerstörten Neuen Theaters fertiggestellt worden. Seine Architektur zitiert den klassizistischen Stil des einstmals geschätzten Vorgängerbaus.

✱ Hauptbahnhof

Im Park hinter dem Schwanenteich erinnert ein Denkmal an die Eröffnung der Bahnlinie Leipzig – Dresden im Jahr 1839. Jenseits davon sieht man den kolossalen Leipziger Hauptbahnhof. Mit einer Frontlänge von 298 m und jeweils 220 m langen Längsbahnsteigen ist er der **größte Kopfbahnhof Europas.** Im Innern ist eine mehrstöckige Ladenpassage entstanden.

? WUSSTEN SIE SCHON …?

■ … dass es im Leipziger Hauptbahnhof alles Wichtige wie die Wartehallen in doppelter Ausführung gibt? Zu Kaisers Zeiten gehörte eine Hälfte der nach Leipzig führenden Bahnlinien der Preußischen, die andere der Sächsischen Staatsbahn.

Am Johannisplatz östlich vom Augustusplatz steht das 2007 nach umfassender Sanierung wiedereröffnete Museum, das drei Ausstellungen Platz bietet. Das **Museum**

✱ Grassimuseum

für Angewandte Kunst zeigt europäisches Kunsthandwerk von der Antike bis zum Historismus, das **Museum für Völkerkunde** Exponate aus allen Erdteilen, die zumeist im 19. und 20. Jh. gesammelt wurden. Im **Musikinstrumentenmuseum** sind rund 800 Instrumente vom 16. bis zum 20. Jh. zu sehen.

Mendelssohnhaus

Felix Mendelssohn-Bartholdy (1809 – 1847) lebte von 1845 bis zu seinem Tod mit seiner Familie in dem spätklassizistischen Haus Goldschmidtstraße 12. Heute ist hier ein Museum eingerichtet, das sich mit dem Komponisten beschäftigt.

Schumannhaus

Robert und Clara Schumann wohnten 1840 bis 1844 in dem ebenfalls als Museum zugänglichen Haus Inselstr. 18 östlich des Grassimuseums. Hier entstand auch seine **»Frühlingssinfonie«.**

Südwestliche und südliche Stadtteile

An der Südwestecke des Innenstadtrings glaubt man zunächst, die Zinnen und Türme einer Burg zu erblicken, doch es handelt sich um das 1899 – 1905 erbaute Neue Rathaus. Es nimmt den Platz der im 13. Jh. unter Markgraf Dietrich errichteten **Pleißenburg** ein.

✳ **Neues Rathaus**

Im ehem. Reichsgericht (1888 – 1895) südwestlich vom Rathaus fand 1933 der sog. **Reichstagsbrandprozess** gegen Georgij Dimitroff statt, der mit einem Freispruch endete. Heute ist das Gebäude Sitz des Bundesverwaltungsgerichts.

Ehemaliges Reichsgericht (Bundesverwaltungsgericht)

Am Bayerischen Platz steht der 1842 eröffnete Bayerische Bahnhof, der älteste erhaltene Kopfbahnhof der Welt mit seinem vierbogigen Portikus, der die Wappen Sachsens und Bayerns trägt. Mit Inbetriebnahme des City-Tunnels (►S. 315) soll der Bayerische Bahnhof Ende 2009 wieder an das Eisenbahnnetz angeschlossen werden. Während der City-Tunnel-Bauarbeiten wurde der Portikus um 30 m versetzt.

Bayerischer Bahnhof

Die Ph.-Rosenthal-Straße führt am Friedenspark entlang, der auch den Botanischen Garten der Universität einschließt. Dieser ist aus dem 1542 angelegten **Universitätskräutergarten** hervorgegangen.

Botanischer Garten

Am Südrand des Friedensparks strahlt die vergoldete Zwiebelkuppel von St. Alexi, die 1912/1913 anlässlich der 10-Jahr-Feier der Völkerschlacht zu Ehren der 22 000 russischen Gefallenen errichtet wurde. Vorbild war die Moskauer Himmelfahrtskirche. Die Unterkirche dient als Mahnmal, die Oberkirche wird beherrscht von einer herrlichen **Ikonenwand**.

✳ **Russische Gedächtniskirche**

Die **Deutsche Bücherei** am Deutschen Platz ist seit 1913 Sammelplatz für jegliche Veröffentlichung in deutscher Sprache. Angegliedert ist das **Deutsche Buch- und Schriftmuseum**.

Ebenfalls am Deutschen Platz öffnet sich das Westtor des **Alten Messegeländes**, auf dem 1913 eine erste internationale Ausstellung stattfand. 1920 wurde hier die **erste Technische Messe** eröffnet. Deren Symbol ist das berühmte, vom Leipziger Grafiker Erich Gruner entworfene Doppel-M, das Ost-, Nord- und Südtor markiert.

Russische Gedächtniskirche

Im Völkerschlachtdenkmal

Jenseits des Messegeländes beginnt das Areal, auf dem 1813 – damals vor den Toren der Stadt – die **größte militärische Auseinandersetzung** des 19. Jh.s tobte. Die verbündeten Armeen Russlands, Österreichs, Preußens und Schwedens, insgesamt 225 000 Mann, schlugen die 160 000 Mann der Armee Napoleons und die auf seiner Seite kämpfende Rheinbundarmee, darunter auch die sächsische. Insgesamt 130 000 Tote und Verwundete blieben auf dem Schlachtfeld. Nach dieser entscheidenden Niederlage zog Napoleon sich aus Deutschland zurück. 1913, hundert Jahre später, wurde das 91 m hohe, Furcht einflößende **Völkerschlachtdenkmal** eingeweiht, das in 15-jähriger Bauzeit nach Plänen von Bruno Schmitz errichtet worden war. Über der Krypta mit den 5,5 m hohen Masken sterbender Krieger erhebt sich eine 60 m hohe Ruhmeshalle mit insgesamt 324 Reiterfiguren in der Kuppel; außen an der Kuppel halten zwölf weitere, über 12 m hohe Kriegerfiguren und der Erzengel Michael Wache. Die Vorgeschichte der Völkerschlacht und ihr Verlauf werden im museumsähnlichen **Forum 1813** auf dem Gelände des Völkerschlachtdenkmals nachvollzogen.

Panometer In einem sanierten Gasspeicherbau von 1910 in der Nähe des Völkerschlachtdenkmals ist ein Panometer eingerichtet worden, in dem wechselnde 360°-Panoramagemälde gezeigt werden.

Sehenswürdigkeiten in den Außenbezirken

Gohlis Das 1758 erbaute **Gohliser Schlösschen** im Stadtteil Gohlis (Menckestr. 23) ist ein Höhepunkt des sächsischen Rokoko. Im Festsaal, den Goethes Zeichenlehrer A. F. Oeser 1789 mit dem Deckengemälde »Lebensweg der Psyche« verziert hat, finden heute Konzerte und Lesungen statt.

In unmittelbarer Nachbarschaft steht das Häuschen (Menckestr. 42), in dem Friedrich Schiller im Sommer 1785 gewohnt und u. a. die erste Fassung der »Ode an die Freude« verfasst hat.

Erholung an der Pleiße

Der Leipziger **Auewald** durchzieht das Stadtgebiet als Landschaftsschutzgebiet entlang von Pleiße, Elster und Luppe. Er bietet reichlich Platz für Erholungsgebiete wie den **Auensee** und das **Rosental**.

Im Rosental befindet sich auch der 1878 gegründete Leipziger Zoo. Hier gibt es nicht nur denkmalgeschützte Anlagen, sondern auch die modernste Menschenaffen-Anlage der Welt namens **Pongoland**. Hier wird ein Verhaltensforschungsprojekt betrieben, das Besucher beobachten können (Öffnungszeiten: Nov.–März tgl. 9.00–17.00 Uhr, April u. Okt. bis 18.00 Uhr; Mai–Sept. bis 19.00 Uhr).

✳ Zoo

Im Nordosten Leipzigs ist 1996 die Neue Messe mit 100 000 m² Ausstellungsfläche eröffnet worden. Ihr Mittelpunkt ist eine spektakuläre 225 m lange, 75 m breite und 30 m hohe, lichtdurchflutete Glashalle.

✳ Neue Messe Leipzig

Umgebung von Leipzig

Ein Großteil des Völkerschlachtfelds erstreckt sich am Südrand der Stadt zwischen Liebertwolkwitz und Markkleeberg. Der **Monarchenhügel** in Meusdorf erinnert an Kaiser Franz I. von Österreich, Alexander I. von Russland und Preußenkönig Friedrich Wilhelm III., die von hier aus die Schlacht verfolgten. An der Elster erinnert ein Denkmal an den auf französischer Seite kämpfenden und auf dem Schlachtfeld zum Marschall ernannten polnischen Fürsten Poniatowski, der im Fluss ertrank. Die die »Apelsteine« des Schriftstellers Theodor Apel, markieren die Positionen der Truppenteile (»N« für Franzosen, »V« für Verbündete).

Völkerschlachtfeld

> **! Baedeker TIPP**
>
> **BMW-Werksbesichtigung**
>
> Nicht weit von der Neuen Messe erwartet das neue BMW-Werk mit seinem imposanten, von Stararchitektin Zaha Hadid entworfenen Zentralgebäude an der Automobilproduktion interessierte Besucher. Werksführungen beginnen um 9.00, 13.30, 14.30, 15.30, 16.30 u. 17.30 Uhr. Eine Online-Anmeldung ist erforderlich unter: www.bmw-werk-leipzig.de

Leipziger Neuseenland

Die noch vor wenigen Jahren von Braunkohle-Tagebau und Industrie geprägte Landschaft südwestlich und südlich von Leipzig wird gegenwärtig zu einer einzigartigen Erholungslandschaft mit 19 Seen und einem engmaschigen Wasserwegenetz umgestaltet. Entwicklungsachse ist eine neue Wasserstraße (Eröffnung 2009), die den Stadthafen Leipzig mit dem **Cospudener See** und dem **Zwenkauer See** verbindet. Eine beliebte Attraktion ist schon jetzt der **Freizeitpark Belantis** nahe Krautnaundorf mit Wasserrutschen, Achterbahnen, etc.

✱
Landschaftspark Machern

20 km östlich von Leipzig findet man eine der **schönsten Parkanlagen Sachsens**. In dem Ende des 18. Jh.s vom Grafen Lindenau angelegten englischen Garten fallen einige kleine Bauten auf: das gräfliche Mausoleum in Form einer ägyptischen Pyramide, der Hygieiatempel, der Agnestempel und die künstliche Ruine einer Ritterburg.

Wurzen

Wurzen 26 km östlich von Leipzig an der Mulde war eine Zeit lang bischöfliche Residenz, wovon der Dombezirk mit dem **Dom St. Marien** (12. Jh.) und das **Schloss** (15. Jh.) zeugen. Im Dom sieht man eine berühmte Kreuzigungsgruppe (1928–1932) von Georg Wrba. Sehenswert sind auch das **Kulturgeschichtliche Museum**, das **Posttor** (1734) am Crostigall mit dem kursächsischen und dem königlich-polnisch-litauischen Wappen und das Geburtshaus von Hans Bötticher (1883–1934), besser bekannt als **Joachim Ringelnatz**.

✱
Grimma

Die 30 km südöstlich von Leipzig im Muldetal gelegene Stadt wurde im August 2002 von der Jahrhundertflut schwer getroffen. Inzwischen erstrahlt sie in neuem Glanz. Besonders hübsch ist der **Marktplatz** mit dem **Rathaus** (16. Jh.). Eindrucksvoll sind auch die frühgotische **Frauenkirche** (13. Jh.) sowie das um 1200 begonnene Schloss. Das **Kloster Nimbschen** im Süden der Stadt erreicht man auf einer Wanderung entlang der Mulde. Aus ihm floh 1523 Katharina von Bora mit Hilfe ihres späteren Ehemanns Martin Luther. In Hohnstädt besaß der Leipziger Verleger Göschen ein Sommerhaus, wichtige Vertreter der deutschen Klassik gingen hier ein und aus. Seinem Lektor und Autor Johann **Gottfried Seume** ist eine eigene Ausstellung gewidmet.

Göschenhaus in Hohnstädt ▶

✱
Schloss Hubertusburg

Das einstmals **größte barocke Jagdschloss Europas** wurde 1721 bis 1724 bei Wermsdorf 18 km nordöstlich von Grimma erbaut. Hier wurde 1763 der Hubertusburger Friede zur Beendigung des Siebenjährigen Kriegs geschlossen. Vom Schlossmuseum aus kann man auch in die Schlosskapelle blicken.

Pegau

Nach 25 km Fahrt durch das Braunkohlengebiet südwestlich von Leipzig erreicht man Pegau. In der romanischen Kapelle der Laurentiuskirche ist der Markgraf Wiprecht von Groitzsch († 1124) begraben. Seine Grabplatte (um 1230) gehört zu den **bedeutendsten romanischen Grabkunstwerken**.

★★ Ludwigslust

Bundesland: Mecklenburg-Vorpommern   **Höhe:** 36 m ü. d. M.
Einwohnerzahl: 12 000

Fast acht Jahrzehnte lang bauten, regierten und feierten die Herzöge von Mecklenburg-Schwerin in Ludwigslust. Die ehemalige Residenzstadt ist mit ihrem Barockschloss, dem herrlichen Schlosspark und ihren barocken und klassizistischen Gebäuden ein architekturhistorisches Juwel im Nordosten Deutschlands.

Ludwigslust, 35 km südlich von ► Schwerin, ist eine barocke Stadtgründung an der Stelle des kleinen Bauerndorfes Klenow. 1724 baute sich Christian Ludwig II. von Schwerin hier ein Jagdschloss, das er »Ludwigslust« nannte. Zur vollen Pracht entfaltete sich Ludwigslust, als sein Sohn Friedrich die Residenz der mecklenburgischen Herzöge hierher verlegte. Dieser ließ ab 1765 den Ort nach den Plänen seines Hofbaumeisters Johann Joachim Busch umgestalten. Eine zweite, jetzt klassizistische Bauphase erfolgte ab 1808 unter der Leitung von Hofbaumeister Johann Georg Barca. Als 1837 die Herzöge ihre Residenz nach Schwerin zurückverlegten, wurde Ludwigslust Pensionärs- und Garnisonsstadt. Das Schloss wurde von den Angehörigen des Herzogshauses als Sommerresidenz genutzt.

»Mecklenburgisches Versailles«

Schloss Ludwigslust: einst Sommerresidenz der mecklenburgischen Herzöge

▶ LUDWIGSLUST ERLEBEN

AUSKUNFT

Ludwigslust-Information
Schlossstr. 36
19288 Ludwigslust
Tel. (0 38 74) 526-251,
Fax 526-109
www.stadtludwigslust.de

HENGSTPARADEN

Alljährlich an vier Sonntagen im
September ziehen die großartigen
Hengstparaden im Landgestüt Redefin
Zehntausende begeisterter Zuschauer
an. Infos: Tel. (03 88 54 62 00,
www.landgestuet-redefin.de

ÜBERNACHTEN/ESSEN
▶ **Komfortabel**

Baedeker-Empfehlung

Landhotel de Weimar
Schlossstr. 15
Tel. (0 38 74) 418-0, Fax 418-190
www.landhotel-deweimar.de
Das von Petra Fuchs und Meisterkoch
Wilfried Glania-Brachmann geführte Traditionshaus mit seinen 52 Gästezimmern an
der Ludwigsluster Flaniermeile ist außen wie
innen ein wahres Juwel. In dem von einem
Glasdach geschützten Innenhof wird eine
ausgesprochen kreative Küche geboten.

Sehenswertes in Ludwigslust

Stadtanlage
✳ Als ehemalige Residenzstadt mit barocker und klassizistischer Bebauung gehört Ludwigslust zu den **besterhaltenen Stadtanlagen** aus
dem 18. / 19. Jahrhundert.

Schloss ▶
✳ Mittelpunkt der Residenz ist das spätbarocke, außen mit Elbsandstein verkleidete Schloss (1772 – 1776). Die dem Schlossplatz zugewandte Hauptfassade schmücken Prunkvasen und große Sandsteinfiguren, Personifikationen von Tugenden, Künsten und Wissenschaften. Hinter dem vorspringenden Mitteltrakt liegt der prunkvolle
»Goldene Saal« mit Teilen der originalen Ausstattung und reicher
🕐 Dekoration (Öffnungszeiten: Mitte April Mitte Okt. tgl. 10.00 bis
18.00, übrige Zeit Di. – So. u. Fei. 10.00 – 17.00 Uhr).
In der Achse des Schlosses verläuft der 20 km lange Kanal, der vor
der Eingangsseite der Residenz effektvoll über steinerne Kaskaden geführt wird. An den Schlossplatz schließt sich ein weiterer Platz an,
der von hübschen zweigeschossigen Backsteinhäusern, ehemals Wohnungen der Hofbediensteten, gerahmt wird.

Stadtkirche ▶
Das **klassizistische Gotteshaus** hat eine 1765 – 1770 errichtete Tem-
pelfassade. Es beherbergt den Steinsarkophag von Herzog Friedrich
(† 1785). Die ehemalige Hofloge an der Westseite schmückt üppiges
Dekor aus der Ludwigsluster Manufaktur.

Schlosspark ▶
✳✳ Mit seinen stillen Kanälen, romantischen Brücken und kleinen Teichen, den seltenen alten Bäumen und den verstreuten Parkbauten,

Mausoleen und einer künstlichen Ruine ist der etwa 130 ha große Schlosspark einer der **schönsten Landschaftsgärten** im Norden Deutschlands. Ursprünglich als barocke Anlage begonnen, wurde sie unter Mitwirkung des berühmten Gartenarchitekten Peter Joseph Lenné zu einem Landschaftspark nach englischem Vorbild.

Umgebung von Ludwigslust

Pferdeliebhaber kennen diesen Ort 21 km westlich von Ludwigslust wegen des dortigen Gestüts: 1810 wurde hier das **mecklenburgische Hauptgestüt** gegründet. Die 1820 im Stil des Klassizismus erbaute Gestütsanlage ist erhalten. ✱ **Redefin**

Hauptattraktion in Dömitz, 30 km südwestlich von Ludwigslust, ist die am rechten Elbufer errichtete Burg, die 1559 – 1565 zu einer **bedeutenden Festung** ausgebaut wurde. Die bestens erhaltene Anlage beherbergt u. a. ein Heimatmuseum und eine Ausstellung zu dem niederdeutschen Schriftsteller Fritz Reuter, der hier in der Zitadelle 1839/1840 einen Teil seiner Haftstrafe verbüßte. ✱ **Dömitz**

Die ruhige, 12 km nordöstlich an der Elde gelegene Kleinstadt ist bekannt für ihre **Giebelfachwerkhäuser** aus dem 18. und 19. Jh., von denen viele kunstvoll geschnitzte Eingänge aufweisen. Die gotische **Stadtkirche** aus dem 14. Jh. besitzt eine prächtige, in Lübeck gefertigte Kanzel (1587). Direkt an der Elde liegt die gut erhaltene **Burg** aus dem 14./15. Jh.; das 1720 fertiggestellte Barockschloss ist heute ein komfortables Hotel. **Neustadt-Glewe**

✱ Lutherstadt Wittenberg

L 7

Bundesland: Sachsen-Anhalt
Einwohnerzahl: 46 000

Höhe: 65 – 104 m ü. d. M.

Als Wiege der lutherischen Reformationsbewegung war die alte Universitätsstadt im 16. Jh. ein geistiges und kulturelles Zentrum von europäischer Bedeutung, das die gelehrtesten Köpfe dieser Zeit und Studenten aus aller Herren Länder anzog.

1422 Residenz wurde Wittenberg Residenz der sächsischen Kurfürsten aus dem Hause Wettin, ab 1486 blühte es unter Kurfürst Friedrich dem Weisen auf, der mit der Gründung der **ersten landesfürstlichen deutschen Universität** im Jahr 1502 die Stadt zu einem geistigen Zentrum Deutschlands machte. 1508 kam Martin Luther (1483 bis 1546) als Augustinermönch an die Universität, an der er ab 1512 Theologie lehrte. Mit seinen berühmten 95 Thesen kämpfte er 1517 gegen die Ablasswirtschaft und bestehende kirchliche Verhältnisse. **Geschichte**

Durch ihn wurde Wittenberg zum Ausgangspunkt der Reformation, mitgetragen von bedeutenden Persönlichkeiten wie Philipp Melanchthon, Johann Bugenhagen, Justus Jonas und dem Maler Lucas Cranach d. Ä. Mit der Verlegung der Residenz nach Dresden, dem Tod Luthers 1546 und dem Übergang an das albertinische Sachsen 1547 war der Höhepunkt der Stadtentwicklung überschritten.

Seit 1996 sind die Luther-Gedenkstätten Lutherhaus, Melanchthonhaus, Stadtkirche St. Marien und Schlosskirche von der UNESCO als **Stätten des Weltkulturerbes** ausgewiesen.

Sehenswertes in Lutherstadt Wittenberg

Lutherhaus

Das Haus, in dem Martin Luther von 1508 bis 1546 wohnte, steht am Anfang der Collegienstraße und ist heute Teil des 1564–1583 errichteten Augusteums. Es entstand 1504 als Bettelordenshaus der Augustiner-Eremiten und wurde 1566 umgebaut; im 19. Jh. wurde es umgestaltet und als **reformationsgeschichtliches Museum** eingerichtet. Man betritt das Haus durch das Katharinenportal, das Luthers Frau Katharina ihm 1540 zum Geburtstag schenkte. In seiner original erhaltenen Wohn- und Arbeitsstätte (Lutherstube) sind u. a. Schriften, Münzen, Luthers Universitätskatheder und die Lutherkanzel aus der Stadtkirche St. Marien zu sehen (Öffnungszeiten: April bis Sept. tgl. 9.00 – 18.00, Okt. – März Di. – So. 10.00 – 17.00 Uhr).

▶ LUTHERSTADT WITTENBERG ERLEBEN

AUSKUNFT

Wittenberg-Information
Schlossplatz 2
06886 Lutherstadt Wittenberg
Tel. (0 34 91) 49 86 10, Fax 49 86 11
www.wittenberg.de

ESSEN

▶ Erschwinglich/Preiswert
Brauhaus Wittenberg
Markt 6
Tel. (0 34 91) 43 31 30
In urigem Ambiente wird deftige, gutbürgerliche Küche serviert.

ÜBERNACHTEN

▶ Komfortabel
Stadtpalais Wittenberg
Collegienstr. 56, 06886 Wittenberg
Tel. (0 34 91) 42 50, Fax 42 51 00
www.stadtpalais.bestwestern.de

Gediegenes Hotel neben dem Melanchton-Haus mit schöner klassizistischer Fassade. Gemütliche Zimmer, elegantes Restaurant.

Schwarzer Baer
Schlossstr. 2, 06886 Wittenberg
Tel. (0 34 91) 4 20 43 44, Fax 4 20 43 45
www.stadthotel-wittenberg.de
Traditionsreiches Haus in der Altstadt, schöne, aufwändig restaurierte Zimmer mit zeitgemäßer Ausstattung.

▶ Günstig
Grüne Tanne
Am Teich 1, 06896 Wittenberg
Tel. (0 34 91) 62 90, Fax 62 92 50
www.gruenetanne.de
Historischer Landgasthof, sehr ruhig am Stadtrand gelegen, freundliche Zimmer, schöner Garten, Restaurant.

Das Melanchthonhaus (1536) wenige Schritte weiter war das Wohnhaus des **engsten Mitarbeiters Luthers**, Philipp Melanchthon (eigentl. Philipp Schwartzerdt, 1497 bis 1560). Heute ist dieses Haus Gedenkstätte für den »Praeceptor Germaniae« (Lehrer Deutschlands), der auf audiovisuelle Weise auch »höchstselbst« in Erscheinung tritt; Teile des Hausgartens wie ein Röhrbrunnen, ein Steintisch oder der Gewürz- und Kräutergarten stammen noch aus dem 16. Jahrhundert.

Hier wohnte Martin Luther.

Vorbei an der Fridericianums-Kaserne, dem einstigen Hauptgebäude der Universität, geht man zum Markt, der noch den **Geist der Renaissance** atmet. Den Platz zieren der 1617 gestaltete Marktbrunnen sowie die die Bronzedenkmäler von Martin Luther (1821, Gottfried Schadow) und Philipp Melanchthon (1860, Friedrich Drake) unter Baldachinen von Karl Friedrich Schinkel bzw. Johann Heinrich Strack.

✱
Markt

Das markante Rathaus (1524–1540) zeichnet sich durch vier Renaissancegiebel, spätgotische Fenster, einen 1573 geschaffenen Altan und reichen figürlichen Schmuck aus.

✱
◄ Rathaus

Die Ecke zur Schlossstraße nimmt das imposante Cranachhaus ein, in dem **Lucas Cranach d. Ä.** 1505–1547 lebte. Er war zeitweise Hofmaler Friedrichs des Weisen, Apotheker, später Bürgermeister von Wittenberg und ein Freund Martin Luthers. In seinem Haus mit über 80 Zimmern fanden eine Malschule, eine Apotheke und eine Druckerei im Vorderhaus, in der alle wichtigen Schriften der Reformation gedruckt worden sind, Platz.

◄ Cranachhaus

Die gotische Stadtkirche St. Marien (13.–15. Jh.) war **Predigtkirche Luthers**. Ihre beiden achteckige Türme wurden 1558 im Renaissancestil neu gebaut, die Turmbrücke 1656 hinzugefügt. Im Inneren befinden sich der dreiflügelige, von Lucas Cranach d. Ä. und seinem Sohn geschaffene Reformationsaltar (1547), auf dem die Hauptakteure der Reformation verewigt sind; weiterhin das kunstvolle Taufbecken aus Bronze (1457) von Hermann Vischer, Gemälde von Lucas Cranach d. J., Renaissance-Epitaphien und Grabmäler, darunter diejenigen des Reformators Johannes Bugenhagen († 1585), von Lucas Cranach d. J. († 1586) und von Paul Eber († 1559).

✱
**Stadtkirche
St. Marien**

Nebenan steht die 1377 im Stil der Backsteingotik erbaute Kapelle zum Heiligen Leichnam. An der Ecke Jüdenstraße wohnte Johannes Bugenhagen.

**Kapelle zum
Hl. Leichnam**

✳ Schlosskirche

Die Schlossstraße führt zum Schlossplatz mit der spätgotischen Schlosskirche, deren markanter Turm mit seinem neogotischen, kronenähnlichen Aufsatz die Stadtsilhouette bestimmt. Die Kirche (um 1500 begonnen) wurde im 19. Jh. von Johann Heinrich Friedrich Adler als **Gedächtniskirche der Reformation** um- und neu gebaut. An ihre – 1760 verbrannte – Holztür soll der Mönch Martin Luther im Oktober 1517 seine **95 Thesen** angeschlagen haben. Diese kann man heute auf der 1858 eingesetzten bronzenen Thesentür nachlesen. In der Schlosskirche befinden sich die Epitaphien für die Kurfürsten Friedrich der Weise (1527; Peter Vischer d. J.) und Johann der Beständige (1532; Hans Vischer); die **Alabasterstatuen** der beiden Fürsten entstanden 1532. Schlichte Gedenktafeln bezeichnen die Gräber Luthers und Melanchthons, die gemeinsam mit anderen Reformatoren als lebensgroße Figuren an den Kirchensäulen aufragen.

Schloss

Die Kirche ist verbunden mit dem einstigen kurfürstlichen Residenzschloss (1490–1525), das beim Umbau zur **Festung** sein spätgotisches Aussehen verlor. Erhalten sind zwei Treppenaufgänge, Altane und der wehrhafte Eckturm. Im Schloss befinden sich das Museum für Natur- und Völkerkunde »Julius Riemer« und das Stadtarchiv.

Der Marktplatz von Wittenberg atmet noch den Geist der Renaissance.

Eine touristische Wallfahrtsstätte ist das **Luther-Melanchthon-Gymnasium**. Der Plattenbau wurde in den 1990er-Jahren nach Plänen von **Friedensreich Hundertwasser** (1928 – 2000) umgestaltet und erhielt die typischen vergoldeten Kuppeln.

Hundertwasserschule

Dübener Heide

Südlich von Wittenberg, d. h. zwischen Elbtal und Muldetal, erstreckt sich diese als Naturpark ausgewiesene und als Erholungsgebiet sehr geschätzte **Wald- und Seenlandschaft** der Dübener Heide.

Naturpark

Kemberg 13 km südlich von Wittenberg am Nordrand der Dübener Heide besitzt noch eine **Stadtmauer** (15. Jh.) und ein paar prächtige Bürgerhäuser (17./18. Jh.). Das **Rathaus** (15. Jh.) am Markt hat eine schöne Freitreppe und eine Eingangslaube (1609). Die im 15. Jh. erbaute **Pfarrkirche** erhielt 1859 einen von Fr. Aug. Stüler entworfenen Turm; der Flügelaltar stammt von Lucas Cranach d. J.

Kemberg

20 km südöstlich von Wittenberg liegt dieses kleine **Eisenmoorbad**. Hier gibt es ein stattliches **Renaissanceschloss** (1574) mit einem unter Mitwirkung des Dresdner Zwingerbaumeisters Daniel Pöppelmann barock gestalteten **Schlosspark**, der heute als Kurpark dient. Sehenswert sind auch das **Rathaus** (18. Jh.) von Pretzsch sowie die spätgotische **Stadtkirche** mit reicher barocker Ausstattung.

Pretzsch

Das altbekannte Moor- und Mineralheilbad liegt mitten im Naturpark Dübener Heide. Die Hauptstraße ist von Wohnhäusern des 16. bis 18. Jh.s geprägt, darunter auch einige **Renaissancegebäude** mit Sitznischenportalen. Das **Rathaus**, ursprünglich ein Renaissancebau, wurde nach der Zerstörung im Dreißigjährigen Krieg im Barockstil 1661–1663 neu erbaut; die beiden Portale mit Diamantquaderung sind asymmetrisch angeordnet. Die **Stadtkirche** wurde Mitte des 15. Jh.s im gotischen Stil erbaut und im 18. Jh. barock umgestaltet. Das **Kurhaus** von 1908 ist ein Musterbeispiel der Jugendstil-Architektur. Westlich von Bad Schmiedeberg liegt Reinharz mit schöner **Barockkirche** (1704) und dem um das Jahr 1700 erbauten **Wasserschloss** mit einem auffälligen 68 m hohen Turm. Der einstige Besitzer Hans Löser fertigte **astronomische Instrumente**, von denen etliche im Mathematisch-Physikalischen Salon im Zwinger von ▶Dresden zu sehen sind.

✷
Bad Schmiedeberg

◀ Reinharz

Am Südrand der Dübener Heide liegt dieses beliebte Moorheilbad. Auf der **Burg** fand 1532 jener Prozess statt, der **Heinrich von Kleist** den historischen Hintergrund für seine Novelle **»Michael Kohlhaas«** lieferte. Im Burgfried ist ein **Heimatmuseum** eingerichtet. Beachtung verdienen ferner die Bergschiffmühle am Fuß der Burg, eine historische Schiffmühle auf der Mulde sowie das **Museumsdorf Obermühle** mit einer restaurierten Bockwindmühle.

Bad Düben

Fläming

Eiszeitlicher Höhenzug

Nördlich von Wittenberg erstreckt sich der hauptsächlich von Kiefernwäldern bedeckte eiszeitliche Höhenzug Fläming. Seinen Namen hat er von flämischen Siedlern, die nach der Etablierung der Mark Brandenburg im Jahre 1157 ins Land geholt wurden. Lohnende Ziele im **Hohen Fläming** sind der Hagelberg mit seinem Denkmal zur Erinnerung an ein Gefecht 1813 gegen Napoleon und die Städte **Belzig** und **Wiesenburg**. Im **Niederen Fläming** empfiehlt sich als Ziel **Jüterbog** mit der Kirche St. Nikolai (13. Jh.) mit mittelalterlichen Ausstattungsstücken. Sehenswert ist das frühere **Zisterzienserkloster Zinna** in der Nähe von Jüterbog. Die in diesem 1170 gestifteten Kloster bei Restaurierungsarbeiten freigelegten Fresken werden zu den schönsten gotischen Wandgemälden in Deutschland gerechnet.

✶ Magdeburg

J 6

Bundesland: Sachsen-Anhalt
Einwohnerzahl: 230 000

Höhe : 50 m ü. d. M.

2005 konnte Magdeburg sein 1200-jähriges Bestehen feiern. Der Handelsplatz an der Elbe war ab 962 Kaiserpfalz von Otto I., dem ersten Kaiser des Heiligen Römischen Reiches deutscher Nation. Hier wirkte der Naturforscher Otto von Guericke (1602–1686). Heute ist Magdeburg Hauptstadt des Bundeslandes Sachsen-Anhalt und ein sich gut entwickelnder Wirtschaftsstandort.

Stadtbild

Um den alten Stadtkern mit seinen geschichtsträchtigen Bauten gruppieren sich massive Plattenbau-Komplexe aus der Ära sozialistischer Stadtplanung. In letzter Zeit ist es gelungen, die graue DDR-Architektur-Tristesse durch neue Farbtupfer aufzuhellen.

Geschichte

Der 805 erstmals erwähnte Handelsplatz an der Elbe wurde 962 Kaiserpfalz Ottos I. und später Bischofssitz. Von hier aus wurde die **Slawenmission** vorangetrieben. Trotz Kontroversen mit der Obrigkeit gelang es den Bürgern, Freiheiten zu bewahren, die als **Magdeburger Recht** Vorbild für viele Städteverfassungen wurden. Im 30-jährigen Krieg zerstörten Tillys Truppen die protestantische Stadt fast völlig. Zu dieser Zeit war **Otto von Guericke** (1602–1686) Ratsherr und ab 1646 Bürgermeister, der seine Stadt als Gesandter auf dem Osnabrücker Friedenskongress vertrat. Bekannt wurde Guericke vor allem als Physiker durch seine Vakuum-Experimente. Im 19. Jh. wuchsen die ersten größeren Maschinenbaubetriebe heran. Die wenigen nach dem verheerenden **Bombenangriff vom 16. Januar 1945** erhaltenen Architekturdenkmale bezeugen, dass Magdeburg einstmals eine Stadt des Klerus und des Bürgertums war.

▶ MAGDEBURG ERLEBEN

AUSKUNFT

Tourist-Information
Ernst-Reuter-Allee 12
39104 Magdeburg
Tel. (03 91) 1 94 33
Fax 83 80-430
www.magdeburg-tourist.de

ESSEN

► Fein & Teuer

③ *Die Saison*
Herrenkrug 3
Tel. (03 91) 85 08-0
Jugendstilrestaurant (1887) mit
einer ziemlich einzigartigen Holz-
deckenkonstruktion im Parkhotel
Herrenkrug; hervorragende medi-
terrane Küche.

► Preiswert

② *Gut & Gern*
Wallonenberg 5
Tel. (03 91) 5 31 33 15
Modern eingerichtetes »Bier- und
Weingasthaus« mit üppiger italienisch
angehauchter Speisekarte.

① *Gewölbekeller Buttergasse*
Alter Markt 13
Tel. (03 91) 6 62 56 66
Über 800 Jahre alter Gewölbekeller,
regionale Spezialitäten.

ÜBERNACHTEN

► Luxus

② *Maritim*
Otto-von-Guericke-Str. 87
39104 Magdeburg
Tel. (03 91) 59 49-0, Fax 59 49-990
www.maritim.de
Elegantes Stadthotel mit tollem
Atrium, Restaurant, Schwimmbad,
Sauna und Fitnessstudio.

► Komfortabel

③ *Residenz Joop*
Jean-Burger-Str. 16
39112 Magdeburg
Tel. (03 91) 62 62-0, Fax 62 62-100
www.residenzjoop.de
Schmucke Villa von 1903, liebevoll
eingerichtete Zimmer mit zeitgemäßem Komfort.

① *Ratswaage*
Ratswaageplatz 1
39104 Magdeburg
Tel. (03 91) 59 26-0, Fax 5 61 96 15
www.ratswaage.de
1994 wurde der unter Denkmalschutz
stehende Altbau umfassend saniert
und erweitert, alle Zimmer bieten
zeitgemäßen Komfort, Schwimmbad
und Sauna im Haus. Restaurant mit
schöner Gartenterrasse.

Domplatz

Die Geistlichkeit hatte ihr Zentrum im Süden der Innenstadt um
den Domplatz. Dessen Südseite beherrscht der 1209 bis 1520 erbaute   **Dom**
Dom St. Mauritius und St. Katharina, eine dreischiffige Basilika mit
Chorumgangskapellen und Kreuzgang. Der Magdeburger Dom ist
die **erste gotisch konzipierte Kathedrale** auf deutschem Boden.
Im **Chor** befindet sich das **Grab Kaiser Ottos I.** Vom ottonischen Vorgängerbau (955 – 1207) sind noch Fundamentreste (vom Kreuzgang
aus zugänglich), Säulen und der südliche Kreuzgang erhalten. Bron-

Magdeburg *Orientierung*

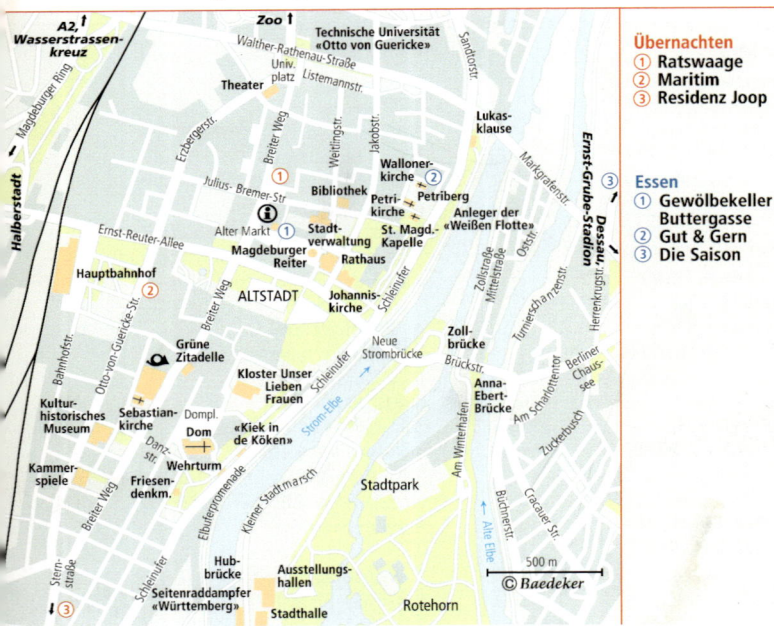

Magdeburg map with the following labels:

A2, Wasserstrassenkreuz · Zoo · Walther-Rathenau-Straße · Technische Universität «Otto von Guericke» · Sandtorstr. · Magdeburger Ring · Theater · Univ. platz · Listemannstr. · Erzbergerstr. · Breiter Weg · Weitlingstr. · Jakobstr. · Lukasklause · Julius-Bremer-Str. · ① · Walloner-kirche · ② · Petri-berg · Markgrafenstr. · Ernst-Grube-Stadion · Dessau · Halberstadt · Bibliothek · Petri-kirche · Anleger der «Weißen Flotte» · Ernst-Reuter-Allee · Alter Markt · ① · ⓘ · Stadt-verwaltung · St. Magd.-Kapelle · Magdeburger Reiter · Rathaus · Tollstraße Mittelstraße · Oststr. · Hauptbahnhof · ② · ALTSTADT · Johannis-kirche · Turmschanzenstr. · Berliner Chaussee · Bahnhofstr. · Otto-von-Guericke-Str. · Grüne Zitadelle · Neue Strombrücke · Zoll-brücke · Brückstr. · Anna-Ebert-Brücke · Am Schaltstellentor · Herrenkrugstr. · Kultur-historisches Museum · Sebastian-kirche · Kloster Unser Lieben Frauen · Schleinufer · Strom-Elbe · Schleinufer · Berliner See · Zuckerbusch · Kammer-spiele · Friesen-denkm. · Dompl. · Danz-str. · Dom · «Kiek in de Köken» · Wehrturm · Breiter Weg · Elbuferpromenade · Kleiner Stadtmarsch · Stadtpark · Buchnstr. · Am Winterhafen · Alte Elbe · Cracauer Str. · Stern-straße · Schleinufer · Hub-brücke · Ausstellungs-hallen · Seitenraddampfer «Württemberg» · Stadthalle · Rotehorn · ③ · 500 m · © Baedeker

Übernachten
① Ratswaage
② Maritim
③ Residenz Joop

Essen
① Gewölbekeller Buttergasse
② Gut & Gern
③ Die Saison

zegrabplatten (12.Jh.), spätromanische Kapitellfriese im Chorumgang, ausdrucksstarke Sandsteinskulpturen des 13. Jh.s und ein Chorgestühl mit Misericordien (1363) gehören zur reichen Ausstattung der Bischofskirche. Kanzel und Epitaphien sind qualitätvolle Renaissancewerke. An der Paradiespforte im Norden stellen die Skulpturen der klugen und der törichten Jungfrauen (um 1245) ein schönes Beispiel für die gotische Bildhauerkunst dar.

Bebauung am Domplatz

Am Domplatz sind Magdeburgs **ältestes erhaltenes Wohnhaus** (um 1600), Teile der Stadtmauer sowie einige Bauten aus der Barockzeit rekonstruiert worden. Letztere nutzen Landtag und Regierung von Sachsen-Anhalt.

✳ Kloster Unser Lieben Frauen

Nordöstlich vom Domplatz erreicht man diesen alten Klosterkomplex. Die um 1064 bis 1230 erbaute **Klosterkirche** dient heute als Konzerthalle. Im 1135 bis 1150 angelegten **Klausurtrakt** mit Kreuzgang, Brunnenhaus, Kapelle und Refektorium sind kunsthistorisch wertvolle Plastiken bzw. Holzbildwerke ausgestellt.

Grüne Zitadelle

An der Breiten Straße nordwestlich vom Domplatz fällt dieser 2005 eingeweihte Gebäudekomplex mit Wohnungen, Arztpraxen und Geschäften ins Auge, den der Wiener Künstler und Architekt **Friedens-reich Hundertwasser** (1928 – 2000) noch kurz vor seinem Tode entworfen hat.

Alter Markt

Der repräsentativste Bau im einstigen **Bürgerbezirk** ist das Rathaus an der Ostseite des Alten Marktes. Es wurde in den Jahren 1691 bis 1698 im Barockstil errichtet. Im Nordteil des Gebäudes, u. a. im **Ratskeller**, sind Gewölbe aus dem 12./13. Jh. erhalten.
Vor dem Rathaus steht der um 1240 geschaffene **Magdeburger Reiter** (Bild s. S. 36), die kunsthistorisch bedeutendste Sehenswürdigkeit auf dem **Alten Markt**. 1966 wurde das Kunstwerk durch eine Kopie ersetzt; das Original befindet sich heute im **Kulturhistorischen Museum** der Stadt (Otto-von-Guericke-Str. 68 – 73).

Rathaus

Romanischen Ursprungs sind auch die Räume des Weinkellers in der Buttergasse (Nordwestecke des Marktes). Vermutlich gehörten sie zum Untergeschoss des einstigen **Innungshauses der Gerber**.

★
*Weinkeller
Buttergasse*

Von den früher recht zahlreichen barocken Bürgerhäusern am und um den Markt blieben nur zwei (Breiter Weg 178 und 179) unzerstört. Beide sind um das Jahr 1728 entstanden.

Bürgerhäuser

Neu und alt: Moderne Plastiken vor dem mittelalterlichen Kloster Unser Lieben Frauen

Der Elbauenpark mit dem Jahrtausendturm wurde für die BUGA 1999 angelegt.

Denkmäler und Johanniskirche In der Nähe des Rathauses erinnern drei Denkmäler an Doktor Eisenbart, an Otto von Guericke sowie an den Reformator Martin Luther. Die wieder aufgebaute spätgotische Johanniskirche, die nun für Veranstaltungen genutzt wird, wurde jahrzehntelang als Ruine belassen – als **Mahnmal des Bombeninfernos von 1945**.

Lukasklause In der Nordostecke der Stadtbefestigung an der Elbe steht der »Wellsche Turm« (13. Jh.), der seinen heutigen Namen von der um 1900 hier ansässigen Künstlervereinigung »St. Lucas« hat. Heute wird hier an den berühmten Magdeburger Naturforscher und Bürgermeister **Otto von Guericke** (1602 – 1686) erinnert.

Weitere Sehenswürdigkeiten in Magdeburg

Elbuferpromenade Von der Lukasklause schlendert man gemütlich am linken Elbufer entlang. Im oberen Teil der Promenade erheben sich auf dem **Petriberg** drei interessante Bauten: die **Wallonerkirche** (14. Jh.), die **Petrikirche** (um 1380 bis Ende 15. Jh.) mit einem romanischen Westturm und, gleich benachbart, die **Magdalenenkapelle**, die 1315 in vollendeter Hochgotik erbaut wurde.

Stadtpark Rotehorn Zwischen Strom-Elbe und Alter Elbe bietet dieser Park Erholung und Kurzweil. Um die 1927 eingeweihte **Stadthalle** gruppieren sich das Pferdetor (Entwurf von Albinmüller) und der **Aussichtsturm** mit Café. In der Nähe liegt auch der als Museumsschiff zugängliche **Seitenraddampfer »Württemberg«**.

Zwischen Cracauer Anker und Herrenkrug erstreckt sich das ehem. BUGA-Gelände mit dem 60 m hohen **Jahrtausendturm** aus Holz, in dem eine Ausstellung zu Wissenschaft und Technik untergebracht ist.

Elbauenpark

Dieses Jahrhundertprojekt nördlich von Magdeburg mit einer 912 m langen **Trogbrücke** über die Elbe, der 2001 eröffneten **Sparschleuse Rothensee**, dem bereits 1938 erbauten **Schiffshebewerk Rothensee** und der neuen **Doppelsparschleuse Hohenwarthe** wurde im Herbst 2003 für den Verkehr freigegeben. Jetzt können Flussschiffe auf dem Mittellandkanal problemlos in westöstlicher Richtung von Hannover nach Berlin (und umgekehrt) fahren bzw. auf die Elbe abbiegen.

Wasserstraßenkreuz Magdeburg

✱ ✱ Mecklenburgische Seenplatte

J – M 3/4

Bundesland: Mecklenburg-Vorpommern   **Höhe:** 40 – 143 m ü. d. M.

Die weit über tausend Seen im Binnenland von Mecklenburg sind in eine herrliche Hügellandschaft eingebettet. Da die meisten Seen durch Kanäle oder natürliche Wasserwege miteinander verbunden sind, bietet diese Region zwischen Schwerin und der Uckermark ideale Verhältnisse für Wasserwanderer.

Viele der Mecklenburgischen Seen füllen eiszeitliche Gletscherzungenbecken aus. Besonders zahlreich sind die Seen im Westen um den Schweriner See (► Schwerin). Eine zweite Häufung gibt es südlich von ►Güstrow um den Krakower See und die Müritz.

Naturraum

Die herrliche Seenlandschaft gehört zu den reizvollsten und beliebtesten Ferienregionen Deutschlands. Die touristische Infrastruktur ist gut, es gibt luxuriöse Schlosshotels, komfortable Ferienhäuser, zahlreiche Privatunterkünfte und Campingplätze. Ein abwechslungsreiches Kulturprogramm und vielerlei Sehenswürdigkeiten gibt es in und um die Städte ►Schwerin, ►Güstrow und ►Neubrandenburg.

Ferienparadies

Krakower See und Umgebung

Der ca. 16 km² große höchst malerische Krakower See südöstlich von Güstrow ist in einen stark gegliederten Untersee im Norden und einen von zahlreichen Inselchen durchsetzten Obersee im Süden geteilt. Der Krakower Obersee ist Naturschutzgebiet und für den Sportbootverkehr gesperrt; hier leben noch Fisch- und Seeadler.

✱
Ober- und Untersee

Der Luftkurort Krakow am See ist wegen seiner idyllischen Lage ein beliebtes Erholungsziel. Die mittelalterliche Stadtbebauung ging durch Brände fast völlig verloren. Die barocke **Stadtkirche** entstand 1762 an der Stelle eines mittelalterlichen Gotteshauses, von dem nur

Krakow am See

▶ MECKLENBURGISCHE SEEN ERLEBEN

AUSKUNFT

Tourismusverband Mecklenburgische Seenplatte e. V.
Turnplatz 2
17207 Röbel/Müritz
Tel. (03 99 31) 53 80, Fax 5 38 29
www.mecklenburgische-seenplatte.de

ESSEN

▶ Fein & Teuer

Ich weiß ein Haus am See
Altes Forsthaus 2
Krakow-Seegrube
Tel. (03 84 57) 2 32 73
Gourmetrestaurant im Landhausstil direkt am See, erstklassige französische Küche mit regionalem Einschlag. Auf der Weinkarte finden sich ausgefallene Tropfen. Das Haus bietet auch komfortable Zimmer an.

▶ Erschwinglich

Kleines Meer
Alter Markt 7, Waren
Tel. (0 39 91) 64 80
Stilvolles Hotelrestaurant in Hafennähe, bekannt für seine fantasievolle Küche mit regionalem Bezug. Serviert werden Fisch aus der Müritz und Wild aus den umliegenden Wäldern.

Landhaus Stöcker
Strelitzer Str. 8 – 10, Feldberg
Tel. (03 98 31) 27 10
Schmucke Villa am See (mit Gästezimmern), stilvolles Ambiente, gehobene regionale und internationale Küche.

▶ Preiswert

Seelust
Seebadstr. 33 a, Röbel
Tel. (03 99 31) 58 30
Traditionsreiches Haus direkt an der Müritz, schmackhafte Küche, wunderschöne Terrasse.

ÜBERNACHTEN

▶ Luxus

Golf- und Wellnesshotel Schloss Teschow
Gutshofallee 1
17166 Teterow-Teschow
Tel. (0 39 96) 140-0, Fax 140-100
www.schloss-teschow.de
Herrschaftliches Schlosshotel mit allem Komfort und vielfältigen Freizeitangeboten, zwei Golfplätzen, großzügigem Wellnessbereich, Schwimmbad, Sauna. Drei Restaurants bieten internationale, thailändische und italienische Küche.

▶ Komfortabel

Landhaus Müritzgarten
Seebadstr. 45, 17207 Röbel/Müritz
Tel. (03 99 31) 88 10, Fax 88 11 13
www.landhaus-mueritzgarten.m-vp.de
Eine ruhige Adresse zum Erholen und Entspannen. Die schöne Hotelanlage an der Müritz bietet zwei gediegene Gästehäuser im Landhausstil und vier komfortable Blockhäuser.

Schlossgarten
Tiergartenstr. 15, 17235 Neustrelitz
Tel. (0 39 81) 2 45 00, Fax 24 50 50
www.hotel-schlossgarten.de
Freundlich geführtes Haus in zentraler Lage, gemütliche, stilvoll eingerichtete Zimmer, Restaurant mit Terrasse, schöner Garten.

▶ Günstig

Gasthof Kegel
Große Wasserstr. 4
17192 Waren/Müritz
Tel. (0 39 91) 6 20 70, Fax 62 07 14
www.gasthof-kegel.de
Charmanter Gasthof mit freundlichen, gepflegten Zimmern im Stadtzentrum; schönes Restaurant mit antiken französischen Möbeln.

Die Mecklenburgische Seenplatte ist ein Paradies für Aktivurlauber.

der Ostgiebel erhalten blieb. An die einstige israelitische Gemeinde erinnern der **Jüdische Friedhof** und die **Synagoge** von 1860.

In der Umgebung von Krakow gibt es zahlreiche **Hünen- und Hügelgräber** (u. a. Serrahn, Marienhof, Kuchelmiß, Charlottenthal, Groß Tessin, Klein Tessin) und ringförmige Steinsetzungen, sog. Steintänze (u. a. bei Bellin und auf Lindwerder).

Gräber und Steinsetzungen

Bei Kuchelmiß 2 km nördlich des Krakower Sees beginnt ein Wanderweg ins wildromantische, streckenweise ziemlich enge Nebeltal.

Nebeltal

Mecklenburgische Schweiz

Ihren Hügeln und Kuppen verdankt die anmutige Landschaft zwischen Teterower See und Kummerower See ihren Namen. Herrliche Mischwälder, im Frühling gelb leuchtende Rapsfelder, romantische Alleen und Parks sowie freundliche Dörfer schaffen eine höchst abwechslungsreiche Landschaft, auf die man einen guten Blick vom Röthelberg (96 m) oder vom Heidberg (93 m) bei Teterow hat.

★ Abwechslungsreiche Landschaft

Mitte des 20. Jh.s entwickelte sich Teterow zum Zentrum eines landwirtschaftlich geprägten Umlandes. Heute ist es ein beliebtes Touristenziel. Zwei mittelalterliche Stadttore sind noch erhalten; ebenso die gotische Stadtkirche **St. Peter und Paul**. Auf der Insel im Teterower See sieht man noch **Reste einer slawischen Fliehburg**. Nordwestlich

Teterow

außerhalb der Stadt liegt der **Teterower Bergring**, eine bekannte Grasbahnstrecke für Motorradrennen. Einen herrlichen Blick auf die Stadt, die Hügelkuppen und Seen der Mecklenburgischen Schweiz hat man vom **Aussichtsturm** auf der südlichsten Erhebung der Teterower Heidberge, die bis fast 100 m ansteigen.

> **! Baedeker TIPP**
>
> **Ein Hochzeit wie im Märchen ...**
>
> ... kann man in der 1823 erbauten klassizistischen Burg Schlitz nordwestlich des Malchiner Sees erleben. Kirchlich getraut wird in der kürzlich renovierten Karolinenkapelle, der Standesbeamte waltet im »Grünen Salon« seines Amtes, das Hochzeitsmahl wird im Rittersaal serviert und die Gäste übernachten im Schlosshotel. Infos: Tel. (0 39 96) 12 70-0, www.burg-schlitz.de

10 km östlich von Teterow liegt an der Peene das Städtchen **Malchin**, das im Zweiten Weltkrieg fast völlig zerstört wurde. Erhalten blieb die sehenswerte Stadtkirche **St. Maria und Johannes** mit einem kostbaren spätgotischen Schnitzaltar und einer Renaissancekanzel.

Basedow ✴ Bei einer Fahrt um den Malchiner See kommt man durch das Dorf Basedow mit seiner reich ausgestatteten Dorfkirche (13./15. Jh.) und einem Schloss (16. – 19. Jh.), das in einem von dem berühmten Gartenarchitekten Peter Joseph Lenné entworfenen Park steht.

Remplin Auch in Remplin an der B 104 zwischen Teterow und Malchin gibt es ein Schloss (zum Teil zerstört), zu dem ein herrlicher Landschaftsgarten gehört.

Plauer See und Umgebung

Plauer See ✴ Der lang gezogene, im Schnitt nur 8 m tiefe Plauer See ist mit 39 km² das drittgrößte Gewässer in Mecklenburg-Vorpommern. Er wird von der Elde durchflossen und ist Teil der Elde-Müritz-Wasserstraße, die sich von der Müritz bis zum Schweriner See zieht. Bereits Mitte des 19. Jh.s setzte hier der Fremdenverkehr ein. Am Südufer entstand in Bad Stuer 1845 eine **Kaltwasserheilanstalt**. Der mecklenburgische Mundartdichter Fritz Reuter war dort als Kurgast und berichtete darüber auf humorvolle Weise in seinem Roman »Ut mine Stromtid«.

Plau am See Plau am See am Westufer des Plauer Sees liegt an der Stelle, an der die Elde den See verlässt. Plau wurde 1225/1226 planmäßig erbaut und mit einer Festung gesichert, von der ein 12 m hoher Burgturm mit 3 m starken Mauern erhalten ist. Im 19. Jh. erlebte die Stadt vor allem durch die Tuchherstellung eine kurze Periode industrieller Blüte. Bis heute hat sich Plau am See mit seinen Fachwerkhäusern den Charme einer **typisch mecklenburgischen Ackerbürgerstadt** bewahrt. In der wälder- und seenreichen Umgebung gibt es viele Möglichkeiten zur aktiven Erholung.

Rund um die Müritz

Die Müritz ist das größte Gewässer der Mecklenburgischen Seenplatte und nicht erst seit der Wiedervereinigung Ferienregion par excellence. Bade- und Wassersportmöglichkeiten, aber auch unberührte Natur im Nationalpark am Ostufer der Müritz locken Feriengäste an **Deutschlands größten Binnensee** (109,2 km²). Die Müritz ist im Schnitt 6,50 m tief und durch die Müritz-Havel-Wasserstraße mit der Oberen Havel und zahlreichen Seen dieses Gebietes verbunden.

✱
Ferienregion par excellence

Der 1990 eingerichtete 322 km² große Nationalpark gehört zu den **landschaftlichen Highlights** Nordostdeutschlands. Er umfasst im Wesentlichen zwei Teile: das Ostufer der Müritz zwischen Waren und Neustrelitz sowie ein kleineres Gebiet zwischen Neustrelitz und Feldberg. Urwälder, schilfgesäumte Seen, Sümpfe und Wiesen prägen das Landschaftsbild. Er bietet seltenen Tierarten (z.B. Kranichen, See- und Fischadlern) Lebensraum. Wander- und Radwege führen durch den Park; auch naturkundliche Führungen werden angeboten.

✱ ✱
Nationalpark Müritz

Schon im 19. Jh. war die Stadt an der Müritz touristischer Mittelpunkt. Auf dem höchsten Punkt thront die gotische Pfarrkirche **St. Georg**. Die Kirche **St. Marien** (13. Jh.) wurde nach einem Brand 1792 wieder aufgebaut. Interessantester Profanbau der Stadt ist das

Waren (Müritz)

Die Müritz (im Blick: Röbel) ist Deutschlands größter Binnensee.

im Stil der Tudorgotik errichtete **Alte Rathaus** am Neuen Markt (1797, 1857). Der Fachwerkbau gegenüber, die **Löwenapotheke**, stammt von 1623. 2007 wurde am idyllischen Herrensee das architektonisch spektakuläre **Müritzeum** eröffnet, ein naturkundliches Erlebniszentrum mit Deutschlands größtem Aquarium für Süßwasserfische. Dem Müritzeum ist das bereits 1866 gegründete Müritz-Museum (Friedensstr. 5) angegliedert.

Kölpinsee, Wisentgehege

8 km westlich von Waren ragt die Halbinsel Damerower Werder in den Kölpinsee. In einem Gehege werden **Wisente** gehalten, die man bei der Fütterung aus der Nähe beobachten kann.

✴ **Röbel (Müritz)**

Der beliebte Erholungsort schmiegt sich in eine Bucht am Westufer der Müritz. Sehenswert sind die frühgotische Backsteinkirche **St. Marien** (mit schönem Flügelaltar und Triumphkreuzgruppe), die **Nikolaikirche** (Taufstein und Chorgestühl von 1519) und Reste der Stadtbefestigung. Wellness und Badevergnügen bietet die **Müritz Therme**.

Neustrelitz und Umgebung

✴ **Neustrelitz**

Die barocke Residenzstadt am Zierker See ist das **Tor zum Neustrelitzer Seengebiet** bzw. zu den Mecklenburgischen Kleinseen. Nach einem Brand ihres Schlosses in Altstrelitz (1712) verlegten die Herzöge von Mecklenburg-Strelitz ihre Residenz hierher, ließen ein **Schloss** bauen (1726–1731) und gründeten die dazugehörige Stadt (1733), die bis 1918 herzogliche Residenzstadt blieb.

Die Bebauung am **Markt**, von dem strahlenförmig acht breite Straßen wegführen, stammt überwiegend aus der zweiten Hälfte des 19. Jh.s. An der Ostseite zieht das 1841 erbaute **Rathaus** die Blicke auf sich. Die barocke **Stadtkirche** (1768–1778) erhielt 1831 ihren 45 m hohen Turm, von dessen Aussichtsplattform man einen herrlichen Blick auf die Stadt und ihre Umgebung genießen kann.

✴ Schlossgarten ▶

Das Schloss der Herzöge von Mecklenburg-Strelitz wurde 1945 zerstört; erhalten blieb der Barockgarten, der im 19. Jh. unter Beibehaltung der Hauptachse in einen **Landschaftspark** umgewandelt wurde. Zu der Gartenanlage gehören mehrere Parkbauten wie der Tempel für Königin Luise von Preußen mit einer Marmorkopie ihrer Grabfigur, der runde Hebetempel in der Hauptachse (1840), der Marstall (1870), das Landestheater Mecklenburg (1926–1928, erneuert nach 1945) und die Orangerie (1755 als Wintergarten entstanden, 1842 zum Gartensalon umgebaut und heute u. a. Restaurant). Aus dem Barockgarten stammen noch die Sandsteinfiguren der sog. Götterallee (Kopien). Am Südostrand des Parks steht die neogotische Schlosskirche (1859). Südöstlich vor dem einstigen Schloss liegt der 1721 entstandene Tiergarten mit Gehegen und altem Baumbestand.

In Ankershagen (B 193, 20 km nördlich bis Penzlin, dann 8 km westlich) ist neben der gotischen Dorfkirche mit mittelalterlichen Fresken das ehemalige Gutshaus bemerkenswert. Südlich des Ortes erstreckt sich das Landschaftsschutzgebiet Havelquellseen.

Ankershagen

Mecklenburgische Kleinseen

Die kaum berührte Landschaft der Mecklenburgischen Kleinseen erstreckt sich mit ihren **mehr als 300 Gewässern** zwischen der Müritz im Nordwesten und der Lychen-Templiner Seenplatte im Südosten und reicht nach Süden bis Mirow und Rheinsberg. Das Hügelland mit Tälern mit kleinen Seen und Heidelandschaften, Dünen und Laubwäldern hat Höhen zwischen 80 und 120 m. In Talrinnen sind oft mehrere Seen hintereinander angeordnet, von trockenen Senken oder feuchten Wiesenniederungen unterbrochen.
Auch die **Havel**, die im Bereich der Kleinseen entspringt, ist eine Abfolge von Flussläufen und Seen. Die Müritz-Havel-Wasserstraße stellt die Verbindung zu Müritz, Kölpinsee, Fleesensee und Plauer See her.

★
Unberührte Seenlandschaft

Wer Lust zu Wasserwanderungen hat, ist in Wesenberg richtig. In der **Kanu-Mühle** werden das ganze Jahr über Boote vermietet und geführte Touren angeboten. Am Großen Weißen See gibt es ein Strandbad. Sehenswert ist die **Stadtkirche** (um 1300 begonnen).

Wesenberg

Auch Mirow 12 km westlich ist ein beliebter Ferienort mit Bootsverleih und Campingplatz. Sehenswert sind das **Barockschloss** (1752) mit einem Renaissancetor (1588) und einer romantischen »Liebesinsel«. In der gotischen Kirche der ehem. Johanniterkomturei befindet sich seit 1821/1822 die herzogliche Gruft.

Mirow

Fürstenberg liegt 20 km südlich von Neustrelitz auf drei Inseln zwischen Röblin-, Baalen- und Schwedtsee an der Havel und ist ebenfalls ein beliebter Ferienort in wald- und seenreicher Umgebung. Klassizistische Bauten prägen das Bild der Innenstadt. Ältestes Bauwerk ist die **Alte Burg**, von der noch drei Flügel erhalten sind. Das **Schloss** (1752) ist ein massiver Barockbau. Die **Stadtkirche** wurde 1845–1848 im neobyzantinischen Stil erbaut.
Im Fürstenberger Ortsteil **Ravensbrück** befand sich 1939–1945 ein Konzentrationslager, an dessen Opfer seit 1959 ein **Gedenkmuseum** erinnert. In der ehemaligen Kommandantur befindet sich heute das Museum des antifaschistischen Widerstands.

Fürstenberg (Havel)

! Baedeker TIPP

Mit dem Hausboot unterwegs

Wer die Mecklenburgische Seenplatte wirklich stilgerecht erkunden will, dem sei wärmstens eine gemächliche Urlaubsreise per Hausboot empfohlen. Nähere Informationen gibt es bei: Kuhnle Tours GmbH, Hafendorf Müritz, 17248 Rechlin (Müritz), Tel. (03 98 23) 266-0, www.kuhnle-tours.de

Bootshäuser am Granzower Möschen nördlich von Mirow

Großer Stechlinsee
Den 68 m tiefen, blaugrün schimmernden Großen Stechlinsee beschrieb **Theodor Fontane** in seinem Roman »Der Stechlin«. Dem großen Dichter ist in Neuglobsow ein kleines Museum gewidmet.

Feldberg-Lychener Seenlandschaft

✷✷ Ferienregion
Nach Nordosten setzt sich das Gewässerband bis in die Feldberg-Lychener Seenlandschaft fort, die als eine der schönsten Erholungsregionen Deutschlands gilt.

Feldberg
Feldberg, 30 km östlich von Neustrelitz in malerischer Umgebung am Haussee gelegen, ist das **touristische Zentrum** der Feldberg-Lychener Seenlandschaft. Im Feldberger Ortsteil Carwitz am gleichnamigen See lebte und arbeitete der Schriftsteller Hans Fallada 1933–1944. Sein Wohnhaus kann besichtigt werden.

✷ Schmaler Luzin
Paradebeispiel für einen **Rinnensee**, der durch die eiszeitlichen Gletscher seine Form erhielt, ist der 6 km lange und maximal 300 m breite, von Buchenwäldern umrahmte Schmale Luzin, der eine Tiefe von bis zu 50 m erreicht. Einen herrlichen Blick über die reizvolle Seenlandschaft hat man vom 142 m hohen Reiherberg. Im **Naturschutzgebiet Heilige Hallen** westlich von Feldberg stehen bis zu 350 Jahre alte und mehr als 40 m hohe Rotbuchen (Wanderweg).

✷ Templiner Seen
Die Templiner Seen bilden den östlichen Teil der Mecklenburgischen Seenplatte, sie reichen bis in die Hügellandschaft der ►Uckermark hinein. Bei Templin bilden vier lange Rinnenseen das Templiner Seenkreuz: Templiner Stadtsee, Röddelinsee, Fährsee und Lübbesee.

✳ Meiningen

Bundesland: Thüringen   **Höhe:** 286 m ü. d. M.
Einwohnerzahl: 21 000

Das im Werratal zwischen Rhön und Thüringer Wald gelegene Meiningen entwickelte sich im 19. Jh. zu einem kulturellen Brennpunkt. Bis heute spielen Musik und Theater eine wichtige Rolle im Leben der Stadt, wie nicht zuletzt das altehrwürdige Theater im Goethe-Park zeigt.

Im Jahre 982 erstmals urkundlich genannt und 1152 zur Stadt erhoben, war der Ort ab 1680 Residenzstadt des Herzogtums Sachsen-Meiningen. Aufgeklärte Herrscher korrespondierten, dem Geist der Zeit gemäß, mit freisinnigen Denkern. Im Dezember 1782 suchte der junge Friedrich Schiller auf der Flucht vor seinem württembergischen Landesherrn im nahen Bauerbach Zuflucht.

Geschichte

Ein besonderer Förderer des kulturellen Lebens in Meiningen war **»Theaterherzog« Georg II. von Sachsen-Meiningen** (1866–1914). Während seiner Regierungszeit spielte hier eines der angesehensten Theaterensembles Europas. Und an der Meininger Hofkapelle wirkten

> **Baedeker** TIPP
>
> **Dampflokwerk Meiningen**
> Wer einmal das Innenleben historischer Dampfloks und Waggons kennenlernen will, dem sei ein Besuch des unweit nördlich vom Meininger Bahnhof gelegenen Dampflokwerks empfohlen. Führungen: 1. u. 3. Sa. im Monat, 10.00 Uhr.

so bedeutende Dirigenten wie Hans von Bülow (1880–1885), Richard Strauss (1885–1886) sowie Max Reger (1911–1914). Zu den berühmtesten Bürgern der Stadt gehört Ludwig Bechstein, der als Sammler und Herausgeber deutscher Sagen und Märchen den Gebrüdern Grimm kaum nachstand.

Sehenswertes in Meiningen

Die Meininger Altstadt ist in den letzten Jahren hübsch herausgeputzt und weitgehend vom Autoverkehr befreit worden. Viele historische Bauten erstrahlen in neuer Pracht.

Altstadt

Der Marktplatz wird beherrscht von der Stadtkirche (Marienkirche), deren älteste Bauteile noch aus der Zeit um 1000 stammen. Ihr Chor entstand Mitte des 15. Jahrhunderts. Von 1842 bis 1889 erhielt das Gotteshaus seine heutige neugotische Gestalt.

◀ Stadtkirche

Das einstige Residenzschloss, eine barocke Dreiflügelanlage (1682 bis 1692) am Nordwestrand der Altstadt, wurde zum Teil auf Resten einer spätgotischen Burg errichtet. Viele Räumlichkeiten zeigen noch eine **prachtvolle Innenausstattung**, besonders das Treppenhaus, der

★

Schloss Elisabethenburg

▶ MEININGEN ERLEBEN

AUSKUNFT

Tourist-Information
Markt 14, 98617 Meiningen
Tel. (0 36 93) 4 46 50, Fax 44 65 44
www.meiningen.de

MEININGER HÜTES

Mit Kopfbedeckungen haben die »Hütes« nichts zu tun – vielmehr handelt es sich um die Leibspeise der Thüringer, die Kartoffelklöße. Diese wurden angeblich zum ersten Mal in Meiningen hergestellt. Die aus der Märchenwelt bekannte Frau Holle soll die Erfinderin gewesen sein. Alljährlich Mitte Juli dreht sich in Meiningen alles um diese Thüringer Leibspeise. Dann wird in der Stadt das »Hütesfest« gefeiert.

ESSEN

▶ Erschwinglich

Posthalterei
Georgstr. 1 (im Romantik-Hotel Sächsischer Hof)
Tel. (0 36 93) 45 70
Früher als Poststation der Fürsten von Thurn und Taxis genutzt, genießt man heute hier gute regionale Küche und erlesenen Wein im elegant-rustikalen Ambiente.

▶ Preiswert

Schlundhaus
Schlundgasse 4
Tel. (0 36 93) 8 13 81
Mit regionaler Küche werden Sie in der urigen Stube des historischen Gasthauses (mit Gästezimmern) an blanken Holztischen bewirtet.

ÜBERNACHTEN

▶ Komfortabel

Schloss Landsberg
Landsberger Str. 150
98617 Meiningen
Tel. (0 36 93) 4 40 90, Fax 44 09 44
www.castle-landsberg.com
Feudales Schloss im gotischen Stil, ruhige Lage, antik möblierte Zimmer, prachtvolles Restaurant im historischen Rittersaal.

▶ Günstig

Im Kaiserpark
Günter-Raphael-Str. 9
98617 Meiningen
Tel. (0 36 93) 81 57 00, Fax 81 57 40
www.hotel-im-kaiserpark.de
In einem neuzeitlichen Geschäftshaus ist dieses freundliche Etagenhotel untergebracht, zeitgemäße Zimmer in Kirschbaumoptik, modernes Restaurant mit Marmortischen.

Turmsaal, der Gartensaal und im Südflügel der »Johannes-Brahms-Saal« (ehemals Schlosskirche). Im Schloss können die **herzoglichen Sammlungen** bewundert werden, die Malerei, Plastik und Kunsthandwerk aus acht Jahrhunderten umfassen.

Theatermuseum In der ehemaligen herzoglichen Reithalle (18. Jh.) am Schlossplatz ist die **»Zauberwelt der Kulisse«** eingerichtet, die die Entwicklung der Meininger Theaterreform verdeutlicht.

Englischer Garten Nordöstlich vom Schloss und bis zum Bahnhof hinauf erstreckt sich der im 18. und 19. Jh. angelegte Park mit **alten Baumbestand**, sowie diversen Denkmälern und Brunnen. Inmitten eines Teiches steht das Grabmal Herzog Karls von Sachsen-Meiningen.

Als imposantes Zeugnis neoklassizistischer Baukunst präsentiert sich das 1909 fertiggestellte Meininger Theater (Südthüringisches Staatstheater) an der Westseite des Englischen Gartens. Hier kommt auch heute noch **hochkarätiges Schauspiel und Musiktheater** zur Aufführung (Bernhardstr. 15; Spielplan, Kartenvorverkauf: Tel. 0 36 93/451-222, www.das-meininger-theater.de).

★
**Meininger
Theater**

Das Literaturmuseum (Burggasse 22) im Hause des Dichters Rudolf Baumbach (1840–1905) dokumentiert u. a. die Beziehungen von Friedrich Schiller und anderen Dichtern zu Meiningen.

Literaturmuseum

Umgebung von Meiningen

10 km südlich von Meiningen, in Bauerbach, fand der »desertierte« Karlsschüler und Verfasser der »Räuber«, **Friedrich Schiller**, von Dezember 1782 bis Juli 1783 auf dem Anwesen der Henriette von Wolzogen Zuflucht. Hier gibt es heute ein Schiller-Museum, das die Lebensumstände des jungen Dichters veranschaulicht.

Bauerbach

Ausgelassene Stimmung beim Hütesfest in Meiningen

Römhild　Grabdenkmäler in der **Marienkirche**, die in der Werkstatt von Peter Vischer in Nürnberg gegossen wurden, erinnern 25 km südöstlich von Meiningen an Otto IV. und Hermann VII. Im **Töpferhof** werden die Traditionen des örtlichen Töpfergewerbes bewahrt. Das **Steinsburg-Museum** auf dem Kleinen Gleichberg zeigt Funde von Thüringens größtem Bodendenkmal. Auf dem Berg befand sich gegen Ende des 6. Jh.s v. Chr. eine keltische Burganlage.

Walldorf　Der Ort liegt im Werratal zwischen Rhön und Thüringer Wald. Hier ist die **Sandstein- und Märchenhöhle** eine Attraktion. Die größte von Menschenhand geschaffene Höhle Europas entstand durch den Untertageabbau einer Lagerstätte von besonders reinem und feinem Sand. Wer lieber über der Erde bleibt, kann sich die eindrucksvolle **Kirchenburg** aus dem 15. Jh. anschauen.

Johanniterburg Kühndorf　Kühndorf, rund 11 km nordöstlich von Meiningen, ist stolz auf die einzige im deutschen Sprachraum erhaltene Johanniterburg. Sie wurde um 1315 vom Johanniterorden erbaut. Ein **Rundgang** durch die Anlage ist ausgeschildert.

✳ Meißen

M 8

Bundesland: Sachsen　　　　　**Höhe:** 109 m ü. d. M.
Einwohnerzahl: 28 000

Meißen gilt als »Wiege Sachsens«, denn hier gründeten die deutschen Kaiser den ersten befestigten Stützpunkt im Land der Slawen. Aber nicht ihre über tausendjährige Geschichte hat den Namen der Stadt über die Grenzen getragen, sondern die Meißener »Blauen Schwerter«, Zeichen der ersten europäischen Porzellanmanufaktur, haben Meißen weltweit bekannt gemacht.

Porzellanstadt　Meißen ist aus der 929 unter Heinrich I. auf slawischem Gebiet gegründeten Burg »Misni« entstanden, die 968 zum Bischofssitz erhoben wurde. Der **wirtschaftliche Aufstieg** zeigte sich ab dem 12. Jh. in reger Bautätigkeit: Dom, Bischofsschloss und Albrechtsburg entstanden. Mit der sächsischen Landesteilung, der Verlegung der Residenz nach Dresden sowie der Auflösung des Bistums zur Zeit der Reformation verlor Meißen seine politische Bedeutung. Wirtschaft und Kultur dagegen erreichten zu dieser Zeit neue Höhepunkte, wie die Einrichtung der Meißener »Fürstenschule« im Kloster St. Afra 1543 verdeutlicht. Im Dreißigjährigen Krieg wurde Meißen schwer beschädigt. Einen großen Beitrag zum Wiedererstehen leistete die 1710 auf der Albrechtsburg gegründete Königliche Porzellanmanufaktur. Nach der napoleonischen Besetzung war Meißen Ziel romantischer Dichter wie Friedrich von Hardenberg (Novalis) und von Malern wie Caspar

Meißen: eine Porzellanmalerin bei der Arbeit

David Friedrich und Adrian Ludwig Richter. Den Zweiten Weltkrieg hat die Stadt ohne schwere Schäden überstanden, doch in 40 Jahren DDR unterblieben Maßnahmen zur Erhaltung der historischen Bausubstanz. Dies wurde in den vergangenen Jahren mit eindrucksvollem Ergebnis nachgeholt.

Burgberg

Weithin sichtbar ragen auf dem Burgberg die Albrechtsburg, der Dom und das ehemalige Bischofsschloss über Stadt und Strom auf. Die Albrechtsburg wurde in ihrer heutigen Gestalt von 1471 bis 1500 von Arnold von Westfalen, einem der bedeutendsten Baukünstler des ausgehenden Mittelalters, als Wohn- und Regierungssitz der Wettiner Fürsten Ernst und Albrecht geschaffen. Sie gilt als einer der **schönsten Profanbauten der Spätgotik**. Hervorzuheben sind die »großer Wendelstein« genannte repräsentative Wendeltreppe an der Hofseite sowie die Reliefs, die Christoph Walther I. 1524 im ersten Obergeschoss anbrachte. Die Ausmalung vieler Räume stammt allerdings von der Erneuerung um 1870. Ausstellungen informieren über die Burgarchitektur und die Geschichte der Porzellanmanufaktur.

Albrechtsburg

Größter Schatz des um 1260 begonnenen und 1477 vollendeten Doms sind die **Stifterfiguren**, geschaffen von Meistern der Naumburger Werkstatt. Die Mitte des 13. Jh.s hergestellten Skulpturen stellen u. a. das Kaiserpaar Otto I. und Adelheid dar. Weiterhin beachtenswert sind die Gräber von Herzog Georg und Kurfürst Friedrich dem Streitbaren sowie Kruzifix und Kandelaber aus Meißener Porzellan des berühmten Porzellanmodelleurs Johann Joachim Kändler.

Dom

Domplatz Um den Domplatz versammeln sich einige stattliche Gebäude, darunter die Domherrenhöfe, das Kornhaus, der Domkeller (Meißens ältestes Gasthaus) und der Burgkeller, von dessen Gartenterrasse man einen herrlichen Blick auf die Stadt und die Elbe hat.

Innenstadt

Markt Am Markt erhebt sich das spätgotische **Rathaus** (um 1472), das durch seine Blendgiebel auffällt. Der Platz ist gesäumt von ansehnlichen Bürgerhäusern aus Renaissance und Neorenaissance wie der Marktapotheke von 1560. Die Reihe stattlicher renovierter Häuser setzt sich fort in der auf den Burgberg führenden Burgstraße.

 MEISSEN ERLEBEN

AUSKUNFT

Tourist-Information
Markt 3, 01662 Meißen
Tel. (0 35 21) 41 94-0, Fax 41 94 19
www.stadt-meissen.de

ESSEN

▶ **Fein & teuer**
Goldener Löwe
Heinrichplatz 6
Tel. (0 35 21) 4 11 10
Gediegen speisen Sie in dem schönen Hotelrestaurant in der Altstadt bei Kaminfeuer und Kerzenschein.

▶ **Erschwinglich**
Romantik-Restaurant
Vincenz Richter
An der Frauenkirche 12
Tel. (0 35 21) 45 32 85
Das Tuchmacherzunfthaus von 1523 beherbergt eine urige Gaststube. Schöne Innenhof-Terrasse!

ÜBERNACHTEN

▶ **Komfortabel**
Welcome Parkhotel Meißen
Hafenstr. 27
01662 Meißen
Tel. (0 35 21) 7 22 50, Fax 72 29 04
www.welcome-hotel-meissen.com
In reizvoller Lage an der Elbe bietet die prachtvolle Jugendstilvilla (1870) attraktive, elegant eingerichtete Zimmer. Im Restaurant »Die Villa« werden neben internationalen Klassikern viele sächsische Gerichte angeboten.

Burgkeller
Domplatz 11
01662 Meißen
Tel. (0 35 21) 4 14 00, Fax 4 14 04
www.meissen-hotels.com
Seit 1881 überzeugt das kleine Hotel mit bequemen und eleganten Zimmern, teilweise mit grandiosem Blick auf die Stadt; gediegenes Restaurant mit wunderschöner Aussichtsterrasse und Biergarten.

▶ **Günstig**
Goldgrund
Goldgrund 14
01662 Meißen
Tel. (0 35 21) 4 79 30, Fax 47 93 44
www.hotel-goldgrund-meissen.de
In malerischer Lage zwischen Stadt und Landschaftsschutzgebiet Goldgrundwald finden Sie diese Oase der Ruhe, von der aus die touristischen Attraktionen Meißens in nur wenigen Minuten zu Fuß zu erreichen sind. Solide Zimmer mit Kirschbaummöbeln, Restaurant.

In die Südwestecke des Markts ragt der Chor der **Frauenkirche** aus dem 15. Jh. hinein, die einen wertvollen spätgotischen Altar besitzt. Im Turm hängt das **erste Porzellanglockenspiel der Welt** (1929). Nachbarn der Kirche sind das alte Brauhaus (1569) und das Tuchmachertor, ein schönes Renaissance-Baudenkmal, sowie die historische Weinschenke »Vincenz Richter«.

Hinter der Frauenkirche steigt man die Frauenstufen hinauf zum **Afraberg** und zur Afranischen Freiheit, einer abgeschlossenen Renaissance-siedlung mit der Kirche **St. Afra** (um 1300), der Afranischen Pfarre mit Renaissance-Eckerker von 1535 und dem Jahnaischen Friedhof. Die berühmte ehemalige **Fürstenschule St. Afra**, unter Herzog Moritz 1543 gegründet, sollte junge Männer aus allen Bevölkerungsschichten auf die Universität vorbereiten. Bedeutende Schüler wa-

Meißens Altstadt mit Dom am Abend

ren u. a. Gotthold Ephraim Lessing, Christian Fürchtegott Gellert, Gottlieb Wilhelm Rabener und Samuel Hahnemann.

Im Triebischtal südlich der Altstadt hat seit 1863 die 1710 auf der Albrechtsburg gegründete Staatliche Porzellanmanufaktur Meißen ihren Sitz. Im 2005 um einen modernen Bau erweiterten **Porzellan-Museum Meißen** wird die inzwischen fast 300-jährige Geschichte des Meißener Porzellans von den Anfängen bis zur jüngsten Produktion gezeigt. In der Schauwerkstatt kann man den Formern, Drehern, Bossierern (die die Teile einer Figur zusammensetzen) und den Malern über die Schulter sehen (Öffnungszeiten: Mai – Okt. tgl. 9.00 – 18.00, Nov. – März – 17.00 Uhr).

★ ★
Staatliche
Porzellan-
manufaktur

⊙

Die ehemalige **Franziskanerkirche** am Heinrichsplatz östlich vom Markt wird als Stadtmuseum genutzt. Im Kreuzgang sind Grabplatten und Skulpturen ausgestellt, u. a. auch Arbeiten von Johann Joachim Kändler. Am Theaterplatz steht das 1851 zum Theater umgebaute **Gewandhaus der Tuchmacher** (16. Jh.), das einst als Kaufhaus diente. Die **Martinskapelle** auf dem Plossen ist ein romanischer Bau (um 1200); im Innern steht ein sehenswerter spätgotischer Altar. In der um 1100 errichteten und im 13. Jh. umgebauten **Nikolaikirche** am Neumarkt sind Reste frühgotischer Wandmalereien

Vom Markt zum
Neumarkt

Meißener Porzellan für die Zaren: »Lisotta«, die Lieblingshündin der Zarin Katharina II.

»TU MIR ZURECHT, BÖTTGER ...

... sonst lass ich dich hängen!« So wies August der Starke seinen Alchimisten Böttger zurecht, denn zu lange brachte dieser kein greifbares Ergebnis hervor, mit dem sich die Staatsschatullen wieder füllen lassen konnten. Ihm war klar, dass Böttger nie würde Gold machen können – auch wenn er Jahre zuvor beim Apotheker Zorn in Berlin auf geheimnisvolle Weise ein goldglänzendes Klümpchen herbeiexperimentierte –, aber Porzellan, das Weiße Gold der Chinesen und Japaner, das sollte es schon sein!

Bereits Marco Polo hatte von den feinen Gefäßen berichtet, doch erst seit dem 17. Jh. importierte die Niederländisch-Ostindische Kompanie Vasen, Tässchen und Teller aus dem Fernen Osten, die an Fürstenhöfen und in reichen Bürgerhäusern zur heiß begehrten Ware wurden. Man versuchte, Porzellan selbst herzustellen, doch zunächst kamen nur Ersatzprodukte wie die **Delfter Fayencen** heraus. Erst dem Naturforscher Ehrenfried Walther von Tschirnhaus gelang 1696 die Herstellung einer porzellanartigen Masse. Ungefähr um

dieselbe Zeit erregte in Berlin **Böttger** mit seinem Goldversuch die Aufmerksamkeit des Preußenkönigs Friedrich I., entfloh ihm aber nach Wittenberg, wo ihn sein Schicksal in Gestalt Augusts des Starken ereilte, der ihn in die Kasematten von Dresden verfrachtete und dort mit **Tschirnhaus** zusammenbrachte. Böttger wurde Zeuge, wie von Tschirnhaus nach vielen Versuchen 1708 die Erden fand, aus denen sich tatsächlich Gefäße formen und Porzellan brennen ließ. Kaum hatte er das Geheimnis entdeckt, starb er, doch in seinem Nachlass fand sich 1709 die Rezeptur. Nur eine Woche später, am **28. März 1709**, konnte Böttger dem Fürsten das erste Kännchen aus weißem europäischen Hartporzellan präsentieren.

Porzellanmanufaktur Meißen

Schon am 6. Juni des Jahres 1710 wurde auf der Albrechtsburg zu Meißen die »Königlich-polnische und churfürstlichsächsische Porzellan-Manufaktur Meißen« gegründet. Hier experimentierten dreißig Mitarbeiter mit Porzellanrezepten, Bränden, Farbmischungen und Dekoren, bis ihnen ihr Produkt perfekt erschien. Böttger erlebte den Triumph der Erfindung nicht mehr, denn er starb 1719. Den weiteren Ruf des Meißener Porzellans begründeten andere: der Maler **Johann Gregorius Höroldt**, der unzählige Farbkompositionen ausprobierte, die Indischmalerei und die Blumenmalerei einführte, sowie der Bildhauer **Johann Joachim Kaendler**, ein begnadeter Modelleur, dessen Hände fantasievolle Figuren aus dem Porzellan formten. Seine Schöpfung war auch das »Schwanenservice« für den Grafen Brühl, mit mehr als tausend Teilen das umfangreichste je geschaffene Tafelservice. War Böttger der Macher und erwiesen sich Höroldt und Kaendler als die Kreativen, so hatte der Manufaktur-Inspektor Steinbrück

Walzenkrug aus Meißener Porzellan, bemalt von Johann Gregorius Höroldt (1725/1730)

bereits 1722 eine andere zündende Idee: Er schlug vor, die sächsischen Kurschwerter als Markierung zu verwenden, denn »daraus hätten die frembden Nationes gesehen, dass die damit gezeichneten Waren im Churfürstenthumb Sachßen fabriciert wurden« – bis heute sind die kobaltblauen **Schwerter** unter der Glasur das Zeichen der Meißener Manufaktur, mithin eines der ältesten Markenzeichen der Welt. Sie lösten vorhergehende Marken wie AR (Augustus Rex) oder K.P.M. (Königliche Porzellan Manufaktur) ab. Die begehrtesten Dekore für das Gebrauchsporzellan stammen noch aus den ersten Jahrzehnten der Manufaktur. Am Anfang stand, der Mode entsprechend, die Indischmalerei mit den berühmten roten und grünen Drachen, den bunten chinesischen Schmetterlingen und den Landschaften der Höroldt-Chinoiserien; seit 1735 dann eine eigenständige europäische Blumenmalerei (Trocke-

ne Blumenmalerei, Deutsche Blumen und FF-Blumenmalerei mit Insekten, Schmetterlingen und Golddekoration), die erweitert wurde (klassizistische Marcolini-Blumenmalerei, Meißener Rose und Streublumen im Biedermeier); dazu Jagdszenen und schließlich die **Klassiker** aus Meißen, Weinlaub und das so beliebte Zwiebelmuster. Dieses Unterglasurdekor wurde schon in der Frühzeit der Manufaktur in Anlehnung an ostasiatische Vorbilder entwickelt – allerdings sind nicht Zwiebeln abgebildet, sondern Granatäpfel, Päonie und Bambusstab. Auch beim figürlichen Porzellan sind die Genreszenen des Rokoko nach wie vor die Verkaufsschlager. Erst der Jugendstil hat wieder ähnlich Originelles hervorgebracht. Kein europäisches Porzellan aber kann mit so viel Berechtigung für sich in Anspruch nehmen, das schönste und wertvollste zu sein wie das Weiße Gold aus Meißen.

erhalten. Die Kirche ist als Gedenkstätte für die Gefallenen des Ersten Weltkriegs mit großen Porzellanplastiken (1921–1929) von Emil Paul Börner ausgestattet.

Umgebung von Meißen

Elbaufwärts lädt das Spaargebirge mit seinen idyllischen Weinbergen und Weinstuben zu **Wanderungen** und natürlich vor allem zu Weinproben ein. Einer der ältesten Weinbauorte ist das Städtchen **Weinböhla** an der Sächsischen Weinstraße. Elbabwärts erreicht man die berühmte Weinlage **Proschwitzer Katzensprung**.

Meißener Weinbaugebiet

Elbabwärts gelangt man nach Diesbar-Seußlitz, einem romantischen Doppeldorf an der Elbe. Es ist der nördlichste Anbauort des sächsischen Weinbaugebiets. Mehrere Lokale bieten hiesige Weine und im Frühling auch hier angebauten Spargel an. Das **Barockschloss** in Seußlitz wurde 1726 auf dem Klostergelände nach Plänen von George Bähr für Heinrich von Bünau errichtet. In der Nähe von Diesbar befinden sich die **ausgedehntesten bronzezeitlichen Befestigungsanlagen in Sachsen**, die aus der Zeit zwischen 1500 und 400 v. Chr. stammen.

★ **Diesbar-Seußlitz**

> ### ! Baedeker TIPP
>
> #### Makkaroni und Spaghetti satt ...
>
> ... gibt es im Nudelcenter der Teigwaren Riesa GmbH in der Merzdorfer Straße westlich des Hafens mit seinen Bereichen Gläserne Produktion, Nudelwerkstatt, Nudelkontor, Nudelshop und Nudelrestaurant. Auch ist hier das 1. Deutsche Nudelmuseum eingerichtet. Öffnungszeiten: Mo.–Fr. 9.00–18.00, Sa., So., Fei. 10.00–16.00 Uhr

20 km elbabwärts erreicht man die ehemals bedeutende Industriestadt **Riesa** (38 000 Einw.), die einstmals Standort des größten metallurgischen Kombinats der DDR war. Inzwischen hat sich Riesa einen Namen als Sportstadt gemacht. In der spektakulären **Erdgasarena** sind schon diverse Europa- und Weltmeisterschaften ausgetragen worden. Beachtenswert sind ferner das **ehemalige Benediktinerkloster** (im 12. Jahrhundert erstmals erwähnt) mit der Klosterkirche **St. Marien**, das Stadtmuseum und der Heimattiergarten. Vor dem Hotel Mercure beeindruckt eine 1999 von Jörg Immendorff geschaffene 25 m hohe Eisenskulptur namens »**Elbquelle**«, die allerdings eher an eine Rieseneiche erinnert.

Nur wenige Kilometer weiter elbabwärts lädt das Städtchen Strehla zu einer Visite ein. Es wird von einer auf das 10. Jh. zurückgehenden **Burg** dominiert Die **Stadtkirche** beherbergt eine außergewöhnliche, aus farbiger Keramik hergestellte Kanzel (1565).

Strehla

In Oschatz (32 km nordwestl. von Meißen) sind das **Rathaus** von 1537 und die Ratsfronfeste mit dem **Stadtmuseum** sehenswert, das u. a. die Geschichte des hiesigen Waagenbaus erzählt.

Oschatz

✱ Merseburg

J 8

Bundesland: Sachsen-Anhalt
Einwohnerzahl: 34 000

Höhe: 98 m ü. d. M.

Das Panorama der alten Bischofs- und Residenzstadt Merseburg wird von Dom und Schloss über dem Saaleufer beherrscht. Sie verleihen der ansonsten eher modernen Industrie- und Hochschulstadt kunsthistorische Bedeutung.

Geschichte
Um 800 gab es an der strategisch wichtigen Saale-Elbe-Grenzlinie des Frankenreichs eine karolingische Burg. König Heinrich I. gründete hier eine Pfalz, in der bis zum 13. Jh. alle deutschen Herrscher Hoftage hielten. 968 wurde Merseburg Bischofssitz. 1657–1738 war die Stadt Residenz der Herzöge von Sachsen-Merseburg. Durch **Braunkohle-Tagebau** wurde sie Anfang des 20. Jh.s Industriestadt, die im Zweiten Weltkrieg schweren Luftangriffen ausgesetzt war.

Sehenswertes in Merseburg

✱✱
Dom
1015 wurde ein ottonisch-frühromanischer Bau errichtet. Im 13. Jh. entstand die Vorhalle, 1510–1517 das Langhaus mit Netzgewölbe. Am spätgotischen Westportal sieht man die Büste Kaiser Heinrichs II. mit dem Modell des Gotteshauses. Die **reiche Innenausstattung** re-

Am Ufer der Saale liegt die türmereiche Domstadt Merseburg.

 **MERSEBURG ERLEBEN**

AUSKUNFT

Touristinformation Merseburg
Burgstraße 5, 06217 Merseburg
Tel. (0 34 61) 21 41 70, Fax 21 41 77
www.merseburg-tourist.de

ESSEN

► **Preiswert**
Imperial
Gotthardstr. 28
Tel. (0 34 61) 28 99 64
Internationale und bodenständige
Küche in historischem Ambiente.

Ritters Weinstube
Große Ritterstr. 22
Tel. (0 34 61) 3 36 60
Gemütliches Gasthaus, in dem
Weinspezialitäten aus der Saale-Un-
strut-Region und klassische deutsche
Küche serviert werden.

ÜBERNACHTEN

► **Komfortabel**
*Radisson SAS Hotel
Halle-Merseburg*
Oberaltenburg 4
06271 Merseburg
Tel. (0 34 61) 452-00, Fax 452-100
www.radissonsas.com
Modernes Hotel im Zech'schen Palais,
einem altehrwürdigen Barockgebäude
gegenüber dem Residenzschloss.

Best Western Hotel Stadt Merseburg
Christianenstr. 25
06271 Merseburg
Tel. (0 34 61) 350-0, Fax 350-100
www.stadt-merseburg.bestwestern.de
Hotel am Rand der Innenstadt; kom-
fortable Zimmer, Restaurant mit
Wintergarten und Terrasse,
Schwimmbad, Sauna.

präsentiert nahezu alle Epochen. Das bedeutendste der zahlreichen
Grabmäler (13.–18. Jh.) ist die Bronzegrabplatte des Gegenkönigs
Rudolf von Schwaben (1080). Sehenswert sind der romanische Taufstein (um 1180), das spätgotische Chorgestühl (1446), die Renaissancekanzel (1520), der barocke Hochaltar (1668) und das Portal zur
Fürstengruft (1670). Die Krypta ist ein gutes Beispiel frühromani-
scher Baukunst. An der Südseite des Doms liegt der Kreuzgang mit
frühgotischem Westflügel und romanischer Johanniskapelle.
Das Stiftsarchiv hat eine Sammlung mittelalterlicher Handschriften,
u. a. das Fränkische Taufgelöbnis (9. Jh.), die berühmten **Merseburger Zaubersprüche** (10. Jh.) und eine Bibelhandschrift (um 1200).
Das Kapitelhaus ist ein Musterbeispiel spätgotischer Baukunst. Im
Erdgeschoss werden **Kostbarkeiten des Merseburger Domschatzes**
präsentiert.

Im restaurierten Haus Domstraße 15 wird »realistische« **Kunst von
Willi Sitte** (geb. 1921) gezeigt. Er ist einer der wichtigsten Maler und
Grafiker der ehemaligen DDR.   **Willi-Sitte-
Galerie**

Zum Ensemble auf dem Domberg gehört auch die Schlossanlage mit   **★**
Stilelementen der Spätgotik und Renaissance.   **Schloss**

Der Ostflügel, nach schweren Kriegsschäden wieder aufgebaut, beherbergt das **Kulturhistorische Museum.** An der Südostseite des Hofes steht ein reich verzierter Spätrenaissancebrunnen. Nördlich des Schlosses erstreckt sich der 1661 angelegte **Schlossgarten** mit dem Schlossgartensalon (1727–1738) von Johann Michael Hoppenhaupt, der 1738 auch die etwas nördlicher liegende Obere Wasserkunst entworfen und gebaut hat. Im Schlossgarten befindet sich auch ein **Reiterstandbild Friedrich Wilhelms III.** von 1905.

Burgberg Altenburg

Nördlich des Schlossgeländes liegt der bereits in frühgeschichtlicher Zeit besiedelte Burgberg Altenburg, der **alte Siedlungskern der Stadt** (8. Jh.). Erhalten aus späterer Zeit sind **Reste des Petersklosters** (Klausur, 13. Jh.) sowie die **Vitikirche** (12.–17. Jh.).

Weitere historische Sehenswürdigkeiten

Die wichtigsten historischen Gebäude in der Altstadt sind das **Alte Rathaus** aus dem 15./16. Jahrhundert und die spätgotische Stadtpfarrkirche **St. Maximi.** Südlich außerhalb der Altstadt erhebt sich als Ruine die **Sixtikirche.** Wegen seiner schönen Grabdenkmäler aus dem 18. Jh. verdient der **Stadtfriedhof** einen Besuch. Zu den ältesten Bauten der Stadt gehört die **Neumarktkirche** (ab 1173) am Ostufer der Saale.

Technik-Museen

Im Südwesten der Stadt (Geusaer Str. 88, Nähe Fachhochschule) informiert das **Deutsche Chemie-Museum** über die Entwicklung der Industrie im »Chemiedreieck« Merseburg-Halle-Bitterfeld. Flugzeuge aller Altersklassen und für alle Einsatzzwecke, Antriebstechnik, technische Gerätschaften etc. sind im **Luftfahrt- und Technik-Museumspark Merseburg** am nordwestlichen Stadtrand zu sehen.

Umgebung von Merseburg

Leuna

Durch die Leuna-Werke, die 1916 hier angesiedelt wurden, entwickelte sich das ehemalige Dorf (seit 1945 Stadt) 3 km südlich von Merseburg zum **größten Industriestandort der DDR.**

Bad Dürrenberg

Im ehemaligen Kurort Bad Dürrenberg, 11 km südöstlich von Merseburg, lohnt der Kurpark mit dem Gradierwerk einen Besuch. In 223 m Tiefe entspringt eine Solequelle unter dem Borlachturm, in dem sich ein **Museum zur Geschichte der Salzgewinnung** befindet. Die lang gestreckten **Siedehäuser** sind noch erhalten.

Geiseltalsee

12 km südwestlich von Merseburg ist nach Flutung eines ausgekohlten Tagebaus **Deutschlands größter von Menschenhand geschaffener See** (Fläche: 18,4 km²) entstanden, der Zentrum eines neuen Erholungsgebietes ist. In **Mücheln** gibt es einen großen Jachthafen. Einen guten Blick über die neu gestaltete Landschaft hat man vom Aussichtsturm auf der Klobikauer Halde. Bei **Roßbach** südlich vom Geiseltalsee gibt es noch einen kleineren Badesee mit Sandstrand.

★ Mühlhausen

F 8

Bundesland: Thüringen
Einwohnerzahl: 39 000

Höhe: 230 m ü. d. M.

Das großenteils intakte mittelalterliche Stadtbild der einstigen Freien Reichs- und Hansestadt Mühlhausen steht unter Denkmalschutz. Besonders der in Abschnitten erhaltenen Stadtmauer und der Pfarrkirche St. Marien verdankt die letzte Wirkungsstätte des Reformators Thomas Müntzer diese Schutzmaßnahme.

Im August 1524 siedelte der Reformator **Thomas Müntzer** (1486 bis 1525) nach Mühlhausen über. Der Gelehrte ließ sich anfangs von Martin Luther in den Bann ziehen. Später entwickelte er eine mystische Theologie und strebte ein urchristlich-kommunistisches Reich gegen die Gottlosen an. 1524/1525 schloss er sich den Wiedertäufern und aufständischen Bauern in Mitteldeutschland an. Er war Mitinitiator des **»Ewigen Rats«** von Mühlhausen, infolge dessen sich die Stadt zum Zentrum des Thüringer Bauernaufstands entwickelte. Nach der Niederlage der Bauern bei Frankenhausen am 15. Mai 1525 wurde Müntzer gefangen genommen und enthauptet, zehn Tage später kapitulierte auch Mühlhausen.

Thomas-Müntzer-Stadt

Mühlhausens Steinstraße ist heute Fußgängerzone. Im Hintergrund: die Marienkirche

▶ MÜHLHAUSEN ERLEBEN

AUSKUNFT

Tourist-Information
Ratsstr. 20
99974 Mühlhausen
Tel. (0 36 01) 4 04 77-0
Fax 4 04 77 11
www.muehlhausen.de

ESSEN

▶ Preiswert
Landhaus Frank
Eisenacher Landstr. 34
Tel. (0 36 01) 81 25 13
Am Ortsrand gelegenes gemütliches, freundliches Restaurant mit internationalen und regionalen Gerichten.

Brauhaus Zum Löwen
Kornmarkt 3
Tel. (0 36 01) 47 10
Leckere Bierspezialitäten und deftige bodenständige Küche werden in der urigen Brauereigaststätte serviert, zu der auch ein komfortables Hotel gehört.

ÜBERNACHTEN

▶ Günstig
Mirage
Karl-Marx-Str. 9
99974 Mühlhausen
Tel. (0 36 01) 439-0, Fax 439-150
www.mirage-hotel.de
Nahe am Bahnhof und auch nahe an der denkmalgeschützten Altstadt gelegen, bietet dieses moderne Haus zweckmäßig eingerichtete und gut ausgestattete Zimmer.

Sporthotel Mühlhausen
Kasseler Str. 5
99974 Mühlhausen
Tel. (0 36 01) 49 80, Fax 49 82 52
www.sporthotel-muehlhausen.de
Modernes Design bestimmt die Atmosphäre in diesem im Jahre 1992 erbauten Haus. Es bietet solide Zimmer mit praktischer Ausstattung, ein schickes Restaurant sowie vielerlei Sport- und Wellnessangebote.

Sehenswertes in Mühlhausen

Pfarrkirche Divi Blasii
Am Untermarkt erhebt sich die Pfarrkirche Divi Blasii, die als romanischer Bau begonnen und ab 1270 als gotische Hallenkirche mit Kreuzrippengewölben und Rundpfeilern neu gestaltet wurde. In den Jahren 1707/1708 wirkte hier J. S. Bach als Organist.
In der Nähe der Pfarrkirche steht die **Annenkapelle** (13. Jh.) des Deutschen Ritterordens. Von hier sind es nur wenige Schritte zu einigen alten Bürgerhäusern, darunter der Bürenhof und das Alte Backhaus.

Stadtmauer
Die Stadtbefestigung, mit deren Bau im 13. Jh. begonnen wurde, ist noch in Abschnitten erhalten. Bemerkenswert sind die Teile nördlich des Inneren Frauentors, der Abschnitt an der Straße Hinter der Mauer und der Teil am Lindenbühl. Der größte der noch erhaltenen Türme ist der **Rabenturm**, vor dem das 1956 geschaffene Thomas-Müntzer-Denkmal steht.

Dieses Museum beschäftigt sich mit der Natur- und Kulturgeschichte (Geologie, Ur- und Frühgeschichte, Kunstgeschichte) Nordwestthüringens sowie mit der Stadtgeschichte von Mühlhausen.

Museum am Lindenbühl

Wenn Sie mehr über die turbulente Zeit des Bauernkrieges in Mühlhausen erfahren wollen, sind Sie in der ehemaligen **Kirche des Barfüßerklosters** am Kornmarkt gut aufgehoben. Dort dokumentiert das Bauernkriegsmuseum u. a. das Wirken Thomas Müntzers.

Bauernkriegsmuseum

Wenige Schritte vom Museum kommt man in der Ratsstraße zum Rathaus, das zwischen dem 14. und 16. Jh. entstand. Kernstück ist das gotische Hauptgebäude mit der Ratsstube, wo der »Ewige Rat« gegründet wurde, und dem großen Ratssaal. Im Südflügel ist das Stadtarchiv untergebracht.

Rathaus

Die fünfschiffige Pfarrkirche St. Marien nördlich vom Rathaus ist nach dem Erfurter Dom die **größte gotische Hallenkirche Thüringens**. Der Außenbau besticht durch seinen reichen Maßwerk-, Fialen- und Figurenschmuck. Das bauplastische Programm an der Südfassade zeigt u. a. Kaiser Karl IV. und seine Gemahlin. Im Inneren der Hallenkirche mit ihren dreischiffigen Querhausarmen sind **spätgotische Flügelaltäre** und ein großes Triumphkreuz sehenswert. In dieser Kirche predigte einst Thomas Müntzer und verkündete vor den Bürgern der Stadt und den Bauern des Umlands sein Programm, woran heute die Müntzer-Gedenkstätte im Kirchenraum erinnert.

**★
St. Marien (Müntzer-Gedenkstätte)**

Neben der Marienkirche steht an der Stelle eines mittelalterlichen Kaufhauses die dreigeschossige Brotlaube mit einer Fassade von 1722.

Brotlaube

Umgebung von Mühlhausen

Westlich der Stadt befindet sich in Anrode, einem Ortsteil von Bickenriede, ein ehemaliges **Zisterzienserinnenkloster**. Die Kirche wurde 1590 unter Verwendung frühgotischer Teile errichtet und 1670 bis 1690 im Stil der Renaissance erneuert.

Anrode

Im Ried zwischen Ober- und Niederdorla südwestlich von Mühlhausen stießen Torfstecher 1957 auf **Reste einer germanischen Kultstätte**. Man fand allerlei Tierknochen und Holzstücke sowie einen Opferaltar aus Muschelkalkstein. Diese Funde dokumentieren die Glaubenswelt der damaligen Bevölkerung über den Zeitraum vom 6. Jh. v. Chr. bis zum 4. Jh. n. Chr. Wichtige Fundstücke und wiederhergestellte Heiligtümer sowie eine rekonstruierte germanische Siedlung werden in einer Ausstellung gezeigt.

**★
Opfermoor Niederdorla**

? WUSSTEN SIE SCHON ...?

■ Seit der Wiedervereinigung Deutschlands befindet sich der geografische Mittelpunkt der Bundesrepublik etwa 500 m nördlich von Niederdorla.

Südlich von Mühlhausen erstreckt sich der Hainich als **Deutschlands größtes noch zusammenhängendes Laubmischwaldgebiet**. Sein 7600 ha großer Kernbereich wurde Ende 1997 als 13. Nationalpark Deutschlands ausgewiesen. In diesem kaum berührten Stück Urwald leben sogar noch ein paar Wildkatzen! Auch Schwarzstörche und Baumfalken kann man hier beobachten. Neueste Attraktion dieses Waldgebietes ist ein **Baumwipfelpfad**.

✴
Nationalpark Hainich

✴ ✴ Naumburg

J 8

Bundesland: Sachsen-Anhalt   **Höhe:** 108 m ü. d. M.
Einwohnerzahl: 29 000

Die durch ihren Dom berühmt gewordene Stadt Naumburg liegt im klimatisch begünstigten Triasland an der Einmündung der Unstrut in die Saale. An den sonnenbeschienenen Talhängen der beiden Flüsse wird seit dem Mittelalter Wein angebaut.

Etwa um das Jahr 1000 entstand an der Kreuzung zweier Handelsstraßen die »neue Burg« der Markgrafen von Meißen. Von 1028 bis 1564 war der Ort Bischofssitz. Neben dem Burgbezirk als geistlicher Residenz wuchs die Bürger- und Handelsstadt. Als 1506 Leipzig das Messeprivileg für das Gebiet im Umkreis von 15 Meilen erhielt, verlor Naumburg seine Bedeutung als Handelsstadt. Von 1656 bis 1718 gehörte Naumburg zum Herzogtum Sachsen-Zeitz. 1832 wurden Bürgerstadt und Domstadt vereinigt.

Geschichte

Sehenswertes in Naumburg

Die meisten Besucher Naumburgs kommen seinetwegen: Der **spätromanisch-frühgotische Dom** St. Peter und Paul steht im Nordwesten der Stadt, im Bereich der einstigen Domfreiheit. Die Basilika besteht aus Lang- und Querhaus mit einem West- und Ostchor, denen jeweils zwei Türme zugeordnet sind. Südwärts schließt sich an die Kirche ein **Kreuzgang** mit Hof an. Der erste – romanische – Bau, von dem die **Krypta** unter dem **Ostchor** stammt, wurde 1042 geweiht; der zweite – spätromanische – Bau wurde vor 1213 begonnen und 1242 fertiggestellt. Um 1250 entstand der Westchor. Den 59,5 m hohen **Nordwestturm** kann man besteigen, die Glocken bekommt man bei einer Führung zu Gesicht. Im Nordwestturm befindet sich die **Elisabethkapelle** (13. Jh.) mit einer geheimnisumwitterten Skulptur der Heiligen. Im **Domschatzgewölbe** werden wertvolle Handschriften und Urkunden aufbewahrt, darunter auch Zeugnisse der Verehrung der hl. Elisabeth.

✴ ✴
Dom St. Peter und Paul

- ← *Ein bedeutender Sakralbau ist der Naumburger Dom.*

NAUMBURG ERLEBEN

AUSKUNFT

Tourist- und Tagungsservice
Markt 12, 06618 Naumburg
Tel. (0 34 45) 27 31 12, Fax 27 31 05
www.naumburg-tourismus.de

EVENT

Hussiten-Kirschfest
Wer im Juni die Stadt Naumburg
besucht, erlebt das Hussiten-Kirschfest. Jedes Jahr werden dabei ein
großer Jahrmarkt, ein Umzug und
die berühmte mittelalterliche Peter-
Pauls-Messe veranstaltet. Weietere
Infos: Tel. (0 34 45) 23 71 12.

ESSEN

► **Erschwinglich**
Bocks
Steinweg 5, Tel. (0 34 45) 2 30 13 30
Im ehemaligen Zunfthaus der Leder-
gerber (18. Jh.) ist ein modernes
Restaurant im Bistrostil eingerichtet

mit schöner Innenhofterrasse und
Weingeschäft. Hervorragende neue
deutsche Küche mit italienischen
und asiatischen Einflüssen.

ÜBERNACHTEN

► **Komfortabel**
Stadt Aachen
Markt 11, 06618 Naumburg
Tel. (0 34 45) 24 70, Fax 24 71 30
www.hotel-stadt-aachen.de
Zimmer mit Stilmöbeln in schönem
Stadthaus. Restaurant Carolus
Magnus mit viel historischem Flair.

► **Günstig**
Kaiserhof
Bahnhofstr. 35, 06618 Naumburg
Tel. (0 34 45) 244-0, Fax 244 100
www.kaiserhof-naumburg.de
Preisgünstige Übernachtungsadresse
nahe beim Bahnhof, geräumige
Zimmer, Restaurant und Sauna.

Stifterfiguren ►

Weltberühmt sind die Figuren der zwölf Stifter im **Westchor**. Es sind
Hauptwerke des nicht namentlich bekannten Naumburger Meisters
(nach 1250). Alle Gestalten sind lebensgroß in Kalkstein gehauen
und nach der Mode der Zeit gekleidet. Die bekanntesten Paare sind
Ekkehard und Uta sowie Hermann und Regelindis. Bemerkenswert
ist ferner der Figurenfries am Westlettner (Schauseite zum Mittelschiff), der Szenen aus der Leidensgeschichte darstellt.

Marktplatz

Bürgerhäuser aus Barock und Renaissance umrahmen den Platz.
Den **Marktbrunnen** krönt die Figur des hl. Wenzel, **des Schutzpat-
rons der Stadt**. Das **Rathaus**, ein spätgotischer Bau mit dekorativem
Hauptportal, besitzt auch einen Ratskeller (14. Jh.). Neben dem
»Schlösschen« von 1541 befindet sich die alte Residenz, die 1652 für
Herzog Moritz von Sachsen-Zeitz errichtet wurde.

Wenzelskirche

In der spätgotischen Hallenkirche an der Südseite des Marktplatzes
kann man »Jesus als Kinderfreund« und die »Anbetung der Hl. Drei
Könige« aus der Werkstatt von **Lucas Cranach d. Ä.** bewundern. Die
1746 vom Silbermann-Schüler Zacharias Hildebrandt umgebaute

Orgel, an deren Disposition **Johann Sebastian Bach** maßgeblich beteiligt war, wurde von diesem auch gespielt. Lohnend ist auch eine Besteigung des fast 73 m hohen Kirchturms.

Durch die Marienstraße gelangt man am Marienplatz zum Marientor (15. Jh.), einem Teil der mittelalterlichen Stadtbefestigung mit Außentor, Wehrgang, Innentor und Wartturm. Teile der ehemaligen Stadtmauer sind noch erhalten. Im Innentor finden im Sommer Open-Air-Konzerte sowie Aufführungen der **Kleinen Bühne Naumburg** statt. Am Außentor sieht man das Wappen der Stadt.

Marientor

Im Südosten der Stadt kaufte Friedrich Nietzsches Mutter, die schon 1850 mit ihren Kindern nach Naumburg gezogen war, ein Haus (Weingarten 18), das sie bis zu ihrem Tod bewohnte. Heute wird in diesem Haus umfassend über den Philosophen **Friedrich Nietzsche** informiert, der in Naumburg zur Schule gegangen ist.

Nietzsche-Haus

✳ Unstruttal

Nordwestlich von Naumburg hat die Unstrut, mit 192 km Länge der wichtigste Nebenfluss der Saale, ein **landschaftlich sehr reizvolles Tal** geschaffen. Sie entspringt bei Dingelstädt im südlichen ► Eichsfeld, fließt durch die thüringische Stadt ►Mühlhausen und bildet bei Heldrungen die 400 m breite **Thüringer Pforte**, die einst von Sachsenburgen (heute Ruinen) geschützt wurde. Zwischen Memleben und Naumburg wechseln enge Talabschnitte mit weiten Niederungen ab.

Unstrut

An den Südhängen des Unstruttales wird Wein angebaut, vorzugsweise die Weißweinsorten Müller-Thurgau, Bacchus, Gutedel, Silvaner und Weißburgunder.

◄ Weinbau

Dem anschwellenden Touristenstrom im Unstruttal hat man durch die Ausweisung der **Weinstraße Saale-Unstrut** sowie durch Markierung des **Unstrut-Radwanderwegs** Rechnung getragen.

◄ Touristikrouten

Die Reihe der sehenswerten Orte im Unstruttal beginnt mit Memleben, einstmals ottonische Kaiserpfalz mit einem Benediktinerkloster. Die **Ruine der im 13. Jh. erbauten Klosterkirche** beeindruckt mit ihrer bestens erhaltenen **Krypta**. Die Kaiserpfalz selbst, in der der erste deutsche König, Heinrich I., und Kaiser Otto I. gestorben sind, wird südöstlich des Ortes vermutet.

Memleben

Das nächste interessante Ziel weiter talabwärts ist Nebra, Heimatort der berühmten Romanautorin **Hedwig Courths-Mahler** (1867 bis 1950). An die Schriftstellerin wird im Heimatmuseum ausführlich erinnert.

Nebra

Auf dem Mittelberg westlich oberhalb von Nebra wurde 1999 eine rätselhafte **vor ca. 3600 Jahren entstandene Himmelsscheibe aus Bronze** entdeckt, die heute im Landesmuseum für Vorgeschichte in ►Halle zu sehen ist. 2007 wurde am Mittelberg das multimediale In-

★ ★
◄ Himmelsscheibe von Nebra

formationszentrum **Arche Nebra** eröffnet, das über die geheimnisumwitterte Himmelsscheibe aufklärt. Auf dem Berg steht ein neuer **Aussichtsturm in Gestalt einer Sonnenuhr**.

Laucha Weiter talabwärts erreicht man Laucha mit einer als technisches Denkmal ausgewiesenen **Glockengießerwerkstatt**. Von 1732 bis 1911 wurden hier über 5000 Bronzeglocken gegossen. Beachtenswert sind auch das Rathaus und die Stadtmauer.

✳ Freyburg Die Stadt ist das **Zentrum des Weinbaus sowie der Wein- und Sektkellerei**. 1856 wurde hier die Rotkäppchen-Sektkellerei gegründet. Berühmteste Persönlichkeit der Stadt ist **Turnvater Friedrich Ludwig Jahn** (1778 – 1851).

✳ Schloss Neuenburg ► Nach der Wartburg war Schloss Neuenburg (1090 – 1227) die bedeutendste Burg der Thüringer Landgrafen und im 17. Jh. Residenz der Herzöge von Sachsen-Weißenfels. Beachtung verdienen die spätromanische Schlosskapelle, der Fürstensaal und ein 120 m tiefer Brunnen. Im romanischen Bergfried ist ein historisches Museum eingerichtet. Von der Burg bietet sich ein schöner Blick auf das Tal.

Stadt ► In der Stadt selbst sollte man sich die romanische Stadtkirche **St. Marien** (13. Jh.), das **Jahnmuseum** im ehemaligen Wohnhaus des »Turnvaters«, die **Erinnerungsturnhalle** mit Jahndenkmal und das spät-gotische **Rathaus** ansehen, ferner den **Herzoglichen Weinberg** sowie die **Freyburger Weingalerie** der Winzervereinigung.

! *Baedeker* TIPP

Prickelnder Genuss

Anno 1856 wurde in Freyburg eine »Fabrik zur Herstellung moussierender Weine« gegründet, die ab 1894 ihren berühmtem Rotkäppchen-Sekt auf den Markt brachte. Wer wissen will, wie dieses prickelnde Getränk entsteht und wie es schmeckt, dem sei eine Kellerei-Führung empfohlen: Tgl. 11.00 u. 14.00, Sa., So. auch 12.30 u. 15.30 Uhr. Adresse: Freyburg, Sektkellereistr. 5, Tel. (03 44 64) 34-0, www.rotkaeppchen.de

Großjena Im idyllisch gelegenen, inzwischen 1000 Jahre alten Dorf Großjena wohnte der Bildhauer, Maler und Grafiker **Max Klinger** (1857 bis 1920) an einem Rebenhang. Eine Ausstellung in seinem einstigen Wohnhaus gibt Auskunft über Leben und Werk des Künstlers.

Im liebevoll restaurierten **Gutshaus** finden das ganze Jahr über Kunstausstellungen und im Sommer auch Konzerte statt.

Vor fast 300 Jahren wurde das **Steinerne Bilderbuch** geschaffen, ein 150 m langes Sandsteinrelief, das biblische Weinbauszenen zeigt.

Weitere Ziele in der Umgebung von Naumburg

Wenige Kilometer saaleabwärts erreicht man Goseck mit seinem aus einem Benediktinerkloster hervorgegangenen **Schloss**, das heute ein Zentrum für europäische Musik und Kultur ist. Außerdem ist hier ein Informationszentrum zum **ältesten Sonnenobservatorium Europas** eingerichtet. Diese ca. 7000 Jahre alte kreisförmige Kultanlage ist freigelegt und originalgetreu rekonstruiert.

✳
Goseck

Das Bild der weiter saaleabwärts gelegenen einstigen Residenzstadt wird geprägt vom barocken **Schloss Neu-Augustusburg**, das 1660 bis 1694 als Residenz der Herzöge von Sachsen-Weißenfels erbaut wurde. In der Schlosskirche mit kunstvollem Altaraufsatz befindet sich die Gruft der Herzogsfamilie. Im Schloss sind auch das **Städtische Museum** sowie ein Schuhmuseum mit einer großen Kollektion von Schuhen untergebracht. Unterhalb des Schlosses erstreckt sich der **Markt** mit dem barocken **Rathaus** und der Stadtkirche **St. Marien**. In der Klosterstraße (Nr. 24) steht das **Wohn- und Sterbehaus von Novalis** (1772 – 1801; eigentl. Friedrich von Hardenberg).

✳
Weißenfels

Südwestlich von Naumburg kommt man nach Pforta an der Saale, das aus einem 1137 gegründeten Zisterzienserkloster hervorgegangen ist. 1543 ließ Kurfürst Moritz von Sachsen hier die »Fürstenschule« **Schulpforte** einrichten, zu deren Schülern u. a. Fichte, Klopstock und Nietzsche gehörten und die heute noch Internatsschule ist.
Das **Landesweingut Kloster Pforta** (Probierstube in Schulpforte) ist 1899 vom preußischen Staat gegründet worden und gehört seit 1993 dem Bundesland Sachsen-Anhalt.

Pforta

Saaleaufwärts liegt Bad Kösen, ein Solbad, in dem die historischen **salinentechnischen Anlagen** (Soleförderung, Wasserrad, Kunstgestänge, Schacht, Gradierwerk) als technisches Denkmal geschützt sind. Das vor 1100 erbaute **Romanische Haus** ist einer der ältesten erhaltenen Profanbauten Deutschlands. Es dient heute als Museum, in dem auch an **Käthe Kruse** erinnert wird, die in Bad Kösen von 1912 bis 1950 ihre beliebten Stoffpuppen fertigen ließ.

Bad Kösen

Wanderwege führen von Bad Kösen flussaufwärts zur Ruine Rudelsburg, die 1172 erbaut wurde. Hier oben schrieb Franz Kugler 1826 das Lied **»An der Saale hellem Strande ...«**. Von der 170 m hoch über der Saale errichteten mittelalterlichen Burg Saaleck sind nur die beiden Bergfriede erhalten, die eine **herrliche Aussicht** bieten.

✳
Rudelsburg, Burg Saaleck

10 km weiter südwestlich liegt dieses Solheilbad in der von der Ilm durchflossenen »Thüringer Toskana«. Beachtung verdienen der **ehem. Salinenkomplex** als technisches Denkmal, das **Salinen- und Heimatmuseum** und der **Kurpark** mit seiner Trinkhalle. In der **Toskana-Therme** gibt es Wellness pur.

Bad Sulza

Schloss Auerstedt ▶ Nordwestlich von Bad Sulza erreicht man das alte Rittergut, das 1806 preußisches Hauptquartier während der Doppelschlacht bei Jena und Auerstedt war. Auf einer Wiese bei Auerstedt wächst der **Auerworldpalast** als größtes lebendes Bauwerk aus Weidenruten heran.

Eckartsberga Die Kleinstadt liegt 4 km nordwestlich von Auerstedt an den Ausläufern der Finne. Hier ließ Ekkehard von Meißen 998 die **Eckartsburg** zur Sicherung von Handelswegen errichten. Im Wohnturm »spielen« über 6000 Zinnfiguren die Schlacht bei Auerstedt (1806) nach. Das ehemalige Schlachtfeld erreicht man von Eckartsberga über die B 87. Zwischen den Orten Hassenhausen und Taugwitz steht ein Denkmal für den bei der Schlacht schwer verwundeten Herzog von Braunschweig. Weitere Attraktionen in Eckartsberga sind die 1831 auf dem Sachsenberg errichtete **Holländer-Windmühle** sowie das **Burgenland**, in dem Burgen und Schlösser aus Sachsen, Sachsen-Anhalt und Thüringen im Maßstab 1 : 75 nachgebaut sind.

Bad Bibra Das **einstige Modebad der Herzöge von Sachsen-Weißenfels** mit Gesundbrunnen am Badehaus, Heilquellen in der Aue und modernen Kneippanlagen lockt auch heute noch viele Gäste an. Sehenswert sind die 1724 erbaute **Nitzsche Wassermühle** an der Straße nach Saubach, die **spätromanische Kirche** im Ortsteil Steinbach sowie die beiden 1914 errichteten **Viadukte** Apostelbrücke und Schnecktalbrücke.

✶ Neubrandenburg

Bundesland: Mecklenburg-Vorpommern   **Höhe :** 19 m ü. d. M.
Einwohnerzahl: 67 500

Die Stadt am Nordufer des Tollensesees ist das wirtschaftliche und kulturelle Zentrum Südost-Mecklenburgs sowie ein wichtiger Verkehrsknotenpunkt. Die nach weitgehender Zerstörung im Zweiten Weltkrieg überwiegend modern gestaltete Innenstadt von Neubrandenburg wird noch von einem vollständig intakten mittelalterlichen Befestigungsring mit höchst eindrucksvollen Stadttoren im Stil der Backsteingotik umschlossen.

Geschichte Neubrandenburg entstand ab 1248 als planmäßige Gründung des Markgrafen Johann von Brandenburg und war bis zum Dreißigjährigen Krieg eine prosperierende Handwerker- und Handelsstadt. Im 19. Jh. gewann die Stadt durch die Industrialisierung und die Anbindung an die Eisenbahnlinie Berlin-Sassnitz an Bedeutung. Von 1856 bis 1863 war Neubrandenburg die Heimat des mecklenburgischen Mundartdichters **Fritz Reuter** (1810 – 1874). Im Zweiten Weltkrieg wurden rund 85 % der Innenstadt von Neubrandenburg zerstört.

⏵ NEUBRANDENBURG ERLEBEN

AUSKUNFT

Stadtinfo Neubrandenburg
Stargarder Str. 17
17033 Neubrandenburg
Tel. (0 18 05) 17 03 30, Fax 5 66 76 61
www.neubrandenburg.de

ESSEN

► **Erschwinglich**
Werderbruch
Lessingstr. 14
Tel. (03 95) 5 44 30 13
Regionale Küche (bes. Fisch) bietet
das stilvolle Restaurant in reizvoller
Lage am Tollensesee. Legerer geht's im
dazugehörigen Fischerstübchen zu.

► **Preiswert**
Badehaus
Parkstr. 3
Tel. (03 95) 57 19 24-0
Bodenständige Küche und Fischspe-
zialitäten am Tollensesee.

ÜBERNACHTEN

► **Komfortabel**
Radisson SAS
Neubrandenburg
Treptower Str. 1
17033 Neubrandenburg
Tel. (03 95) 55 86-0, Fax 55 86-625
www.radissonsas.com
In zentraler Lage bietet das zu DDR-
Zeiten erbaute Haus wohnliche und
modern eingerichtete Zimmer sowie
ein schickes Restaurant mit Show-
Küche.

► **Günstig**
Weinert
Ziegelbergstr. 23
17033 Neubrandenburg
Tel. (03 95) 58 12 30, Fax 5 81 23 11
www.hotel-weinert.de
Nettes und freundliches Stadthotel,
gepflegte Zimmer, moderner
Frühstücksraum.

Sehenswertes in Neubrandenburg

Das historische Zentrum mit dem weitläufigen, von modernen
Nachkriegsbauten geprägten Marktplatz umringt eine mittelalterliche
Stadtmauer aus Feldsteinen, die ursprünglich mit 56 kleinen Fach-
werkbauten zur Verteidigung besetzt war. Etliche dieser Wiekhäuser
sind **originalgetreu rekonstruiert** und werden u. a. als Galerien und
Kunsthandwerksläden wieder genutzt.

✱ **Stadtmauer mit Wiekhäusern**

Die besondere Zierde der Stadtbefestigung sind die vier im 14./15. Jh.
errichteten, mit Blenden, Fialen und Giebeln versehenen Stadttore,
besonders das Stargarder und das **Treptower Tor**, in dem das **Regionalmuseum zur Ur- und Frühgeschichte** untergebracht ist.

✱ **Stadttore**

In der ältesten Wassermühle der Stadt am Tollensesee wird die **Geschichte Neubrandenburgs** in all ihren Facetten ausgebreitet. Auch
Fritz Reuter (s. oben) ist ein Ausstellungsbereich gewidmet.

✱ **Vierrademühle**

Von diesem imposanten, 1298 geweihten Gotteshaus standen nach
der Bombardierung 1945 nur noch die Umfassungsmauern und der

✱ **Marienkirche**

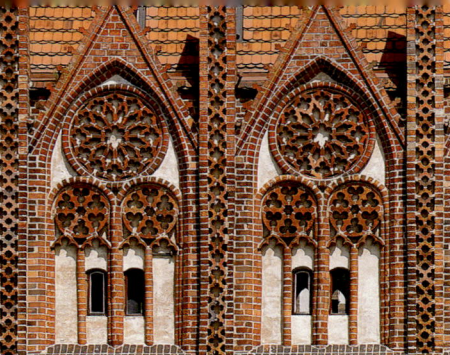
Backsteingotik am Stargarder Tor

Turm. Der mit filigranem Schmuck versehene Ostgiebel ist ein Musterbeispiel gotischer Baukunst. 2001 wurde die Marienkirche nach langwierigen Restaurierungsarbeiten als Konzerthalle wiedereröffnet.

Wenige Gehminuten südlich des Stargarder Tores sind im **Modellpark Mecklenburgische Seenplatte** die schönsten Sehenswürdigkeiten der Region im Maßstab 1 : 25 versammelt.

Umgebung von Neubrandenburg

✳ Tollensesee

Der knapp 11 km lange und maximal 2,5 km breite See südlich von Neubrandenburg ist bei Wassersportlern und Erholungsuchenden beliebt. Das einstige Sumpfgelände am Nordufer des eiszeitlichen Gletscherzungensees wurde in den 1970er-Jahren in einen Erholungspark mit Seglerhafen umgewandelt. Um den See, auf dem auch Ausflugsschiffe verkehren, führt ein Rad- und Wanderweg. In **Broda** am westlichen Steilufer steht das 1823 von Hofbaumeister Friedrich Wilhelm Buttel entworfene **Belvedere**, ehemals Aussichtspunkt für herzogliche Ausflugsgesellschaften.

> **!** *Baedeker* TIPP
>
> **Tolle Aussicht**
> Wie malerisch der Tollensesee in die bewaldete mecklenburgische Hügellandschaft eingebettet ist, sieht man am besten vom 34 m hohen Turm auf der Behmshöhe am Ostufer des Sees.

✳ Burg Stargard

Das Städtchen Burg Stargard, 10 km südöstlich von Neubrandenburg gelegen und etwa 7 km vom Seeufer entfernt, wird vor allem wegen der **Burg** aus dem 13. Jh. besucht, von der u. a. ein imposanter Bergfried erhalten blieb. In der einzigen aus dem Mittelalter erhaltenen Höhenburg Norddeutschlands sind heute eine Gaststätte und eine Jugendherberge untergebracht. Jüngste Attraktion von Burg Stargard ist eine 500 m lange **Sommerrodelbahn**.

✳ Hohenzieritz

In dem kleinen Ort südöstlich des Tollensesees (zwischen der B 193 und der B 96) steht ein 1751 erbautes **Barockschloss der Herzöge von Mecklenburg-Strelitz**. Häufiger Gast in Hohenzieritz war Prinzessin Luise von Mecklenburg-Strelitz, besser bekannt als **Königin Luise von Preußen**, die hier am 19. Juli 1810 im Alter von nur 34 Jahren verstarb. Ihr Sterbezimmer mit der Totenmaske ist heute Gedenkstätte. Im 1770 nach englischem Vorbild angelegten **Schlosspark**, dem ältesten Landschaftspark im norddeutschen Raum, erinnert ein Rundtempel (1815) an die beliebte Herrscherin.

Über 1000 Jahre alte **mächtige Eichen** haben den Park (mit Damwildgehege) am Westufer des Ivenacker Sees bekannt gemacht. Im Ort Ivenack steht ein **Renaissanceschloss** mit Marstall und Orangerie aus dem 18. Jahrhundert.

Ivenack

31 km nordwestlich von Neubrandenburg erreicht man die Reuterstadt Stavenhagen, die ihren offiziellen Beinamen dem Dichter **Fritz Reuter** (1810 – 1874), dem berühmtesten Bürger der Stadt, zu verdanken hat. Im **Fritz-Reuter-Literaturmuseum** im alten Rathaus am Markt, dem Geburtshaus Reuters, erfährt man alles Wichtige über den niederdeutschen Mundartdichter und sein Werk. Vor dem Gebäude wird er mit einem Denkmal geehrt.

✳
Reuterstadt
Stavenhagen

16 km nördlich von Neubrandenburg lohnt dieses um die Mitte des 13. Jh.s gegründete Städtchen einen Besuch. Auch hier hat Fritz Reuter (s. oben) einige Jahre gelebt. Als Teil der mittelalterlichen Stadtbefestigung beeindruckt das **Neubrandenburger Tor**. Die alten Fachwerkhäuser der Altstadt werden von **St. Petri** (14. Jahrhundert) überragt. Die Hallenkirche beherbergt einen figurenreichen Schnitzaltar (15. Jahrhundert).

Altentreptow

✳ Oberes Saaletal

H/J 9/10

Bundesland: Thüringen   **Höhe:** 195 – 728 m ü. d. M.

Das landschaftlich abwechslungsreiche Obere Saaletal verläuft von den aussichtsreichen Höhen des Frankenwaldes und des Thüringer Schiefergebirges hinunter in den Randbereich des Thüringer Beckens. Herrliche Wälder, imposante Felsbildungen und Bergrücken mit tiefen Bachtälern prägen das Bild. Dazu kommen noch etliche Stauseen, die Erholungsuchende und Wassersportler anlocken.

Sehenswertes im Oberen Saaletal

Heute präsentiert sich das Obere Saaletal zwischen Blankenstein und Saalfeld gewissermaßen als eine Treppe von Stauseen, die im Volksmund gern **»Thüringer Meer«** genannt werden. Lediglich kürzere Talabschnitte lassen heute noch jene Ursprünglichkeit erkennen, die für den Flusslauf der oberen Saale jahrhundertelang kennzeichnend war, als Holz aus dem Mittelgebirge zu den Umschlagplätzen hinabgeflößt wurde.

Erster Touristenort im Tal der jungen Saale ist Blankenstein nahe an der thüringisch-bayerischen Grenze. Von hier aus schlängelt sich der Rennsteig nordwestwärts über die waldreichen Höhen von Thüringer Schiefergebirge und Thüringer Wald.

Blankenstein

▶ OBERES SAALETAL ERLEBEN

AUSKUNFT

Tourist Information Thüringen
Willy-Brandt-Platz 1, 99084 Erfurt
Tel. (03 61) 37 42-0, Fax 37 42-388
www.thueringen-tourismus.de

EVENT

TFF Rudolstadt
Das »TFF« ist das größte Folk-Roots-Weltmusik-Festival Deutschlands und findet alljährlich am ersten Juli-Wochenende statt. Im Rahmen dieses Events wird auch der Deutsche Weltmusikpreis »RUTH« vergeben.

WELLNESS

Ardesia Therme
Parkstr. 8, 07356 Bad Lobenstein
Tel. (03 66 51) 39 39-200
www.ardesia-therme.de
Modernes Thermalbad mit Moorbad, Saunalandschaft und diversen Kuranwendungen.

ESSEN

▶ Erschwinglich
Ratskeller Saalfeld
Markt 1, 07318 Saalfeld
Tel. (0 36 71) 51 75 10
Gediegenes Restaurant hinter den Mauern des historischen Rathauses. Lassen Sie sich unter dem schönen Kreuzgewölbe mit regionalen Spezialitäten verwöhnen.

▶ Preiswert
Schwarzer Adler
Wurzbacher Str. 1
07356 Bad Lobenstein
Tel. (03 66 51) 8 89 29
Mit feiner bürgerlicher Küche werden Sie in dem ansprechenden traditionsreichen Gasthof bewirtet.

Goldener Löwe
Kirchstr. 15, 07937 Zeulenroda

Tel. (03 66 28) 95 95 90
Bürgerliches Hotelrestaurant mit breit gefächertem Speiseangebot; viele thüringische Spezialitäten.

Villa Altenburg
Straße des Friedens 49
07381 Pössneck, Tel. (0 36 47) 42 20 01
www.villa-altenburg.de
Die prachtvolle Villa beherbergt ein kleines komfortables Hotel und ein wunderschönes Restaurant. Hier genießen Sie feine klassische Küche.

ÜBERNACHTEN

▶ Komfortabel
Panoramahotel Marienturm
Marienturm 1, 07407 Rudolstadt
Tel. (0 36 72) 43 27-0, Fax 43 27 85
www.hotel-marienturm.de
Hoch über dem Saaletal mit sagenhaftem Blick auf die Heidecksburg und das historische Rudolstadt liegt das beliebte Ausflugsziel Marienturm. Der Hotelanbau bietet behagliche Zimmer; gediegenes Restaurant mit rustikalem Kaminzimmer.

▶ Günstig
Anker
Markt 25, 07318 Saalfeld
Tel. (0 36 71) 59 90, Fax 51 29 24
www.hotel-anker-saalfeld.de
Das traditionsreiche Haus aus dem 15. Jh. beherbergt heute ein neuzeitliches Hotel mit wohnlichen, schön möblierten Zimmern.

Oberland
Topfmarkt 2, 07356 Bad Lobenstein
Tel. (03 66 51) 65 99-0, Fax 65 99-1
www.hoteloberland.de
Kleines Hotel in einer ruhigen Nebenstraße, zeitgemäß eingerichtete Zimmer, gutbürgerliches Restaurant und netter Biergarten.

Wenige Kilometer nordwestlich liegt Bad Lobenstein, die kleine ehemalige Residenzstadt der Fürsten von Reuß. Von der einstigen Burg
ist noch der Bergfried (Aussichtsturm) erhalten. In der Altstadt gefällt der **historische Marktplatz** mit dem Rathaus. Nicht weit von
hier steht das **Barockschloss**. Beachtung verdient auch die **Stadtkirche St. Michaelis** mit einer Altarwand von Friedrich Popp. Bereits im
19. Jh. wurde Lobenstein als **Moorheilbad** bekannt. Den Durchbruch
zum modernen Kurort schaffte es 2002, als ein **Mineral-Thermalbad**
eröffnet werden konnte.

★
Bad Lobenstein

Nordöstlich unterhalb von Bad Lobenstein füllt der Bleiloch-Stausee
das windungsreiche Tal der jungen Saale. Die mächtige Staumauer
von **Deutschlands größter Talsperre** bei Saalburg ist fast 60 m hoch.
Unterhalb der Staumauer liegt das Ausgleichsbecken Burgkammer,
dann folgt das Ausgleichsbecken Grochwitz, das als Unterbecken für
das Speicherkraftwerk Wisenta entstand.

**Bleiloch-
Stausee**

Weiter talabwärts thront das Anfang des 15. Jh.s erbaute Schloss
Burgk über der Saale. Von dem ehemaligen **Jagd- und Sommer-
schloss** der Fürsten zu Reuß sind zu sehen: Reste der mittelalterlichen Wehranlagen mit Zwinger, der Rittersaal mit bemalter Decke,
die **Schlosskapelle mit einer Silbermann-Orgel** von 1743, ein Jagd-
zimmer und mehrere Prunkzimmer mit kostbarem Inventar. In der
Schlossküche (um 1600) steht ein besonders großer Kamin.

★
Schloss Burgk

Schloss Burgk: Blick in die prunkvoll ausgestattete Kapelle mit einer Silbermann-Orgel

Schleiz Nordöstlich des Saalestales bei Schloss Burgk und jenseits der Autobahn A 9 liegt die ehemalige Residenzstadt Schleiz in einer Talmulde des Saale-Nebenflusses Wisenta und der dazugehörigen Seenplatte. Das Stadtbild wird von der **Pfarrkirche St. Georg** dominiert. In der **Alten Münze** am Neumarkt, dem ältesten Profanbau der Stadt (16. Jh.), wird an den aus Schleiz gebürtigen Porzellan-Erfinder Johann Friedrich Böttger (1682 – 1719) erinnert. Etwas außerhalb von Schleiz steht die 1359 erstmals urkundlich erwähnte **Bergkirche St. Marien**, die Grabkirche der Fürsten zu Reuß.

Zeulenroda In Zeulenroda, 15 km nordöstlich von Schleiz nahe einer großen Talsperre (»Zeulenrodaer Meer«) gelegen, ist das klassizistische **Rathaus** sehenswert, dessen 38 m hoher Turm eine Figur der Göttin Themis krönt. Beachtung verdient auch die **Pfarrkirche zur Hl. Dreieinigkeit** mit einem 1820 entstandenen Altarbild. Am **Markt** beeindruckt die die einheitlich klassizistische Bebauung. Im **Städtischen Museum** (Aumaische Str. 30) wird an den traditionsreichen Möbelbau und die Entwicklung der hiesigen Strumpfwirkerei erinnert. Das **Winkelmannsche Haus** im Stadtteil Triebes ist wohl das älteste Umgebindehaus der Region.

> **! Baedeker TIPP**
>
> **Alles Bio**
>
> Thüringens erstes Bio-Hotel liegt wunderschön oberhalb der Talsperre von Zeulenroda. Schickes Design, toll ausgestattete Zimmer und Suiten, eine Saunalandschaft mit Fitnessbereich und vielerlei Sport- und Freizeitmöglichkeiten machen den Aufenthalt zum Erlebnis. Von der Panorama-Restaurant-Etage hat man einen herrlichen Ausblick. Und die Küche ist voll auf Bio eingeschworen. Infos: Bio-Seehotel Zeulenroda, Tel. (03 66 28) 98-0, www.seehotel-zeulenroda.de

Folgt man der Saale von Schloss Burgk weiter abwärts, so erreicht man den Hohenwarte-Stausee. In der Nähe liegt 60 m über der Saale die Wisentatalsperre. Die Felswän-

✱ Hohenwarte-Stausee de stürzen steil in die Tiefe, während sich die von Booten belebten Wasserflächen weit ausdehnen. Es gibt idyllische Winkel und fjordähnliche Ausbuchtungen.

✱ Saalfeld Weiter flussabwärts liegt die Stadt Saalfeld am Nordostrand des Thüringer Schiefergebirges. Baudenkmäler verschiedener Epochen prägen das Bild der **Altstadt**. So präsentiert sich der **Markt** als außergewöhnlich geschlossenes Ensemble historischer Bauten mit der Hofapotheke von 1180 und dem 1537 fertiggestellten stattlichen **Rathaus**, das als frühes Beispiel thüringisch-sächsischer Renaissancebaukunst bekannt ist. Die **Stadtkirche St. Johannis**, eine der schönsten Hallenkirchen Thüringens, beherbergt u. a. die lebensgroße Figur »Johannes der Täufer« von Hans Gottwald und den Mittelschrein eines Flügelaltars von 1480. Den Außenbau schmücken gotische Sandsteinfiguren. Wenige Schritte von der alten Stadtbefestigung entfernt steht am Münzplatz ein ehemaliges Franziskanerkloster, in dem heute das **Thüringer Heimatmuseum** untergebracht ist. Dieses dokumen-

Blick in die Feengrotte bei Saalfeld mit ihren zauberhaften Tropfsteinbildungen

tiert die mittelalterliche Stadtgeschichte und zeigt Exponate der spätmittelalterlichen Saalfelder Bildschnitzkunst.

Auf dem Schlossberg im Norden der Stadt steht das frühere **Schloss der Herzöge von Sachsen-Saalfeld**. Am 10. Oktober 1806 wurde nach der Schlacht bei Saalfeld der Leichnam des Prinzen Louis Ferdinand von Preußen in der Schlosskapelle aufgebahrt. Das Wahrzeichen der Stadt, der **Hohe Schwarm** nahe der Saale mit seinen schlanken Türmen, ist das Relikt eines viertürmigen Kastells der Grafen von Schwarzburg.

Hauptattraktion von Saalfeld sind diese etwa einen Kilometer südwestlich der Stadt gelegenen **Tropfsteinhöhlen**. Die höchst faszinierende unterirdische Welt mit bunt schillernden Mineralien ist in alten Stollen eines ehemaligen Alaunschieferbergwerks entstanden, das bereits seit dem Mittelalter ausgebeutet wurde.

◄ Feengrotten

In dem kleinen Städtchen Ranis, 16 km östlich von Saalfeld, erhebt sich auf einer Anhöhe **Burg Ranis**. Im Burgmuseum werden Natur und Geschichte der Region sowie die Geschichte der Burg und ihrer Besitzer vorgestellt; höchst interessant ist das dazugehörige **seismologische Kabinett**, in dem man u. a. anhand von Originalseismografen vieles über Erdbeben und deren Erforschung erfährt.

Ranis

Am Eingang zum romantischen Schwarzatales liegt dieser von Bergen und Wäldern umrahmte Erholungsort. Am historischen **Markt** steht das bereits im 15. Jh. erbaute **Rathaus**. Im **Haus über dem Keller** in der Johannisgasse wird an den im nahen Oberweißbach geborenen Pädagogen **Friedrich Fröbel** (1782–1852) erinnert, der 1840 den ersten deutschen Kindergarten gegründet hat. Einen Besuch verdient auch die 1744 erbaute **Stadtkirche**.

Bad Blankenburg

✱

Burg
Greifenstein ▶

Über die Stadt wacht die im 12. Jh. erbaute Burg Greifenstein. Sie ist eine der **größten Burganlagen Deutschlands** und war einstmals Residenz der Grafen von Schwarzburg. Im 16. Jh. wurde sie aufgegeben, aber im Zuge der Burgenromantik des 19. Jh.s wieder aufgebaut.

✱

Schwarzburg

Im landschaftlich besonders schönen mittleren Schwarzatal liegt der Ort Schwarzburg, einst Sitz des thüringischen Geschlechts der Grafen von Schwarzburg. Deren Schloss erhebt sich auf einem zum Fluss steil abfallenden Bergvorsprung.

✱

Rudolstadt

Quasi als nördliches Tor zum Naturpark Thüringisches Schiefergebirge/Oberes Saaletal versteht sich die ehemalige Residenzstadt Rudolstadt (25 000 Einw.), wo alljährlich im Juli das **größte Folk- und Weltmusik-Festival Deutschlands** veranstaltet wird. Der 776 erstmals erwähnte Ort erhielt 1326 Stadtrecht. Die Fürsten von Schwarzburg-Rudolstadt zogen im 18. und 19. Jh. mit ihrem Ehrgeiz, ihre Residenz in ein **»Klein Weimar«** zu verwandeln, Gelehrte, Dichter und Komponisten an ihren Hof, darunter auch Goethe, Schiller und Wagner. Schiller leitete mehrere Jahre das hiesige Theater.

Über der Stadt thront das ab 1735 erbaute **Schloss Heidecksburg**, dessen Festräume und Gemächer als **Thüringer Landesmuseum** zugänglich sind. Neben einer Gemäldegalerie und einer bemerkenswerten Porzellansammlung kann man hier auch ein Naturalienkabinett sowie die Waffensammlung der einstigen Schlossherren besichtigen.

Altstadt ▶

In der hübsch herausgeputzten Altstadt steht das 1735 erbaute **Stadt-**

Überwiegend junges Publikum beim Folk- und Weltmusik-Festival in Rudolstadt

schloss **Ludwigsburg**, eine barocke Dreiflügelanlage mit prächtigem Rokokosaal, in dem heute der Rechnungshof des Freistaates Thüringens untergebracht ist. Das **Alte Rathaus** ist ein barockisierter gotischer Bau. Das **Neue Rathaus** wurde im 17. Jh. am Markt erbaut und später umgestaltet. Im **Schillerhaus** (Schillerstr. 25) begegnete der große Dichter am 6. Dezember 1787 erstmals seiner späteren Frau Charlotte von Lengefeld und traf am 7. September 1788 erstmals mit Goethe zusammen.

Das **Freilichtmuseum »Thüringer Bauernhäuser«** im Heinrich-Heine-Park zeigt in Gebäuden, die aus der Umgebung von Rudolstadt stammen, die bäuerliche Arbeits- und Wohnkultur des 17. bis 20. Jahrhunderts. ◄ Freilichtmuseum

In der noblen Villa des Unternehmers **Friedrich Adolf Richter** (1847–1910) wird an den Siegeszug der im Jahre 1882 als Kinderspielzeug entwickelten **Anker-Steinbaukästen** erinnert. ◄ Villa Richter

✶ ✶ Potsdam

M 6

Bundesland: Brandenburg   **Höhe:** 35 m ü. d. M.
Einwohnerzahl: 150 000

Immer noch schwingt im Namen Potsdam ein »preußischer Unterton« mit. Kein Wunder, denn die Stadt am Ufer der Havel, die sich hier zu Kanälen und Seen ausweitet, war Sommerresidenz der preußischen Könige und deutschen Kaiser und ist insbesondere mit Friedrich dem Großen verbunden. Seinem Kranz von Schlössern und Gärten verdankt das »Versailles des Nordens« die Aufnahme in die UNESCO-Liste des Weltkulturerbes im Jahre 1990.

993	Potsdam wird als Poztupimi erstmals erwähnt.
um 1317	Potsdam wird Stadt.
1660	Kurfürst Friedrich Wilhelm wählt Potsdam zu seiner zweiten Residenz.
ab 1713	Potsdam wird Verwaltungs- und Garnisonsstadt.
ab 1740	Glanzzeit unter Friedrich II. dem Großen
1838	Die erste preußische Eisenbahn von Berlin nach Potsdam wird eröffnet.
2. 8. 1945	Alliierte beschließen Potsdamer Abkommen im Schloss Cecilienhof.
1990	Potsdam wird Hauptstadt des Bundeslands Brandenburg.
2001	Bundesgartenschau in Potsdam
2006	Das neue Hans-Otto-Theater wird eröffnet.

Potsdam *Orientierung*

Krongut Bornstedt
Belvedere　Drachenhaus
Orangerie　Landeshaupt-archiv
Botanischer Garten
Historische Mühle
Maulbeerallee
Bornstedter Straße
Z. Hist. Mühle
Bilder-galerie
Neue Kammern
Park
Maulbeerallee
Schloss Sanssouci
Sizilian. Garten
Glocken-fontäne
Neptun-grotte
Antiken-tempel
Neues Palais
Hauptallee
Gr. Fontäne
Kl. Fontäne
Communs
Rehgarten
Lustgarten
PH
PH
Am Neuen Palais
Freundschafts-tempel
Chinesisches Teehaus
Frieden-kirche
Schloss-theater
Ökonomieweg
Ökonomieweg
Am Grünen Gitter
Lindenallee
Sanssouci
Park
BRANDENBURGER
Hans-Otto Theater
Wildpark
Lenne straße
Römische Bäder
Feuerbachstraße
Charlottenhof
Schloss Charlottenhof
Meistersinger-str.
Erlöser-kirche
Zeppelinstraße
Bahnhof Park Sanssouci
Hippodrom
H. Sachs-Str.
Schafgraben
VORSTADT
Am Wildpark
Fasanerie
Geschwister-Scholl-Straße
Bahnhof Charlottenhof
Forststr.
Werderscher Weg
Zeppelinstr.
Schiller-platz
500 m
© Baedeker
Caputh, Werder, Brandenburg
Kunstspeicher

---- Schiffsverkehr

Übernachten
① Relexa Schlosshotel Cecilienhof
② Am Luisenplatz
③ Am Jägertor
④ Mark Brandenburg

Geschichte　Fernab von Handelswegen entwickelte sich das Landstädtchen erst, als Kurfürst Friedrich Wilhelm (1640 – 1688) es zu seiner **zweiten Residenz** neben Berlin wählte und das Stadtschloss (1664 – 1670, Memhardt) erbauen ließ. Friedrich II. der Große (1740 – 1786) setzte die rege Bautätigkeit fort: Man erweiterte das Stadtschloss und begann mit dem Bau von Schloss Sanssouci und Neuem Palais. Neue Quartiere mit barocken Bürgerhäusern wuchsen heran. Alsbald lockte Potsdam Schriftsteller, Philosophen und Musiker an.

Im April 1945 zerstörten britische Bomber die barocke und klassizistische Innenstadt. DDR-Stadtplaner setzten das Zerstörungswerk fort, indem sie die Ruine des Stadtschlosses, die Garnisonskirche sowie zahlreiche alte Bürgerhäuser sprengten, den Kanal in der Innenstadt zuschütteten und breite Magistralen anlegten und die einst bedacht komponierten Sichtachsen verbauten.

Seit der **Wiedervereinigung** hat Potsdam wohl auch wegen seiner Nähe zur deutschen Hauptstadt einen bedeutenden Aufschwung erlebt, was das wissenschaftliche, kulturelle, wirtschaftliche und politische Leben betrifft.

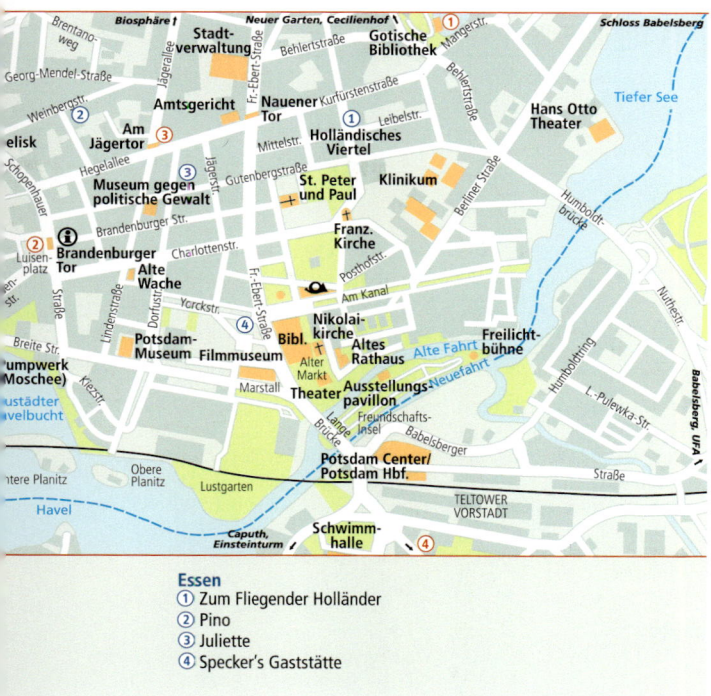

Essen
① Zum Fliegender Holländer
② Pino
③ Juliette
④ Specker's Gaststätte

✳ ✳ Park und Schloss Sanssouci

Der riesige Park Sanssouci, der sich über ein Areal von nicht weniger als 290 Hektar ausbreitet, ist ein Ensemble von Schlössern und Gartenanlagen, die im 18. Jh. unter Friedrich II. dem Großen begonnen und im 19. Jh. durch Friedrich Wilhelm IV. (1840 – 1861) erweitert wurden.

Ensemble von Schlössern und Gärten

Schloss Sanssouci, die **Sommerresidenz Friedrichs des Großen**, bildet mit den Weinbergterrassen den ältesten Teil und damit den Ausgangspunkt der weiteren Parkgestaltungen. Der Park in seiner heutigen Form geht auf den Gartenarchitekten Peter Joseph Lenné (1789–1866) zurück.

Man betritt die weitläufige Parkanlage am östlichen Eingang der Hauptallee (Schopenhauerstraße). Den Obelisk und und das Hauptportal hat der berühmte Hans Georg Wenzeslaus von Knobelsdorff entworfen, der Hauptvertreter des Rokoko in Potsdam (1747). Unweit nördlich liegt die Neptungrotte (1751 bis 1754), ebenfalls von Knobelsdorff.

◄ Eingang

◄ Neptungrotte

▶ POTSDAM ERLEBEN

AUSKUNFT

Tourist-Information
Brandenburger Str. 3
(Am Brandenburger Tor)
14467 Potsdam
Tel. (03 31) 2 75 58-0, Fax 2 75 58-99
www.potsdam.de

SHOPPING

Flaniermeile ist die Brandenburger
Straße; Boutiquen und Souvenirläden
finden sich im Holländischen Viertel.

ÖFFNUNGSZEITEN

Hauptschlösser Sanssouci und Neues
Palais: tgl. außer Fr. 9.00–17.00 (April
bis Okt.) bzw. bis 16.00 Uhr (Nov. bis
März). Übrige Gebäude einschließlich
Bildergalerie: Mitte Mai bis Mitte Okt.
tgl. außer Mo. 10.00–17.00 Uhr.
Sanssouci-Info: Tel. (03 31) 96 94-202

ESSEN

▶ Erschwinglich

③ *Juliette*
Jägerstr. 39
Tel. (03 31) 2 70 17 91
Restaurant im Fachwerkhaus-Stil am
Rande des Holländischen Viertels.
Serviert werden klassische französische
und mediterrane Gerichte.

④ *Specker's Gaststätte*
Am Neuen Markt 10
Tel. (03 31) 2 80 43 11
In dem historischen Gebäude am
Neuen Markt werden internationale
Gerichte und eigene Kreationen ser-
viert. Auch die Weinkarte kann sich
sehen lassen.

② *Pino*
Weinbergstr. 7
Tel. (03 31) 2 70 30 30
Reizende Trattoria mit besonders
schmackhafter italienischer Küche.

▶ Preiswert

① *Zum Fliegenden Holländer*
Benkertstr. 5
Tel. (03 31) 27 50 30
Traditionsgaststätte im Holländischen
Viertel, seit 1869 bekannt für
bodenständige märkische Küche.

ÜBERNACHTEN

▶ Luxus

① *Relexa Schlosshotel Cecilienhof*
Neuer Garten, 14469 Potsdam
Tel. (03 31) 3 70 50, Fax 29 24 98
www.relexa-hotels.de
Seit 1917 befindet sich im Schlossbau
das im englischen Landhausstil eingerichtete, ruhige Hotel. Restaurant,
schöne Parkanlage, Sauna. Gehört
zum Weltkulturerbe der UNESCO.

③ *Am Jägertor*
Hegelallee 11, 14467 Potsdam
Tel. (03 31) 2 01 11 00, Fax 2 01 13 33
www.travelcharme.com
Gediegenes, stilvolles Hotel in pracht-
vollem Stadtpalais (18. Jh.). Schönes
Restaurant, romantische Terrasse.

▶ Komfortabel

② *Am Luisenplatz*
Luisenplatz 5, 14471 Potsdam
Tel. (03 31) 9 71 90-0, Fax 9 71 90-19
www.hotel-luisenplatz.de
Stilvolles und modern ausgestattetes
Haus im historischen Stadtpalais in
der Innenstadt. Dazu gehört auch das
Restaurant »Luisa«.

▶ Günstig

④ *Mark Brandenburg*
Heinrich-Mann-Allee 7,
14478 Potsdam
Tel. (03 31) 8 88 23-0, Fax 8 88 23-44
Kleines gepflegtes, zeitgemäßes Hotel,
funktionelle Zimmer und ein rustikales Kellerrestaurant.

Die 1755–1764 von J. G. Büring erbaute eingeschossige Bildergalerie, das **private Museum Friedrichs II.**, besteht aus einem lang gestreckten, prachtvollen Saal. Hier hängen Bilder, wie im Barock üblich, dicht neben- und übereinander. Vorwiegend handelt es sich um Historiengemälde holländischer und italienischer Meister wie Rubens, van Dyck, Tintoretto und Caravaggio.

★
Bildergalerie

Friedrich II. ließ ab 1744 den ehemaligen »Wüsten Berg« terrassieren und in einen Weinberg umgestalten. Ein Jahr später begann Knobelsdorff nach Skizzen des Königs mit dem Bau des Schlosses. Der lang gestreckte, eingeschossige Rokokobau ist ein **Meisterwerk des friderizianischen Rokoko**. Die Schauseite zum Garten zeigt reichen plastischen Schmuck (von F. C. Glume); auf der Schlossrückseite wird der Ehrenhof im Stil der französischen Klassik durch eine halbrunde Säulenkolonnade eingefasst. Man sieht von hier den Ruinenberg mit dem normannischen Turm (1846). Neben dem Ostflügel befindet sich das Grabmal des Bauherrn sowie das seiner Lieblingshunde. Bereits 1744, mit 32 Jahren, hatte er bestimmt, dass er in Sanssouci begraben werden wolle, doch erst 1991 wurden seine sterblichen Überreste von der Burg Hohenzollern überführt.
Mittelpunkt im Innern des prachtvoll ausgestatteten Schlosses ist der ovale Marmorsaal; im Westflügel liegen die Gästezimmer, darunter

★ ★
Schloss Sanssouci

Friedrich der Große wollte sein Leben »ohne Sorge« in seinem von gepflegten Rebenhängen bekränzten Schloss genießen.

Der Marmorsaal von Schloss Sanssouci

das so genannte Voltaire-Zimmer, im Ostflügel die Aufenthaltsräume des Königs mit Konzertzimmer und der prächtigen Bibliothek. Die seitlichen Flügelbauten – Damenflügel im Westen und Wirtschaftsflügel im Osten – ließ Friedrich Wilhelm IV. 1841/1842 von L. Persius anfügen.

Westlich vom Schloss entstanden 1747–1748 die **Neuen Kammern** (Knobelsdorff). Ursprünglich dienten sie als Orangerie, wurden aber 1771–1774 von G. C. Unger zum Gästewohnhaus Friedrichs II. umgestaltet. Oberhalb der Neuen Kammern drehen sich die Flügel der **Historischen Mühle** (Nachbau der 1790 erbauten Mühle).

✱
Orangerie

Die Orangerie ist nach Entwürfen von L. Persius von den Schinkel-Schülern Stüler und Hesse im **Stil italienischer Renaissancepaläste** ausgeführt (1851–1862; heute Archiv). Vor dem Eingang steht die Statue des Bauherrn Friedrich Wilhelm IV.; das Reiterstandbild im Parterre stellt Friedrich II. dar. Innen sind Kopien von Raffael-Gemälden zu sehen. Vom Turm bietet sich ein schöner Ausblick.

Drachenhaus

Von der oberen Terrasse der Orangerie gelangt man über die Lindenallee zum Drachenhaus, das 1770 von Gontard im chinesischen Stil als **Wohnhaus des königlichen Winzers** erbaut wurde. Schließlich erreicht man das Belvedere auf dem Klausberg, einen zweigeschossigen Pavillon oberhalb der Obstterrassen (1770–1772, Unger), der rekonstruiert wurde, nachdem er 1945 abgebrannt war.

✱
Krongut
Bornstedt

Nordwestlich vom Schloss Sanssouci, am Bornstedter See, erstrahlt der **einstige Landsitz der preußischen Krone** mit »italienischem Dörfchen«, Hof-Brauhaus, Hofbäckerei und Gutshaus in neuem Glanz. In der Brandenburg-Manufaktur kann man Zinngießern, Kerzenmachern, Putz- und Hutmachern bei der Arbeit zusehen.

Nach dem Ende des Siebenjährigen Krieges ließ Friedrich II. **als Zeichen für die ungebrochene Macht Preußens** seinen letzten und gewaltigsten Schlossbau ausführen: das dreigeschossige Neue Palais (1763–1769, Büring und Gontard). 428 Sandsteinfiguren schmücken die 240 m lange Anlage mit rund 200 Repräsentations- und Wohnräumen und einem Theater, ca. 60 Räume sind zu besichtigen. Die Einrichtungsgegenstände, Mobiliar und Porzellan einheimischer Handwerker und Künstler sowie Gemälde, stammen zum großen Teil aus dem 1960/1961 abgerissenen Potsdamer Stadtschloss. Die beiden mit Kuppelaufsatz, Kolonnaden und großen Treppenanlagen versehenen Gebäude hinter dem Neuen Palais (1766–1769; Gontard), die Commus, dienten als **Wirtschaftsgebäude** und Unterkunft für die Dienerschaft (heute Universität).

★★
Neues Palais

★
◄ Communs

Im ebenfalls von Lenné angelegten südlichen Teil des Parks von Sanssouci, steht das spätklassizistische Schloss Charlottenhof (1826 bis 1829, nach K.F. Schinkel). Hier wohnten Kronprinz Friedrich Wilhelm IV. und seine Frau Elisabeth. Sehenswert sind die Räume Alexander von Humboldts sowie einige romantische Gemälde von Caspar David Friedrich, Carl Gustav Carus und Carl Blechen.

★
Schloss Charlottenhof

Gleich am Maschinenteich liegen die Römischen Bäder (1829–1835; Schinkel und Persius), acht Gebäude im Stil italienischer Landhäuser.

Römische Bäder

Das Chinesische Teehaus (1754–1757, J. G. Büring) ist ein Musterbeispiel für die **Chinamode** des 18. Jh.s; hier ist eine Sammlung chinesischen, japanischen und Meissener Porzellans zu sehen.

★
Chinesisches Teehaus

Defa-Garderobe im Filmmuseum im Marstall (s. S. 386)

✳
Friedenskirche

Diese **spätklassizistische Säulenbasilika** (1845–1854, Persius) ist der letzte große Bau im Park von Sanssouci. Eindrucksvoll ist das aus Italien beschaffte Apsismosaik (frühes 12. Jh.). Unter dem Altar befindet sich die Gruft mit den Sarkophagen von Friedrich Wilhelm IV. und seiner Frau Elisabeth; Kaiser Friedrich III., seine Frau Viktoria und König Friedrich Wilhelm I. sind im Mausoleum beigesetzt.

Weitere Sehenswürdigkeiten in Potsdam

Brandenburger Tor

Südöstlich der Friedenskirche steht das renovierte 1770 erbaute monumentale Tor am Luisenplatz.

✳
Marstall, Filmmuseum

Der barocke Marstall ist der einzige Überrest des 1685 von Nehring errichteten und 1746 von Knobelsdorff umgestalteten Stadtschlosses. Es beherbergt das Filmmuseum, das u. a. einen Nachbau des Kinematografen der Gebrüder Lumière von 1885 zeigt.

✳
Pumpwerk (Moschee)

Das an der Havelbucht errichtete Pumpwerk für die Fontänen des Parkes Sanssouci ist ein bemerkenswertes technisches Denkmal in der Form einer Moschee (1841/1842, Persius).

Innere Stadt

Ausgangspunkt eines kleinen **Stadtrundgangs** ist das 1770 im Barockstil errichtete Brandenburger Tor. Über die Brandenburger Straße mit möglichen Abstechern zum Jägertor (1733) und zum Nauener Tor (1755) gelangt man an der Peter-Paul-Kirche (1867–1870) vorbei ins Holländische Viertel mit rund 150 hübschen Backsteingiebelhäusern (um 1740, J. Boumann).

✳
Holländisches Viertel ▶

Alter Markt ▶

Die einstige Schönheit des Alten Markts ist nur noch auf alten Dokumenten zu erkennen. Pappelreihen markieren den Grundriss des Stadtschlosses. Erhalten ist die Nikolaikirche, ein **klassizistischer Zentralbau**, den L. Persius 1830–1837 nach Plänen von K. F. Schinkel ausführte. Das Kulturhaus schräg gegenüber besteht eigentlich aus drei Gebäuden, dem Alten Rathaus, das 1753–1755 nach Vorlagen von J. Boumann im Stil des Klassizismus erbaut wurde und dessen Turm bis zum Jahr 1875 als **Stadtgefängnis** diente, einem modernen Zwischenbau sowie dem Knobelsdorffhaus (1750; schöne Rokokoverzierungen).

✳
Nikolaikirche ▶

✳
Neuer Garten

Am Heiligen See nördlich der Altstadt erstreckt sich dieser 1787 bis 1791 angelegte und 1817 bis 1825 von Lenné erneuerte Park. Das frühklassizistische Marmorpalais aus rotem Ziegelstein und grauem Marmor (1787–1791, Gontard und Langhans) diente Friedrich Wilhelm II. als **Sommersitz**. Wieder aufgebaut ist auch die ursprünglich von Langhans erbaute **Gotische Bibliothek** (1792–1794, Langhans) Friedrich Wilhelms II.

Angesichts dieser wunderschön renovierten Giebel wird deutlich, woher das Holländische Viertel seinen Namen hat. →

★
Schloss
Cecilienhof ▶

Am Rand des Neuen Gartens steht das für den Kronprinzen Wilhelm im Stil eines englischen Landhauses erbaute Schloss (1913–1917; P. Schultze-Naumburg). Hier fand im Juli/August 1945 die **Potsdamer Konferenz** statt; heute ist es ein Hotel.

★
Hans Otto Theater

Im September 2006 wurde südöstlich des Neuen Gartens und direkt am Tiefen See das neue Hans Otto Theater eröffnet. Diesen spektakulären Bau mit seinem muschelartigen Dach hat der Kölner Professor Gottfried Böhm entworfen.

★
Russische Kolonie Alexandrowka

Die Russische Kolonie Alexandrowka – sie ist seit 1999 Teil des UNESCO-Weltkulturerbes – mit ihren verzierten Blockhäusern, einer russisch-orthodoxen Kirche auf dem Kapellenberg und einer Muster-Obstkultur ist 1826/1827 auf Wunsch von König Friedrich Wilhelm III. zur Erinnerung an Zar Alexander I. angelegt worden.

Telegrafenberg

Auf dem Telegrafenberg (94 m ü. d. M.) südlich des Bahnhofs Potsdam entstanden nach 1871 mehrere Forschungsanlagen, darunter der 1920/1921 nach Plänen von E. Mendelsohn erbaute, 16 m hohe **Einsteinturm**, eines der bedeutendsten Bauwerke des Expressionismus, heute ein **Observatorium**.

Babelsberg

★
Park und Schloss
▶

★
Filmpark
Babelsberg ▶

Zwischen Potsdam und Berlin liegt Babelsberg, der **größte Stadtteil Potsdams**. Im Park, der dritten großen Grünanlage der Stadt (1832 von Lenné begonnen, 1843 von Pückler-Muskau ausgebaut), stehen das für Prinz Wilhelm, später Kaiser Wilhelm I., erbaute Schloss (1834–1849, Schinkel), das Kleine Schloss (1841/1842) und der 46 m hohe Flatowturm (1856). Die aus dem 13. Jh. stammende Gerichtslaube wurde 1871/1872 aufgestellt. Babelsberg ist eine der traditionsreichsten Produktionsstätten für Spielfilme. 1912 ließ sich hier die UFA nieder, 1946 wurde dann die DEFA gegründet, die Deutsche Film AG, aus der 1992 die Studio Babelsberg GmbH hervorging. Der Filmpark Babelsberg lädt zu einem actionreichen **Besuch hinter die Kulissen** ein (Besuchereingang: Großbeerenstraße).

Exploratorium ▶

Gleich in der Nähe (Wetzlarer Str. 46) lockt diese »wissenschaftliche Mitmach-Welt« vor allem junge Besucher in ihren Bann.

★
Villenkolonie
Neubabelsberg ▶

Am Ufer des Griebnitzsees ließen sich Ende des 19. Jhs wohlhabend Berliner nieder und ließen sich von namhaften Architekten (u. a. Mies van der Rohe) tolle Villen bauen. In den 1920er- und 1930er-Jahren zog es auch Filmstars wie Marika Rökk und Brigitte Horney hierher. Und im Sommer 1945 residierten hier Harry S. Truman, Winston Churchill und Josef Stalin.

Berliner Vorstadt

Die Berliner Vorstadt ist vor allem bekannt durch die **Glienicker Brücke** (1905), in deren Mitte die Stadtgrenze zwischen Potsdam und Berlin verläuft. Während des Kalten Krieges wurden hier Agenten ausgetauscht. Das klassizistische **Schloss Glienicke** (1826, Schinkel) befindet sich bereits auf Berliner Territorium.

Umgebung von Potsdam

Auf dem Friedhof des nördlichen Stadtteils Bornstedt, einem bereits **Bornstedt** 1375 erwähnten Dorf am gleichnamigen See, sind viele bedeutende Potsdamer und andere Persönlichkeiten begraben, u. a. Ludwig Persius († 1845) und Peter Joseph Lenné († 1866); die Ortskirche geht auf einen Entwurf von Stüler zurück. Das Bornstedter Feld wurde für die Bundesgartenschau 2001 zu einer großen Parkanlage umgestaltet. Heute laden hier ein **Volkspark** sowie die Naturerlebniswelt **Biosphäre Potsdam** zum Besuch ein.

8 km westlich von Potsdam erreicht man das alte Fischerdorf Wer- **Werder** der, dessen Wahrzeichen der markante Turm der 1856 bis 1858 von Stüler erbauten **Kirche Zum Hl. Geist** ist. Werder ist heute Mittelpunkt eines großen **Obstanbaugebietes**. Im Mai kommen viele Besucher zum Baumblütenfest.

6 km südwestlich liegt Caputh am Schwielowsee. Einen Besuch lohnt **Caputh** das **Barockschloss** (1662) mit reichen Stuckdekorationen im Festsaal und einem mit Delfter Kacheln ausgelegten Sommersaal im Kellergeschoss. Das **Landhaus Waldstraße 7** war die letzte Wohnung Albert Einsteins vor seiner Emigration. Die **Dorfkirche** ist 1848–1852 nach Plänen Stülers in Form einer romanischen Pfeilerbasilika mit separatem Glockenturm errichtet worden.

✶ ✶ Quedlinburg

Bundesland: Sachsen-Anhalt **Höhe:** 123 m ü. d. M.
Einwohnerzahl: 22 000

Auch wenn sie vergleichsweise klein ist, gehört die am Nordostrand des ► Harzes gelegene Stadt Quedlinburg zu den bedeutendsten Reisezielen in Deutschland, denn ihre Altstadt ist bestens erhalten. Mit seinem einmalig geschlossenen historischen Stadtbild inklusive Schlossberg und Stiftskirche St. Servatius gehört Quedlinburg seit 1994 zum UNESCO-Weltkulturerbe.

Mit der Wahl des Sachsenherzogs Heinrich zum zweiten deutschen **Geschichte** König im Jahr 919 beginnt die Entwicklung Quitilingaburgs zur **Reichspfalz**. Nach seinem Tod (936) gründete Königin Mathilde hier ein Damenstift zur Ausbildung und Versorgung von Töchtern des Hochadels, das Kaiser Otto I. mit reichem Besitz ausstattete. Um 1000 entstand die Stadt, die 1426 der Hanse beitrat. 1477 kam es zu Auseinandersetzungen zwischen der Bürgerschaft und der herrschenden Äbtissin, was zum Sturz des steinernen Roland auf dem Marktplatz und zum Verlust aller Privilegien führte. 1539 wurde die Refor-

⏵ QUEDLINBURG ERLEBEN

AUSKUNFT

Tourist-Information
Markt 2, 06484 Quedlinburg
Tel. (0 39 46) 90 56 24, Fax 90 56 29
www.quedlinburg.de

EVENT

Kaiserfrühling
Alljährlich zu Pfingsten fällt Quedlinburg ins 10. Jh. zurück. Dann ist Kaiserfrühling. Dabei stellt man den Einzug der Delegierten zum Reichstag, die Kaisertafel und den ottonischen Hof nach.

ESSEN

▶ **Erschwinglich**
① **Zum Bär**
Markt 8
Tel. (0 39 46) 77 70
In der historischen Altstadt liegt das traditionsreiche Gasthaus, in dessen Stube schon Johann Wolfgang von Goethe bewirtet wurde, mit regionaler Kost und Fischgerichten.

▶ **Preiswert**
③ **Schlosskrug am Dom**
Schlossberg 1

Quedlinburg *Orientierung*

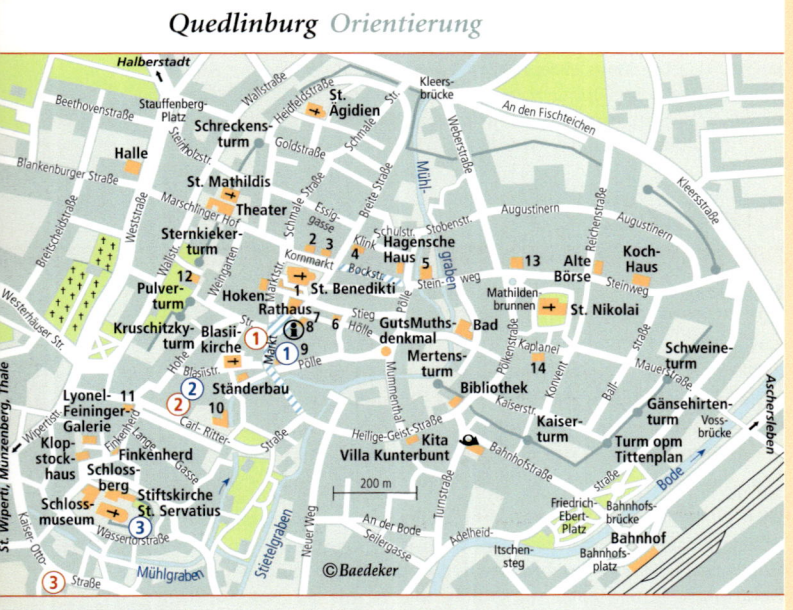

© Baedeker

1 Stadtpfeiferhaus	5 St. Annen	8 Haus Grünhagen	11 Weißer Engel
2 Palais Salfeld	6 Stieg 28	9 Zum Bär	12 Villa Lindenbein
3 Ratswaage	7 Schuhhof	10 Fleischhof	13 Zur Goldenen Sonne
4 Zur Rose			14 Erxlebenhaus

Übernachten
① Romantik Hotel Theophano
② Zum Brauhaus
③ Romantik Hotel Am Brühl

Essen
① Zum Bär
② Zum Lüdde Brauhaus
③ Schlosskrug am Dom

Tel. (0 39 46) 28 38
Gutbürgerliches Gasthaus unmittelbar neben dem Dom, vom romantischen Biergarten aus bietet sich ein herrlicher Panoramablick über ganz Quedlinburg.

② *Zum Lüdde Brauhaus*
Blasiistraße 14
Tel. (0 39 46) 70 52 06
Deftige Hausmannskost und frisch gebrautes Bier serviert man in der urig-rustikalen Brauereigaststätte.

ÜBERNACHTEN
► **Komfortabel**
③ *Romantik Hotel Am Brühl*
Billungstr. 11, 06484 Quedlinburg
Tel. (0 39 46) 9 61 80, Fax 9 61 82 46
www.hotelambruehl.de
Ehemaliger Gutshof südlich des Schlossberges, nahe der historischen Innenstadt; Zimmer im italienischen

Landhausstil, mediterrane Atmosphäre im Restaurant, schöne Gartenterrasse, Sauna im Haus

① *Romantik Hotel Theophano*
Markt 13, 06484 Quedlinburg
Tel. (0 39 46) 9 63 00, Fax 96 30 36
www.hoteltheophano.de
Liebevoll eingerichtete Zimmer in einem prachtvollen Fachwerkhaus (17. Jh.). Die rustikale Stube im Kellergewölbe serviert internationale Gerichte und Harzer Spezialitäten.

► **Günstig**
② *Zum Brauhaus*
Carl-Ritter-Str. 1
06484 Quedlinburg
Tel. (0 39 46) 90 14 81, Fax 90 14 83
www.hotel-brauhaus-luedde.de
Funktionelle Zimmer im Landhausstil in einem liebevoll restaurierten historischen Gebäude

mation eingeführt. 1802 wurde das Stift aufgelöst, das Schloss kam in den Besitz des preußischen Staates. 1869 konnte der Roland als Symbol bürgerlicher Eigenständigkeit wieder aufgestellt werden.
In Quedlinburg erblickten namhafte Persönlichkeiten das Licht der Welt, so **Dorothea Erxleben** (1715 – 1762; ►Berühmte Persönlichkeiten), die erste promovierte Ärztin, **Carl Ritter** (1779 – 1859), der Mitbegründer der wissenschaftlichen Geografie, und vor allem der Dichter **Friedrich Gottlieb Klopstock** (1724 – 1803).

Sehenswertes in Quedlinburg

Auf dem vom Mühlengraben umgebenen Schlossberg steht das im 16. bis 18. Jh., zum Teil auf den Mauern romanischer Vorgängerbauten errichtete, heute Schloss genannte ehemalige Damenstift. In den einstigen Wohn- und Repräsentationsräumen schildert das **Schlossmuseum** mit Ausstellungen die Ur- und Frühgeschichte sowie die Entwicklung des Burgbergs von der Königspfalz bis zum 1802 aufgelösten Damenstift.

Schlossberg

? **WUSSTEN SIE SCHON …?**

■ … dass den ahnungslosen Sachsenherzog Heinrich der Legende nach die Nachricht seiner Wahl zum ersten deutschen König in Quedlinburg erreichte, wo er sich gerade zum Finkenfang aufhielt?

Ein tolles Mittelalter-Spektakel der »Kaiserfrühling« in Quedlinburg

★★
Stiftskirche
St. Servatius ►

Die 1129 geweihte Basilika gehört zu den **bedeutendsten Architekturdenkmälern der Romanik**. In einem Vorgängerbau wurde 936 König Heinrich I. beigesetzt. Der monumentale Sandsteinbau zeigt sowohl im Fassadenschmuck als auch in der Ornamentik seines durch Pfeiler und Säulen gegliederten Innenraumes lombardische Einflüsse. Im Westen des Gotteshauses befindet sich die Kaiserloge, im Osten führt eine Treppe in den Hohen Chor und zu den Schatzkammern. In der Krypta unter dem Chor sind Reste romanischer Wandmalereien zu sehen. Hier sind auch das erste deutsche Königspaar sowie Quedlinburger Äbtissinnen aus dem 11. bis 13. Jh. beigesetzt.

★★
Domschatz ►

Die Schatzkammern bewahren einen der **kostbarsten Kirchenschätze des Mittelalters**. Besonders hervorzuheben sind mehrere Reliquienschreine aus Gold, Edelsteinen und Elfenbein, das Quedlinburger Evangeliar, ein karolingischer Codex aus dem 9. Jh. mit einem um 1225 gefertigten Buchdeckel, das Adelheid-Evangeliar (10. Jh.), ein Kamm Heinrichs I. und der mit verzierten Goldblechen beschlagene Servatiusstab. In der Teppichkammer ist ein um 1200 gestifteter Knüpfteppich ausgestellt. Die wertvollsten Teile des Domschatzes sind erst im Jahre 1993 nach langem juristischen Tauziehen an ihren Ursprungsort zurückgekehrt. Nach der Besetzung der Stadt Quedlinburg durch US-Truppen im April 1945 hatte sie ein Wachsoldat an sich genommen und per Feldpost nach Texas geschickt. Als dessen Erben die unschätzbaren Stücke zu Geld machen wollten, waren sie 1991 in den USA wieder aufgetaucht.

Klopstockhaus

Am Fuß des Schlossbergs steht das Geburtshaus von Friedrich Gottlieb Klopstock (Schlossberg 12), heute eine Erinnerungsstätte für den **bedeutendsten deutschen Odendichter**. In einigen Räumen werden auch die übrigen Quedlinburger Berühmtheiten wie die Ärztin Dorothea Erxleben gewürdigt.

»Herr Heinrich sitzt am Vogelherd recht froh und wohlgemut ...« Dieser Vogel- bzw. Finkenherd, heute eine kleine Häuserzeile nördlich unterhalb des Schlossbergs, soll der Legende nach die Stelle gewesen sein, an der Heinrich 919 die Krone angetragen wurde.

Finkenherd

Im früheren Abteigut des Stiftes (Schlossberg 11) und einem modernen Zweckbau (Finkenherd 5 a) werden Arbeiten des Malers, Grafikers und Bauhaus-Lehrers Lyonel Feininger (1871–1956) gezeigt.

Lyonel-Feininger-Galerie

Südwestlich des Schlossberges steht dieses **romanische Gotteshaus** auf dem Gelände des Königshofs von Heinrich I. Seine berühmte **Umgangskrypta** mit ottonischen Pilzkapitellen und Bogennischen ist bereits um das Jahr 1000 entstanden. Es blieb auch nach dem Umbau der Oberkirche im 12. Jh. unverändert erhalten.

✳

St. Wiperti

In Quedlinburg blieben vollständige Straßenzüge und Plätze mit historischen Fachwerkhäusern erhalten. Bemerkenswerte Straßenzüge sind u. a. die Lange Gasse, die am Marktplatz beginnende Breite Straße, die Hölle (vermutl. von »Helle«= Sauberkeit), Schlossberg und Steinweg.
Das **älteste vollständig erhaltene Fachwerkhaus Deutschlands** ist im frühen 14. Jh. in Ständerbauweise errichtet worden und heute als Museum zugänglich. In ihm kann man die Entwicklung des Fachwerkbaus nachvollziehen (Wordgasse 3).

Innere Stadt

✳

◄ Ständerbau

Der von Häusern aus dem 17. und 18. Jh. umrahmte Marktplatz wird vom 1310 erstmals erwähnten **Rathaus** beherrscht, das 1616 – 1619 im Stil der Renaissance (u. a. Portal mit Stadtwappen) und dann noch einmal 1899 – 1901 (Festsaal) umgebaut wurde. Vor dem Rathaus steht der 1477 gestürzte und 1869 wieder aufgestellte Roland. Am Markt gefallen weiterhin das Haus Grünhagen (Markt 2; 18. Jh.), das Innungshaus der Gewandschneider (Markt 5; 1545) und das Innungshaus der Lohgerber (Markt 13; 17. Jh.).

✳

Marktplatz

In der **spätgotischen Marktkirche** beeindrucken zwei spätgotische Schnitzaltäre, die Kanzel (1595) und der Hochaltar (1700).

St. Benedikti

Der Marktkirchhof zwischen Kornmarkt und Rathaus ist von **Fachwerkhäusern aus dem 15. bis zum 18. Jh.** umgeben. Das stark vorspringende, grau-blau verputzte Gebäude stammt aus dem 15. Jh., das anschließende Stadtpfeiferhaus wurde 1688 errichtet. Zuletzt folgen ein Haus aus dem 17. Jh. mit Diamantschnitt sowie ein für das 18. Jh. typisches Fachwerkhaus.

Marktkirchhof

Auch hier stehen bemerkenswerte Bauten, so das repräsentative **Palais Salfeld** (Kornmarkt 5; 1737; heute Sitz des Vereins UNESCO-Welterbestätten in Deutschland e. V.), die **Ratswaage** (Kornmarkt 7; 1690) und die **Ratsapotheke** (Kornmarkt 8; 17. Jh.).

Kornmarkt

St. Nikolai Die **gotische Hallenkirche** in der um 1200 entstandenen Neustadt südlich des Steinwegs erkennt man schon von Weitem an ihren beiden schlanken, 72 m hohen Türmen. Die Reste ihres romanischen Vorgängerbaus sind im Ostteil erhalten. Sehenswert sind ihr Säulenportal im Westen und als ältestes Stück ihrer Ausstattung eine Sandsteintaufe aus dem 13. Jahrhundert.

Die heute noch zu großen Teilen erhaltene und teilweise mit Wehrgängen versehene **Stadtmauer** entstand ab 1310. Die Stadttore wurden zwar im 19. Jh. geschleift, erhalten blieben jedoch zahlreiche Wachtürme und Bastionen, u. a. der 40 m hohe **Schreckensturm**, der **Schweinehirten-** und **Gänsehirtenturm**. Vor der Stadt standen außerdem zwölf **Feldwarten**, von denen noch sieben vollständig oder teilweise erhalten sind.

★ Rheinsberg

L 4

Bundesland: Brandenburg
Einwohnerzahl: 10 000

Höhe: 55 m ü. d. M.

Rheinsberg ist bekannt für sein Schloss, das 1736 – 1740 Lieblingsaufenthalt des Kronprinzen Friedrich war. Tucholskys widmete dem Ort seine Erzählung »Rheinsberg – ein Bilderbuch für Verliebte«.

Sehenswertes in Rheinsberg

★
Schloss Rheinsberg

Ein 1566 erbautes Wasserschloss kam 1734 in den Besitz von Friedrich Wilhelm I., der es 1736 dem Kronprinzen Friedrich, dem späteren Friedrich II. (Friedrich der Große), schenkte. Dieser verbrachte vier Jahre, »die glücklichsten seines Lebens«, auf Schloss Rheinsberg und ließ es 1740 nach Plänen von J. G. Kemmeter und G. W. von Knobelsdorff ausbauen und erweitern. 1744 schenkte er es seinem Bruder Heinrich, der es 1753 bezog und dort bis zu seinem Tod (1802) lebte. Bei einem Rundgang kommt man in den Spiegelsaal (herrliche Deckengemälde), den Rittersaal und den Marmor- oder Muschelsaal (vergoldeter Stuck an Decken und Wänden). Das Turmkabinett war das Studierzimmer des Kronprinzen Friedrich.

Die Ausstellung im Erdgeschoss erinnert an **Kurt Tucholsky** (1890 bis 1935), der 1912 in Rheinsberg ein

! Baedeker TIPP

Junge Talente auf Friedrichs Spuren

Der junge, musisch begabte Friedrich, der selbst sehr gut Querflöte spielte, machte Rheinsberg zu einem künstlerischen Treffpunkt. In dieser Tradition sieht sich die Kammeroper Schloss Rheinsberg, die ein Internationales Festival zur Förderung junger Sängerinnen und Sänger etabliert hat. Man kann sie bei zahlreichen sommerlichen Veranstaltungen im herrlichen Schlosspark hören. Infos: Tel. (03 39 31) 725-0

nettes Wochenende erlebte und den Ort in der Erzählung »Rheinsberg – ein Bilderbuch für Verliebte« literarisch verewigte.

Ende des 18. Jh.s wurde ein ursprünglich in spätbarocken Formen angelegter Park erweitert und in einen **englischen Landschaftspark** umgewandelt, der durch die ausgewogene Harmonie zwischen Bau- und Gartenkunst beeindruckt. Den Obelisken auf der Terrasse gegenüber vom Schloss ließ Prinz Heinrich im Juli 1791 für die Gefallenen des Siebenjährigen Kriegs enthüllen. Der Prinz selbst ist in einer Backsteinpyramide an der Hauptallee begraben.

◄ Schlosspark

Die märkische Kleinstadt liegt rund 75 km nordwestlich von Berlin in einer wald- und seenreichen Landschaft. Nach einem Brand im Jahr 1740 wurde sie nach Plänen von Knobelsdorff mit einem regelmäßigen Straßennetz neu aufgebaut. Aus dieser Zeit sind noch Straßenzüge mit Häusern der **friderizianischen Bauordnung** erhalten. Die Pfarrkirche (14. Jh.) ist ein frühgotischer Bau aus Feldsteinen und bewahrt u. a. Epitaphien der Schlossherren von Bredow. Auf dem Triangelplatz steht eine Postmeilensäule mit modernen Mosaiken. Reste der Stadtmauer sind am Ende der Mühlenstraße erhalten.

Stadt Rheinsberg

Schloss Rheinsberg ist heute ein bevorzugtes Reiseziel für Musikfreunde.

► RHEINSBERG ERLEBEN

AUSKUNFT

Tourist-Information
Kavalierhaus, 16831 Rheinsberg
Tel. (03 39 31) 20 59, Fax 3 47 04
www.rheinsberg.de

ESSEN

► **Erschwinglich/preiswert**
Zum Jungen Fritz
Schlossstr. 8
Tel. (03 39 31) 40 90
Gediegenes Lokal, mit altdeutschen
Speisen, Fisch- u. Wildgerichten.

Zum alten Brauhaus
Rhinhöher Weg 1
Tel. (03 39 31) 7 20 88
Zu leckeren Speisen gibt es eigenes
»Rheinsberger Kronprinzenpils«.

ÜBERNACHTEN

► **Komfortabel**
Der Seehof
Seestr. 18, 16831 Rheinsberg
Tel. (03 39 31) 40 30, Fax 4 03 99
www.seehof-rheinsberg.de
Moderner Komfort im historischen
Ambiente des ehemaligen Ackerbür-
gerhauses (1750). Empfehlenswertes
Restaurant.

Schlosshotel Deutsches Haus
Seestr. 13, 16831 Rheinsberg
Tel. (03 39 31) 3 90 59, Fax 3 90 63
www.schlosshotel-rheinsberg.de
Angenehmes Hotel in Seenähe mit
bequemen, gut ausgestatteten Zimmern, schönem Bistro und gediegenem Restaurant.

Umgebung von Rheinsberg

Zechlinerhütte In Zechlinerhütte 7 km nördlich gibt es eine Erinnerungsstätte für
den Meteorologen und Geowissenschaftler **Alfred Wegener** (1880 bis
1930). Der Pionier der Polarforschung und Begründer der Theorie
von der Verschiebung der Kontinente ist auf dem Rückweg von einer
Grönland-Expedition ums Leben gekommen.
In der Zechliner **Weißen Hütte**, die von 1736 bis 1890 bestand, wurden einstmals prächtige Pokale und Gläser hergestellt.

Neuruppin Die brandenburgische Kreisstadt, Geburtsort von **Theodor Fontane**
(1819–1898) und **Karl Friedrich Schinkel** (1781–1841), liegt am Ruppiner See südlich von Rheinsberg und ist dank ihrer abwechslungsreichen Umgebung ein beliebtes Ausflugsziel.
Ältestes Gebäude und Wahrzeichen der Stadt ist die frühgotische
Klosterkirche am See. Sie gehörte zu dem 1246 gegründeten Dominikanerkloster, das im 19. Jh. nach Schinkels Plänen restauriert wurde. Neben der Kirche steht eine gut 650 Jahre alte Linde.
Nach einem Stadtbrand im Jahr 1787 wurde die Innenstadt im Stil
des Frühklassizismus wieder aufgebaut. In einem klassizistischen
Prachtbau ist das **Museum der Stadt Neuruppin** eingerichtet, das eine umfangreiche Sammlung von »**Neuruppiner Bilderbogen**« aufbewahrt. Mit kolorierten Drucken, die Religiöses, Erbauliches und auch

Humoristisches beinhalten, ist die Stadt im 19. Jh. bekannt geworden. Natürlich wird im Museum auch an den Baumeister Karl Friedrich Schinkel und an den Dichter Theodor Fontane erinnert.

Der **Tempelgarten** am westlichen Stadtrand erhielt sein jetziges Aussehen im 19. Jh.; der **Rundtempel**, das Erstlingswerk von Georg Wenzeslaus von Knobelsdorff, ist 1735 als offener Säulentempel im Auftrag des Kronprinzen Friedrich erbaut worden.

Buchen-Kiefern-Mischwälder, tief eingegrabene Wasserläufe, verschwiegene kleine Seen, Quellmoore und lichte Wiesen machen den besonderen Reiz der hügeligen Ruppiner Schweiz aus, die sich um die Kreisstadt zieht. Sie ist das Ergebnis der letzten Eiszeit, als hier Endmoränenzüge, Talsande und Rinnenseen (Zermützelsee, Teetzensee, Molchowsee, Kalksee, Tornowsee) entstanden. Die Idylle der Ruppiner Schweiz kann man bei einer Fahrt mit dem Ausflugsdampfer »Gustav Kühn« genießen. Das Schiff fährt täglich von Neuruppin über Alt Ruppin, Molchow, Stendenitz und Rotstielfließ nach Boltenmühle und zurück. Die **Boltenmühle**, die Friedrich Wilhelm I. 1718 am Tornowsee 15 km nördlich von Neuruppin errichten ließ, ist ein besonders hübsches Plätzchen. Seit den 1930er-Jahren gibt es hier eine beliebte Ausflugsgaststätte.

★
Ruppiner Schweiz

◀ Fahrgastschifffahrt Neuruppin

30 km westlich von Neuruppin liegt die Kreisstadt Kyritz an der Jäglitz. Eingebürgert hat sich die Bezeichnung **»Kyritz an der Knatter«**, obwohl eine Knatter nie existierte. Doch als noch Postkutschen von Berlin nach Hamburg hier vorbeifuhren, wurden die beiden Kyritzer Mühlen von den Reisenden spöttisch als »Knattermühlen« bezeichnet. Der Ort wurde 1417 als Hansestadt erwähnt: »Exportschlager« waren seinerzeit Tuche und Kyritzer Bier mit dem vielsagenden Namen »Mord und Totschlag«. Besonders schön sind einige **Fachwerkhäuser mit Balkeninschriften und Schnitzwerk** aus dem 17. Jh., so in der Johann-Sebastian-Bach-Straße 36 und Ecke Bahnhofstraße 44. Von der mittelalterlichen Stadtmauer existieren Reste im Osten der Stadt; in der Straße An der Mauer steht noch ein halbrundes Wiekhaus. In der Pfarrkirche **St. Marien** sind ein Taufstein (16. Jh.) und die Kanzel (1714) sehenswert.

Kyritz

! *Baedeker* TIPP

Alles Lüge
Menschen mit Sinn für Skurriles besuchen das Lügenmuseum in Schloss Gantikow, begründet von der Urenkelin des Barons von Münchhausen. Hier lernt man Prof. Gigantikows »Psychodelika Maschinka« ebenso kennen wie das »Labor für Tourismusmagnetismus« und das »Vittoriale der Ostdeutschen« (Öffnungszeiten: tgl. 11.00 – 17.00 Uhr; www.luegenmuseum.de).

Die über 20 km lange Seenkette östlich der Stadt ist nur für Wasserwanderer, Ruderer, Segler und Angler zugelassen. Die Insel im Untersee wird als beliebtes Ausflugsziel geschätzt.

Kyritzer Seenkette

Neustadt (Dosse)

In der Kleinstadt am Flüsschen Dosse ist die 1673 – 1696 erbaute barocke **Kreuzkirche** sehenswert. Hauptattraktion des Ortes ist das **Brandenburgische Landesgestüt**. Seine Hengstparaden im September locken viele Tausend Schaulustige an.

In der Gruftkapelle der gotischen Kirche im nahen **Kampehl** ruht der mumifizierte Leichnam des **Ritters von Kahlbutz** († 1703), um den sich Legenden ranken: Er soll nach einer blutigen Freveltat einen falschen Eid geschworen haben und nun keine Ruhe finden.

Wittstock

In der alten Bischofsstadt am Nordwestrand der von Kiefernforsten geprägten **Kyritz-Ruppiner Heide** umschließen Wallanlagen und eine **Stadtmauer** mit Wiekhäusern, Gröpertor und den **Resten einer Bischofsburg** den alten Stadtkern mit **Marktplatz, Rathaus** und **St. Marienkirche** (13. Jh.; prächtiger Backsteingiebel). Im Turm der Bischofsburg ist ein **Museum des Dreißigjährigen Krieges** eingerichtet.

Heiligengrabe ▶

Unweit westlich von Wittstock liegt das Klosterstift zum Heiligengrabe mit Blutkapelle, Klosterkirche und Damenstift.

Bombodrom ▶

Im Dreieck Wittstock – Rheinsberg – Neuruppin erstreckt sich das einst von der Roten Armee als Bombenabwurfplatz genutzte riesige Übungsgelände, dessen künftige Verwendung heftig umstritten ist.

✶ Rostock

K 2

Bundesland: Mecklenburg-Vorpommern **Höhe :** 13 m ü. d. M.
Einwohnerzahl: 200 000

Rostock ist die bedeutendste Hafenstadt an der deutschen Ostseeküste. Riesige Frachtschiffe laufen in den Überseehafen ein. Diesseits der gigantischen Dock- und Werftanlagen weht Großstadtluft: Fußgängerzonen und Einkaufspassagen im Zentrum, vielerlei Lokalitäten und ein abwechslungsreiches kulturelles Angebot lohnen den Besuch der alten Hansestadt. Und nur wenige Kilometer entfernt lockt Badevergnügen am Strand von Warnemünde.

Geschichte

Am Ort einer slawischen Handelsniederlassung entstand um 1200 eine **Ansiedlung deutscher Kaufleute**. Mit der Bestätigung des lübischen Stadtrechts im Jahr 1218 begann die Entwicklung der Handelsstadt. Zwischen 1270 und 1300 wurde eine Stadtbefestigung angelegt. Als Mitglied der Hanse erlebte Rostock im 14. und 15. Jh. eine wirtschaftliche Blütezeit und unterhielt weit reichende Handelsbeziehungen. Die 1419 gegründete Universität, die erste Nordeuropas, machte die Stadt auch zu einem Zentrum des geistigen Lebens an der Ostsee. Auf eine Phase des ökonomischen Niedergangs, die durch den Dreißigjährigen Krieg und die Auflösung der Hanse 1669 herbeigeführt wurde, folgte ein erneuter Aufschwung durch die aufkommende **Se-**

Zur Rostocker »Hanse Sail« treffen sich Windjammer aus aller Herren Länder.

gelschifffahrt in der zweiten Hälfte des 18. Jh.s. Im Zweiten Weltkrieg wurde Rostock durch Luftangriffe schwer getroffen. Zwischen
1957 und 1960 wurde der Überseehafen gebaut. Durch die Internationale Gartenbauausstellung 2003 hat Rostock ein paar Farbtupfer
hinzubekommen.

Sehenswertes in Rostock

Das **Zentrum der wieder aufgebauten Altstadt** ist der weitläufige
Neue Markt mit seinen Bürgerhäusern und der Marienkirche. Aus
dem Zusammenschluss von drei mittelalterlichen Giebelhäusern entstand im 13. Jh. das Rathaus an der Ostseite mit seinem anstelle der
früheren »Ratslaube« 1727 – 1729 errichteten barocken Vorbau. In
den schmalen Straßen hinter dem Rathaus stehen noch zwei schöne
gotische Giebelhäuser, u. a. das Kerkhoffhaus mit Fassadenschmuck
aus glasierten Ziegelsteinen.

★ **Neuer Markt**

◄ Rathaus

Der **mächtige Backsteinbau** der Marienkirche (1260 bis ca. 1450)
stößt mit dem Chor an den Marktplatz. Das Spitzenstück ihrer Ausstattung ist der knapp 3 m hohe Bronzetaufkessel (1290), einer der
bedeutendsten im norddeutschen Küstengebiet. Sehenswert sind
auch die astronomische Uhr (1472; mit Kalendarium bis 2017), der
sog. Rochusaltar (1530), die Kanzel (1574) und die Barockorgel.

★ ◄ Marienkirche

Am Ziegenmarkt an der Südseite der Marienkirche stehen zwei spätgotische Giebelhäuser, früher Sitz der Rostocker Münze. Die südlich
vom Neuen Markt wegführende Steinstraße endet vor dem 1577 erbauten Steintor.

Rostocker Münze

▶ ROSTOCK ERLEBEN

AUSKUNFT

Tourist-Information Rostock
Neuer Markt 3, 18055 Rostock
Tel. (03 81) 3 81 22 22, Fax 3 81 26 02
www.rostock.de

Tourist-Information Warnemünde
Am Strom 59/Ecke Kirchenstraße
18119 Rostock-Warnemünde
Tel. (03 81) 5 48 00-0, Fax 5 48 00-30
www.warnemuende.de

EVENT

Hanse Sail
Im August lockt größte Windjammertreffen der Welt Hunderttausende an.

FAHRGASTSCHIFFFAHRT

Am Alten Strom in Warnemünde
starten Schiffe zu Sightseeing-Touren
in den Überseehafen, in den Stadthafen und auf die Ostsee hinaus.

SHOPPING

Die Kröpeliner Straße ist die Haupteinkaufsmeile der Stadt. Bei schlech-
tem Wetter macht das Einkaufen im
Rostocker Hof viel Spaß.

ESSEN

▶ Erschwinglich

② *Silo 4*
Am Strande 3 d
Tel. (03 81) 4 58 58 00
Modernes Restaurant (7. Etage) mit
grandioser Aussicht. Die Gäste suchen
am Buffet die Zutaten nach ihren
Wünschen aus, die Köche bereiten
dann die Speisen zu.

③ *Amberg 13*
Amberg 13
Tel. (03 81) 4 90 62 62
Unweit der Petrikirche liegt das in
einem Innenhof versteckte Restaurant
mit kreativer, regionaler Küche.

① *»Borwin« Hafenrestaurant*
Am Strande 2
Tel. (03 81) 4 90 75 33
Urig eingerichtetes Restaurant am
Stadthafen, bekannt für frische Fisch-
gerichte sowie Fleisch und Pasta.

▶ Preiswert

④ *Ratskeller*
Neuer Markt 1
Tel. (03 81) 3 75 97 93
Deftige, bodenständige deutsche
Küche wird im rustikalen Gewölbe des
historischen Ratskellers serviert.

ÜBERNACHTEN

▶ Luxus

② *Steigenberger Hotel Sonne*
Neuer Markt 2, 18055 Rostock
Tel. (03 81) 4 97 30, Fax 4 97 33 51
www.rostock.steigenberger.de
Attraktives, sehr komfortables Hotel in
zentraler Lage, mit stilvoll eingerichteten Zimmern, Restaurant, gemütlicher »Weinwirtschaft« und Bar.

▶ Komfortabel

③ *Die kleine Sonne*
Steinstr. 7, 18055 Rostock
Tel. (03 81) 4 61 20, Fax 46 12 12 34
www.die-kleine-sonne.de
Schickes Hotel am Stadthafen, mit
vielen Grafiken und Gemälden des
Künstlers Nil Ausländer geschmückt.
Zeitgemäße Zimmer.

▶ Günstig

① *Landhaus Dierkow*
Gutenbergst. 5, 18146 Rostock
Tel. (03 81) 6 58 00, Fax 6 58 01 00
www.landhaus-dierkow.de
Hübsches Hotel im Landhausstil
mit freundlicher Atmosphäre und
modernen Zimmern. Rustikales
Restaurant und gediegener Salon im
englischen Stil.

Rostock Orientierung

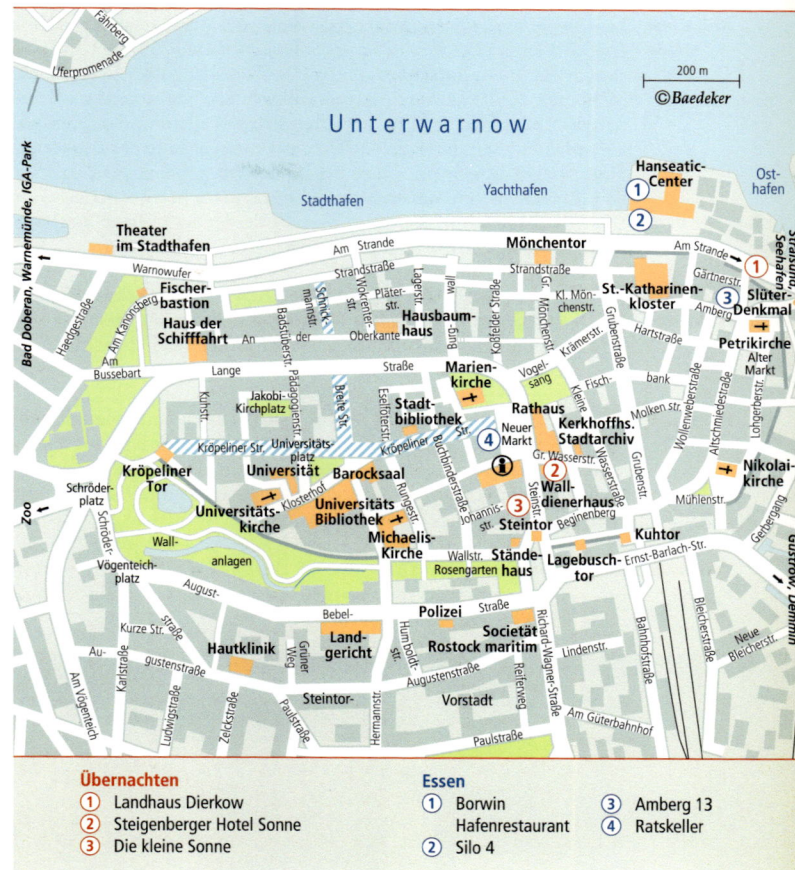

Übernachten
① Landhaus Dierkow
② Steigenberger Hotel Sonne
③ Die kleine Sonne

Essen
① Borwin Hafenrestaurant
② Silo 4
③ Amberg 13
④ Ratskeller

In der August-Bebel-Str. 1 werden Ausstellungen zur jahrhundertealten Schifffahrtstradition geboten. Zu sehen sind u. a. Kapitänsbilder, Schiffsmodelle und Sonderpräsentationen.

Societät Rostock maritim

In der Langen Straße begann der Wiederaufbau Rostocks als Mischung aus norddeutscher Backsteingotik und **Repräsentationsarchitektur stalinistischer Prägung**. Das ehemalige Hafenviertel zwischen Langer Straße und Warnow-Ufer wurde in den 1980er-Jahren saniert. Zwischen Giebelhäusern in Plattenbauweise blieb nur wenig historische Bausubstanz erhalten, dazu gehört z. B. das Hausbaumhaus in der Wokrenterstraße 40 (Besichtigung möglich).

Lange Straße

★
Kröpeliner Straße

Südlich, parallel zur Langen Straße, verläuft die Kröpeliner Straße, heute eine als Fußgängerzone gestaltete, belebte Einkaufsmeile mit Giebelhäusern aus verschiedenen Stilepochen (v. a. 17.–19. Jh.), darunter das **Haus Ratschow** in feinster Backsteingotik (heute Stadt-

Universitätsplatz ▶

bibliothek). Auf dem dreieckigen Universitätsplatz mit dem »Brunnen der Lebensfreude« (1978) treffen sich vor allem im Sommer viele Studenten. Um den Platz stehen das Hauptgebäude der Universität (1867–1870) im Stil der Neorenaissance, das ehemalige Palais mit dem Barocksaal und die klassizistische Hauptwache von 1823.

Kröpeliner Tor ▶

Das Tor (13./14. Jh.) am westlichen Ende der Kröpeliner Straße ist heute Veranstaltungsort der Rostocker Geschichtswerkstatt.

Kulturhistorisches Museum

Im früheren **Zisterzienserinnenkloster zum Heiligen Kreuz** (Klosterhof 7) mit seinem malerischen Kreuzgang und der Universitätskirche sind auch die reichen Sammlungen des Kulturhistorischen Museums (u. a. Malerei, Kunsthandwerk, Spielzeug) zu sehen.

Stadthafen

Der Stadthafen am Ufer der Warnow hat sich zu einer **Flaniermeile** entwickelt, an der Hochseejachten, Traditionssegler und Museumsschiffe zu sehen sind. Neben den imposanten und neu genutzten **Speichern** sind Theaterspielstätten, diverse Lokale und Geschäfte mit vielfältigem Angebot entstanden.

Kunsthalle

In der Kunsthalle am Schwanenteich (Hamburger Str. 40, nordwestlich der Altstadt) sieht man **zeitgenössische Kunst** aus dem Ostseeraum und **Klassiker der Moderne**.

Sommerabend an der Seepromenade von Warnemünde

Auf halber Strecke zwischen Rostock und Warnemünde erstreckt sich der Park der Internationalen Gartenausstellung (IGA) 2003 am westlichen Warnow-Ufer mit Weidendom, exotischen Gärten und Spielplätzen. Auf dem Hochseefrachter MS »Dresden« kann man sich über den Schiffbau an der Ostsee informieren. Imposant ist auch der Kran mit dem Namen »Langer Heinrich«.

✷ IGA-Park, Schiffbau- und Schifffahrtsmuseum

Das ehemalige Fischerdorf Warnemünde, das der Rostocker Rat 1323 dem Fürsten von Mecklenburg abkaufte, ist heute eines der meistbesuchten Seebäder an der Ostsee mit einem breiten Sandstrand und zahlreichen Unterkünften von der einfachen Pension bis zum Luxushotel. Vor allem am **Alten Strom** und in der Alexandrinenstraße zeigt Warnemünde noch seinen besonderen Charme. Typisch für die Giebelhäuser sind hölzerne Veranden, die einstmals für die Urlauber gebaut wurden. In einem alten Fischerhaus (18. Jh.) ist das **Heimatmuseum** (Alexandrinenstr. 31) eingerichtet. Auf der Mittelmole (Bahnhof) verkaufen Ostseefischer ihren Fang. An der **Seepromenade**

✷ Seebad Warnemünde

> **!** *Baedeker* TIPP
>
> **Gespensterwald**
> Wenige Kilometer westlich von Warnemünde, beim Ostseebad Nienhagen, ruft der Gespensterwald mit seinen von Wind und Wetter zerzausten Bäumen vor allem bei Dämmerlicht schaurige Phantasien hervor.

gibt es noch viele schöne Beispiele der Bäderarchitektur. Vom 1897/1898 erbauten 32 m hohen **Leuchtturm** hat man einen herrlichen Ausblick. Ein architektonischer Kontrapunkt zum alten Leuchtturm ist der 1967/1968 erbaute **»Teepott«** mit seinem geschwungenen Dach, in dem man nicht nur Tee (bzw. Kaffee) und Kuchen genießen, sondern auch lecker speisen kann.

Am 1. Mai 2005 wurde Warnemünde Cruise Center, ein futuristischer Stahl- und Glaspalast, am Seekanal eröffnet, in dem jährlich Zehntausende Kreuzfahrtpassagiere aus aller Welt empfangen oder verabschiedet werden.

Warnemünde Cruise Center

Östlich des Seekanals, wo früher Marineflieger starteten und Ernst Heinkel in den 1920er-Jahren Flugzeuge baute, ist in den ersten Jahren des 21. Jh.s ein besonders ehrgeiziges Tourismusprojekt realisiert worden: das **Seebad Yachthafenresidenz Hohe Düne** mit exklusivem Wellness-Hotel und Segelhafen (750 Liegeplätze).

✷ Hohe Düne

Umgebung von Rostock

Östlich der Warnow-Mündung erstreckt sich bis zur Halbinsel Fischland die Rostocker Heide, ein etwa 6000 ha großes **Gebiet mit Torfstichen, Mooren und Wäldern** mit vielen anderswo selten gewordenen Gewächsen. Am Südrand der Heide, in Wiethagen, kann man eine rekonstruierte Teerschwelerei besichtigen.

Rostocker Heide

In das fossile Harz einer subtropischen Baumart sind oft auch Insekten eingeschlossen.

DAS GOLD DES MEERES

Bernstein ist, obwohl er so heißt, im eigentlichen Sinn kein »Stein«, auch kein Mineral, sondern ein fossiles Baumharz, das vor vielen Millionen Jahren von Nadelbäumen abgesondert wurde. Bäche und Flüsse haben das Harz ins Meer geschwemmt, und von dort wird es an die Strände der Ostsee gespült.

Nach einem winterlichen Sturm sind die Chancen am besten, bei einer Strandwanderung ein Bernsteinstück zu finden. Die unregelmäßig geformten, oft nierenförmigen Schmucksteine sind auf den ersten Blick unscheinbar, da zumeist von einer sandig-erdigen Verwitterungskruste überzogen. Die typische **gelbliche bis bräunliche Färbung** zeigen sie erst, wenn man sie poliert und bearbeitet. Manchmal zeigen sich auch **Inklusen** (Einschlüsse): kleine Luftbläschen, Sandkörner oder auch Reste von Pflanzen und Tieren aus der Tertiärzeit, die bei der Verfestigung des Harzes eingeschlossen und konserviert wurden.

Heute wird Bernstein überwiegend im **Tagebau** gewonnen, wobei große Vorkommen im Baltikum bzw. im ehemaligen Ostpreußen liegen.

Leicht brennbar

Bernstein besteht hauptsächlich aus Kohlenstoff, Wasserstoff und Sauerstoff. Von ähnlichen Harzen unterscheidet er sich vor allem durch seine Säure. Außerdem ist er relativ leicht, **schwimmt auf Salzwasser** und verbrennt schnell und mit einem hoch aromatischen Geruch. Diese Eigenschaft hat dem fossilen Harz auch zu seinem **Namen** verholfen: »Bern« kommt von Niederdeutsch **»börnen«**, was so viel wie »brennen« bedeutet.

Von Imitaten lässt sich der Naturbernstein u.a. durch einen simplen **Test** unterscheiden: Reibt man ihn mit einem Wolltuch oder Fell, so lädt er sich elektrisch auf und zieht z.B. kleine Papierschnipsel an. Die verhältnismäßig **einfache Bearbeitung** und die sehr unterschiedliche Färbung machten den Bernstein seit Menschengedenken zu einem beliebten Material.

Beliebter Schmuck

Bereits in der Bronzezeit verarbeitete man ihn zu Halsbändern, Ohranhängern oder Ringen, später wurden sogar Möbel- und Wandverkleidungen aus Bernstein hergestellt. Berühmtestes Beispiel: Das **Bernsteinzimmer**, ein Geschenk des preußischen Königs Friedrich Wilhelm I. an den russischen Zaren Peter den

Ein königliches Geschenk: das Bernsteinzimmer für den Zaren

Großen. Seit dem Zweiten Weltkrieg ist das einzigartige Juwel verschwunden, die **Nationalsozialisten** hatten es nach Königsberg verschleppt, doch dort verliert sich seine Spur. Ist es beim Untergang des Königsberger Schlosses verbrannt? Oder an einem unbekannten Ort versteckt? Der Mythos Bernsteinzimmer rief Schatzgräber aus aller Herren Länder, sogar die Stasi auf den Plan. Russische Experten stellten von 1979 bis 2003 eine **Rekonstruktion** her, die an ihrem Originalplatz in St. Petersburg aufgebaut wurde. In Ribnitz-Damgarten gibt es ein **Museum** zum Thema Bernstein, und wer seine Liebe zum »Gold des Nordens« entdeckt hat, kann hier oder in der Schaumanufaktur (An der Mühle 30) recht preisgünstig Bernsteinschmuck einkaufen.

Seeheilbad Graal-Müritz

Das von Wäldern umgebene Seeheilbad 16 km nordöstlich von Warnemünde ist bekannt für sein **vorzügliches Heilklima** und seinen herrlichen, 6 km langen Badestrand mit Seebrücke. Im Mai und Juni wird der Kurort vor allem wegen des Rhododendronparks besucht.

✳

Ribnitz-Damgarten

Hauptsehenswürdigkeit von Ribnitz-Damgarten (27 km nordöstlich von Rostock) ist zweifelsohne das **Deutsche Bernsteinmuseum** im ehemaligen Klarissinnenkloster. Die Sammlung reicht von frühgeschichtlichen Bernsteinstücken mit eingeschlossenen Insekten bis zu barockem Kunstgewerbe. Sehenswert ist auch die **Klosterkirche** (um 1400) mit Grabmälern und spätgotischen Holzplastiken, den berühmten »Ribnitzer Madonnen«. Besondere Attraktionen sind die hochmoderne Bade-und Saunalandschaft **Bodden-Therme** sowie die an der östlichen Stadtausfahrt angesiedelte **Schaumanufaktur Ostseeschmuck** (bes. Bernstein).

✳

Freilichtmuseum
Klockenhagen ►

In Klockenhagen westlich vor der Stadt wurden um ein Gehöft von 1700 weitere Bauernhäuser, Katen und andere ländliche Gebäudetypen aus Mecklenburg zum Freilichtmuseum zusammengestellt.

Bad Doberan

10 km westlich von Rostock liegt der Kurort Bad Doberan. Die ehemalige **Sommerresidenz des Mecklenburger Hofes** entwickelte sich Anfang des 19. Jh.s zu einem Erholungsort der vornehmen Gesellschaft. Aus dieser Zeit stammen die klassizistischen Gebäude um den Kamp, darunter das **Großherzogliche Palais** von 1809 und das Salongebäude von 1802. Es gab ferner ein Eisenmoorbad (1825 gegründet) und eine Pferderennbahn (seit 1807), die erste auf dem europäischen Kontinent.

✳ ✳

Klosterkirche ►

Die schmucke Kleinstadt wird heute vor allem wegen der ehemaligen Klosterkirche besucht. Inmitten eines im 19. Jahrhundert angelegten englischen Landschaftsgartens steht die zwischen 1295 und 1368 errichtete Zisterzienserklosterkirche, eines der **schönsten Beispiele für die Backsteingotik** im Ostseeraum. Der an französische Kathedralarchitektur angelehnte Kirchenbau beeindruckt durch seine ungewöhnlich reiche Ausstattung, darunter der Hochaltar von 1310, ein 12 m hohes Sakramentshaus und ein bemalter Kelchschrank um 1280. Beachtenswert sind die zahlreichen Grabmäler, insbesondere das des mecklenburgischen Herzogs Adolf Friedrich und seiner Gemahlin in der Chorkapelle (1664 vollendet). Neben der Kirche steht noch das achteckige, mit glasierten Backsteinen verzierte Beinhaus (13. Jahrhundert).

Heiligendamm

Das älteste Seebad an der deutschen Ostseeküste, 1793 gegründet, liegt 7 km nordwestlich von Bad Doberan. Die **»Weiße Stadt am Meer«** mit ihren aufwendig renovierten klassizistischen Bauten um den zentralen Kurplatz ist heute Urlaubsziel für gut Betuchte. Vom 6. bis 8. Juni 2007 trafen sich hier die Staats- und Regierungschefs der sechs führenden Industrienationen sowie Kanadas und Russlands zum sog. **G-8-Gipfel**.

Heiligendamm – die spätestens seit dem G-8-Gipfel 2007 weltbekannte »Weiße Stadt am Meer«

9 km weiter westlich erreicht man das vielbesuchte Ostseebad Kühlungsborn. Geradezu ideal sind dort die **Bade- und Wassersportmöglichkeiten**, denn es gibt einen mehrere Kilometer langen, gepflegten Sandstrand und auch ein Meerwasserschwimmbad. Außerdem ist man hier stolz auf **Deutschlands längste Strandpromenade** (3,5 km). Südlich des Ortes erstreckt sich das erholsame Waldgebiet namens Kühlung.

★
Kühlungsborn

7 km südwestlich von Kühlungsborn erreicht man den beliebten Strandort mit seinem kleinen Hafen. Hier bestand wohl im Mittelalter der im Jahre 808 von den Dänen zerstörte Handelsplatz Rerik. Sehenswert in Rerik ist die mächtige frühgotische St.-Johannes-Kirche mit ihrer reichen barocken Ausstattung.
Von Rerik lohnt ein Bootsausflug ins Salzhaff und um die bislang noch größtenteils als Naturschutzgebiet (früher militärisches Sperrgebiet) ausgewiesene **Halbinsel Wustrow**, die jedoch in absehbarer Zeit touristisch erschlossen werden soll.

★
Rerik

★★ Rügen · Hiddensee

Bundesland: Mecklenburg-Vorpommern   **Höhe:** 0 – 161 m ü.d.M.
Bewohnerzahl: 73 000

Die oftmals gerühmte Schönheit der Insel Rügen resultiert aus ihrer landschaftlichen Vielfalt. Lange, gepflegte Sandstrände, imposante Kreidefelsen, herrliche Mischwälder, hübsche Seebäder und malerische Fischerdörfer machen die größte Ostseeinsel zu einem wahren Urlaubsidyll. Hier kann man baden, Bootsausflüge unternehmen, wandern, Rad fahren – fast alles ist hier möglich.

▶ RÜGEN ERLEBEN

AUSKUNFT

Tourismusverband Rügen
Bahnhofstr. 15, 18528 Bergen
Tel. (0 38 38) 80 77-0, Fax 25 44 40
www.ruegen.de

HISTORISCHE BAHNFAHRT

Eine Fahrt mit dem historischen
Dampfzug »Rasender Roland«, der
mehrmals täglich zwischen Putbus,
Binz, Sellin, Baabe und Göhren hin-
und herschnauft, ist eine der Haupt-
attraktionen auf Rügen.

ESSEN

▶ Erschwinglich

MeeresBlick
Friedrichstr. 2, 18586 Göhren
Tel. (03 83 08) 56 50
Verfeinerte Inselküche mit frischem
Fisch sowie heimischen Wild und
Geflügel. Gutes Weinangebot!

▶ Preiswert

Strandhalle
Strandpromenade 5, 18609 Binz
Tel. (03 83 93)
Ehemaliges Strandhaus (19. Jh.) am
Ende der Promenade mit gemütli-
chem, nostalgischem Restaurant.

Kliesow's Reuse
Dorfstr. 23 a, 18586 Middelhagen
Tel. (03 83 08) 21 71
Zünftige Gaststube in einer reetgedeckten Scheune, bekannt für
schmackhafte regionale Küche und
leckeres Bier, das im Haus selbst
gebraut wird.

Gastmahl des Meeres
Strandpromenade 2, 18546 Sassnitz
Tel. (03 83 92) 51 70
In der Nähe des Hafens bietet das
maritim dekorierte Restaurant Fisch in
allen Variationen.

ÜBERNACHTEN

▶ Luxus

Kurhaus Binz
Strandpromenade 27, 18609 Binz
Tel. (03 83 93) 665-0, Fax 665-555
www.travelcharme.com/kurhaus-binz
Imposanter Hotelbau (Ende 19. Jh.),
2001 wiedereröffnet, besticht durch
Eleganz, Komfort und professionellen
Service. Gediegenes Restaurant und
sagenhafter Freizeitbereich.

▶ Komfortabel

Hanseatic
Nordperdstraße 2, 18586 Göhren
Tel. (03 83 08) 5 15, Fax 5 16 00
www.hotel-hanseatic.de
Ruhiges, großzügiges Hotel mit einem
Turmbau, der tolle Aussicht ver-
spricht. Bestens ausgestattete Zimmer,
vielfältige Gastronomie, ansprechende
Badelandschaft.

Wreecher Hof
Kastanienallee
18581 Putbus-Wreechen
Tel. (03 83 01) 8 50, Fax 8 51 00
www.wreecher-hof.de
In malerischer, von Wiesen umge-
bener Gartenanlage liegt diese ruhige
Hotelanlage aus sieben reetgedeckten
Landhäusern. Einmalige naturnahe
Atmosphäre mit vorzüglichem
Restaurant. Wellnessbereich mit
Schwimmbad, Sauna und Massage.

▶ Günstig

Zur Linde
Dorfstr. 20, 18586 Middelhagen
Tel. (03 83 08) 554-0, Fax 554-90
www.zur-linde-ruegen.de
Freundlicher Gasthof aus dem 15. Jh.,
der durch einen neuzeitlichen Anbau
erweitert wurde, schöne Zimmer mit
kleiner Kochnische, uriges Restaurant
mit Terrasse, div. Wellnessangebote.

Rügen, nur durch den Strelasund vom Festland getrennt, ist mit ihren 926 km² die größte Insel Deutschlands und die **landschaftlich schönste an der Ostseeküste**. Besiedelt war Rügen schon in der Altsteinzeit. Die imposanten Hünengräber stammen aus der Jungsteinzeit (3000–1800 v. Chr.). An die Zeit, als auf der Insel Slawen siedelten (8.–12. Jh.), erinnern einige Burgwälle. Nach dänischer und schwedischer Herrschaft kam Rügen 1815 zu Preußen. Seit 1936 verbindet der **Rügendamm** die Insel mit der auf dem Festland gelegenen Hafenstadt ► Stralsund. Im Herbst 2007 wurde die neue **Rügenbrücke**, eine moderne Schrägseil-Hochbrücke über den Strelasund, für den Verkehr freigegeben.

Ausführlich beschrieben im Baedeker Allianz Reiseführer »Rügen«

Rundfahrt auf Rügen

Bei der Fahrt über den alten Rügendamm passiert man die kleine Insel Dänholm mit dem Marinemuseum und dem Nautineum (Außenstelle des Deutschen Meeresmuseums (s. S. 437).

Rügendamm, Dänholm

Putbus

Nach der Überquerung des Strelasunds (Hochbrücke oder Damm) biegt man in **Altefähr** in östlicher Richtung ab und erreicht nach gemütlicher Fahrt durch inseltypische Alleen Putbus. Die »weiße Stadt« ist eine planmäßig angelegte ehemalige **fürstliche Residenz**. Um einen kreisförmigen »Circus« genannten Platz gruppieren **weiß getünchte klassizistische Bauten**. Im weitläufigen Schlosspark gibt es eine Orangerie mit Galerien, ein Puppen- und Spielzeugmuseum (im ehemaligen Affenhaus), einen Marstall und ein Wildgehege; imposant ist auch das klassizistische Theater an der Alleestraße. Zu Beginn des 19. Jh.s richteten die Fürsten von Putbus unweit südlich ihrer Residenzstadt bei **Lauterbach** am Rügischen Bodden eines der ersten öffentlichen Bäder ein. Das klassizistische Badehaus steht noch heute. Neueste Attraktion ist hier die **Wasserferienwelt »im-jaich«**.

Lancken-Granitz, Megalithgräber

Bemerkenswerte Zeugnisse der steinzeitlichen Besiedlung sind die fünf gut erhaltenen Großsteingräber (Megalithgräber) bei Lancken-Granitz. Um zu diesen entlang eines Feldweges aufgereihten Hünengräbern zu kommen, fährt man von der Straße Putbus – Sellin südwärts in Richtung Dummertevitz ab.

Sellin

4 km östlich von Lancken-Granitz erreicht man Sellin, eines der bedeutendsten Seebäder auf Rügen. Der alte Kern des 1225 erstmals erwähnten Fischerdorfs liegt am gleichnamigen See. Das Seebad an der wildromantischen Steilküste mit feinsandigem Strand ist erst Ende des 19. Jh.s entstanden. Hübsch präsentiert sich die Wilhelmstraße mit ihren **Villen und Pensionen im Stil der Bäderarchitektur**. Eine breite Holztreppe und ein Aufzug führen hinab zum Strand und zur 1998 wieder errichteten und jetzt modernen **Seebrücke**.

Baabe ▶

Der Strand von Sellin zieht sich südwärts bis Baabe, das sich ursprünglich am Selliner See entwickelte und erst im Zuge des Badetourismus zum Strand hin ausdehnte.

Göhren

Südlich von Baabe ragt eine bis zu 61 m hohe bewaldete Landzunge ins Meer mit dem im 12. Jh. erstmals erwähnten Fischerdorf Göhren (slawisch »Berg«), das sich ab den 1880er-Jahren zum Seebad entwickelte. An der Nordseite des Landvorsprungs und auch südlich von ihm gibt es schöne Strände. Hübsch sind die alten **Ferienpensionen im Stil der Bäderarchitektur**. Göhrens **Strandpromenade** ist 2003 neu gestaltet worden. Interessante Museen in denkmalgeschützten Fischer- und Bauernhäusern dokumentieren Alltag und Arbeitswelt der Bauern, Handwerker, Fischer und Schiffer in den vergangenen Jahrhunderten: der **Museumshof** Ecke Strandstraße/Nordperdstraße, das **Heimatmuseum**, das liebevoll restaurierte **Rookhuus** (Rauchhaus) und auch das **Museumsschiff** am Südstrand.

Mönchgut

Südlich von Göhren greifen die »Finger« der Halbinsel Mönchgut in den Rügischen bzw. Greifswalder Bodden hinein. An der Ostseite von Mönchgut – zwischen Göhren und Thiessow – laden schöne

Strandabschnitte zum erfrischenden Bad in der Ostsee ein. Im Süden des Mönchguts sind vor allem das Schulmuseum in **Middelhagen** und der abgelegene Ort **Groß Zicker** mit dem Pfarrwitwenhaus aus dem 18. Jh. sehenswert. Von hier wandert man über die **Zickerschen Berge** zur Westspitze der Landzunge.

Das **größte und meistbesuchte rügische Seebad** mit entsprechender
touristischer Infrastruktur ist das an der Ostküste der Insel und am **Binz**
Nordfuß des Höhenzugs Granitz gelegene Binz mit breitem Sand-strand und vielen hübschen **Bauten im Stil der Bäderarchitektur** , d.h. weiß gestrichene und reich verzierte Holzfassaden mit Balkonen, Veranden und Erkern. An das »Nizza des Ostens« des frühen 20. Jh.s erinnern auch das vor wenigen Jahren mit großem Aufwand reno-vierte **Kurhaus**, die schöne **Strand-promenade** und die nach Kriegs-zerstörung wiederaufgebaute **See-brücke**, von der aus man

 Baedeker TIPP

Sein Leben entschlacken ...

... kann man im Design-Hotel »Meersinn« in Binz. Hier ist ein Gesundheitsurlaub buchbar, der eine Fastenkur nach F. X Mayr miteinschließt. Zur Beruhigung: Statt einer trockenen Semmel bekommt man dort auch mal einen lecker zubereiteten Dorsch serviert. Infos: Tel. (03 83 93) 663-0, www.meersinn.de

Bootsausflüge zu den berühmten rügischen Kreidefelsen und zur In-sel Usedom unternehmen kann. Besuchenswerte Museen sind das **Historische Binz-Museum** und das **Deutsche Fälschermuseum**.

Südlich von Binz, auf der höchsten Erhebung der waldreichen Gra-nitz, ließ sich Fürst Wilhelm Malte I. 1836 das klassizistische Jagd-schloss Granitz errichten, das heute eines der meistbesuchten Aus-flugsziele auf Rügen ist. Hier bekommt man Einblick in den **fürstli-chen Lebensstil** des 19. Jh.s. Vom Turm des Schlosses, auf den eine kunstvolle gusseiserne Wendeltreppe hinaufführt, hat man eine wun-derbare Aussicht über die Insel bis nach Stralsund auf dem Festland.

Jagdschloss Granitz

Nördlich von Binz stellt die Schmale Heide die Verbindung zur Halbinsel Jasmund dar. An der Ostküste der Schmalen Heide dehnt sich ein breiter Sandstrand aus. Hier liegt auch ein gigantischer, 4,5 km langer Betonbau, der als **Ferienanlage von den Nationalsozia-listen** geplant, aber nur zum Teil fertiggestellt wurde.

 Prora

Nordwestlich von Prora liegt das Naturschutzgebiet Schmale Heide, wo größere Flächen von grauschwarzen **Feuersteinen** bedeckt sind. Diese wurden von den frühen Inselbewohnern zum Feuermachen und zur Herstellung von Werkzeugen genutzt.

Schmale Heide

An der Nordseite der Prorer Wiek ist in jüngerer Zeit ein leis-tungs-fähiger **neuer Fährhafen** entstanden mit Linienverbindungen nach Schweden, Bornholm, Kleipeda (Memel) und St. Petersburg.

Neu Mukran

Sassnitz Zweitgrößte Stadt auf Rügen ist Sassnitz mit einem hübschen **Fischereihafen**, von dem aus die Strandpromenade zum alten Stadtkern führt. Besuche lohnen auch das **Fischerei- und Hafenmuseum**, das **U-Boot-Museum** sowie das **Museum für Unterwasserarchäologie**.

> ! **Baedeker** TIPP
>
> **Fisch satt ...**
>
> ... gibt es im Westhafen von Sassnitz, denn hier ist Deutschlands modernste Fischkonservenfabrik und Fischräucherei namens »RügenFisch« angesiedelt. Im Fabrikverkauf & Bistro an der Straße der Jugend 10 kann man von Montag bis Samstag das gesamte Sortiment vom Matjesfilet bis zum Brathering durchprobieren.

Hunderttausende reisen alljährlich nach Rügen, um die hell leuchtenden Kreidefelsen der Stubnitz – die Wahrzeichen Rügens – im Nationalpark Jasmund nördlich von Sassnitz zu bestaunen. Das Naturschutzgebiet an der Ostküste der gleichnamigen Halbinsel umfasst die etwa 100 m hoch gelegene

★★
Nationalpark Jasmund eiszeitlich geformte und von Buchenwald bestandene Hochfläche der Stubnitz. An der Steilküste der Stubnitz sind die mächtigen 70 Mio. Jahre alten Kreideschichten freigelegt. Die höchsten Kreidefelsen sind die Große Stubbenkammer und die Kleine Stubbenkammer. Der 117 m hohe **Königsstuhl** ist der berühmteste Aussichtsbalkon auf die Kreidefelsen, die **Caspar David Friedrich** in seinem Gemälde »Kreidefelsen auf Rügen« (um 1818) verewigt hat. Aber auch von der etwas tiefer gelegenen Viktoriasicht und von weiteren Plattformen kann man herrliche Ausblicke genießen. Das zweite bekannte Kreidekliff der Stubbenkammer waren die **Wissower Klinken** bis zum 24. Februar 2005, als sie von Wind und Wetter angenagt in die Tiefe donnerten. In der Nähe des Königsstuhls ist auch das Nationalparkzentrum angesiedelt. Schöne Wanderwege führen zum einen durch den Buchenwald der Stubnitz (Hochuferweg) und zum anderen unten an der Kreideküste entlang.

Schaabe Diese fast 12 km lange Nehrung mit herrlichem Sandstrand verbindet die Halbinsel Jasmund mit der nordwestlich gelegenen Halbinsel Wittow. Hauptort ist der alte Fischerhafen **Glowe**.
4 km südöstlich von Glowe lädt das heute als Nobelhotel genutzte **Renaissanceschloss Spyker** zum Besuch ein. Der dreigeschossige Backsteinbau hat um 1650 vier runde Ecktürme erhalten.

★
Kap Arkona Nördlichste Spitze der Halbinsel Wittow bzw. der gesamten Insel Rügen ist das 45 m hohe und eine herrliche Aussicht bietende Kap Arkona mit zwei Leuchttürmen als Wahrzeichen. Baumeister Karl Friedrich Schinkel entwarf den quadratischen, knapp 20 m hohen Backsteinturm mit Glaslaterne (1827), der neben dem benachbarten jüngeren Gegenstück, einem schlanken, 39 m hohen Rundturm, et-

Eines der bekanntesten Wahrzeichen der Insel Rügen ist die Kreideklippe namens Königsstuhl im Nationalpark Jasmund. →

was untersetzt wirkt. Das Schinkel-Bauwerk beherbergt ein kleines Museum mit Aussichtsplattform. Hinter den Türmen gibt es noch Reste einer 1168 von den Dänen eroberten slawischen Tempelburg.

✱
Vitt ▶ Südlich unterhalb von Kap Arkona liegt das denkmalgeschützte **Bilderbuch-Fischerdorf** Vitt in einer windgeschützten Bucht.

Bergen In Bergen, dem zentral auf der Hauptinsel gelegenen Hauptort von Rügen, lohnt die gotische **St. Marienkirche** mit ihrem eindrucksvollen Wandgemäldezyklus (13. Jh.) einen Besuch. Ein schöner Spaziergang führt zum **Ernst-Moritz-Arndt-Turm** auf dem aussichtsreichen 90 m hohen **Rugard**.

Ralswiek Wenige Autominuten nördlich von Bergen lockt Ralswiek mit seinen **Störtebeker-Festspielen** im Sommer viele Besucher an.

Hiddensee: Hier hat sich Gerhart Hauptmann wohlgefühlt.

11 km westlich von Bergen lockt der Ort Gingst mit **historischen Handwerkerstuben** und dem viel besuchten **Rügen-Park** mit einem maßstabsgetreuen Nachbau der Insel, Modellen berühmter Bauten und diversen sonstigen Attraktionen (u. a. Wasserrutsche).

✱ Hiddensee

Die kleine, lang gestreckte Ostseeinsel Hiddensee ist der Insel Rügen westlich vorgelagert und nur per Schiff von Rügen oder Stralsund aus erreichbar. Die rund 1100 Einwohner der 17 km langen und an manchen Stellen nur 130 m breiten Insel leben in den vier Ortschaften Kloster, Grieben, Vitte und Neuendorf-Plogshagen. Bekannt ist die (fast) autofreie Insel für ihre herrliche Natur mit einzigartiger Flora und Fauna und für ihre **schönen Sandstrände** entlang der Westküste. Sie präsentiert sich quasi als Miniaturkontinent. Seit die Insel, beginnend um das Jahr 1880, von namhaften Persönlichkeiten wie Gerhart Hauptmann, Bertolt Brecht und Franz Kafka entdeckt wurde, hat sie sich zu einem exklusiven Urlaubsziel entwickelt.

HIDDENSEE ERLEBEN

AUSKUNFT
Insel-Information Hiddensee GmbH
Norderende 162, 18565 Vitte
Tel. (03 83 00) 6 42 26, Fax 6 42 25
www.seebad-insel-hiddensee.de

ESSEN
► **Erschwinglich**
Zum Hiddenseer
Wiesenweg 22, 18565 Vitte
Tel. (03 83 00) 4 19
Hübsches, rustikales Restaurant mit
blanken Holztischen. Gutbürgerliche
Küche und viele Fischgerichte.

► **Preiswert**
Gasthus up Westend
Plogshagen 7, Neuendorf
Tel. (03 83 00) 5 01 25
In der Saison gibt es Heringsgerichte
und andere regionale Spezialitäten.

ÜBERNACHTEN
► **Komfortabel**
Hotel Post
Wiesenweg 26, 18565 Vitte
Tel. (03 83 00) 64 30, Fax 6 43 33

www.fair-hotels.de
Nicht weit vom Bootsanleger in Vitte
entfernt bietet das gediegene Haus
Appartements im Landhaustil auf
einem herrlichen Grundstück.

Heiderose
In den Dünen 27, 18565 Vitte
Tel. (03 83 00) 6 30, Fax 6 31 24
www.heiderose-hiddensee.de
Hier können Sie die Seele baumeln
lassen! Idyllisch in der Dünenheide
gelegen, ruhiges Hotel, Zimmer teils
mit Blick auf den Bodden. Ausge-
zeichnetes Restaurant im Bistro-Stil
mit schöner Terrasse.

Im Norden der Insel liegt die malerische Siedlung Kloster mit dem
Gerhart-Hauptmann-Haus als besonderer Attraktion für Kulturbeflissene. Der Schriftsteller Gerhart Hauptmann (1862–1946) hat es
als Sommerrefugium genutzt. Er selbst hat auf dem Inselfriedhof seine letzte Ruhestätte gefunden. Nördlich von Kloster steigt das Gelände zum hügeligen **Dornbusch** mit seinem markanten Leuchtturm hinauf. Von hier oben bietet sich ein herrlicher Ausblick.

 Kloster

Südlich von Vitte, dem größten Ort auf der Insel, kann man noch
ein Stück veritable Dünenheide mit einzigartiger Küstenvegetation
erwandern.

**Naturschutzge-
biet Dünenheide**

Das denkmalgeschützte Fischerdorf mit seinen weiß getünchten und
schilfgedeckten Häusern zeigt sich noch fast so wie im 18. Jahrhundert. 1872 wurde hier der »Schatz von Hiddensee« angespült.

Neuendorf

★ ★ Sächsische Schweiz

N/O 9

Bundesland: Sachsen   **Höhe:** 109 – 723 m ü. d. M.

Der von der Elbe und ihren Nebenflüssen tief zerschnittene, rund 360 km² große sächsische Teil des Elbsandsteingebirges bietet ein faszinierendes Landschaftsbild: Schroffe Felsriffe und Sandsteinnadeln, canyonartige Waldtäler, Tafelberge wie natürliche Felsburgen (hier »Steine« genannt, u. a. Lilienstein, Pfaffenstein) – nur nicht ganz so hoch wie in der richtigen Schweiz.

Eine Landschaft wird Urlaubsziel

Die Sächsische Schweiz liegt etwa 30 km südöstlich von ► Dresden und erstreckt sich bis nach Tschechien hinein. Die »Entdeckung« der Sächsischen Schweiz geht auf die beiden Schweizer Maler Anton Graff und Adrian Zingg zurück, die als Professoren an der Dresdner Kunstakademie ab 1766 das Elbsandsteingebirge durchwandert haben. Ihnen folgten weitere Künstler, darunter Ludwig Richter und Caspar David Friedrich, der sich hier zu seinem Werk »Wanderer über dem Nebelmeer« anregen ließ. Den Künstlern folgten die Touristen, zunächst per Dampfschiff, wenig später auch mit der Eisenbahn. Damit änderte sich auch die Lebensgrundlage der einheimischen Bauern, Waldarbeiter und Flößer. Sie wurden Gastwirte und Hoteliers. Heute ist die Sächsische Schweiz eine der touristisch attraktivsten Landschaften Deutschlands.

> ! **Baedeker TIPP**
>
> **Malerweg**
>
> Die schönsten Punkte der Sächsischen Schweiz erschließt der 2007 zum »schönsten Wanderweg Deutschlands« gekürte Malerweg. Der von Pirna ausgehende 112 km lange Rundweg windet sich durch die Berg- und Felsenwelt beiderseits der Elbe.

Nationalpark Sächsische Schweiz

Noch vor der Vereinigung von Deutscher Demokratischer Republik und Bundesrepublik Deutschland hat die letzte amtierende Regierung der DDR am 12. September 1990 den »Nationalpark Sächsische Schweiz« ausgewiesen und damit den einmaligen Naturraum des Elbsandsteingebirges auf einer Fläche von 93,5 km² unter strengsten Natur- und Landschaftsschutz gestellt. Der Nationalpark umschließt **zwei räumlich getrennte Gebiete**: im Westen zwischen Stadt Wehlen und Prossen einschließlich Bastei und Hohnstein, im Osten zwischen den Schrammsteinen und der deutsch-tschechischen Grenze.

Reiseziele in der Sächsischen Schweiz

Pirna

Etwa 20 km südöstlich von ► Dresden liegt die Stadt Pirna als **»Tor zur Sächsischen Schweiz«** beiderseits der Elbe. Im Jahre 1233 erstmals urkundlich erwähnt, gehörte Pirna von 1294 bis 1405 zu Böh-

SÄCHSISCHE SCHWEIZ ERLEBEN

AUSKUNFT

Tourismusverband
Sächsische Schweiz e. V.
Bahnhofstr. 21, 01796 Pirna
Tel. (0 35 01) 47 01 47
www.saechsische-schweiz.de

ELBDAMPFER

Sächsische Dampfschifffahrt
Fahrplanansage:
Tel. (03 51) 8 66 09-40
www.saechsische-dampfschifffahrt.de
Historische Schaufelraddampfer ver-
kehren im Liniendienst auf der Elbe
in der Sächsischen Schweiz. Bedient
werden die Strecken Dresden – Bad
Schandau und Pirna – Schmilka –
Königstein.

ESSEN

▶ **Erschwinglich**
Pirnascher Hof
Am Markt 4, 01796 Pirna
Tel. (0 35 01) 44 38 10
Sächsische und internationale Küche
sowie Vollwertkost mit frischen
Produkten werden hier serviert.

Zum Schwarzbachtal
Niederdorfstraße 3,
01848 Hohnstein-Lohsdorf
Tel. (03 59 75) 8 03 45
Abseits im romantischen Schwarzbachtal finden Sie dieses reizend
eingerichtete Gasthaus. Kreative sai-
sonale Küche und ausgesuchte Weine.

Landgasthaus Ziegelscheune
Elbweg 22,
01814 Bad Schandau-Krippen
Tel. (03 50 28) 8 04 37
Netter Landgasthof direkt am Elbe-
radweg, in der historischen Stube
werden regionale Speisen aufgetragen,
Terrasse mit herrlicher Aussicht.

ÜBERNACHTEN

▶ **Komfortabel**

Baedeker-Empfehlung

Elbresidenz Bad Schandau
Markt 1 – 11
01814 Bad Schandau
Tel. (03 50 22) 919-0
Fax 919-710
www.elbresidenz-bad-schandau.de
Wellness- und Gesundheits-Resort mit
»Viva Vital & Medical Spa« und vielseitiger
Gastronomie.

Romantik Hotel
Deutsches Haus
Niedere Burgstraße 1
01796 Pirna
Tel. (0 35 01) 4 68 80
Fax 46 88 20
www.romantikhotels.com
Mitten in der Altstadt bietet der
altehrwürdige Renaissance-Bau
behagliche Zimmer mit schönen
Bauernmöbeln. In der gediegenen
»Blechschmidt-Klause« gibt's
gutbürgerliche Küche und eine
ausgezeichnete Auswahl sächsischer
Weine.

Parkhotel Ambiente
Waldstraße 26
01848 Hohnstein
Tel. (03 59 75) 86 20
Fax 86 21 13
www.hotelambiente.com
Das Hotel liegt ganz ruhig oberhalb
des Polenztales am Rande des Nationalparks Sächsische Schweiz, behagliche und funktionelle Zimmer,
regionale Küche im Restaurant, an-
sprechender Wellnessbereich.

Beeindruckende Gewölbeverzierungen in Pirnas Stadtkirche St. Marien

men. In dieser Zeit begann sich die Stadt zur wichtigsten Ansiedlung im oberelbischen Gebiet zu entwickeln. Mit der Eröffnung der Dampfschifffahrt auf der Elbe 1837 und dem Anschluss an den Eisenbahnverkehr 1848 erlebte die Stadt einen Aufschwung.

Malerischer Mittelpunkt von Pirna ist der **Marktplatz** mit dem Rathaus, das 1485 erbaut und 1555 und 1581 umgestaltet wurde. Unter den umstehenden Bürgerhäusern ragen besonders die Stadtapotheke »Zum Löwen« von 1578 mit einem ungewöhnlichen Sitznischenportal (Am Markt 17/18), gleich daneben das ehemalige Wirtshaus »Weißer Schwan« sowie mit der Hausnummer 7 das hochgiebelige, um 1520 erbaute sog. **»Canalettohaus«** heraus. Hinter dem Canalettohaus erheben sich der Turm und das mächtige Dach der Stadtkirche **St. Marien** (1502 – 1546) mit ihren beeindruckenden Gewölbeverzierungen sowie dem 10 m hohen manieristischen Sandsteinaltar, einem der **bedeutendsten Werke der deutschen Spätrenaissance**. Schon Goethe lobte den 1561 wohl von Hans Walther II. gefertigten Taufstein, auf dem 26 Figuren den Tagesablauf eines Kindes zeigen.

Renaissance- und Barockhäuser ▶ Unter den vielen Renaissance- und Barockhäusern Pirnas sind das im 16. Jh. erbaute Blechschmidthaus mit seinem auffallenden Sitznischenportal (Niedere Burgstr. 1), das sog. Teufelserkerhaus (Obere Burgstr. 1) und das Geburtshaus des Ablasspredigers und Luther-Widersachers Johannes Tetzel (Schmiedestr. 19) besonders schöne Beispiele. **Stadtmuseum ▶** Im Kapitelgebäude des um das Jahr 1300 erbauten ehemaligen Dominikanerklosters St. Heinrich zeigt das Stadtmuseum (Klosterhof 2/3) neben kulturhistorischen Exponaten v. a. umfassende Grafik-, Foto- und Münzsammlungen.

Überragt wird Pirna von Schloss Sonnenstein, in dem 1811 die erste ◀ Schloss Sonnenstein Pflegeanstalt für geistig Behinderte in Deutschland eingerichtet wurde. Während des Zweiten Weltkrieges wurden hier oben im Rahmen des nationalsozialistischen Euthanasieprogramms rund 15 000 vorwiegend kranke und geistig behinderte Menschen als »lebensunwertes Leben« umgebracht. Daran wird man heute in der **Gedenkstätte Pirna-Sonnenstein** erinnert.

Nur wenige Kilometer nördlich von Pirna liegt der **Richard-Wagner-** **Graupa** **Ort** Graupa. Um an seinem »Lohengrin« zu arbeiten, hatte sich Wagner im Sommer 1846 auf ein hiesiges Gehöft zurückgezogen, in dem heute ein dem Komponisten gewidmetes Museum untergebracht ist (Richard-Wagner-Str. 6).

Oberhalb von Pirna erreicht man den Barockgarten Großsedlitz, eine ★ der **vollkommensten barocken Gartenschöpfungen** Sachsens, zwischen 1719 und 1732 von den damals besten Baumeistern am Dresdner Hof – Johann Christoph Knöffel, Matthäus Daniel Pöppelmann **Barockgarten** **Großsedlitz** und Zacharias Longuelune – geplant und angelegt. Seinen Ruhm verdankt Großsedlitz den einst 360 Skulpturen im Garten, von denen 52 erhalten sind, die meisten fielen 1756 den Preußen zum Opfer. Besonders harmonisch ist die »Stille Musik«, eine barocke Treppenanlage mit geschwungenen Balustraden und Puttengruppen in lebhaft bewegter Formensprache.

! *Baedeker* TIPP

Radtour vom Feinsten
Wärmstens zu empfehlen ist eine Radtour im Elbe-Durchbruchstal, wo die 34 km lange Etappe des Elberadwegs von Schöna nahe der tschechischen Grenze bis hinunter nach Heidenau bzw. Großsedlitz bestens ausgebaut ist.

Das mittelalterliche Städtchen Hohnstein am Nordrand der Sächsi- **Hohnstein** schen Schweiz war im 19. Jh. ein beliebter Ausgangspunkt für geführte Touren ins Elbsandsteingebirge. Nicht von ungefähr stammen namhafte Alpinisten aus Hohnstein, unter ihnen Otto Ufer, der Erstbezwinger des Mönch. Den Namen des Städtchens verbreiteten vor allem aber die **Hohnsteiner Puppenspiele** von Max Jacob.
Das Rathaus wurde 1688 als Brauereimalzhaus erbaut, auch das Gebäude der Stadtapotheke von 1721 hatte ursprünglich einen anderen Zweck – bis 1846 war es Sitz der Oberförsterei. Die Stadtkirche aus dem Jahr 1728 ist ein schlichter Entwurf von George Bähr. Im Haus Markt Nr. 4 wurde Christoph Gottlieb Schroeter (1699–1782) geboren, der Erfinder des Hammerklaviers.
140 m hoch über dem Polenztal klebt die Burg Hohnstein am Fels, ★ im Lauf ihrer Geschichte Grenzfeste, Justizamt, Zuchthaus und seit 1925 Jugendherberge, zwischen 1933 und 1934 aber »Schutzhaft- ◀ Burg Hohnstein lager« der Nationalsozialisten. Darüber informiert das **Burgmuseum**, in dem es außerdem eine naturkundliche Ausstellung gibt. Vom Burggarten genießt man einen herrlichen Blick ins Polenztal.

Die Bastei ist eine der Top-Natursehenswürdigkeiten Deutschlands.

✳ Kurort Rathen

Der malerisch am Fuß der Bastei gelegene Kurort Rathen ist ein **touristisches Zentrum** der Sächsischen Schweiz. Er teilt sich in Oberrathen am linkselbischen und in Niederrathen am rechtselbischen Ufer. Dorthin gelangt man mit einer Gierseilfähre, die sich der Stromkraft der Elbe bedient. Rathen ist ein guter Ausgangsort für Wanderungen, u. a. auf die Bastei und zur Felsenbühne.

✳ ✳ Bastei ▶

Eine Hauptattraktion der Sächsischen Schweiz ist die am rechten Elbufer 194 m hoch aufragende Bastei, eine natürliche Felsenburg, deren Aussichtsplattform zu den **schönsten natürlichen Aussichtspunkten Europas** zählt. Von Rathen führt ein gekennzeichneter und gut gesicherter Wanderweg hinauf. Oben begeht man die 1851 aus Sandstein errichtete **Basteibrücke** und die bereits im 13. Jh. angelegte **Felsenburg Neurathen**, mit herrlichen Ausblicken ins Elbtal.

Felsenbühne Rathen ▶

Die Felsenbühne Rathen wurde 1936 von der Gemeinde Rathen angelegt und ist mit ihren 2000 Plätzen die **größte Naturbühne Sachsens**. Die wildromantische Landschaft am Wehlgrund hat Carl Maria von Weber zu seiner berühmten Wolfsschlucht-Szene im »Freischütz« inspiriert. So gehört diese Oper zum ständigen Repertoire der Felsenbühne, aber auch die Karl-May-Spiele mit verschiedenen »Winnetou«-Inszenierungen werden hier geboten.

Königstein

Die Stadt Königstein duckt sich am linken Ufer der Elbe unter dem 361 m aufragenden Königstein. Zu sehen gibt es die Kirche St. Marien, 1720–1724 nach Plänen George Bährs erbaut, und eine Postmeilensäule von 1727. Der wahre Grund aber, Königstein zu besu-

✳ Festung ▶

chen, ist die das Elbtal beherrschende Festung hoch über der Stadt. Diese wahrscheinlich um 1200 angelegte und 1241 erstmals erwähn-

te **böhmische Königsburg** kam 1459 zur Mark Meißen und wurde von 1589 bis zum Ende des 19. Jh.s ständig ausgebaut; sie konnte nie erobert werden. Prominente Gefangene auf Burg Königstein waren Johann Friedrich Böttger, August Bebel (1874), Frank Wedekind (1899) und Thomas Theodor Heine (1899). Außer als Gefängnis diente der Königstein dem Dresd-

? WUSSTEN SIE SCHON …?

■ … dass Johann Friedrich Böttger auf Befehl Augusts des Starken 1706 bis 1707 auf Burg Königstein gefangen gehalten wurde, um Gold herzustellen? Stattdessen gelang ihm, nach Vorarbeiten von E. W. von Tschirnhaus, die Vorstufe zum europäischen Porzellan.

ner Hof in Krisenzeiten als Zufluchtsstätte und zur Unterbringung der Staatsschätze. Heute sind hier mehrere Museen eingerichtet: In den beiden Zeughäusern befinden sich Ausstellungen des Militärhistorischen Museums Dresden zu Festungsbau und sächsischer Militärgeschichte, im Torhaus und im Schatzhaus sind Sonderausstellungen zu sehen und im Georgenbau eine Schau zur Geschichte des Staatsgefängnisses. Auch das Brunnenhaus mit dem über 150 m tiefen Brunnen und den Fasskeller sollte man sich anschauen.

Hoch über dem Elbtal thront die von George Bähr erbaute Feste Königstein.

✳
Bad Schandau

Der **bedeutendste Kur- und Ferienort in der Sächsischen Schweiz** und Ausgangspunkt für herrliche Ausflüge in die felsenreiche Umgebung ist 1430 erstmals als Stadt erwähnt worden und profitierte lange vom Handel auf der Elbe. Nach Entdeckung einer eisenhaltigen Quelle begann ab 1730 der Badebetrieb. Am **Marktplatz** stehen der ehemalige **Brauhof**, ein Renaissancebau mit schönem Portal, und die spätgotische Kirche **St. Johannis**, deren Altar von Hans Walther II. 1572 ursprünglich für die Dresdner Kreuzkirche geschaffen wurde. Neueste Attraktionen sind die **Toskana Therme**, eine wie ein Schneckenhaus angelegte Bade- und Wellness-Landschaft, sowie das **Nationalparkhaus Sächsische Schweiz**. Mit einem 1904 konstruierten 50 m hohen Aufzug erreicht man den **Stadtteil Ostrau** mit seinen Villen, Umgebinde- und Fachwerkhäusern.

✳
Wanderungen ab
Bad Schandau ►

3 km elbaufwärts von Bad Schandau beginnt das Wander- und Klettergebiet der **Schrammsteine**, die zu den markantesten Felsformationen der Sächsischen Schweiz gehören. Bereits im 19. Jh. kam man hier auf den Gedanken, Haken nur zur Sicherung vor einem Absturz und nicht zum Hochziehen einzuschlagen und die eigentliche Kletterei der Kraft der Arme und Finger zu überlassen.

Bad Schandau ist auch der Ausgangspunkt für eine Wanderung zum **Großen Zschirnstein**, der mit 562 m ü. d. M. der höchste Gipfel der Sächsischen Schweiz ist. Den Marsch selbst beginnt man am besten in Kleingießhübel 5 km jenseits der Elbe, von wo aus man in eine urtümliche Waldlandschaft gelangt.

Von Bad Schandau aus bringt die 1898 erbaute **Kirnitzschtalbahn** Ausflügler bis zum **Lichtenhainer Wasserfall**. Von hier geht's zu Fuß weiter zum **Wildenstein**, zur **Himmelsleiter** und zum Felsentor namens **Kuhstall**.

Unbedingt lohnend ist auch ein Abstecher in die Böhmische Schweiz zum **Prebischtor** (Pravčická brána), das als Europas größte natürlicher Sandsteinbrücke bekannt ist.

✳ ✳ Schwerin

H 3

Bundesland: Mecklenburg-Vorpommern	**Höhe:** 38 m ü. d. M.
Einwohnerzahl: 96 000	

Malerisch breitet sich die Hauptstadt des Bundeslandes Mecklenburg-Vorpommern an den Gestaden des Schweriner Sees aus. Hauptattraktion ist das restaurierte Schloss, einst Residenz der Herzöge von Mecklenburg. Aber auch viele andere Museen, Denkmäler und Freizeiteinrichtungen sowie ein bunter Veranstaltungsreigen machen Schwerin zu einem lohnenden Reiseziel. 2009 wird eine Bundesgartenschau unter dem Motto »Sieben Gärten mittendrin« viele Besucher aus nah und fern anziehen.

Erstmals wurde der Ort im 11. Jh. erwähnt, als die Gegend von slawischen Obotriten bewohnt war. Deren Fürst Niklot herrschte von einer Burg auf der heutigen Schlossinsel aus. Im Zuge der Ostkolonisation nahm der Sachsenherzog Heinrich der Löwe 1160 das Gebiet ein. Die Burg wurde Herrschaftssitz der neuen Grafschaft Schwerin. 1358 erwarben die mecklenburgischen Herzöge diese Grafschaft und machten Schwerin zur Residenz. Zweimal, 1628–1631 während des Dreißigjährigen Krieges und 1756–1837, als die Herzöge in Ludwigslust residierten, wurde die Tradition unterbrochen. Stadtbrände vernichteten einen Großteil der mittelalterlichen Bausubstanz. Ab 1705 wuchs im Norden der Altstadt die »Neustadt auf der Schelfe« heran, die 1832 mit Schwerin vereinigt wurde. Als Großherzog Paul Friedrich 1837 seine Residenz wieder nach Schwerin verlegte, begann eine neue Ära der Stadtgeschichte. Unter Hofarchitekt Gustav Adolf Demmler erhielt die Stadt zahlreiche Repräsentationsbauten.

Geschichte

Sehenswertes in Schwerin

Das **Wahrzeichen** von Schwerin und bedeutendstes Baudenkmal aus dem 19. Jh. in Mecklenburg-Vorpommern ist die ehemalige Residenz der mecklenburgischen Herzöge. Ihr heutiges Erscheinungsbild er-

✶ ✶

Schloss

Im Schweriner Schlosspark kann man sich bestens von der Arbeit erholen.

SCHLOSS SCHWERIN

★ ★ Das Wahrzeichen von Schwerin und eines der bedeutendsten Baudenkmäler des Historismus in Deutschland ist das ehemalige Residenzschloss. Zusammen mit Burggarten und Schlossgarten bildet der malerisch auf der Insel gelegene Schlosskomplex mit seiner vergoldeten Kuppel und den vielen Türmen und Giebeln ein romantisches, geradezu märchenhaftes Ensemble.

🕐 Öffnungszeiten:
Mitte April bis Mitte Okt. Di. bis So. 10.00 bis 18.00 Uhr, sonst bis 17.00 Uhr

① Thronsaal
In der Festetage liegt der Thronsaal aus dem Jahr 1858. Er übertrifft mit seinem überreichen, zum Teil vergoldeten Stuckdekor und dem feinteiligen Intarsienboden alle anderen Räume an Prachtentfaltung. Über der Portalzone sind zwischen rundbogigen Blendarkaden die 40 Stadtwappen des Großherzogtums Mecklenburg-Schwerin angebracht.

② Ahnengalerie
Ebenfalls sehr beeindruckend ist die über zwei Räume reichende Ahnengalerie mit den Porträts der mecklenburgischen Herzöge von der Mitte des 14. Jh.s bis kurz vor 1800, wobei erst die Porträts ab dem 16. Jh. zeitgenössische Darstellungen der Personen sind, während die vorangegangenen im 19. Jh. entstanden.

③ Schlössergalerie
Zahlreiche Gemälde schmücken die Schlössergalerie. Die festgehaltenen großherzoglichen Schlossbauten sind bis auf zwei Ausnahmen (Dargun und Herrensteinfeld) alle erhalten.

④ Beletage
Wandvertäfelungen aus Vogelaugenahorn, filigrane Stuckornamente, Seidendamast an den Wänden schmücken die Beletage.
Im 19. Jh. befanden sich hier die Wohn- und Gesellschaftsräume der Großherzogin. Über die große Freitreppe gelangte man in den Burggarten.

⑤ Schlosskapelle
Zu den ältesten Gebäudeteilen gehört die 1560 – 1563 von Johann Baptist Parr errichtete Schlosskapelle im Nordflügel. Als Vorbilder dienten ihm die Schlosskapellen in Torgau und Dresden.

⑥ Kinderzimmer
In den ehemaligen herzoglichen Kinderzimmern ist die Dauerausstellung »Europäische Porzellane und höfische Malerei« zu besichtigen.

⑦ Felsengrotte
Unter der Aussichtsterrasse befindet sich eine künstlich angelegte Felsengrotte.

⑧ Orangerie
Jüngst restauriert ist die Orangerie wieder für Besucher zugänglich.

Unter einem Baldachin thronten die mecklenburgischen Großherzöge.

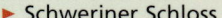

Den Schlossgarten zieren 14 imposante Skulpturen. Sie stellen antike Gottheiten und die vier Jahreszeiten dar.

Über dem Eingang zum Landtag steht in einer Nische das Denkmal von Niklot I., dem berühmten Obotritenherrscher, der die Dynastie der mecklenburgischen Herzöge begründete.

© Baedeker

hielt die Anlage 1843–1857 nach französischem Vorbild. Die malerische Lage auf einer kleinen Insel sowie die vielen Türme und Giebel machen den Bau zum Märchenschloss. Besichtigt werden können die Prunkräume in der Beletage und in der Festetage. Besonders eindrucksvoll wegen der herrlichen Intarsienböden aus Edelholzfurnieren und des überreichen, zum Teil vergoldeten Stucks sind die Ahnengalerie und der Thronsaal. In den ehemaligen herzoglichen Kinderzimmern ist heute die Dauerausstellung **»Europäische Porzellane und höfische Malerei«** untergebracht (Öffnungszeiten: Mitte April bis Mitte Okt. Di.–So. 10.00–18.00, sonst bis 17.00 Uhr).

Schlossgarten ▶ Vom Burggarten führt eine Brücke hinüber in den Schlossgarten, der 1748–1756 als barocker Park angelegt wurde. Den zentralen Kreuzkanal säumen Kopien von 14 Sandsteinplastiken aus der Werkstatt von Balthasar Permoser. Das Reiterstandbild von Großherzog Friedrich Franz II. wurde 1883 aufgestellt. Von der höchsten Stelle des Schlossgartens bietet sich ein herrlicher Blick auf das Schloss. Die alte **Schleifmühle** aus dem 18. Jh. am Südostrand der Anlage wurde zu Vorführzwecken wieder in Betrieb genommen.

Alter Garten Zum Schlossgarten gehörte ursprünglich auch der Alte Garten am Südrand der Altstadt, der sich heute als ein von repräsentativen Bauten umrahmter Platz präsentiert. Das spätklassizistische Gebäude von 1882 mit Freitreppe an seiner Ostseite beherbergt das Staatliche Museum. Diese von Herzog Christian Ludwig II. begründete **Staatliches Museum ▶** **Kunstsammlung** umfasst viele wertvolle Gemälde, Grafiken und Zeichnungen, mittelalterliche Plastik aus Mecklenburg und Kunsthandwerk.

Mecklenburgisches Staatstheater ▶ An der Nordseite des Platzes steht das 1886 erbaute repräsentative Mecklenburgische Staatstheater. Hier gibt es glanzvolle Opernaufführungen und hochkarätiges Schauspiel zu sehen. Auch meisterliche Konzerte werden hier geboten.

Altes Palais Das westlich benachbarte Alte Palais (1799), **einstmals Witwensitz** der Herzöge von Mecklenburg, wird heute ebenso wie das gegenüberliegende Kollegiengebäude (1883–1886) von der Landesregierung genutzt. Letzteres ist eines der vielen Bauwerke, die der Hofbaumeister Georg Adolph Demmler in Schwerin entwarf. Die auf dem **Kollegiengebäude** Gelände eines Klosters errichtete Dreiflügelanlage ist mit dem benachbarten Regierungsgebäude (Nr. 4–8; 1890 erbaut) verbunden.

Schlossstraße, Puschkinstraße In der Schlossstraße und der Puschkinstraße sind – bedingt durch mehrere Stadtbrände im 17. Jh. – zwar kaum Gebäude aus dem Mittelalter, aber noch viele Wohnhäuser und **Adelspaläste aus dem 18. und 19. Jh.** erhalten, beispielsweise in der Puschkinstraße das Brandensteinsche Palais (Nr. 13) und das 1776 erbaute Neustädtische Palais (Nr. 19–21), eine zweigeschossige Dreiflügelanlage, die 1878 im Neorenaissancestil umgebaut wurde.

Durch die autofreie Schloss- bzw. Puschkinstraße geht es hinauf ins **Am Markt**
Zentrum der Altstadt mit dem Marktplatz, den hübsch renovierte
Bürgerhäuser umrahmen. Die ältesten Teile des Rathauses stammen
aus dem 14. Jh.; hinter der Fassade im Stil der Tudorgotik verbergen
sich vier Fachwerkgiebelhäuser (17. Jh.). Für den markanten Bau an
der Nordseite des Platzes mit seiner mächtigen Säulenhalle, 1783 bis
1785 als Markthalle errichtet, hat sich der Name »Neues Gebäude«
eingebürgert.

Schwerin *Orientierung*

1 Altes Palais
2 Staatliches Museum, Kunstsammlungen
3 Staatstheater
4 Schlachtermarkt
5 Altstädt. Rathaus
6 Neues Gebäude

Übernachten
① Niederländischer Hof
② An den Linden
③ Crowne Plaza

Essen
① Alt-Schweriner Schankstuben
② Brinkama's
③ Weinhaus Uhle

► SCHWERIN ERLEBEN

AUSKUNFT

Tourist-Information
Am Markt 14
19055 Schwerin
Tel. (03 85) 5 92 52 12
Fax 55 50 94
www.schwerin.com

THEATERBESUCH

Mecklenburgisches Staatstheater
Alter Garten 2
19055 Schwerin
Spielplan:
Tel. (03 85) 53 00-222
Kartenbestellung:
Tel. (03 85) 53 00-125
www.theater-schwerin.de

BOOTSRUNDFAHRTEN

An der Werderstraße zu Füßen des
Staatlichen Museums befindet sich die
Anlegestelle der Schweriner Weißen
Flotte, deren Ausflugsboote von hier
aus zu erlebnisreichen Rundfahrten in
See stechen.

ESSEN

► Erschwinglich

① **Alt-Schweriner Schankstuben**
Am Schlachtermarkt 9 – 13
Tel. (03 85) 59 25 30
Traditionsreiches Restaurant in einem
schönen Fachwerkhaus mitten in der
Altstadt.

② **Brinkama's**
Lübecker Str. 33
Tel. (03 85) 5 50 75 44
Italienisches Restaurant mit rustikalem
Ambiente. Die Küche bietet leckere
Pasta und bestens zubereitete Grill-
spezialitäten.

③ **Weinhaus Uhle**
Schusterstr. 15
Tel. (03 85) 56 29 56

Gewölbedecken und viel Stuck sorgen
für wohliges Ambiente, die gehobene
regionale Küche und der vorzügliche
Weinkeller tun ihr Übriges.

ÜBERNACHTEN

► Luxus

③ **Crowne Plaza**
Bleicherufer
19053 Schwerin
Tel. (03 85) 57 55-0
Fax 57 55-777
www.crowne-plaza.m-vp.de
Reizvolle Lage am Ostorfer See,
erstklassiger Komfort, elegante
Zimmer, gut ausgestatteter Freizeit-
bereich mit Sauna und Fitnessstudio.
Gehobene Küche im schicken Restau-
rant.

► Komfortabel

① **Niederländischer Hof**
Alexandrinenstr. 12
19055 Schwerin
Tel. (03 85) 5 91 10-0
Fax 5 91 09 99
www.niederländischer-hof.de
Traditionsreiches Hotel in zentraler
Lage am Pfaffenteich. Stilvolle,
komfortable Zimmer mit geschmack-
voller Einrichtung. Vornehmes Res-
taurant mit vorzüglicher regionaler
Küche.

► Günstig

② **An den Linden**
Franz-Mehring-Str. 26
19053 Schwerin
Tel. (03 85) 51 20 84
Fax 51 22 81
Gemütliches, kleines Haus mit funk-
tionellen Zimmern in der Nähe des
Stadtzentrums.

5200 Pfeifen hat die von Friedrich Ladegast gebaute Orgel im Schweriner Dom.

Hinter dem Rathaus (Durchgang) liegt der **Schlachtermarkt**, auf dem heute wieder Markt gehalten wird. Im Haus Nr. 5 befindet sich die **Gedenkstätte der jüdischen Landesgemeinde**; im Hof des Hauses stand die 1938 zerstörte Synagoge.

Nördlich oberhalb des Marktes erhebt sich der zwischen 1280 und etwa 1420 errichtete gotische Dom St. Maria und St. Johannes als **einer der schönsten Bauten der norddeutschen Backsteingotik**. Bedeutende Ausstattungsstücke sind der um 1440 entstandene gotische Kreuzaltar, zwei Grabplatten (14. Jh.), die herzoglichen Renaissancegrabmäler im Chor (16. Jh.) und das gotische Taufbecken.

★ ★
Dom

Westlich vom Dom durchmisst die Mecklenburgstraße als Haupteinkaufsmeile die Altstadt von Nord nach Süd. An ihrem nördlichen Ende weitet sich der Pfaffenteich als **idyllischer Binnensee**. Er wird umrahmt von repräsentativen Wohnhäusern aus dem 19. Jh., die nach und nach renoviert werden. Das kastellartige ehemalige **Arsenal** (1844) an der Südwestecke des Pfaffenteichs beherbergt heute das Innenministerium von Mecklenburg-Vorpommern.

★
Mecklenburgstraße, Pfaffenteich

Östlich vom Pfaffenteich erstreckt sich die erst 1832 mit der Altstadt verbundene Schelfstadt mit dem hübschen **Schelfmarkt**, der barocken **St.-Nikolai-Kirche** und dem **Neustädtischen Palais** von 1776.

Schelfstadt

Im Reitstall des 1843 vom viel beschäftigten Baumeister Demmler geschaffenen Marstalles an der Werderstraße bekommt man u. a. alte Schienen- und Straßenfahrzeuge, Schiffsdiesel etc. zu Gesicht.

Technisches Landesmuseum

Umgebung von Schwerin

Schweriner See

Der gut 20 km lange und bis 5 km breite See ist mit rund 63 km² Fläche nach der Müritz das zweitgrößte Gewässer in Mecklenburg-Vorpommern und für die Bewohner von Schwerin ein **Naherholungsgebiet mit vielfältigen Freizeitmöglichkeiten.** Fahrgastschiffe der Weißen Flotte verbinden Schwerin mit den eingemeindeten Dörfern Zippendorf und Mueß am Südufer des Sees (Anlegestelle zwischen Schlossinsel und Marstall). Der 1842 aufgeschüttete Paulsdamm durchzieht den Schweriner See und trennt den Schweriner Binnensee vom Außensee. Über den Paulsdamm führt die B 104 nach Güstrow und Neubrandenburg. Im Schweriner Binnensee liegen zwei größere Inseln, der unter Naturschutz stehende **Kaninchenwerder** (0,5 km²; Aussichtsturm) und der Ziegelwerder (0,4 km²). Unter den Eilanden des Außensees ist die schmale, 2 km lange **Insel Lieps** die größte.

Schweriner Zoo

Im weitläufigen Gelände zwischen Schweriner und Faulem See lockt dieser Tierpark das ganze Jahr über Besucher an. Im Schweriner Zoo werden auch prachtvolle **Sibirische Tiger** gezüchtet. Braunbären und Wölfe sieht man im sog. **Bärenwald.**

Freilichtmuseum Mueß

Nicht nur die ländliche Architektur des 17./18. Jh.s (u. a. Hallenhaus und Spritzenhaus), sondern auch die Arbeits- und Lebensweise der mecklenburgischen Bevölkerung werden im Freilichtmuseum im Schweriner Stadtteil Mueß recht anschaulich vermittelt.

Raben-Steinfeld

Hier existierte im 19. Jh. ein **herzogliches Gestüt**, von dem noch Marstall und Wärterhäuschen erhalten sind. An der Brücke über die Stör, direkt an der B 321, erinnert eine Gedenkstätte an den zehntägigen Todesmarsch Tausender KZ-Häftlinge aus dem Lager Sachsenhausen Anfang Mai 1945.

Gadebusch

Gadebusch, 24 km nordwestlich von Schwerin, besitzt mit der spätromanischen Pfarrkirche (12. – 15. Jh.) eine der **frühesten Backsteinhallenkirchen** in Mecklenburg. Vom ehemaligen Renaissanceschloss der mecklenburgischen Herzöge (1571) steht noch das mit Terrakottareliefs verzierte Hauptgebäude. Das gotische Rathaus (1340) hat an der Marktseite eine Gerichtslaube (1618).

In **Vietlübbe** steht eine der ältesten und **schönsten Dorfkirchen** Mecklenburgs, ein spätromanischer Backsteinbau (um 1300) mit zeittypischer Bauornamentik.

! *Baedeker* TIPP

Bundesgartenschau 2009

Bereits seit Mai 2007 werden jeden ersten Sonntag im Monat um 15.00 Uhr Führungen durch die allmählich Gestalt annehmenden Sieben Gärten der BUGA 2009 angeboten. Vom 23. April bis 11. Oktober 2009 wird es täglich Führungen zu verschiedenen Themen geben. Infos: Tel. (03 85) 5 92 52 22, www.buga-2009.de

★ Spreewald

Bundesland: Brandenburg   **Höhe:** 30 – 70 m ü. d. M.

Der Spreewald, eine von zahlreichen Wasserläufen durchzogene Niederung mit Sandflächen und Dünen, ist eine überaus reizvolle Landschaft, die sich rund 100 km südöstlich von ►Berlin erstreckt. Auf den kleinen Sandinseln, den Kaupen, haben sich die für den Spreewald charakteristischen Streusiedlungen entwickelt.

Die Region gliedert sich in Ober- und Unterspreewald. Beim Städtchen Burg beginnt der Oberspreewald. In diesem Gebiet verzweigen sich die Spree und die ihr zufließende Malxe in zahlreiche kleine und große baumbestandene Wasserläufe, die sich durch weite offene Wiesen sowie mehr oder weniger große Acker- und Gartenflächen winden. Im Unterspreewald nordöstlich von Lübben teilt sich die Spree erneut in mehrere Wasserläufe. Dauergrünland, Bruchwald und Äcker nehmen diese Beckenlandschaft ein. Die hochwasserfreien Gebiete im Spreewald sind altes Siedlungsland. Hier leben seit jeher slawische Sorben.

Ober- und Unterspreewald

Ein besonderes Erlebnis ist eine Kahnpartie durch den Spreewald.

SPREEWALD ERLEBEN

AUSKUNFT

Tourismusverband Spreewald e. V.
Lindenstraße 1
03226 Vetschau
Tel. (0 35 43) 7 22 99
Fax 7 22 28
www.spreewald.de

KAHNFAHRTEN

Erlebnisreiche Rundfahrten durch den
Spreewald mit den für diese Gegend
typischen Kähnen bietet Lübbens
ältester Fährmannsverein namens
»Lustige Gurken« an.
Infos: Tel. (0 35 46) 18 29 90.

LOHNENDE WANDERUNGEN

Als bekanntester Wanderweg im
Spreewald gilt der bereits 1911
angelegte Fußweg vom Hafen in
Lübbenau zu der eine Stunde ent-
fernten Gaststätte »Wotschowska«.
Lohnend ist ferner der in Lehde hinter
dem Hafen beginnende Fußweg nach
Leipe.

ESSEN

► **Erschwinglich**
Schlossrestaurant Lübben
Ernst-von-Houwald-Damm 14
15907 Lübben
Tel. (0 35 46) 40 78
Modernes Restaurant hinter dicken
alten Schlossmauern, marktfrische
regionale und internationale Küche,
herrliche Terrasse.

► **Preiswert**
Brauhaus Babben
Brauhausgasse 2
03222 Lübbenau
Tel. (0 35 42) 21 26
In der urigen Braustube mitten in
der Altstadt erwarten Sie leckere
Bierspezialitäten und bodenständige
Spreewälder Küche.

ÜBERNACHTEN

► **Komfortabel**
Schloss Lübbenau
Schlossbezirk 6
03222 Lübbenau
Tel. (0 35 42) 87 30
Fax 87 36 66
www.schloss-luebbenau.de
In dem klassizistischen Schloss aus
dem Jahr 1839 mit märchenhaftem
Charme kommen Romantiker voll
auf ihre Kosten. Elegante Zimmer,
vornehmes Restaurant, herrlicher
Park.

► **Günstig**
Spreeufer
Hinter der Mauer 4
03222 Lübbenau
Tel. (0 35 42) 27 26-0
Fax 27 26 34
www.hotelspreeufer.de
Reizvolle Lage direkt an der Spree,
funktionelle Zimmer, Restaurant im
Haus.

Reiseziele im Spreewald

Lübben Die alte Stadt Lübben (Sorbisch: Lubin) liegt rund 80 km südöstlich
von ► Berlin an einer Engstelle des Spreetals. Im 7. Jh. ließen sich
hier slawische Siedler nieder. Im Jahre 1220 mit dem Stadtrecht ausgestattet, entwickelte sich Lübben schnell zum beherrschenden Zent-

rum der Niederlausitz. Teile der alten Stadtbefestigung sind noch erhalten, u. a. der runde Hexenturm, der viereckige »Trutzer« und das Wiekhaus mit Spitzbogenblenden. Das Schloss, vermutlich im 14. Jh. als Wasserburg errichtet, wurde mehrmals um- und ausgebaut und erhielt um 1680 sein heutiges Aussehen. Im Wappensaal finden während der Sommermonate Konzerte und Ausstellungen statt. Die Paul-Gerhardt-Kirche, eine spätgotische Hallenkirche am historischen Marktplatz, ist das **Wahrzeichen** von Lübben. Der Kirchenlieddichter Paul Gerhardt wirkte hier von 1668 bis zu seinem Tod 1676 als Prediger.

In Luckau, 18 km südwestlich von Lübben, ist fast die **gesamte alte Stadtmauer** mit zwei Wiekhäusern und dem »Roten Turm« erhalten. Der achteckige »Hausmannsturm« mit Georgenkapelle, der schöne Netzgewölbe hat, wird heute zu feierlichen Anlässen genutzt. Am Markt sind barocke Bürgerhäuser mit Volutengiebeln und Stuckdekorationen sehenswert.

Luckau

Am südlichen Rand des Oberspreewalds liegt die Stadt Lübbenau (Sorbisch: Lubnjow), nach Theodor Fontane »die heimliche Hauptstadt des Spreewaldes«. Die Stadt ist ein hervorragender Ausgangspunkt für Ausflüge in den Spreewald. Am Markt steht die Stadtkirche **St. Nikolai**, ein schlichter Barockbau mit bemerkenswerter Ausstattung (u. a. Wandgrab von 1765). Die **Postmeilensäule** von 1740 ist vor einigen Jahren an historischer Stelle wiedererrichtet worden. Das klassizistische **Schloss Lübbenau** (heute Hotel) ist 1817 bis 1839 anstelle einer früheren

Lübbenau

> **! Baedeker TIPP**
>
> **Spreewälder Gurken**
>
> Das feuchte und relativ warme Klima, die humusreichen Böden und das eisenhaltige Wasser lassen im Spreewald Gurken bestens gedeihen. Mit frischen Kräutern und Gewürzen zubereitet sind Spreewälder Gurken eine wahre Delikatesse!

Wasserburg erbaut worden. Hier trafen sich die Hitler-Verschwörer um Claus Schenk Graf von Stauffenberg, die 1944 in ► Berlin-Plötzensee hingerichtet wurden. Die Orangerie wird heute für kulturelle Veranstaltungen genutzt. Im **Haus für Mensch und Natur** informiert man sich über das Biosphärenreservat Spreewald.

Die »Lagunenstadt im Taschenformat«, wie Theodor Fontane einstmals diesen Ort beschrieb, hat als besondere Attraktion das **Spreewaldmuseum** zu bieten. Hier zeigen original eingerichtete Gehöfte, wie sorbische Bauern im 19. Jh. gelebt haben.

✴ Lehde

Früher nur per Kahn, heute auch zu Fuß erreichbar (Europawanderweg E 10) ist die einige Kilometer östlich von Lübben gelegene Siedlung Leipe (sorbisch »Lipje«, dt. »Linde«), ein typisches **Spreewalddörfchen in Rundbebauung** .

✴ Leipe

★ ★ Stralsund

M 2

Bundesland: Mecklenburg-Vorpommern   **Höhe:** 0 – 9 m ü. d. M.
Einwohnerzahl: 58 000

Die ehemalige Hansestadt besitzt mit ihrem berühmten Rathaus, mächtigen Backsteinkirchen, Klosteranlagen, Befestigungswerken und Bürgerhäusern eine historische Bausubstanz von unschätzbarem Wert. Dazu kommt die wunderbare Lage, denn die Altstadt ist von reizvollen Teichen und Parks umschlossen.

Geschichte   Neben dem slawischen Fischerdorf Stralow entwickelte sich Anfang des 13. Jh.s eine deutsche **Kaufmannssiedlung**, die 1234 das lübische Stadtrecht erhielt und 1293 der Hanse beitrat. Im Dreißigjährigen

STRALSUND ERLEBEN

AUSKUNFT

Tourismuszentrale
Alter Markt 9, 18439 Stralsund
Tel. (0 38 31) 24 69 00, Fax 24 69 49
www.stralsundtourismus.de

ESSEN

▶ Erschwinglich

② *Tafelfreuden im Sommerhaus*
Jungfernstieg 5 a
Tel. (0 38 31) 29 92 60
Hübsches Restaurant im schwedischen Landhausstil, mediterrane Küche

▶ Preiswert

① *Goldener Löwe*
Alter Markt 1
Tel. (0 38 31) 30 63 90
Bodenständige Küche mit Panoramablick auf Rathaus und Nikolaikirche bietet dieses geschichtsträchtige Lokal.

ÜBERNACHTEN

▶ Komfortabel

③ *Steigenberger Baltic*
Frankendamm 22
18439 Stralsund
Tel. (0 38 31) 20 40, Fax 20 49 99
www.stralsund.steigenberger.de
Modernes Hotel in einer ehemaligen

Kaserne mit maritimem Flair; elegante Zimmer und zeitgemäßer Komfort sorgen für einen bequemen Aufenthalt, gehobene Küche im Restaurant, Sauna im Haus.

① *Zur Post*
Am Neuen Markt, Tribseer Str. 22
18439 Stralsund
Tel. (0 38 31) 20 05 00
Fax 20 05 10
www.hotel-zur-post-stralsund.de
Mitten in der Altstadt präsentiert sich das attraktive Haus mit einer liebevoll zusammengestellten Einrichtung. Wohnliche Zimmer mit gutem Komfort, regionale und internationale Küche im stilvollen Restaurant.

▶ Günstig

② *Altstadt Pension Peiß*
Tribseer Straße 15
18439 Stralsund
Tel. (0 38 31) 30 35 80
Fax 303 58 99
www.altstadt-pension-peiss.de
Freundliche Pension am Neuen Markt, nett eingerichtete Zimmer, teils mit Blick auf die Marienkirche.

Stralsund *Orientierung*

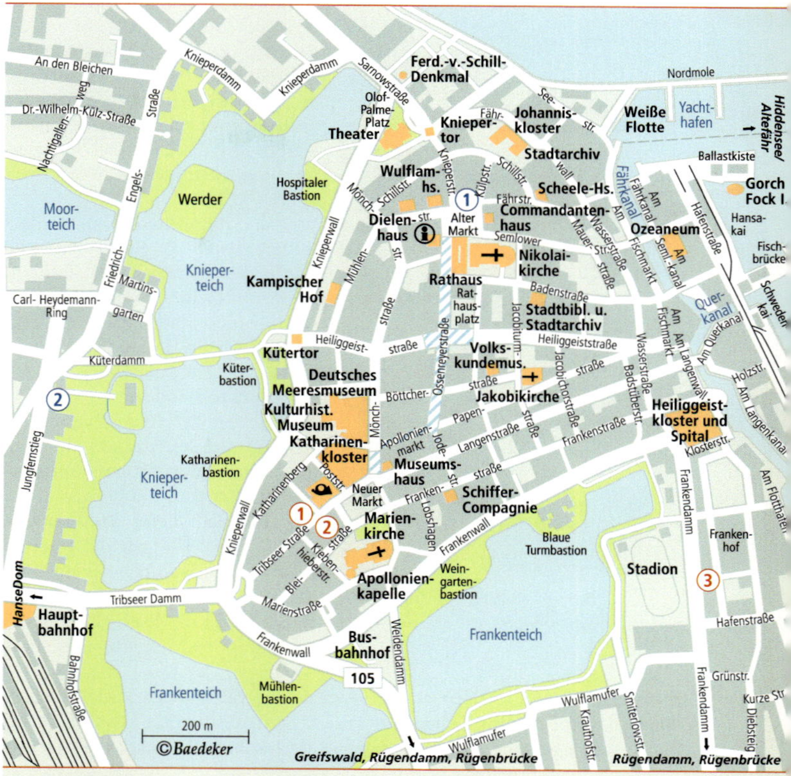

An den Bleichen
Knieperdamm
Nordmole
Weg
Dr.-Wilhelm-Külz-Straße
Straße
Samowstraße
Ferd.-v.-Schill-Denkmal
Olof-Palme-Platz
Knieperdamm
Knieperwall
See
Hiddensee/Alteförde
Engels-
Nachtigallen-
Theater
Hospitaler Bastion
Knieper-tor
Knieperstr.
Fähr-str.
Johannis-kloster
str.
Weiße Flotte
Yacht-hafen
Ballastkiste

Moor-teich
Werder
Mönch-
Schillstr.
Wulflam-hs.
Heilgeiststr.
Schillstr.
Stadtarchiv
Fährstr.
wall
Scheele-Hs.
Am
Wasserstr.
Mauer-str.
Fährkanal
Gorch Fock I
Hansa-kai
Hafenstraße
Fisch-brücke

Friedrich-
Martins-
Knieper-teich
Dielen-haus ⓘ
str.
Alter Markt
Semlower
① **Commandanten-haus**
Ozeaneum
Am Sund-kanal

Carl-Heydemann-Ring
garten
Kampischer Hof
Mühlen-
str.
Nikolai-kirche
Am Fischmarkt
Schwedenkai

Küterdamm
Knieper-teich
Heiligeist-
straße
Rathaus
Rat-haus-platz
Jacobsturm-
Badenstraße
Stadtbibl. u. Stadtarchiv
Heiliggeiststraße
Quer-kanal
Am Queckanal
Wasserstr.

②
Küter-bastion
Kütertor
Deutsches Meeresmuseum
Böttcher-
Volks-kundemus.
straße
Jakobikirche
Papen-
Jacobi-Chorstraße
Badstr.
Heiliggeist-kloster und Spital
Holzstr.
Am Langeneck

Jungfernsteg
Katharinen-bastion
Knieper-teich
Kulturhist. Museum
Katharinen-kloster
Mönch-
Apollonien-markt
Langenstraße
Museums-haus
straße
Frankenstraße
Klosterstr.
Am Langeneck

HanseDom
Knieperwall
Katharinenberg
Prohnstr.
Neuer Markt
① ②
Marien-kirche
Frankenstr.
Knieperwall
Schiffer-Compagnie
Blaue Turmbastion
Am Flöthkanal
Frankendamm
Stadion
③
Frankenhof

Haupt-bahnhof
Tribseer Straße
Klei-
hieckstr.
Bie-
Tribseer Damm
Apollonien-kapelle
Marienstraße
Weingarten-bastion
Weinbergstr.
Frankenwall
Hafenstraße
Grünstr.
Kurze Str
Diebsteig

Bahnhofstraße
Frankenwall
Frankenteich
Mühlen-bastion
Bus-bahnhof
105
Weidendamm
Frankenteich
Wulflamufer
Sumlowstr.
Krautholzstr.
Wulflamufer
Frankendamm

200 m
© *Baedeker*
Greifswald, Rügendamm, Rügenbrücke
Rügendamm, Rügenbrücke

Übernachten
① Zur Post
② Pension Peiß
③ Steigenberger Baltic

Essen
① Goldener Löwe
② Tafelfreuden im Sommerhaus

Krieg belagerte Wallenstein Stralsund vergeblich; sie kam nach dem Westfälischen Frieden zu Schweden. 1815 wurde die Stadt preußisch.

Sehenswertes in Stralsund

Die auf einem Inselkern zwischen Strelasund sowie Franken- und Knieperteich gelegene Altstadt mit ihrem einmaligen Ensemble von Bauwerken der Spätgotik, der Renaissance, des Barocks und des Klassizismus ist 2002 von der UNESCO zum **Weltkulturerbe** erklärt worden. Die charakteristische Bebauung mit Giebelhäusern ist zum

★★
Altstadt

Sommerspektakel Wallensteintage: Landsknechte vor dem Wulflamhaus

Teil noch in der Mönch-, Ossenreyer- und Mühlenstraße vorhanden. Beachtung verdienen in der Badenstraße das **Schwedenpalais** (Nr. 17; 1726 – 1730), das ehemalige schwedische Regierungsgebäude, und das Doppelhaus in der Fährstraße (Nr. 23 / 24), das Geburtshaus des Chemikers C. W. Scheele (1742 – 1786).

Von der mittelalterlichen Stadtbefestigung sind das Kütertor (1446) und das Kniepertor (Anfang 14. Jh.) sowie wesentliche Abschnitte der Stadtmauer mit einigen Wiekhäusern am Knieperwall und in der Nähe des Johannisklosters noch vorhanden.

Im Norden der Altstadt gruppiert sich um den Alten Markt eine Reihe bedeutender Sehenswürdigkeiten: das Rathaus, die Nikolaikirche, das mittelalterliche **Wulflamhaus** (Nr. 5) von 1380, der dreigeschossige Barockbau der ehemaligen schwedischen Kommandantur (Nr. 14) und das Dielenhaus in der angrenzenden Mühlenstraße.

Rathaus
✶✶ Dieses um 1400 errichtete Juwel der norddeutschen Backsteingotik, das mit der nördlichen Schmalseite an den Alten Markt stößt, ist mit seiner prachtvollen Fassade eines der Wahrzeichen der alten Hansestadt am Strelasund.

Nikolaikirche
✶✶ Östlich hinter dem Rathaus steht die gotische Nikolaikirche, der **älteste Sakralbau** der Stadt (1270 – 1350). Hochgotische Architektur und eine überreiche Ausstattung aus der Zeit der Gotik bis zum Barock verbinden sich in der Nikolaikirche zu einem großartigen Gesamteindruck. Ein wichtiges Element der Innenraumwirkung sind die ausgemalten Gewölbe und Arkadenzonen in Langhaus und Chor (14./15. Jh.). Kostbar sind außerdem die Anna-Selbdritt-Skulptur (um 1290), die Astronomische Uhr (1394), der Hochaltar und die vielen mittelalterlichen Wandaltäre.

Johanniskloster
Nordöstlich vom Alten Markt liegt an der Schillstraße das 1254 gegründete ehemalige Franziskanerkloster St. Johannis. Die Ruine der Klosterkirche mit einer Kopie von Ernst Barlachs »Pietà« ist ein **Mahnmal** für die Zerstörung der Kirche im Oktober 1944.

Wenig weiter östlich kommt man zum Hafen, wo u. a. die **Schiffe der Weißen Flotte** zu Hafenrundfahrten sowie zu Ausflügen zu den Inseln ►Rügen und Hiddensee ablegen. Eine besondere Attraktion im Hafen ist der Großsegler **Gorch Fock I**.

Hafen

Dieser 2008 eröffnete Erweiterungsbau des Deutschen Meeresmuseums (s. unten) zeigt in drei Aquariumsbereichen die **Unterwasserwelt von Ost- und Nordsee sowie Nordatlantik**. In einer großen Halle sind nachgebildete »Giganten der Meere« (u. a. Wale) zu sehen.

✱
◄ Ozeaneum

Südwestlich des Alten Marktes liegt die Dreiflügelanlage des Kampischen Hofs (Mühlenstraße 23), eine Gebäudegruppe, die einst dem Zisterzienserkloster Neuenkamp gehörte und seit 1319 bezeugt ist.

Kampischer Hof

Zwei sehenswerte Ausstellungen beherbergt das einstige Katharinenkloster (gegr. 1251) in der Mönchstraße.

Katharinenkloster

Dieses Museum verfügt über eines der europaweit **größten Aquarien für tropische Fische**. Ferner werden Flora und Fauna des Meeres, Fischfangtechniken, die Entwicklung der Hochsee- und Küstenfischerei und der Naturraum Ostsee vorgestellt.

✱
◄ Deutsches Meeresmuseum

Gleich nebenan (Klausurgebäude, Kreuzgang) erfährt man Interessantes über die Kulturgeschichte der Region. Hier sieht man **ur- und frühgeschichtliche Funde** sowie Kulturzeugnisse vom 8. Jt. v. Chr. bis zum 12. Jh. n. Chr., Exponate zur Stadtgeschichte und zur bürgerlichen Wohnkultur des 19. und 20. Jh.s, sakrale Kunst des Mittelalters und den **»Hiddenseer Goldschmuck«** (10. Jh.), der 1874 vor Hiddensee (►Rügen, Umgebung) gefunden wurde.

✱
◄ Kulturhistorisches Museum

Das größte Exponat des Kulturhistorischen Museums ist das Museumshaus (Mönchstr. 38). In dem um 1320 erbauten gotischen Giebelhaus begibt man sich auf eine **kulturgeschichtliche Zeitreise vom 14. ins 20. Jahrhundert.**

✱
◄ Museumshaus

Lebendiger Mittelpunkt der südlichen Altstadt ist der von hübsch renovierten historischen Bauten umrahmte Neue Markt. Beherrscht wird dieser Platz vom mächtigen gotischen Backsteinbau der **Marienkirche** (um 1380). Eindrucksvoll sind das gewaltige Westwerk mit Netz- bzw. Sterngewölbe und das 32 m hohe Langhaus.

Neuer Markt

Über den alten **Rügendamm** gelangt man auf das Inselchen **Dänholm** und weiter nach ►Rügen. Auf Dänholm befinden sich das **Marinemuseum** sowie das **Nautineum**, eine Außenstelle des Deutschen Meeresmuseums. Hier ist

> **!** *Baedeker* TIPP
>
> **Ungewöhnliche Ansichten ...**
>
> ... verschafft eine Führung, bei der man über die Gewölbe der Marienkirche spaziert und die Dachkonstruktion aus der Nähe inspizieren kann. Zum Abschluss geht's über »schlappe« 366 Stufen hinauf auf den Westturm, doch dafür wird man mit einem herrlichen Ausblick über die Dächer der Stadt belohnt (Anmeldung und Information: Tel. 038 31/29 89 65).

auch das Unterwasserlabor »Helgoland« eingerichtet, das man besichtigen kann.

Rügenbrücke

Gleich nebenan ragt der **127,5 m hohe Pylon** der im Herbst 2007 eingeweihten neuen Rügenbrücke als neues Wahrzeichen der Stadt in den Himmel. Im Volksmund heißt dieses kühne Bauwerk über den Strelasund bereits »Strela Gate«, erinnert es doch ein wenig an die Golden Gate Bridge bei San Francisco. Über die insgesamt 4097 m lange und bis zu 42 m hohe Brückenkonstruktion rollen täglich rund 22 000 Fahrzeuge.

★ Thüringer Wald

F–H 9/10

Bundesland: Thüringen   **Höhe:** 500 – 982 m ü. d. M.

Etwa in der Mitte Deutschlands erhebt sich der Thüringer Wald als landschaftlich sehr reizvolles Mittelgebirge mit vielen Tälern und Stauseen, deren bekanntester die Ohratalsperre ist. Holzreichtum, Wasserkraft und Erzvorkommen (Eisen, Silber, Kupfer) haben zu der für das Waldgebirge charakteristischen Verteilung vieler kleiner Industriestandorte über das gesamte Gebiet beigetragen.

Rennsteig

»Ich wandre ja so gerne ...« – so hört man Wanderer singen auf Deutschlands berühmtestem Wanderweg, der über die Gebirgskäm-

Grün so weit das Auge reicht: Szenerie am Rennsteig bei Oberhof

▶ THÜRINGER WALD ERLEBEN

AUSKUNFT

Fremdenverkehrsverband
Thüringer Wald
August-Bebel-Str. 16, 98527 Suhl
Tel. (0 36 81) 3 94 50, Fax 72 21 79
www.thueringer-wald.de

ESSEN

▶ Erschwinglich
Goldener Hirsch
An der Hasel 91–93, Suhl
Tel. (0 36 81) 7 95 90
Gäste werden seit fast 400 Jahren in
dem rustikalen Fachwerkhaus bewirtet, das für einen besonders gelunge-
nen Gänsebraten und andere regionale Spezialitäten bekannt ist.

▶ Preiswert
Ratskeller
Altmarkt 2, Schmalkalden
Tel. (0 36 83) 40 27 42
Viel historisches Flair versprüht das
aufwendig restaurierte Haus. Probie-
ren Sie die Rouladen mit Apfelrotkohl
und Thüringer Klößen!

Lutherhaus
Lutherhausweg 19, 96515 Sonneberg
Tel. (0 36 75) 70 39 58
Uriges Ausflugslokal mit deftiger
Thüringer Küche im geschichtsträch-
tigen Blockhaus am Schönberg.

ÜBERNACHTEN

▶ Komfortabel
Romantik Berg- und Jagdhotel
Gabelbach
Waldstr. 23 a, 98693 Ilmenau
Tel. (0 36 77) 86 00, Fax 86 02 22
www.romatikhotel-gabelbach.de
Attraktives Kurhotel in reizvoller
Lage, hübsche Zimmer und Suiten im
Landhausstil, Restaurant mit offenem
Kamin, moderner Freizeitbereich mit
Schwimmbad und Sauna.

Ringhotel Ringberg
Ringberg 10, 98527 Suhl
Tel. (0 36 81) 38 90, Fax 38 98 90
www.ringberghotel.de
Auf dem Gipfel des Ringbergs liegt
dieses ruhige Hotel direkt am Rennsteig, geräumige Zimmer mit herrlicher Aussicht auf Suhl und den
Thüringer Wald. Restaurant mit hei-
mischer und internationaler Küche,
Schwimmbad, Sauna, Fitnessstudio.

▶ Günstig
Stadthotel Patrizier
Weidebrunner Gasse 9
98574 Schmalkalden
Tel. (0 36 83) 60 45 14, Fax 60 45 18
Persönlich geführtes Haus mit solide
eingerichteten, sehr wohnlichen
Zimmern, kleines Restaurant.

me von Thüringer Wald und Thüringischem Schiefergebirge führt.
Der 168 km lange mit einem »R« gekennzeichnete **Höhenweg**
schlängelt sich von Hörschel bei Eisenach über die höchsten Erhe-
bungen des Thüringer Waldes (Großer Inselsberg, 916 m ü. d. M.;
Großer Beerberg, 982 m ü. d. M.) und des Thüringischen Schiefergebirges bis Blankenstein nahe der oberen Saale. Der bereits im Jahre
1330 erwähnte Botensteig markiert nicht nur die Grenze zwischen
Thüringen und Franken, sondern auch die **Sprachgrenze** zwischen
dem Sächsischen im Nordosten und dem Fränkischen im Südwesten.

Raum Schmalkalden

Schmalkalden ✳
Am landschaftlich reizvollen Südwesthang des Waldgebirges liegt die alte Stadt Schmalkalden (18 000 Einw.), wo im ausgehenden Mittelalter die Eisenverarbeitung für wirtschaftlichen Wohlstand sorgte. 1531 wurde hier der **Schmalkaldische Bund** als Schutzbündnis der protestantischen Reichsstände gegen den Habsburgerkaiser Karl V. ins Leben gerufen. Sechs Jahre später hat man die von Martin Luther verfassten Schmalkaldischen Artikel angenommen. Nach der Niederlage des Bundes im **Schmalkaldischen Krieg** von 1546/1547 bei Mühlberg besann man sich in der Stadt wieder auf die Tradition der Metallverarbeitung. Auch heute noch werden in Schmalkalden Werkzeuge hergestellt.

Schloss Wilhelmsburg ✳ ▶
Hauptsehenswürdigkeit der Stadt ist dieses weithin sichtbare 1585 bis 1589 erbaute **Renaissance-Schloss**. Beachtenswert sind die **Schlosskapelle** mit einer Orgel aus dem 16. Jh., der **Bankettsaal** mit seiner schönen Kassettendecke, der reich stuckierte **Weiße Saal** sowie das im Schloss eingerichtete **regionalhistorische Museum**.

Ein Blickfang in der denkmalgeschützten **Altstadt** ist das im Kern spätgotische **Rathaus** am **Altmarkt**. Über dem Ratskeller liegt der frühere Sitzungssaal des Schmalkaldischen Bundes. Gleich in der Nähe steht die 1437 bis 1509 erbaute **Stadtkirche St. Georg**, eine der schönsten Hallenkirchen Thüringens. In der Lutherstube über der Sakristei ist wertvolle Sakralkunst ausgestellt. Die **Todenwarthsche Kemenate** ist zu Beginn des 16. Jh.s am Altmarkt errichtet worden. Am **Neumarkt** beeindruckt der **Hessenhof** als markanter Fachwerkbau. In der »Trinkstube« im Keller ist eine der ältesten noch erhaltenen Profanmalereien des deutschen Mittelalters zu sehen.

> **!** *Baedeker* TIPP
>
> **Eine Welt tut sich auf ...**
>
> ... mit der THÜRINGER WALD CARD. Diese ein Jahr lang gültige Vorteils-, Bonus- und Rabattkarte bietet vielerlei Vergünstigungen u. a. bei Bahn- und Busfahrten, Besuchen von Burgen, Schlössern, Museen, Höhlen, Freizeitbädern etc. Auch in etlichen Bauernläden und traditionellen Handwerksbetrieben erhält man Vergünstigungen. Infos: Tel. (0 18 05) 45 22 54, www.thueringer-wald-card.info

Neue Hütte ▶
Im Stadtteil Weidebrunn kann man diese als technisches Denkmal restaurierte **Eisenhütte** (Hochofen von 1835) besichtigen.

Asbach
Im 2 km östlich von Schmalkalden gelegenen Ort Asbach, wo man bereits im Mittelalter Eisenerz abgebaut hat, wurde das **Schaubergwerk »Finstertal«** eingerichtet.

Trusetal
12 km nördlich von Schmalkalden erreicht man diese aus mehreren Bergarbeiterdörfern zusammengewachsene Ortschaft. Die bekannteste Attraktion von Trusetal ist ein 58 m hoher **künstlicher Wasserfall**, der im Jahre 1865 am Ortsausgang in Richtung Brotterode angelegt worden ist.

Raum Suhl

Die alte thüringische Stadt Suhl (42 000 Einw.) war einst die »Waffenschmiede Europas«. Zur Waffenproduktion kam nach dem Ersten Weltkrieg der Kraftfahrzeugbau. Zu DDR-Zeiten fertigte man hier Motorräder und Motorroller der Marken »Simson« und »Schwalbe«. Heute werden in Suhl u. a. Jagd- und Sportwaffen, Maschinen sowie Fleisch- und Wurstwaren (»Zimbo«) produziert.   **Suhl**

Die Stadt wurde im Laufe ihrer Geschichte mehrfach von Bränden verwüstet und zu DDR-Zeiten »sozialistisch« umgestaltet. Die Kernstadt präsentiert sich dementsprechend. Mitten auf dem **Marktplatz**, der vom **Rathaus** und der barocken **Marienkirche** beherrscht wird, steht ein Brunnen mit dem Wahrzeichen der Stadt, dem 1903 enthüllten **Suhler Waffenschmied**. Der **Steinweg**, die Hauptgeschäftsstraße der Stadt, wird von schönen Bürgerhäusern (u. a. Rokokohaus, Nr. 26) flankiert. Den Abschluss des Steinwegs bilden die 1739 geweihte **Kreuzkirche** und die 1642 errichtete Kreuzkapelle.   ◀ Altstadt

Im ehemaligen **Malzhaus**, einem 1663 am Herrenteich errichteten und 2007/2008 renovierten Fachwerkbau, ist das **Suhler Waffenmuseum** eingerichtet. Im benachbarten modernen **Congress Centrum Suhl** mit Erlebnisbad, Gastronomie und Einkaufspassage befindet sich auch das **Fahrzeugmuseum Suhl**, dessen Glanzstücke der legendäre »Greifzu«-Rennwagen, diverse »Simson«-Motorräder und natürlich auch der Motorroller »Schwalbe« sind.   ◀ Am Herrenteich

»Simson«-Motorräder im Suhler Fahrzeugmuseum

Stadtteil Heinrichs ▶ Hier gibt es einen denkmalgeschützten Marktplatz und einige Fachwerkbauten zu bewundern, so etwa das 1657 erbaute alte Rathaus, eines der schönsten Fachwerkgebäude Thüringens.

Schillingsschmiede ▶ Dieses viel besuchte technische Denkmal findet man am nördlichen Stadtrand von Suhl.

Zella-Mehlis 7 km nordwestlich von Suhl liegt dieses 1919 aus dem Zusammenschluss zweier Siedlungen hervorgegangene 12 000-Einwohner-Städtchen. Mehlis, im 11. Jh. gegründet, wurde 1892 zur Stadt erhoben. Kern von Zella ist ein 1112 gegründetes Kloster. Die 1768 bis 1774 errichtete **Stadtkirche Zella St. Blasii** gehört zu den wichtigsten Baudenkmälern der Barockzeit in Thüringen. Beachtung verdient auch das Heimatmuseum. Ein imposanter hennebergischer Fachwerkbau ist das **Bürgerhaus**, dessen älteste Bauteile aus dem 9. Jh. stammen. Eine besondere Attraktion ist das **Meeresaquarium** (Talstr. 50), in dem auch Haie schwimmen.

In der alten mit Wasserkraft betriebenen **Gesenkschmiede** nördlich der Stadt wird vorgeführt, wie früher Werkzeuge hergestellt wurden.

✶ Oberhof Ein **Wintersportzentrum** ersten Ranges, das meistbesuchte **Ferienziel** des Thüringer Waldes und **Luftkurort** ist das auf dem Gebirgskamm und am Rennsteig gelegene »St. Moritz der früheren DDR«. Hier oben kämpfen jeden Winter Biathleten, Skispringer, Nordische Kombinierer, Rennrodler und Bobsportler um Ruhm und Ehre.

Im Rennsteiggarten, einer mehrere Hektar großen Anlage auf dem Pfanntalskopf, werden vielerlei Pflanzenarten aus allen Hochgebirgen der Erde kultiviert.

Ausflugsziele ▶ Beliebte Ausflugsziele in der Umgebung von Oberhof sind die **Lütschetalsperre** und die **Ohratalsperre**. Hier kann man rudern und paddeln sowie schöne Rundwanderungen unternehmen.

✶ Biosphärenreservat Vessertal Südöstlich von Suhl erstreckt sich das von der UNESCO anerkannte Biosphärenreservat Vessertal, in dem noch viele seltene Pflanzen- und Tierarten beheimatet sind. Informationen gibt es im **Naturschutzzentrum Breitenbach**. Der südlich der Ortschaft Vesser gelegene Kernbereich des Reservats steht unter strengstem Naturschutz: Hier darf man nicht einmal wandern!

Schleusingen 15 km südöstlich von Suhl liegt Schleusingen mit seiner von **hennebergischem Fachwerk** geprägten Altstadt. In der **Bertholdsburg**, einem wuchtigen Renaissance-Ensemble auf einem Sandsteinplateau, kann man sich über die Natur- und Kulturgeschichte Südthüringens informieren.

In der einstigen Residenzstadt der Herzöge von Sachsen-Hildburg-hausen gefallen der **Marktplatz** mit dem **Renaissance-Rathaus** und einigen schönen barocken Bürger-häusern. Bemerkenswerte Barock-bauten sind die Stadtkirche sowie das ehemalige Regierungsgebäude. Im Stadtmuseum wird u. a. an den **Verleger Joseph Meyer** erinnert, der sich 1828 mit seinem Biblio-graphischen Institut in der Stadt niedergelassen hatte.

Hildburghausen

10 km südwestlich erwartet das im Jahre 1131 gegründete **Prämonstra-tenserkloster Veßra** Besucher. Beachtung verdient das Klostertor mit Torkirche. Die Klosterkirche fiel im Jahr 1939 einem Brand zum Op-fer. Auf dem Klostergelände befindet sich das **Hennebergische Frei-lichtmuseum** mit alten Fachwerkbauernhäusern und Werkstätten aus der Region.

Raum Ilmenau

Die Hochschul- und Industriestadt Ilmenau liegt am Nordostrand des Thüringer Waldes. Die Entwicklung des 1273 urkundlich erst-mals erwähnten Ortes wurde bis ins 18. Jh. vom Silber- und Kupfer-bergbau bestimmt. Als für den Bergbau zuständiger Minister des Weimarer Hofes weilte **Johann Wolfgang von Goethe** wiederholt in Ilmenau. Im 18. und 19. Jh. entwickelten sich die Glasindustrie und die Porzellanmanufaktur zu wichtigen Wirtschaftszweigen. Nach 1830 machte sich Ilmenau auch als **Kurort** einen Namen. Im **Amts-haus am Markt** (1756) wird an das Wirken Goethes erinnert. Ferner wird hier die Geschichte des Bergbaus und der Porzellanmanufaktur aufgezeigt. Beachtenswerte Baudenkmäler sind das **Rathaus** mit sei-nem schönen Renaissanceportal, die 1603 erbaute **Stadtkirche** sowie das **Zechenhaus** an der Sturmheide, das älteste Gebäude der Stadt.

★
Ilmenau

Dieser 18,5 km lange Pfad verbindet die Wohn- und Arbeitsstätten Goethes rund um Ilmenau. Im **Jagdhaus Gabelbach** befasst sich eine kleine Ausstellung mit Goethes naturwissenschaftlichen Studien. Auf dem eine herrliche Aussicht über den Thüringer Wald und sein Vor-land bietenden Ilmenauer Hausberg **Kickelhahn** (861 m, Aussichts-turm, Berggasthaus) steht das nach einem Brand (1870) originalge-treu wiederaufgebaute **Goethehäuschen**, in dem der große Dichter den Vers »Über allen Gipfeln ist Ruh' ... « verfasst hat.

★
◄ Goethe-
wanderweg

Rund 20 km östlich von Ilmenau lohnt die Ruine der Klosterkirche in Paulinzella einen Besuch. Die romanische Säulenbasilika wurde im Jahre 1124 geweiht. Sie bezeugt den Einfluss der sog. **Hirsauer Schule**, die gegen Ende des 11. Jh.s vom nördlichen Schwarzwald ih-ren Ausgang nahm.

★
**Kloster
Paulinzella**

✴
Arnstadt

Das als »nördliches Tor zum Thüringer Wald« bekannte Arnstadt war einst Warenumschlagplatz an der Kreuzung zweier wichtiger Handelswege. Am **Markt** stehen zwei schöne, im späten 16. Jh. errichtete Renaissancebaudenkmäler: das nach niederländischem Vorbild gestaltete **Rathaus** und die sog. **Tuchgaden** (Galeriegebäude). Der bekannteste Sakralbau der Stadt ist die 1676 bis 1683 erbaute **Bachkirche**, ehemals Neue Kirche genannt. Johann Sebastian Bach war hier von 1703 bis 1707 Organist. An sein Wirken wird in dem beim Rathaus gelegenen »Haus zum Palmbaum« erinnert. Die im Übergangsstil von der Romanik zur Gotik errichtete Liebfrauenkirche gilt als eines der wichtigsten Baudenkmäler des 13. Jh.s in Thüringen. Vor dem Gotteshaus steht die ehem. Papiermühle (16./ 17. Jh.), ein schöner Fachwerkbau. Der **Neideckturm**, heute Wahrzeichen von Arnstadt, gehörte ursprünglich zu einer Renaissance-Schlossanlage. Das **Neue Palais**, ein zwischen 1728 und 1732 errichteter Barockbau, beherbergt die berühmte Puppensammlung »Mon Plaisir«, die Einblicke in das höfische Leben des beginnenden 18. Jh.s und in die Wohn- und Arbeitswelt der einfachen Bevölkerung gewährt. Kostbarster Besitz des Neuen Palais sind aber elf Brüsseler Renaissancegobelins, eine Sammlung ostasiatischen und Meißner Porzellans aus der ersten Hälfte des 18. Jh.s sowie Dorotheenthaler Fayencen. Eisenbahnfans lockt es in das **Historische Bahnbetriebswerk** am Rehestädter Weg, wo etliche alte Dampfloks besichtigt werden können.

✴
Drei Gleichen

Nordwestlich von Arnstadt, beiderseits der Autobahn A 4, sieht man drei Kegelberge mit Resten mittelalterlicher Burgen: der im Jahre 704 erstmals erwähnten **Mühlburg**, der sagenumwobenen **Burg Gleichen** sowie der **Vetse Wachsenburg**, in der heute ein Hotelbetrieb eingerichtet.

Von Sonneberg ins Schwarzatal

Sonneberg

Am Südrand des Thüringer Schiefergebirges wird seit rund 400 Jahren Spielzeug produziert. Im **Deutschen Spielzeugmuseum** (Beethovenstr. 10) sieht man Puppen, Blechspielzeug, Modelleisenbahnen und die berühmte »Thüringer Kirmes«, die schon auf der Brüsseler Weltausstellung 1910 für großes Aufsehen sorgte.

Steinach

Von Sonneberg folgt man dem Flüsschen Steinach aufwärts ins Thüringer Schiefergebirge hinein. Bald erreicht man den Ort Steinach, wo früher Griffelschiefer für die Herstellung von Schreibstiften abgebaut wurde. Das **Deutsche Schiefermuseum** informiert ausführlich darüber.

Lauscha

Weiter talaufwärts kommt man in dieses altbekannte **Glasbläserstädtchen**, in dessen **Museum für Glaskunst** kunstvoll gestaltete Produkte vom 16. Jh. bis heute ausgestellt sind.

Oberweißbacher Standseilbahn

Noch ein paar Kilometer weiter nördlich, auf 835 m Meereshöhe, liegt dieses rund 400 Jahre alte Glasmacher- und Köhlerstädtchen **Neuhaus am Rennweg**, heute ein beliebter Luftkurort und Wintersportplatz. Hier steht eine wunderschöne 1892 geweihte Holzkirche.

Bei dem 8 km nordöstlich von Neuhaus gelegenen Ort **Schmiedefeld** lohnt das **Schaubergwerk Morassina** (ehem. Alaunschieferbergwerk) mit Heilstollen einen Besuch.

25 km westlich von Neuhaus erreicht man das Glasbläserdorf **Masserberg**. Südlich des Ortes wölbt sich der 841 m hohe Eselsberg mit der Rennsteigwarte, von der aus man einen **herrlichen Ausblick** über den Thüringer Wald bzw. das Thüringer Schiefergebirge hat. Am Südhang des Eselsberges ist die **Werraquelle** gefasst.

✳ **Rennsteigwarte**

Westlich und nördlich von Neuhaus verläuft das 53 km lange Schwarzatal. Zunächst schlängelt sich der Fluss durch ein liebliches Tal auf der Hochfläche des Schiefergebirges. Dann zwängt er sich durch ein **wildromantisches Schluchttal** bis Schwarzburg und Bad Blankenburg. Die **Schwarzatalbahn** von Rottenbach hinauf nach **Katzhütte** ist im Jahre 1900 eröffnet und 2002 modernisiert worden. Der Bahnhof Obstfelderschmiede ist zugleich Talstation der 1923 in Betrieb genommenen und inzwischen als technisches Denkmal ausgewiesenen Oberweißbacher Bergbahn. Die **Standseilbahn** bewältigt auf ihrer 1,4 km langen Fahrt hinauf zur Bergstation Lichtenhain (663 m) einen Höhenunterschied von 323 Metern. Von Lichtenhain kann man dann noch mit einem Elektrotriebwagen auf einer **Flachstrecke** weiter nach Oberweißbach und Cursdorf fahren.
Auf dem Kirchberg (785 m) bei Oberweißbach steht der Fröbelturm, von dem man einen tollen Ausblick über das Waldgebirge, das Schwarzatal und die nahen Talsperren genießen kann.

✳ **Schwarzatal**

✳ ◄ Oberweißbacher Bergbahn

✳ ◄ Fröbelturm

Der beliebte Luftkurort Schwarzburg, oft als **»Perle Thüringens«** bezeichnet, liegt weitere 7 km flussabwärts und wird beherrscht von einem hoch über der Schwarza errichteten **Schloss**. Das idyllische Städtchen ist Ausgangspunkt für erholsame Spaziergänge und Wanderungen. Historische Bedeutung erlangte der Ort im Jahre 1919, als Reichspräsident Friedrich Ebert im **Hotel Schwarzaburg** die **Weimarer Verfassung** unterzeichnete.

✳ **Schwarzburg**

Torgau

Bundesland: Sachsen **Höhe:** 83 m ü. d. M.
Einwohnerzahl: 18 000

Torgau ist ein geschichtsträchtiger Ort: Wie man die ►Lutherstadt Wittenberg Wiege der Reformation nennt, so gilt Torgau als ihre »Amme«, denn hier ist der Verbreitung der Reformation entscheidend der Weg geebnet worden. Außerdem trafen sich hier – zumindest nach offizieller Lesart – kurz vor Ende des Zweiten Weltkriegs erstmals auf deutschem Boden US- und Sowjettruppen.

Geschichte Auf einem steilen Fels über der Elbe entstand an der Stelle des heutigen Torgau zur Sicherung des Elbübergangs eine Befestigung und bald eine Siedlung, die Mitte des 13. Jh.s das Stadtrecht erhielt. Die Wettiner erhoben sie 1456 zu ihrer Residenz, und als die wettinischen Lande 1485 geteilt wurden, forcierten die Ernestiner den Ausbau der Burg. Unter Kurfürst Friedrich dem Weisen wurde Torgau zu einem **Zentrum der Reformation**: 1526 schlossen hier die protestantischen Reichsfürsten den Torgauer Bund, und 1530 erarbeiteten Martin Luther, Philipp Melanchthon, Justus Jonas und Bugenhagen die Torgauer Artikel als Grundlage des Augsburger Religionsfriedens. Nach der Besetzung Torgaus durch Napoleons Truppen entwickelte sich Torgau zur Garnisons- und Beamtenstadt.

! *Baedeker* TIPP

Die Lutherin

Gerne folgen Torgau-Besucher einer Fremdenführerin, die in historischem Gewand in die Rolle von Luthers Gemahlin Katharina von Bora schlüpft. Die neuzeitliche »Lutherin« weiß viel Interessantes aus alter und neuer Zeit über Torgau zu berichten, erzählt von ihrem berühmten Doktor und hält denkwürdige Tischreden, manchmal mit einem Augenzwinkern. Anmeldung zur Führung über: Torgau-Informations-Center, Markt 1, Tel. (0 34 21) 70 14-0.

Sehenswertes in Torgau

Altstadt Zentrum der Torgauer Altstadt ist der **historische Marktplatz** mit dem lang gestreckten Rathaus (1563–1579), in dessen Hof die im 13. Jahrhundert begonnene Nikolaikirche steht. Am Markt und in seinen Nebengassen haben sich etwa 100 historische Bürgerhäuser aus dem 16. und 17. Jahrhundert mit schönen Renaissancegiebeln und Sitznischen erhalten, u. a. die Mohrenapotheke von 1503 (Markt Nr. 4) und in der Bäckerstraße Nr. 3 das **älteste deutsche Spielzeuggeschäft**.

Torgauer Museumspfad ► Auf diesem Rundgang erfährt man Torgauer Geschichte hautnah, so etwa die **Katharina-Luther-Stube** im Sterbehaus der Ehefrau des großen Reformators. Die **Kurfürstliche Kanzlei**, in der sich 1711 Zar Peter I. und Gottfried Wilhelm Leibniz trafen, beherbergt heute das

TORGAU ERLEBEN

AUSKUNFT

Torgau-Informations-Center
Markt 1, 04860 Torgau
Tel. (0 34 21) 70 14-0, Fax 70 14-15
www.torgauinfo.de

ESSEN

► **Erschwinglich/Preiswert**
Ratskeller
Markt 1
Tel. (0 34 21) 90 34 77
Im historischen Ambiente der Traditionsgaststätte, in der schon Luther und Napoleon einkehrten, werden Sie mit feiner regionaler Küche bewirtet.

Sanssouci
Dahlener Str. 15
Tel. (0 34 21) 73 91 73
Beliebtes Ausflugsziel am Elbradweg im Naturschutzgebiet »Großer Teich«.

Deftige bodenständige Küche und ein lauschiger Biergarten.

ÜBERNACHTEN

► **Komfortabel/Günstig**
Torgauer Brauhof
Warschauer Str. 7, 04860 Torgau
Tel. (0 34 21) 73 00-0, Fax 73 00-17
www.hotel-torgauer-brauhof.de
Neuzeitlicher Hotelbau am Rande der Altstadt, recht geräumige Zimmer mit zeitgemäßer Einrichtung, Restaurant und Bowlingbahn im Haus.

Central Hotel
Friedrichsplatz 8, 04860 Torgau
Tel. (0 34 21) 73 28-0, Fax 73 28-50
www.central-hotel-torgau.de
Haus mit zeitgemäß eingerichteten Zimmern, im rustikalen Restaurant wird regionale Küche serviert.

Stadt- und Kulturgeschichtliche Museum. Das **Lapidarium** lässt steinerne Zeugen von der Baugeschichte des Schlosses erzählen.
Die wichtigste Kirche ist die das Stadtpanorama dominierende **Marienkirche** (12.–16. Jh.), die als wertvollsten Schatz das 1507 von Lucas Cranach d. Ä. geschaffene Gemälde »Die vierzehn Nothelfer« besitzt.

Dicht am Ufer der Elbe ragt weithin sichtbar Schloss Hartenfels auf, das **älteste Renaissanceschloss in Deutschland**. Es entstand ab Mitte des 15. Jh.s auf den Mauern der Burg aus dem 10. Jahrhundert. Betritt man den Hof, sieht man rechts den ältesten Schlossflügel, den Albrechtbau (1470–1485); am anschließenden Johann-Friedrich-Bau (1533–1536) prangt der einzigartige Große Wendelstein, ein spiralförmiges Treppenhaus aus Elbsandstein mit reicher Ornamentik. In der Mitte des Schlosskirchenflügels sieht man den 1544 gesetzten Schönen Erker. Den gesamten Westteil dieses Flügels nimmt die Schlosskirche ein, 1543/1544 als erster protestantischer Kirchenbau in Deutschland erbaut.
Dieses Dokumentations- und Informationszentrum im Schloss Hartenfels informiert über die **beklemmende Geschichte der Torgauer Haftanstalten** (Brückenkopf, Fort Zinna) von 1943 bis 1990.

★
Schloss Hartenfels

◄ DIZ Torgau

Schloss Hartenfels ist das älteste Renaissanceschloss Deutschlands.

Denkmal der Begegnung Unterhalb des Schlosses erinnert ein Denkmal am Elbufer an das Zusammentreffen sowjetischer und amerikanischer Soldaten in den Nachmittagsstunden des 25. April 1945, womit Deutschland militärisch geteilt war. Das Foto des Treffens ging um die Welt – allerdings ist es einen Tag später nachgestellt worden. Tatsächlich fand die erste Begegnung zwischen sowjetischen und US-Truppen einige Stunden vor der Torgauer Begegnung elbaufwärts bei Strehla statt, doch alljährlich am **»Elbe Day«** treffen sich hier amerikanische und russische Kriegsveteranen.

Umgebung von Torgau

Graditz Am östlichen Elbufer, etwa 4 km von Torgau entfernt, liegt das **Gestüt** Graditz, einst kurfürstlicher Landsitz, in dem schon 1630 eine »Stutterey« bestand. 1722 erbaute der Dresdener Zwingerbaumeister Matthäus Daniel Pöppelmann das Gutshaus, einen schlichten, lang gestreckten Bau mit hohem Mansarddach und betontem Balkonvorbau, umgeben von einem Park mit hübschem Teepavillon.

★
Dahlener Heide Südlich von Torgau erstreckt sich mit der Dahlener Heide eines der **größten Waldgebiete Sachsens**. Rund 200 km markierte Wanderwege führen durch diese hügelige, seenreiche Waldlandschaft. Eines der beliebtesten Ausflugsziele ist das Waldbad im Heidedorf Schmannewitz, das auch eine Bockwindmühle und ein bäuerliches Museum zu bieten hat.

Dübener Heide Nordwestlich von Torgau breitet sich diese als Erholungsraum geschätzte Wald- und Seenlandschaft aus (▶Lutherstadt Wittenberg).

✴ Uckermark

Bundesländer: Brandenburg, Mecklenburg-Vorpommern

Höhe: 5 – 30 m ü. d. M.

Die Uckermark präsentiert sich als seenreiches Hügelland mit ausgedehnten Kiefernwäldern und Heidelandschaften im äußersten Nordosten Deutschlands. Ackerbau und Forstwirtschaft sind bis heute wichtige Erwerbszweige. Ab dem 18. Jh. wurde die Uckermark gar als »Kornkammer Berlins« bezeichnet. Auch ist die Uckermark ein beliebter Naherholungsraum für die Berliner.

Zur Uckermark gehören die Gebiete um die Städte Prenzlau, Angermünde und Templin zwischen der oberen Havel und der unteren Oder beiderseits der Ucker. Nördlich schließt die Ueckermünder Heide an, die bis ans Stettiner Haff heranreicht.

Ausdehnung

Der Name Uckermark (= Grenzland) ist seit dem 15. Jh. gebräuchlich und charakterisiert die Lage dieses Gebietes zwischen den historischen Ländern Brandenburg, Mecklenburg und Pommern. Eine regionale Besonderheit ist die unterschiedliche Schreibweise des namensgebenden Flusses, der im Brandenburgischen Ucker, im Pommerschen jedoch Uecker heißt.

◄ *Landschaftsname*

Reiseziele in der Uckermark

Die hübsch hergerichtete Hafenstadt an der Mündung der Uecker ins Stettiner Haff kann zwar nicht mit großartigen Baudenkmälern aufwarten, doch sie bietet einige Möglichkeiten für einen **Erholungs- und Aktivurlaub**, so z. B. Schiffsausflüge und Segeltörns im Stettiner Haff, Radwanderungen in der Wald- und Heidelandschaft der Ueckermünder Heide und Bademöglichkeiten am 800 m langen **Sandstrand** von Ueckermünde. Mit **Stadthafen, Fischereihafen** sowie neuer **Lagunenstadt** samt **Marina**, Feriendomizilen und Gastronomie setzt Ueckermünde stark auf den Tourismus.

Ueckermünde

Vom 1540 fertiggestellten **Renaissanceschloss** steht nur noch der Südflügel mit spätmittelalterlichem Treppenturm und Bergfried. Es beherbergt heute das **Haffmuseum**, das über die Geschichte von Stadt, Schloss, Schifffahrt und Fischfang informiert.

Ein Fischerboot hat im Hafen von Ueckermünde festgemacht.

UCKERMARK ERLEBEN

AUSKUNFT

Tourismusverband Uckermark
Grabowstr. 6, 17291 Prenzlau
Tel. (0 39 84) 83 58 84, Fax 83 58 85
www.tourismus-uckermark.de

ESSEN

▶ **Erschwinglich**

Wintergarten
Fährkrug 1, Templin
Tel. (0 39 87) 4 80
Gutbürgerliche Küche, Fisch- und
Wildspezialitäten bietet das nette Res-
taurant. Bei schönem Wetter lädt die
Terrasse zum Verweilen ein.

▶ **Preiswert**

Stadtkrug Ueckermünde
Markt 3/4, Ueckermünde
Tel. (03 97 71) 800
Gutbürgerliches Restaurant mit wunderschöner Marktterrasse, das für
seine vorpommerschen Spezialitäten
geschätzt wird.

Seerestaurant »Am Kap«
Uckerpromenade 84
17291 Prenzlau
Tel. (0 39 84) 7 18 03 05
Südlich am Ostufer des Unterucker-
sees werden Sie in dem traditionsreichen Restaurant mit einer frischen
marktorientierten Küche bewirtet. Der
Weg lohnt sich vor allem im Sommer,
wenn die Außenterrasse geöffnet ist!

ÜBERNACHTEN

▶ **Komfortabel**

Döllnsee-Schorfheide
Döllnkrug 2
17268 Templin-Groß Dölln
Tel. (03 98 82) 6 30, Fax 6 34 02
www.doellnsee.de
Aus einem ehemaligen Jagdhaus wurde
ein schmuckes Hotel, eingebettet in
eine schöne Parklandschaft am

Großen Döllnsee. Wohnliche Zimmer
im Landhausstil, gediegenes Restaurant,
grandioser Wellnessbereich.

Pasewalk
Dargitzer Str. 26
17309 Pasewalk
Tel. (0 39 73) 22 20, Fax 22 22 00
www.hotel-pasewalk.de
Außerhalb des Ortes in ruhiger Lage
überzeugt das moderne Haus mit
komfortablen Zimmern, einem
gemütlichen, rustikal angehauchten
Restaurant und vielfältigen Freizeitangeboten wie Bowling, Tennis,
Schwimmbad und Sauna.

▶ **Günstig**

Wendenkönig
Neubrandenburger Str. 66
17291 Prenzlau
Tel. (0 39 84) 86 00
Fax 86 01 51
www.hotel-wendenkönig.de
In ruhiger Ortsrandlage bietet dieses
familiär geführte Haus behaglichen
und zweckmäßig eingerichtete Zimmer. Spezialitäten aus der Uckermark
werden im Restaurant aufgetischt,
lauschige Gartenterrasse.

Baedeker-Empfehlung

Mühlenpension Salveymühle
Salveymühle 3, Freudenfeld
16307 Geesow
Tel. (03 33 33) 3 03 35
www.salveymuehle.de
Verbringen Sie einen romantischen
Urlaub in der alten Salveymühle und erleben
Sie das letzte, über 100 Jahre
alte Horizontalsägegatter Deutschlands
in Aktion. Idyllisches Naturschutzgebiet und
Vogelparadies.

Die Pfarrkirche St. Marien ist ein Barockbau aus dem Jahr 1766 mit   ◄ St. Marien
einem neugotischen Turm, der 1863 hinzugefügt wurde.
Der Tierpark von Ueckermünde ist mit seinem Streichelzoo und   ◄ Tierpark
dem begehbaren Affenwald vor allem bei Kindern sehr beliebt.

In Torgelow, 15 km südlich von Ueckermünde, gründete Friedrich   **Torgelow**
der Große 1754 ein **Eisenhüttenwerk**, von dem noch ein Glocken-
stuhl und Wohngebäude erhalten sind. Die nur noch als Ruine
existierende Burg bestand vermutlich schon im 12./13. Jh. Am Südrand des Industriestädtchens kann man das sog. Ukranenland be-   ◄ Ukranenland
sichtigen, eine rekonstruierte **slawische Händler- und Handwerker-
siedlung** des 9./10. Jh.s; mit dem rekonstruierten **Slawenboot »Sva-
rog«** werden auch Fahrten auf der Uecker unternommen.

Um 1150 entstand die Kaufmannssiedlung Pasewalk an dem hiesigen   **Pasewalk**
von einer pommerschen Burg bewachten Ueckerübergang. Sie erhielt
bereits 1251 das Stadtrecht. Pasewalk war Mitglied der Hanse und
damit Ausgangspunkt für einen seit 1320 durch Zollfreiheiten geför-
derten Fernhandel. Zu den wichtigsten Exportgütern zählte lange
Zeit das **Pasewalker Bier**, »Pasenelle« genannt.
Von der Stadtbefestigung sind zwei Backsteintürme, zwei Tortürme
und Teile der Ringmauer erhalten. In dem um 1450 errichteten
Prenzlauer Tor ist das städtische Museum eingerichtet. Die **Pfarrkirche St. Marien** wurde im 14. Jh. auf Granitquadersockeln des 13. Jh.s
errichtet und birgt eine Kopie der »Kreuztragung« von Raffael.

Das alte Städtchen Strasburg ist ein idealer Ausgangspunkt für Aus-   **Strasburg**
flüge in die waldreiche Moränenlandschaft der **Brohmer Berge**.

Der Hauptort der Uckermark liegt am Ausfluss der Ucker aus dem   **Prenzlau**
Unteruckersee. Große Teile der Stadtbefestigung aus dem 13./14. Jh.
mit drei **Stadttortürmen** (Blindower Torturm, Mitteltorturm und
Steintorturm), dem Hexen- und Pulverturm sowie mehreren Wiekhäusern sind noch erhalten. Ein imposantes Zeugnis mittelalterlicher
Backsteingotik ist die **Marienkirche** (13./14. Jh.) mit ihrem prächtigen Ostgiebel. Im restaurierten **ehem. Dominikanerkloster** (13. Jh.)
sind das Kulturhistorische Museum, das Stadtarchiv und die Stadt-
bibliothek untergebracht.

Südlich der Stadt erstreckt sich der 7 km lange und etwa 2,5 km brei-   **Unteruckersee**
te Unteruckersee mit schönen Badeplätzen. Rund um den See findet
man noch viele seltene Pflanzen und Tiere.

Die der Fläche nach fünftgrößte Stadt Deutschlands liegt sehr reizvoll   ★
am sog. Templiner Seenkreuz mit Templiner See, Röddelinsee, Fähr-   **Templin**
see und Lübbesee. Die **mittelalterliche Stadtbefestigung** mit gotischen Türmen, Toren und Wiekhäusern ist gut erhalten. Beachtung
verdienen ferner die St.-Georgen-Kapelle (14. Jh.) mit spätgotischem

Flügelaltar, die barocke St.-Maria-Magdalenen-Kirche sowie das barocke Rathaus auf dem schmucken Marktplatz. Seit 2000 ist Templin als **Thermalsoleheilbad** anerkannt. Jüngste Attraktion ist das Kur-, Wellness- und Badeparadies **NaturTherme Templin**.

Schwedt

Die mit 37 000 Einwohnern größte Stadt der Uckermark liegt auf einer Sanderterrasse über den ausgedehnten Poldern des unteren Odertals. Als befestigter Oderübergang ausgebaut, war Schwedt bis 1479 ständig Streitobjekt zwischen Pommern und Brandenburg. Heute ist Schwedt **einer der bedeutendsten Raffineriestandorte Deutschlands**. Hier wird vornehmlich per Pipeline angeliefertes Rohöl aus Russland verarbeitet.

Sehenswertes ▶

Das **Stadtmuseum** am Markt informiert über die vorgeschichtliche Besiedlung der Region, beleuchtet die Markgrafenzeit und dokumentiert die frühere Bedeutung der hiesigen Tabakverarbeitung. Wahrzeichen der Stadt ist die als **Berlischky-Pavillon** bekannte ehemalige französisch-reformierte Kirche, die 1777 erbaut worden ist.

✳

Nationalpark Unteres Odertal

Nördlich von Schwedt erstreckt sich der »Nationalpark Unteres Odertal« als grenzüberschreitendes Naturschutzgebiet. Auf deutscher Seite gehören neben der von Altarmen durchzogenen Flussaue Wäl-

Noch ziemlich unberührt präsentiert sich die Stromaue im Nationalpark Unteres Odertal nördlich der Industriestadt Schwedt.

der und Trockenrasen auf den Oderhängen dazu. Die natürlichen Gegebenheiten und die Grenzlage zu Polen bewirkten, dass das Tal nicht zersiedelt wurde. So blieb diese **überaus artenreiche Auenlandschaft** weitgehend erhalten. Hier finden viele Pflanzen- und Tierarten der Steppenzone ihre am weitesten nach Nordwesten vorgeschobene Verbreitungsgrenze, so etwa der blau blühende Kreuzenzian, das silbrige Federgras und das gelbe Adonisröschen. Vor allem während des Vogelzugs sammeln sich hier Wildgänse, Schwäne und Kraniche in großer Zahl. Mehr als 120 Vogelarten brüten im Nationalpark, u. a. See-, Fisch- und Schreiadler, Weißstörche, der seltene

> ! *Baedeker* TIPP
>
> **Gemächlich durch den Nationalpark**
> Auf der »MS Uckermark« lernt man den Nationalpark vom Wasser aus kennen. Das Fahrgastschiff startet von der Anlegestelle Bollwerk in Schwedt aus nach Stolpe, Friedrichsthal, Gartz, Mescherin und auch zum Schiffshebewerk Niederfinow. Weitere Informationen: Tel. (0 33 32) 2 55 91-0

Schwarzstorch und die vom Aussterben bedrohten Seggenrohrsänger und Wachtelkönige.

✳ ✳ Usedom

Bundesland: Mecklenburg-Vorpommern   **Höhe:** 0 – 59 m ü. d. M.
Bewohnerzahl: 31 000

Usedom ist nach Rügen die zweitgrößte deutsche Ostseeinsel. Wegen ihrer heilsamen Seeluft und vor allem wegen ihrer kilometerlangen, feinsandigen Strände nannte man die Insel in den 1920er-Jahren die »Badewanne Berlins«.

Die 445 km² große Insel im Mündungsgebiet der Oder gehört heute überwiegend zu Mecklenburg-Vorpommern; nur der kleinere östliche Teil liegt seit 1945 auf polnischem Gebiet. An zwei Stellen ist Usedom mit dem Festland verbunden, bei Wolgast und bei Anklam (► Greifswald, Umgebung). Usedom besitzt eine rund 40 km lange, fast auf ihrer gesamten Länge von einem breiten Sandstreifen und dahinter liegenden Misch- oder Nadelwäldern gesäumte Meeresküste. Im Hinterland der Küste, das im Norden eher flach, im Süden dagegen hügelig ist, finden sich idyllisch gelegene Seen wie der Gothensee oder der Schmollensee, Wälder und Moore wie der Mümmelkensee, ein Hochmoor bei Bansin. Landschaftlich reizvoll ist auch die dem Festland zugewandte **Binnenküste** mit ihren vielen großen, meist schilfbewachsenen Buchten.   **Landschaftsbild**

Um die artenreiche Natur der Insel zu schützen, wurde der 632 km² große »Naturpark Usedom« eingerichtet, der die Insel selbst, den Peenestrom und einen Streifen des Festlandes umfasst.   ◄ Naturpark Usedom

Reiseziele auf Usedom

Usedom (Stadt)
Der erste Ort, den man von Anklam kommend passiert, ist Usedom, die **älteste Siedlung** auf der gleichnamigen Insel. Aus der Blütezeit des Städtchens stammt das Anklamer Tor (um 1450), in dem heute das Heimatmuseum untergebracht ist. Die dreischiffige spätgotische Marienkirche (15. Jh.) verdankt einer grundlegenden Umgestaltung 1893 ihr heutiges Erscheinungsbild.

► USEDOM ERLEBEN

AUSKUNFT

Tourismusverband Usedom
Bäderstraße 4, 17459 Ückeritz
Tel. (03 83 78) 47 71 10, Fax 47 71 29
www.usedom.de

USEDOMER BÄDERBAHN

Zwischen Wolgast und Ahlbeck sowie zwischen Peenemünde und Zinnowitz verkehrt die Usedomer Bäderbahn im Stundentakt.

ESSEN

► Fein & Teuer

Käpt'n »N«
Seebrücke 1, 17424 Heringsdorf
Tel. (03 83 78) 2 88 17
Auf der beeindruckenden Seebrücke liegt das gediegene Feinschmeckerrestaurant, das Sie mit kreativer Küche verwöhnt. Im gleichen Haus befindet sich auch das Lokal Nautilus, wo es gutbürgerlich zur Sache geht.

► Erschwinglich

Ostende
Dünenstr. 24, 17419 Ahlbeck
Tel. (03 83 78) 5 10
Das schöne Hotelrestaurant mit seiner großen Glasfront zum Meer hat vor allem mediterran inspirierte Gerichte im Speiseangebot.

Kulm-Eck
Kulmstr. 17, 17424 Heringsdorf
Tel. (03 83 78) 2 25 60
Beliebtes Restaurant im Bistro-Stil, ungezwungene Atmosphäre, hervorragende und sehr originelle Küche.

ÜBERNACHTEN

► Luxus

Romantik Seehotel Ahlbecker Hof
Dünenstr. 47, 17419 Ahlbeck
Tel. (03 83 78) 6 20, Fax 6 21 00
www.seetel-resorts.de
Eindrucksvoller Hotelbau aus der wilhelminischen Ära, der traditionelle Bäderarchitektur und modernen Komfort harmonisch verbindet. Edel eingerichtete Zimmer mit nostalgischem Flair, elegantes Restaurant, großzügiger Wellnessbereich.

► Komfortabel

Strandhotel Ostseeblick
Kulmstr. 28, 17424 Heringsdorf
Tel. (03 83 78) 5 40, Fax 5 42 99
www.strandhotel-ostseeblick.de
Herrlich gelegenes Haus mit Wohlfühlatmosphäre, Zimmer mit grandiosem Ostseeblick, charmantes Restaurant, Badelandschaft.

Asgard
Dünenstr. 20, 17454 Zinnowitz
Tel. (03 83 77) 46 70, Fax 46 71 24
www.hotelasgard.de
Direkt an der Strandpromenade, Moderne Zimmer, gemütliches Restaurant, Schwimmbad, Sauna.

Auf der Fahrt von Usedom an die Meeresküste lohnt sich ein Abstecher auf die ruhige, in das Achterwasser hineinragende Halbinsel Lieper Winkel.

Lieper Winkel

Ahlbeck war vor seinem Aufstieg zum **berühmtesten Erholungsort** auf Usedom ein Fischerdorf. Wahrzeichen des Seebades mit seinen schönen Pensions- und Ferienhäusern und auch Wahrzeichen der gesamten Insel ist die 1899 fertiggestellte **Seebrücke** (eine der ältesten Deutschlands) mit türmchenbekrönten, ganz in Weiß leuchtenden Restaurant am Ende. Die mit 8,5 km längste Uferpromenade Europas verbindet die drei Kaiserbäder Ahlbeck, Heringsdorf und Bansin. Wellness pur gibt es in der **Ostseetherme**.

✳

Seebad Ahlbeck

? WUSSTEN SIE SCHON …?

■ … dass die Insel Usedom mit mehr als 1700 Sonnenstunden im Jahr zu den sonnigsten Plätzen in Deutschland gehört?

Viele hübsche alte Villen (typische Bäderarchitektur) erinnern daran, dass sich auch in Heringsdorf einst viele Prominente zur Sommerfrische einfanden. In der Villa Irmgard erholte sich der russische Dichter

✳

Seebad Heringsdorf

Gefällig: Bäderarchitektur auf der Insel Usedom

! *Baedeker* TIPP

Komfort am Strand

Was schützt am besten vor Sonne und Wind und ist außerdem sehr bequem? Richtig, der Strandkorb – heute ein unabdingbares Utensil an jedem Ostseestrand. Wer erfahren möchte, wie solch ein Strandmöbel hergestellt wird, dem bietet die Korb GmbH Heringsdorf eine Führung durch ihr Unternehmen an. Anmeldung: Tel. (03 83 78) 46 50 50.

Gorki 1922 von seinem Lungenleiden (kleines Museum). Die große Seebrücke von Heringsdorf – mit 508 m die **längste Seebrücke Deutschlands** – wurde 1995 eingeweiht.

Auch die Promenade in **Zinnowitz** beeindruckt mit gründerzeitlichen **Bäderarchitektur-Villen**. Neben Badevergnügen am Sandstrand lockt die **Tauchgondel** (mit Untersee-3D-Kino) am Ende der **Seebrücke** zu einer Unterwasser-Expedition.

Peenemünde Die Nordwestspitze von Usedom war bis 1989 Sperrgebiet. In der 1936 hier gegründeten Raketenversuchsanstalt hatte **Wernher von Braun** die V-2-Rakete entwickelt. Heute ist das, was von der Anlage übrig blieb, ein **Historisch-Technisches Informationszentrum**.

★ **Vogtland**

J/K 9/10

Bundesländer:	**Höhe:**
Thüringen, Sachsen	250 – 974 m ü. d. M.

Das Vogtland umfasst die von Wäldern, Feldern, Flussläufen und Stauseen durchsetzte Kuppenlandschaft im Vierländereck, das von den deutschen Freistaaten Bayern, Thüringen und Sachsen sowie dem tschechischen Egerland gebildet wird. Es erstreckt sich vom Frankenwald über das Thüringer Schiefergebirge bis hinüber zum Erzgebirge. Heute ist das Vogtland Teil der grenzüberschreitenden Euregio Egrensis.

Geschichte Wappentier des Vogtlandes ist der Löwe. Er steht für die Herrschaft der Vögte von Weida, Gera und Plauen, nach denen das Vogtland benannt ist. Die kaiserlichen Reichsvögte übten vom 11. bis zum 16. Jh. hinein die Macht aus und stiegen von Reichsministerialen zu Landesherren auf. Da das Vogtland schon immer Durchgangsland am Schnittpunkt wichtiger Verkehrswege ist, konnten Wirtschaft und Industrie sehr früh prosperieren. Brennpunkt der wirtschaftlichen Entwicklung war schon im 17. Jh. die Stadt Plauen.

Wirtschaftliche Entwicklung Der Landstrich ist seit alters Durchgangsland für den Nord-Süd-Verkehr. Sein Name »Land der Vögte« geht darauf zurück, dass hier vom Ende des 12. bis ins 15. Jh. hinein kaiserliche Reichsvögte Macht ausübten. Bereits im Mittelalter wurden im Vogtland Tuche und Leinwand hergestellt. Ab 1680 kam das Stickereigwerbe hinzu, 1881 wurde in Plauen die maschinengestickte Tüllspitze erfunden.

 VOGTLAND ERLEBEN

AUSKUNFT

Tourismusverband Vogtland
Göltzschtalstr. 16
08209 Auerbach
Tel. (0 37 44) 18 88 60
Fax 1 88 86 59
www.vogtlandtourist.de

ESSEN
▶ **Preiswert**
Heinrichs im Alten Rathaus
Altmarkt 1 a, 08523 Plauen
Tel. (0 37 41) 14 92 99
Lassen Sie sich im urigen Gewölbe-
keller mit deftigen regionalen Spezia-
litäten wie Vogtländer Sauerbraten
oder Plauener Bierfleisch verwöhnen.

Zur Alten Schule
Schulgasse 4, 08248 Klingenthal
Tel. (03 74 67) 2 68 72
Das historische Vogtländer Holzboh-
lenhaus, einst die Schule im Ort, liegt
zentral in der Stadt. Breites Speisen-
angebot.

Heiterer Blick
Oberer Berg 54
08258 Markneukirchen
Tel. (03 74 22) 26 95
Urgemütliche, mit Musikinstrumen-
ten geschmückte Gaststube, vogtländische Gerichte stehen auf der Karte.

ÜBERNACHTEN
▶ **Luxus**
Ramada Bad Brambach Resort
Badstr. 45, 08648 Bad Brambach
Tel. (03 74 38) 21 00, Fax 21 05 00
www.vogtland-resort.de
www.ramada.com
Das historische Kurhotel mit exquisi-

tem Restaurant sowie die angeschlossene Bade- und Saunalandschaft
Aquadon im Radonheilbad Brambach
werden heute von einer internationalen Hotelkette betrieben.

▶ **Komfortabel**
Alexandra
Bahnhofstraße 17, 08523 Plauen
Tel. (0 37 41) 22 14 14, Fax 22 67 47
www.hotel-alexandra-plauen.de
Auf eine 140-jährige Tradition kann
das reizende Hotel zurückblicken, das
seine Gäste mit großzügigen Zimmern und schönem Stilmobiliar
empfängt. Auch eine Hochzeits- und
eine Barocksuite stehen zur Verfügung. Im gediegenen Restaurant wird
vogtländische, sächsische und internationale Küche serviert.

Hotel Falkenstein
Amtsstraße 1
08223 Falkenstein
Tel. (0 37 45) 7 42-0, Fax 7 42-4 44
www.hotelfalkenstein.de
Mitten im »grünen Herzen« des
Vogtlandes gelegen, bietet dieses Hotel
gut ausgestattete Zimmer, Sauna im
Haus. Gemütliches Bistrorestaurant
mit Bar und Wintergarten.

▶ **Günstig**
Parkhotel Helene
Parkstraße 33, 08645 Bad Elster
Tel. (03 74 37) 5 00, Fax 50 99
www.parkhotel.helene.de
Charmantes Hotel in einer liebevoll
restaurierten Villa, wohnliche Zim-
mer mit zeitgemäßem Komfort,
gemütliche Gaststube und klassisches
Restaurant, Sauna im Haus.

Thüringisches Vogtland

Reußenland Zu Thüringen gehört der nördliche und westliche Teil des Vogtlandes mit den Städten ▶ Gera, Ronneburg, Weida, ▶ Greiz und Schleiz. Auch das ▶ Obere Saaletal zwischen Bad Lobenstein und Ziegenrück mit dem berühmten Schloss Burgk ist Teil des Thüringischen Vogtlandes. Bis zum Beginn des 20. Jh.s wurde dieser Landstrich von den reußischen Fürsten geprägt. Das Reußenland wurde zu einem Muster deutscher Kleinstaaterei. Aber die vielen reußischen Kleinstaaten ermöglichten auch das reiche kulturelle Erbe Ostthüringens.

Sächsisches Vogtland

Reichenbach Im nördlichen sächsischen Vogtland (knapp 20 km nordöstlich von
im Vogtland Plauen) liegt die Stadt Reichenbach. Hier wurde 1697 die Theaterprinzipalin Friederike Caroline Neuber, genannt die **»Neuberin«**, geboren; ihrem bewegten Leben widmet sich die Gedenkausstellung im Neuberin-Museum in ihrem Geburtshaus (Johannisplatz 3).

Mylau Mitten in der 2 km westlich von Reichenbach gelegenen Ortschaft Mylau erhebt sich eine trutzige Burg (12.–16. Jh.), in der ein Burgmuseum und eine naturkundliche Ausstellung eingerichtet sind.

Die Göltzschtalbrücke ist die größte Ziegelsteinbrücke der Welt.

Ca. 2 km westlich von Mylau und dem 2 km entfernten Nachbarort Netzschkau erreicht man eine wahrlich einmalige Sehenswürdigkeit: die 1846–1851 erbaute Göltzschtalbrücke, mit 78 m Höhe die **größte Ziegelsteinbrücke der Welt**.

★★
Göltzschtal-
brücke

Die rund 68 000 Einwohner zählende sächsische Stadt Plauen ist Hauptort des Vogtlandes und **Heimat der weltberühmten »Plauener Spitze«** (s. Baedeker Special S. 460) liegt in einer Talweitung an der Mündung der Syra in die Weiße Elster. Schönstes Gebäude der Stadt ist das spätgotische **Alte Rathaus** am Altmarkt, an dessen Renaissancegiebel von 1548 eine prachtvolle Nürnberger Uhr prangt. Im Alten Rathaus illustriert das einzige Spitzenmuseum Deutschlands Geschichte und Machart der Plauener Spitzen. Westlich vom Altmarkt, in der Nobelstraße 9, befindet sich das **Vogtland-Museum**. Noch weiter im Westen überspannt die 1905 fertiggestellte, 90 m lange **Friedensbrücke** (längste Steinbogenbrücke Europas) das Syratal. Östlich vom Altmarkt kommt man an der spätgotischen Hauptkirche **St. Johannis** vorbei zur seit 1244 belegten Alten Elsterbrücke, die somit die älteste Brücke Sachsens ist. Nördlich der Altstadt findet man in der Bahnhofstraße Nr. 36 die **Galerie e. o. plauen**, in der viele Originalblätter des Zeichners Erich Ohser (1903–1944) ausgestellt sind, der als Schöpfer der Bildgeschichten »Vater und Sohn« bekannt geworden ist.

★
Plauen

In Plauen gibt es noch zahlreiche Jugendstilbauten, besonders im Stadtteil Neundorf, wo es noch ganze Häuserzeilen in dieser Architektur gibt.

◄ Jugendstilbauten

Im 7 km nordwestlich von Plauen gelegenen Syrau hat man 1928 die die **Drachenhöhle**, eine rund 550 m lange Karsthöhle mit wunderschönen Tropfsteinbildungen. Ein technisches Denkmal ist die **Syrauer Windmühle**, eine noch vollständig eingerichtete Holländermühle, die bis 1929 in Betrieb war.

Syrau

10 km nordöstlich von Plauen erstreckt sich das **»Vogtländische Meer«**. Dieser 1958–1964 angelegte Stausee ist der größte im Vogtland. 27 km Uferlänge bieten alle Möglichkeiten zum Wassersport.

★
Talsperre Pöhl

Ebenfalls ein beliebtes Ausflugsziel ist die Talsperre Pirk, die sich etwa 7 km südlich von Plauen beim Städtchen Oelsnitz ausbreitet.

Talsperre Pirk

Musikwinkel

Das südöstliche Vogtland hat als »Musikwinkel« im wahren Sinne des Wortes einen besonderen Klang: Seit dem 17. Jh. ist hier der von Exilanten aus dem Egerland mitgebrachte Musikinstrumentenbau zu Hause. Die vogtländischen Instrumentenbauer genießen Weltruf und stellen ihr Können alljährlich im Mai bei den Vogtländischen Musiktagen unter Beweis.

Ein besonderer
Klang

Musterbuch für Spitzen und Stickereien

PLAUENER SPITZEN

Kunstfertige Spitzen und Stickereien haben Plauen im Vogtland berühmt gemacht. Die filigranen Raumtextilien aus Spitze und mit Stickereibesatz, die zarten Accessoires für Lingerie und Dessous sind gefragte, hochwertige Erzeugnisse und können auf eine lange Tradition zurückblicken.

Plauen war bereits im 15. und 16. Jh. ein Zentrum des Wollweber- und Tuchmacherhandwerks. Um 1780 kam erstmals das Stickereigewerbe in Form der so genannten **Ausnäharbeit** dazu.

Internationales Renommée

Diese Ausnäharbeiten waren gefragt, und bald schickten Händler feinste ostindische Tücher zum Besticken nach Plauen. Eine Erfolgsgeschichte begann. Schon 1830 verdienten sich über 2000 Männer und Frauen den Lebensunterhalt mit Handplattstich-Stickerei, die im Vogtland zu einer Haupteinkommensquelle wurde. Wegen der unglaublich großen Nachfrage unternahm man bald auch erste Versuche mit Handstickmaschinen. Für die Plauener Stickerei- und Weißwarenindustrie bedeutete diese Mechanisierung so etwas wie eine in-dustrielle Revolution. Plauen entwickelte sich in der Folge zum Zentrum des deutschen Spitzen- und Stickereigewerbes. Als 1881 in Plauen die Erfindung einer maschinenge-stickten Tüllspitze und bald darauf einer Ätzspitze gelang, wurden die Stadt und das Vogtland auch inter-national als Stickereizentrum be-kannt. Die »Plauener Spitzen« fanden als **»Dentelles de Saxe«, »Saxon Lace«, »Plauener Lace«** und als **»Dentelles de Plauen«** reißenden Absatz. So bewirk-ten sie, dass allmählich das bisherige Schweizer Marktmonopol gebrochen wurde.
Gekrönt wurde der rasante Auf-schwung der Spitzen- und Stickerei-branche im Jahre 1900, als die »Plaue-ner Spitze« den Grand Prix der Weltausstellung in Paris erhielt. 1912 wurde in Plauen auf 16 000 Stickma-schinen produziert.

Bis heute werden in Plauen Spitzen und Stickereien mit großem Geschick angefertigt.

Niedergang des Stickerei-gewerbes und Neubeginn

Im Ersten Weltkrieg und in der Zwischenkriegszeit brach der Markt zusammen, denn es wurden notwendigere Dinge und keine Spitzen benötigt. 1923 hatte Plauen mit 40 Prozent die höchste Arbeitslosigkeit aller deutschen Großstädte. Im Zweiten Weltkrieg wurde die Stadt mit nahezu allen Stickereibetrieben und Musterkollektionen weitgehend zerstört.

Der Wiederaufbau begann um 1950 mit privaten Industrie- und Handwerksbetrieben. Zum Jahreswechsel 1953/1954 wurde die »VEB Plauener Spitze« gegründet. Die Handwerksbetriebe der Textil- und Stickereibranche schlossen sich zu »Produktionsgenossenschaften des Handwerks« zusammen. Und zwar recht erfolgreich, denn obwohl der direkte Zugang zum Weltmarkt fehlte, wurde die **»Plauener Spitze«** von 1963 bis 1989 auf der Leipziger Messe mit 33 Goldmedaillen ausgezeichnet!

Bis zur Wende 1990 produzierten im »VEB Kombinat Deko Plauen« 1400 Stickmaschinen exquisite Spitzen und Stickereien für den Export in über vierzig Länder. Seit der deutschen Wiedervereinigung ist »Plauener Spitze« ein geschütztes Markenzeichen des »Branchenverbands Plauener Spitzen und Stickereien e.V.«. So nennt sich der Zusammenschluss der Textilindustrie in und um Plauen – ein Garant für außergewöhnliche Qualität.

Hochklassige Skisprungwettbewerbe finden in der neuen Vogtland-Arena statt.

Markneukirchen   In Markneukirchen gründeten 1677 zwölf Instrumentenbaumeister die erste Innung. Was sie und ihre Nachfolger in über drei Jahrhunderten geschaffen haben, kann im **Musikinstrumentenmuseum** im Paulusschlössel bestaunt werden, neben zahlreichen Instrumenten aus aller Welt.

Klingenthal   Der 14 km nordöstlich von Markneukirchen im Elstergebirge und nahe an der tschechischen Grenze gelegene Ort Klingenthal ist seit langem als **Zentrum des Mundharmonikabaus** bekannt. Auch befindet sich hier die älteste Geigenbauwerkstatt des Vogtlandes. Sehenswert ist die **Stadtkirche zum Friedefürsten**, die größte auf achteckigem Grundriss erbaute Zentralkirche Sachsens.

✳ **Wintersport-zentrum ►**   Bereits seit Beginn des 20. Jh.s ist Klingenthal ein Wintersportplatz von Rang und Namen. Vor allem der nordische Skisport hat hier eine lange Tradition und schon so manchen Star hervorgebracht. Neueste Attraktion ist das 2006 am Schwarzberg eröffnete deutsch-tschechische Wintersportzentrum **Vogtland-Arena** mit ultramoderner Skisprungschanze.

✳ **Schneckenstein ►**   In einem Waldgebiet wenige Kilometer nördlich von Klingenthal findet man in 883 m ü.d.M. das Naturdenkmal Schneckenstein. Dieser gut 23 m hohe Felsen ist berühmt für seinen Topas-Reichtum. Aus diesem Grunde wird er ständig bewacht. Übrigens: Besonders schön geschliffene Topase vom Schneckenstein sind im Grünen Gewölbe in ►Dresden zu sehen. Im nahen Besucherbergwerk **Grube Tannenberg** kann man über den hiesigen Zinnbergbau informieren.

Morgenröthe-Rauenkranz   18 km nördlich von Klingenthal wurde **Sigmund Jähn** (►Berühmte Persönlichkeiten), der 1978 an Bord der sowjetischen Sojus 29 als erster Deutscher ins All flog. Ihm zu Ehren ist in der Bahnhofstraße 8 die **Deutsche Raumfahrtausstellung** eingerichtet, in der man fast alles über die Weltraumforschung erfährt.

✳ Bäderwinkel

Der südliche Zipfel des Oberen Vogtlandes, der in Stück weit nach Tschechien hineinragt und dessen reizvolle Kulisse das Elstergebirge bildet, ist wegen seiner zu Kurzwecken genutzten heilkräftigen Quellen als »Bäderwinkel« bekannt.

Heilkräftige Quellen

Ein sehr seltenes Handwerk wird in Adorf am Eingang zum Bäderwinkel gepflegt: die Herstellung von schönen Dingen aus **Perlmutt**. Den Rohstoff gab es früher gleich vor Ort: Flussperlmuscheln in der Weißen Elster. Die Geschichte dieses Handwerks ist auch Thema des Heimatmuseums.

Adorf

Besonders viele Gäste zieht Bad Elster an. **Sachsens größtes Heilbad** – seit 1849 Sächsisches Staatsbad – verfügt über altbekannte Heilquellen, die 1789 für den Kurbetrieb erschlossen wurden. Noch heute atmen das 1895 erbaute **Königliche Kurhaus**, das **König-Albert-Theater** (1914) und das 1851–1927 erbaute **Badehaus** den Geist ihrer Zeit. Mittelpunkt des Kurbetriebs ist das **Albertbad** (1910), in dem es noch – als Teil des **Sächsischen Bademuseums** – die »Königliche Badezelle« gibt. Ganz modern ist die Bade- und Saunalandschaft **Elsterado**.

✳ Bad Elster

Wieder hübsch hergerichtet ist der Kurpark von Bad Brambach (s. S. 464).

Landwüst Südöstlich von Bad Elster lohnt ein Abstecher von der B 92 nach Landwüst, wo das **Vogtländische Freilichtmuseum** mit etlichen historischen Gehöften den Alltag der hiesigen Bauern und Handwerker vom 18. Jh. bis zum Anfang des 20. Jh.s dokumentiert.

Bad Brambach Im südlichsten Zipfel des vogtländischen Bäderwinkels wartet Bad Brambach mit **reichen Minerlawasservorkommen** (großer Abfüllbetrieb) auf. 1910 wurde hier eine der stärksten **Radonquellen** der Welt entdeckt, die man schon wenig später erfolgreich als Kurmittel einsetzte. Das **Kurhotel** von 1928 und der **Kurpark** (Bild s. S. 463) sind kürzlich liebevoll renoviert worden. Und seit wenigen Jahren gibt es hier auch eine zeitgemäße **Bade-und Saunalandschaft**.

★★ Weimar

H 8/9

Bundesland: Thüringen
Einwohnerzahl: 64 000

Höhe: 240 m ü. d. M.

Neben dem Wirken Cranachs und Bachs begründeten die großen Dichter Goethe und Schiller, Wieland und Herder die Epoche des »klassischen Weimars«. Im 19. Jh. zog die Pflege der Musik Komponisten wie Franz Liszt und Richard Wagner an. Und 1919 gründete Walter Gropius hier das Bauhaus.

Bereits in der Altsteinzeit war der Raum Weimar besiedelt; im Jahr 899 wird **»Wimares«** erstmals urkundlich genannt. Ihre historische Blütezeit erfuhr die Stadt jedoch erst im 18. Jh., als die Herzogin Anna Amalia von Sachsen-Weimar-Eisenach Christoph Martin Wieland als Prinzenerzieher hierher holte. Ihr Sohn Carl August lud 1775 Goethe an seinen Hof. Das Wirken von Johann Gottfried Herder und Friedrich Schillers Freundschaft zu Goethe führten dann zu jenem schöpferischen Prozess, dem Weimar seinen Ruf verdankt.

Auch im 20. Jh. schrieb die Stadt mehrfach Geschichte: Walter Gropius gründete hier das Bauhaus, und im Weimarer Nationaltheater wurde 1919 die Verfassung der Weimarer Republik verabschiedet. Außerhalb der Stadt errichteten die Nationalsozialisten 1937 das Kon-

i ## Welterbe Weimar

■ Seit 1996 gehören die Bauhausstätten und seit 1998 das Ensemble »Klassisches Weimar« zum Weltkulturerbe der UNESCO. Die Bauhausstätten umfassen das Hauptgebäude der Bauhaus-Universität an der Geschwister-Scholl-Straße, die ehemalige Kunstgewerbeschule in der Geschwister-Scholl-Str. 8 und das Haus Am Horn (Am Horn 61).
Das »Klassische Weimar« umfasst das Goethehaus, Schillers Wohnhaus, die Herderstätten (Herderhaus, Herderkirche, Altes Gymnasium), das Stadtschloss, das Wittumspalais, die Herzogin Anna Amalia Bibliothek, den Park an der Ilm mit Römischem Haus und Goethes Gartenhaus, die Fürstengruft mit dem Historischen Friedhof sowie die Schlösser Belvedere, Ettersburg und Tiefurt.

zentrationslager Buchenwald. 1999 war Weimar **europäische Kultur-hauptstadt**. Nachdem im September 2004 ein Brand u.a. den berühmten Rokokosaal der Herzogin Anna Amalia Bibliothek sowie einen beträchtlichen Teil des Bücherbestandes zerstörte, konnte im Oktober 2007 die restaurierte Bibliothek wieder eröffnet werden.

 ## WEIMAR ERLEBEN

AUSKUNFT

Tourist-Information
Markt 10, 99421 Weimar
(Filiale im Welcome-Center,
Friedensstr.1)
Tel. (0 36 43) 74 50, Fax 74 54 20
www.weimar.de

GESCHICHTE HAUTNAH

Im »Weimarhaus« wird die Geschichte und der Mythos Weimar zum Erlebnis für alle Sinne: Animierte Kulissen, Special effects, Wachsfiguren und Multimediapräsentationen führen auf eine Zeitreise durch fünf Jahrtausende (www.weimarhaus.de; Schillerstraße 16, Tel. 0 36 43 / 90 18 90, Öffnungszeiten: tgl. 10.00 – 19.00 Uhr).

ESSEN

► Erschwinglich

② *Alt Weimar*
Prellerstr. 2
Tel. (0 36 43) 8 61 90
Behagliche Gaststube, regionale und internationale Küche.

② *Zum Weißen Schwan*
Frauentorstr. 23
Tel. (0 36 43) 90 87 51
Wandeln Sie in dem historischen Gasthaus auf den Spuren Goethes, der hier gern gesehener Stammgast war.

► Preiswert

① *Zum Schwarzen Bären*
Markt 20
Tel. (0 36 43) 85 38 47

Im 1540 erstmals urkundlich erwähnten Gasthaus Weimars werden Sie mit thüringischer Küche und internationalen Klassikern bewirtet.

ÜBERNACHTEN

► Luxus

② *Elephant*
Markt 19, 99423 Weimar
Tel. (0 36 43) 80 20
www.arabellasheraton.com
Weltbekanntes Haus mit stilvollen Zimmern. Im zugehörigen Feinschmeckerrestaurant »Anna Amalia« werden internationale Kreationen serviert. Thüringische Spezialitäten genießt man im traditionellen »Elephantenkeller«.

► Komfortabel

③ *Dorint Sofitel Am Goethepark*
Beethovenplatz 1, 99423 Weimar
Tel. (0 36 43) 87 20
www.dorint-hotels.com
Erstklassiges Hotel, gediegenes Ambiente in den Zimmern und Suiten, luxuriöse Badelandschaft über zwei Etagen, gemütliches Restaurant.

► Günstig

① *Zur Sonne*
Rollplatz 2, 99423 Weimar
Tel. (0 36 43) 8 62 90
www.thueringen.info/hotel-zur-sonne
Hinter denkmalgeschützter Fassade gibt es zeitgemäß eingerichtete Zimmer und ein gemütliches Restaurant im altdeutschen Stil.

Sehenswertes in Weimar

Herderkirche

Den Mittelpunkt der Altstadt bildet die sog. Herderkirche (1498 bis 1500; eigentl. Stadtkirche St. Peter und Paul). Sie war **Wirkungsstätte des Hofpredigers Johann Gottfried Herder**. Beachtung verdient ein dreiflügeliges Altargemälde von Lucas Cranach d. Ä. Vor der Kirche steht ein 1850 von Ludwig Schaller geschaffenes Denkmal für J. G. Herder.

Deutsches Nationaltheater

Am Theaterplatz erhebt sich das Deutsche Nationaltheater. 1779 als Barockbau errichtet, wurde es 1907 wegen Baufälligkeit abgebrochen und in der heutigen Gestalt wieder aufgebaut. Lange Jahre leitete Goethe als Theaterdirektor dieses Haus.

Goethe-Schiller-Denkmal

Vor dem Nationaltheater steht das berühmte Goethe-Schiller-Denkmal von Ernst Rietschel aus dem Jahr 1857.

Bauhaus-Museum

Gegenüber dem Deutschen Nationaltheater zeigt das Bauhaus-Museum Bilder, Grafiken sowie Holz- und Metallarbeiten von Künstlern, die in den Jahren 1919 bis 1925 am Weimarer Bauhaus gearbeitet haben.

Weimar Orientierung

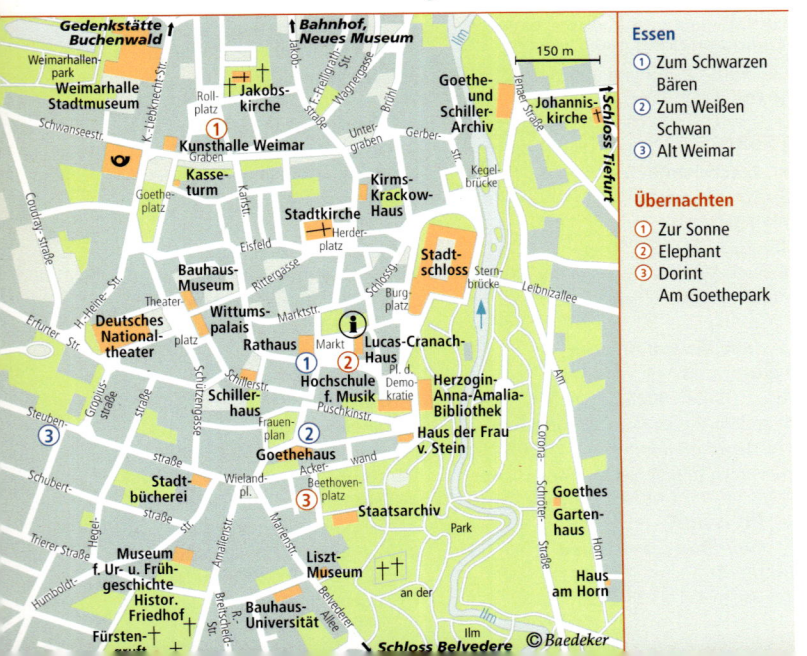

DEUTSCHES NATIONALTHEATER

✳ ✳ Das einstige herzogliche Hoftheater war in seiner über zweihundert-jährigen Geschichte nicht nur Bühne für gefeierte Inszenierungen und umschwärmte Schauspielerinnen und Schauspieler. Der Weimarer Theaterbau, bereits der dritte an dieser Stelle, war auch Kulisse für große Politik: Vom Balkon des Deutschen Nationaltheaters verkündete am 11. August 1919 der damalige Reichspräsident Friedrich Ebert die Verfassung des ersten deutschen demokratischen Staats.

① Zuschauerraum
Genau 859 Zuschauer finden im Großen Haus einen Sitzplatz.

② Orchestergraben
Der über 80 m² große Orchestergraben kann stufenlos angehoben bzw. versenkt werden – samt dem 80-köpfigen Orchester.

③ Bühne
Die Schauspieler finden auf der fast 500 m² großen Bühne ausreichend Platz für weit ausgreifende Inszenierungen.

④ Bühnenhaus
Hier verbergen sich Vorhänge, Scheinwerfer und Maschinerien, um Bühnenbilder und Requisiten rasch ab- und aufzubauen.

⑤ Foyer I
Im festlichen Foyer, dem Vorzeigeraum des Theaters, finden manchmal auch Lesungen und Matineen statt.

⑥ Foyer III
99 Kinder können in den »Kammerspielen« lustigen und spannenden Theaterstücken zusehen.

Weimarer Gymnasiasten spielen auf dem Theaterplatz ihr eigenes Goethe- und-Schiller-Stück.

Pilgerstätte für Literaturfreunde: Goethes Gartenhäuschen im Park an der Ilm

Der direkt neben dem Bauhaus-Museum gelegene Witwensitz der Herzogin Anna Amalia, 1767 gebaut, bildete zu ihren Lebzeiten ein Zentrum des gesellschaftichen und literarischen Lebens in Weimar und vermittelt ein genaues Bild adeliger Wohnkultur im ausgehenden 18. Jahrhundert.

Wittumspalais

In der Schillerstraße (Nr. 12) steht das 1777 erbaute Haus, in dem Friedrich Schiller von 1802 bis zu seinem Tod am 9. Mai 1805 wohnte. Die Wohnräume sind weitgehend nach historischem Vorbild eingerichtet. Ein direkt benachbarter Museumsbau, in dem heute Sonderausstellungen gezeigt werden, bildet den Zugang zu Schillers einstigem Wohnhaus.

✳ Schillerhaus

Wenige Schritte vom Schillerhaus entfernt steht am Frauenplan das Goethehaus, ein schlichter Barockbau von 1709, in dem Johann Wolfgang von Goethe von 1782 bis zu seinem Tod im Jahr 1832 wohnte. Hier konnte er Goethe seine umfangreichen literarischen, künstlerischen und naturwissenschaftlichen Sammlungen aufbewahren. Neben dem Arbeitszimmer liegen das Sterbezimmer des Dichters sowie die Bibliothek mit ca. 6000 Bänden (Öffnungszeiten: April bis Sept. Di. – So. 9.00 – 18.00, Sa. bis 19.00, Okt. Di. – So. 9.00 bis 18.00, Nov. – März Di. – So. 9.00 – 16.00; Führungen: Di., Fr., Sa. 13.00, April – Okt. zusätzlich Sa. 15.00).

✳ ✳ Goethehaus

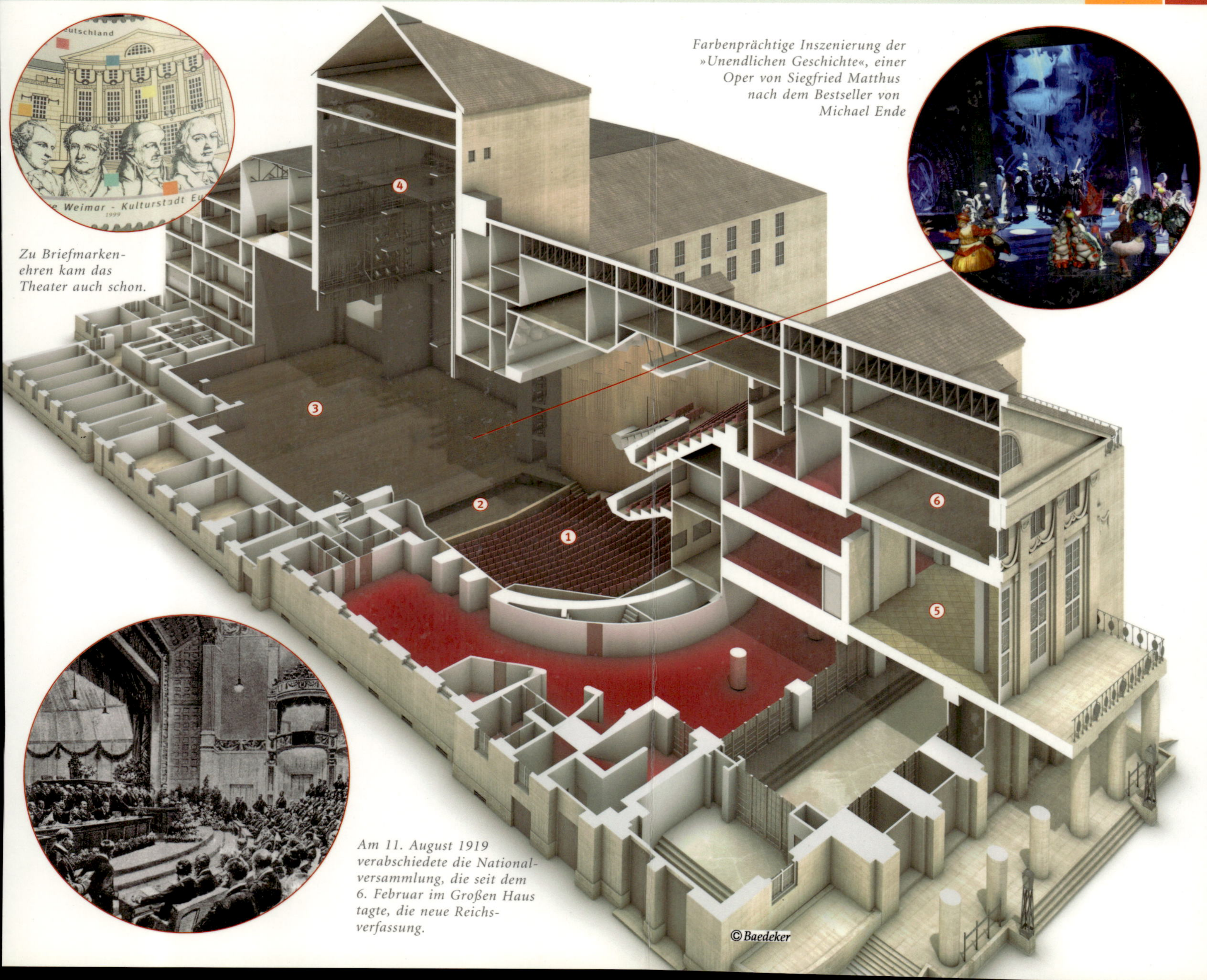

Farbenprächtige Inszenierung der »Unendlichen Geschichte«, einer Oper von Siegfried Matthus nach dem Bestseller von Michael Ende

Zu Briefmarken-ehren kam das Theater auch schon.

Am 11. August 1919 verabschiedete die National-versammlung, die seit dem 6. Februar im Großen Haus tagte, die neue Reichs-verfassung.

©Baedeker

Im angegliederten »Sammlungsbau« zeigt das Goethe-Nationalmuseum seine Ständige Ausstellung **»Wiederholte Spiegelungen. Weimarer Klassik 1759–1832«**. In 24 Kapiteln wird jene Epoche porträtiert, die mit der Regentschaft der Herzogin Anna Amalia beginnt und mit dem Tod Goethes·endet.

Haus der Frau von Stein
In der Nähe des Goethehauses, im westlichen Obergeschoss des Hauses an der Ackerwand 25, lebte Charlotte von Stein, die langjährige Vertraute Goethes. Heute ist in dem Gebäude u. a. das Goethe-Institut Weimar untergebracht.

＊ Lucas-Cranach-Haus
Ein Stück Alt-Weimar hat sich um den Markt erhalten. Dort steht das Lucas-Cranach-Haus (1549), ein schöner Renaissancebau mit zwei Giebeln, in dem Lucas Cranach d. Ä. sein letztes Lebensjahr verbrachte.

Bertuchhaus
Das Bertuchhaus an der Karl-Liebknecht-Straße, ein um 1800 errichteter klassizistischer Bau, beherbergt heute das **Stadtmuseum**. Im ehemaligen Wohnhaus des Schriftstellers, Verlegers und bedeutendsten Unternehmers Weimars der Goethezeit, Friedrich Justin Bertuch, wird die Geschichte Weimars präsentiert. Ein Schwerpunkt der Sammlung thematisiert die Weimarer Nationalversammlung von 1919 und die Weimarer Republik.

Kasseturm
Bemerkenswert am Goetheplatz, dem Verkehrszentrum und Ausgangspunkt zum Fußgängerboulevard Richtung Theaterplatz und Schillerstraße, ist der Kasseturm. Das Gebäude, ein im 18. Jh. **umgebauter Rundturm** der mittelalterlichen Stadtbefestigung, ist heute das Domizil eines Studentenklubs.

＊ Stadtschloss
Das Residenzschloss im Osten der Stadt zeigt sich als Dreiflügelanlage mit klassizistischer Säulenhalle. Südwestlich vom Schloss stehen der mittelalterliche Schlossturm mit einem Barockaufsatz und die sogenannte Bastille.

＊ Kunstsammlungen zu Weimar ▶
Im Schloss werden die »Kunstsammlungen zu Weimar« mit ihren Abteilungen deutsche Kunst des Mittelalters und der Renaissance, italienische und niederländische Malerei des 16./17. Jh.s, Kunst der Goethezeit, deutsche Romantik, Weimarer Malerschule und deutsche Malerei des 19. und 20. Jh.s aufbewahrt.

Neues Museum ▶
Als Dependance der Kunstsammlungen ist 1999 das Neue Museum im ehemaligen Großherzoglichen Museum am Weimarplatz eröffnet worden. Hier gibt es Wechselausstellungen zeitgenössischer Kunst zu sehen.

Hochschule für Musik
Im ehemaligen Fürstenhaus am Platz der Demokratie, einem eindrucksvollen, dreigeschossigen Barockbau mit Säulenvorbau, hat die Hochschule für Musik »Franz Liszt« ihren Sitz. Davor steht das Reiterstandbild des Großherzogs Carl August aus dem Jahr 1875.

An der Ostseite des Platzes der Demokratie steht das um 1570 errichtete **Grüne Schloss**. Es beherbergt die 1691 gegründete und nach Herzogin Anna Amalia benannte Bibliothek mit dem weltberühmten Rokokosaal. Schwerpunkt der rund 1 Mio. umfassenden Bücherbestände ist die Zeit der Aufklärung bis zur Frühromantik. Etwa ein Fünftel des Bestands sind bei einem Brand 2004 vernichtet oder beschädigt worden. Der restaurierte Rokokosaal ist seit Ende 2007 wieder zugänglich.

★
Herzogin Anna Amalia Bibliothek

Sehr schön ist der Park an der Ilm mit seinen zahlreichen Bauten und Denkmälern. Goethe selbst war an der Gestaltung dieses Landschaftsgartens beteiligt. Am Ostufer der Ilm steht **Goethes Gartenhaus**, das der Dichter 1776 bezog und bis 1782 bewohnte. Auch danach hielt er sich gern dort auf. Am Westufer der Ilm befindet sich das **Borkenhäuschen**, in dem sich Herzog Carl August zu erholen pflegte. Südlich davon entstand auf Anregung Goethes das klassizistische **Römische Haus** als Sommerhaus für Herzog Carl August; es war das erste klassizistische Gebäude in Weimar.

★
Park an der Ilm

Die **Parkhöhle** ist ein 12 m tiefes Stollensystem im Parkgraben (Eingang nahe Liszt-Museum) und wurde unter Herzog Carl August zur Bierlagerung angelegt. Sie beherbergt heute ein Untertagemuseum zur Geologie.

> **!** *Baedeker* TIPP
>
> **Heftig deftig**
>
> geht es in Weimars historischer Geleitschenke zu, einem liebevoll renovierten Fachwerkbau in der Scherfgasse 4, der heute als »Köstritzer Schwarzbierhaus Weimar« bekannt ist. Hier gibt's nicht nur Schwarzbier vom Fass, sondern auch Köstritzer Bierfleisch mit Kümmel und Weimarer Zwiebelgulasch.

In der Marienstr. 17, an der Einmündung des Ilm-Parks in die Belvederer Allee, wohnte von 1869 bis 1886 der Komponist Franz Liszt. Zu sehen sind seine Wohnräume und eine Ausstellung zu Leben und Werk Liszts.

Liszt-Museum

Die Ausstellung in der Humboldtstr. 11 präsentiert Zeugnisse der vor 400 000 Jahren beginnenden Geschichte Thüringens, darunter Funde aus der Stein- und Bronzezeit sowie das Grab der germanischen »Fürstin von Haßleben« aus dem 3. Jahrhundert.

Museum für Ur- und Frühgeschichte

Sehenswert ist der Historische Friedhof mit der **Fürstengruft**: Am Ende einer Allee erhebt sich die kuppelgekrönte Kapelle, in deren Gruftgewölbe sich der Sarkophag Großherzog Carl Augusts sowie die Särge von Goethe und Schiller befinden.
An der Südseite der Fürstengruft steht die **Russische Kapelle**, in der die Großherzogin Maria Pawlowna, Weimars große Mäzenin, beigesetzt wurde. Auf dem Friedhof findet man u. a. die Gräber der Familie von Goethe, von Charlotte von Stein und von Goethes Sekretär Eckermann.

★
Historischer Friedhof

Bauhaus-Universität

Auf dem Weg vom Friedhof zur Belvederer Allee kommt man in der Geschwister-Scholl-Straße am Hauptgebäude der Bauhaus-Universität vorbei. Es wurde 1904 nach Plänen des Architekten Henry van de Velde erbaut.

Umgebung von Weimar

✳ Schloss Belvedere

Schloss Belvedere ist eine der bedeutendsten Barockanlagen Weimars und gilt mit Landschaftspark und Orangerie als besonders bemerkenswertes Kleinod der höfischen Kultur. Es wurde als Lust- und Jagdschloss ab 1724 errichtet und ist heute als **Rokokomuseum** zugänglich. Der weitläufige Park wurde u. a. mit russischem Garten, Heckentheater und einem Irrgarten angelegt.

✳ Schloss Tiefurt

Herzogin Anna Amalia wählte Schloss Tiefurt an der Ilm von 1781 bis 1806 als Sommersitz. Hier ließ sie ihre berühmten »Tafelrunden« wieder aufleben; häufige Gäste waren Goethe, Herder, Schiller und Wieland. Anlässlich des 100. Todestages von Anna Amalia veranlasste Herzog Wilhelm Ernst 1907 die museale Gestaltung des Schlosses. Lohnend ist ein Spaziergang durch den von der Ilm umflossenen Tiefurter **Landschaftspark**. Man sieht Denkmäler und Kleinarchitektur, z. B. den Musentempel, den Teesalon, den Herder-Gedenkstein und das Mozart-Denkmal.

Gedenkstätte Buchenwald

Nordwestlich von Weimar erhebt sich der Ettersberg (478 m ü. d. M.). Hier errichteten die Nationalsozialisten 1937 das Konzentrationslager Buchenwald, in dem bis zur Befreiung am 11. April 1945 mehr als 50 000 Menschen ermordet wurden. Auf dem ehemaligen Lagergelände informiert eine Ausstellung über das Konzentrationslager. Eine weitere Dauerausstellung befasst sich mit der Nutzung Buchenwalds als sowjetisches »Speziallager 2« von 1945 bis 1950.

★ Wernigerode

G 7

Bundesland: Sachsen-Anhalt	**Höhe:** 240 m ü. d. M.
Einwohnerzahl: 34 000	

Die fast tausendjährige »bunte Stadt am Harz« (Hermann Löns), schmückt sich mit vielen gut erhaltenen Kunst- und Kulturdenkmälern, mit einer großen Zahl schöner Fachwerkhäuser aus sechs Jahrhunderten und mit dem malerischen, hoch gelegenen Schloss. Ferner ist Wernigerode Standort der Hochschule Harz für angewandte Wissenschaften (u. a. Automatisierung, Informatik).

Geschichte

Im Auftrag des Klosters Corvey entstand im 9. Jh. eine Missionssiedlung, die nach dem Abt Waringrode benannt wurde. Anfang des

12. Jh.s wurde erstmals ein Graf von Wernigerode erwähnt, der seine Stammburg auf dem Agnesberg hatte. Aufgrund der Lage am Schnittpunkt wichtiger Handelsstraßen entwickelte sich eine Marktsiedlung, die 1229 das Goslarer Stadtrecht erhielt. Ihre **Blütezeit** lag im 14. und 15. Jh. und gründete auf dem Handel mit Tuch, Bier und Branntwein. Pestepidemien und der Dreißigjährige Krieg lösten den Niedergang aus, die einstige Hansestadt sank zu einer Ackerbürgerstadt herab. Erst Ende des 18. und im 19. Jh. kam es zu einem erneuten Aufschwung. Mit dem Anschluss an die Eisenbahnlinie (1872) sowie 1898/1899 an die Harzquer- und über diese an die Brockenbahn setzte der Fremdenverkehr ein.

 Baedeker TIPP

Hexen und Höhlen

Von Mai bis Oktober kann man bei der Wernigerode Tourismus GmbH (►Auskunft) ein besonderes Wochenend-Arrangement buchen mit Stadtführung, Schlossbesuch und Schmalspur-Bahnfahrt. Selbstverständlich sind auch Besichtigungen des Hexentanzplatzes und der berühmten Höhle bei Rübeland in dem Angebot miteingeschlossen.

Sehenswertes in Wernigerode

Der belebte Mittelpunkt der **autofreien Innenstadt** ist der von farbenprächtigen Häuserfassaden umgebene Marktplatz, um den die Straßen in konzentrischen Kreisen angeordnet sind. Seine Südseite schmückt das **Rathaus**, das 1277 als sog. Spelhus erstmals erwähnt wurde. Ursprünglich war es gräfliche Gerichtsstätte. Der heutige Bau mit außergewöhnlichem Figurenschmuck entstand zwischen 1427 und 1450: Auf den Knaggen, den Stützbalken unter den Balkenköpfen, stellen 33 holzgeschnitzte Figuren Heilige, Narren, Gaukler, Spielleute oder Tänzer dar. Der südwestliche Anbau, der sich auf der rechten Seite hinter dem Rathaus erstreckt, entstand 1480 als Waaghaus; heute beherbergt er die Stadtverwaltung. Rechts neben dem Rathaus dient das bereits 1425 erwähnte Gothische Haus als Hotel. Der Marktbrunnen wurde 1848 in der Ilsenburger Eisenkunsthütte im neugotischen Stil gegossen.

★ ★
Marktplatz

Stadtrundgang

Durch die schmale Gasse westlich vom Rathaus gelangt man auf den **Klint**, den **ältesten Stadtteil** Wernigerodes. Das Haus in der Klintgasse 3 entstand um 1580; Haus Nr. 5 ist die 1680 erbaute ehemalige Teichmühle, heute das Schiefe Haus genannt (die Schieflage ist Folge der dauernden Unterspülung). Einen Besuch verdient das in einem klassizistischen Fachwerkhaus von 1840 untergebrachte Harzmuseum (Klint 10). Seine Ausstellungen führen in die Landschafts- und Siedlungsgeschichte des Harzes und in die Stadtgeschichte ein. In weiteren Räumen wird die Fachwerkbauweise erläutert und Harzer Folklore vorgeführt. Nicht weit von dem Museum entfernt steht die **Sylvestrikirche** (Oberer Pfarrkirchhof), eine dreischiffige gotische Basilika von 1230, die wenig später zur Klosterkirche und Grablege der Wernigeroder Grafen umgebaut und zuletzt 1833–1885 verändert wurde. Unter den Ausstattungsstücken befindet sich ein spätgotischer Brüsseler Schnitzaltar (1480). Die schmale Gasse um die Kirche herum ist von prächtigen alten Häusern aus dem 16. und 17. Jh. gesäumt. Über einen kleinen Durchgang geht es zur Johann-Sebastian-Bach-Straße, der man bis zur Kochstraße folgt. Hier steht das 1774 erbaute **kleinste Haus der Stadt** (Nr. 43), das bis zur Dachtraufe 4,20 m misst und nur 2,95 m breit ist. Einziger Raum ist die sog. Fuhrmannsstube. Nordöstlich hiervon erhebt sich die 1756–1762 auf einem romanischen Vorgängerbau errichtete, später barock umgestaltete Liebfrauenkirche.

Breite Straße

Einige der bedeutendsten Fachwerkhäuser der Stadt stehen in der Breiten Straße, die am Marktplatz beginnt. Zu den schönsten Beispielen gehören das 1583 erbaute **Café Wien** (Nr. 4) sowie das **Haus Krummel** (1674; Nr. 72) mit seiner reich verzierten holzgeschnitzten Fassade. Ein Pferdekopf und Hufeisen über der Tür des 1678 erbauten Hauses Nr. 95 bezeugen, dass hier mal ein Hufschmied tätig war. Ein **Schmiedemuseum** ist eingerichtet.

▶ WERNIGERODE ERLEBEN

AUSKUNFT

Tourist Information
Marktplatz 10, 38855 Wernigerode
Tel. (0 39 43) 5 53 78 35, Fax 5 53 78 99
www.wernigerode.de

ESSEN

▶ Erschwinglich
Weißer Hirsch
Marktplatz 5, Tel. (0 39 43) 60 20 20
Im ältesten Hotel der Stadt befindet sich dieses elegante und behagliche Restaurant: Freuen Sie sich auf verfeinerte regionale Küche und den einmaligen Blick auf Marktplatz und Rathaus.

▶ Preiswert
Ratskeller
Marktplatz 1
Tel. (0 39 43) 63 27 04
Deftige Harzer Spezialitäten werden in dem netten Gewölberestaurant, das auf eine jahrhundertealte Tradition zurückblickt, aufgetragen.

ÜBERNACHTEN

▶ Luxus
Gothisches Haus
Marktplatz 2
38855 Wernigerode
Tel. (0 39 43) 67 50, Fax 67 55 55
www.tc-hotels.de
Ansprechendes Hotel mit historischem Flair. Hinter der denkmalgeschützten Renaissance-Fassade erwarten Sie wohnliche, hochwertig ausgestattete Zimmer; schöne Lobby mit Kamin und Bar, Wellnessbereich.

▶ Günstig
Johannishof
Pfarrstr. 25
38855 Wernigerode
Tel. (0 39 43) 9 49 40, Fax 94 94 49
www.hotel-johannishof.de
Elegant-gediegene und geräumige Zimmer, die im Landhausstil eingerichtet sind, gibt es in diesem sehr ruhig im Herzen der Stadt gelegenen Haus.

Touristen auf dem von Fachwerkbauten umrahmten Marktplatz

Stadtbefestigung

Von der alten Stadtbefestigung aus dem 13. und 14. Jh. sind noch Überbleibsel vorhanden, u.a. der Wallgraben, zwei Schalentürme und ein Torturm, das Westerntor.

★

Schloss

Auf der 350 m hohen Kuppe des Agnesbergs erhebt sich das Wernigeroder Schloss. Wer den kurzen, aber steilen Fußweg umgehen möchte, fährt mit der Bimmelbahn, die hinter dem Rathaus bei der Blumenuhr startet. Bereits im 12. Jh. stand hier eine Burg, von der außer einigen Kellergewölben und Mauerbruchstücken nichts erhalten geblieben ist. Sein heutiges Aussehen erhielt das Schloss im 19. Jh., als Graf Otto zu Stolberg-Wernigerode, Vizekanzler unter Bismarck, 1862 eine umfassende Rekonstruktion im historisierenden Stil der Neugotik veranlasste, daher auch sein Beiname **»Neuschwanstein des Harzes«**. Seit 1949 ist es ein Museum. Der Besucher erhält einen Einblick in die Wohnkultur des Hochadels im 19. Jahrhundert. Beachtung verdienen die zahlreichen Gemälde, Handzeichnungen und Grafiken, die v.a. von Künstlern der Romantik stammen. Von der Freiterrasse hat man einen schönen Blick auf die Stadt. Nördlich unterhalb des Schlosses erstreckt sich der ehemalige Lustgarten, heute ein englischer Landschaftspark.

Umgebung von Wernigerode

★

Steinerne Renne

Durch den Ortsteil Hasserode oder mit der Harzquerbahn erreicht man die Steinerne Renne, ein romantisches, von der Holtemme ausgewaschenes Flusstal, und den 548 m hohen **Ottofelsen**, von dem man einen **schönen Ausblick** genießt.

**Drübeck
Klosterkirche**
6 km nordwestlich von Wernigerode liegt Drübeck mit seinem ehemaligen Kloster St. Vitus (vor 960). Die heutige Klosterkirche entstand im 12. Jh.; unter der Ausstattung befindet sich ein schöner Schnitzaltar (um 1500).

Ilsenburg In dem Ferienort Ilsenburg verdient besonders das hoch gelegene, 1862 in neoromanischem Stil erbaute kleine Schloss Beachtung. Auf halbem Weg zwischen Schloss und Ort kommt man an der romanischen Dorfkirche St. Marien vorbei. Im nahen Kreuzfriedhof befinden sich Grabsteine aus dem 17. und 18. Jh. sowie die Grabstätte des Malerehepaars Georg Heinrich und Elise Crola. Sie stifteten im 19. Jh. die Kreuzigungsgruppe aus **Ilsenburger Eisenkunstguss**. Wer sich dafür interessiert, dem sei ein Besuch des **Hüttenmuseums** in der Marienhöferstraße 9 sowie der Fürst-Stolberg-Hütte in der Schmiedestraße 16 (nördlich vom Bahnhof) empfohlen.

★ Wismar

H 3

Bundesland: Mecklenburg-Vorpommern   **Höhe:** 14 m ü. d. M.
Einwohnerzahl: 45 000

Die in der tief eingeschnittenen gleichnamigen Bucht gelegene alte Hansestadt Wismar gehört zu den Hauptanziehungspunkten an der mecklenburgischen Ostseeküste, denn trotz schwerer Zerstörungen im Zweiten Weltkrieg wurde die historische Altstadt 2002 zum Weltkulturerbe erklärt. Die moderne Industrie- und Hafenstadt erstreckt sich westlich und nordwestlich des Stadtkerns.

Geschichte Wismar ging aus einer Ende des 12. Jahrhunderts gegründeten Siedlung hervor, die im Jahr 1229 das Stadtrecht erhielt. Dank ihrer Lage an einer alten Handelsstraße von Lübeck über Rostock bis ins Baltikum hinein entwickelte sich die Stadt bald zu einem **wichtigen Warenumschlagplatz**. Der Niedergang der Hanse, der Wismar seit 1358 angehörte, und schließlich der Dreißigjährige Krieg setzten der Blütezeit ein Ende. Durch den Seehandel kam die Stadt im 19. Jh. wirtschaftlich wieder auf die Beine; im 20. Jh. vollzog sich dann der Ausbau zur Industriestadt.

Sehenswertes in Wismar

**Stadt-
befestigung** Von der Stadtbefestigung des Mittelalters sind das **spätgotische Wassertor** am **Alten Hafen** (15. Jh.) sowie einige Reste der Stadtmauer erhalten. Wehreinrichtungen aus der Schwedenzeit sind das barocke **Provianthaus** (1690) und das ehemalige **Zeughaus** und jetzige Stadtarchiv (1699) in der Ulmenstraße.

► WISMAR ERLEBEN

AUSKUNFT

Tourist-Information
Am Markt 11, 23966 Wismar
Tel. (0 38 41) 1 94 33, Fax 2 51 30 91
www.wismar.de

EVENT

Wismarer Hafentage
Nicht verpassen sollte man eines der größten Volksfeste in der Region, das am ersten Juni-Wochenende stattfindet, mit Regatten, Jahrmarkt, Artisten, Puppentheater, Feuerwerk und vielem mehr (Auskunft bei der Tourist-Information).

ESSEN

► Erschwinglich
Galerierestaurant To'n Ossen
Bohrstr. 12
(im Hotel Alter Speicher)
Tel. (0 38 41) 21 17 46
Ein ehemaliger Speicher beherbergt dieses wunderschöne Restaurant, in dem Messing und dunkle Edelhölzer den Ton angeben, gehobene Küche mit regionalem Einschlag.

► Preiswert
Reuterhaus
Am Markt 19
Tel. (0 38 41) 22 23-0
Das urige Restaurant im Hotel Reuterhaus bietet gutbürgerliche Küche (unbedingt probieren sollte man den Mecklenburger Rippenbraten!) und einmaliges Ambiente. Dafür garantiert die rund 300 Jahre alte Inneneinrichtung mit wunderschönen Holzschnitzereien.

Zum Weinberg
Hinter dem Rathaus 3
Tel. (0 38 41) 28 35 50
In einer Weinhandlung aus dem 17. Jh. befindet sich dieses liebenswerte Restaurant mit gediegenem historischen Flair, wo Sie mit traditioneller hanseatischer Küche bewirtet werden.

ÜBERNACHTEN

► Komfortabel
Steigenberger Hotel Stadt Hamburg
Am Markt 24, 23966 Wismar
Tel. (0 38 41) 23 90, Fax 23 92 39
www.wismar.steigenberger.de
Wahrlich wohnliche Zimmer hinter denkmalgeschützter Fassade hält das moderne Hotel für Sie bereit, regionale und internationale Küche im Restaurant, urige Bierstube im historischen Kellergewölbe, Sauna im Haus.

Baedeker-Empfehlung

Seeblick
Ernst-Scheel-Str. 27
23968 Wismar-Bad Wendorf
Tel. (0 38 41) 6 27 40, Fax 6 27 46 66
www.hotel-seeblick-wismar.de
Hübsches, umfassend renoviertes Hotel aus dem Jahr 1866 direkt am Strand, liebevoll eingerichtete Zimmer im Landhausstil, Restaurant mit schönem Blick auf die Ostsee.

► Günstig
Altes Brauhaus
Lübsche Str. 37, 23966 Wismar
Tel. (0 38 41) 21 14 16, Fax 21 14 18
www.brauhaus-wismar.com
Freundliches Hotel mit hübscher grüner Fassade mitten in der Altstadt, gepflegte, zweckmäßige Zimmer, imposante Barockdecke im Frühstücksraum. Im Restaurant »Zum kleinen Mönch« kommt Gutbürgerliches auf den Tisch.

★ ★
Marktplatz

»Alter Schwede« ►

Wasserkunst ►

Rathaus ►

Der weiträumige, mit einer Seitenlänge von etwa 100 m annähernd quadratische Marktplatz ist einer der größten und **schönsten Norddeutschlands**. Unter historischen Gebäuden, die die Fläche einrahmen, nimmt der »Alte Schwede« (um 1380) an der Ostseite einen besonderen Platz ein, da es das älteste profane Gebäude Wismars ist (seit 1878 Gaststätte). Der zierliche, von einer geschwungenen Kupferhaube bedeckte Pavillon, die sog. Wasserkunst, diente bis 1897 der **Wasserversorgung** Wismars. Baumeister Philipp Brandin lieferte die Pläne für das 1580–1602 an der südöstlichen Platzseite errichtete Schmuckstück. Beinahe die gesamte Nordseite beansprucht das 1817–1819 nach Plänen von Johann Georg Barca errichtete Rathaus. Vom ersten Rathausgebäude (14. Jh.) sind noch die Gerichtslaube im Westflügel und die Kellergewölbe vorhanden.

Marienkirchhof

Nur wenige Meter westlich des Marktes ragt der mächtige **Turm der 1945 zerstörten Marienkirche** (1339) auf. Das benachbarte **Archidiakonat** (15. Jh.) wurde wieder hergestellt und präsentiert sich heute wieder als Staffelgiebelhaus.

★
Fürstenhof

Eine Straßenkreuzung weiter westlich kommt man zum ehemaligen **Stadtwohnsitz der mecklenburgischen Herzöge**. Interessant ist vor allem der dreigeschossige, an italienische Palazzi erinnernde Flügel (»Neues Langes Haus«; 1553–1556), der mit Fensterrahmungen aus Terrakotta, einem schönen Sandsteinportal und Relieffriesen geschmückt ist.

★
St. Georgen

Die westlich benachbarte monumentale gotische Backsteinkirche, die 1945 zerstört wurde, ist in den letzten Jahren wiederaufgebaut worden. Auch ihr herrlicher Hochaltar (um 1430; vierflügeliger Schnitzaltar) ist inzwischen restauriert.

Heilig-Geist-Spital

Ein schönes **mittelalterliches Ensemble** bilden das Heilig-Geist-Spital und die dazugehörige Kirche (Ecke Lübsche Str./Neustadt). In dem Gotteshaus gefallen die bemalte Holzdecke aus dem 17. Jh., die Glasfenster (um 1400) und die geschnitzten Gestühlswangen.

Lübsche Straße, Krämerstraße

Die Lübsche Straße ist die geschäftige **Hauptachse im Stadtzentrum**. Schöne alte Häuser wie die Gaststätte »Zum Weinberg« (Nr. 31) von 1575 findet man hier und auch in der Krämerstraße, die beim Rathaus auf die Lübsche Straße trifft. An der Ecke Lübsche Straße/Krämerstraße steht das **erste Kaufhaus** der 1881 **von Rudolph Karstadt** in Wismar gegründeten Warenhauskette.

★ ★
Nikolaikirche

Durch die Krämerstraße geht es in die nördliche Altstadt zur Nikolaikirche, die im 14./15. Jh. nach Lübecker bzw. Wismarer Vorbild entstanden ist. Ihr 37 m hohes Mittelschiff ist eines der höchsten Deutschlands. Ergänzt wird der imposante Eindruck der Architektur durch die sehenswerte **spätgotische bis barocke Ausstattung**, die

Skulpturen am Hauptaltar der Nikolaikirche zu Wismar

auch einige Stücke aus den anderen großen Gotteshäusern der Stadt umfasst, so etwa den bronzenen Taufkessel aus der 1945 zerstörten Marienkirche (um 1335).

An der Südseite der Nikolaikirche, getrennt durch die Frische Grube, lohnt das Schabbellhaus einen Besuch. Der 1569 bis 1571 nach Plänen von Philipp Brandin, dem Architekten der Wasserkunst, errichtete Renaissancebau beherbergt heute interessante Ausstellungen des **Stadtgeschichtlichen Museums**.

✷ Schabbellhaus

Im Nordwesten der Altstadt befindet sich der Alte Hafen, der seit dem Bau des neuen Hafens nur noch als Fischer- und Touristenhafen (Abfahrten zur Insel Poel) genutzt wird. An die lange schwedische Herrschaft in Wismar erinnern die beiden gusseisernen Poller vor dem Baumhaus (heute Sitz des Hafenamtes) in Form von zwei Köpfen, die sog. **Schwedenköpfe**.

Alter Hafen

Umgebung von Wismar

Das 37 km² große und flachwellige Eiland nördlich von Wismar lockt in erster Linie Erholungssuchende und mit seinen **Sandstränden** auch Badegäste an. Über die Inselgeschichte informiert das **Heimatmuseum in Kirchdorf**, dem Hauptort der Insel.

Insel Poel

Klützer Winkel heißt der hübsche Landstrich nordwestlich von Wismar, der nach dem gleichnamigen Hauptort benannt ist. Ein anderer Name für diese Gegend ist »Speckwinkel«, denn hier wurden immer reiche Ernten eingefahren.

✷ Klützer Winkel

Natur pur am Ostseestrand bei Boltenhagen

Klütz ▶ In Klütz ist die dreischiffige **gotische Hallenkirche** aus dem 14. Jh. sehenswert. Große Teile des Gebiets gehörten einst der Familie Bothmer, deren barockes **Schloss**, das 1726 bis 1732 erbaut wurde, am südlichen Ortsausgang der Ortschaft Klütz erhalten blieb und von einem schönen englischen Park umgeben ist.

✳
Ostseebad
Boltenhagen

Boltenhagen, 4 km nördlich von Klütz, ist nach Heiligendamm das 1803 gegründete **zweitälteste deutsche Ostseebad** mit alten Ferienvillen, neuen Urlauberdomizilen und einer gut ausgebauten Infrastruktur. Seit 1992 besitzt das sich stürmisch entwickelnde Seebad mit seinem fast 5 km langen flachen Sandstrand auch wieder eine 290 m lange **Seebrücke**.

Grevesmühlen

Etwa 20 km westlich von Wismar liegt Grevesmühlen. Im benachbarten **Everstorfer Forst** ist ein Spazierweg zu den dortigen Megalithgräbern ausgeschildert. Zu den größten zählt der sog. **Teufelsbackofen**, der sich aus 19 Monolithen zusammensetzt.

Neukloster

In Neukloster, 17 km weiter südöstlich, verdient die **Klosterkirche** des ehemaligen, um 1245 erbauten Zisterzienserinenklosters Sonnenkamp Beachtung. Im Übergang von der Spätromanik zur Gotik entstanden, wurde sie Vorbild für viele weitere Kirchenbauten in Mecklenburg. Südlich von Neukloster erstreckt sich das **Landschaftsschutzgebiet Neukloster-Warin**, eine Wald- und Seenlandschaft, in der man sich bestens erholen kann.

! *Baedeker* TIPP

Eine Seefahrt, die ist lustig ...
In der Hauptreisezeit startet das Ausflugsschiff MS »Boltenhagen« täglich von der Boltenhagener Seebrücke zu Rundfahrten auf der Ostsee und zu Fahrten zur Insel Poel. Weitere Infos:
Tel. (03 88 25) 360-0

★ Zittau

Bundesland: Sachsen
Einwohnerzahl: 30 000

Höhe: 242 m ü. d. M.

Im »hintersten Winkel« Deutschlands, im Dreiländereck mit Polen und der Tschechischen Republik, liegt Zittau. Einst durch die Lage an Fernstraßen für den Handel bedeutend, ist es heute Hochschulstadt und wichtiges Kultur- und Industriezentrum, vor allem aber besitzt Zittau eine schöne Altstadt und ist günstiger Ausgangspunkt für Ausflüge ins wunderschöne Zittauer Gebirge.

Urkundlich erstmals 1238 erwähnt, erreichte Zittau unter dem Schutz der böhmischen Könige sehr schnell eine bedeutende Stellung, die die Mitgliedschaft im 1346 gegründeten Oberlausitzer Sechsstädtebund sichern sollte. Im Siebenjährigen Krieg wurde Zittau am 23. Juli 1757 von den Österreichern zerstört. Nach der Neugliederung des Gebietes durch den Wiener Kongress hemmte die neue preußisch-sächsische Grenze im Norden die Entfaltung. Die zunehmende Industrialisierung und der Anschluss an das Eisenbahnnetz machten dann jedoch eine wirtschaftliche Entwicklung wieder

Geschichte

Im Stil der italienischen Renaissance gehalten: das Zittauer Rathaus

▶ ZITTAU ERLEBEN

AUSKUNFT

Tourist-Information
Markt 1, 02763 Zittau
Tel. (0 35 83) 75 21 37
Fax 75 21 61
www.zittau.de

ESSEN

▶ Preiswert

Schwarzer Bär
Ottokarplatz 12
Tel. (0 35 83) 551-0
Auf eine über dreihundertjährige
Tradition blickt dieses rustikale
Gasthaus zurück. Hier genießt man
gutbürgliche Küche in gemütlicher
Atmosphäre.

Burgteich
Weststr. 35
Tel. (0 35 83) 51 23 85
Mit bodenständiger regionaler Küche
werden die Gäste dieses schön am
See gelegenen Lokals bewirtet. Nette
Gartenterrasse.

ÜBERNACHTEN

▶ Komfortabel

Schlosshotel Althörnitz
Zittauer Str. 9
02763 Bertsdorf-Hörnitz bei Zittau
Tel. (0 35 83) 55 00, Fax 55 02 00
www.schlosshotel-althoernitz.de
Eingebettet in einer wunderschönen
Parklandschaft liegt das restaurierte
Schlösschen aus dem 17. Jh. Historisch
eingerichtete Zimmer und Suiten im
Hauptgebäude, zeitgemäß ausgestat-
tete im modernen Anbau.
Im Restaurant mit Kaminzimmer
werden feine Oberlausitzer Spezialitä-
ten angeboten.

Dreiländereck
Bautzener Str. 9, 02763 Zittau
Tel. (0 35 83) 55 50, Fax 55 52 22
www.hotel-dle.de
In dem hübsch restaurierten Stadthaus
stehen geschmackvoll eingerichtete
Zimmer mit zeitgemäßem Komfort
zur Verfügung.

möglich. Nach dem Zweiten Weltkrieg war man jedoch durch die
Abschottung des Ostblocks wieder einigermaßen isoliert. Die **Wie-
derbelebung des Dreiländerecks** als Drehscheibe zwischen West-
und Osteuropa verschafft Zittau vielleicht wieder seine alte Bedeutung als Stadt an wichtigen Verkehrswegen. In Zittau wurde Christian Weise (1644 – 1708) geboren, Rektor des Gymnasiums und Verfasser der sog. Zittauer Schuldramen.

Sehenswertes in Zittau

**Markt,
Rathaus**

Der Markt, Zittaus Mittelpunkt, besitzt mit dem 1840–1845 nach
Plänen von Karl Friedrich Schinkel im **Stil der italienischen Renaissance** erbauten Rathaus eine städtebauliche Besonderheit. Weitere
herausragende Gebäude sind der Barockbau des ehemaligen Gast-
hofes »Zur Sonne« (um 1710), die Fürstenherberge (1767) im Rokokostil und das Noacksche Haus (1689), eines der schönsten erhaltenen barocken Patrizierhäuser der Stadt. An der Westseite des Platzes

steht der Rolandbrunnen von 1585, auch Marsbrunnen genannt, denn die Brunnenfigur stellt den Kriegsgott Mars dar. Das Dornspachhaus an der Ecke zur Bautzener Straße ist 1553 errichtet worden und besitzt einen schönen Arkadenhof.

! *Baedeker* TIPP

Zittauer Bimmelbahn

Wer Zeit hat, sollte vom Zittauer Bahnhof aus mit der »Zittauer Bimmelbahn« nach Oybin oder Jonsdorf fahren. Die dampfbetriebene Schmalspurbahn zuckelt im regelmäßigen Verkehr durch ein idyllisches Waldgebiet.

Von hier blickt man auf die klassizistische Johanniskirche (1837), erbaut nach Entwürfen von Karl Friedrich Schinkel; die **Türmerwohnung** kann besichtigt werden. Am Johannisplatz befindet sich das Alte Gymnasium mit dem Grabmal des Bürgermeisters Nikolaus Dornspach.

★
Johanniskirche

Vom Johannisplatz geht die Innere Weberstraße ab, wo die **prunkvollen Handelshöfe** Beachtung verdienen. Am Ende, außerhalb der ehemaligen Stadtbefestigung, steht die um 1500 erbaute Weberkirche.

Weberkirche

Vom Johannisplatz ist es nicht weit zum Klosterplatz. Hier befindet sich das im Jahr 1268 gegründete und 1522 säkularisierte Franziskanerkloster mit der spätgotischen Klosterkirche St. Petri und Pauli. Bedeutendster Teil der Klosteranlage ist der sog. Heffterbau (1622) mit herrlichem Volutengiebel, in dem die reichhaltigen **Städtischen Museen Zittau** untergebracht sind.
Unweit des Heffterbaus erinnert vor dem spätklassizistischen Johanneum die **Konstitutionssäule** an die 1831 verkündete sächsische Verfassung.

Franziskanerkloster

Vom Klosterplatz geht man zur Neustadt, die beherrscht wird vom Marstall mit seinem mächtigen Mansardendach, erbaut 1511 als Salzhaus. Auffällig sind auch der Samariterinnen-, der Schwanen- und der Herkulesbrunnen, allesamt schöne Beispiele **barocker Bildhauerkunst.**

Marstall

Östlich vom Platz liegt die **Fleischerbastei**, geschmückt von einer Blumenuhr mit einem Glockenspiel aus Meissener Porzellan.

Blumenuhr

Die spätgotische Kirche (15. Jh.) auf dem Kreuzfriedhof ist unter böhmischem Einfluss entstanden. Hier ist das **»Große Zittauer Fastentuch«** von 1472 ausgestellt, mit 8,20 m Länge und 6,80 m Breite das größte in Europa. Das 1573 geschaffene »Kleine Zittauer Fastentuch« (15 m²) ist im ehem. Franziskanerkloster zu sehen.

Kirche zum Heiligen Kreuz (Museum)

Umgebung von Zittau

Über Bertsdorf gelangt man nach Großschönau, ein **Oberlausitzer Idyll** mit wunderschönen Umgebindehäusern. Dass Großschönau

★
Großschönau

Gern bestiegen werden die Aussichts-felsen im Zittauer Gebirge.

einst eines der größten Damastwe-berdörfer Europas war, belegt das Deutsche Damast- und Frottier-museum. Auch ein Motorradmu-seum gibt es hier.

Das kleine Zittauer Gebirge liegt zwischen der oberen Neiße und dem Lausitzer Bergland südlich von Zittau. Sein Nordabfall ist steil und zeigt aufgelöste Felsformen ähnlich denen der ► Sächsischen Schweiz, während es nach Süden hin abflacht. Im Zittauer Gebirge wechseln sich malerische Wälder mit wilden Klammen und vulkani-schen Kegeln ab – ein ideales Wan-dergebiet, wie geschaffen für Kur und Erholung.

Hauptort des Zittauer Gebirges ist der **Kurort Oybin** am Fuße des

Zittauer Gebirge

gleichnamigen kegelförmigen Sandsteinberges. Berg und Burg, von der heute nur noch Ruinen erhalten sind, waren ein viel besuchtes Ziel romantischer Maler, allen voran Caspar David Friedrich. Die Ruinen von Kloster, Kirche und Burg geben heute die Kulisse ab für den Bergfriedhof, das **Bergmuseum** und natürlich den Berggasthof. Von der Burg führt ein Ringweg zu den schönsten Aussichtspunkten des Bergplateaus. Am Fuße des Berges steht die barocke Dorfkirche (1709) mit herrlichen bemalten Emporen. Am Bahnhof wurde ein Museum über die Bimmelbahn eingerichtet.

Zwickau

K/L 9

Bundesland: Sachsen	**Höhe:** 263 m ü. d. M.
Einwohnerzahl: 100 000	

Zwei Namen sind mit Zwickau verbunden, die gegensätzlicher nicht sein könnten: Zum einen erblickte hier der Komponist Robert Schu-mann (1810–1856) das Licht der Welt, zum anderen wurden in Zwi-ckau zu DDR-Zeiten die berühmten Trabis hergestellt. Außerdem gilt die Stadt als das »Tor zum westlichen Erzgebirge«, beginnt hier doch die Sächsische Silberstraße (►Erzgebirge).

Geschichte Das 1118 erstmals urkundlich erwähnte Zwickau hatte sich bereits um 1200 als Fernhandelsstützpunkt an der Handelsstraße Alten-burg–Prag eine herausragende Position erworben. Tuchfertigung

► ZWICKAU ERLEBEN

AUSKUNFT

Tourist-Information
Hauptstraße 6, 08056 Zwickau
Tel. (03 75) 2 71 32 40
www.kultour-z.de

ESSEN

► Erschwinglich
Drei Schwäne
Tonstraße 1, Tel. (03 75) 2 04 76 50
Französische Lebensart par exellence
wird in dem hübschen Landhaus
gepflegt, das für freundlichen Service
und ausgezeichnete Küche bekannt
ist.

► Preiswert
Brasserie Kloster's
Klosterstraße 1
Tel. (03 75) 2 71 48 95
Lauschiger Biergarten, eleganter
Wintergarten, romantischer Wein-
keller und gediegen-rustikale Stube
mit altem Mauerwerk – im »Kloster's«
gibt es gemütliche Räume und leckere
Speisen.

ÜBERNACHTEN

► Komfortabel
Holiday Inn
Kornmarkt 9
08056 Zwickau
Tel. (03 75) 2 79 20
Fax 2 79 26 66
www.zwickau-holiday-inn.com
Neuzeitlicher Hotelbau in der histo-
rischen Altstadt, behagliche und
funktionelle Gästezimmer mit hohem
Komfort, elegante Suiten. Extrava-
gantes Flair versprüht das edle Res-
taurant »Pavillon«, Sauna und
Wellness im Haus.

► Günstig
Merkur
Bahnhofstraße 58
08056 Zwickau
Tel. (03 75) 29 42 86
Fax 29 42 88
www.merkur-hotel-zwickau.de
Alteingesessenes, sehr gepflegtes Haus
in zentraler Lage, zeitgemäß einge-
richtete Zimmer.

und Schmiedehandwerk, dazu Gewinnanteile aus dem erzgebirgischen Bergbau führten dann im 15./16. Jh. zu wirtschaftlicher und
kultureller Blüte. Zwickau war zu dieser Zeit die größte Stadt Kur-
sachsens. Wachsende Bedeutung erlangte die Stadt dann durch den
Aufschwung des Steinkohlenbergbaus im 19. Jh. und durch das Entstehen etlicher Industriebetriebe, darunter die Autofabriken Horch,
Auto-Union und später Trabant.

Sehenswertes in Zwickau

Hier steht das 1403 erbaute, 1862 neugotisch umgestaltete **Rathaus**. **Hauptmarkt**
Aus der Anfangszeit stammen noch der Rats- und Empfangssaal, die
einstige Jakobskapelle und spätere Ratstrinkstube.
Das Gewandhaus (1522–1525), ein spätgotischer Bau mit Renais-   ★
sanceelementen, ist das **schönste Gebäude** am Hauptmarkt dank seines ungewöhnlichen Staffelgiebels. Seit 1823 ist es Stadttheater.   ◄ Gewandhaus

Robert-Schumann-Haus ►

Im Geburtshaus von Robert Schumann (Hauptmarkt 5) erinnert eine Ausstellung an den Komponisten und seine Frau, die Pianistin Clara Schumann-Wieck, deren Flügel eines der Hauptschaustücke ist. Am Markt und in der Altstadt findet man bemerkenswerte Bürgerhäuser, so das Kräutergewölbe (Hauptmarkt 17/18; frühes 16. Jh.), das Dünnebierhaus (1480) mit schönem Staffelgiebel (Innere Dresdner Straße 1) und das Schiffchen (um 1485; Münzstraße 12).

Dom St. Marien

Das auf das Jahr 1206 zurückgehende spätgotische Gotteshaus, nach mehreren Bränden ab 1453 neu erbaut, birgt zahlreiche Kunstschätze, darunter einen **spätgotischen Hochaltar** (1479) mit vier Marienbildern des Nürnbergers Michael Wolgemut, ein Heiliges Grab (1507), die **Pietà** des Zwickauers Peter Breuer und eine Frührenaissancekanzel von 1538.

Die ab dem 13. Jh. entstandenen **Priesterhäuser** mit ihren steilen Satteldächern am Domhof gehören zu den ältesten noch erhaltenen Wohngebäuden in Deutschland. Das hier eingerichtete Museum macht mit der kulturgeschichtlichen Entwicklung der Stadt vertraut.

> **! Baedeker TIPP**
>
> **Rennpappe international**
>
> Jedes Jahr im Juni kommt eine große Fan-Gemeinde zum »Int. Trabantfahrer-Treffen« nach Zwickau. Neben einer Trabi-Ralley gibt's viel Spaß und Party rund um die »Legende auf Rädern«. Infos: Tel. (03 75) 27 08 77 70, www.supertrabi.de/treffen

Schloss Osterstein

Das Schloss im Nordosten der Altstadt ist 1590 an Stelle eines um 1215 errichteten Baues vollendet worden und diente lange Zeit als Haftanstalt, in der u. a. auch Karl May einsaß.

St. Katharinen

Die Pfarrkirche St. Katharinen befindet sich südlich des Schlosses. Sie wurde zwischen 1206 und 1219 gegründet und nach einem Brand im 14. Jh. neu erbaut. Ihr wertvollstes Stück ist ein 1517 entstandener Flügelaltar aus der Cranach-Werkstatt.

König-Albert-Museum

Das 1914 erbaute Museum (Lessingstr. 1) beherbergt die **Städtischen Kunstsammlungen** mit Werken des aus Zwickau gebürtigen »Brücke«-Künstlers **Max Pechstein**. Auch die berühmte **Ratsschulbibliothek** mit ihren wertvollen Nachlässen ist hier untergebracht. Ferner gibt es hier Exponate zur Stadtgeschichte sowie eine umfangreiche Mineralien- und Fossiliensammlung zu sehen.

August Horch Museum

Im Museum auf dem früheren Fabrikgelände von Horch und Auto-Union sieht man das Arbeitszimmer des Autopioniers August Horch, legendäre Horch-Rennwagen, DKW-Kleinwagen, die maßgeblich zur Motorisierung Deutschlands beigetragen haben, sowie Prototypen und Modelle der Trabantwerke. Den heutigen Automobilbau dokumentieren VW-Modelle, die am Standort Mosel produziert werden.

Eine besondere Attraktion: das August Horch Museum in Zwickau

Der Stadtteil Planitz besitzt ein barockes Schloss. Es ist umgeben von einem Park, dessen Anziehungspunkt ein 1769 errichtetes, sehr schönes **Teehaus** darstellt.

Barockschloss Planitz

Umgebung von Zwickau

Die größte Sehenswürdigkeit von Glauchau ist das aus zwei Teilen bestehende Schloss: **Schloss Hinterglauchau** (1460 – 1470) mit dem »Steinernen Saal« beherbergt das **Städtische Museum** mit einer feinen Gemälde- und Möbelsammlung, Ausstellungen zum Leben der Glauchauer Weber und über den in Glauchau geborenen Bergbauwissenschaftler Georg Agricola (1494 – 1555) sowie Teile des sog. Callenberger Altars (1513) von Peter Breuer. Im **Schloss Forderglauchau** (1527 – 1534) ist die Stadtbibliothek untergebracht. Sehenswert sind auch die barocke Kirche **St. Georg** (1726 – 1728) mit ihrem gotischen Flügelaltar (um 1510) und einer Silbermann-Orgel (1730) sowie die wunderbar nostalgische Schalterhalle des Postamts.

Glauchau

20 km nordwestlich von Zwickau kommt man zum ehemaligen Wasserschloss Blankenhain, heute Mittelpunkt eines landwirtschaftlichen Freilichtmuseums, das die **ländliche Lebens- und Arbeitswelt in Mitteldeutschland** zwischen 1890 und 1990 zeigt.

Dt. Landwirtschaftsmuseum Schloss Blankenhain

In Hartenstein gibt es eine ursprünglich romanische Burg mit gut erhaltenen Wehranlagen und einem Heimatmuseum, in dem Leben und Werk des in Hartenstein geborenen Barockdichters **Paul Fleming** (1609 – 1640) dokumentiert werden.

Hartenstein

VERZEICHNIS DER KARTEN & GRAFISCHEN DARSTELLUNGEN

BILDNACHWEIS

IMPRESSUM

Ausstattung:
223 Abbildungen, 32 Karten und grafische
Darstellungen, eine große Reisekarte
Text:
Baedeker Redaktion
Bearbeitung:
Baedeker Redaktion; zusätzliche Beiträge von
Isolde Bacher und Dr. Cornelia Hermanns
Kartografie:
Christoph Gallus, Hohberg; Franz Huber,
München; Franz Kaiser, Sindelfingen;
MAIRDUMONT, Ostfildern (Reisekarte)
3D-Illustrationen:
jangled nerves, Stuttgart
Gestalterisches Konzept:
independent Medien-Design, München
(Kathrin Schemel)

Chefredaktion:
Rainer Eisenschmid,
Baedeker Ostfildern

1. Auflage 2008

Urheberschaft:
Karl Baedeker Verlag, Ostfildern

Nutzungsrecht:
MAIRDUMONT GmbH & Co KG; Ostfildern
Der Name Baedeker ist als Warenzeichen
geschützt. Alle Rechte im In- und Ausland sind
vorbehalten. Jegliche – auch auszugsweise –
Verwertung, Wiedergabe, Vervielfältigung,
Übersetzung, Adaption, Mikroverfilmung,
Einspeicherung oder Verarbeitung in EDV-
Systemen ausnahmslos aller Teile des Werkes
bedarf der ausdrücklichen Genehmigung durch
den Verlag Karl Baedeker.

Anzeigenvermarktung:
MAIRDUMONT MEDIA
Tel. 0049 711 4502 333
Fax 0049 711 4502 1012
media@mairdumont.com
http://media.mairdumont.com

Printed in China
Gedruckt auf 100% chlorfrei gebleichtem Papier

BAEDEKER VERLAGSPROGRAMM

- ▶ **Ägypten**
- ▶ **Algarve**
- ▶ **Allgäu**
- ▶ **Amsterdam**
- ▶ **Andalusien**
- ▶ **Athen**
- ▶ **Australien**
- ▶ **Australien • Osten**
- ▶ **Bali**
- ▶ **Baltikum**
- ▶ **Barcelona**
- ▶ **Belgien**
- ▶ **Berlin • Potsdam**
- ▶ **Bodensee**
- ▶ **Brasilien**
- ▶ **Bretagne**
- ▶ **Brüssel**
- ▶ **Budapest**
- ▶ **Bulgarien**
- ▶ **Burgund**
- ▶ **Chicago • Große Seen**
- ▶ **China**
- ▶ **Costa Blanca**
- ▶ **Costa Brava**
- ▶ **Dänemark**
- ▶ **Deutsche Nordseeküste**
- ▶ **Deutschland**
- ▶ **Deutschland • Osten**

- ▶ **Djerba • Südtunesien**
- ▶ **Dominikanische Republik**
- ▶ **Dresden**
- ▶ **Dubai • Vereinigte Arabische Emirate**
- ▶ **Elba**
- ▶ **Elsass • Vogesen**
- ▶ **Finnland**
- ▶ **Florenz**
- ▶ **Florida**
- ▶ **Franken**
- ▶ **Frankfurt am Main**
- ▶ **Frankreich**
- ▶ **Fuerteventura**
- ▶ **Gardasee**
- ▶ **Golf von Neapel**
- ▶ **Gomera**
- ▶ **Gran Canaria**
- ▶ **Griechenland**
- ▶ **Griechische Inseln**
- ▶ **Großbritannien**
- ▶ **Hamburg**
- ▶ **Harz**
- ▶ **Hongkong • Macau**
- ▶ **Indien**
- ▶ **Irland**
- ▶ **Island**
- ▶ **Israel**
- ▶ **Istanbul**

- ▶ **Istrien • Kvarner Bucht**
- ▶ **Italien**
- ▶ **Italien • Norden**
- ▶ **Italien • Süden**
- ▶ **Italienische Adria**
- ▶ **Italienische Riviera**
- ▶ **Japan**
- ▶ **Jordanien**
- ▶ **Kalifornien**
- ▶ **Kanada • Osten**
- ▶ **Kanada • Westen**
- ▶ **Kanalinseln**
- ▶ **Kenia**
- ▶ **Köln**
- ▶ **Kopenhagen**
- ▶ **Korfu • Ionische Inseln**
- ▶ **Korsika**
- ▶ **Kos**
- ▶ **Kreta**
- ▶ **Kroatische Adriaküste • Dalmatien**
- ▶ **Kuba**
- ▶ **La Palma**
- ▶ **Lanzarote**
- ▶ **Lissabon**
- ▶ **Loire**
- ▶ **London**

LIEBE LESERINNEN, LIEBE LESER,

ein herzliches Dankeschön, dass Sie sich für einen Baedeker Allianz Reiseführer entschieden haben. Er wird Sie zuverlässig auf Ihrer Reise begleiten und Sie nicht im Stich lassen.

Natürlich beschreibt er die wichtigen Sehenswürdigkeiten, aber er empfiehlt auch die nettesten Lokale, dazu Hotels für den großen und kleinen Geldbeutel, gibt Tipps für Restaurants, Shopping und für vieles mehr, was eine Reise zum Erlebnis macht. Dafür haben die Autoren und die Redaktion Sorge getragen. Sie sind für Sie regelmäßig nach Ostdeutschland gereist und haben all ihre Erfahrungen und Kenntnisse in diesen Reiseführer gepackt.

Trotzdem: Die Erfahrung zeigt, dass Fehler und Änderungen nach Drucklegung, für die der Verlag keine Haftung übernehmen kann, nicht ausgeschlossen werden können. Für Kritik, Berichtigungen und Verbesserungsvorschläge sind wir Ihnen außerordentlich dankbar. Schreiben Sie uns, mailen Sie uns oder rufen Sie an:

▶ **Verlag Karl Baedeker GmbH**
Redaktion
Postfach 3162
D-73751 Ostfildern
Tel. (0711) 4502-262, Fax -343
E-Mail: info@baedeker.com

Besuchen Sie uns auch im Internet unter www. baedeker.com. Hier finden Sie jeden Monat den aktuellen Reisetipp der Redaktion und das gesamte Verlagsprogramm. Hier können Sie auch lesen, wer Karl Baedeker war und wie er seinen ersten Reiseführer geschrieben hat. Mit seinen über 180 Jahren ist der Karl Baedeker Verlag der älteste Reiseführer-Verlag der Welt.

www.baedeker.com

⊙ ZU GEWINNEN: STADTREISE NACH LONDON

Unter allen Einsendungen verlost der Verlag am Jahresende – unter Ausschluss des Rechtswegs – eine Städtekurzreise für zwei Personen nach London.
Freuen Sie sich auf ein spannendes Wochenende in London. Natürlich ist ein Baedeker Allianz Reiseführer London auch dabei!